ジナ・ヴェイガン

［序］アラン・コルバン

盲人の歴史

中世から現代まで

加納由起子訳

藤原書店

「盲人のグーテンベルク」
ルイ・ブライユ（1809-1852）（399 頁）

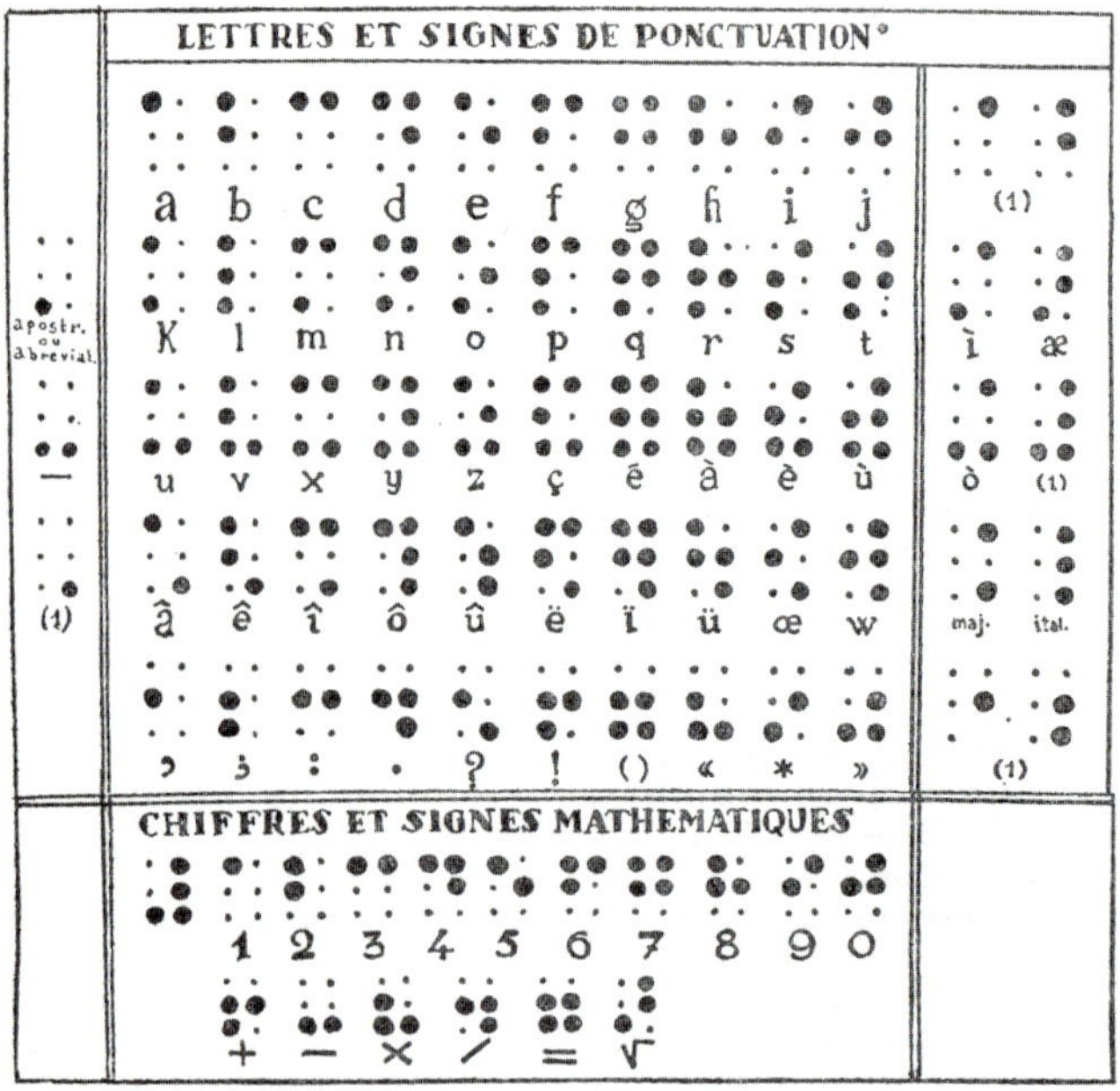

ルイ・ブライユの点字システム（406 頁）

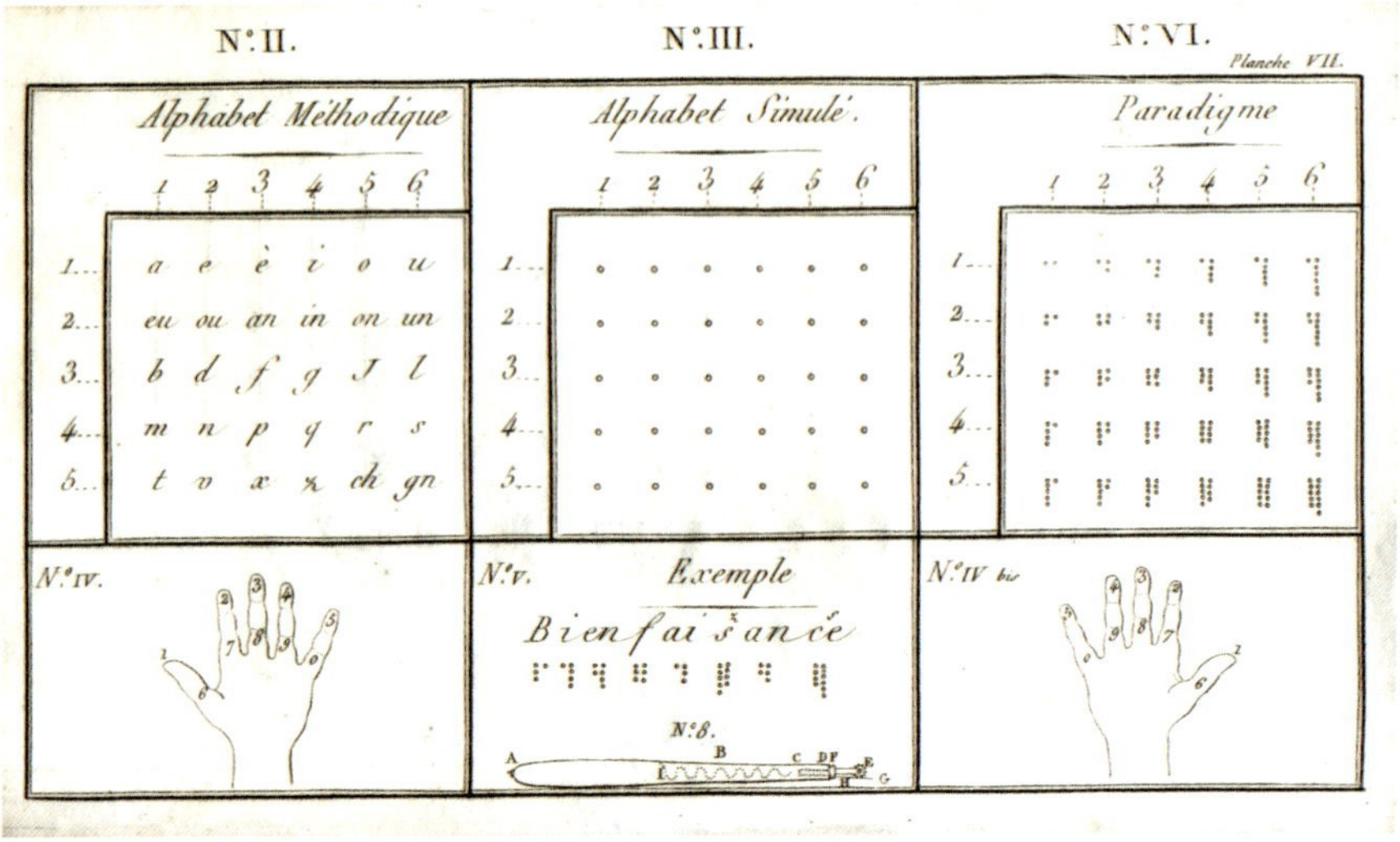

シャルル・バルビエの表記システム（391 頁）

訓盲院の生徒たちが合流した 1801 年頃のキャンズ・ヴァン
（フランス国立図書館蔵）（336 頁）

ジョルジュ・ド・ラ・トゥール『帽子のあるヴィオル弾き』(1624-50 年　ナント美術館蔵）(89 頁）

史上初の「盲人の読み書き教師」
ヴァランタン・アユイ（1745-1822）（140 頁）

1771 年サン・トヴィード市の盲人カフェでのオーケストラを描いた版画
（フランス国立図書館蔵）（144 頁）

日本の読者へ

パリ絵画館ピナコテークでは、「東海道五三次」と題された日本の版画展が、ちょうど今、開催されている。その中に、一八三三年から三四年のものらしい、一団の盲人を描いた絵がある〔訳注―歌川広重『東海道五三次・藤澤宿』〕。盲人たちは木の橋をわたったところである。多分、遠くに見える遊行寺にお参りした帰りなのだろう。全員が木の棒を手に持ち、お互いの後ろについて、大きな鳥居に向かって歩いている。音楽の女神を祀った神社の鳥居である。彼らは通常の巡礼なのか、それとも盲人楽師なのだろうか。日本には長い間、当道座という盲人音楽家のギルドが存在したと聞くが、彼らもそうした人たちなのだろうか。

この版画を眺めていると、フランスから遠く離れた日本が、急に身近に迫ってくるように感じる。印象派の画家たちを刺激した、古い日本の夢が。

もちろん、日本とフランスはとても遠い。それでも、このたび藤原書店から刊行されることになったフランス社会の盲人の歴史を読んでもらえれば、お分かりになることだろう。フランスでも、中世から一九世紀にかけて、都会の街頭で、広場で、田舎道で、大きな街道で、盲人たちの姿を見かけることは日常茶飯事だった。彼らは乞食だったり、行商人だったり、占い師だったり、語り部だったり、唄うたいだったり、楽師だったりした。中世から一七世紀にかけては、盲人は同業者団体を組織して集合した。例えば、ジェール県やベリー県には、この頃、盲人の楽師や盲人の手引きをする職業の人たちの団体があったことが分かっている。

日本の盲人たちは、一八三〇年代においてもまだ、視力快癒のための寺社巡りをしていたようである。彼らは日本各地の神社を訪れ、奇跡の湧き水を探した。フランス全土の街道にも、こうした巡礼たちはいた。江戸から京に上る途中で、藤沢宿に立ち寄る広重の盲人たちを見て思い出すのは、中世の時代にフランスにもいた盲目の巡礼たちのことである。もちろん、広重の描いた盲人旅行者たちとフランスの巡礼たちとでは、目的がまったく一緒という訳ではなかっただろうけれど。

一方、一八三〇年代と言えば、フランス盲人史において最も重要な時期にかかっている。この時期、フランスの盲人たちは大きな一歩を踏み出した。すでにその一世紀前から、外科手術の目覚ましい発展によって、奇蹟聖人の治癒力への信仰は、影をひそめつつあった。眼病の治療もさることながら、一八世紀末から一九世紀初頭にかけてのこの時期、フランスの盲人たちは、特にその中でも最も貧しい者たちは、初めて教育を受ける機会を与えられた。さらには、書き言葉をもとにした教養へのアクセス権すらも手にしたのである。

ルイ・ブライユが『盲人のために作られ、彼らに使いやすいように配置された点を使って、口語、音楽、および単旋聖歌を書き留める方法』を出版したのは、ちょうど一八二九年のことである。ブライユは、パリにあった王立訓盲院に寄宿する若い盲人生徒であった。訓盲院とは、一七八五年に、ヴァランタン・アユイによって、博愛教会の補助金をもって創立された、世界最初の盲人学校である。この学校では、貧しい階級の盲目の子供たちを対象に、触覚を利用した教育を集団授業の形式で行っていた。ブライユの暗号化された点描表音システムは、指の先の認識能力にぴったりな方式であり、それまで盲人が行っていた読み書きの方法を完全に変えてしまった。盲人たちはそれまで、一八世紀に完成された方法で読み書きを行っていた。それは、普通の文字の形に似た線を浮き上がらせた道具を使った方法だった。実際にはあまり役に立たない方法だった。

ブライユは、この冊子を一八三七年に再版したが、再版では点字システムの応用対象はさらに拡大されている。アルファベット文字のみならず、数学記号や音楽記号にまで。ブライユの点字システムは、一八五〇年以後、パリの訓盲院をはじめ、ベルギーとスイスでも正式な盲人の表音言語として採択された。一八七八年、パリ万博に際してパリで開催された「盲人と聾唖者の生活を向上させるための国際シンポジウム」は、ブライユ点字を「一切の修正なしに一般化する」ことを決定した。

明治一〇年にあたるこの年、日本でも、初めての盲学校である京都盲唖院が誕生した。これは、一九世紀を通してヨーロッパの国々と北米に誕生した盲学校と同じように、パリ訓盲院をその手本とした教育機関であった。京都盲唖院では、ブライユ点字が一八九〇年に導入されるまで、文字の形態を模した浮き出し板を使って書き言葉を学んでいた。一九二七年、フランスの知識人であり博愛主義者として知られていた全盲のピエール・ヴィレーは、『晴眼者の世界の盲人』という本の中で、日本のブライユ文字適用の状況について、驚嘆を持って語っている。ヴィレーによれば、その頃の日本では、すでに二五ものブライユ点字を使った定期刊行物があり、そのうちの一つには一四〇〇人におよぶ定期購読者がいた。さらに、日本はヨーロッパとアメリカを先んじて、一九二四年以来、世界で初めて点字投票を許した国であったという。

ヴィレーは、同じ本の「教育と仕事を通した盲人の社会適応」に関する章で、日本で昔から盲人の職業とされてきた按摩師について述べている。日本の例にならい、医者であり、失明した後マッサージ師となったファーブル博士は、一九〇六年にマッサージセラピーの教室を開いた。その後、この教室は立派な学校となった。ファーブル博士が創立した学校は、ヴァランタン・アユイ協会の中に置かれ、現在でもマッサージや理学療法の職業訓練を行っている。この学校は、盲人にとってかけがえのない雇用の保証を与えている。

フランスの盲人たちの軌跡は、啓蒙の世紀の普遍的な人道主義に支えられたヴァランタン・アユイとルイ・ブライユの偉業に始まり、その影響は明治年間に日本にまで届いていた。一方、二〇世紀はじめには、今度はフランスが、日本古代の盲人の職業であるマッサージ業を導入し、盲人たちの将来をそこに賭けた。盲人の歴史を通して、日本とフランスの間には多くのつながりが見つかる。私がここにおくるフランスの盲人史は、決して日本の読者の方にとって遠い世界の話ではないはずである。広重の版画が、フランス人にとって、単にエキゾチックなオブジェにとどまらないように。

この本を日本の読者の方々におくるにあたり、私の最も大事な願いを述べておきたい。この本が、日本の視覚障害者の方々の手にわたることを。彼らに読まれんことを。なぜなら、これは彼らの歴史だからである。そして、すでにフランス語と英語で、『盲人の歴史』は盲人の手に返されたからである。

ジナ・ヴェイガン

二〇一三年二月二二日

序

アラン・コルバン

歴史書の中には、日常を忘れて一時違う世界に遊びたいという気持ちを満たし、夢想を刺激するものがある。しかしその一方、読者を深く揺さぶるものもある。後者に出会うことはより稀である。ジナ・ヴェイガンの著は、この後者の歴史書に属する。この本は、我々が盲目に対して持っている考えの底深く、執拗に存続する非合理な謬見について自ら問いただすことを強いる力を持っている。

我々フランス人は、差異を強調するアングロ・サクソン文化からへだてられている。そのよい証拠に、フランス革命の二〇〇周年にあたる年には、普遍文化という概念が再び賞揚された。そのため、フランス史に一種の遅れが生じていることも否めない。例えば障害史を専門とする歴史家は、我が国ではまだ非常に稀なのである。フランス歴史学がようやく開拓を始めたばかりのこの分野におけるジナ・ヴェイガンの存在は大きい。ヴェイガンは、すでに数十年にわたって、歴史的な盲人表象と盲人の生活史についての系統だった研究を進めている。

ヴェイガンは、啓蒙の世紀の伝統について調べることからこの研究を始めた。ロックとコンディヤックを始祖とする感覚主義哲学者たちは、五感の経験を知的プロセス理論の中心に据えた。その頃、先天性の盲人たちに視覚を取り戻させる外科手術が成功し、目が見えるようになった盲人には感覚の真実を世に伝える役目が期待されていた。ジナ・

ヴェイガンも保証するように、盲人手術の成功は啓蒙の世紀の神話を支える決定的な経験であった。ディドロは、『盲人書簡』の初刊から三四年後の『補記』最終稿までの長い間、外科手術によって神秘のベールを脱いだ盲人の世界に入り込むべく努力を重ねた。ディドロの著書は、視覚障害者が健常者の「対等な対話相手」となることに貢献したと言える。

このように、差異が発言権を獲得したことにより、五感の序列は再考され、その中でも特に触感が重視されるようになる。触覚が視覚を代用するものとして注目を浴びたのである。そして次第に、「教養、職業、尊厳を持ちうる」盲人市民のイメージが形成される。同時に、感じやすい魂は、障害者たちの不幸に涙するようになる。こうして、博愛主義と教育熱、また一部のエリート文人において黙読が広まったことが相まって、フランス社会には生まれながらの盲人の教育という新たな情熱が生まれたのである。

ジナ・ヴェイガンは、その研究の初期段階で系譜学的方法が必要であると理解した。確かに、啓蒙の世紀に起こった改革の重要さを推し量るには、そうした出来事を歴史の厚みと照らし合わせて考察しなければならない。中世の風刺劇《ファブリオー》、中世演劇、ロマン主義文学、さらには祭りの見せ物に至るまで、一般に膾炙した盲人のイメージ、盲人に対する感情や態度がいかに複雑なものであるかを窺わせてくれる素材である。長く、盲目は恐怖の念を呼び起こした。不器用で粗野な盲人道化の姿は、この恐怖を追い祓うための手段に他ならなかった。戯画化の衝動は、盲人の物乞いの姿も歪曲した。フィクションに現れる盲人は、ひねくれて淫蕩な酔っぱらいの物乞いであり、その手を引いている付添人によく騙される。また、盲目を目に見えない欠陥の明らかな徴候と見なして嫌悪する人々も多かった。盲目は、無知や悪弊と同列に置かれ、精神的な盲《めしい》、つまり知性の闇を象徴すると思われたのである。

同時に、盲人の姿は同情も呼んだ。同情は慈善行為を生み出した。一三世紀は「盲人施療院」が数を増やした時期である。善良なルイ九世がキャンズ・ヴァン盲人ホスピスを創立したのもこの頃である。聖木曜日には、王自らが貧しい盲人の足を洗った。盲人たちには物乞いの自由が認められた。物乞いは、一九世紀初頭に奪われるまで彼らの権利であった。施しとそのお返しという交換システムによって、盲人たちには慈善家のために祈る義務があった。生まれながらの盲人が奇跡的に治り、目が見えるようになったという福音書の逸話のおかげで、盲人は誰にも勝って神の偉大なる光輝に触れる力を持っている、という考え方が作用したものであろう。

近代の幕開けにおいて、古代に賞揚されていたような盲人のイメージに対する傾倒が強まった。盲人の豊かな内観を讃える伝統は古来あった。盲人は、浮き世の出来事を見ることがなく、不必要な知識を得ることもないという特権のおかげで、神秘的解脱に達し易い人だと思われていた。一七世紀神秘神学者の手によって、学者よりもはるかに達見を備えた、時には学者を困惑させるほどの知性を持つ盲人像が編み出された。やがて、光学革命と『闇の教訓』(クープラン)の時代、「自立した、個人主体としての盲人」というイメージが現れる。レンブラントも、孤独な盲人の威厳を一再ならず賛美している。

他方、盲人をめぐっての社会的な緊張がある。これはジナ・ヴェイガンの著を構成する縦糸となっている。社会の上流階級に属する盲人たちの心打つ一団は、貧民層の盲人たちの大群と対極に位置する。読者は両者を隔てる間隙の深さを推し測るだろう。一八世紀末、果敢な精神を持つ人々は教養ある盲人のモデルを作り出した。この著の主要登場人物であり、生まれながらの盲人のための集団教育システムを考案したヴァランタン・アユイに深い影響を与えたのもこのモデルである。

一七八五年二月一九日、盲人のための初めての無料学校が創設された。これは盲人の歴史を二分する出来事であった。これ以後、盲人に教育を与え、言葉を解放し、幸福にたどり着く道を開き、肉の交わりを持つ権利を与える希望は、時代の波にもまれる訓盲院の校長たちの脳裏を離れなかった。アンシャン・レジーム末期、教育された盲人の宮廷披露や学術団体を前にした実技、また公開訓練や宗教行事などへの参加により、盲人教育の理想は次第に文化の中に場所を獲得して行き、人々の意識に浸透していった。一七七一年にサン・トヴィードの祭りで悲しい盲人の見せ物が人々の歓心を買ったことも、この頃には実は古い時代の残照のような出来事となっていた。

とは言え、ジナ・ヴェイガンが綿密に描き出しているように、その後半世紀にわたる政治的動乱の時期は矛盾に満ちた逸話で満ちている。盲人が社会的に有用な人間になれるという確信は時には揺らぐこともあった。彼らが教育可能な人間であるという信念が消え去ることはなかったとしても、盲人にも就業可能と思われる職業リストが繰り返し作り直されたことは教育者たちの逡巡をあらわしている。一七九一年から一七九四年にかけては、希望が最高潮に達した時期である。その後、盲人市民権獲得の夢はゆるやかに醒めていった。次第に、社会統制の意志が教育の欲求を追い抜いていった。しかし、一七九五年七月二九日の法律文書に明記されていたように、盲人の教育と社会参加という目標が忘れられることは一度もなかったのである。

ジナ・ヴェイガンは記録文書を渉猟することにより、キャンズ・ヴァンに収容された盲人生徒たちの生活を感動的に描き出している。施設が移転し、政府の対応が冷たくなるたびに、彼らの運命も変わった。執政政府と第一次帝政下で出された規定は、訓盲院の内規に勝るとも劣らない非人間的な厳しさであった。綿密かつ厳格に定められた時間割、院内労働の義務、ずらりと並んだ罰則の数々、とりわけ、ほんのわずかな時間でも盲人生徒を監視下に置く規律には、現代的な我々の感性にとって耐えられないものがある。

ジナ・ヴェイガンはまた、一九世紀初頭の盲人の群れを生き生きと描くことで、この時代のパリの町を絵画的に蘇らせることに一役買っている。盲人たちの中には放浪の唄うたいや楽器弾き、行商人、占い師、宝くじの札売り、売春婦がおり、その多様さは盲目の原因の多様さの裏返しである。ディドロの『盲人書簡』が刊行された一七四九年から、封建制度に支えられた王政の終わりまで、直線ではないがある方向に向かう動きが、盲目の歴史の底を流れている。数十年の時を経て、人々の心には、盲人にも私生活を持つ権利があり、音楽以外の自己表現の道があるはずだという確信が生まれた。

優れた文化史家であるジナ・ヴェイガンは、絶対的他者であった盲人が社会に受け入れられて行くプロセスと、その歴史の緩慢な動きを同時に描くことに成功している。特に、一八〇〇年から一八五〇年までの時期に併存し、複雑な層を形成していた様々な盲人の表象は見事に明らかにされている。この時期の盲人の表象は三層から成っている。まずかつての文化の残骸が、教養小説や感傷ドラマの消費の枠としてある。諧謔と風刺もまた、前世紀に形成された感受性と同じように盲人の表象に刻み込まれている。しかし何と言っても、この時期現れた最も重要な表象は、ロマン主義的な盲目観だろう。ロマン主義的盲目観は、盲人には見えない現実を内観する力があるとしたかつての神秘主義的な言説に結びついている。ヴィクトル・ユーゴーの偉大な闇の小説『笑う男』では、盲目のデアが小説の鍵を握っている。デアは、人間生活のあらゆる指標が魂の闇に委ねられていることの象徴である。

この著は、ルイ・ブライユの感動的な人生を語って幕を閉じる。ブライユは、盲人が黙読をすることと、健常者と書き言葉によって交信することを可能にした人物である。ジナ・ヴェイガンの才能は、ここでひときわ生き生きと本来の輝きを取り戻すようである。彼女の文章は、緊密かつ明澄であり、効果を狙わず、抑えたトーンであるゆえに力強い。美辞麗句の一切ない簡潔な紹介だけで、この高名な盲人の擁護者が何故、今日神格化されるにいたったのかを十分に説明している。

ジナ・ヴェイガンの著は、病者と障害者の歴史の一部を成しているだけではない。そうした歴史を超えて、彼女の仕事は五感の用途、序列と均衡、その間の交感と代替についての歴史への寄与である。他の感覚による視覚の代用は、この著を通じた基本的な概念となっているからだ。

アンシャン・レジームから一九世紀にかけての観客的態度の出現、新しいものの見方の形成、視線による監視強化と弱化、覗き見行為の手法の刷新については、これまでにも多くの歴史書が書かれてきた。ジナ・ヴェイガンの著は、こうした豊穣たる感性の人間学の中に、確かな場所を占めている。

盲人の歴史／目　次

装丁・作間順子

盲人の歴史

——中世から現代まで

凡例

一　原文イタリックの箇所は、書名の場合は『　』、作品名の場合は「　」で括り、強調の場合は傍点を付した。

一　原文の引用符 « » は、「　」で示した。また、原文中の引用箇所も、段落を分けて「　」で示した。

一　原注が本文に組み込まれている箇所については、〔　〕に括って示した。

一　訳注は、作者名や度量衡記号など短い訳注に関しては〔　〕に括って本文中に残し、長い訳注については＊を付して、段落の終わりに置いた。

一　訳文中では、「障害」と「障碍」の間に区別を設けている。いわゆる「ハンディキャップ」を意味する語として「障害」を使い、物理的・比喩的バリアという意味で「障碍」を使った。

一　原注に挙げられた参考文献（いわゆる「古典的著作」は原則として除く）のなかで、邦訳があるものについては、分かる限りで紹介した。

一　本文中の関係箇所に散見する図版は原書にはないものばかりである。これらは、パリ、ヴァランタン・アユイ協会（Association Valentin Haüy）からの厚意による寄贈、藤原書店によるフランス国立図書館からの購入、訳者による写真撮影などで集められ、読者の理解を助けるために、本書の関連箇所に配置された。

まえがき

「過去についての無知は、現代の理解を妨げるばかりではない。現在の行動において過失を生む原因にもなる。」
（マルク・ブロック『歴史の弁明、ないしは歴史家の仕事』[1]）

二〇世紀を通して、「障害者」は次第に教育や職業養成プログラムや就職への権利を獲得して来た。しかし、今日においてもなお、盲人がフランス社会に完全に溶け込むことは難しい。我々の社会がどれほど「醒めた」社会であっても、盲人に対する根強い迷信的な偏見はいまだに残っているからだ。彼らは社会に出れば、常にこうした偏見に満ちた人々の態度と対峙しなければならない。実際のところ、現在の盲人の社会的立場を部分的にであれ決定しているのは、こうした偏見なのである。

障害者に向けられた人々の態度を見れば、現代のフランス社会がどれほど過去に縛られているかを見て取ることができよう。現代の人々がなぜ個人的に、あるいは集団的に障害者に対してしかじかの行動をとるのかという理由は、歴史の中にその原因が見つけられるだろう。周囲の偏見に満ちた言動が障害者を社会から排斥し、彼らの生活を困難にしている理由ならば、障害がもたらす現代社会の問題を考察する時には必然的に、そうした偏見が受け継がれて来た歴史を考慮する必要がある。この研究の発端にも歴史研究の重要さを信じる気持ちがある。また、盲人をより暖かく受け入れる社会の発展にささやかながらもいくらかの貢献ができることを願って、私はこの本を書こうと考えたのである。

現代フランス社会の盲人――言葉の問題、語源から比喩まで

「盲目《セシテ》」という言葉はラテン語のケキタスから来ており、この言葉自体も「盲人」を表すケクスという言葉に由来する。フランス語の「盲人《アヴグル》」という言葉について言えば、これはラテン語の「アブ・オクリス」(文字通り訳せば「目を無くした」)が変形したものである。つまり、盲目、ないしは盲人という言葉は、その語源において視力の完全な喪失を表し、それは眼球が摘出された状態のイメージにつながる。今日では、盲人から「目のない」人を想定することはもはやなくなっているとしても、厚くたれ込めた暗闇の中で生きている人という一般的なイメージは変わっていない。

このように「盲人」という言葉にはマイナスの意味が暗に含まれている。この言葉は、誰かを、決定的に彼から欠落したもので指示する言葉である。ついでに述べておくと、比喩として用いた場合、「盲」の言葉は、特に知的・精神的活動に関連した揶揄的な意味を帯びる。「盲《めくら・めしい》」とは「判断力が低く、理性を持たない者。あるいは、判断力を鈍らせ、理性を失わせ、反省的思考や物事を検討する能力を奪う事柄。あるいは、後先考えずに行動する者。あるいは、自意識が低く、無知な者(2)」を意味する。

法的および科学的な盲目の定義

意味論から法律の分野へ移ろう。障害者と難病罹患者の社会扶助に関する一九四五年七月三日付オルドナンス以来、

盲目の法的定義は視力計による測定値を基準とするようになった。最もよく見える方の目の視力[3]が二〇分の一以下である時、あるいは視野[4]が左右それぞれについて二〇度以上狭窄している時に、事実上「盲目」と呼ぶ。視力が〇・一を下回った時、白い杖が支給される。福祉介護サービスや扶助金、また失明が事故の結果である場合の損害賠償額は、法的に定められた視覚障害の度合いによって変わる。しかし、この定義は一般的に「実生活上の視力」と呼ばれている基準を除外している。実生活上の視力は、様々なファクターを考慮に入れて測定されるものである。そして、以下の項目についての分析総合結果を待たなければ、決定されない。

——近距離および中距離を見る視力。暗い部屋の中ではなく、日中の光が弱く入る場所で測るのが理想的。

——視野中央と辺縁視野の測定。

——色覚の測定。

——光に対する反応の測定。

——場合によっては、電気生理学的検査も行なう。

また、この総合検査においては、盲人が自らの目の状態[5]に適応する能力も考慮されなければならない。この能力は個人によって大きく違う。確かに、「同じ種類の視覚障害一つをとっても、そうした目の状態に対する弱視者あるいは盲人の情緒面・知的活動面・運動機能面・社会行動面での反応は、個人によって大きく異なる。こうした反応の違いにより、障害によって引き起こされる困難が軽くなったり重くなったりする[6]」のである。つまり、一口で盲目と言ってもその類型は様々であり、盲人と呼ばれる人が全てその言葉が示すような完全な視覚喪失におかされているわけではない。

いくつかの疫学的データ

さて、上段では盲目の定義と、現行の定義が全て一面的であり、かつ厳密ではないことを述べた。次に、現在フランスに何人の盲人と呼ばれる人が住んでいるかを見てみよう。

しかし、またしてもことは単純ではない。出典によって、四万人から六万二千人までと大きな差があるからである。一方で、盲目の定義と種類の違いによっても盲人の数は変わる。盲目の種類には、法的定義による盲目、移動障害としての盲目、職業的盲目、全盲、弱視などがある。他方、フランスにおいては、どの障害証明の文書にも失明の原因となった疾患の記載は義務づけられていない。それゆえ、国勢調査の結果そのものも批判の対象となることもある。個人の自由という点では喜ばしいことかもしれないが、疫学者にとっては困った話である。フランスで失明のケースを生んでいる眼病の動勢について、一切前向き研究がないからである。現在公表されている盲人人口は現実よりも低く見積もられた数値であるが、その半数以上を占めるのは六十五歳以上の高齢者であると思われる。よって、近い将来、高齢化が進むにつれて盲人の人口もさらに増えるだろう。一言で言えば、正確で信用性の高い統計データがないために、公衆衛生の全盲と弱視という領域において効果的な予防手段を講じる手だてもない。これは公衆衛生当局の悩みの種である。

確実な疫学的データが不足しているのは確かだが、西洋における最大の視覚障害の原因が慢性緑内障と眼の外傷であることは間違いない。加えてフランスでは、糖尿病性網膜症、網膜剥離、あるいは遺伝性白内障の重症のケースがよく報告されている。一方、世界中で失明を引き起こしている三大原因は、一位から順にトラコーマ、眼球乾燥症、オンコセルカ症であるが、フランスにはこれら疾病はもはや存在しない。四番目の原因である白内障は今では容易に治すことができる（発展途上国では安全な手術環境を整える財政手段がないため、まだこの病気が猛威をふるっているのである）。

福利厚生法

その確かな人数がいくらであろうと、また障害の原因と性質が何であろうと、現代のフランスにおいて盲人は法的に定められた立場を持っている。それは必ずしも財政支援のみの問題ではない。

一九二四年四月二六日付の戦傷者保護法は、戦傷者にリハビリ、職業訓練、就職などの権利を認めていたが、同年五月五日の法律改定により、その権利は労災事故の被災者にも適用されるようになった。さらに一九五七年一一月二四日付雇用義務法によって、同権利はあらゆる心身不全者（この時以来、公式に「障害者」と呼ばれるようになった）にも適用された。しかし、最終的に障害者の義務教育（特に普通学級での教育が推奨された）が実施されたのは一九七五年六月三〇日付障害者支援基本法においてである（一八八二年三月二九日の法律も盲日および聾唖児童の義務教育の項目を盛り込んでいたが、実施はされなかった）。一九七五年法は、適用に際して多くのバリアにぶつかったようである。障害児童を普通学級に入学・編入させることへの強い反発があったことや、一九八七年七月一〇日に同法律が再制定される必要があったことからもそれは伺える。ここでは法律の問題についてはこれ以上触れないが、ただ、盲人に関する問題についてのみ、以下のような疑問を問いかけることはできよう。一九七五年法が適用において困難に出会ったのは、ピエール・ヴィレーが「盲目への偏見」と呼んだ社会的な表象のせいではなかったかと。

「社会とは、その中を通り過ぎる人々と、消え去らない偏見の混在の異名である。それが嘘であっても本当であっても、偏見は人のあり方を形作る。盲人の社会的条件は、その障害以上に晴眼者の持つ彼らに対する間違った考えによって作られているのである。(7)」

盲人の表象と社会の対応——歴史研究の意義

ピエール・ヴィレーは、盲目への偏見は晴眼者が抱く盲目への本能的恐怖に由来するものと考える。

「晴眼者は、盲人の現実を通してではなく、盲目という考えによって引き起こされる恐怖の念をもって彼らを判断する。(…)この『一番恐るべき障害』を考える時、晴眼者の感受性は強く抵抗し、それがどのような客観的観察よりも彼に強く作用して、偏見に走らせることになるのだ。盲目に関する数多い伝説が生まれたのもここからである。晴眼者は眼が見えなくなった状態を想像する。盲人に与えられた行動手段は晴眼者のそれと大きく異なるため、彼は盲目によって得られるもの(例えば他の感覚を鋭くして)を想像することができず、反対に盲目によって失うものをまず想定するのだ。盲目になった時のことを想像する晴眼者の頭の中には、暗い深淵がいきなりぽっかりと口を開けることになる。(8)」

ピエール・ヴィレーは、心理に由来するがゆえに、盲目への偏見は常に存在し、普遍的なのだと考える。ヴィレーがこのように述べた三〇年後、もう一人の盲目の知識人、ピエール・アンリは、ヴィレーの知るはずのなかった理論を考慮に入れて、盲人を取り巻く社会的表象を分析した。アンリは、「偏見」という言葉はもはや使っておらず、その代わりに「盲目という概念《コンセプト》」と言っている。

「盲目という概念は、我々の認識を支配し、行動を導くその他多くの集団的表象と同じやり方で伝達され、振る舞う、一つの社会的な力である。この概念は晴眼者に否応なく働きかける。そして、個人的経験や自明の事柄がその反対をさしているにも拘わらず、盲人に対してある種の偏見を持たせ、その偏見に基づいた言動を取らせる。一方盲人自身も、外部から押し付けられる盲目という概念的表象に合致した社会からの要請に対する返答およびメンタリティーを、自らのうちに作り上げる。盲目という概念に適応したり反発したりする必要がなければ、彼らの心理は全く違ったものになっていただろう。[9]」

ピエール・ヴィレーは「盲目という偏見」という言葉を使い、ピエール・アンリは「盲日という概念」という言葉を使っているが、両者は社会的表象という同じ現象について語っている。二人とも、「二千年におよぶ論理的思考と、一五〇〇年間におよぶ障害者を社会に参加させようという努力にも拘わらず[10]」、盲人が「晴眼者の世界」にいつまでも溶け込めない理由は、社会的表象のレベルの問題だと言っているのだ。

この二人に倣って、盲人のアイデンティティーと彼らの置かれている社会的立場を理解しようと努めるならば、四苦八苦して盲目の定義を編み出す仕事がいかに不十分であるかは明らかだろう。視覚障害の種類を細分化し、その保護を法文化するだけでは足りない。まず、晴眼者が盲目と盲人に対して抱いているイメージを理解しなければならないのである。

「社会学的に言えば、盲人とは、よくものが見えないために、ある種の考えと行動を余儀なくされている人というだけではない。それは、望むと望むまいと、晴眼者が抱いている盲目のイメージを体現する者であり、またそうした表象に従った扱いを受けている人のことである。[11]」

ピエール・ヴィレーもピエール・アンリも盲人だった。彼らの知的・人間的資質、キャリアの成功と私生活の充実は、視覚障害者が達成できることの全てを証明している。この場合、障害にも拘わらず、と言うよりも、むしろ障害のおかげで、と言うべきかもしれない。なぜなら、何らかの障害を持っている人々は、しばしばそれを乗り越えるために、残された全ての能力を出し切ろうとするからである。しかし、彼らもまた、健常者と呼ばれる人々が盲人に向ける、無知で心ない言動に苦しんだはずである。そして、おそらくそうした理由もあって、盲目やその結果についての研究にとって、社会表象を考察することが何よりも大事だと感じるに至ったのだろう。

「盲目に関する偏見を修正する事実は、常に人々の前に提示されて来た。しかし、事実を無視してまでも、偏見は生延びてきた。[12]」

「客観的データがないところでは大衆の想像力は自由に働く。それゆえ、盲目に関しても簡単に大げさな表現や誇張的な形容詞が生み出されたのである。[13]」

盲人に関する社会保障の分野で、集団的表象の影響の重要性を説くヴィレーとアンリに賛同しつつも、私はここで、歴史の各時代において、盲人のための福祉制度自体もまた、個人と集団の持つ盲人のイメージを変えて来たことを見せようと思う。とりもなおさず、フランス社会における盲人についての歴史的研究を行なうことの最大の利点は、盲目に関する表象と制度が、その時間的発展の中で、同時的ではないが相互的な影響関係を作り上げてきた様子を見ることができるという点にある。

この種の歴史研究は、「長い時間《ロング・デュレー》」を射程におかなければ無理である。フランス社会における盲人の歴史を考える時、ジャック・ル・ゴフの「一九世紀半ばに至るまで、ゆっくりとその形を変え続けた長い、長い中世の時代[14]」という表現に表れた歴史の概念を鑑みずにはいられない。もちろん、こうした長い行程の間には、新しい感受性が生まれ、それが新たな社会集団を作り出し、また制度の体系を刷新し、そして制度的変化が今度は逆に表象に働きかけていく、といった重要な変転がはっきりと現れたいくつかの時期がある。例えば、一八世紀後半から一九世紀前半に至る時代は、盲人の歴史における「キー・モーメント」の一つだったと言える。

一七四九年、ディドロは『目が見える者のための盲人についての手紙』を発表した。彼はその中で、人間の知識体系の構築において、感覚が演じる役割を論じた当時の哲学を、「良識ある盲人」[15]の観察と対比させた。

一七七一年、アベ・シャルル・ミッシェル・ド・レペが、彼の考案による「体系的記号言語〔手話のこと〕」を用いた数年間の教育を受けた聾唖青年たちを、初めて一般に披露した。同じ年、サン・トヴィードの祭りで、キャンズ・ヴァン施療院の盲人たちが滑稽な音楽劇を演じ、人々の笑いの的となるという出来事が起こった。この出来事は、翻訳者および碑文解読の専門家であり、ディドロの愛読者であった、当時無名のヴァランタン・アユイという人物の興味を惹いた。彼は、貧しい盲人たちをこのような屈辱的な扱いから解放するため、「字が浮き出した本」[16]を用いて、指を使った読書法を教えようと考えた。お祭りの観客が深く考えずに楽しんでいた余興は、この博愛主義者の心を「深い悲しみ」で満たした。盲人たち自身が進んで身を投じていたこの「見せ物」は、アユイの目には「人類の不名誉」とまで映ったのである。[17]

アユイのまなざしは新しかった。この新しい見方から、もちろん楽々とではないが、次第に社会の変革が始まり、それがまた盲人や盲目についての一般人の感受性を変化させることになる。一七八五年二月、ヴァランタン・アユイの呼びかけと博愛協会の協賛で、パリに、世界初の貧民階級の盲目児童のための無料学校、訓盲院が誕生した。訓盲院の教育法は、感覚代替の原則に基づいた集団授業であった。それまで感覚代替の方法は、富裕階級の子供たちの個人授業で使われていただけだった。

一七九一年九月二八日、立憲政府は訓盲院を国有化した。その二カ月前には、創立三〇年になるアベ・ド・レペの聾唖学院も国有化されていた。この時から、感覚器官の障害を持つ子供の教育が国家の責任に帰されることが原則として定着した。同原則は、共和暦三年の熱月《テルミドール》一〇日(一七九五年七月二九日)の「テルミドール一〇日法」により、盲人の既得権となった。同時にこの法律は、一〇年前にヴァランタン・アユイが創立した訓盲院を国立盲人労働者学校と改名し、「共和国の財政により、八六人[共和国八六県からそれぞれ一人ずつ]の盲人生徒が無料で養育される(18)」場所とした。

その後、政府が交替しても、盲人教育が公的分野であるという原則は崩されなかった。政治体制の変化によって変わったのは原則ではなく、原則の適用方法だった。

アユイが校長を勤めていた訓盲院では、少人数の生徒に「彼ら自身のためと社会のために有用な個人を作るため」の知的教育、音楽授業、手作業訓練が行われていた。一方、一二五四年から一二六〇年にかけて聖ルイ王によって創立され、フランス全土から人数限定で集められた大人の盲人たちを収容患者および外来患者として援助する目的で運営されていたキャンズ・ヴァン施療院は、盲人を社会扶助の対象として扱い続けた。啓蒙主義の影響で、貧しい盲人たちに精神的、知的、および職業的な教育を与えて自立させようというイデオロギーが発展していたかたわら、慈善による社会扶助体制も生き続けていたということである。しかし、伝統的な社会扶助の体制はもはや実質的に不十分にすぎず、その上、旧弊な機能の仕方によって、盲人には自立する能力はないという古い考え方を存続させるはめになった。

盲人への援助は果たして社会扶助か教育かという弁証法は、この時期大きく変化した社会保障の新措置に対する抵抗にもはっきりと現れている。訓盲院をめぐる革命政府の委員会での討議にも、それはよく読み取れる。革命議会における全ての討議は、一八〇一年、ヴァランタン・アユイが創立した訓盲院を古い盲人施療院キャンズ・ヴァンに合併することで終結した。この合併は第一帝政の終わりまで維持された。
ナポレオン帝政に続く王政復古の時代、キャンズ・ヴァンは王党派が擁護する記念碑的な場所となった。一方、訓盲院は、多くの財政的困難を乗り越えて、盲人が新たなアイデンティティーと自立の道を見つけるための手段を作り出す場所となった。この場所で、ルイ・ブライユは点字を発明し、その後の盲人たち全てに書かれた文化へのアクセスを与えたのである。

一八世紀後半から一八三〇年代までの時期は、フランス社会の盲人の歴史における最も人事な時期である。この時期、旧弊な制度と世俗的社会扶助の習慣は持続され、盲人や盲目に対する伝統的な表象は執拗に残っており、進歩は簡単には受け入れられなかった。しかし変化は確実に起こっていた。この時期に明らかに起こった歴史的変化の意味を正しくとらえるためには、まずそれ以前の時代にさかのぼる必要がある。少なくとも、キャンズ・ヴァン施療院が創立され、フランス語文学に盲人という登場人物が出現した一三世紀中葉まではさかのぼらなければならない。

第Ⅰ部

中世から古典主義時代へ

――逆説的な盲人のイメージ

第1章　中世

文学的な盲人の人物像は、中世滑稽文学において生まれた。一八世紀から一九世紀の演劇作品は、中世の人物像から貸借した盲人を登場させることになるだろう。また、中世末期は、キャンズ・ヴァン施療院が誕生し、その運営方法が決定された時期である。キャンズ・ヴァンの存在は、その後数世紀の間、フランスにおける盲人の表象と盲人保護の分野に重くのしかかった。しかしこうしたことを話す前に、「ルネッサンスのユマニストたちが単なる歴史の通過点と考え(1)」、不当にもひとまとめにして、括弧付きの「中世」の一言で片付けたこの時代の盲人たちの社会的状況を概観しておくことが必要だろう。

最初の点は、中世における盲人の人口比と失明原因である。栄養失調、不衛生、感染症などに常に悩まされていた中世時代、都市においても田舎においても盲人の数はさぞ多かっただろうと推測される。西洋の長い中世時代における盲人の人口比をある程度確かに類推するには、現代の第三世界の状態を考えてみればよい。今も様々な感染症や寄生虫、また栄養失調や白内障による失明者が後をたたないこうした国では、現在数百万の全盲と重度の視覚障害者がいる。彼らの人口比はおそらく一パーセント前後と推定される。

中世には、もちろん現代と同じように事故による失明もあった。特に建設関係の職業にはそうした重大な事故がつきものだったし、戦争や暴力事件に巻き込まれて失明した者たちもいた。一四四九年、子供を誘拐して手足を切り、盲目にして物乞いをさせる犯罪が露見して、パリ中の新聞を騒然とさせた。当時、犯罪者の刑罰は、犯罪の残虐さに比例して過酷だった。シャルルマーニュから聖ルイ王までの時代の法文は、窃盗の罰として目をつぶすことを罰則の一つに定めている。もちろん、法律にこう書いてあるからといって、実際それほど頻繁に実行されたわけではないだろう。一つだけ例を挙げれるとすれば、一二世紀『ルー物語』にある、ノルマンディー公リシャール二世に反乱を起こした農民たちに対する処罰である。農民たちは何の裁きも受けないまま身体毀傷の刑を受けたとされているが、その中には目をつぶすことも入っていた(2)。

また、貧しかろうと裕福であろうと、遺伝による失明は誰も免れ得ない。例えば、ルクセンブルグ公とボヘミア王を兼任した「盲目のジャン王」（一二九六年—一三四六年）には弱視の父親と伯父がおり、遺伝性の障害を抱えていた。モンペリエ大学医学部の医者たちがジャンの治癒を試みたが成功せず、生まれながら弱視だった王は、四十歳にして完全に失明した。

中世における生まれついての盲目、幼児期、ないしは大人になってからの失明は、病気や事故のせいだった。しかし、彼らは一体何者だったのか。

中世の盲人たちの中には、もちろん男もいたし女もいた。子供も、老人も、壮年期の大人たちもいた。大多数が貧民である。また、無名でありながら慈善施設の記録や偉人伝に常に登場する人々である。一方、盲人たちの中には裕福な者もいたし、国の統治者さえもいた。彼らの武勲は常に世間を騒がせた。聖人伝や奇跡の逸話の中にも、言葉となり、イメージとなって、盲人たちがあちこちに顔を出す。かつて福音書に書かれていた盲人たちのように、目を開いて心を癒す神の光は、彼らを通して顕現すると思われていた。

他方、慈善団体の文書に登場する盲人たちは、彼らを救済した富裕階級の美徳の象徴だった。時代の記録には、高貴な生まれの盲人たちの姿も現れる。例えば、一一三一年から一一四一年までハンガリー王の位にあったベラ二世、一一九二年から一二〇五年にコンスタンチノープルで亡くなるまでヴェネチア総督を勤めたダンドロ、前述したように一三一〇年から五六年までボヘミア王だったルクセンブルグ公ジャン、そして、一四一九年から二四年にかけてフスの反乱軍を率いたヤン・ジジカがいる。こうした盲目の貴人たちの偉業は、彼ら自身の勇気を示すとともに、彼らの時代の社会における価値を体現してもいる。一二〇三年七月、ヴェネチア軍を率いてコンスタンチノープルの征服を試みた老ダンドロがそうであるし、見えない目で馬に乗り、自らの軍隊を従えてクレシーの戦場に赴き、そこで一三四六年八月二六日に戦死した盲目のジャン王がそうである。ジャン王の武勲が騎士道的美徳への人々の憧れを刺激した様子は、今日パラリンピックに参加する障害者たちが、人々をスポーツの魅力と驚異の感情で興奮させるのにも似ている。

最後に、宗教劇や大衆劇に登場する現実の、あるいは虚構の盲人の姿が挙げられるだろう。滑稽劇《ファブリオー》に出てくる盲人は、一般的に諧謔的に描かれている。不具に対する見方は多くの場合否定的であったし、彼らをからかうことに人々は何の後ろめたさも感じなかったからである。

こうして、多くの盲人たちが古文書館や文学作品の中にその痕跡を残しているが、どこに行けば彼らに実際に会えるのだろうか。

中世時代、都市の、あるいは田舎の貧しい盲人たちは、「子供や未亡人や老人やびっこたち[3]」と一緒に、慈善団体から食べ物と衣料の配給を受ける列に並んでいた。中世は、教会付属あるいは世俗の慈善団体がフランスに続々と登場した時代である。宿坊、修道院付の施しの家、医療施設、市町村の慈善団体、司教あるいは王侯が運営する施しの館、そして特に一一九〇年に創立されたとされる王立救貧院[4]などである。王立救貧院は、一三世紀のフランスにおける盲人扶助団体の設立に大きな役割を担うことになる。

これら貧しい盲人たちには、生地の町や村を離れず、家族とともに生きている者もいたが、また他地方の慈善団体の施しをできるだけ享受するために、旅に出る者もいた。その他にも、家から家をまわって、公道で、あるいは道端で、または広場や教会の前で物乞いをし、人々の情けにすがって生きている者もいた。物乞いの中には、様々な技芸を身につけている者も多かった。彼らは放浪の唄うたいだったり、動物に曲芸をさせる見せ物師だったり、占い師だったり、楽師だったりした[5]。一九世紀半ばになっても、盲目の大道芸人は日常的によく見かける光景だった。中世以来、盲人たちには、高名な貴族や裕福な個人の寄付金によって建てられた盲人収容施設に住む権利が与えられた。これは一一世紀から始まった伝統である。

貧民階級の盲人たちは、物乞い旅の途上で互いに知己を得た。一方、裕福な人々と貧しい人々は、巡礼の途上で出会った。当時の医学も民間医療も治すことができない目の病に苦しむ人々は、最後は祈りと奇跡にすがって巡礼の旅に出たのである。よって、目を病んだ人々は全て、社会階層を問わず、病を治すとされた聖人の遺物や、奇跡の泉や、聖人や聖母マリアに捧げられた高名な場所に集まった。一方、眼病を特に治すという評判の聖人をまつった「特別」巡礼コースもあった。聖人たちの評判の由来は、例えば聖クレール、聖母クレール、聖母リュシーなどのように、名前の語源ないしは響きに依拠することもあったし、改宗の最中に一時盲目になったという逸話を持つ聖パウロや、盲目に生まれ、洗礼の水で治癒されたとされる八世紀アルザスのホーヘンブルグ修道院にいた尼僧聖オディール、または、七世紀オータンの司祭で、目をつぶされる刑を受けた殉教者聖レジェなど、伝記に依拠することもあった。聖人伝説および、ルネッサンス期の徴《しるし》の理論*に基づく奇跡的治癒に対する民間信仰は、一九世紀まで存続した。

*植物の形態とその薬効がそうであったように、名前の意味とその指示物は徴と実効力の関係にあるとした。例えば聖クレールの名前の「クレール」が「明るさ」、「光」を表しているがゆえに、この聖人には目の病を治す力があるとされた。

一三世紀の聖人伝には、治癒と施しを求めて旅する様々な社会階層出身の盲人巡礼者たちの姿が美しく描かれている。しかし、同時期にフランス語で書かれた滑稽文学や劇作品は、それとは全く違った趣の盲人の姿を伝えている。

諧謔と盲目——演劇と滑稽芝居《ファブリオー》に見られる盲人の姿

みすぼらしく滑稽な盲目の乞食の姿は、フランス語で書かれた最初の世俗演劇作品『少年と盲人』という短い戯曲にすでに現れる。二人しか登場人物がいないこの滑稽譚は、おそらく日常的な道端の光景をお祭りの行列用に翻案した筋書きがもとになっている。一三世紀後半にベルギーのトゥルネーで初上演が行なわれた(6)。劇の中では、盲目の登場人物が手を引いてくれる人を探している。「家に帰るのに手を引いてくれる子供も見つからないなんて、俺も落ちたもんだ(7)」と盲人は嘆く。不運なことに、彼が出会うのは悪巧みに長けた一文無しの少年である。少年は盲人の信頼を得た後、彼の目が見えないのをいいことにその持ち金を全て奪ってしまうのである。

この小劇の全体の筋は少年の騙しの手口に従って進む。盲人は意図的に反感を呼び起こす人物として描かれている。彼は、できるだけたくさんの施しを受けようと(彼は、富裕階級の人が貧者に慈善を施すことで貧者から祈ってもらい、それによって救済を得るという当時の社会慣習を象徴している)、人々の慈悲心をかき立てようとする偽善者である。信心深い貧者を演じる盲人は、慈善のおかげで金持ちになった偽の貧者でもある。そして、懐暖かいにも拘わらず、どこまでも持ち金を増やそうとする吝嗇家である。この盲人は、少年に対する信頼の度が増すにつれて、ますます地金をあらわしていく。彼は酒飲みで、大食いで、下品で、ひねくれており、その上好色である。こうして、盲人が少年から有り金を全て奪われる場面になっても、観客たちは盲人を憐れむことなどできないのである。少年が盲人を置き去りにしつつ言う言葉には、当時の人々の物乞いの盲人たちに対する軽蔑がありありと表れている。

「どこかへ行っちまえ。あんたは僕にとっては糞みたいなもんだ。(…)嘘つきで妬み深い。(…)腹が立ったら、僕の後を追っかけてみろ(8)!」

これは、案内人に騙される盲人というテーマが世俗文学に現れた最初の例である。このテーマは、これ以後何世紀にもわたって繰り返し扱われ、諧謔文学と演劇の愛好家を笑わせることとなるだろう。中世の宗教劇においても、盲人とその案内者（しばしばびっこである）の不運というテーマは、バーレスクな幕間劇として頻繁に使われている。巡礼の途上にある二人の不具者は、治ったら働かなければならないという不安で、時折治癒を怖がる気持ちを表明する。しかし、奇跡を起こす聖人や、キリスト受難の記念日にはキリストその人に、嫌々ながらも治されてしまうのである。

滑稽譚の盲人には、怠惰、愚かさ、虚栄、欺瞞、飲酒、賭け事好き、淫蕩さなどのあらゆる悪徳が備わっている。さらには、欺瞞の最たるものとして、偽の盲人ではないかという疑いさえもかけられる。コルトバルブの滑稽譚『コンピエーニュの三人の盲人』は、まさしくこの疑いから話が始まっている。このファブリオーは『少年と盲人』と同じく、一三世紀にピカルディーで書かれた。このテーマはその後長い間、いろいろな作品に翻案され続けることになる。

『コンピエーニュの三人の盲人』は、教会の助祭に騙される目の見えない三人の乞食の話である。「手を引いて道案内をしてくれる召使いもいない」[9]この三人は、コンピエーニュからサンリスへ向かう巡礼の旅に出る。その途中、パリから馬で馬丁と一緒にやって来た助祭とすれ違う。助祭はこの三人が偽の盲人ではないかと疑う。その疑いを晴らすため、金をやると見せかけて盲人たちを罠にかける。三人とも仲間の誰かが金貨をもらったと思い込み、思いもかけないその施しで「ゆっくり楽しもう」と考え、コンピエーニュに戻ることにする。助祭はコンピエーニュで盲人たちを待ち伏せし、騒ぎを続いて楽しむことになる。盲人は酔っぱらいで食いしん坊との評判にもれず、彼らもまた宿屋に入って暴飲暴食の限りを尽くし、その晩は柔らかいベッドで「朝も随分遅い時間まで」[10]ぐっすり眠る。翌日の朝、宿屋の主人が支払いを要求しにやって来るが、もらったはずの金がない。三人の間には言い争いが起こる。三人のそれぞれが、お互い相手に騙されたと信じ込んでしまう。宿屋の主人はもちろん腹を立て、便所に放り込むとおどかした後、二本の棒を持ってこさせ、それで盲人たちにたっぷりとお仕置きをする。助祭と言えば「あんまり楽しくて、内心ほとんど気を失わんばかりに笑い転げながら[11]」、何喰わぬ顔をして説明を求めて割って入り、気の毒がったふりをして三人の乞食たちの勘定を支払ってやる。結局、三人は怖い思いをしただけですんだ。

「コンピエーニュの三人の盲人」は公開朗読のために書かれた。その戯曲への翻案は一三世紀にさかのぼって見つけることができる[12]。ここでもまだ盲人たちは揶揄の対象として描かれており、観客が盲人たちに憐憫の感情を抱くどころか、彼らを陥れる役の悪者を許してしまうように作られていた。滑稽なところなど一切ない中世教会演劇においては「盲人は神と聖人の栄光の奇跡を讃えるために存在する[13]」こととなっていたものの、同時代の世俗演劇の中に現れる盲人乞食の姿は滑稽で、粗暴で、がさつで、吹き出すような扮装をしている。また時には、良心の仮借なくからかうことのできる、貧乏人の振りをした詐欺師として描かれていた。

こうした盲人の極端に戯画的なイメージには、おそらく当時の社会が持っていた貧困と病に対するある種の態度が現れているに違いない。中世社会は「あまりにも人間的な現実とあまりにも高尚な理想の間[14]」に引き裂かれていたのである。

「あらゆる価値の対極[15]」にあるとされた貧困は、後にある種の神秘主義者にとって理想の成就に不可欠な条件になるとしても、中世においてはまだ「人間の磊落した部分、呪詛が加わった一種の恥辱[16]」と考えられていた。この視点に立てば、怠け者で嘘つきで悪癖に染まり易いとされた貧しい乞食が、一般人の優越感に満ちた蔑視の対象であったことは理解できよう。一方、一三世紀の聖トマス・アクイナスや、一四世紀から一五世紀にかけてのジャン・ジェルソンなどの神学者たちが否定したにも拘わらず、身体的障害はしばしば、目に見えない過ちや精神的な欠陥などの具体的な徴候であるという見方が主流であった。

「びっこや盲人（…）など卑賤な者たちについては、身分の高い人々の前で話すことはできない。自然が彼らにこれほど明らかな外傷を与え、下位の者としたということは、彼らがよっぽど大きな過ちの過去を背負っていることを意味する。(17)」

この過ちは本人のものであることもあれば、両親のものであることもある（例えば、性的禁忌を侵して妊娠した場合など）。

このように、精神的な盲目状態と知的な混濁状態のしるしと見なされていた身体障害を背負った人物が、中世文学においてネガティブな人物として描かれたのも驚くにあたらない。ファブリオーや道化芝居はあらゆる社会階層の観客を対象としていたが（貧しい階級だけというわけではなかった）、彼らは盲人の滑稽譚を前にして情け容赦なく笑うことができた。

フランス王国の全土を二分した百年戦争の時代、英領となった首都の一つでは諧謔精神はさらに過激の度を増していた。サーカスの曲芸にも似た残酷な掛け合いの中、人々は本物の盲人を見せ物にするところまで行ったのである。『パリ市民の日記』に載っている、一四二五年に起こったその事件の描写は、世界中の障害者史家によく知られたテキストである。(18)

「八月最後の日曜日、サントノレ通りのアルマニャック館(19)で楽しみごとがあった。攻撃に備えた服装をして、(20)それぞれ手に棒を持った四人の盲人が、殺せばもらえることになっている太った豚(21)を追い回した。奇妙な豚争いが始まった。盲人たちは豚を叩いていると思い込んで、(22)お互いに打撃を加えていた。鎧を着ていなければ、殺し合ったところだった。前日土曜日には、見せ物を知らせるために、豚を描いた旗を掲げて、フドンを叩く男に率いられた盲人の群れがパリ中を行列してまわっていた。(23)」

盲人たちは、叩き殺されることになっている豚と全く同じく、祭りの動物として扱われている。ここには、慈善行為という義務を除けば一切盲人との接触点や共通点を認めない社会が、彼らを絶対的他者の領域へと排除していることが明らかである。[24]

しかし、こうも言えないだろうか。中世社会は「他者」として排除した盲人の中に、自ら抱えている手の施しようのない影の部分を認めていたかもしれないと。不治の病気、蔓延する貧困、いたるところに見られる暴虐沙汰など、つまり一言で言って人間の「罪」のしるしは、観客の一人一人が自らのうちに認めることができたものに違いない。[25]他者性、異質性、その通りであるが、盲人という他者は誰にとっても卑近な存在だった。それぞれが自分の身に想像して深く感じていた盲目の恐怖を封じるため、人々は盲人を笑いとばすことを選んだのである。[26]それは、この時代に限らず我々の時代も同じである。

中世社会のしばしば残酷にも見える盲人への嘲笑的態度についての解釈は他にもあるだろう。しかし、この社会は同時に、教会の影響下で盲人への慈善が多く実践された社会でもあったのである。

もう一つの視点——慈善家から見た盲人

『キリストの貧者』と呼ばれる聖人の名を与えられた聖なる共同体に属する悩める者たち[27]」、つまり当時、教会指導の慈善の対象となっていた貧者たちの中で、唯一盲人のためだけに公的扶助制度があった。[28]この頃、医療施設建設事業の波に乗って、多くの「アヴーグルリー（盲人館）[29]」が建造された。この波は一三世紀に最高潮に達し、都市部と田舎で、多くの病院とオテル・デュー、メゾン・ド・デュー（神の家）と呼ばれた総合施療院が生まれた。

教会はその頃、清貧の理想を極度にまで押し進めた宗教運動の渦中にあり（一二世紀のシトー会修道院の改革や聖務運動、あるいは一三世紀の托鉢修道会など）、こうした動きを主導していた。しかし、施療院の運営は世俗信者からの寄進でまかなわれた。信者たちは寄進行為によって贖罪を受けることを願い、キリストから特別の愛を受けるとされている貧者を援助し、彼らの祈りの力を得ることで自らの魂が救済されると考えていた。一方、裕福な信者にとって、寄進の行為はその富の開陳行為の一つに他ならなかったという側面もある。しかし、そうした理由以上に、彼らのうちには真の慈悲心と貧しい者を気にかける気持ちを持つ者がいたことは否めない。

その深い理由は何にしろ、社会階層の上下を通して慈善の競争は一般化していた[30]。よって、「正義と慈善という二つの義務を背負う[31]」とされていた王が、慈善施設の創設に一役買ったのは当然のことであった。

王権と盲人——キャンズ・ヴァン創立の経緯

医療施設が新しい時、最も一般的な疾病や大多数の貧窮した人々の治療が優先されるのが普通で、そのためしばしば不治の病に冒された病人への対応が遅れることがある。よって、彼らのための特別な施設が必要となった。最初の特別施療院は盲人のために建てられた[32]。

ルイ十一世は、ロワイヨーモンのシトー会をしばしば訪れたほか、ドミニコ会やフランシスコ会の修道僧たちを顧問として傍においていた。慈善事業をかつてないレベルに引き上げたのはこの王だった。ルイ十一世は個別に貧者の面倒を見ることもあったが、彼が特に手篤く介護したのは盲人たちであった。ギヨーム・サン・パチュスによれば、王は毎週土曜日に盲人たちを宮殿に迎えて、自らの手で彼らの足を洗うことにしていた。経帷子に身を包んだ王は貧者の前に跪いて、彼らがテーブルにつく支度をした。テーブルでは、王が盲人の食事の介助もした。

「王は、哀れな貧者の手を深皿に導き、どのようにその中に手を入れるかをお教えになっていた。また、目の弱い者や力のない者[33]が魚の皿を前にした場合、恵み深き王は御自らの手で魚の骨をお取りになった。その上、魚をソースに浸して病者の口に運ばれるのだった。[34]」

第七回十字軍（一二四八―五四）の失敗の後、社会の一般的な動向と、正義と改悛に重きをおいた王の慈善事業への関心は、三〇〇人の「貧しいパリの盲人[35]」から成る教団を受け入れる盲人施療院の創立を促した。この施療院は、三〇〇人という収容人数にちなんで「キャンズ・ヴァン[36]」〔フランス語で一五×二〇の意味〕と呼ばれた。三〇〇人の貧しい盲人グループは施設の設立以前に存在していたのかもしれない。そうとすれば、当時の村落共同体の発展によって生まれ始めていた自由な集合の精神と合致する話である。しかし、このことについて我々は何も知らない。[37]キャンズ・ヴァン設立の正確な年についてすら、設立証書が失われてしまった今では何も分からないのである。[38]ただ、一二六〇年七月二三日付教書によって、その前月の六月に建築工事が終わっていたことだけが分かっている。施療院の設置場所は、フィリップ・オーギュスト城門の外側、サン・トノレ門付近に定められた。キャンズ・ヴァンは一七八〇年までここを動かない。この後、三世紀近くにわたって（一五四六年まで）キャンズ・ヴァン施療院は教団として機能し続けた。その自治運営組織は、托鉢修道会に似た「民主的」なものだったようである。

キャンズ・ヴァンの盲人たちは、施設にその身柄と財産を預けて、共同の規則のもとで生活していた。とは言え、本当の修道者と違って、財産の用益権は確保していた。もちろん、盲人たちは貞節の誓いを立てることもなく、配偶者と一緒に施設に入ることもできた。宮中司祭長の推薦を受けて王が任命した指導官ないしは監督官が、一人の行政官と団体が選んだ陪審員六人の補佐を受けて、彼らを指導した。その代わり、毎週の参事会の集りには全ての収容者が参加し、施設の運営方針を決定した。指導官と違って行政官は必ず結婚していなければならなかった。というのも、女行政官が必要となる仕事が少なからずあったからである。女官は看護婦や「慈母」の役割を演じたのである。各人は同胞集団に入るにあたり、参事会の前で、施療院の秘密を堅く守り、家族を含めていかなる人の前でも漏らさないことを誓わなければならなかった。これは、この頃のあらゆる職業団体に共通する点である。

世俗の団体であったとは言え、教団は聖レミに捧げられた礼拝堂を建てる許可を王から取り付けた。この礼拝堂には、王が任命した司祭が住んだ。一二六〇年七月二三日付アレクサンドル四世教書は、施療院の寄進箱に施しをすれば、誰でも贖罪のお返しが得られると定めている。[39]

このように、キャンズ・ヴァン施療院は、その創立のはじめから、教会と王権によって多くの特権を与えられていた。聖ルイ王は、盲人の食費として三〇パリ・リーヴルのシャトレ債券を与えた。その後も、王のキャンズ・ヴァン施療院に与える庇護はさらに強まった。恒常的な寄付や時々の寄進、そして何より免税されていたことのおかげで、教団の富は膨らむ一方だった。また、個人寄進者が王権の庇護を背後に持った教団に進んで寄贈と寄付を行なったため、[40]施療院の財政はさらに潤った。

キャンズ・ヴァン収容者は、理論的に王一人の判断で選ばれることになっていた。王は宮中司祭長と施療院指導者の助言を受けて選抜を行なうとされたが、実際のところ宮中司祭長が一人で選んでいるようなものだった。宮中司祭という官職は一〇九〇年頃に設定され、[41]全ての王立医療施設を運営する役割を担っていた。一三五〇年以後、ジャン善良王の宮中司祭長だったミッシェル・ド・ブラッシュが定めたキャンズ・ヴァン運営規定によれば、入所申請の条件は十六歳以上で自立している盲人であることだった。おそらく、キャンズ・ヴァンの前身である教団は、その創立当初から盲人のみで構成されていた集団だったに違いない。ともあれ、ミッシェル・ド・ブラッシュ規定はこのように定めている。

「キャンズ・ヴァンには厳密に三〇〇人を収容すること、それ以上でもそれ以下であってもならない。つまり、盲目の者を一五二人と、長い移動を行なったり、パリの町を案内できる程度に目が見える者を六〇人、明敏な司祭長、あるいは参事員の請願によって選ばれた盲人および晴眼者の女を八八人である。[42]」

全盲であることや貧窮の身であることは、キャンズ・ヴァンに入る上で特に必要なかったことが分かる。盲人という名目で入所を許された者については、その財産の一部あるいは全ては、彼の死後教団のものとなった(もちろん、寡夫ないしは寡婦、あるいは十四歳以下の孤児を後に残す場合は別であったが)。

施療院に与えられた特権や寄進の代わりに、教団メンバーは、毎朝毎夕はもちろん、できる限り頻繁に王、王妃、王家のために祈りを捧げる義務があった。王家のみならず、彼らを援助する全ての寄進者のためにも祈らなければならなかった。同時に、最期の日々にある死刑囚を支えることや、托鉢修道僧やその他多数の団体が行なっていたように、呼ばれた時には死亡したパリ市民の枕頭で通夜をし、祈りを捧げるという義務もあった。

信仰にまつわるこれら様々な義務の他、また教団内で特別に割り当てられていた役割を果たすことがあった(鐘つきや新聞の売り子など、また敷地内の居酒屋の主人は彼らの仕事だった)。しかし何と言っても、教団に属する盲人の主な仕事は物乞いだった。集められた金銭の全額は教団の金庫に収められた。集めて来たパンは「乞嚢《ブザース》」と呼ばれ、院長と集めた盲人の間で均等に分けられた。物乞いに出るにあたって、盲人たちは「晴眼の」修道士か修道女に付き添われた。施療院の規則が、「盲人が物乞いのために外出したり、移動する時には、ゆっくりと確実に手を引く付添人が必要である[43]」と定めていたからである。

教団の修道士や修道女たちは施療院の外に出る時、「制服」を着用した。男性用制服は長いガウンと脇にスリットの入ったコート、女性用制服はガウンとエプロンだった。一三一二年以後、彼らの制服の上にはキャンズ・ヴァンの紋章を縫い付けることが義務づけられた。この紋章はフィリップ美男王がキャンズ・ヴァンに与えたもので、王立施療院であることを示すしるしとしてサフラン色の真鍮に満開の百合の花が彫られていた（物乞いをする時は、首につり下げた箱の上に貼付けた）。このしるしのおかげで、物乞い中の盲人たちは誰からもすぐにそれと見分けられたのだった。[44]

毎日の物乞いは非常に重要な仕事とされていた。この仕事と、修道士が着ている制服、そして紋章の効力によって、キャンズ・ヴァンの盲人たちは何よりもまず物乞いとして認識されていた。特権ある物乞いである。托鉢修道会の誉れが高かったこの時代にあって、彼らは特に王権によって保護された物乞いだったのだから。物乞いの盲人たちのスローガンであった「神のパンをキャンズ・ヴァンへ！」と、「修道士に欠かせない道具」[45]と言われた二つの握りのついた杖にもたれた彼らの姿は、パリはおろか、彼らが市外移動の許可をもらって訪れたパリの向こう側にも到る所に見られ、日常の光景となった。

物乞いする盲人たちのよろよろした歩きぶりや執拗な要求はリュトブフの嘲りを招いたが[46]、その一方では、キャンズ・ヴァンの物乞いたちを羨ましがる人々も多かった。聖ルイによるこの施設の創設をきっかけに、似たような施設が生まれるようになったが、その中でもルイ九世とフィリップ大胆王のかつての顧問ルノー・バルブー兄が、一二九二年にシャルトル市外に建設した「貧しい盲人や、その他の町の貧民を住まわせ、引き取り、慰める[47]」ための施設をあげることができるだろう。この医療施設は、フィリップ美男王の一二九一年の証書によって創設が許可され、一二九四年にはシャルトル司教によって盲人のための礼拝堂建設も認められた。キャンズ・ヴァンの正確な縮小複製とも言える施設であり、盲人と晴眼者を合わせた一二〇人の貧民が住んでいた。彼らはそこで、物乞いで集めて来た金銭をもとに共同体生活を行なった。呼称も「シス・ヴァン〔フランス語で六×二〇のこと〕」であり、パリのキャンズ・ヴァンをモデルにしていたことが分かる。一三五六年には、ミッシェル・ド・ブラッシュがこの施設のために、キャンズ・ヴァン規定と同様の規定を作成している。

キャンズ・ヴァンの盲人たちと同じように、シス・ヴァンに収容されていた人々も、王国のあらゆる場所で物乞いをすることが許されていた。この施設も王立だったからである。また、王権の象徴である百合の花の紋章を飾ることも許されていた。ただしこの場合は、百合の花の上に小さな三日月の模様が入った紋章であった。彼らがパリに来て物乞いをしようとした時、キャンズ・ヴァンの物乞いたちとの衝突が起こった。争いに決着をつけるため、一三五〇年にジャン二世善良王は、シャルトルの物乞いたちは百合の紋章を箱の下につけることと定めた。同時に、各施設に与えられる紋章の形を厳密に個別化した。また、シス・ヴァン施設がパリに送ってよい物乞いの数は一度に四人と定められ、そこに一人の召使いを加えるとされた(48)。

一三世紀から一四世紀にかけては、その他にも盲人のための施療院が生まれた。中世における盲人と盲目の歴史を扱ったブリジット・ゴーチエの博士論文には、これら新施設の全てがロワール川北部の都市人口密集地域に建てられていたという指摘がある(49)。確かに、当時も今日と同じように、貧民や社会から除外された者の多くは都市生活者であった。彼らの中には身体障害者も多く、教会と王権が競ってその受け入れと救済を試みていた。一五世紀以前にはこれらの施設は全く強権的な性格を有していなかったように見える。一種の「警察」権力の犠牲者であるという認識は、盲人たちの方には一切なかった。それどころか、宿を与えられ、衣服と食物の一部を供与され、病気の時には治療を受け、その上何らかの組織運営への負担義務からは一切免れており、さらには「参事会投票権」を持っており、その子供たちは施設内に設置された学校に行くことができるということがどのような特権であるか、彼ら自身よく理解していた。それゆえ、例えば偽の盲人との諍いでも分かるように、盲人たちは自分たちの特権的身分を守ることに激しく執着した。キャンズ・ヴァンが全国の盲人に門戸を開いた途端、殺到する入所希望に対応できなくなったのも当然である。一方で、パリの市外に設立された盲人施療院は発展が遅れ、キャンズ・ヴァンの代わりを果たすことはついにできなかった。

キャンズ・ヴァンを創立したのと同じ頃、聖ルイ王は、道徳と正義の名の下に、王国行政の大改革に挑んでいた[50]。しかし、貧民人口の多さゆえに、王は国内の貧しい盲人たちはおろか、パリ市内の貧民の問題を全面的に解決することはできなかった。もちろん、それがキャンズ・ヴァン創立の目的だったわけではない。キャンズ・ヴァン創立は王の「個人的」慈善行為だったのだから。慈善行為とは、つまり封建主義的な国家の君主が自分の敬虔の度合いを表明し、社会統制への配慮を見せた行為ということである。一方で、キャンズ・ヴァンが創立されたことによって、盲人の社会的表象が変化するようなことはなかった。逆に、規定によって盲人の主要な仕事が物乞いと定められたことは、従来から人々の生活に根付いた物乞いと盲人を結びつける連想をさらに強固にした。特権を享受しているとは言え、キャンズ・ヴァンの盲人たちはただの物乞いだった。つまり、結局のところ、嘲笑ないしは憐憫の対象にすぎなかったのである。

王や寄進者の慈善は同情を決して欠いてはいなかったが、結局盲人を絶対的他者の領域から解放するものではなかったと言える。一方で、聖ルイ王は、パリの貧しい盲人の教団を支援することで、フランス王国史上初めての改革を行なった。それまで教会と個人の慈善家に任されていた障害者扶助の仕事を、国家責任に帰したということである。これは、国家による障害者の社会保障の最初の礎石であった。一三八七年付アヴィニョン教皇クレマンス二世の教書は、キャンズ・ヴァンと王権の間の緊密なつながりを確証することになる。クレマンス二世はこの教書によって、キャンズ・ヴァンをパリ司教の管轄から引き離し、その宗教的権限を王の宮中司祭長の手に引き渡した。この措置により、キャンズ・ヴァンは宮中司祭長の実質的な権力基盤となった（司祭長は院内に個人住宅と事務所を構えていた）。つまり、司祭長がそこから徐々に王国内にある多数の慈善施設を通して自らの権力を発展させ、ひいては王権を浸透させていく「核」となったのである。

中世の貧しい盲人たちは、「教会によって受け入れられているだけに、社会から完全に排除されているわけではなく、しかし常にマージナルな存在であるために完全に受け入れられているわけでもない(51)」存在であり、そのために「聖人の集まりの中の苦しめる同胞(52)」という貧しい障害者の原型を体現しているように見える。盲人施療院の創立者たちの意図は主に宗教的、終末論的で、もちろんそこには社会統制の考えがなかったわけではないが、それにしても救済された者たちから経済的な利益を引き出すという概念は一切欠けていた。つまり、収容盲人に何らかの知的教育や職業的訓練を与えるという考えは、施療院監督官たちの念頭に上ったことすらなかったに違いない。このような考えは、この後次第にフランス社会の宗教感情が発展し、貧窮に対する態度に変化が現れ、主体が生まれ、新たな人間観の到来を待って生まれることになる。その時には、社会扶助制度の教育者や改革者は、盲人を代替感覚の強化によって教育する可能性に思いいたるだろう。そして、盲人の中でも特に貧窮した者を労働に駆り出す動きが始まるだろう。

第2章

近代のはじめ

これまで西洋の貧困の歴史に関心を持つ多くの歴史家が、中世末期から近代初期における労働者階級の貧困化や都市の物乞いと浮浪者の増加という歴史的な出来事について、多くの優れた研究を重ねてきた。この頃の物乞いや浮浪者には戦傷者、経済恐慌や失業で路頭に迷った者、「新貧困層」がおり、町から町へとさまよい歩き、常に栄養失調状態であった。彼らはまた、一三四八年西洋に上陸し、猛威を振るうことになるペストの最初の罹患者だった。

物乞い、特に浮浪者に対する社会の態度は、それまで曖昧だったのが急激に敵意に満ちたものとなった。中世末期の多くの都市では、衛生および社会的な理由による貧民取り締まりの最初の兆しが見え始めていた(1)。しかし、最初の取り締まりの対象となったのは健康な物乞いであり、老齢者や障害のゆえに働くことができない貧民はそれまでの習慣から物乞いを許されていた(放浪についてはこの限りではない)。貧民救済のための福祉事業の責を分かち合っていたのは、教会関係の機構や職業団体、あるいは地方公共団体である。フランスの国家的福祉の責任者である宮中司祭長は、この時にも王立施療院や施設(あるいは王立と見なされていた施設)のみを監督し、一般の貧民の面倒はみなかった。

社会扶助制度の発達とキャンズ・ヴァンの改革

しかし、一六世紀最初の二五年間において、この状況はがらりと変わった。きっかけとなったのは、「それ以前とそれ以後では決定的に生活と統治の仕方が変わってしまうような、経済的および社会的な大危機(2)」だった。貧困の蔓延に対処するため、西洋の都市国家は福祉事業の制度を世俗化するという大きな改革に乗り出した。一方で、経済理論家たちは、貧困と雇用の相互関係に気がつき始めていた。フランスでは、慈善医療施設の監督権を国家と地方公共団体が争っていた。そして一五一九年には、福祉責任者であった宮中司祭長が「フランス大司祭長」という新たな称号を与えられた。一五二〇年より、フランソワ一世は大司祭長に王国内の施療院および救貧院の運営を一任した。大司祭長の権限は大きく、王立以外の施設の一部にまで及んだが、実際のところ、医療施設運営の領域に頻繁に介入していたのは議会だった。一五二二年九月六日、パリ市議会は大司祭長フランソワ・ド・モラン起草によるキャンズ・ヴァン施療院の新規定[3]を登録した。ちょうどその頃、運営部の公金横領が発覚したことで大司祭長、指導官、行政官、そして参事会の間に深刻な衝突が起きていた。キャンズ・ヴァンの盲人共同体は財政難に陥り、「二五名から三〇名の、盲目あるいは晴眼者の修道士と修道女[4]」の資産に頼らなければならない羽目におちいっていた。

新規定のアウトラインは概ねミッシェル・ド・ブラッシュの規則にのっとっていたが、そこに強制的な性格を強めるいくつかの条項が加えられていた。特に教会義務について（第一条と第三条）、参事会への参加義務と会合中の「正しい服装着用」義務について（第九条と第一〇条）、宗教教育について（第四条）、キャンズ・ヴァンの盲人の晴眼の子供たちの職業養成について（第四一条）、あるいは、守衛の設置によって修道士や修道女の出入りを監督する措置について（第一八条）などが挙げられる。これらの規定は「施療院勤めの士官と修道士・修道女たちが報告を受けていないと言い張ることができないよう、一年に四回、参事会で読み上げられなくてはならない」（第五〇条[5]）とされていた。

一五二二年の規定ではまだ、「国王の行列に立ち会う時、ミサに行く時、全ての正式行事に参加する時、また参事会に赴く時、（…）物乞いをする時、（…）パリ内外の教会に集まる時」に百合の花の紋章を体につける義務は記載されていない。この義務は、一五二三年一〇月一二日にパリ議会によって交付されたキャンズ・ヴァン誓文書（「全ての者が施設に入る前に必ず誓わなければならない誓文[6]」）の最後の二条（第一四条と第一五条）に明記されることになる。この時代、フランスの多くの都市[7]で物乞いを許されていた者たちは、物乞いの際にキャンズ・ヴァンの紋章を身に帯びている義務があった。誓文がこの義務を繰り返していることは、盲人が紋章を身につけることに難色を示していたからだと想像できないだろうか。つまり、院の紋章がそれ以前の時代にはなかった差別の意味を含むようになっていたからだと。しかし、これは仮定にすぎない。

一五二二年規定は、こうした様々な措置に加えて、盲目および晴眼の修道士と修道女たちの数を「七×二〇人の盲目の修道士[8]」、「六〇人の晴眼の修道士」、および「盲目、晴眼者を合わせて八八人の修道女」と定めた。彼らは「王国で生まれ、出生証明書を保有する者たち[9]」でなければならなかった。一方、キャンズ・ヴァンは王国内の全盲人に開かれた場所であり（少なくとも一五世紀最初の三〇年においてはすでにそうだった）、彼らが望めば地方に住んでもよかった。

とは言え、フランソワ一世がキャンズ・ヴァンに関して取った最も重要な措置は、院運営に関する決定である。フランソワ・ド・モランは参事会に六人の知事から成る諮問委員会を補充したが、大司祭長はそこに自らの権限の一部を依託した。しかし知事と参事会の対立、盲人たちの総会欠席、出席した者たちの無規律などの理由から、一五四六年「五月にフォンテーヌブローにおいて」、フランソワ一世は勅令を発した。この勅令は、「キャンズ・ヴァンの修道士と修道女たちから、院運営に関する問題を集団調整する権利を奪った[10]」。その後、参事会、総会、教団内で発言や決定の権利を持つようになるのは、運営部の六人の知事、指導官、行政官、二人の盲人陪審員、二人の晴眼陪審員、門番修士、そして裁判所の書記ないしはその代理であった。また、キャンズ・ヴァンの八人の修道士（盲人と晴眼者半々）も会議に同席することになる。彼らは「聖ヨハネの祭日にあたっている院の総会で、知事、指導官、行政官、陪審員と修道士らの主権者たちの一致によって[11]」選出された者たちだった。一五四七年二月二六日、知事、指導官、行政官、陪審員、修道士の要請を受けて、宮廷裁判所は勅令を改正し、門番修士から討議権を剥奪すると同時に、さらに四人の盲人を参議会に加えた[12]。

プロンソー司祭によるキャンズ・ヴァンについての『覚え書き』にあるように、この改正は、

「盲人の手から決定権を奪い、聖ルイの偉業を貶めるにふさわしい改革だった。なぜなら、王によって任命された庇護者と長を持つ共和国の代わりに、宮廷司祭長が指揮する単なる集団がここに生まれたからだ。もちろんこの集団は王侯の特別な庇護のもとにあったので、監視や上申の権利はあったのだが[13]。」

新規律が作り上げたキャンズ・ヴァンの組織行政制度は、一八世紀末の大革命の時代を経て、一九世紀初めの王政復古の時代に至るまでその影響を残すことになる。しかし、王が常に院の監督を世俗の者に任せ、一五四四年にはパリに貧民救済事務所を設置したことを考えると、この改革はさほど驚くべきことではない。

ともあれ、フランス全土で放浪者と物乞いがますます抑圧をうけるようになっていたこの時代においても、パリ議会といくつかの地方議会はキャンズ・ヴァンの盲人に物乞いの特権を認めていた。彼らは王国内を自由にどこに行くことも許され、パリ議会によってオテル・デューの物乞いたちと同じ特権を与えられていたのである。キャンズ・ヴァンの盲人たちは、院の運営については上から指示を受け、かつてなく厳しい規律が課されていたせいでよく統制されていたので、「善良な貧民」であった。誰一人、この盲人たちに物乞い以外の仕事をさせようとは考えなかったようである。

盲人たちの中には、身につけた手仕事で物乞いの乏しい収入を補填していた者もいる。例えば、レオン・ル・グランが書いているように、当時の家庭では目の見えない妻が糸を紡ぐことは珍しくなかった。彼女たちの遺品にしばしば紡ぎ車が見られるのはそのせいである[14]。盲目の修道士たちの幾人かは、キャンズ・ヴァンの敷地内で飲み屋を経営していた。こうした飲み屋では、敷地内に住む人たちに酒やその他の食料品を売っていたのである[15]。一五二〇年の未完の改革の際、宮廷司祭長は共同テーブルを院内に設置しようと試みたが、盲人たちは相変わらず個人の住居で別々に飲み食いし、必要なものは敷地内の売店で購入することを続けた。改革から数十年経った一六〇二年には、織物職人である盲目の修道士が、「商売を始めるために」パートナーを見つける許可を求めている。[16]

一九世紀半ばになっても、キャンズ・ヴァンには中世と同じ職業が残っていた。とは言え、執政政府と第一帝政以前のキャンズ・ヴァン院長たちは皆、盲人たちに勤労を奨励しつつも、働くことを強要したりしなかった。盲目という障害は、それ自体労働を阻むものと考えられていたからである。しかし、果たしてそうだったのだろうか。

扶助制度の改革と盲人の就労問題

一五二六年、オランダ在住のスペイン人哲学者ファン・ルイス・ヴィヴェスが、ベルギーのブリュージュから一冊の本を刊行した。『スブウェンチオーネ・パウペルム』[17]と題されたこの書物は、「社会扶助制度改革についてのユマニスト的プログラムの中核となる書」[18]と見なされた。トーマス・モアとエラスムスに倣って、ヴィヴェスもまた労働を礼讃している。

「原罪の罰とあがないとしては何よりもまず、神によって人間に課された法を発布することから始めなければならない。つまり、各人が自らの汗と労働で得たパンを食べて生きるべしという法である。働ける年齢と健康を持つ者には、貧者とあれども無為な生活は許されない。[19]」

ヴィヴェスは、この規則には「年齢や病弱という条件を考慮に入れること」[20]を断っているが、その後にこう書いている。

「盲人にさえも無為な生活は許されない。盲人でもできる仕事はたくさんある。盲人の中には文章を書く才能がある者もいる。音読してくれる補佐がいればいいのだ。学問において立派な業績を積む盲人もいるくらいだから、他の盲人も学業を修めるべきである。音楽に秀でた盲人は、歌や弦楽器や管楽器の演奏で身を立てればいい。その他の盲人たちも、ろくろをまわしたり、歯車を動かしたり、圧搾機や印刷機を操作したり、鍛冶屋の工房でふいごを吹いて、働くことができる。周知のように、盲人は箱やカゴや鳥かご作りという手作業に長けているし、盲目の女は昔から糸を紡いだり繰ったりしてきた。つまり、無職に甘んじたり、仕事を嫌って逃げたりするのでない限り、盲人はいつでも働けるということである。盲人が何もしない理由は、ただ怠慢とたるんだ精神状態によるのであり、身体的な障害のせいではない。」(21)

ヴィヴェスの書は、盲人の歴史にとって重要ないくつかの要素を含んでいる。まずこの書は、当時盲人にできるとされていた知的な仕事、芸術活動、手作業の丁寧な注釈をつけた一覧を掲載している。「我々の見るところ」、「知られていることであるが」などとヴィヴェスが断っているところを見れば、それらの注釈は理論的なものではなく、事実の記録なのだろう。ちなみに、ブリュージュにも一六世紀以来盲人施設が存在し、ヴィヴェスはこの施設に住む盲人たちの日常の活動を観察したものと思われる。パリのキャンズ・ヴァンでも同じことが観察されたはずである。

「文章を書く才能がある盲人」という項目についてであるが、ここでピエール・ヴィレーによって紹介された、この時代の二人の盲人が思い出される。両者ともオランダ出身で、当時非常に高名だったので、ヴィヴェスもおそらく聞いたことがあったに違いない。その一人、ニカシウス・ファン・フールデンはマリネス地方に一四四〇年頃生を受け、疱瘡のために視力を失った。彼はベルギーのルーヴァン大学で哲学を修め、学芸修士、神学学士となり、ついには法学博士にまでなった。そしてマリネスで人文科学の教授となった後、ケルン大学でも教会法と民法の講義をした。彼は盲目であったにも拘わらず、教皇から聖職者の秘跡を受けることを許された[22]。もう一人は、ペトリュス・ポンタヌスである。ブリュージュに一四七五年から一四七九年の間に生まれ、自らも学んだパリのボンクール学校で人文科学を教えた。ポンタヌスはエラスムスを敬愛し、ルフェーヴル・デタープルと文通した。一五二九年にパリで亡くなったが、ヴィヴェスがこの学識深い哲学者を知っていたことは当然考えられる[23]。

どのような実例からヒントを受けたにせよ、ヴィヴェスには盲人が「無職に甘んじたり、仕事を嫌って逃げたりするのでない限り、いつでも働ける[24]」ことを証明する用意があったものだろう。しかし、ヴィヴェスの書の興味深い点は、一六世紀初頭に、またおそらくそれ以前から、盲人が従事していた職業を教えてくれるだけにとどまらない。

ヴィヴェスは、貧困と施しから宗教的意味合いを排除し、ひいては社会扶助の仕事を世俗化することを目指す人々の一人として、新たなキリスト教道徳に基づいた理論を打ち立てている。この道徳において、労働は魂の救済という意味を持っていた。ヴィヴェスは、労働こそが人を救うという理論をあらゆるケースに適用し、その証明として、伝統的に物乞いと同義であった「盲人ですら」、教育を受けて仕事に就くことができると証明しようとしたのである。つまり、ヴィヴェスは特に盲目や盲人に関心を持っていたのではなく、無為な社会グループを就労させることが目的の持論の傍証として盲人の例を出したにすぎない。とは言え、傍証とは言いながら「神によって全ての人間にあてがわれた規則［傍点筆者］」を盲人にもあてはめたことは、ヴィヴェスをして、史上はじめての反盲人隔離政策を唱える理論家とした。彼の書が盲人の歴史において大きな価値を持つのは、おそらくこの主張ゆえであろう。ヴィヴェスの理論は、地方公共団体の慈善事業改革に思想的支柱となる主張を与え、物乞い排斥のための具体的な方法を示したことで、ヨーロッパ中に知られるようになった。しかし、この時代に健常な物乞いに対する実利的理論がどのような状況で適用されたかを鑑みても、盲人就労の想像がすぐには実施に移されなかったことは、盲人にとってはむしろ幸いだったと言える。物乞いの禁止についても有識者の意見はすでに分かれていたし、強制労働を身体不自由な者に適用すること、特に盲人に適用することにはさらに大きなためらいがあったことだろう。

ともあれ、この時代の人文学者たちが最初の社会扶助理論の基盤として打ち立てた概念が、貧困や障害を教会の権限から切り離し、世俗のものとしたことは重要である。社会扶助事業を世俗化しようとする流れは、一八世紀末になって盲人を教育と労働によって社会の一員とする最初の試みとして結晶することになるだろう。

「どのように盲人が書くことを学ぶのか」

さて、ヴィヴェスが学問や音楽や手仕事によって盲人を社会に有用な存在にしようと考えていたことは先に述べた。同じ時期、ペドロ・メクシアとジロラモ・カルダーノという二人のユマニストは、エラスムスの対話からヒントを得て[25]、アルファベットの文字が刻まれた板を使って盲人に読み書きを教えてはどうかと提案していた。ペドロ・メクシア（フランス名でピエール・メシー）は、ヴィヴェスと同じスペイン出身で、一五四三年にセヴィリアで編纂された『シルヴィア・デ・ヴァリア・レクシオン』の著者である。この本は一五五二年にクロード・グリュジェによってフランス語訳され[26]、一六一九年にはさらに増補された改訂版が出た。第三章でメクシアは文字の発明について論じており、特に印刷技術を「世界最高の発明[27]」と礼賛している。その後、印刷のおかげで広汎に書物が出回るようになり、盲人にも教養を身につける道が開けた、と言う代わりに、どのように幾人かの盲人が書くことを学んだかという説明に移っている。

「彼らは、斑岩や骨、あるいは鉱石で作ったテーブルの上にａｂｃから始まるアルファベット文字を全て刻ませた。盲人は先端が細く尖った鑿を持ち、その手を誘導されながら、テーブルに彫られた文字に従って好きなように動かした。こうして、テーブルの文字それぞれの形を手探りで感じ、慣れていくことで、最後には記憶の中に文字の形を浮かび上がらせることができるようになるのだった。覚えた文字は、テーブルを離れても残っていて、他のものに刻むことができた。何度も繰り返すうち、頭の中に文字の形がはっきりと見えるようになり、紙の上にペンで書くことが可能になるのだった[28]。」

メクシアがこう書いた少し後には、ヴェザリウス以来ヨーロッパで最も有名だった医者であるジロラモ・カルダーノ(フランス名はジェローム・カルダン)が、一五五〇年にニュルンベルグで出版された『明敏の才について』と題された著書の中で、「どのように盲人が書くことを学ぶか[29]」について説明している。この本は一五五六年にリシャール・ル・ブランによってフランス語に訳され、一六四二年までフランス国内でたびたび再版された。カルダーノが提案している文字の習得の仕方は、数年前にメクシアが述べたものと全く同じである。しかし、ミラノの学者カルダーノは、メクシア以上にこの方法の難点を強調している。カルダーノによれば、「多くの労力を払わなければ」成功しない方法である。つまり「長期にわたって、常に誰かが傍について補正し続けなければならない[30]」。カルダーノの結論は、こうした計画は「賞賛に値するが、実際にはほとんど何の役にも立たない[31]」である。

ここに挙げた二冊の本は、ヨーロッパ諸言語に訳され、一世紀にわたって広く流通したものである。これほど読まれたにも拘わらず、盲人も書き言葉が習得できるという考えが全く話題にならなかったのは何故だろうか。しかも、当時は印刷機が発明されて間もない時代であり、宗教改革の影響もあって、書き言葉を広めることへの熱意はこれまでになく高まっていた。この疑問には、ジロラモ・カルダーニの結語がある程度解明の糸口を投げかけてくれるかもしれない。古代から教養ある盲人は存在したが、彼らは読み書きするためにいつも助手を必要とした。ヴィヴェスもまた、前掲の書でこうしたやり方をほめのかしている。学識豊かな何人かの盲人が、いささかなりとも自立しようと読み書きを習う（習い直す）ことを願い、またそれに成功したとしても、それは賞賛を呼びこそすれ、二義的な重要性しかないことだった。なぜならば、当時の慣習からして、こうした盲人は裕福な階級に属していたからである。彼らはあらゆる雑事をまかなう召使いを傍に置き、事務役ももちろんその中に含まれていた。行政書士の社会でも、読書役や書記を雇うことは容易だった。しかし、いかに二回の改革で大衆教育の熱意が目覚めていたとしても、貧しい盲人に読み書きを教えるなどとは誰にとっても想像外のことだった。

もちろん盲人に書かせようとすれば、かつての晴眼者であり、すでに読み書きを覚えたことのある失明者に教えるくらいが関の山だっただろう。一方で、印刷機が発明されたこの世紀において、教育者の意識が十分高ければ、書くことを教えることはともかく、盲人が読めるような文字が浮き出した本の印刷はおそらく考案されていたに違いない、と考える理由はある。

さて、キャンズ・ヴァンでは、この頃から二〇名あまりの盲人児童が院内の学校で教育を受けるようになっていた。レオン・ル・グランは、彼らがどのように教育を受けていたかを調べれば、「大変興味深いはずだ」と言っている。残念なことに、現存する文献は、それ以上児童たちの教育について教えてくれない。[32] おそらくキャンズ・ヴァンの教育の基本もまた、ヴィヴェスがその著の「子供の養育について」[33]の章の中で示唆しているような「キリスト教徒としての敬虔の義務を実行し、物事を正確に判断すること」だったのだろう。また、盲人児童も、晴眼児童と同じ聖歌と朗唱の授業を受けていただろう。しかし、盲目児童に基本的な読み書きの授業がなされていたかどうかは、全く分からない。

盲目に対する世の中の見方は確かに変りつつあった。その変化には、ヴィヴェスの理論や、メルシアやカルダーニの教育法の影響があっただろう。しかし盲人を職業や学業に向かわせる動きは、一般的に根付いた盲人教育や就労への否定的な考えや態度によって阻まれていたように見える。一方で、オーソドックスな信仰心を持つ人々は、貧しい障害者を仕事に就かせるという考えに心を痛めた。他方で、障害についての根強い偏見が、盲人の教育の可能性を疑わせた。当時最も高名な学者であったカルダーニすら、その偏見に同調している。『明敏の才について』の第一二巻[34]を読んでみよう。「我々は、盲人、聾唖者、片目の人間、六本指のある者といった、乱れた風紀の産物である自然の怪物たちを、かたわと呼び慣わしている。［傍点著者］[35]」カルダーニは、特にせむし、盲人、片目の人に対して厳しい判断を下す。「すべからく、かたわなる者は悪い心に生まれついているが、（…）その中でもとりわけ悪いのが、身体の中枢である心臓周辺に罪が蓄積されたせむしである。その次に、自然が脳に過ちをおかしたと見られる盲人と片目の人間である[36]」。

当時の医学知識の状態に結びついた障害への偏見に加えて、視覚を五感の頂点に据えた精神主義的な哲学の影響が、こうした意見を生んだのだ。ちなみに、印刷機の発明に近代光学の誕生が続いて、光学機械が急速に発展していたこの時代、視覚は最も高貴な感覚と見なされるようになっていた。レオナルド・ダ・ヴィンチも『パラゴーネ』でこう言っている。「視力を失うということは、生きながら埋葬されるに等しい。盲人は、墓の中に閉じこめられて、ただ息をしたり動いたりができるだけの存在なのである[37]」。このような条件のもとでは、万が一「目には欠けている知性を自然が他の部分に補い、立派な仕事をして後世に名を残した盲人がいるとしても[38]」、やはり「世界の美を感じることのできない」不幸な者たちを無意味に苦しめるのはよくないことと思われただろう。盲人の文字教育は困難である以上に、カルダーニの表現を借りれば「実際には何の役に立たない[39]」ものと思われたのだから。

文学作品と図版に見る盲目のイメージ

『トルメスのラザリオの幸運と不運』という短いフィクション作品の最初の挿話には、盲目に関する伝統的なイメージと新しい観察が同居している。悪漢小説《ピカレスク》と呼ばれる荒唐無稽な冒険譚のジャンルを切り開いたこの作品は、一五五三年から五四年に初版が刊行された[40]。一五六〇年には、リヨンの出版社からフランス語訳が出ている。仏訳は大きな成功をおさめ、その後も頻繁に再版された[41]。この小説の主人公は、当時「ピカロ」と呼ばれていた浮浪者の若者ラザロであり、彼が年老いた盲人に物乞い指南を受ける経過が物語となっている。盲人は彼に物乞いの世界で流通している言葉や、人を欺く策術を伝授する。小説の語り手であるラザロは、この盲人は「この世界でも飛ぶ鳥を落とす勢い[42]」だと言う[43]。

「この盲人はその上、金を巻き上げるためのありとあらゆる術を身につけていた。多くの過ちの例について贖罪の祈祷を知っているとうそぶき（…）、医学についてはガレノスの倍の知識を持っていると誇称していた。そのため、皆が彼に追いすがった。特に信じやすい女はそうだった。その利益はすさまじく、（…）彼は一〇〇人の盲人が一年で稼ぐ額を、たったひと月で稼ぐことができた[44]。」

鋭い観察眼を持ったラザロは機会あるごとに盲人を欺くが、盲人の方もそれに劣らず悪賢く、ラザロが言いつけに背くたびに彼を打ち据え、ほんのわずかの食べ物しか与えない。意地悪な盲人とその介助役である機敏な頭の少年という組み合わせは伝統的なもので、中世の喜劇によく見られる。この小説のコンビも読者に大成功を博し、小ラザロを意味する「ラザリオ」は、カスティリア方言において、盲人の介助をする少年という意味の一般名詞にまでなった[45]。

匿名の作者は「この笑い話には、(…)これまでに書かれた滑稽文学の全てが詰まっている[46]」と言うが、ラザロの師匠である盲人がもはや中世の笑劇の人物のように間抜けではなく、「物乞いの達人」として登場するところにこの小説の新しさがある。この小説の盲人は触覚、聴覚、嗅覚などあらゆる残された感覚を駆使して視覚の障害を乗り越え、ラザリオの悪意あるいたずらの裏をかくのである。ラザリオはここで心ならずも、「奸智に長けた盲人」の「勘の良さ」や「洞察力」や「鋭敏さ」を体験することになる。小説の中では盲人のこうした資質は人を騙すために利用されているが、同時に、よりどころのない人生を送る障害者が世の中の罠を避けて、無事に生延びるために必要な技能なのである。だからこそ、この小説の冒頭でも、これから艱難に満ちた人生に乗り出そうとしているラザリオが盲人師匠に賛辞を述べているのだ。ラザリオは言う。「神の次に、僕に人生をくれたのはこの師匠だ。盲目とは言え、彼の教えは僕に光を与え、人生の道を示してくれた[47]」〔傍点筆者〕

この逆説的賛辞にはおそらく皮肉がこめられているのだろう。なぜなら、このような師匠の「光」は、結局ラザリオを偽りの信仰や、その頃宗教改革者と社会扶助を唱えるユマニストが目の敵にしていた非合法の物乞い業に導いたにすぎなかったからである。また、師匠を形容するのに、ラザリオはしばしば「ずるい」とか「狡猾な」とか「性悪の」とか「見事に裏をかく」とかいった言葉を使う。そこには何か悪い企図で結ばれた共犯関係を読み取ることができる。それを社会批判だと深読みすることまではしなくともよいが[48]、この小説の盲人像は、完全に否定的に描かれているとは言えなくとも、少なくともかなり両義的であることは否めない。五感の相互補完の関係を十分に利用してうまく生きている人間の才能が描かれている反面、ちょうど同じ時期にカルダーニが言っていたように「かたわの者は皆性悪」であるという意識があり、やはり盲人は信用できないというメッセージも含まれているからである。中世の笑劇や地方の諧謔譚に見られた盲人のカリカチュアはここで間抜けさを失い、代わりに狡猾さを手に入れたのである。

また、「見事に人の裏をかく盲人」の洞察力と鋭敏さも、超自然的な理論を好む人々にとっては、何かしら闇との契約を結んだ証拠のようにも思われたことだろう。盲目と盲人に対して両義的としか言いようのない小説に二重のメッセージを読み取ることはいくらでもできるが、しかしこれが何よりもまず「笑い話」であることを忘れてはならない。

この小説が書かれる一〇年ほど前には、ブリューゲルが盲人と盲目を描いた作品を残している。現代の我々にとっては滑稽さのかけらも感じられない衝撃的な絵である。そうは言っても、現代的な感覚をもとに当時の読者や観客が受け取った印象を類推するのは間違っている。

ブリューゲル『盲人の寓話』(1568年)(イタリア、ナポリ国立美術館蔵)

現在ナポリ国立美術館に保管されているブリューゲルの絵画『盲人の寓話』[49]は、一五六八年の作品である。新約聖書『マタイによる福音書』第一五章一四節にある「盲人の手引きをする盲人は放っておきなさい。盲人が盲人を導いても、二人して穴に落ちるしかないのだから」というキリストの箴言を絵にしたものである。

この寓話はもともとパリサイ人を揶揄したものだったが、一三世紀より後は、説教師によって、蒙昧ゆえの過誤の比喩として使われるようになった。[50]美術史家がこの絵の「決定版」とみなすバージョン[51]完成の時期に先立って、多くの画家や版画家が盲人の手引きというテーマを扱った。その中でも、ブリューゲルの「精神的先達[52]」であるヒエロニムス・ボッシュが挙げられよう。ブリューゲルの信仰についての美術史的説明は全て失敗に終わったが、この絵の専門家たちは、少なくとも「主題は盲人ではなく、信仰[53]と異端[54]である[55]」という点で意見が一致している。この絵は真に迫った写実的なタッチで、[56]うつろな目をした二人の盲人がふらふらする足取りで歩いている様子を描いているが、当時の人々は貧困と障害に悩む哀れな人間たちの社会的な生存条件というものではなく、全く別の種類の感想をこの絵から受け取ったことだろう。絵の右側で、目を見開いたまま穴に落ち込んでいる盲人の姿は、「晴眼者である我々をも震撼させ、(…)自分たちが盲目ではないことを忘れさせる」[57]力がある。このくだりは、ジャン・ピエール・ヴェルナンがゴルゴンについて書いたことを彷彿とさせる。

「ゴルゴンの目を覗き込むということは、あらゆる想像を超えた恐怖の世界と鼻を突き合わせることに他ならない。我々を常にじっと見据えながら、人の視線を全て否定する視線に出会うことに他ならない。そして、目を見えなくする夜の光の輝きを取り込むことに他ならないのだ。[58]」

近代はじめの文学や絵画が表象した盲人の姿には、それが笑わせるためであろうと、おびえさせるためであろうと、常に罪の概念と結びついた象徴としての機能があった。罪とは原罪、あるいは異端のことである。一部のユマニストが新しい考えを打ち出し始めていたとは言え、盲目が呼び起こす感情は両義的だったのである。目の見えない人々に対する社会の対応が変るには、もっと時間が必要だった。この時期、フランス唯一の貧しい盲人のための施設であったキャンズ・ヴァンでは、ますます王権が運営に介入するようになっていた他は、前世紀にくらべて目立った改革は行われなかった。また、一六世紀には物乞いに対する統制が強化されていたが、それのみを仕事とするキャンズ・ヴァンの盲人たちは特権的な地位にあった。物乞いの特権が王権の庇護を受けるようになったということである。こうして、キャンズ・ヴァンの盲人たちに象徴される、盲目イコール物乞いというイメージは、その後も根強く社会通念の底に残ることになる。

第3章

古典主義時代における盲人の歴史の足がかり

盲人と「大いなる囲い込み」

一七世紀から一八世紀前半にかけての古典主義時代には、盲人のための社会扶助制度の分野において、ある種の進展があったと見てもよいだろう。例えば、一六五六年四月にパリで発布された『パリ市とその諸界隈に居住する物乞いを収容するための総合病院に関する王の勅令』は、その他の障害者と同様に盲人の物乞いも対象としていた。これは、「健常者か障害者に関わらず、病中病後に関わらず、また疾患の治癒可能不可能の如何を問わず［傍点筆者］(1)」、貧民という貧民に今後一切の物乞い行為を禁じる法令であった。また、『パリ総合病院で遵守されるべき王命規定』が、盲人に関する細則を定めていた。

「盲目の物乞いと治癒不可能な疾患を持つ物乞いは、同じく総合病院に収容される。彼らはそこで、キャンズ・ヴァン施療院ないしは生涯収容病院に場所ができて、当該病院長から収容許可が降りるまで待つこととする。(2)」

しかし、この物乞い禁止法が「パリ市とその諸界隈の」貧しい人々に「一切の例外なく、（…）最初の違反には打擲をもって罰し、繰り返し違反した場合、男および少年に対しては苦役、女および少女に対しては市外追放をもって罰す(3)」という条件で適用された一方で、一六五六年の勅令の第一一条は「募金や物乞いを許された者たちは上記の罰則の対象外である(4)」としている。つまり、初めて王国で物乞いの抑圧政策が取られたこの時代においても、キャンズ・ヴァンの盲人たちの物乞いの特権は保護されていたのである。

もっと良い例がある。先に引用した一六五六年の勅令条文は、「物乞いを許された盲人と子供」に、「教会の扉から離れず、献金箱に近いところに」常にとどまっていることを命じるもので、「その命に背けば物乞いの許可も却下される[5]」ことを定めていた。しかし、施設からの要請と摂政王妃の介入のおかげで[6]、一六五七年五月四日付の王の書簡はこの条件を見直し、キャンズ・ヴァンの盲人たちが「これまでと同じように教区内で自由に物乞いすることを許す[7]」よう再び定めている。総合病院はこの決定に反対したが、議会によってその反対は斥けられ[8]、結局一六五九年三月七日付の書簡で、ルイ十四世は聖ルイ王がキャンズ・ヴァンの盲人に与えた物乞いの特権を維持することを決定した[9]。

つまり、盲人たちは労働を奨励する商業主義的倫理観からも保護されていた。ちなみに、こうした倫理観は一六六六年には総合病院内に作業場を設置して病人を就労させるに至る。しかし、キャンズ・ヴァンの盲人のみが、施しと祈祷の交換に基づいた中世以来の慈善の原則に従って取り扱われていた。実際、彼らが「教区内で自由に物乞いすること」を許されたのは、一六五六年の勅令の撤回された条項が定めていたように「教会の扉から離れず、献金箱付近で物乞いをする」ことを課せば、「盲人たちは慈善者たちが望むような祈祷をすることができなくなる[10]」からではなかったろうか。

キャンズ・ヴァンの盲人の特権維持は、当施療院を何よりも宗教団体と考えた王権が、王家の代々の教会との取り決めに敬意を払ったことの証拠だろうか。それとも、司法権力と警察権力による新たな統制措置があらゆるタイプの物乞いに差別なく適用されることになった時、王権の頂点にいた人々の信仰心が不安に陥ったからなのだろうか（王妃アンヌ・ドートリッシュ自身も盲人を擁護した）。事実だったのは、この時代、労働による救済という思想に抵抗を続ける無為な社会階層への弾圧はかつてなく激しくなっており、そうした中でキャンズ・ヴァンの盲人たちは一種の物乞いの世界における貴族として扱われていたということである。

しかし、こうした特別待遇の裏には、盲目は「一切の仕事を不可能にする」から、貧しく生まれた盲人には物乞いしか生きる手だてはない、という確信が透けて見えないだろうか。

ともかくも、キャンズ・ヴァンの盲人たちにとって、施設に収入をもたらす方法はただ物乞いだけだった。当時の総合病院の史料を見れば、パリの他の物乞いたちとともに一斉に駆り出され、すぐさま病院に収容されていた盲人たちには、働く義務は一切なかったようである。[11] 例えば、パジョ・ド・ラ・シャペル[12]がイル・ド・フランス州知事宛てに作成した一六八八年八月一五日付の報告書を見ても、盲人収容者は総合病院のお荷物になっていたことが分かる。ド・ラ・シャペルの報告書は、盲人を含む無為な収容者たちを引き取ることを提案しているのである。[13] 総合病院における盲人の立場は、おそらく「一般病人」、性病患者、「男女の狂人」、あるいは捨て子たちと同じように、労働によるリハビリに不向きであるがゆえに、役に立たない単なる重荷だったのだろう。つまり、一七世紀を通して具体的な社会扶助の措置が取られたとは言え、そのことは多くの盲人の物乞いや放浪者を閉じこめるだけに終わり、決して彼らに労働を通した教育を与えるものではなかった。総合病院の高い壁に閉じこめられ、無為な生活を強要されていた盲人たち、あるいはキャンズ・ヴァンの威信のもとに「物乞いを許された者」の役割に甘んじなければならなかった貧しい盲人たちは、怠惰を排斥する社会の中で公的な無為者の立場にとどまった。

一方、一七世紀は「大いなる囲い込み」の世紀であるとともに、社会扶助に関連した理由、あるいはそれ以外の理由で、貧しい子供のための学校が建てられ、コレージュと呼ばれた自由な勉学の場が発達し、新たな教育方法が生まれた世紀でもあった。もちろん、この時期フランスに生まれた教育や伝道を目的とした教団や宗派の創立者たちが、貧しい盲人児童の初等教育に関心を示した形跡はない。

では、どこで盲人の読み書きについての議論が再浮上したのか

一六七〇年、イタリア人イエズス会神父フランシスコ・ラナ・テルジは、ブレシアで一冊の本を出版した。[14] 彼は、アタナジウス・キルヒャーの弟子であり、[15] 文芸を教えるかたわら自然科学と物理学に熱中し、錬金術に取り憑かれた人物であった。その本の中で、神父は「どのように生まれながらの盲人が書くことを覚え、その上、数字の組み合わせで秘密を暗号化して交信することができるか[16]」を説明している。

ラナ神父は、前世紀に「カルダーニやその他の人物」によって記述された方法を説明するにあたって、非常に理解し易い解説を付け加えた。

「盲人が文字を書く時に避け難い不便を回避させなければならない。文字を書き写そうとしても、盲人の引く罫線は曲がっている。新たな行を始めたいと思っても、どこで始めるか分からない。自分の書いた文字の上に文字を重ねて書いてしまうこともある。これは、一枚の紙の大きさの枠を使い、その全面にリュートの弦ないしは鉄の糸を行間の幅に従って平行に張ったものを使えば簡単に補正できることである。盲人は、この枠を紙の上に置き、指標として中指で一本の糸を押さえ、手を動かしてまっすぐに糸と糸の間に文字を書いてゆけばいいのである。左手では糸の数を数えて、右手が改行するのを助ける。このようにして、まっすぐな線の上に文字が書けるばかりでなく、同じ間隔の行の文章が書けるのである。[17]」

この文章は、その指摘の正しさもさることながら、次世紀の盲人児童の筆記用具をほぼ完璧に紹介していることで、

注意に値する。神父が記述している筆記用具は、一八世紀のいくつかの家庭で盲目の子供たちの読み書き教育のために使われることになる。さらには、一七八五年にヴァランタン・アユイがパリに創設することになる初めての盲学校で使われることになる。ラナ神父自身が考案者だったのでなければ、少なくとも何人かの盲人が手を導く道具を使って書いていたのを見たことがあったのだろう。神父の『序説』が刊行されてから一五年あまり経った頃、ギルバート・バーネット[18]という一人のイギリス人旅行者が、ジュネーヴで出会った若いスイス人女性エリザベート・フォン・ヴァルドキルヒが同じような道具を使っていることを記録している。エリザベートは一年ほど前から完全に視力を失っており、家族と一緒に住んでいた。[19]バーネットはその広範な教養に感嘆を隠さなかった。

「私は彼女が、想像できないくらい易々と文字を書く様子を見た。彼女は、紙を押さえる道具を通して、まっすぐに揃った文章を書いていた。[20]」

ラナ神父がこの道具の発明にどういう役割を買ったのか、あるいは単にその宣伝につとめたのかはともかく、晩年の彼は自らブレシアに創立したフィレゾチーキ学院で、暗号や数字の解読についての授業をしていた。神父はさらに、盲人が「解読の鍵を持っている者以外は誰も読み解けない数字の組み合わせを使って書く[21]」ことができる複数の暗号体系を考案している。道具に関しては何も言っていない神父も、これら体系に関しては自分が発案者であることを公言している。これらの体系の中には突飛なものも含まれているが、我々の関心を惹くに足りる確実さを持ったものが二つある。その一つは、ラナ神父の言葉を借りれば、盲人に「まっすぐな線を引き、点を打つことで容易にものを書かせる[22]」ことのできる体系である。もう一つ目は、「印刷に使うのと同じ文字をもっとはっきりと打ち出した木製の道具[23]」を使い、厚紙に記号を刻んでいくやり方である。これは、一九世紀はじめにシャルル・バルビエによって考案され、ルイ・ブライユによって完成された浮き出し印刷の前触れとも言える体系である。

ピエール・アンリは、その著書『ルイ・ブライユの生涯と業績』において、ラナ神父の本のいくつかの章が、フランス語訳を通してシャルル・バルビエの読むところとなった可能性を述べている[24]。ラナ神父の本のフランス語訳は、コスト・ダルノバが一八〇三年に出版した『古今の歴史に見られる種々の発明について』というパンフレットに取り込まれ、発表された。残念なことにこの仮定には全く何の証拠もないが、もしバルビエがラナ神父の本を読んで「夜の表記法」を発明したのだとしたら、すでに「一八世紀末に改良された（…）飛行機の最初の発明者[25]」として知られていたラナ神父は、盲人に教養への道を切り開いた最も有効な発明、つまり点字の発明においても先駆者であったということになる。少なくとも我々の知る限り、ラナ神父のアイデアは一世紀の間凍結されたままだった。もちろん、その間、生まれた家族のもとで教育を受けていた盲人たちのためには多くの教育法が開発されたと想像できるが、その痕跡は残っていない。初めて盲人教育に専念する学校が現れるまでの盲人教育の史料は、おそらく何もないのである。一方、一七世紀には優れた盲人たちが現れた。彼らの伝記と仕事については資料が残っている。しかし、それら盲人の誰一人として、介助者に音読してもらうこと以外には、書かれた文字に到達する道はなかったのである。

優れた盲人たちとの出会い

「ジェントルマン」、メルヴェイユ伯爵ブレーズ・フランソワ・ド・パガン

シャルル・ペローの『偉人伝[26]』には、成人してから失明したパガンの肖像付き小伝が残っている。パガンは、一六二一年のモントーバン包囲の際にマスケット銃の一撃を目に受けたことがもとで、翌年完全に失明した。まだ若かった一六一六年（十二歳の時）から築き上げて来た輝かしい軍人のキャリアを、一夜にして捨てなければならなくなっ

た[27]。パガンは何冊かの本を書いたが、そのうちの一冊、『城塞論[28]』は、ヴォーバンのそれに先立つ最高の専門書と見なされていた（ヴォーバン自身も、パガンの理論を踏まえて持論を構想したと言われる）。

ルイ十三世によってその勇気と軍事の才能を評価されていたパガンは、盲目になった後も名声を失わなかった。彼は自宅に、

「一種の学術集会を開いており、そこでは道徳、政治、古今の歴史、そして常に、科学と文芸が今日生み出している最高の作品についての議論が行なわれていた。教皇の大使、スエーデンやヴェネチア公国の大使、ジェノヴァ総督、ローマ帝国の選挙侯や王侯などが頻繁にやって来ては、公爵の一風変わった会話を楽しんでいた。特に数学者はこの集会にいつでも出入り自由だった。彼らは、どんな数学者よりも見事に難問を解いてみせる公爵のアドヴァイスを求めて、やって来るのだった[29]。」

パガン伯爵への人々の憧憬は、彼が失明してからも全く衰えることはなかった。これは一面で、当時の理想の貴族のイメージが変貌していたことによるものであろう。かつての英雄であり、失明を乗り越えたブレーズ・ド・パガンは貴族の理想とされた「ジェントルマン（オネットム）」そのものであった。パガン自身も、一六六三年には若いルイ十四世に捧げた最後の著書『英雄論』で、ジェントルマンのあり方を理想的に描いている。一六六五年一一月一八日、パガンはパリで亡くなった。その後も、彼の「天才的なまでの高い見地と鋭い知性」や「堅固で深遠な」判断力や「賞賛に値する」記憶力、そして様々な分野における造詣の深さから若き日の武勲すらも語り継がれ、長く人々の憧憬の対象となった[30]。

一七世紀の上層知識階級から「当代随一のジェントルマンの一人[31]」と呼ばれたパガンであるが、彼の失明は遅かっ

た。そのため、彼が晩年に披露し、学者としての名声を勝ち得ることに役立った科学的・技術的な知識は、すでに失明する前に手に入れていたものであった。彼はまた、秘書にメモや手紙や文書を口述筆記させる習慣をずいぶん昔から持っていた。同じ時期に同様の立場にあったル・ジューヌ神父の場合と同じく、[32]パガンもまた、教育を受けて自立に至る盲人の登場を示す例としてはふさわしくない。他方、幼少期に失明し、視覚を使わずに読み書きを学ぶことに成功した盲人の例は、この時期にも見られる。

パガンの伝記よりも説得力があるのは、幼少期に失明したにも拘わらず、知的業績を成し遂げた盲人の例だろう。一七世紀には、生涯にわたって盲目だった二人の偉人がいる。彼らは幼くして視力を失ったが、同時代の少なからぬ人々に精神的指導を与えるまでの仕事をなした。その一人は、ジャン・デュ・ムーラン（教会内ではジャン・ド・サン・サムソンという名前を使った）である。彼は一七世紀初頭に起こった「トゥール改革」と呼ばれるカルメル修道会の改革を指揮した指導者である。改革カルメル会は、一七世紀フランスに見られた神秘主義ルネッサンスの主要な潮流を成していた。デュ・ムーランは、多くが彼の世話する若い見習いたちを秘書として使い、彼らに口述することによって膨大な著作を残した。自伝から始まるこれらの著作は一六五一年に初版され、一六五六年に再版された。[33]現在カルメル研究所で編纂中のデュ・ムーラン全集改訂版は全一一巻、総四千頁にのぼると見られる。頁数を聞くだけでも著作の膨大さが想像できる。一九世紀末から始まったこの盲目の神秘思想家の生涯と作品についての関心は、多くの重要な研究書を生んだ。

今一人の盲人はフランソワ・マラヴァルという。デュ・ムーランよりも半世紀遅れて生まれ、全く違った状況のもとでではあったが、同じように神秘神学の著書を何冊も書いた。最初の刊行物は『瞑想に至るための簡単な実践方法』と題され、当時のベストセラーであった。原書はラテン語だが、一六六四年に最初のフランス語訳が出版され、一六六七年にはその再版が、そして一六七〇年には増補改訂版（その前の版はもう見つからないが、この版の初刷は見つかっている）が出版された。その後もフランスで再版が相次ぎ、イタリア語に訳されてからはローマ、ジュネーヴ、ヴェネチアで広く出回った。しかし、その静寂主義が批判され、一六八八年にはローマの検邪聖省から禁書処分に伏された。もちろん、その後もこの本をこっそり読む人は絶えなかったので[34]、一六九四年にはボシュエが禁書処分を再度後押しすることになった。マラヴァルは一六八八年の禁書処分は何も言わずに受け入れた。しかし一六九五年の処分に対しては、当時のマルセイユの司祭長ド・フォレスタ・コロングの手紙への返事という形を取って、自分の経歴と人生について述べることで抗弁した。この説明には、モリノスの六八条の提案に対する力強い反論が添付されていた。とは言え、それが禁書処分を撤回させる試みだったとすれば、徒労にすぎなかったと言える。「真実以外に、自称静寂主義者たちに対して怒りをぶつける理由があったボシュエは、マラヴァルの神秘主義者への『教書』を恰好の相手とばかりに叩いた[35]」からである。しかし、フランソワ・マラヴァルが狙った的を外したとしても、彼の『手紙』は伝記作家たちにとっての貴重な資料となった。伝記作家の一人、アベ・ダシーは、この資料を駆使して、マラヴァルの伝記および文献に関する完全な研究を行ない、一八六九年にマルセイユから出版した[36]。

ここで挙げた盲人は二人とも、書き言葉に対して話し言葉を通した関係だけを持っていた。それゆえ、我々の歴史的展望から言っても、二人の生涯をもう少し詳しく見ておくことは興味深い。他方、この二人の伝記からは当時の盲目に対する考え方が浮かび上がってくる。

ジャン・ド・サン・サムソン、あるいは愛の本質的実践——「魂は目を閉じて、その道を探さなければならない[37]」

ジャン・デュ・ムーランの父親はピエール・デュ・ムーランといい、人頭税の収税官だった。母親はマリー・ダジズといった。ジャンは一五七一年、イル・ド・フランスのサンスに生まれた。三歳の時疱瘡にかかり、通りがかりの偽医者から間違った治療を施されたせいで、視力を失った。しかし、失明したジャンは、近隣のサン・ピエール・ル・

ロンのガルニエ司祭から最初の読み書きの手ほどきを受けている。十歳にして両親を失い、母方の伯父であるザカリ・ダジズの家に引き取られた。サンスの「ブルジョワ商人」であったザカリは、甥の教育を重大な任務として受け止めた。彼は目の見えない甥の手を引き、本を読んでくれ、宿題を手伝ってくれる子供を見つけた。また、ジャンは学校にも行った。

周囲の援助によって、若いジャンは十分なラテン語の素養を身につけることができた。また彼が音楽に稀有な才能を持っていることが判明し、伯父は音楽も正式に勉強させた。ジャンにスピネットやオルガンをはじめとする数々の楽器を教えたのはガルニエ神父だった。しかし、ジャンの一番のお気に入りの楽器はオルガンだった。彼はオルガンに打ち込み、やがてサン・ピエール・ル・ロン教会とサンスのドミニコ会修道院でオルガン奏者の仕事を任せられることになった。伯父の家では、音楽やダンスや詩を愛する人々のにぎやかな集いがあった。そうして集まりで、ジャンの音楽は場を盛り上げた。伝記作家たちの記述を信じるならば、この頃若いジャン・デュ・ムーランは「小遣いが許す限り、歴史から詩まであらゆる種類のフランス語の本を買い漁り、周囲の人たちに読んでもらっていた」[38]と言う。彼自身ロンサールの真似をしてソネを作ろうとしたこともある。ジャンはかなり幸せな思春期を送ったように思われる。目が見えないとは言え、一〇種類もの弦楽器と管楽器を素晴らしく弾きこなす青年だった。彼にとって将来の音楽家としての成功は保証されていた。

しかし、どのような偶然が重なってか、それとも神の意志だったのか、彼の将来は大きく方向を変えた。幼少期に家族を失ったことも、彼をどこかで淋しい性格にしていただろう。当時、カトリック教会に大きな改革が起こりつつあった。フランソワ・ド・サルやピエール・ベリュールの同時代人だったジャン・デュ・ムーランもまた、いつしか神秘神学の書物に関心を持ち始めたのだった。伝記には、ジャンがそうした書物を「読んでくれるように友人たちに乞い願い」、教義を注意深く聞いて、読了までには「見事に暗記」していたと伝えられている[39]。伝記作家が、口語を通した盲人の知的養成における記憶の重要さを強調しているのは、実に正しいことである。これがジャンの長い修業のはじめとなった。一五九六年、あるいは九七年に、若いジャン・デュ・ムーランは召使いに付き従われて、伯父の家を後にする。そして、次第に彼にとって重荷となりつつあった「軽薄な」活動にも終止符を打つ。そこにはおそらく、周囲が望むような音楽家の将来から逃れたいという気持ちもあったのだろう。

パリにやって来たジャンは、その長兄ジャン・バチストの家に落ち着いた。ジャン・バチストはフランス憲兵隊の書記兼会計長だった。義理の姉の一番若い弟がついてくれるほか、幾人かの友人がジャンのための音読役を引き受けた。この頃(一五九九年から一六〇一年の間)、ジャン・デュ・ムーランは、敬虔パリス(40)の精神的な師であったドン・ボークザンと知り合ったと言われる。もしそうだったとしたら、パリで経験した二度の死別の後にジャンの内面で起こった変化をよりよく理解することができる。ジャンは、一六〇一年の一月、長兄と死に別れた。彼の妻もまた、同じ年の六月二八日に亡くなった。ほとんど財産もなく、家族もない哀れな盲人は、こうしてたった一人でパリに取り残された。この頃から彼は教会とモーベール広場にあったカルメル修道会に足繁く通い始める。カルメル会では、一六〇四年に知り合った若い修道士と友情の絆を結んだ。この修道士とは、ブルターニュ地方ドルの修道院からモーベール広場の学院に哲学を学びにやって来ていたマチュー・ピノーだった。

一六〇四年はまた、アカリー夫人のまわりに集まった敬虔な一団が、スペイン人カルメル修道女のための修道院をフランスに建てさせた年である。マチュー・ピノーの方と言えば、ブルターニュで数年前に始まっていたカルメル修道院の改革運動について、ジャン・デュ・ムーランに教えていた。ドルの修道院もパリの修道院もまだ改革されていなかった。モーベール広場に集まった小さな修道士グループの指導者となった盲目の世俗信徒は、宗派の改革を目指すよう仲間たちを鼓舞するのだった。しかし、彼自身もマチュー・ピノーの影響を受けて、一六〇六年から次第に信仰の生活へ惹かれるようになる。ピノーはブルターニュに戻ることを決意していた。デュ・ムーランもまた、ブルターニュに行ってドルの修道院の修練士になるための願書を出すことにした。彼の願書は認められ、その年、ジャンはドルで僧服をまとい、指導神父なしの修練士となった。ジャンの名前に、ドル最初の司教であり、教会の寺院を守る聖人とされたサン・サムソンの名が加えられたのはこの時からである。一六〇七年六月二六日、ジャン・ド・サン・サムソンは、単なる世俗の信徒として信仰告白の儀式を受けた。盲目であるために、司祭職からは閉め出されていたのである[41]。

一六一一年には、カルメル会の改革推進者であったフィリップ・チボーがレンヌの修練士長となった。チボーはその翌年、モーベール以来の旧知であるジャン・ド・サン・サムソンをレンヌに呼んだ。一定の試験期間の後、ジャンは非公式に修練士と若い修道士たちの精神的指導者の役割を任された。彼らの何人かは、トゥーレーヌ地方の修練士を訓練する役割を担っていた。こうした若い仲間に囲まれて、「身体の目を奪われた、貧しい世俗の信徒[42]」であるジャン・ド・サン・サムソンは、後に「トゥール改革」と呼ばれるカルメル会の信仰再生運動の創始者となる。

ジャンは一六一二年から一六三六年九月一四日に死ぬまでレンヌにとどまった。彼の著作はこの時期にものされた。「身体の目は見えないが、心の光によって照らされた[43]」ジャン修道士の膨大な著作は、口語の性格をはっきりと刻んでいる[44]。法悦の陶酔から絶えず迸り出るような言葉を、若い修道士たちが書き留めたものである。筆記者が口述者のアドリブに追いつくだけでも精一杯であったことがありありと分かり[45]、読者としても読みながら追いつくのがやっとというリズムである。盲人修道士の神秘体験を語ったいくつかの部分は、飛び立とうとする言葉を大急ぎで書き留めたように思われる。そのまま出版されるために書かれたとは思えない。とは言っても、現代のジャン・ド・サン・サムソン編纂者も言っているように、彼の最も教育的な著作ですら「日常の口語で行なわれていた会話を書き留めたような特殊な文体を維持している[46]」という。

ジャン・ド・サン・サムソンは盲目であったにも拘わらず、文学的な素養と広大な宗教および神秘神学の知識を持っていた[47]。それら知識や教養は、完全に音読によって身につけたものであった。アンシャン・レジーム時代の書き言葉文化が、いかに多様な伝えられ方をしていたかを伝えてくれる史実である。逆の見方をすれば、筆記におけるこうした口述の重要さは、何故革命後の時代に触覚を媒介とした盲人教育の計画がほとんど無視されたのか、という理由を明らかにしてくれるのではないだろうか。完全に口述によってものされたジャン・ド・サン・サムソンの膨大な著作は、その説明でもあるように思われる。

ジャン・ド・サン・サムソンの生涯は、まだほとんどの人が文盲だった一六世紀から一七世紀にかけての社会で、書き言葉に到達する道がいかに多様であったかを教えてくれるのみならず、彼が同時代の人々からどのように評価されていたかという重要な問題も提起する。啓示を受けた盲人修道士のイメージはこの時代の人々のまなざしを刻んでいるが、そこには二つの表象体系が認められよう。

その一つは一七世紀に広く出回っていたもので、神秘主義者と無知な者を同一視する伝説に端を発している[48]。もう一つの表象体系は、これも古代にさかのぼるものであり、盲人を身体的な盲目を補う「内なる透視眼」が発達した人間とみなす見方である。「魂の目は身体の目とは別[49]」という慣用表現もある。

神秘神学の伝統である「啓示を受けた無知な者」というイメージを頼りにして、ジャン・ド・サン・サムソンの著作の編纂者ピエール・ドナシアン・ド・サン・ニコラ神父がキュセ侯爵に宛てた全集の序文を分析してみよう[50]。ジャン・ド・サン・サムソンが「身体の目を奪われ、人文学の知識をおよそ持たない哀れな世俗信徒［傍点筆者］[51]」として紹介されているのが、まず目に入る。

パリ大学神学部の神学者たちもまた、ジャンの著作の刊行を許可するにあたって、そこに「神の恩寵の奇跡への人々の信仰心を高めるのに有用な、多くの折り目正しく、信心深い言葉がある」とし、これは「神はいつも一番小さな者を選んで学者を困らせる提言をさせ、教義主義者には、彼らの教義において学者と無知な者は同じ立場にあることをお示しになる〔傍点筆者〕」ことの証明であるとした。[52]

ジャン・ド・サン・サムソンの略伝の作者ドナシアン神父は、ジャンが子供の頃から文芸に親しみ、真面目な音楽の教育を受けたことをまず述べている。しかし、宗教的体系については完全に独学であったと付け加える。ドナシアン神父によれば、ジャンが最初の神学書を開いたのは、「心に芽生えた神への愛」[53]に直接鼓舞されてのことであった。その後、ドルの修道院に移ってからも、教えを乞うべき師もおらず、ジャンはまたしてもたった一人で、神への愛を唯一の叡智の源泉としなければならなかった。ジャン・ド・サン・サムソンの伝記を締めくくるにあたって、ドナシアン神父は重要な証言をしている。彼によれば、神学的養成を一切受けていなかった貧しい世俗信徒ジャン・ド・サン・サムソンは、その立場にも拘わらず、

「生前から大きな名声を博していた。特に、ルイ十三世の母堂マリー・ド・メディシス王妃や、レンヌ、ナント、ドル、サン・ブリユーなどの司祭猊下や、ブルターニュ議会の議長を歴任するキュセの役人など最高の位にある人々はおろか、あらゆる高名な人々からの深い尊敬を受けていた。[54]」

例えば、ドルの伯爵および司祭アントワーヌ・ルヴォルは、その最後の日までジャン・ド・サン・サムソンを良心の導き手と崇め、傍においていた。ルヴォル伯はフランソワ・ド・サルの特別な友情に恵まれていたのだが。また、一六二九年にジャンに最初の理論書を書くよう勧めたのはルヴォルであった。[55]

貧しい盲人ジャンは、たった一人で、全ての神学知識を神から直接受け、為政者たちからも意見を乞い求められるほどの精神の光を放った人物だったとされている。彼が地方の修道院でカルメル会に出会ったのは随分遅くなってからの話だった。同時代の人々の目に、ジャンは学者に引けを取らぬ神秘的叡智を持つ「啓示を受けた無知な者」とい

うカテゴリー[56]を見事に体現している人物と映っただろう。実際、一七世紀初頭には「神の教えを貧しい裏通りやあばら屋の中に探しに行く[57]」神学者の数はますます増えていた。もちろん、伝記作家たちも認めているように、ジャン・ド・サン・サムソンは神秘主義者が維持していた伝統的な「文盲」のイメージに適う無知な人物では全くなかった。ただ彼は盲目だったのである。そして、当時の人々の考えでは、盲目は聖人の叡智を得る邪魔になる無意味な知識を詰め込まれずにすんだということを意味していた。例えば、ドミニコ会のランシア神父は、「偉大なるジャン・ド・サン・サムソン修道士がお書きになった『カルメルの真実』を読むうちに、なぜこの偉人が幼くして盲目になったのかが理解できた[58]」と言っている。ランシア神父[59]は続けて、「彼が盲目になったのは、我々に信仰の光と聖人の叡智は神からのみやって来るものであり、感覚から来るものではないこと、(…)そして天国の光明に照らし出されたいと願う者には目が見えることは不要であるばかりか、関心を惹くにも足りない問題だということを、我々に教えるためだったのだ[60]」と述べている。同じ理屈に従って、ドナシアン・ド・サン・ニコラ神父も、「彼から身体の目を奪ったのは神の摂理によることであると考えているのは私のみではない。現世の物事を知る前にすでに盲目になっていたからこそ、精神によって永遠の世界の物事を見ることができたのだ〔傍点筆者〕[61]」と言うのだ。

ジャン・ド・サン・サムソンの伝記作家たちは、一七世紀の神秘神学が聖なる光の啓示の条件とした「無垢」な性質がジャンに帰せられたのは、ひとえに彼の盲目ゆえだったと考えていた。おそらく、ジャン・ド・サン・サムソンの同時代人たちの彼に関する考察は、ジャンもそうであったように、ライン地方の否定に肯定を認める神秘神学の影響を受けているのだろう。しかし何よりそこには、伝統的な「透視力を持つ」盲人のイメージが現れている。ドナシアン・ド・サン・ニコラ神父も、ジャンを形容するのに「啓発された盲師」であるとか、「身体の盲目を、当代随一の鋭い内面のまなざしによって補った、真実に照らされた盲人[62]」といった言い方をしている。闇と光を対照させた対句表現は、神秘神学者が特に好んで使ったものであるが、そこにはさらに、貧しい信仰の徒を伝統的な「透視者」盲人になぞらえる見方が再浮上しているのではないだろうか。ジャンは、「肉体の盲目と精神の光[63]」を持つゆえに、「今世紀を導く光となるために神に選ばれた[64]」人だったのである。

一七世紀の神秘神学者が描き出す盲人像は、現世のことには全く無知で、内面のことを誰よりもよく知った人という姿をとって現れる。この盲人像は、一七世紀初頭において以前にもまして強固になった。しかし、盲人を神に選ばれ、神の言葉を話す者と見る態度は、やはり盲目を理解不可能なこととして見る文化基盤、つまり盲人を絶対的な他者と見る文化基盤に依拠している。非現実的という点では、諧謔文学の盲人像と劣らないくらい非現実的だが、少なくとも盲人を価値ある存在としているのは確かである。盲人の闇の世界との親近性は、ここでは罪への関与のしるしとは見なされず、反対に見えないもの、あるいは「全ての感覚にその高貴を与える近づき得ない真実の座[65]」との特権的な交信のしるしとされているからだ。

フランソワ・マラヴァル、あるいは「美しい闇」

ジャン・ド・サン・サムソンの時代からおよそ四〇年後、フランソワ・マラヴァルが同時代の多くの人々にとっての「内面の光の伝授者」の役割を果たすことになる。後に、その弟子の一人[66]は彼を「教養あるプロヴァンシャル」と呼んだ。

彼自身自分の役目をよく知っており、一六七〇年にパリのフロランタン・ランベール社から出版された『瞑想に至るための簡単な実践方法』の巻頭に挙げたボナ枢機卿への謝辞にこう書いている。

「ほとんど生まれたその時から私の目を外の闇で覆ってくださった神に感謝し、私はここに、神の光を世に示す別の闇を、世の人々に見せたいと思います。この大切で聖なる闇こそが、神聖なものに至る道であり、神は、この道を世界に敷くことで、目の見えない者が見えるようになり、見えている者が盲目になることを望まれたのです。[67]」

フランソワ・マラヴァルは、見えない世界の証人という点ではジャン・ド・サン・サムソンと似ていたが、また全く異なる人物だった。「啓発された盲人」から「教養あるプロヴァンシャル」までには数十年が経過しており、マラヴァルがマルセイユで神秘体験をした時の社会状況は、ジャンが生きた反改革の嵐の時代から大きく変わっていたのである。

フランソワ・マラヴァルは、一六二七年一二月一七日、マルセイユの富裕ブルジョワジーの家庭に生まれた。彼は、九歳の時に事故で失明したことを除けば他には何の支障もなく、成人するまで家族とともに暮らした。父ジェアン・マラヴァルはトゥールーズ出身の薬商人であった。彼は一七世紀初頭にマルセイユに落ち着き、そこで地元の名士の娘であるアンヌ・ブールと結婚した。ジェアンの商売はすぐに成功し、他の商人と組んで販売網を広げた。一八世紀までには数隻の船を持つほか、「マラヴァル氏の島」と呼ばれた場所に一群の建物と庭園を所有していた。彼は数回執政官に選出された後、マルセイユ市の顧問代議士となった。八人生まれた子供の長男は幼少で死亡し、次男のフランソワは盲目だったので、彼の事業を継いだのは三男のマルタンだった。マルタンもまた大きな富を蓄え、父と同じくマルセイユのブルジョワ階級に名士としての地位を確立した。こうして見ても分かるように、フランソワ・マラヴァルの人生は、早くに孤児となり、常にあてどのない生活を送ったジャン・デュ・ムーランのそれとは大きくかけ離れている。

財産もさることながら、賢明で思慮深い両親を持ったおかげで、フランソワは早くに確かな知識と教養を身につけることができた。彼は、「まだほんの幼い時に[68]」、オラトリオ会の神父のもとに預けられ、そこで宗教とギリシャ語とラテン語の古典文学の授業を受け、後に哲学を学んだ。マラヴァルの伝記を読めば、一七世紀の富裕な名士たちであった彼の両親が、目の見えない子供の教育にあたって、家庭教師よりも学校に入れる方を好んだことが分かる。確かにこの時代は、裕福なエリート階級にとっての教育モデルが圧倒的に学校優先となった時期である。マラヴァルが高校レベルの学業を終えた頃、彼の指導をしていたオラトリオ会の神父たちは父親に、少年をドミニコ会の神学と法律の公開授業に送るよう勧めた。マラヴァルはそこで、神学と法学の両方で博士号を取得した。

マラヴァルの両親は、初等教育の段階から彼に読書と事務の介助役をつけていた。こうして、彼の宗教的な書物へのアプローチは、早くに確立した口語交信の習慣の中で行なわれたのである。大人になったマラヴァルは、一六六二年には父の遺産を受け継ぎ、一六七八年には母の遺産を受け継いだ。遺産のおかげで、自分の家を構え、生涯の終わりまで徒弟にやってくる子供たちに教え続けることができた。

「私は、召使いが傍にいないと、何一つすることも言うこともできない身です。召使いはそれぞれ、音読役、事務役、図書館司書、私が出し、受け取る手紙の監督役となって仕えてくれています。全員、長く私と一緒にいてくれるように、若いうちに引き取って育てた者ばかりです。彼らを教育し、それぞれの能力に従って学問と信仰の高みへと導くのは私の仕事でした。私が育てた生徒の中には大きな町の司祭になった者、近所の教区の神父になった者、または修道士になった者がいます。今では亡くなってしまった者たちも、現在残っている者たちも、皆完全に廉潔の気風の中で生活し、模範的な勤務ぶりを見せてくれた者ばかりでした。名十の家庭はこぞって子供を私に預けようと必死だったし、その他の家族も明らかに私に頼っている様子でした。なぜなら、私に育てられた子供たちが、実に信頼に足りる能力と正直さを持ったキリスト教徒に成長することは有名な事実だったからです。[69]」

フランソワ・マラヴァルの著述方法は、ジャン・デュ・ムーランと似ている。ドナシアン・ド・サン・ニコラが伝えるように、ジャンもまた「宗教的な書物の音読のためという理由で、多くの魂を惹き付け、彼らにキリスト教徒としての種々の義務を吹き込んだ(70)」のだから。ともあれ、二人の均衡のとれた人格のおかげで、盲人と晴眼者の間の依存関係は交換関係と変った。また、常に他人に頼らざるを得ない状況に置かれている盲人の常として、彼らは生来の対話への好みをさらに強く感じていただろう。『瞑想に至る簡単な実践方法』を再版したマリー・ルイーズ・ゴンダルは、その序文の中でこう言っている。「マラヴァルにとって考えるということは、孤独の中にのみ行なわれることではなく、それよりも、厳密に、また朗らかに、他人の意見を聞いて答えることだった(71)」。

事実、科学、文学、法律、神学などの全ての分野に常に強い好奇心を持っていた若いマラヴァルにとって、同時代の教養人たちと声で、あるいは手紙で意見の交換をすることは願ってもないことだった。一六五〇年には（マラヴァル二十三歳の時）、当時名声の頂点にいたピエール・ガッサンディのトゥールーズ訪問のニュースを聞いて、真っ先に彼との会見の機会を作り、いくつかの哲学的な問題についての議論を行なった。マラヴァルは、ガッサンディに出会った後、その著書を全て購入して図書館の蔵書を増やした。一六四八年からは、フランスおよびヨーロッパの高名なユマニストたちや、当時の教会の頂点にいた有名な聖職者たちとの文通が始まり、膨大な量の書簡を残した。一六五六年にマルセイユに立ち寄ったスエーデンのクリスチナ女王は、マラヴァルと「会って話がしたい(72)」という希望を表明した。彼らは出会い、その後手紙で交信を続けた。しかし、二人の書簡は残念ながら失われてしまった(73)。

フイヤン会会長であったジャン・ボナは、マラヴァルとの間に篤い友情関係を育てて、彼に最初の文章を書かせることに成功した人である。ボナは一六六九年に枢機卿となった後、マラヴァルを庇護のもとに置いた。ジャン・ド・サン・サムソンと同じく、盲目であるという理由で司祭職には就くことができなかったマラヴァルのために、一六七四年には聖職者の位を教会から勝ち得ている。司祭にはならなかったとしても、多くの聖職者は助言を求めてマラヴァルのもとに集まった。当時のマルセイユは知的発展の最中にあり、多くの著名人たちを生み出していた。その中でも彫刻家のピエール・ピュジェなどは、マラヴァルと親交を結んで、意見を交換する間柄になった。一七一五年には、アントワーヌ・ド・ラ・ロックとピエール・リゴールがマルセイユにアカデミーを創設することを思いつき、もちろんその頃八十八歳の高齢に達していたマラヴァルも創立メンバーになるように頼まれた。マラヴァルはギレルミと共同責任で、アカデミーの自然博物誌および物理の分科を受け持った。一七一九年五月一五日、マラヴァルはマルセイユ司教ベルザンスの腕の中で息を引き取った。生涯、生まれた町の誉れとして大きな知的名声を享受し、聖人とすら見なされた人だった。その著作は一度も禁書処分と汚点をつけたことがなかったので、なおさらのことであった。マラヴァルの死後二日目の五月一七日に、地方ドミニコ会のシカール神父[74]は回覧状を起草し、そこにこう書いた。「マラヴァル死去の知らせに騒然とした民衆は、すでにこの偉大な神への奉仕者の体を崇敬したい旨、申し出た。(…)その体からは、あたかも美徳に芳香があるとの一般の迷信を裏付けるかのように、えも言われぬよい香りが立ち上った[75]」。

このように、九十二歳で亡くなった時、その遺体が聖人の薫香を発していたとすら伝えられるマラヴァルであるが、彼もまた内面世界を情熱的に追い求めた人だった。彼は自分の宗教的任務が盲目と言う事実に深く起因していると考えていた[76]。その筆から膨大な著作が生まれたが、草稿のまま残っていたその一部は、残念なことに遺族の管理不行き届き、ないしは過度の慎重さのせいで、いつの間にか失われてしまった。

印刷された著作の中には、当時の話題から主題を取ったものもあるが、その中でも最も重要な論文は『フィリップ・ベニジ聖人の生涯[77]』であろう。これは、同聖人の列聖式のために、その準備を行なっていたマルセイユの聖母マリア下僕会の依頼を受けて書かれた。しかし、マラヴァル全著作のうち中心的な位置を占めるのは、彼の瞑想体験を記した三冊である。まず、すでにここにも何度か挙げた『瞑想に至るための簡単な実践方法』。この本が静寂主義をめぐる論争の末、どのような運命をたどったかもすでに述べたところである。フランソワ・ド・サルの強い影響を受けて書かれたこの本は、「神秘神学入門」とでも言えるもので、対話形式で書かれており、一般読者を対象に、どのように簡単に神との結合の体験を得ることができるかを説明している。『実践』に続いては、一六七一年にパリから刊行された『信仰詩編』（当時はやっていたメロディーに合わせて歌うために書かれた）である。作者はここで、自分の自由な神秘主義的感興に身を任せているようである。この詩編は、一七一四年にアムステルダムで増補改訂再版された。三冊目として、一六九五年にマルセイユで出版された『フォレスタ・コロング司祭長への手紙』がある。題名に関わらず、この本はフランス全土の司教に向けて書かれている。彼らは、この本が出版された後、マラヴァルの静寂主義疑惑についての議論を打ち切らなければならなくなった。しかし、すでに見たことであるが、多くの学者やマルセイユの教会責任者たちから支持と賛辞を受けたにも拘わらず、『手紙』は検閲にあう運命をたどった。[78] 二度目の糾弾を受けて、神秘主義プロヴァンシャルのマラヴァルは再度沈黙に立ち戻った。「彼は穏やかに生き、愛し続けた。毎日の仕事を続け、神を信ずる気持ちを手放さず、神の中に人間の理性を行使する意味を常に見つける営みを続けた」[79]。

さて、二人の盲目の神秘神学者の生涯と作品をこうして見てきた訳だが、たった二人だけを例にとったにも拘わらず、近代における、自立し、主体を持った盲人の出現を確認するには十分であったと思う。近代の人文学を特徴づけるものは確かに個人主体の実現の企図であった。ゆえに、当時の神秘体験を個人主体の発現の一つの形と考えれば[80]、幼少期からほとんど生涯を盲目として生きた人物として、史上初めて書物を書いて出版した二人の学者が、両方とも神秘主義神学者であったことは偶然ではないと思われる。また一方で、当時のブルジョワ社会が、自由と個人の権利の確立への希求を生み出していた場所であったことを考慮に入れるならば、この二人の盲人が両方ともブルジョワ階級の出身であったことも無意味ではないだろう。

こうして中世に生まれた特別医療施設が貧しい盲人に一つの社会集団としての同一性を与えたならば、近代における神秘主義の発展は、教養ある盲人に個人として自己表明することを可能にしたのみならず、闇との親近性の名において、「分ち得ないものを神聖化する深い神秘の現前[81]」に立ち会う特権的な立場を与えた。もちろん、神秘体験は多かれ少なかれ財産と教育を受けた人にのみ許されたことではあったが。

しかしながら、一七世紀における集団的同一性から個人的同一性への移行は、貧しい盲人にも関係する話である。少なくとも、ジャック・ド・ベランジュやレンブラント、またはジャック・カロやジョルジュ・ド・ラ・トゥールといった当時の画家や版画家たちの作品を見ればそう思わざるを得ない。彼らの作品に描かれた盲目の物乞いは、常に一人でいるか、あるいは誰かに手を引かれた姿で現れる。前世紀の版画に見られるような集団の姿はもはや見られない。

ジョルジュ・ド・ラ・トゥール
『ヴィオル弾き』
(1624-50年、ナント美術館蔵)

さらに付け加えれば、ジャック・ド・ベランジュが彫った盲目の守衛にはボッシュやブリューゲルの絵の不安な違和感がまだ漂っているが、ラ・トゥールやレンブラント[82]が描いたような盲目の手回し琴《ヴィオル》弾きの姿からは、伝統的図版において喪失を意味していた象徴的表現が消えている。一切の悪魔的な要素、嫌悪を呼び起こす側面は消失している上、大道芸人の姿にも卑賤さは感じられない。それどころか、「悲惨と憔悴の中にあって輝く[83]」大きな威厳すら備わっている。当時流行していた絵画「ジャンル」に属するとは言え、ラ・トゥールの盲人芸人の絵はフォークロアからすでに遠く、我々の目に人間を描いた感動的な肖像として映る。

ブリューゲルの描いたうつろな目の盲人[84]と『帽子をかぶった守衛』の「静かな叫び声」の間には、嘲笑と恐怖が支配する盲人表象から、一切の糾弾もうぬぼれた憐憫も排除した峻厳な写実主義への移行が起こったのである。この叫び声から生まれる息吹は、「闇の主人」である盲人のまなざしの中で、ゴルゴンの首に生命を与える。貧しいひげ面の盲人はその哀れな姿にも拘わらず、人間の顔を初めて獲得している。

古典主義時代を通して、貧困や障害によって生まれる社会問題に対する集団的強圧は続き、強化の一途をたどっていたと言える。しかし同時に、この世紀は『神秘の夜』や『闇の教訓』と題された宮廷音楽が作られ、闇と光を司る精神的指導者が現れた時でもあった。この世紀において、個の特性を備えた盲人主体の出現のしるしが、あちこちに見いだされるようになった。一七世紀後半は、光学革命の結果として視覚が勝利をおさめた時期として知られている。この時期、非常に稀ではあったが、盲目を触覚で補完するための技術が実験され始めた。エリザベート・フォン・ヴァルドキルヒの例を思い出そう。彼女の父親は「木に文字を彫らせ、彼女はその木に触って文字を覚えて、鉛筆で書き出した。それで、誰もが彼女の文章を読むことができた。これは私がこの目で見たことである[85]」。しかし、ギルバート・バーネットが書き残したエリザベートの例は、我々が知る限り、一七世紀唯一の触覚を使った教育例である。ジャン・ド・サン・サムソンやフランソワ・マラヴァルの例でも見たように、当時の盲人はもっぱら音読と口述によって書き言葉を学んでいたのだから。

ともあれ、裕福な家庭に生まれて幼少期に失明した人々は様々な書き言葉の実験的教育法によって学んでいたが、それら教育法はお互い何の関連もないものばかりだった。ちょうどその頃、医者であり教育者でもあったイギリス人ジョン・ロックの最初の三冊の刊行物が世に出た。サルスベリーの司教の旅行記が出版されてから四年後のことである。当時ロックは五年のオランダ亡命から帰還したばかりで、五十歳になろうとしていた[86]。

これら三冊のうち一冊のみが、ロックの生前にその実名で発表された。[87] 題名は『人間知性論』。この理論書は発表されるや否や大きな反響を呼び、短期間の間で再版が相次いだ。[88] 一七〇〇年には、コストがフランス語に訳した。一六六八年以来、ロックはすでにシデナム、ボイル、クラークをはじめとする英国ロイヤル・ソサエティーの会員と面識があったが、この出版以来、さらに多くの当代最高の科学者たちと意見の交換を始めた。科学者たちの中には、ニュートンはじめ、ダブリンのトリニティー・カレッジの会員であるアイルランド人数学者ウィリアム・モリヌーがいた。この書とそれに続く書簡によって、次世紀において、ロックの名前は啓蒙主義の精神的指導者としてとどろくことになる。そして、一世紀の時を経て、間接的にではあるが、ロックの理論から貧民階層の盲人児童を対象にした触覚媒介の集団的教育の最初の試みが生まれるのである。

第Ⅱ部

一八世紀

——盲人に対する新たなまなざし

第4章　感覚主義と五感の障害

ロックの『人間知性論』は、一七世紀に広く信じられていた知性観への批判から始まる。一七世紀に広く信じられていた知性観とは、人間精神には知性の原則が先天的に備わっており、あるいは神によって刷り込まれており、そうした原則は普遍的規範に従っているために誰にとっても認知可能であると同時に、これら普遍的な知性の原則が、あらゆる知識、そして道徳、ひいては宗教の根幹をなす[1]、とするものであった。ちなみにロックの本の第一部のタイトルは、『人間精神には一切の先天的原則などないこと』であった。

「神が生物に与えたもうた視力、ないしは外部の事象の印象をもとに色などの概念を受け取る能力をもって、もともとそうした概念が生物の魂に刻まれていたと考えるのがいかにおかしいことかは、誰もが理解するところであろう。さらには、我々の外界の真実に対する知識を、自然な印象や生まれながらの性質に帰して、もともと魂に刻まれた知識と同じくらい易々と確実に得られるものと考えるのも、それと同じくらい荒唐無稽な話である。[2]」

ロックは、デカルトの生得概念の考えとマルブランシュのキリスト教的合理主義[3]に反対する立場を取り、感覚主義と経験主義に基づいた展望のもとで、人間知性の特性と起源という問題の解明を目指した。

感覚主義と白内障の手術

ロックの思想は、啓蒙の世紀の哲学者たちに受け継がれて、フランス社会に人間学的、政治的、そして宗教的な変動をもたらすことになる。しかし、そうした変動が社会扶助の制度を改革し、盲人の生活を一変させる前に、盲目というテーマが哲学の問題として議論された時期があった。この時期、知性の認識プロセスを解明しようという哲学的企ての中で五感をめぐる論争が行われていたが、盲目はその論争の中核をなす問題として注目された。我々の意識に現実世界の形を描き出すのが感覚の働きだと認めたとしても、それだけでは未解決の問題を解明するには不足であった。未解決の問題は次のようなものである。

――五感は我々に外界についての純粋な与件を提供するのか、それともそれら与件はすでに判断力によって変化したものなのか。

――あるがままの五感で外界は把握できるのか、それとも感覚にも訓練が必要なのか。

――外界を把握するにあたって、五感のそれぞれは独立して機能しているのか、それともお互いに相補し合っているのか。

――五感の間には、一つの感覚から別の感覚へと移らせてくれるような（例えば、触った世界から目が見る世界へ）内部的な連関があるのか、あるとすればそれはどのような性質のものか。

これら議論の端緒は、一六九二年に発表した『新屈折光学《ディオプトリカ・ノヴァ》』によって、ウィリアム・モリヌー[4]が開いた。一六九三年のロックへの手紙の中で、モリヌーは以下の疑問を投げかけている。

「生まれながらに目の見えない大人の男性を想定してみてください。彼は、同じ金属でできた、大体同じ体積の物体のうち、方形のものと丸い形のものを区別することを教わりました。触れば四角いか丸いかが分かるのです。今、テーブルの上にその四角い物体と丸い物体がのっていると想像してください。そして、この盲人が視力を取り戻したと想定してください。触ることで四角い形と丸い形を学んだ彼は、果たして目で同じように区別することができるでしょうか。」

翌一六九四年、ロックはこの問題を『人間知性論』第二版[5]に転記し、「問題提案者である洞察力と正しい判断力を備えた作者自身は、この仮説に対して否と答えている」と付け加えた。モリヌー自身の説明は次の通りである。

「この盲人は、手で触ることで方形と丸い形を区別することを学んだとはいえ、手に触れて形を教えるものが目にどう映るかはまだ知らない。手にあたって不揃いに感じられる方形の角度が、目にも同じように映ることを知らないからである。[6]」

ロックもモリヌーの意見に口を合わせる。

「私も、いきなり目を開いた盲人がテーブルの上の二物体を一見しても、どれが方形でどれが丸なのかを区別することは無理だと思う。もちろん、手を使えば、両者の形の違いを確認して、どちらがどの形なのかを認識するだろうが。」

結語に代えて、「今度は読者の方に次のことを提案したい」とロックは言う。「ご自身が持つ既得概念のうち、どれほどのものを経験から得たかを推し量っていただきたい［傍点筆者］[7]」と。

ロックもモリヌーも、それぞれの主張の結論にあたって、生得概念を疑問に付しているのみならず、機械論的な身体の見方および「外界についての純粋な与件を我々に供給するべき視覚の力[8]」という考えを斥けている。「もし光学が幾何であり、身体が機械として考えることができる物体であったならば、感覚は一切何の媒体も持たない現象に違いない[9]」。つまり、身体の目と精神の目の間には何の違いもなくなる、というのである。しかし、ロックとモリヌーは、両者の間には遅れが生じていると主張する。視覚は訓練を必要とし、おそらくは他の感覚の協力も必要とするのである。とは言え、異なる感覚の間に情報の交換が成立するためには、時間と学習が必要であり、その学習はほとんどの場合我々の知らないところで行なわれている。つまり、「感性とは実践であり」、「知覚できるということとはそのように教育されていることを示す[10]」。

ロックの『人間知性論』の第四版は、ピエール・コストによってフランス語訳され、アムステルダムで一七〇〇年に上梓された。フランス語訳出版により、ロックの著作はヨーロッパの広汎な読者層を得ることになった。また、その後モリヌーの名前を冠することになる上述の問題は、同じ仮定を維持したまま、啓蒙の世紀の知的エリートを構成する全ての哲学者および科学者によって議論されることとなった。

その最初の人物はライプニッツである。彼は、それまで部分的にしか知らなかったロックの著作を網羅的に検分し、一七〇四年に書き終えたと思われる自作『新人間知性論』で、ロックの説の問題に一つ一つ答えた。しかし、同年の一〇月二八日、ロック死去の知らせを聞いたライプニッツは同書の出版を見合わせた。一七〇六年、ギルバート・バーネットに宛てた手紙で、ライプニッツは「ロックの死を聞いて、その著作の批判を発表しようという気をなくした」と言っている。さらに「今では、誰か他の人の考えに刺激を受けたものではなく、私自身の考えを本にしたいと思う[11]」とも。もちろん『新人間知性論』は世に出たが、それはライプニッツ自身の死後四〇年経った一七六五年のことだった。ともあれ、この未刊行の書物の中で、ライプニッツはモリヌーの問題に是と答えている。しかしこれは、盲人がすでに方形と丸い形の物体を見せられており、どれが四角でどれが丸か言いさえすればよい場合に限られる。

一七〇九年には、モリヌーと同じくダブリンのトリニティー・カレッジの知識人たちと親交が深かったアイルランド人ジョージ・バークリーが『視覚新論』[12]を発表し、ヨーロッパ中に大きな波紋を呼び起こした。翌年の一七一〇年には第二作『人知原理論』を刊行する。バークリーは『視覚新論』でモリヌーの問題の諸側面について考察した。バークリーもモリヌーと同じく、生まれながらの盲人が視力を回復した時、物体の場所や大きさや相互の距離や形を見分けることは不可能だと結論した。

この時点までのモリヌー問題は、いくら議論が活発ではあったとは言え、認識論の理論上の問いにすぎなかった。それが次第に実験の方向へ進むことになる。実験をもとに議論されるようになった問題を通して、白内障の手術を受けた盲人は、啓蒙の世紀のパラダイムを象徴する人物となるのである。

さらに一七〇九年には、白内障の病座を水晶体にあるとしたカトル、ボレル、マリオット、メートル・ジャンといった解剖学者たちの発見を確認する内容の論文『白内障と緑内障について』が発表された。この論文を書いたのは、ベルギー、トゥルネー地方の医者ミッシェル・ブリソーである。また、同年の『ザ・タトラー』[13]には、グラントという名の医師によって手術を受け、白内障が治った二十歳の青年についての医学的観察記録が載っている。しかし、いかにもやらせ的な記事であることや、当時の読者の感傷性を刺激しそうな内容であることを見れば、残念ながらこの観察は科学的価値ゼロと言わざるを得ない。もちろん、モリヌーの問題の諸側面を実験によって解明しようとする考えは、この時代の空気に息づいていた。この翌年、バークリーの『視覚新論』第二版によって、この考えはさらなる展開を見せる。とは言え、モリヌー、ロック、およびバークリーの理論的仮説が実際に確かめられたのは、これらの議論のほぼ二〇年後である。一七二八年、ロンドンのセント・トーマス病院の外科医で、ロイヤル・ソサエティーの会員でもあったウィリアム・チェセルデンが、先天的白内障におかされた十三歳から十四歳ごろの少年の手術に見事成功し、視力を回復させたのである。チェセルデンはどの哲学者にも言及しなかったが、その観察記録[14]はそれまでの哲学的仮説[15]を証明するものだった。

時代を下って一七三八年以降には、ヴォルテールがその『ニュートン哲学概要』の中でモリヌー問題を再び取り上げた。彼がロック、モリヌー、そしてバークリーと同じ結論を出したことにより、啓蒙の世紀のフランス哲学において視力回復者の認知力の主題は、従来の力強さと豊富な問題を喚起する力を取り戻した。しかし一方、ド・ラ・メトリーは一七四五年の『魂についての論考』の中で、またコンディヤックは一七四六年の『人間の知識の起源について』の中で、モリヌーの問題が依拠する事実を疑問に付した。また、チェセルデンの実験も準備周到に過ぎると批判した。ラ・メトリーは、「視力を取り戻した人をつつき回して、こう言って欲しいと思うことを言わせているだけではないか[16]」と言っている。

さらに一七四九年には、ビュッフォンが『人間の自然博物誌[17]』でコンディヤックと反対の立場に立って、ロックとバークレーを弁明する。一方で、コンディヤック自身は、一七五四年の『感覚論』で再びこの問題を取り上げ、自説を繰り返した。その二人の論争の間にあって、ビュッフォンの『博物誌』と同年の一七四九年に出版された『目の見える人のための盲人についての手紙』〔通称『盲人書簡』〕という本がある。この本の中で、作者ディドロは先天性盲人の問題について正面から切り込んだ。『盲人書簡』は、一七四九年六月九日に地下出版された。この本は様々な観点から特別の考察を必要とするので、後に詳細にわたって考察することにしよう。ここでは、モリヌーの問題とチェセルデンの実験は一七五一年に書かれたダランベールによる『百科辞書』中の「盲人」の項目や、一七六七年に刊行されたルカの『感覚論』でも再び検討されていており、そうしたことからも盲人問題が啓蒙思想の展開において重要な位置を占めていたことが分かる、とだけ言っておこう。この問題の影響はかなりのもので、一七七〇年から一七八〇年にかけては、スイスの哲学者でベルリン・アカデミーの会員でもあったジャン・ベルナール・メリアン[18]が、論争の経緯を八本の論文の形にまとめ、アカデミーの総会で発表したほどであった。

この本では、モリヌー問題から派生した議論の詳細にまでは立ち入らない。ただ、一つのことだけを納得しておこう。一八世紀前半まで、盲人に対する哲学者の関心には人類愛などという要素は一切なかったということである。哲学者が特に気にしていたのは、「感覚主義が哲学の基盤であり、啓蒙思想の未来であると考えられる限りにおいて」[19]、感覚主義理論が存続するための根拠を証明するという目的だった。

よって、チェセルデンが実際に手術をして直した先天性白内障性盲人の例は、それが事実であったにも拘わらず、一七二八年以来同世紀の数々の哲学書に登場し、ついには一八世紀啓蒙思想創立の神話という立場を持つにいたった。ミシェル・フーコーもまた、この歴史的逸話に神話としての価値を与えている。

「明晰で、かつ事物からよい距離感を保ち、同時に無邪気で開けっぴろげなまなざしの性質によって、人間はその幼少期と和解し、絶え間なく生まれる真実との邂逅を果たした。こうしたまなざしから、一八世紀の哲学者がその体系の基盤と考えた二つの神話が生まれた。一つは、知らない国を訪れた外国人旅行者の見聞であり、もう一つは視力を取り戻した、生まれながらの盲人の体験である。[20]」

一八世紀の啓蒙主義哲学者は、ある日視力を回復した盲人のまなざしの「無邪気さ」[21]が人間知性の発展について核心的な解明を与えてくれるものと期待した。我々はこの「無邪気さ」から、一七世紀に信じられていたような、悟りを得た「無垢」な盲人のイメージを思い出さざるを得ない。前章で見た通り、一七世紀神秘主義神学者たちもまた、盲人たちから啓示を受けることを願っていたのだから。同時に、一八世紀の哲学者たちは、世界の説明の鍵として前世紀の「神の啓示」を「理性」に、さらには教義を経験によって置き換えようと腐心していた。それならば、一七世紀に新しい解釈を受けた盲人の透視者という古代の世俗神話は、なぜ一八世紀の経験主義が生み出した新たな神話によって反証されなかったのだろうか。この点に関しては疑問が残るだろう。ともかく、一八世紀思想においても、盲人の闇から真実の光が現れるという見方は残っていた。もちろん、一八世紀の真実とは感覚の真実である。世界に向かって開かれた最初の新鮮なまなざしは、この真実をとらえると思われたのである。

盲人手術の逸話が神話として機能したかどうかはさておいても、確かだったのは、当時の哲学的関心に応えるような手術の話を感覚主義者が大幅に宣伝したことにより、一般の関心が盲人に向かったということである。一方、殺菌、防腐、麻酔などの手段が不足していたので失敗は多かったとは言え、一八世紀中盤は眼病の外科技術が急速に発達した時代だった[22]。そのため、盲目についての神秘的な見方や迷信は減少する傾向にあった。確かにこの時代以降、盲目は乗り越えられない絶対的な差異のしるしではなく、治癒可能な病とみなされるようになった。他方、哲学的な議論で俎上に上げられるのは、目の見えない盲人ではなく、視力を取り戻して晴眼者の仲間入りを果たした盲人ばかりだった。哲学的関心の対象となったのは、見えない目ではなく見える目だった。見ることが認識手段としては無反省に過ぎ、見るだけでは不足だという意見の証拠として持ち出される場合も、見えるようになった盲人の話のみが話題になった。

「生まれながらの盲人が持っている考えを吟味し、彼が外部の事物をどのように記述するかを聞いてみれば大変面白いだろうし、学ぶところが多いに違いない[23]」と最初に言ったのはライプニッツである。ライプニッツは『新人間知性論』の中で、ウルリック・ショーンベルグという有名な盲人について語っている。ショーンベルグは高ファルツ州のヴァイデに生まれ、二歳半の時に疱瘡で視力を失った。彼は「プロシアのケーニヒスベルグ大学で万人に賞賛される哲学と数学の教授となり、一六四九年にその地で亡くなった[24]」。

しかし、視力を取り戻した先天的盲人という理論的問題を見事に突破することで、一八世紀の関心を実際に「盲人の世界」へ導いたのは、他でもないディドロである。

ディドロによる盲人の観察

一七四九年、ディドロは『目の見える人のための盲人についての手紙』(『盲人書簡』)と題された、彼の最初の知性論を刊行した。

『盲人書簡』は、驚異的な形而上学的思弁と多くの科学的知見が互いに相補し合う体裁になっている[25]。ディドロは、視力を取り戻した盲人という人間の知性に関する形而上学的な問題を扱うにあたり、前もってル・ピュイゾーの盲人を訪問した。この盲人は、「化学について多少の知識を持つほか、王立植物園で植物学を修めた有名な人物[26]」だった。盲人は蒸留酒を製造し、毎年パリに売りに行くことで生計を立てていた。結婚していて、一人の子供の父親だった。その子には浮き出し文字を使って自ら読み方を教えていた。

ディドロがル・ピュイゾー訪問を決意したのは、その六〇年前にバーネットがエリザベート・フォン・ヴァルドキルヒに会うためにジュネーヴからシャフハウゼンへと迂回したことと似ている。しかし、ディドロとバーネットを隔てる六〇年の間には、様々な感覚主義理論が打ち立てられ、白内障の手術を受けた先天性盲人についての理論的論争が繰り広げられた。それゆえに、ディドロは盲人訪問から、英国国教会の司教よりもずっと広い射程を持つ観察と考察を行なった。モリヌーの問題についての論争に加わっていた哲学者たちとは反対に、ディドロは「盲人は独自の世界に生きており、その世界を垣間見るためには(これはディドロの前には誰も考慮しなかったが)、長い間待つだけの忍耐力と、鋭い質問と、それからエリートの話題が必要だ[27]」。彼以前の哲学者たちが理論的問題しか見なかったところに、ディドロはさらに人間的問題を見たのである。『盲人書簡』の中には、あらゆる側面にわたる盲人の行動についての鋭い知見が散りばめられており、ディドロ自身も、この半世紀哲学者の小さなサークルを揺るがしている問題について、そこから解決を見いだそうと願っている。

「生まれながらの盲人に視力を取り戻させようとする試みがなされているが、この問題をよくよく眺めるならば、常識を備えた先天性の盲人に話させることで、哲学にとっても大きな発見があることが分かるだろう。まず、盲人の中でどのように出来事が起こり、進行しているかが理解できるだろう。そして、盲人のうちに起こっていることと我々のうちに起こっていることを比較することで、現在、視覚と感覚の理論がかくもややこしく、かくもあやふやなものとなっている原因である種々の難題を解き明かせるかもしれない。(…)生まれながらの盲人の話を聞くことは、ニュートン、デカルト、ロック、ライプニッツといった全ての俊英を動員するにも足る研究ではないだろうか。[28]」

こうして、ディドロをさかいにして、盲人が客体として取り扱われていた見せ物形式の実験の時代から、盲人が主体として哲学者の対等な話し相手となる対話の時代へと移ったのである。

ディドロは『盲人書簡』の第一部でル・ピュイゾーの盲人の仕事や習慣、そして彼が世界と哲学をどう見ているかを記述したあと、第二部ではニコラス・サウンダーソンというもう一人の盲人の例を扱っている。イギリス人サウンダーソンは、一六八二年に生まれ、生後一二カ月で疱瘡にかかって失明した。[29]彼は、ディドロが『盲人書簡』を書き始める一〇年前に死去していた。

サウンダーソンは、一七一一年一一月二〇日に、アン王妃および、ニュートンをはじめとするきわめて高名な科学者たちの推薦を受けて、ケンブリッジ大学の数学教授に任命された。ディドロが『盲人書簡』を書いた頃には、サウンダーソンの名声は最高潮にあった。ロイヤル・ソサエティーの会員でもあったサウンダーソンは、数学の天才に加えてギリシャ・ラテン語の該博な知識、まずまずのフランス語、そして優れた教育の才能を備えていたと伝えられる。またサウンダーソンの伝記作家たちがこぞって述べているように、音楽に天賦の才を持ち、会話の名手でもあった。一七二三年にはケンブリッジ大学区長の娘と結婚し、一男一女をもうけている。一七三九年四月一九日に死去した時、サウンダーソンが完成させていた著作は『代数概要』の一冊のみであった。この本は作者の死後一年経ってから、序文に彼の略伝を載せて出版された[30]。その他に、膨大なノートが残されていたが、これらは草稿管理の任を負ったラドナー伯爵によって、ずいぶん後になってから編纂刊行されることになる。

長い間作家として生きることはかなわずに、英語の翻訳者として生活の資を稼いでいたディドロは、『代数概要』を原文で読んでいた。この書の中には、サウンダーソンが算数と代数の長い計算を手だけで行なうために、また、直線の幾何学模様を描き出すために使っていた石板の説明があった。ディドロはその説明に夢中になった。彼は『盲人書簡』でこれらの石板について長い説明をしている。大きさの違う様々な釘を受ける穴が空いた石板のほかにも、サウンダーソンは渾天儀《こんてんぎ》[31]（『代数概要』の表紙に載った肖像画で、彼が手にもっているものである）、そして「生徒たちにこの種のテーマについて確かな観念を与えるための木で作った立体オブジェと様々な形の曲線オブジェ[32]」を使用していた。

ディドロはさらにサウンダーソンの友人の『回顧録』を引きながら、この盲人数学者がいかに完璧に、視力に代わる道具を使用しつつ晴眼者の社会に参加していたかを詳述している。一方、『盲人書簡』の最終章を飾るサウンダーソンの死のエピソードは完全に虚構である。

『盲人書簡』初版から二四—五年経って後、ディドロはその『補稿』を書いた。この『補稿』は盲人の心理やその視力代替能力についての非常に豊富な観察の記録であり、現代の障害者史専門家からも近代「最初の」文献と見なされている。しかし、『盲人書簡』は心理学の論考ではない。アーサー・ウィルソンの言い方を借りるならば、「まるで無造作に楽器の即興演奏をしているような、あたかも自然なトーンで書かれたとらえどころのない本である。一つの主題が別の主題を生み、読者は形而上学的な障害に満ちた議論の中に引きずり込まれ、最後には『一体神は存在するのか』という難題のわだちの中にはまり込んでしまう[33]」。

ディドロの『盲人書簡』は感覚の喪失を他感覚で代替する方法を提唱している。また、盲人特有の能力への前向きな賛辞がある。それゆえに、当時の伝統的な世界観や人と法と神との間の関係についての見方を覆すことに貢献した本だと言えよう。ディドロに至る五〇年間には哲学者たちが思弁的な努力を重ね、視覚重視の考え方をある程度疑問に伏すところにまでたどり着いていた。しかし、ディドロにおいて、視覚ははっきりと劣位に立っている。ディドロがインタビューしたル・ピュイゾーの盲人は、目が見えるようになりたいかと聞かれて、こう答える。

「それよりももっと長い腕が欲しいですね。手は、月で起こっていることさえも、目や望遠鏡よりずっとよく教えてくれるのではないでしょうか。それに、手は目がものを見るよりもっと長い間触っていることができます。そもそも、ない器官をもらうよりも、今持っているものを改善する方が先でしょう[34]。」

『補稿』でもさらに同じ問題が持ち出される。ディドロはダヴィエルの手術によって視力を取り戻した盲目の鍛冶屋の例を引き、この男がいかに「触覚を使って生活するのに慣れており、治った目を使わせるのにはとんど無理強いしなければならなかった[35]」と述べている。

感覚の序列に一番大きな場所を占めるのは、視力と触覚のどちらが優れているかという古い論争である。世界を包括的に、かつ離れたところから捉えることのできる視力は、優れて「精神的」な感覚とされていた。しかし、この感覚は一方で幻覚に襲われたりもする。反対に、近接を条件とする経験的で選択的な感覚である触覚の方は、間違った印象の補正役である。触ったものは確かだが、目はいつも正しく見ているとは限らない。ともあれ、ディドロにとってことは明白である。「唯物論的な」感覚、実用と官能の喜びのために供された感覚である触覚は、視覚と同じくらい、あるいはそれ以上に世界の知識と真実を教えてくれるのだ。例えば、サウンダーソンについて、ディドロはこのように述べる。「訓練によって研ぎすまされた触覚は、視覚以上に敏感になりうる」[36]し、「視力のよい専門家が騙される偽物のメダルを、手で触れて本物と区別することさえもできる」[37]。あるいは、いたずらっ気をこめて、ル・ピュイゾーの盲人についてこう言う。「彼にとっては、人の声に違いがあるように、磨かれた物体の表面にも違いがある。彼が妻の体を他の女性と間違えることはまずなかろう。もちろん、それで得をするならば別だが」[38]。

ディドロは一言で結論をつける。「二〇人の目の見える人の判断よりも、私はこの盲人一人の感覚を信頼するだろう」[39]。これまでの世界観を覆すような宣言である。「誰にも強い印象を与える明らかな外部的徴候」[40]が何の印象ももたらさない人間にとって、我々の慣習や法律や形而上学などが何の意味を持っているだろうか。喧嘩の罰に地下の牢獄に入れるという判事のおどしに、ル・ピュイゾーの盲人が返した言葉を思い出そう。「私は二五年来、そこに住んでいます」[41]。ディドロはその上、こう付け加える。

「我々は魅惑的な芝居を見終わった時のように、人生を終える。しかし、盲人の人生の終幕は、暗い幽閉の終わりなのだ。もし我々が彼よりも人生の楽しみを持っているとしても、彼の方が死ぬ時の後悔は少ないということは明らかだろう。」[42]

ディドロが鋭い心理観察を駆使し、伝記的な事実を詳細に散りばめて生き生きと描き出した盲人は、このようにして次第に哲学者自身の姿と重なってくる。ディドロの盲人は、法を笑い、死をも睥睨するのだ。この人物の道徳は我々のものとは違う。なぜなら「我々の美徳は、我々の感じ方と外部の物体によって受ける印象の強度に依存しているからだ。[43]」ここに、新たな権威への対峙の仕方が現れる。つまり、新しい道徳観、新しい人間学が。

「生まれながらに盲目で聾唖の哲学者が、デカルトが作り出したような人間を見倣って人間を作ったとしたら、（…）彼が魂を指の先につけたことは間違いないだろう。なぜなら、この人間が生きる上で最も重要な感覚や知識は、全て指からやってくるからだ。その頭が思念の座であるなど、誰が考えつくだろう？[44]」

視力の優位が崩れるとともに、思考の座であるなどという「頭の思い上がり[45]」も地に落ちることになる。こうして次々にこれまで最重要と考えられて来た器官の優位が否定されることで、最後には形而上学大系そのものの批判が現れる。

「一つだけ、誰もが受け入れなければならない前提を指摘させて欲しい。ずいぶんと大げさな論理が自然の奇跡から引き出されているが、こんな論理は盲人の能力を説明するには根拠薄弱にすぎるということだ。（…）盲人は物質を、我々よりずっと抽象的な見方で捉えているので、物が考えると信じることだってあるのだ。[46]」

ディドロは、死の床にいるサウンダーソンが、友人の牧師ガーベイズ・ホルムズと対話を交わしている場面を想像した。ここで、有名な神の存在についての対話が現れる。ディドロは、次第に懐疑主義から唯物論へ、そして最後には無神論へと歩を進めてゆく。サウンダーソンの無神論に対して、ホルムズは自然の奇跡を持ち出す。しかし、サウンダーソンは「もし神がいるというのなら、私の手に触れさせてください[47]」と言うのである。ディドロの描くサウンダーソンは、世界の美しさを目にすることもできず、一生を闇の中で送らなければならない盲人が、だからと言って晴眼者よりも不可視の世界と通じる力を持っているとは思っていない。サウンダーソンにとって、哲学者の神も、神秘神学者の神と同様、疑わしい存在である。

「時々、怪物じみた生物が生まれるのだから、聖なる秩序は完璧とは言えませんね。ホルムズさん、あなたもご存知の通り、私には目がありません。あなたが目を持っていて私が持たないということになるために、我々はどんな違った行ないを神に対してしたというのでしょう[48]。」

「怪物」の存在は、合理的な信仰の土台すらも揺るがすものだった。怪物を作った神ならば無限の善良さなど持っているわけがない、もしくは、神であっても全能の存在ではないのだ[49]。しかし、サウンダーソンは「おお、憐れみたまえ、クラークとニュートンの神よ[50]!」という大きな叫びを発して亡くなる。この部分は、検閲を気にしたディドロが注意深く加えた祈祷の言葉だろうか、それとも、かつては自然の奇跡に依拠したキリスト教弁証論を擁護していた彼が[51]、懐疑論者となった自分を悔やんだ表現なのだろうか。この問いは解くにはあたらないだろう[52]。

サウンダーソンの劇的な死を物語った後、『盲人書簡』の最終部は、生まれながらの盲人が視力を回復した時の状況という認識論上の問題に集中している。この問題に対するディドロの結論は、ロックとコンディヤックの中間をとった微妙なものである。

「生まれながらの盲人が初めて目を開けて光を見た時、そこには何も見えないだろう。(…)彼の目が、見るという経験を理解するためにはいくらかの時間が必要だ。(…)触覚の助けを借りずに、目が自発的に積み上げていく経験が必要だ。[53]」

『盲人書簡』の第三部にこれ以上説明を加えることは控えたい。しかし、ディドロが「実験に値するタイプの人々[54]」をいくつかの種類に分ける必要を感じていたことだけは言っておくべきだろう。分類の必要は、彼以前の理論家が全く考えつかなかったことだからである。ディドロは、同じ実験でも「下品で、教育も知識もなく、全く用意のできていない[55]」盲人に対して行なう時と、「形而上学者」とか「幾何学者[56]」の資質を持つ盲人に対して行なう時とでは、結果は全く違うはずだと考える。ディドロはさらに言う。

「一番手間がかかるように見えても実際一番簡単なやり方は、実験対象の人にまず哲学的な知識を与え、彼が通った二つの状況を比較する方法を教え、かつ盲目状態と目が見える状態の違いについて他者に説明することができるくらい知的な人間に教育することだ。[57]」

『盲人書簡』というこの奇妙な書は、これまで幾多の解釈が与えられたにも拘わらず、いまだその全容を明らかにしていない。ともあれ、モリヌーの問題が議論され始めてから五〇年あまりにして、ディドロのこの本において、まだ視力を回復していない盲人は、初めてその経験を語る言葉を与えられた。「差異が発言した途端、物事はもはや以前の状態ではあり得ない[58]」とは、事実だった。王権も宗教権威も、この差異を容認することはできなかった。マラヴァルがその「美しい闇」から生まれた解放の経験を全人に提供しようとした時、その本に課された発禁処分を思い出そう。ディドロもまた、禁を破って感覚の代替作用を説き、逆さまの世界を擁護したことで、同じ目に遭うことになる。しかし、ディドロに対する権力の抑圧はさらに厳しかった。

「一七四九年七月二四日木曜の今朝、七時半に、レストラパード通りの家に二人の警官が押しかけ、階段を上った。警官はディドロに自宅の扉を開けさせ、全ての『宗教と国家と良俗に反する』原稿の捜索にかかった。その二日前、王国の出版物検閲監督であるダルジャンソン伯爵は、警察長官に宛てて『盲人についての書を書いたディドロ氏をヴァンセンヌの監獄に入れる命令を出す』よう、指令を下していた。[59]」

ベリエは、同年九月にダルジャンソンに送った注意書きで、ディドロの「不安定な精神状態[60]」について語っているが、確かに七月二四日から一一月三日にかけて、ディドロはその精神状態の不吉な結果について深く考えることとなる。もともと「極度に社交的で、会話を好み、普通の人よりも一人でいることに耐えられない[61]」性格だったディドロにとって、投獄の経験は辛苦に満ちたものだった。一方、『百科辞書』の立役者の知名度が上がったのもこの投獄のおかげであるし、この経験はディドロにさらなる慎重の教訓を与えたのだが。

盲人たちと言えば、ディドロの『盲人書簡』が巻き起こした議論によって、間接的な利を得ることとなった。エロー・ド・セシェルが言うように[62]、ディドロの会話の光明はオブジェをたくさん揃えるだけで明らかになるものであったが、『書簡』の中でそのオブジェは確かに見事に照らし出されている。特に、盲人が触覚のみで「晴眼者の頭が作り出すのと同じ抽象的な記号体系を作り出すことができる[63]」という説を立証したことは（例えば、サウンダーソン考案の触覚算術など）、同時代にとって大きな発見だった。

同年、『自然博物誌』第三巻で、ビュッフォンもまた触覚の重要さを繰り返し述べている。触覚は視覚に対して絶対的に優位にある感覚であると主張し、ディドロの『盲人書簡』がいかに「繊細で鋭い形而上学[64]」であるかを強調している。

感覚主義、家庭教育、そして触覚による教育

ジャン・ジャック・ルソーもまた、一七六二年の『エミール』の中で、触覚による教育について鋭い知見を述べた。ルソーは触覚を「五感のうち最も恒常的に使用される感覚」[65]とする。なぜなら触覚こそは、「あらゆる外界の攻撃から常に我々の身を守ってくれる護衛のように、全身の表面を覆う感覚だから」[66]である。

盲人の例はもちろん引き合いに出されている。しかし、『盲人書簡』には全く触れられていない。ルソーはヴァンセンヌの鐘楼に投獄されていたディドロによく面会に行ったが、面会中に仲違いしてしまったからである。ルソーの新しさは、盲人の経験を晴眼の子供の教育に利用することを提案した点だ。

「盲人たちの触覚が我々よりも鋭いことは明らかである。頼るべき目を持たない彼らは、普通目が下す判断を、手を使ってのみ行なわなければならないからである。彼らのように暗闇の中で歩く術をなぜ我々も学ばないのか、光のない夜の中で、手に触れる物体をよく知ったり、周囲のオブジェを判断したりという、彼らが毎日目に頼らず行なっていることを、なぜ我々も学ばないのか。太陽が照っている間、確かに我々は盲人たちよりも優位にある。しかし、暗闇の帳が降りた途端、我々の方が彼らに手を引かれることになるのだ。[67]我々は人生の半分の時間、目の見えない状態にある。しかし実際の盲人との違いは、彼らはいつでも自由に体を運ぶことができるのに、我々は闇の中では一歩も踏み出せないという点だ。我々には知性がある、と答える向きもあろう。しかし知性だって機械にすぎないではないか。しかも、いつでも補助してくれる機械でもあるまい。私は、エミールがランプの陳

列台みたいな目を持つより、指の先についた目を持つことの方を好む。[68]」

ここで盲人は、その鋭い触覚ゆえに「晴眼者の教師」という地位に格上げされている。しかしながら、盲人教育においてかつては優先的だった聴覚が触覚にその場所を譲ったのは、何も感覚主義の理論だけが理由ではないように思われる。

触覚という近接的で私的な感覚は、盲人が第三者を通さずに自分一人で読み書きを行ない、私信の秘密を保護するのに適した感覚であることは確かである。しかし一八世紀以前には、盲人たちもその教師たちも、こうした触覚の利点には気がついていなかった。ラナ神父の書にあった、盲人が周囲の好奇のまなざしを避けるために暗号化した文字を使用することを勧めている箇所は、全く余人の注意を惹かなかったようである。一八世紀は個人の私生活に対する関心が高まった時期であるが、それと同時に黙読や日記の習慣も以前に増して広まっていた。このように読み書きがますますプライヴェートなものに変って行く動きの中で、盲人たちとその近親者が触覚言語に関心を持ったことは容易に想像できる。

ともあれ、啓蒙の世紀の西洋世界において、聴覚と記憶（これは新しいことではない）を組み合わせた方法のみならず、触覚を使用した方法で教育された盲人はますます増えていく。フランスだけではない、オーストリア、ファルツ、スコットランドなどでも同じ現象は見られた。こうして、家庭教師による個人授業は[69]「自由な教授方法の開発[70]」に最適の場となり、その場で触覚による盲人教育の考えうる限りの方法が試行された。一方で、世紀末にはこうした方法が集団的な盲人教育を生み出し、あらゆる社会階層に広まったという逆説がある。

この「特殊な」教育方法が当時相当の完成度を誇っていたことを示す三つの好例を挙げよう。まずフランス人女性のメラニー・ド・サリニャック（一七四四―一七六六）。彼女は金融業者ピエール・ヴァレ・ド・サリニャックと、ソフィー・ヴォランの姉であるマリー・ジャンヌ・エリザベートとの間に生まれた。次に、オーストリアの帝国法律顧問だったヨーゼフ・アントン・パラディの娘、テレジア・フォン・パラディ（一七五九―一八二四）。最後に、ドイツのファルツ公国大公カール・テオドールの宮廷聖務官ルードヴィヒ・ヴァイセンブルグの息子、ヨハン・ルードヴィッヒ・ヴァイセンブルグ（一七五二―一八〇〇）。

啓蒙の世紀における教養高い盲人の例は、この三人に限らない。もっと有名な人物は他にもいた。例えば、スコットランドの詩人トーマス・ブラックロック（一七二一―一七九一）や、ドイツの音楽家マリアンネ・キルヒゲスナー（一七七〇―一八〇九）など。この二人は幼少期に盲目になった人たちであり、この頃すでに大きな名声を博していた。ブラックロックは疱瘡のために生後六カ月で視力を失った。彼は一七七四年一一月、「デモドクス」の筆名のもと、『エジンバラ・マガジン・アンド・リヴュー』に「盲人教育について」という題名のエッセイを発表した。このエッセイは、ブラックロック自身の経験に基づいた盲人の心理や教育についての優れた知見を満載している。後に増補されたこの論考は、『エンサイクロペディア・ブリタニカ』[71]に「盲人」の項目として収録された。一方、グラスハーモニカの名手だったマリアンネ・キルヒゲスナーは、一七七〇年にブルッフザルに生まれ、カールスルーエでハーモニカを学んだ。彼女の教師だった教会楽長シュミットバウアーは、後年マリアンネのために特に考案した楽器を製造した。彼女はその楽器とともに何度もヨーロッパツアーを行なった。彼女の才能を高く評価していたモーツァルトは、彼女のために二曲作曲した。マリアンネはこの二曲をしばしば演奏したが、特にロンドンとウィーンでの公演が評判を呼んだ[72]。しかし、この二人は当時から高名であったとは言え、盲人教育の歴史においては先に挙げた二人に比べてはるかに重要度が低い[73]。

メラニー・ド・サリニャック

ディドロは「メラニー、および彼女の家族と、一七六〇年以来親密な付き合い(74)」を開始し、メラニーには何度も会っていた。彼女は一七六六年に二十二歳で亡くなった。それから十数年後の一七八二年、六十九歳の高齢に達しつつあったディドロは、自分の全集を編纂していてふと、昔メラニーが『盲人書簡』について述べた批判を思い出した(75)。この時ディドロが書いた『盲人書簡』の『補稿』には、彼女の批判を取り入れた新たな考察とともに、今はもういない少女の面影が生き生きと、愛情を込めて描かれている。ディドロの思い出に残るメラニーは、家族全員の光であり、「友人たちの敬愛を一身に集める(76)」愛らしい娘である。「メラニーがまだ幼い頃から、その家族たちは彼女に残された感覚をさらに鋭敏にするための教育を試みていたが、その成果は驚くべきものだった(77)」とディドロは言う。メラニーの聴覚と嗅覚は「繊細きわまりなく」、触覚と言えば、「物体の形について、晴眼者がしばしば見過ごす特性までを知り尽くしていた(78)」。では、感覚の代用に基づいた彼女の教育はどのようになされたのだろうか。「彼女は、切り取った文字から読むことを学んだ(79)」とディドロは言う。音楽については、

「五線譜の形が浮き出している大きな机の表面に、浮き彫りの音符を並べたものを使って覚えた。メラニーはその音符に触り、それを楽器で演奏した。ほんのわずかな時間の練習で、彼女は長く難しい曲の一部分をすらすらと弾きこなしたものだ(80)。」

バーネットは、一七世紀末にプロテスタントの町ジュネーヴで養育されたエリザベート・ヴァルドキルヒに会い、彼女の哲学、神学、聖書についての博識に驚嘆した。さらに音楽的教養と幾多の外国語の知識すらもあったと加えている。一方ディドロは、啓蒙の世紀の申し子であるメラニーの科学的教養に光を当てる。「メラニーは、天文学、代数、

幾何学の基本的知識を備えていた[81]」。そのほか、線を浮き出させた地図を使って地理も勉強したことがあった。こうした地図は、「針金で平行線や緯度をあらわし、絹糸や毛糸、あるいはもっと細い糸を使った刺繍で諸王国や地方の境界を明らかにし、大小様々なピンで河川や山岳の形を描き、ある程度大きな町については固めたロウでその領域を示したものだった[82]」。

エリザベートと同じくメラニーも補助なしで書くことができた。まっすぐに書くための枠を使うのは同じだったが、そのやり方は違っていた。

「可動性の平行な二枚の薄板が、習字の行のまっすぐな線をなしてきっちりとついている枠に、一枚の紙が張られており、その平らな紙の表面に、メラニーはピンを指してものを書いた。読むためも同じ方法を使った。彼女は、紙の裏にピンが残したでこぼこの跡を辿って、書かれたものを読むのだった[83]。」

我々が知る限り、盲人の読書に関して浮き出し印刷の話が出てくるのは今回が初めてである。「彼女は、本を読むにも、一面だけが印刷された出版物を使っていた。プロー[84]が彼女のために特別にこのように印刷したのだった[85]」。

当時の由緒正しい家柄の若い娘が覚えていなければならないとされたことを、メラニーは完全に習得していた。読書が大好きで、音楽に夢中だった彼女は、上品に歌うことも、「素晴らしく」踊ることもできた。あらゆる針仕事も得意だった。「メラニーは左手の人差し指に絹やその他の糸を延ばしながら、その糸の尖った先を非常に細い針の目に垂直に指して、すらすらと針仕事をこなした[86]」。

簡単なものから最も複雑なものまで、カード遊びも完全にやってのけた。一八世紀の賭け事への情熱が、晴眼者のみならず盲人にも及んでいたことがわかる一節である。

「彼女は完璧にルヴェルシ、メディアツール〔ルヴェルシはオセロに似た盤ゲームで、メディアツールはホイストに似たカードゲームである〕、カドリーユなどのゲームに参加した。他の人の目には見えない小さな罫線を引いて触って区別できるようになっているカードを使った[87]。」

しかし、情報を収集するために、メラニーが視覚の代用として用いたのは触覚だけではなかった。音楽を「私が知っているうちで最も美しい言葉[88]」と呼び、深く愛したメラニーは、様々な声のニュアンスを聞き分ける感性も持っていた。「メラニーは、普通気がつかない様々な変化を声の中に聞き分けることができた[89]」。「声の響きは、彼女に、顔の美醜が目の見える者に喚起するのと同じような好悪の情を起こさせた[90]」。

彼女はまた、日常生活で遭遇する様々な音の状況から、必要な情報を引き出す術を持っていた。「メラニーは、話しかけられただけで、その声が来る位置から相手の背丈を推し量った。声が上方から来れば背の高い人、下方から来れば低い人、というように[91]」。「飲み物が注がれる音で、グラスが一杯になったかどうかも判断できた[92]」。また、「自分の足の音や声を出した時の響き具合で、今どのくらいの広さの部屋にいるかもすぐに察した[93]」。

メラニーが空間軸の上で自分の居場所を確かめていたやり方について、ディドロは聴覚と触覚を組み合わせた手段の例として挙げている。この方法はしばしば「障碍物感覚[94]」と呼ばれた。

「メラニーは空気の感覚から、今広場にいるのか通りの中にいるのか、あるいは普通の道にいるのか袋小路にいるのか、または開いた空間の中にいるのか、閉じた空間の中にいるのか、さらには大きな住居の中にいるのか、小さな部屋の中にいるのかをすぐに理解することができた[95]。」

さらに代替感覚に加えて、盲人にとってなくてはならない記憶力もこうした能力の発展に寄与していた。ディドロもきちんとそれを明記している。「メラニーは、どんな声でも何度か聞けば二度と忘れなかった」[96]。場所の記憶も大切である。「ある家の全体を一度歩き回れば、その構造は完全に彼女のものとなった。あまりによく細部を覚えているので、他の人に家の中で起こりうる小さな事故について警告するのは彼女だった。『ここはドアが低いから気をつけた方がいいわ。あそこには段差があります』などと」[97]。そして書かれたものの記憶にも優れていた。それがいかに複雑な文書であろうと。「それが一二行から一五行の詩句であれば、その最初の文字とそれぞれの語の文字数を言うだけで、彼女はどの詩なのかを言い当てることができた。それがどんなに奇妙なものであっても彼女は間違わなかった」[98]。

メラニーはこのように霊妙きわまりない娘だった。彼女についての記述は、ディドロ晩年の著作の紙面を光り輝かせているようである。ディドロによって記録されていなければ、メラニー・ド・サリニャックの名前は後世から忘れられたことだろう。彼女の名前とともに、彼女の家族と教師が編み出した、盲人を家族的社会に溶け込ませるための多くの方法もまた、後の人々に知られずに終わったことだろう。

『盲人書簡補稿』は、雑誌『文芸通信』[99]一七八二年五月号の中で初めて発表された。その二年後、ヴァランタン・アユイは、数年の模索の時期を経て、ようやく盲人教育の計画を実行に移すことにした。アユイがこの時実施に移した触覚による教育の方法は、二五年前にメラニーが教育された方法と細部に至るまでよく似ている。しかし、アユイは一七八六年に発表した『盲人教育に関する試論』の序文である「訓盲院の誕生、発展、および現状についての略歴」の中で、一切メラニーの例には触れていない。アユイが語っているのは、一七八四年に出会った別の盲人女性のことである。この女性に出会ったことで、アユイの盲人教育計画は一足飛びに実現へと向かった。その女性とは、当時二十五歳だった音楽家、マリア・テレジア・フォン・パラディである。

マリア・テレジア・フォン・パラディ

一七五九年五月一五日、のちにマリア・テレジア女帝の庇護を受ける高名な音楽家となるマリア・テレジア・フォン・パラディ[100]は、ウィーンに生まれた。彼女は二歳と一一カ月の時に失明した。失明の原因は不明である。「大きな恐怖」や「痙攣」が理由とされる一方、予後が悪かった皮膚病ないしは「黒内障[101]」のせいとも言われている。幼いマリア・テレジアは、最も高名だったあらゆるウィーンの医者たちの診察を受けたが、結局全て無駄に終わった。彼女を診た医者の中には、有名な眼科医ヨーゼフ・バルトや、女帝の侍医でありウィーン大学医学部長のアントン・フォン・シュトルクがいた。

マリア・テレジアの音楽の才能は早くから開花した。幼少期から歌の他に、オルガン、ハープシコード、ピアノフォルテなどの鍵盤楽器を学んだ。十一歳の時、自分自身でオルガン伴奏をしながらペルゴレージの「スタバト・マーテル」のソプラノパートを歌ったが、これを聴いた女帝はいたく感動し、彼女に二〇〇金ダカットの年俸を与えた。この収入のおかげで、マリア・テレジアの両親は、彼女に当時ウィーンで最も人気のあった音楽教師をつけることができた。その一人レオポルド・コーゼルフは、後年彼女のためにハープシコードとピアノフォルテの曲を作曲した。音楽の他、マリア・テレジアは外国語も学んだ。少しフランス語を話すことができ、英語を解し、イタリア語は話さずとも理解できたらしい。さらには、歴史と地理も学んだ。当時機械仕掛けの発明の才でヨーロッパに名が知られていたウォルフガング・フォン・ケンペレンは、彼女に厚紙で切り取った文字を読むことを教え、自分でその文字を印刷して手紙が書けるように、手動の小さな印刷機と活字箱を与えた[102]。

マリア・テレジアの社交の才については、数年前にメラニー・ド・サリニャックについて語られていたことと同じ噂が流れていた。彼女は完璧にメニュエットを踊り、個人宅で催される演劇に参加し、見事なドレスの着こなしで人々を感嘆させたという。

こうして、非の打ち所のない社会適応能力と芸術的な才能で世間の賞賛を集めていたマリア・テレジアだが、一七七七年には、フランツ・アントン・メスメルの注意を惹くことになった。[103] メスメルは、当時ウィーンの音楽家たちや外国人音楽家たちの交流の場所として知られていたランドシュトラッセに居を構えていた。彼は自分の家で、マリア・テレジアともう二人の盲人に動物磁気の無料治療をすることを申し出た。[104] マリア・テレジアの父親の手紙によれば、この治療は最初、成功するかに見えた。しかし、物事はだんだん混迷していった。マリア・テレジアは神経の発作に悩まされるようになり、それは楽器の演奏にも影響した。娘の状態を心配した両親は、メスメルのもとから彼女を連れ出そうとしたが、マリア・テレジアは残ると言い張った。この出来事はスキャンダルに発展する気配を見せ始め、メスメルの仇敵たちは介入の機会を手ぐすね引いて待っていた。結局メスメルは治療を中止し、マリア・テレジアを両親のもとに返さなければならなくなった。[105] その後しばらくして、メスメルはウィーンを去り、次に落ち着いた先のパリでも動物磁気治療を開始した。動物磁気はウィーンと同じく、最初は人々を熱狂させ、続いて全く同じ糾弾の対象となった。[106]

この不幸な事件が起こった直後の一七七七年末、マリア・テレジアはマンハイムのヨハン・ルードヴィッヒ・ヴァイセンブルグと文通を始めた。ヴァイセンブルグについては後に詳しく触れることになろう。一七八三年、練達の音楽家としての才能が認知されたマリア・テレジアは、母親ロザリアとともにヨーロッパ演奏旅行を行なった。その年の晩秋、[107] マンハイムに立ち寄った彼女は、ヴァイセンブルグと何度か出会うことができた。ヴァイセンブルグは彼女に様々な地図、計算のための板、そしてなんと自分の肖像を贈呈したという。ヴァイセンブルグ自身フルートの名人だったことを考えると、彼らは合奏したのかもしれない。しかし、史料は何も教えてくれない。

マリア・テレジアは、ボヘミアの後はドイツからスイスへと演奏旅行を続けた。彼女はどこに行っても熱狂的な歓迎を受けた。一七八四年の春、フランスに着いた彼女は、王妃マリー・アントワネットによる特別の歓待を受け、ヴェルサイユ宮殿で演奏した。王妃に特別待遇で迎えられたことで、パリのサロンもマリア・テレジアに門戸を開いた。また、その六年前にはモーツァルトを招いて人気を博したコンセール・スピリチュエル(108)も、マリア・テレジアをメイン・ゲストにして開催された。

同年四月二日付の『秘蔵論考』誌と四月四日付の『パリ新聞』は、その前の四月一日にチュイルリー宮殿で行なわれたマリア・テレジアの初リサイタルが、観客であるパリ市民の大絶賛を受けたことを報告している(109)。これ以後も『パリ新聞』にはマリア・テレジアについての記事が何度も載り、フレロンの『文学年報』にも彼女を讃えた記事が掲載された。

しかし、同年四月二四日付の『パリ新聞』に掲載されたペン・ド・ラ・ブランシュリー(110)の手紙は、他の記事と変わった書き出しである。ブランシュリーはまず、報道記者が若い演奏家に与えている数々の賞賛に、「興味深いと思われるいくつかの点を付け加えたい」と始める。彼はパラディ嬢が受けた教育方法を説明した後、「科学と文芸のための通信連絡員」らしく、彼女が「母堂とともに宿泊しているリシュリュー通りのパリ館に行けば(111)」、ヴァイセンブルグに贈呈された道具ならびに、「地図やトランプ、算術用の板」、そしてケンペレンが彼女のために作った携帯用印刷機を見せてもらうことができる(112)、と読者に告知している。マリア・テレジアはすでに印刷機を公開していたようである。

熱しやすく冷めやすいパリの社交界の人々は、高名な外科医の手で白内障を脱した盲人の観察記録に、おそらくもう飽き飽きしていた。そこで彼らは上品な盲人女性が触覚による教育法の成果を披露すると聞いて、我先に見物に出かけたのだった。

ラ・ブランシュリーは、少女が「ハープシコード上で先生が弾いた音、和音、そして楽曲全体を模倣する(113)」という方法で、つまり「耳だけで」[114]音楽を学んだことを細述した後、次のように記事を締めくくっている。この結語を読めば、当時の観衆や報道記者がマリア・テレジアに賞賛と好奇心の混じった複雑な関心を抱いていたことが分かる。

「［パラディ嬢とその両親に対して］、彼女が被った自然の過ちと、彼らが行なった長い費用のかさむ旅行は、我々のような豊かな社会がその対価を払うに値するものである。彼らは新たな稀少例を我々に見せるためにやってきたのだから。」[115]［傍点著者］

ともあれ、ツアーは成功だった。マリア・テレジアとその母親は、結局六カ月もパリにとどまったのだから。[116]その後二人はイギリスに向かった。マリア・テレジアは宮廷で演奏し、ウェールズ公[117]の弾くチェロの伴奏まで行なった。その次の目的地はブリュッセルだった。そこでマリア・テレジアは、マリー・クリスチーヌ大公夫人[118]の前で、アルザスの盲目詩人ゴットリーブ・コンラッド・フェーフェルが、盲人の悲しみと音楽の慰めを主題にして自ら作詞作曲したカンタータを歌った。「感じやすい人々」がその歌を聞いて涙を流したのは言うまでもない。[119]

マリア・テレジアは「盲目の魔法使い」とまで呼ばれ、そのヨーロッパツアーはベルリンで終わった。ベルリンでも大成功が待っていた。郷里に帰ったマリア・テレジアは、その成功を伝え聞いていたヨーゼフ二世から直々に会いたいとの申し出を受けた。彼女に出会った皇帝は、その深い教養と豊かな人格に感銘を受け、生涯の庇護を約束した。

しかしその後、マリア・テレジアはリサイタルの数を減らすようになった。教育と作曲に力を注ぎ始めたからである。[120]彼女の作曲方法は、写譜家に音符ごとに歌って聞かせるというものであった。その作品には、いくつかのオペラ、[121]ルイ十六世の死を歌ったカンタータ、[122]リーダー、そして、後に彼女の夫となるヨハン・リーデンガーの詩をもとに書かれた『アリアドーネとバッカス』というメロドラマがある。しかし、宮廷顧問のフランツ・サール・フォン・グルニエの娘で、当時ウィーンではかなり有名だった音楽記者カロリーネ・ピヒラーが回想録で語っているところでは、マリア・テレジア・フォン・パラディの作品は音楽的に「凡庸を出ないものだった」らしい。一八二四年二月一日、マリア・テレジアが六十四歳でウィーンの自宅で亡くなった後は、一度もその作品は再演されていない。

ともあれ、マリア・テレジアは死ぬまで名声に包まれて生きた。そのことは、彼女と当時の有名な文人、音楽家、医者たちとの間に交わされた書簡を見ても分かる。現在、手紙の現物はウィーン市立図書館の草稿保管室に、一冊にして収められている。

つまり、マリア・テレジアには、周囲の希望を裏切って夭折したメラニー・ド・サリニャックがなし得なかったことを、十分成し遂げる時間があったのである。ディドロは『盲人書簡補稿』の終わりで、メラニーの早すぎる死を悔やんでこう述べている。「メラニーにもう少し生きる時間が与えられていれば、優れた洞察力と記憶力をもって、どれほど優れた科学者となっただろうか[123]」。

マリア・テレジアは音楽において、メラニーが科学の分野で一生かかってもできなかったことを手に入れた。キャリアである。彼女は、まず演奏家として、それから教師として、最後には作曲家として、音楽家のキャリアを全うしたのである。

おそらくマリア・テレジア・フォン・パラディは、ラ・ブランシュリーが『パリ新聞』で呼んだような「稀少例」をはるかに超えて、並外れて個性的な女性だったに違いない。彼女の個性の輝きは、盲人教育にはまだ関心が薄かった人々の心を動かすに足りるものだった。ヨーロッパ主要都市と諸首都へのツアーやハプスブルグ・ロレーヌ家の系列にある宮廷への招待、またヴァイセンブルグとの書簡、公式の演奏家としての人生、こうした快挙によって、マリア・テレジアは当時最盛期にあったウィーン啓蒙主義を国外に紹介する大使ともなった。啓蒙主義華やかなヨーロッパにおいて、触覚教育への最初の関心を呼び起こしたのは彼女だった。

ヨハン・ルードヴィッヒ・ヴァイセンブルグ

ヨハン・ルードヴィッヒ・ヴァイセンブルグは、疱瘡のために五歳で弱視となり、十五歳頃には完全に失明した。彼はその頃からクリスチアン・ニーゼンという個人教師についていた。ニーゼンは盲目の子供の教育を専門とした最初の教師の一人といえるだろう。実際、彼によって書かれた二冊の盲人教育指南書は、初めて一般向けに書かれた方法論である。その一冊は算術の教え方、もう一冊は代数の教え方であった。それぞれ、一七七三年と一七七七年にマンハイムで出版された『晴眼者と盲人のための算術』(124)と『晴眼者と盲人のための代数』(125)である。ニーゼンは優秀で学習意欲盛んな生徒に鼓舞されつつ、自らの教育方法を試した。例えば、針金でできた文字を使ってラテン語のアルファベットを教える方法や、ボール紙に張った鉄紐や針金を使って幾何学の図形や三角法を教える方法などである。生徒が一人で計算できるよう、ニーゼンはサウンダーソンの計算板を模倣した道具を考案したが、さらに簡便を目指した。また、浮き上がった模様のみならず、様々な素材を使って手触りを細かく変化させた文章のついた、非常に手のこんだ地図も作った。こうした地図には、水脈を表すために細かく切ったガラスを貼ったり、国ごとに違った組み合わせの種《たね》を植え付けたりした。

その後ニーゼンは大司教の会計院顧問となり、彼の盲人教育の方法論はすっかり忘れられてしまった。しかしニーゼンが職を退いてからも、ヴァイセンブルグはかつての教師と文通を続け、彼から多くを学び続けた。また、先生が作ってくれた道具を、自分自身がより使い易いように改良させていった。ニーゼンは一七八四年に亡くなったが、ヴァイセンブルグはその方法論を踏襲しつつ、今度は自ら、九歳の盲人の子供の教育に乗り出したのだった。

ヴァイセンブルグが一七八一年に出会った弱視のドイツ人作家クリストフ・フリードリッヒ・ニコライは、一八〇六年一二月一三日付のベルリン科学アカデミー宛の手紙で、ヴァイセンブルグがものを書くために使用していた「とても簡単な機械」をこのように描写している。[126]

「バネ仕掛けで開けたり閉じたりできる針金の枠がついた紙のような大きな板、その板には一リーニュ〔二ミリメートル〕ほどの深さの筋が彫ってある。その筋に、そこから細い糸が出ているたくさんの孔がついた枠をはめる。糸は、書きながら行を間違えないためのものである。板の上には、三枚の四角い紙が重ねてある。下の紙は、真ん中の紙を通して、上の紙に赤か黒のインクで書かれた文章を受け取るようになっていた。上の紙には、鈍いノミを使って文章を書くようになっている。(…)ヴァイセンブルグがノミを使って書いた文章の色ははっきりしていた。彼がこのように書いたものをいくつか持っているが、二五年経った今でも色あせていない。彼は目の見える人と同じくらいの速度で書いており、何人かの文通相手を持っていた。ニーゼンとの間にかわされた手紙はまさに傑作だ。[127](…)」

我々はすでにこの「機械」を見たことがある。これは一六七〇年にラナ神父が盲人の筆記補助道具として考案した器具の様々なバージョンの一つであり、エリザベート・ヴァルドキルヒによって使用され、その後も他の盲人によって使われたものである。使用のたびごとに、機械は新しい使用者のアイデアを取り入れて改良されていった。

盲人の読み書きの補助道具を改良する努力はあちこちに見られるが、そこには統一が欠けていたことが分かる。また、こうした改良も、一部の特権階級にのみ見られたことであり、特権階級は社会の盲人全体とその成果を共有しようなどとは考えていなかった。例えば、マンハイム宮廷の高官ヨハン・ペーテル・クリングがヴァイセンブルグの方法を一般に発表する許可を求めた時、ヴァイセンブルグはそれを断っている。彼が許可したのは、唯一書簡の一部を『ライン学術雑誌[128]』に載せることだった。一方でヴァイセンブルグは、対等の相手として評価していたフォン・パラディ嬢にだけは、自らの「発見」の数々を教え、障害を乗り越える努力を説いた。

「親愛なる友よ、人々は私たちの目が見えないことを気の毒だと言います。でも、本当に私たちは目が見えないのでしょうか。(129)」

ヴァイセンブルグの「発明」は、マリア・テレジアが間に入ったことによって、多くの人々に利をもたらすようになるのである。

パリにいたマリア・テレジアは、一七八四年四月二四日付の『パリ新聞』の記事を読んだ一人の翻訳者の訪問を受けた。彼はディドロの愛読者であり、数年にわたって感覚障害者の通信手段という問題に熱意を持って取り組んでいる人物だった。彼の名はヴァランタン・アユイといった。彼は一七八四年九月三〇日付の『パリ新聞』に、このような文章を残している。「パラディ嬢は、この分野［盲人教育］についてまだ何も知らず、全く手探りの状態にいた私にとって、まさに光明だった。私は彼女のいろいろな手仕事を観察し、その同郷人ヴェッセンブルグ［ママ］氏の発明について質問した(130)」。

マリア・テレジアはその時、アユイに「キケロの言語、およびドイツ語で書かれた、素晴らしく繊細で生き生きとした感情に溢れた手紙(131)」を手渡した。「チェスの自動人形の考案者として名高いケンペラン博士によって開発された小型印刷機で印刷された手紙(132)」だった。同時に、ヴァイセンブルグにもらった地図や、針で書いた文章の見本をアユイに見せた。アユイ自身も述懐しているように、マリア・テレジア訪問は、盲人集団教育システムを開発しようとしていた彼にとって決定的な意味を持っていた。彼が数年前から考えていた計画を実現する契機となった。マリア・テレジアの成功例は、彼の抱いていた計画が夢物語ではないことを証明してくれたのである。方法論はそろっていたし、すでに成果をあげていた。あとは、マニュアルを完成させ、一般の盲人たちに与えればいいだけであった。

アユイとマリア・テレジアの出会いは、単なる触覚による盲人教育の道具や技術のデモンストレーションにとどまらなかったはずである。見事に社会参加を果たし、その後職業的にも成功することになるマリア・テレジアの例は、きちんと教育を受けた才能ある盲人ならばキャリアも可能であるし、同時代の人々と社会生活や文化を共有することもできるということを、ヴァランタン・アユイに示したのだと思われる。

一七世紀を通して個の主体としての盲人が生まれた。一八世紀の哲学者や教育改革者たちは、感覚についての思索を通して、盲人という個人が生まれたと認めた。そしてとうとう、この個人の後ろに市民の影が見え始めたのである。一八世紀も終わりになった頃、ヴァランタン・アユイという人物が現れ、彼によって、あらゆる社会階層の盲人男女に市民権を与えるという計画が実現に向かって進み始めた。

第5章

博愛主義と感覚障害者の教育

とは言え、マリア・テレジア・フォン・パラディという稀有な才能の盲人女性との出会いを通して、情熱的な理想家アユイが長年の計画を実行に移すことができたのも、強力な世論を育んでいた時代の趨勢というものがあったからである。いかに情熱家と言っても、アユイはその頃、単なる翻訳者・古文解読を専門とする語学教師にすぎなかったのだから。

さて、啓蒙の世紀においては、先天性盲人の問題もさることながら、聾唖の教育も人々の熱心な注目を呼んでいたが、この件については後に詳しく述べるが、教育や教育方法の発明という領域が同世紀最高の知性の関心を集めるようになって、すでに四半世紀がたっていた。フランスでは、一七六〇年から一七八九年の間に、一六一巻にのぼる教育関係書籍が上梓された(1)。

新たな感性の誕生

しかし、一八世紀のエリートたちは、教育問題に関心を示し、教育方法の考案に熱中するかたわら、大衆の教育には強く反対した。この問題については、ロジェ・シャルチエ、マリー・マドレーヌ・コンペール、ドミニク・ジュリアによる研究書がある。エリート層が大衆教化に反対していたということは、一七六三年に検事総長ルイ・ルネ・ド・カラデューク・ド・ラ・シャロテーがレンヌ議会で読み上げた『国民教育についての試案、あるいは青少年の教育計画』という有名な報告にも明らかである。

「大衆の知識が与えられた仕事の範囲を出ないことは、社会にとってよいことである。日常業務を超えて遠くを見るようになった男は、きちんとその業務を遂行することができなくなるだろう。大衆のうちでも仕事に読み書きを必要とする一部の層のみが、そうした能力を身につければいい。(2)」

この意見にはヴォルテールも賛成である。「生活の資を稼ぐために働かなければならない者は、精神の啓発のための勉学はできない(3)」。また、当時の政界や行政の社会を構成していたエリートたちのほとんどが、商業主義に影響された同様の意見を持っていた。ジャン・ジャック・ルソーを含めても、農民の教育に反対しない者は誰一人いなかった。もちろん、ルソーは商業的理由から反対したのではなく、道徳的に抵抗したのだが。

「田園の簡素な生活を送るよう定められている者たちは、幸福に生きるために知的能力の発展など必要としない。(…)村の子供に教育を与えないで欲しい。彼には必要のないことなのだから。(4)」

反対に、カトリック教会は、教区の神父たちの声を通して「啓蒙」エリート層の意見に否をとなえた。エリートたちは、大衆が読み書きによってその本来の役割から逸脱することを怖れ、阻止しようとしていたのだが、教会の考えはその逆だった。例えば、一七六九年にヴェズレー司祭長区の司祭たちが大司教に宛てた手紙にも見られるように、教会側は「教育なしには、真の神の賛美者も、忠実な王の臣下も、よい市民も作ることはできない。(…)学校のない教区は、いかに立派な説教が行われているとしても、決して啓発され、統制がとれた場所にはならない(5)」と考えていた。

このように、啓蒙主義哲学者の多くが社会変動への恐れから大衆の教育に反対していたが、ディドロだけは「最高位の者から最下層の農民まで、誰もが読み書き計算を学ぶべきだ(6)」と考えていた。ディドロの立場は、一八世紀の末に、コンドルセなどの教育を介した人間性の解放と世界の変革を願う人々に継承されて、再び立ち現れることになろう。

「あらゆる世代の（…）肉体的、知的、および道徳的な力を伸ばすことによって、人類全体を徐々に改良すること、それこそがどんな社会制度も目指すべき最終目的である。また同時に、これは教育の目的でもある。社会全体の利益という観点からも、人類の利益という観点からも、公的能力の向上のためには教育が必要である。[7]」

しかし、時代はまだ、啓蒙の世紀の教育計画を最も完成した形で表現した『公教育制度の総合的編成についての指令と報告』からはほど遠い。

ヴァランタン・アユイによって貧民階級の盲人たちの集団教育の計画が実行に移され、そして成功するためには、もう一つの啓蒙哲学の基盤をなす要素がそこに加わる必要があった。それは、ディドロやヴォルテールも哲学者の基本的資質と考えた「慈善」の精神ないしは「博愛主義的企図」である。ヴォルテールの『哲学事典』[8]の中には「徳とは何か。それは、他者への『慈善』である[9]」という言葉が見られる。また、その数年後には、ディドロもこう言っている。「哲学の目的は何か。思想の交信と『恒常的慈善』の活動により、人々の絆を結ぶことだ[10]」。

啓蒙の世紀の博愛精神は、神ではなく「自然」によって啓発されているという点で、キリスト教的慈善とはその源を異にしている。目的も違う。啓蒙主義的博愛は、死後の魂の救済を目指すものではなく、現在この地上における幸福の実現を目指すものなのである。よって、この時代の博愛主義者は常に社会的実利を念頭において活動することになっていたのである。

パリの博愛主義運動については、カトリーヌ・デュプラの研究書がある。デュプラによれば、「啓蒙主義から生まれる博愛こそ真の博愛であるとすれば、この博愛精神は、それ自体が人々に光明をもたらすものとされていた。つまり、博愛主義は（…）人類の発展、知識の拡大（教育、職業養成、技術推進などによって）、生産、（…）公衆衛生、（…）社会保障、（…）などに役立つものと思われた」[11]。さらに、「この穏やかで慰めに満ちた哲学は、（…）公平と徳の所産であり」[12]、貧者や障害者はその哲学を通した時、他者という仮面を捨て（もちろん、「完全に違う人たち」であることは否めないにしても）、「我々の同胞、救うべき兄弟に見え」[13]始めた。

一方、障害の概念は、慈善が宗教の枠を超えたことで、キリスト教的な原罪の疑いから解放された。身体的障害は、この時から「自然の過誤」[14]とみなされるようになった。この誤ちは、博愛主義そのものである「人類愛」によって治癒されるべきものである。特に教育は、障害修復の大きな手段である。しかし、障害者が「その他の人々の社会に戻った」としても、彼が貧しい場合、仕事によって経済交換のシステムに参加する義務が生まれる。なぜなら、博愛主義の懸念は社会全体における実利だからである。博愛主義者は、その立場からして、何びとにも怠慢を許すわけにはいかなかったのである。啓蒙の世紀の博愛主義は以下のような原則に立脚していたが、こうした原則が教育の改革という計画が実現されるにあたって、どれほど大きな影響を及ぼしたかは想像に難くない。

一、安楽な状態で生きている「盲人たち」を楽しく労働させる。

二、生活の資を与えることによって、盲人たちを物乞いという『悲しく人間的な生存手段』から救い出す[15]。

一七八〇年には、フリーメーソン結社の「友情の絆」ロッジの創設者であり、グランド・オリエント・ロッジの高官ならびにフィラレート会、つまり「真実の探求者」会[16]の監事サヴァレット・ド・ランジュが会長となって、パリにフリーメーソン会員によって構成された団体である博愛館が創立されていた。この博愛館が、のちの博愛協会である。

博愛館は、パリにおける最初の世俗社会慈善事業団体[17]だった。創立当初は会員のほぼ全員がフリーメーソンに属していたが（一七八二年には三一人の会員のうち二〇人まで）、一七八三年に重臣のベチューム・シャロ公爵が入会し、会長に就任して以後、この協会の独自の成長が始まった。この頃、『パリ新聞』（この新聞も一七七七年にフリーメーソンによって創刊された）編集部とのコネができたことで、同誌に協会の書記によるコラムが誕生した。

一七八三年一二月二〇日の『パリ新聞』のコラムには、「ジャーナリスト各氏」に宛てた手紙の形をとった「慈善事業」という題のコラムがある。このコラムは博愛協会の新たな活動を報告している。博愛協会が、「貧しい労働者の家庭に生まれ、幼少にして盲目となった子供たちを毎年一二人選び、生活保護を与える[18]」ことにしたこと、そして選別の条件は、パリに住む二歳から十二歳までの子供であることとである。生活保護は二十一歳まで続く。二十一歳からは、キャンズ・ヴァンに入所申請を出すことができた。このコラムでは、まだ初等教育や職業訓練などには触れられていない。むしろ、社会にとって完全に無益とされていた子供たちに、「救いの手を差し伸べる」ことが目的とある。

「誰もの共通の母たる自然は、あらゆる人々の心に不運な者たちへの憐憫の情を刻み込んだ。（…）我々は、弱い子供たちを見ると自然に救いの手を差し伸べたい気持ちになる。一体、人生の最初の一歩を踏み出そうとしている子供に、貧困のみならず、将来の就職や自立の希望を奪ってしまうような障害がのしかかっているのを見て、何も感じない者があろうか。これこそ、人間にとって最も有用な感覚である視覚を奪われた者たちの悲しい運命なのだ。[19]［傍点著者］」

「博愛協会会員ならびに書記」と署名しているこの手紙の筆者は、さらにこう付け加える。

「我々は、すでに聾者の耳を開くことに成功している。彼らも様々な技術や仕事を学ぶことができるようになった。しかし、先天的な盲人に対してはどうすればいいのだろうか。彼らは両親と社会の重荷として、ただ無為な人生を送り続けるしかない。もし社会にとって有益だった老人に我々が感謝の念から救いの手を差し伸べるとすれば、有益になることを妨げる障害を持った子供を放置していいわけがあろうか。[20]」

先天性の盲人たちについての哲学的思索と、彼らのための特殊教育の試みがほぼ一世紀続き、進歩的な人々がその成功をよく知っていたことを思えば、この手紙が用いている言葉には少なからず驚かされる。

あるいは、文化や職業へのアクセスは例外的な盲人に限られた話だと考えられていたのかもしれない。毎日のように人々の目に映るキャンズ・ヴァンの物乞いの姿は、盲人教育の成功の可能性を打ち消すように思われたとも考えられる。一七六一年に、現在は失われてしまったシャルダンの絵をもとにシュリューグ・フィスが描いた「盲人」の版画を見ても分かるように、盲人はまだ物乞いの姿に象徴されていた。またその他の当時の版画が示すように、町で、田舎で、放浪の盲人楽師の姿は到る所に見られた。彼らも物乞いだった。彼らの姿は、盲人でも立派に文化と社会の担い手となるはずだという希望を否定するものだった。

さらには、当時フランスで最も有名、かつ尊敬を集めていた博愛主義者の一人であり、ヨーロッパの隅々にまで影響を与えた聾唖者教育についての書の著者であったアベ・シャルル・ミッシェル・ド・レペ[21]自身が、盲人の教育の有効性についての疑いを表明していた。ド・レペは、一七七三年に書かれ、一七七六年に出版された『聾唖者の教育』の補稿の中で、耳の聞こえない子供の教育の「一般的な有益性」を語る一方で、先天性の盲人への教育の努力は徒労に終わるだろうという意見を述べている。

「盲人たちに教育と生活の保護を与えようという同情心を実行した人々については、自立することができない同国人に手を差し伸べることで祖国に貢献しようとした敬虔で偉大な愛国の士として、未来永劫語り継がれることになろう。しかし、盲人たちは、悲惨な状況から引き出された時でさえ、共和国の共通利益となるような才能を見せてくれることはなかった。[22]」

二世紀前、盲人教育について「果敢な企てだが無駄なこと」と言ったカルダンの容赦ない審判を聞く思いのする言葉である。

このように、盲人を救おうとする博愛主義者の前向きな展望の前には、あらゆる否定的な要素が立ちはだかっていた。博愛協会の書記もよく分かっていた。「聾唖者は言葉を手にしたことにより、何らかの技術や職業も身につける可能性を獲得した。しかし、果たして同じことが先天性盲人について可能だろうか」。二カ月後の『パリ新聞』が、この疑問に答えている。ついでに述べておくと、こうしたやり取りを見るだけでも、一七八〇年から一七九二年にかけてパリの博愛主義運動における同新聞の役割が想像できよう。

さて、博愛協会の方は、すべからく博愛主義運動なるものが目指すべき社会的有益性を念頭において、援助を受けたい候補者を募った。選別基準は盲人には無理とされていた「社会適応」の能力といったものではなく、貧しさの度合いと道徳心の高さにおかれた。教区司祭の証明書によって、子供たちは貧しく、正しい心持ちの労働者の家に生まれたことが保証されなければならなかった。[23] 同程度の障害の子供の間では、博愛協会は「両親のいない子供をまず優先し、次に片親がいない子供を選び、もしどちらの条件も満たさない場合は、最も扶養家族が多い父親の子供たちを選ぶ[24]」と定めていた。協会は、必要書類を添付した申請書の提出期間を一七八四年二月一五日までとした。そして、「十分に時間をかけて書類の情報を確かめ、理性に基づいた選択[25]」をした後、四月一日をもって援助金の交付を開始することにした。

一七八四年一月一六日、『パリ新聞』編集部宛てに「シャルトル公爵猊下の機械師[26]」エドム・レニエなる人物から一通の手紙が送られ、新聞は二〇日、それを公開した。この手紙でレニエは、「尊敬に値する博愛協会の人たち」が考案した盲人救済の方法の有効性を検討することを提案している。レニエは、「おそらく彼らの生存のためにはよいことに違いない」が、「盲人がよりよく生きていくには、生活の資を自分で稼ぎだした方がよいのではないか[27]」と述べている。

同時にレニエは、博愛協会の人々に「この不幸な者たちが従事できる様々な仕事」を「簡単な一覧にして」提出することを申し出ている。レニエは、この一覧が、「それぞれの職業についてよく知った人から意見を聞くことで、もっと充実したものになるはずだ[28]」と付け加えている。

レニエの一覧の全体をここに引用しよう。これは、我々の知る限り、ヴィヴェス以来、盲人ができる仕事を数え上げた初めての一覧だからである。


「タバコをきざむ、セメントを削る、臼をひく、粉砕する、製粉機をまわす、水揚げ機や鍛冶場の車輪を動かす、オルガンに空気を入れる、大理石、鉄鋼、木材などの研磨、カナテコで鉄の鎖を作る、わら製の椅子に詰め物をする、皮のケバを取る、羊毛や綿を梳く、鳥魚捕獲網用のメッシュを作る、紐や網を作る、ガーターを編む、羊毛のボタンを作る、麻を織る、織物をする、綱を作る、など。その他にももちろん、音楽の道がある。声楽でも器楽でもいい。言語や文法の仕事もある。浮き上がった文字や図形を使えば、読み書きは言うに及ばず、サウンダーソンのように幾何や光学を研究することさえできる。つまり、あらゆる抽象科学に近づける[11]。」

この文書はいろいろな意味で示唆に富んでいる。まずここから、一八世紀末の啓発された市民が[30]、盲人の能力の多様性と可能性をよく知っていたことが分かる。他方で、ここに列挙されている手仕事は、ヴィヴェスの時代と比べてはるかに範囲が広がっていることが分かる。しかしまた、盲人に提供されていた手仕事の種類は、ほとんど知的訓練を必要としないものであり、反復的な種類のもので、かつ賃金も安いものであったことが分かる。

ともあれ、レニエの考察は博愛協会の注意を惹くところとなる。同年四月一七日、協会書記は『パリ新聞』編集部宛てに一通の手紙を送り、「今月から支給される、先天性盲人のための生活保護給付金の最初の内訳」を報告した。同月二〇日、新聞はこの手紙を公表した。

「盲人扶助という目的のため今日までにいろいろな出所から集められた金額は（…）総額三八七リーヴルに上る。今年はそのうちから、一二人の盲目の子供たちに、それぞれ一二リーヴルを支給する。また三六リーヴルを彼らの暖房費に、二四リーヴルをそのうちの最優秀生の報償として、七二リーヴルを職業訓練のための道具を購入する予算として与える。[31]［傍点著者］」

ここに見られるように、もはや自分で稼げないからという理由で盲人を家族の扶養家族の立場にとどめることは問題外となっている。

この手紙が掲載された四日後には、同じ『パリ新聞』にラ・ブランシュリーによるパラディ嬢についての記事が載った。次の週の火曜日、つまり一七八四年四月二七日には、パリでかつて前例を見ない規模と言われたらしいイベントが開催される。ボーマルシェの『フィガロの結婚』プレミアであった。この戯曲はそれ以前三年にわたって発禁処分を受けたが、この事件は演劇史の中でも最大のスキャンダルの一つである。噂が大きかっただけに、その公開の成功も大きかった。『文学通信』から『パリ新聞』まで、当時のメディアはこぞってこの芝居について書き立てた[32]。プレミアに次いで、この戯曲には総計六八回の公演が行われた。

「二〇人の目の見える者の判断に比しても」たった一人の盲人の勘を信ずると言ったディドロから、「無知蒙昧な大衆の中に生まれながらも」貴族のお大尽より優れた頭脳を持つ下男フィガロを作り出したボーマルシェまで、一八世紀の人間観に大きな革命が起きたと言える[33]。これ以後、盲人であろうが貧民であろうが、誰一人として人間という枠からはみ出る者はいなくなるのである。こうした時だったからこそ、ヴァランタン・アユイとパラディ嬢との出会いが可能だったとも言える。一般人の意識は、アユイの計画を認め、支援する段階にまで啓発されていたのである。では、盲人のための仕事によって有名になるアユイとは、どんな人物だったのか。彼自身も、貧しく無教養な階級の出身だった[34]。アユイの訓盲院が創立される少し前の一七八三年二月一二日には、ヴァランタンの兄アベ・ルネ・ジュスト・アユイは鉱物学の発見を認められて、科学アカデミーに選出されていた。当時は弟よりも兄の方が高名だった。

ヴァランタン・アユイ、盲人の読み書き教師

運　命

ヴァランタン・アユイは、一七四五年一一月一三日、ピカルディー地方のサン・ジュスタン・ショッセに織物職人の息子として生まれた。我々の物語が始まる一七八四年四月には、すでに立派な大人になっていた。彼は、教育のおかげで社会的進出を果たした人々の一人だった[35]。すでに一〇年前に結婚しており、二人の娘をもうけていた。一七六九年以来、翻訳を生業としていた。一七八一年には王国年鑑に、字蹟学術審議会[36]のアグレジェとして名前が記載され

史上初の「盲人の読み書き教師」ヴァランタン・アユイ（1745-1822）

ている。その仕事は「古語、ギリシャ語、ラテン語で書かれた聖典購読の授業および、外国のアルファベットの略語解読[37]」とされている。一七八三年六月には「イタリア語、スペイン語、ポルトガル語の王国認定通詞」の資格を得ている。また、ドイツ語、英語、オランダ語、スエーデン語の海軍将軍つき通訳にもなっている。最初の資格を得る目的でアムロに宛てた一七八三年六月付の手紙では、アユイは自分が受けた教育について興味深い要約をしている。

「私ヴァランタン・アユイは、パリ大学で人文学と哲学の学業を無事におさめたのち、外国語の勉強に打ち込み、そのうちの何カ国語かを訳すようになりました。ここ一〇年以来、弁護士から審議会、また司法書士から銀行家などあらゆる公務にたずさわる人々の翻訳家として仕事をしています[38]。」

そのずっとあとの一八〇五年にセーヌ県知事に宛てた手紙でも、アユイは自分の「ラテン語、ギリシャ語、ヘブライ語[39]」の知識を明記した。

外国語と字蹟の専門家であったアユイは、誰よりもよく「記号を操ること」が「ものを動かすこと」につながると知っていた[40]。日常のように行政や金融関係や法律分野の書類を解読し、訳す仕事を受けていただけに、彼には読み書きのできない人々がどのような依存状態に生きているのかを感じていた。もしかしたら、ものと、ものを意味する音、そしてそこに重なって対象を呼び起こす文字、の三者が持つ関係[41]と日々接しているうちに、「記号操作の障害者[42]」への同情が生まれたのかもしれない。また、アユイはアベ・ド・レペによる「聾唖者教育」の公開実技も傍聴したことがあった。アベ・ド・レペの方法は、「徳高い神父が作り出し、見た者でなければ信じられないような成功をもたらした技術」[43]と後に言われることになる。

アベ・ド・レペ自身、一七七六年以後は前任者たちの方法を否定するのをやめた。一七八四年に刊行された彼の二冊目の著作『長い経験によって証明された聾唖者を教える真の方法』では、あらゆる通信手段を使って教育するのがよしとされている。その中には、前著で強く斥けられていた指話法も、他の人間、つまり「聾者の同類であり同胞である他者たち」と相互の意思疎通をはかるために有効とされている。

アベ・ド・レペが聾唖者たちを呼ぶ言葉はこうだった。「我々と同類であるにも拘わらず、深い闇に閉ざされて生きざるを得ず、我々がその闇から引き出さない限り、言わば獣の状態におかれている不幸な者たち」[44]。アベによる聾唖者教育が目をみはる成功を収めたことも、ヴァランタン・アユイが同じ願いを盲人に対して抱く理由になったことだろう。とりもなおさずアユイが「徳高い神父」アベ・ド・レペの活動に引きつけられたのは、それが集団の公開授業であり、かつ純粋に博愛主義に基づくものだったという点である。

ここで興味深いと思われるのは、この間アユイは一度もジャコブ・ロドリゲス・ペレール[45]の仕事に言及していないことである。少なくとも仕事の場において、ペレールの名を聞くことはあったはずなのであるが。ペレールは、一七六五年「スペイン語およびポルトガル語の王国認定通詞」の資格を得たが、同時にイタリア語、ラテン語、ヘブライ語の翻訳もこなしていた。おそらく、アユイの師で「イタリア語とスペイン語の王国認定通詞」ベルトラの知己でもあったろう。しかし、ペレールはその語学以上に、若い聾者に口をきかせる教授法の実践によって知られていた。アベ・ド・レペによってその名声がかき消されるまで、ペレールはその名声をもっぱら聾唖者教育の成功に負っていたのである。[46] 彼の功績は、一七四六年にはカーンのアカデミーによって、一七四九年と一七五一年には王立科学アカデミーによって、一七五〇年には皇室によって（ペレールの生徒を迎えた）、そしてロンドンの王立アカデミーによって（一七五〇年、ペレールは会員に認められた）広く認められた。ペレールの名を引用した当時の哲学者は数知れない。最も有名な名前だけ挙げても、ビュッフォン、ディドロ、ルカ、ルソーがいる。

しかし、どれほど目覚ましい成功を収めたと言っても（最も親密につきあっていた生徒サブルー・ド・フォントネーは特記すべき教育の成果を発揮した）[47]、ペレールの授業は有料で、少数の生徒のみに開かれていた（とは言え、それら生徒が全て裕福な家の子供たちだったわけではない。富豪の慈善家をパトロンに持つ貧しい子供たちもいた）。ペレールが、最初はスペインで、その次にはボルドーで徐々に構築した教授法は、集団授業に適したものではなかった。一人一人の生徒に長い時間をかけることを原則とする方法だったのである。財産を持たず、その運営する学校の収入をベースに自分も家族も養わなければならなかったペレールは、大人数を相手に教育する自由を持たなかった。教授法の公開も、学者の集会の時にだけ限られていた。知的所有権を保証する法律がまだなかったフランスでは、学者による審査のみが発明家の功績に対する公式の認知手段であり[48]、また偽造者から身を守る方法だったからだ。

アベ・ド・レペが博愛家およびキリスト教の伝道の徒として障害者教育を成し遂げた裏には、個人的な資産があったということがある。そのおかげで、ペレールとは逆に、アベ・ド・レペは最初から貧しい生まれの聾唖の子供たちのために教育を行ない得たのだ。

「裕福な者たちは必要に迫られて私のところへ来るのではなく、認めてやっても悪くないという気持ちで来るのである[49]。私自身も、裕福な者に身を捧げる気はない。私の相手は貧しい者たちである。そもそも貧しい者たちがいなければ、聾唖者の教育を始めることもなかった[50]。」

アベ・ド・レペは、より多くの聾唖の子供が教育を受けられることを願っていたので、集団授業の方法をとった。ド・レペが聾唖者にとっての最も自然な言語だと考えていた（全ての人間にとってそうであるが）[52]模倣による身振りの言語は、彼が目指す教育の目的にかなった手段であった。身振り言語を教育の道具とするには、より体系的に記号化すればいいのであった。これは集団教育において優れた効果を発揮した。さらに、アベ・ド・レペはその教育方法を、「大多数の人々」に何としてでも知ってもらおうとした。潜在的な慈善家や中央の権威の目を惹くことで、学校の発展と持続をはかるためだった[53]。

ヴァランタン・アユイは一七七一年、ムーラン通りにあったド・レペの学校で聾唖者の公開授業を見学した。この時、彼はまず文字解読専門の翻訳家として、普遍言語創造の可能性に思いを馳せたのではないだろうか。普遍言語の理想は、身振りの言葉のみならず、西洋近代においてルネッサンス以来の見果てぬ夢であった。ともあれ、アユイの頭に、アベ・ド・レペが聾唖者で成功させつつあったことを盲人にも試してみようという考えが芽生えた。それまでアユイの生徒は上層階級の盲目の子供たちであり、彼が編み出した教育方法は個人授業でのみ使用されてきたのだが、この時期をさかいにして、アユイは貧しい子供を集めた体系的集団教育の可能性を考えるようになった。

しかし、アユイは特殊教育の道に入った契機にほとんど先人の仕事の影響を認めず、最初から個人的な理由にのみ言及した。それは、彼が後に盲人教育を自分の「運命」と呼んだことからも分かる。アユイに決定的な影響を及ぼしたのは、一七四九年に刊行されたディドロの著作[54]のみならず、ちょうどこの時期に彼が遭遇した胸痛む体験だった。この体験については、アユイは一七八六年[55]、一八〇〇年[56]、一八二〇年[57]の述懐で、三種類のバージョンを与えている。彼の人生の流れを完全に変えたらしいこの事件が起こった年は、三つのバージョンでそれぞれ違っている。また、その他にもバージョンごとに異なる細部がある。一七八六年の『略歴』では、この事件はいつ起こったのか明らかにされていない。一八〇〇年一一月の学士院に宛てた論考には、一七七一年九月のこととなっている。一八二〇年付の息

1771 年サン・トヴィード市の盲人カフェでのオーケストラを描いた版画
（フランス国立図書館蔵）

子に宛てた手紙では、一七八二年五月のこととなっている。おそらくアユイが示している二つの年号のうちでは、一七七一年が正しいのだろう。というのも、三つのバージョンが同じように語っている事件が起こったのは一七八二年より前のことであるのは確かだからだ。これは、一七七三年の『市場年鑑』に報告されている一七七一年の荒唐無稽な盲人オーケストラリサイタルの逸話である。

「一七七一年のこの市[58]では、ヴァランダン氏のカフェで盲人オーケストラの演奏会が催された。八人からなるオーケストラは、皆裾の長い服を着て、尖った帽子をかぶっていた。九人目の盲人は、クジャクの羽をゆらさせて、拍子を打っていた（拍子はずれの）。他の盲人と同じように彼も長い服を着て、木靴をはき、ロバの耳がついた帽子をかぶっていた。彼らはそれぞれ面白い歌詞を歌って、へたくそなバイオリンでその歌の伴奏をしていた。リフレインのところは全員で合唱した。それぞれの盲人の前には楽譜と灯のともされたろうそくが置いてあった。この冗談を見物に来た人々でカフェは溢れかえり、その数がますます増えるので、やむを得ず入り口に射撃手を何人か置いて、時々自称音楽家と名乗る者を打ち倒す必要があった。ヴァランダン氏の同業者には、彼の大成功をうらやんで、同じような見せ物を出すことを考えた者もいた。しかし、ヴァランダン氏の方が先だったから、彼のカフェは相変わらず市が終わるまで盛況だった。市が終わりかけの頃には、版画家たちがすでにオーケストラの盲人を見事に描いた戯画を作り、大量に刷って販売していた[59]。」

この版画の副題は「一七七一年九月のサン・トゥヴィード市の盲人カフェにキャンズ・ヴァンの楽隊がゲスト出演した大リサイタル」である。この版画は、パリのサン・ジャック通りのモンダール書店でも販売されていた。版画には、諷刺の意図を示す次のような詞が一緒に印刷されていた。

「皆さんのお気に召すものを見つけるのは難しいけれど、
やっと見つかった、目新しいことが
こんな立派な見せ物は二つとない
盲人の歌は心躍るメロディー、
彼らが首をのばして偉そうにしている様子のご立派なこと
誰が一番カッコいいか競争だ
盲人の歌にはパリ中が駆けつける」

この版画をよく検分すると、一六世紀の弱視者の眼鏡と諷刺についての研究論文で、(60)ジャン・クロード・マルゴランが分析した版画と同じディテールが認められる。場面の奥の壁掛けに眼鏡と鏡がかけられているところ、演奏者の尖った帽子、指揮者が身につけているロバの耳とクジャクの羽、逆さまに置かれた楽譜の前の灯のついたろうそくなど、ここにあるのは全て、虚栄と幻影を示す小道具である。これらのディテールは、何世紀にもわたって、見えることは見えないことに等しいという逆説を表すために用いられていた。また、ここには盲目の人物を、従来人生の無意味さの象徴とされた「道化」(ないしは狂人)の同類とする意図が読み取れる。あらゆる社会階層の物見高い見物人が大挙して押し寄せたこの見せ物自体、当時流行していた奇形興行の一部をなしている。『市場年鑑』にもたびたびそうした見せ物のニュースが載っている。しかし、それだけではない。盲人の見せ物は、特に荒唐無稽演劇の伝統に依拠しており、そこでは盲人が不器用な所作で人々を笑わせる道化として登場しているのである。また、この時代の笑劇にもまだ、盲人を騙したり、盲人に騙されたりという筋書きが残っていた。[61]あるいは偽の盲人[62]というテーマも。当時の人々はそうした劇を見て、心から笑っていたのである。

しかし、サン・トヴィード市の見せ物がいかに盛況だったとは言え、一八世紀末は、感じやすい心の琴線が「あらゆる美徳の源泉[63]」と見なされるようになった時代である。ヴァランタン・アユイはもちろん「見物の楽しみ」を拒否した。この見せ物がある種の人々に悪趣味と映ったに違いないことが分かる。アユイはもちろん「見物の楽しみ」を拒否した。一五年後、『訓盲院の誕生、発展、および現状についての略歴』の中で、彼はこの出来事を振り返ってこう書いている。「群衆とは全く異なった感情が私たちの心を揺さぶった。その瞬間、こうした不幸な盲人たちに、今彼らが滑稽な見せ物の道具として与えられている手段を確かに与えることができるはずだ、と信じられた[64]」。

共和暦九年（一八〇一年）の霧月《ブリュメール》一九日付でアユイが学士院に宛てた覚え書きは、三〇年前に行われた「人類への公然たる侮蔑」をさらに厳しく批判している。またアユイはこの覚え書きで、自らの運命がその日決まったと断言している。

「その時、高貴な熱情に動かされて、私は自分にこう誓った。必ずやこの笑うべき芝居を真実で塗り替えてみせる。盲人に読み書きをさせてみせる。（…）盲人が文字を書き、自分の書いた文字を読めるようにしてみせる。そして、調和のとれた音楽を演奏させてみせる、と。[65]」

この時盲人が見せ物となっていたような市場には、しばしば腕や脚のない男、巨人、小人などの姿も並んでいたことだろう[66]。しかし、アユイは盲人の中に「怪物」や「奇形」を認めることを肯んじなかった。その反対に、荒唐無稽な虚言に満ちた雑音に、調和した響きを置き換えることを心に誓ったのである。ここで彼が言う調和とは、もちろん盲人の弾く楽器がきちんと調律されているという意味でもあるが、それ以上に不運な障害者と人類の間に心の通い合う交信が生まれることでもあった。

もちろんアユイの言には、アベ・ド・レペとその聾唖の生徒たちは出てこない。しかし、サン・トゥヴィード祭りの「ショック」と、後に「聾唖者の使徒」と呼ばれるようになる人物が組織していた公開授業の時期の間の近接性を考えると、二つの出来事の間に響き合う何かがあったと見てもいいだろう。アユイがその「運命」を述懐する口調が感情に力点を置いていることからしても、二つの違った「見せ物」が同時に起こっていた歴史の一時期というものの影響が読み取れないだろうか。事件後長い時間を経て、その間にじっくりと物語として成熟したアユイの思い出は、単なる逸話というには、一七七一年前後の社会的感受性の変化をあまりにも忠実に映し出してはいないだろうか。この年を前後に、自然の通信手段に障害を持つ人々にとって、物事は実際に「その姿を変え始めた[67]」のではないか。この時期の「アイデンティティーの革命[68]」はよく語られるところであるが、ここでも革命が軌道に乗ったことのしるしが伺えると思われないだろうか。サン・トゥヴィードの事件があった頃からしばらく経てば、全ての人間を包摂する「人間・人類《ユマニテ》」の考えが表明され、その範疇には、貧しい者も障害を持つ者も組み込まれることになるのだから。

訓盲院「計画」の全容

ヴァランタン・アユイがその計画を実行に移すまでに、さらに数年が必要だった。

まず、考えを煮詰めた。

「この計画を思いついてから実行に移すまでに、一二年の思索が必要だった。[69]」

そして、観察した。

「新たな観察が記録されるたびに、我々はしばしば計画の有効性を考え直した。例えば、優秀な頭脳を持ちながらも目の見えない子供が、その兄が古典の宿題を復習しているのを横で聞いて、学ぼうとしているのを見た。その子供は兄に教則本を読んでくれと頼んでいたが、兄の方は遊びに夢中でかわいそうな弟の願いに耳を貸さなかった。そのうち、弟は情け容赦のない病のせいで死んでしまった。[70]」

最後に、計画の意義を確認した。

「我々の考えた方法を実行に移すことが可能だと思えたとしても、困難であることはやはり否めなかった。今だから言うが、誰かに背中を押して欲しかったのだ。[71]」

おそらく躊躇と不安が刻み込まれたこの一二年間を、ヴァランタン・アユイはその社会的立場を固め、計画の実行のために必要な資金を貯蓄することに捧げた（裕福だったアベ・ド・レペと違ってアユイにはいささかの個人資産もなく、全て自分の収入に頼るほかなかったのである）。またその間に社会情勢も変化し、計画の実行に都合のよい時代が訪れた。有力な雑誌『パリ新聞』も、一七七七年の創刊以来、一七八三年にルネ・ジュスト・アユイが王立科学アカデミーに選出されるまでの間、この趨勢を作り出すのに大きく貢献した。もちろんその間には、盲人援助のイニシアチブを取ることでアユイの計画を大きく助けた博愛協会の創立という出来事もあった。

しかし、最も決定的だったのは、一人の盲人女性による演奏ツアーという出来事である。一七七一年の荒唐無稽な盲人オーケストラとは対照的なこの音楽についてはすでに話した。「パラディ嬢」が「首都に到着した」[72]のである。『パリ新聞』は、彼女のリサイタルを逐一宣伝した。アユイも、早くて一七八四年四月末には彼女に出会っていたと思われる。[73]パラディはアユイに「自分の試作品とヴァイセンブルグの試作品」を見せた。アユイは過去の「盲人たちの試作品」について調査を始めた。そして、「彼らの方法のいくつか」を実践した後、「教育計画の全体像[74]」をまとめるに至った。アユイはすぐさまこの計画を博愛協会で発表し、協会の支持を得ることができた。この時をさかいにして、アユイの計画は軌道に乗り始め、迅速に進みだす。一七八四年九月一六日の『パリ新聞』には、同月一一日に博愛協会書記から新聞編集部に宛てられた手紙が掲載されている。

「我々は、最も稔りある方法で、かつ寄付家の意向に最も合致した方法で、盲目の子供たちに供与された援助金を配分している。現在、これら不幸な者たちに生存の道を与え、社会に有益な存在にする計画が進行中である。[75]」

この計画とはもちろんヴァランタン・アユイの計画である。手紙の最後には、計画の最初の試行結果が報告されている。

「アユイ氏に正式なオマージュを捧げずにこの手紙を終えることはできない。王国認定の通詞であるアユイ氏は、無私無欲な感情から、盲目の子供たちの教育にその才能を投資することを決意された。そしてほんのわずかな時間で、協会がアユイ氏に試験的に任せた幼少期に失明した青年を、独自の教育方法によって見事に教育してくださった。アユイ氏は彼に読み書きを教えたばかりでなく、計算や地図の読み方や、音階や音楽の筆記の仕方、またその他の盲人のために本を印刷する技術までも授けた。協会会員の幾人かは彼の試行に立ち会い、成功を確かめた。アユイ氏はさらに教育を広めようと考えている。人類社会はアユイ氏の奉仕に対し、義務と感謝の念を負うものである。彼の企図ほど、その事実を明らかにしてくれるものはない[76]。」

ここで紹介されているヴァランタン・アユイの生徒はフランソワ・ル・シュアールといった。この時十七歳半であったが、「齢六週間にして痙攣発作の後遺症で失明した[77]」とされている。フランソワは、「働き者であるが、財産も貯蓄もないために、どれほど働いても最貧階級にとどまる労働者たちからその生活の資をもらわざるを得ない家族[78]」の厄介にならないために、教会の入り口で物乞いをしていた。

どのようにフランソワが博愛協会の貧しい盲目生徒支援計画について知ったかは定かではない。おそらく教区の司祭から聞いたのだろう。ともかく、彼は協会会員の一人に面会を申し込んだ（このことは彼の出自を乗り越える強い意志を示している）。しかし、すでに「貧しい先天性の盲人の子供の候補者はそろってしまって[79]」いた。その上惜しいことに、フランソワの年齢は協会の募集要項が設けていた上限をほんの少し超えていた。アユイはこのことを報告書に記録し、同年一一月に字蹟学術審議会で発表している[80]。アユイによれば、フランソワが出会った「情け深い人類の友」たる会員は、「少年のやむない失望を軽減すべく、彼に、教育計画についての研究に身を呈することで協会から特別扱いを受けてはどうか、という提案をした」のだという。

アユイが教育計画を練り上げる最初の試行の段階で任された貧しい盲人の少年は、非常に秀でた頭脳を持っていた。これはアユイにとって実に幸運なことであった。また、フランソワの知識の渇望はあらゆる障碍をものともしなかった。そのため二人は、師と生徒が協力して未完成の教育方法を完成させていくという状況において、しばしば最初のつまずきの種になるような避けられない問題を簡単に乗り越えていくことができたのだった。フランソワの進歩は速かった。六月に授業が開始されて間もなく、九月初旬にはすでに博愛協会会員たちは生徒の進歩を認めた。

アユイ自身、『パリ新聞』編集部に宛てた同年九月一八日付の手紙で、盲人教育計画が生まれた経緯、実行の過程、目的などを披露しながら、最初の生徒の「頭脳と学習ぶり」に助けられたことを明記している。一方で、「盲人が読んだり、紙に考えを書き留めたりするのを見る」のを待ちかねている大衆の好奇心にさらすには、まだ彼は十分に用意ができていないとも。

「この生徒がもっと知識を貯え、また『科学文芸の擁護者』の方々に彼が負っている負債の最初の支払いを済ませた時には、このようなささやかな奉仕に一般の人々が快く示してくださっている関心に応えることができるでしょう[81]。」

簡単に言えば、アユイはアベ・ド・レペとは反対に、そしてペレールと同じように、学者の会合で審査と認知を受けてから大衆に訴えかける順序を選んだのである。フランソワ・ル・シュアールは、一七八四年の一一月一八日、字蹟学術審議会（アユイはここから資格を受け取っただけではなく、会員にもなっていた）の会合で、学者たちの審査を受けた。この会合には、「国務院大臣かつ王国司書官であり、警視総監たるルノワール氏、および名誉国会議員であり、シャトレ王国検事長官であり、かつ当審議会長のフランドル・ド・ブランヴィル氏が出席していた[82]」という。さらには「不滅の功績を残したアベ・ド・レペ[83]」も参加していた。この会合でアユイはまず、『盲人教育に関する試論』の一節を読み上げて、自らの「教育計画」の社会的有用性を説いた。次いで、その実現において必要となる手段について述べた。それから、ル・シュアールが出席者に紹介された。盲人青年の役割は、アユイが編み出した「音声の最も繊細な陰影までとらえることのできる卓越した触覚によって、音の印象を聴覚器官に集結させる[84]」方法の有効性を証明することだった。

感覚の代替による教育

アユイはディドロの愛読者であり、アベ・ド・レペはコンディヤックに傾倒していた。二人とも、教育についての基本的指針を感覚主義から得ていた。一七七一年、アベ・ド・レペはこう書いている。「我々は一つの感覚しか持っていないのだろうか、それとも、一つの感覚器官が欠けた時には、別の器官で補うことができるのだろうか[85]」。さらに一七八四年には、その第二作目の著書の巻頭でこう述べている。

> 「聾唖者の教育は、実は世間一般で考えられているほど難しいものではない。ただ、普通我々の頭に耳から入ってくることを、彼らには目を通して入るようにすればいいのである。常に開かれているこの二つの扉は、同じ目的に到達する別々の道である。どちらかを選んだら、右と左を間違えないようにさえすれば、道に迷うことはないのである[86]。」［傍点筆者］

ヴァランタン・アユイもまた、同年の九月一八日に『パリ新聞』編集部に宛てた手紙で同じようなことを述べている。

「(…)私の頭には常に、『ル・ピュイゾーの盲人』が息子に浮き上がった文字で読み書きを教えているところや、晴眼者の一団に数学を教授していたサウンダーソンの姿があります。

盲目を触覚で補う努力を重ねた盲人たちの例は非常に興味深いとわれます。盲目のために不可能になっている読み書きという貴重な宝を、別の方法で手に入れようとしたのですから。[87]」

アユイは感覚代替の方法に全幅の信頼を置く一方で、盲人が持つ「甚大な記憶力」にも期待している。彼によれば、「盲人は楽々と観念を受け入れ、吸収する能力がある」。また、盲人の「ほとんどが難しい知的操作において見せる観念組成の能力[88]」も、教育の大きな支えになると言う。

アユイはその前後の時代の人々の例に漏れず、「否応無しに我々の脳を占領する大量のイメージや印象[89]」に惑わされない盲人は、晴眼者以上に「普通ならば孤独や夜の沈黙の中しか見つからないような勉学に最適の静かな心持ち[90]」に恵まれていると信じていた。彼は、目の享楽を免れる一方で、晴眼者以上に周囲の雑音に敏感にならざるを得ない盲人が、実はさらに大きな集中の困難を抱えているとは考え及ばなかった。

触覚にベースを置いた自らの教育法を実践するにあたり、アユイは自腹を切って[91]「この種の教育に便利な様々の器具を製造してくれる[92]」「職人」を雇った。まず、文字や数字などの印刷用の記号を、普通とは反対のやり方で鋳造する必要があった。つまり、彫り込みの入った板の上に活字の面を上にして置き、生徒はそれを左から右に読むことで読み書き、綴り方、計算などを習った。紙製の押し型を使って同じ活字を浮き出し刷りの本に製本したこともあった。しかし、紙の上で十分に文字が浮き上がるだけの深い活字の押し型を作るためには、古い印字版印刷をやめて、圧力を調節しながらももっと強く活字を打てる機械が必要だった。アユイは「錠前職人、機械工ボーシュール氏」という人物に依頼して、「端から端まで通された二枚の鉄板の間に印刷工場にあるような図形が設置された、レバーで動く円筒形の印刷機[93]」を作らせた。また、「言葉を表すために発明されたものと同種の、浮き出し記号によって音楽を紙

1785年1月13日付『パリ新聞』に掲載されたフランソワ・ル・シュアールのお披露目実技の版画

に映し出すことができるような活字[94]」も新たに鋳造する必要があった。

前述したように、一一月一八日に行われたル・シュアールのお披露目公開実技は、こうした努力が無駄ではなかったことを証明し、触覚による盲人教育の可能性を示すためのものだった。出席していた公衆や字蹟専門の学者たちの一団は、さぞかし盲人青年の一挙一動を食い入るようにながめていたことだろう。任意のページを開いて[95]浮き出し文字印刷の本を読むその唇の動きに、釘付けになっていたことだろう。書読を終えた青年は口述筆記をした。次には、切り込みの入った板の上に並べられた活字を使って、計算をやってのけた。最後に、「触って分かるように国々の境界が様々な糸の刺し子で区切られている[96]」地図を、指でたどりながら解説した。一月二三日付の『パリ新聞』と『秘蔵論考』誌が、ル・シュアールの「プレミア」については報告記事を掲載している。これらの記事には版画がついていてしかるべきだったが、ついていなかった。しかし、公開実技の前にアユイが読み上げた『盲人教育に関する試論』がひと月後に出版された時には、きちんと「十八歳の盲人フランソワ・ル・シュアールが、指を使って文字を読んでいるところ」を描いた版画が載せられていた。この版画の中で、盲人青年は実技に必要な全ての道具に取り囲まれている。大きな机の前に座り、指を使って目の前の本を読み解いている彼のややぎこちない姿勢は、あたかも祈祷の最中にある人のような感を与える。この静けさは、一七七一年の「キャンズ・ヴァン」リサイタルを囲む哄笑からかけ離れたものである。一七七一年のリサイタルで盲人たちは、バイオリンをでたらめにかき鳴らしながら、「彼らの無知を象徴する小物を身にまとい[97]」、聴衆を笑わせる振る舞いを余儀なくされたのだったが。サン・トヴィードのリサイタルの版画とル・シュアールを描いた版画を比べれば、アユイがその『試論』で展開した盲人教育の有用性の議論がよく理解できるだろう。

「これら不幸な者たちを幸福にすることが目的の教育計画は、天の配慮によっていつの日か完全なものとなるだろう。私は彼らを不品行と貧困から救い出すつもりだ。また、現在の物乞いを生業とする屈辱的な状況から彼らを引き出し、全人類の目の前で、彼らを社会に連れ戻すつもりだ。その労働の有用性によって、彼らは社会の紐帯をさらに強固なものとするだろう。(…)

教育を受けた盲人たちは、その他の盲人あるいは晴眼者にとっても優れた師となるだろう。(…)新たなサウンダーソンによる数学の講義を、すでにこの世代の甥たちが注意深く聞いているのを私は見た。(…)教会の司祭たちの中には、クープラン、セジャン、ミロワール、カルパンチエの音楽にも負けない神の賛歌を奏でる盲人や、高名なパラディ嬢の向こうを張るような若いハープシコード奏者を育てることのできる教育を受けた盲人がいる。また、立派な家柄の両親たちは、子供たちの読み書き算数や地理歴史の勉強のために優れた盲人を家庭教師に雇っている。このようにして、正しい選択がされた場合、科学と文芸は慈善の道具になり得るのである[98]。」

これを読んでも分かるように、誰一人として貧しい盲人に手作業労働の訓練を与え、職人労働者に育てることなど考えていない。まだこの時は、盲人に科学と文芸への道をつけることだけが問題だった。この目的に到達するためにも、公開審査によってその有効性が確かめられたばかりの教育方法を「集団化」するという次の段階が必要だったのである。

訓盲院

博愛協会の設立

ル・シュアールの公開審査に臨席したルノワールは、見たことにすっかり心を奪われ、周囲に語り、多くの大臣たちにも注意を促した。

「ド・ヴェルジェンヌ伯爵、ブルトイユ男爵、財務総監殿、法務大臣殿のご要望により、若いル・シュアールは彼らの面前で訓練の成果を発表した。その結果、これら有力者の方々皆が、我々の最初の生徒に対する今後の支援をお約束くださった。(99)」

字蹟学術審議会と大臣の次に、王立科学アカデミーがアユイとその生徒を迎えた。一七八四年一二月二二日の会合の折であった。その直後、博愛主義者たちはやっと行動に移った。博愛協会の書記が『パリ新聞』編集部に宛てた同年一二月二六日付の手紙によれば、同協会は支援すべき「先天性盲人奨学生の数をさらに六人増やすことにした」。これにより、一七八五年一月一日をもって、協会の援助を受ける子供たちの数は、最初の一二人から一八人に増加した。さらに協会は、ル・シュアールをすでに独立したものと見なして、彼に「他の盲人たちに習得した知識を伝えること」を委託した。他の盲人たちとは、特に勉学の適性を示した生徒たちのことである。さらに協会は、ル・シュアールに「今後の新たな任務と生徒たちの学力向上に合わせた報償(100)」を与えることを約束した。

一七八五年の年始には、これらの措置は実行に移されていた。その二月に『パリ新聞』上で公開された手紙の数々、また「アユイ氏が発表した盲人教育の方法および論考を審査するため[101]」集められた王立科学アカデミーによる二月一六日の報告書がそのことを伝えている。二月六日には、王立音楽アカデミーの終身書記ド・ラ・サールもまた、『パリ新聞』にこのような手紙を発表している。

「文字解読による先天性盲人の教育方法を発表した作者は、その計画を記述した文書をまず王立科学アカデミーに提出し、知見を仰いだ後、その計画の一部である記号による音楽理論の習得案を我が音楽アカデミーにも提出した。[102]」

ヴァランタン・アユイが盲人教育のために使用した全ての手段は、「もちろん彼の最初の生徒が学習成果を全て繰り返す[103]」ことによって明示されたと、ラ・サールは言っている。しかしこれだけでは、アユイの教育方法がすでに集団に適用されていたと言い切る理由にはならない。

王立科学アカデミーの審査官たちの報告書は、その点についてより明らかにしている。公開実技に立ち会った審査官たちは、「ル・シュアールは自分だけのために読み書きを行なっていたのではなく、同じ方法でその知識を他の盲人たちに伝える役目も負っていた」ことを確認した。報告書はこう続ける。

「アユイ氏の教室は実に珍しく、かつ微笑ましい情景を呈していた。数人の盲目の少年少女が一緒に勉強しており、お互いに楽しく教え合っていた。皆、教育の機会を与えられたことで新しい人生を享受しているように見えた。[104]」

「この学級の運営費用をまかなっているのは、慈愛の精神に富んだ市民の一団である。学級には現在二〇人以上の生徒がいる。熱意に溢れているとは言え、かほどの財産も持たないアユイ氏一人の力ではこれほどの成果は成し遂げられなかっただろう[105]。」

報告書の作者ラ・ロシュフーコー・ダンヴィルは、最後にこう付け加える。

「かつてこれほど真実の人類愛が表明されたことはなかった。慈善がこれほど能動的かつ賢明なやり方で行われたことはなかった。聾唖者教育の道を開いたアベ・ド・レペの才能と熱意にここで賛辞を捧げるべきであるが、アユイ氏は盲人にとって同じような奉仕者となり得たのである[106]。人類における受難者である盲人たちは、アユイ氏によって不可能と思われていた幸福の手段を手にしたのだ[107]。」

こうして、労働者階級に属する先天的盲人の集団教育は、「人類への奉仕への高貴な熱情[108]」に喚起され、ル・シュアールが一例を示したような個人授業という前段階を経た上で、実施に移された。一七八五年初頭、アユイは学術委員たちからの承認を取り付けた後で、やっと一般人に向けて訓盲院の扉を開いたのだった。

『パリ新聞』は二回にわたって訓盲院の開校を予告した。二月一六日付の新聞にはこうある。「慈善協会に支援された先天性盲人のための無料学校が開校されることになった。開校式はチュイルリー宮殿内、コンセール・スピリチュエル新ホールで[109]、一九日の土曜日、午後六時きっかりに行われる[110]」。一九日の新聞は時刻を「今日の午後五時きっかりに[111]」と改めつつ、その日のプログラムを掲載している。

「開校式は、盲目の子供たちのために王立音楽アカデミーが提供するコンサートで始まる。そのあとすぐ、昨年六月にアユイ氏の授業を受けたル・シュアール氏が、しかるべき筋からの依頼によって、次の実技を見せてくれる。一、読み方、二、算数、三、音楽、四、地理、五、書籍の印刷、六、盲人の子供たちへの公開授業。[112]」

予告の最後には、女性への特別な配慮が記されている。引用に値すると思われる。

「追記。女性に不愉快な印象を与えないため、盲人の子供たちは皆目を布で隠されている。[113]」

次の週の月曜日、二月二一日付の『パリ新聞』には、「慈善」の項目の中に開校式の報告が載せられているが、この報告も予告に劣らず社交界を意識した性格がよく出ている。

「会合には多くの人々が集まり、にぎやかに行われた。コンサートでは厳選された楽曲が、誰もがよく知っている優れた音楽家たちによって演奏された。(…)コンサートのあとには、先天性盲人であるル・シュアール氏がいろいろな実技を見せた。(…)同時に、盲人の子供たちへの読み方の授業も行なった。集まった人々は、盲人が盲人に読み方を教えているのを見て、びっくりすると同時にほろりともした。しかし、衆人の注意は全てアユイ氏に向かっていた。王国認定の通詞であり、先天性盲人の教育に力を捧げている氏の人類への貢献には、多くの謝辞が寄せられた。会合は、盲人たちによって書かれた慈善家への感謝の詩の朗読で終わった。この詩は次号に掲載する。[114]」

その前の日には、『秘蔵論考』誌もまた、開校式の模様を伝える報告を掲載していた。『パリ新聞』に比べてより欄外記事的な取り扱いだったが、開校式の具体的な進行についてはより分かりやすいものである。「[舞台の]下には丸い柵があり、その中に男女ともに盲人の子供たちを全員座らせていた。彼らの数は一五人あまりだった。観衆の女性をおびえさせないよう、彼らの目は黒や緑の布で縛ってあった[115]」。

二月一九日の『パリ新聞』が予告したように、開校式はつつがなく行われたものと見える。盲人の姿の見苦しい部分は、「感じやすい魂[116]」に変調を与えないために隠された。しかし、プログラムがル・シュアールの公開実技に移った時、やや困った事態が生じた。

「アユイ氏は一番近くにいた観客に一冊の本を見せ、その中のどの部分でもいいから選んでもらうように頼んだ。生徒のル・シュアールが読んでみせるというからである。しかし、ル・シュアール氏はうまく読めなかった。三語目まで来て、アユイ氏は生徒が混乱していることを認めた[117]。」

ル・シュアールはそのあと落ち着きを取り戻し、見事に実技をこなしてみせた。

「ル・シュアール氏は、それぞれ本を手に持ってテーブルの周りに集まった小さな仲間たちに授業をした。まず、誰かに書いてもらった文章を読み上げた。非常に明快で上品な朗読だった。彼の授業は読み方の基本についてのものだった。生徒の一人が立ち上がって質問をし、先生役のル・シュアールがそれに回答を与えた。

ル・シュアール氏への拍手は鳴り止まなかった。その実技が成功するたび、彼の顔には喜びが溢れるのが認められた。[118]」

アユイの最初の生徒ル・シュアールの公開実技の記録には、彼を若い天才というお決まりのイメージで描き出したものが多いが、ここには本当の彼の姿が伺える。重々しい周りの雰囲気にのまれて我を失う反面、実技の成功には顔を赤らめて喜ぶ、普通の若者なのである。

このように、先天性盲人の集団教育の計画は、こうした公開の実技が重なるにつれ発展し、成果をあげていった。その背後には、字蹟学術審議会や王立科学アカデミーや王立音楽アカデミー、または博愛協会などの支援があった。また一七八五年には、パン・ド・ラ・ブランシュリーの教養交歓サロンや、パリの博物館、またはピラストル・デュ・ロジエのフランス博物館が、その一般公開会合のアトラクションとして盲目生徒の実技を依頼した。『パリ新聞』はそうした会合について報告している。[119]彼らの公開実技は常に募金によって終わり、そのお金は博愛協会に納められた。

アユイの無料訓盲院が開校するほんの数日前の一七八五年二月二八日、博愛協会書記から『パリ新聞』の記者たちに宛てて出された手紙がある。そこには、協会の盲学校運営の意図と方針が記されている。

「シャルトル公猊下の機械師レニエ氏が新聞紙上で発表された一七八四年二月二〇日付の手紙に見られるような実用的な知見を公共の用に役立てるため、我々は二つの学校を作った。(…)一つの学校では読み方その他の授業をする。盲人生徒は現在六人であるが、将来数が増えることを期待している。校長は王国認定通詞であり、優れた才能と奉仕の精神で知られたアユイ氏である。彼は無給でこの学校の指導に勤めてくれる。彼がいるおかげで、学校の成功は約束されたものと見てもよいだろう。

もう一つの学校では、紡績を教えている。校長は機械師イルドブラン氏である。ここもまた、現在のところ生徒数は六人だが、将来増加が見込まれる。イルドブラン氏が考案した精麻のための薬品と機械によって、今では最も細い麻の糸にも劣らぬ薄い繊維を紡績工場で作ることができる。(120)」

ヴァランタン・アユイのイニシアチブで創立された訓盲院が、最初から二つの部分に分けられていたということは、おそらく博愛協会がその前に生徒を選別していたからだろうと思われる。生徒たちは、知的により優れており、「読み方その他の授業」に適性があると判断されたグループと、学業にはあまり才能はないが、手作業により向いており、それゆえすぐに生活の資を稼ぐことができると判断されたグループに分けられたのだろうと推測される。あるいは、年齢によって選別が行われたとも考えられる。博愛協会は、学業のための盲人寄宿生の受け入れを年齢で打ち切るようにしていた。年齢制限は最初の規約に記載されていた通りであり、それ以上の年齢の者はすぐに職業養成を受けることが条件で入校が認められた。紡績職人養成校に入れられた生徒たちの選別がいかなる基準で行われたにせよ、博愛協会はこうした措置をとることで、アユイの最初の意図、つまり貧しい盲人に「慈善の道具たる科学と学芸をもとにした」教育を与える、という意図を曲解して実践してしまったように思われる。アユイは決して、啓蒙主義のエリートたちの商業主義的な目的に合わせた盲人の就労プランなどは考えていなかったのだから。

ともあれ、同年二月一六日には、王立科学アカデミーに監査官が集まり、アユイが賛同および公的使用への奨励を求めてアカデミーに提出していた方法論を審議した。賛同と奨励は得られた。アユイは、その方法論を購読制のもとで出版することにより、アカデミーの意見に与したことになる。

一七八五年一二月一五日付の『秘蔵論考』誌には、「先天性盲人教育の進歩」について述べたアユイの論文が掲載された。アユイはこの中で「この書物は、盲人の手によって、盲人のために印刷されなければならない」と明記している。「現在社会から切り離されている盲人が、方法によってはその社会に有用な存在になりうることをブルトイユ男爵[121]からお聞きになった国王陛下は、盲人たちの印刷所で発行される書籍をご購読くださることをお約束いただいたばかりか、王に捧げた我々の献辞も快くお受け取りくださった[122]」。アユイの論文の購読者募集の知らせは、一七八六年一月七日付の『パリ新聞』にもっと詳しく載っている。

「『盲人教育に関する試論』の購読を盲人たちの援助基金のために呼びかけている。この書は、盲人たち自身によって、四つ版折に白黒で、二八ポイントの活字を使って印刷され、国王陛下に献呈された二〇〇頁あまりの論考である。羊皮装幀の一冊の料金は六リーヴル。購読申し込みは、コキリエール通り[123]の事蹟学術審議会事務所で受けつけている。

編集部注。集められた購読料金は、博愛協会の手にわたされる[124]。」

完全ではないようであるが、一二頁に並べられたこの時の購読者の名前のリストが、パリのヴァランタン・アユイ博物館におさめられている[125]。「国王」の名前が見られるほか、「王弟ムッシュー」が二四リーヴルを払ったと記載されている。また、「アデライド・ド・フランス」も同じだけの購読料を払っている。全員で二一四人からの申し込みがあり、その中には「アベ・アユイ」や「ド・ポルミー侯爵[126]」の名前も見える。

つまり、一七八六年には、アユイの主著『盲人教育に関する試論、あるいは経験的に確かめられた、盲人が言語や歴史や地理や音楽などについての知識を得るための本を、触覚を通じて読み、印刷することを可能にするための様々な手段、また手作業の労働に従事するための様々な訓練ができるようになるための方法を開示し、国王陛下に献呈された書』が刊行されたのである。「科学アカデミーの擁護のもとに」出版された。アカデミーはこの本の出版によって、すでに開始されていた計画を支援していることを再度示した。さらに表紙を見れば、この本が「王国出版係クルジエ氏の指導のもと、盲目の子供たちの手によって印刷された」ものであることが示されている。ジャック・ガブリエル・クルジエはソルボンヌ通りに店を持っていた印刷工および本屋だったが、一七八四年八月一三日に博愛協会のメンバーとなってから、一七八五年九月一一日には王国出版係に任じられていた人物である。彼はずいぶんとアユイを助けたらしい。

訓盲院で教育されることになった盲目の生徒たちにとって、紡績手工業のあとは、そこから派生する製造の仕事があった。ヴァランタン・アユイと博愛協会の人々が考えた彼らの第二の職業は「晴眼者のための本の印刷業」であった。そう言えば、一七八七年一月二七日に『パリ新聞』の記者たちに向けて博愛協会書記が前年度の報告を提出した際に、その報告書には「あらゆる科目における生徒たちの進歩」が伝えられていたが、特に「王国印刷官クルジエ氏の指導のもとに行われている活字印刷技術の習得において進歩が目覚ましい[127]」ことが明記されていた。アユイの著書のタイトルにもあるように、「手作業の労働に従事するための様々な訓練」は、読み方、言語、歴史、地理、音楽と並んで学校の教育科目の一つになっていたのである。このことを証明するかのように、『試論』の始めにある企図の概観にはこう述べられている。

「浮き上がった文字で印刷されている本で盲人に読み方を教え、そして印刷、書き方、計算と算数、言語、歴史、地理、数学、音楽などを教えること。

これら不幸なものたちを、糸紡ぎや編み物や製本や、枡や滑車や網を使った手作業ができるように育てること。

その目的は第一に、ある程度の資を持つ者たちにとって楽しい仕事を提供することにある。

第二に、全く資のない者たちが手に職をつけることで、物乞いをしなくてもすむようにすることである。このようにして、彼らの力を社会に役立てることができるばかりか、彼らを指導する者たちの効用も認められよう。
以上が訓盲院の運営趣旨である。[128]」

ここで注意すべきは、アユイが裕福な生徒たち（貧しい生徒たちがその恩恵に預かるべく、高額の入学金を納めている者たち）と「全く資のない者たち」をはっきり区別しているにも拘わらず、両者とも同じ授業を受けている点である。手作業を身につける選択は全ての生徒たちに許されており、それと同様に、読み書き、計算（本来小学校で教わる科目である）のみならず、外国語、歴史、地理、あるいは音楽（原則的に中学校の科目である）を教わることも許されていた。もちろん、紡績の学校と読み書きの学校はいったん切り離されたものの、アユイが校長になった頃には再び統合されていた[129]。このように成立した訓盲院は、一七八六年にパリのノートル・ダム・デ・ヴィクトワール通り一八番地に居を構えた。この場所は「外国語の翻訳、古碑文解読、字蹟発見遠征の学術審議会[130]」が定めた引っ越し先でもあった。訓盲院の生徒たちは外部生として学校に通うことになった。

ヴァランタン・アユイは生徒の貧富を区分した「二階層」教育の建前を斥けた。この態度は、一七七六年にアベ・ド・レペが最初の著作で言っていたことにつながる。

「我々の学校の聾唖生徒たちの中には貴賓の生まれで豊かに育った者も、最下層の出身で貧しく成長した者もいる。富裕家庭の生徒たちにこそ、彼らが吸収できる限りの知識を与えるべきだ、と世の人々は考えるだろう。残念なことに、一般の意見がどうであろうと、裕福でない者たちも同じ知識を学ぶ能力を有しているのが事実である。金持ちでも貧しくても、言語の総体を教えるのが我々の任務である。言葉を教えるのでなければ、このような仕事は引き受けてはならない。[131]」

ヴァランタン・アユイの生徒たちもその出自に関わりなく、知的素養、音楽教育、そして手作業の訓練を平等に受けることになった。アユイの教育の目的、内容および方法は、感覚代替の原則に基づいていた。アユイの感覚代替についての考えは、一七八六年に刊行され[132]、国王に献呈された『試論』一三章の中に詳述されている。

ヴェルサイユ宮殿での公開実技

「盲目生徒」たちは、その才能と彼らの「徳高い教師」の教育成果を披露する最大の機会としてヴェルサイユ宮殿に招かれることになった。「一七八六年一二月二六日、国王王妃両殿下と王家一同の前で」、実技の公開を行なうよう要請されたのだった。

この日の実技プログラムはアユイの『試論』に補遺として掲載されているが、普段の公開以上の内容だったようである。読み書き計算、生徒の知らない本から文章を読み上げて筆記させるディクテーション、晴眼者用の印刷板および盲人用の印刷板を使った作文、浮き出し地図の解読などのおなじみの実技に加え、交響曲や合唱曲などの演奏、盲人生徒による晴眼生徒への国語の授業などである。最後の実技については、「四歳三カ月になるオーロワ少年が、初めて読み方の規則を教わり、実行した[133]」と記録されている。

プログラムには「実技課題」の他にも、国王と宮廷の前に姿を現した「盲目生徒たちのリスト」が記載されている。ヴェルサイユに参内した盲目の生徒たちは全部で二四人だったが、全員が博愛協会の給費生という訳では（まだ）なかった。そのうちの二人の少女が「給費申請中」であり、二人の少年は「給費なしの聴講生」とされている。さらに「盲目生徒たちのために授業料を支払っている者」も二人いた。その他には、「ヴェルサイユ博愛館」（パレ・ロワイヤル内）の寄宿生である一人の少年、そして「パリ博愛館」に寄宿する一七人（うち一〇人の少年と七人の少女）の生徒たちがいた。つまり、アユイの計画は、パリの博愛協会に直接監督された給費生たちに限らず、ますます広く生徒を受け入れるようになっていたということである。

同時に、このリストをよく検分すれば、アユイの生徒たちは皆が「子供」という訳ではなかったことが分かる。パリ博愛館の生徒たちのうち八人は、給費を受け始めた時にはすでに十二歳を超えていた。八人のうち二人はなんと二十一歳という年長でもあったのである。二十一歳は給費を受けられる上限年齢である。ヴァランタン・アユイの最初の生徒たちがなぜそろって「盲目の子供たち」という呼び方をされたのかという疑問については、ピエール・アンリの説に従えば、幼少期に失明した過去を持つ青年たちを意味したのだと解釈できる。もちろん、訓盲院に入学した時、彼らがすでに大人になっていたとしても。またその一方で、博愛協会が給費生の入学最低年齢に関わる規則を変更したということも重要である。すでに述べたように、この変更は、おそらく紡績業養成校の設立と時期を同じくするものだったと思われる。

ともあれ、ヴェルサイユでのお披露目は成功した。その模様の報告は、『秘蔵論考』誌一七八六年一二月二九日号と『パリ新聞』一七八七年一月一日号、および同年三月一四日付の『文芸共和国ニュース』に掲載された。『秘蔵論考』と『パリ新聞』は、アングレーム公がこの公開実技をいかに楽しみ、「彼自身ペンを手にして四番の実技の割り算問題の答えを確認していた」[134]ことを伝えている。また、三誌ともに「若い盲目の生徒たちが国王と王室に披露した」[135]教育成果をもって、『盲人教育に関する試論』という書への関心を促している。

一二月二七日付『パリ新聞』に寄稿した慈善家は、この公開実技に関して、読み方、綴り方、印刷、地理、計算という実技のことしか述べなかったので、アユイは翌年一月四日に同じ『パリ新聞』にさらに詳しく説明する手紙を発表した。

「盲目の生徒たちの心動かされる実技にお立ち会いくださった貴賓の方々は、特に手作業に関する実技にご関心をお寄せになった。麻のかたまりが、盲目生徒たちの手に繰られて次第に糸に変わり、細紐に変わって行き、さらにそれが長い紐を形成し、結び目のある綱となり、帯になる様子には大きな満足感を示された。また、編み物、枡用組紐、製本などの作業も、不幸な盲人たちを将来貧困から救う手段として有用であると、ご同意くださった。[136]」

このまとめを読むと、アユイがいまやはっきりと、貧しい盲人に手作業を教える学校が社会的な有用性を持っていることを、大衆に向けて証明しようとしていることが分かる。手作業の有用性は、ヴェルサイユで、最初は国王と王家の人々の面前で、次には大臣と宮廷に囲まれた国王の前で[137]、二度行なった公開実技において、国王その人から公式に認知された。とは言え、訓盲院を経済的に潤した[138]公開実技にも拘わらず、学校は「王立」の名を冠されることはなかった。アユイはそれを望んでいたのであるが。また、国庫からの規則的な助成金を受けるまでには、その後まだ長く待たなければならない。

その間も、パリ社交界は盲人生徒たちの勉強ぶりに熱中の度を高めていった。パリの人々は、ノートル・ダム・デ・ヴィクトワール通りで週に二度行われる公開実技に熱心に通った。公開実技は「水曜と土曜の正午きっちりに始まり、その他の日や時間にも行われることがあれば、前日に予告される[139]」ことになっていた。

オルレアンの眼科医グレーズは、一七八七年に刊行されたその著書『弱視の人々が遵守すべき生活規則、および視力を維持する方法』の中で、訓盲院の生徒たちの実技についての感想を述べている。この感想を読めば、当時の知識階級の人々がどれほどアユイの企てに関心を持ち、その人柄に敬意を払っていたかが分かる。アユイはこの頃、アベ・

ド・レペに劣らぬ知名度を誇るようになっていた。

「アユイ氏が盲目の子供たちに対して払った、卓越した、熱心で恒常的な努力によって、彼らは本を読む喜びを知り、精神を修養し、地理や計算をはじめ、これまでアクセス不可能だった多くの学問を学ぶことができるようになった。こうして、盲目の子供たちがこれまで生きていた孤独の世界は美しくなり、学識深く鍛えられた指のおかげで、晴眼者が目から学ぶことを手から学ぶようになった。彼らに欠けているのは、自然の光景や華やかな色彩の変化だけである。しかし、こうした素晴らしいものを一度も見たことのない盲人たちにとって、欠如はさほど苦にならないだろう。我々とて、彼らが指や触覚や聴覚を通してどれほど微妙な外界の知識を得ているかを知らないのだから。(140)」

こうした、ディドロのものとしてもおかしくない言葉のあと、グレーズは公開実技の進行の様子を語る。実技の終わりにはいつも、

「楽器演奏と歌を交えた演奏会がある。一人の子供がリズムを刻んでいる間に、一番楽器がうまい者がハープシコードを弾いていた。楽譜もなく、譜面台もなく、照明もなく行われるという点で、瞠目すべき演奏会である。子供たちは音楽を空で覚えている。しかし、アユイ氏は彼らにも音楽理論の基礎を教えるために、盲人用の音楽の本を用意している。(141)」

グレーズは続けて、「いたいけな盲人たちの姿がなぜこれほど感動的なのか」と問う。グレーズの意見を通して、我々

は当時の観客たちの熱狂の理由を理解することができる。

「それは、闇の世界に閉ざされた少年少女たちの声が、至高存在と慈善家諸子に感謝する賛歌に合わせてわき上がった時のことだった。ゴセック氏の優美な音楽、情感に溢れた歌詞、目の見えない子供たちの無邪気さ、その柔和な声、その目から輝きだすようにすら思われた清らかな感情と内省、彼らの姿から引き起こされる様々な感慨など、こうしたことが全て一体となって言い表せない感動的な場面が生まれていた。我々の目は涙に曇った(142)。まず、パリの感じやすい教養人たちが、アユイ氏の功績、またあらゆる賛辞を超えたその忍耐強い献身に拍手を惜しまなかった。政府はその後、アユイ氏の学校を庇護下に置いた。彼の学校の日々の実績は、これからさらにその名声を広めて行くであろう(143)。」

グレーズが願っている通りに、博愛協会の給費を受ける先天性盲人の数はますます増えた。それは、匿名寄進者による寄付だけのおかげではなく、こうした公開実技から入ってくる「収入」のおかげだった。例えばヴェルサイユから支給された謝礼金は、その中でも一番実入りのいいものの一つだった。一七八六年には四六人の給費生がいたが、博愛協会は翌年六二人にまで増やすつもりでいた(144)。しかし、全員がヴァランタン・アユイの学校に入学を許された訳ではない。そのうちの幾人かは年齢が低すぎたからである。つまり、訓盲院の授業はまだ限定された数の盲人にしか与えられていなかったのである。アユイはその『盲人教育に関する試論』の付記である『訓盲院略歴』の中で、三〇人の生徒について語っている。この三〇人のうちの何人かは博愛協会の給費生ではなかったことが分かっている。一七八九年に訓盲院を訪問したドイツ人教育者ヨアヒム・カンペは、その他の訪問者たちとともに賞賛の念を持って公開実技に立ち会ったが(145)、その時実技室にいた生徒たちの数は三〇人から四〇人であったと記録している。なんと言っても、訓盲院での教育がどのように盲人生徒たちの社会参加や職業養成に役立ったか、ということを述べるには、この時期はまだ早すぎる。

その一方で一つ確かなことがある。学者たちの集まりで紹介された後、盲人の生徒たちは宮廷に紹介され、実技を行なった。そして、一七八七年六月二九日をもって、盲人生徒による小編成のオーケストラおよび合唱隊が、パリ司教区のあちこちのミサに参加するようになった。これらのことを合わせると、[146]この頃、盲人の知的・芸術的能力のみならず、それまで無理と思われていた手作業への適性も、知識階級や世論の一部に向けてアピールされ、認知されていたと言うことができよう。「盲人市民の創成」はまだ先のことであったが、ヴァランタン・アユイの学校は、啓蒙の世紀の人々に、慈善と教育が提携することで盲目という障害も乗り越えられると証明したのだ。

もちろん、アユイの生徒たちの姿を通して当時の識者たちが見ていたのは、自らの慈善と感受性の姿である。その一方で、アユイの学校はますます制度化の道を辿って行った。一七八六年、博愛協会が地所を買ったのをさかいに、学校内で男女生徒の区別が始まった。一七八七年二月五日付『パリ新聞』に寄稿した協会の秘書はこう書いている。「良俗が教えるところに従い、我々は、盲人女子に女性としてのたしなみを教えることに最も適性があるとみなされた女性生徒二人に、それぞれ一二リーヴルを与えることにした。[147]〔傍点筆者〕」一七八七年に入学を許可されたガリオが『訓盲院小史』の中で語っているところによれば、盲人生徒たちが一七八八年のサン・トゥスタッシュ祭での行列に参加した際、「博愛協会は我々に、協会のイニシャルで飾られた訓盲院のエンブレムをボタンにつけた服を着させた」。[148]

こうした「規格化」の最初の傾向にも拘わらず、ヴァランタン・アユイが創立した学校は、自由でおおらかな気風を持った登校制の学校にとどまっていた。男女生徒の区別は一九世紀になって議論を呼ぶ問題になるが、この頃はまだ、アユイが修学期間を終えた生徒同士の結婚を許すほどに鷹揚なものだった。この場合は二人とも教師として、ないしは事務員として学校内に留まることが義務づけられたのだが。[149]

かくて、「最貧で、おそらく最重労働の階級[150]」出身の盲人たちの教育は社会が認めるものとなり、制度化されていった。その間も、我々のよく知っているもう一つの盲人施設は、いまだに盲人イコール生活補助を受けた人、というイメージを流通させ続けていた。しかし、生活補助という制度自体が社会の課題の一つに成長するにつれ、そのイメージも大きな変化を受けることになる。

第6章

キャンズ・ヴァンの移転と国庫収益

一八世紀の前半を通して、キャンズ・ヴァン盲人施療院とその運営部は、前世紀から全く変わらない姿を維持していた。宮廷司祭長の権力が施設の運営に加える圧力がますます強くなったことが唯一の変化だろうか。ルイ十五世の治世になって、それまで以上に、司祭長の宗教的および世俗的な特権は確立した。施設内の修道士・修道女たちの数は、一六八五年には二〇〇人を上限とするとあるもの[1]（一六八五年一月一一日付参事会決議[2]）、一七四五年には九月一三日付の「報告書[3]」が正しければ三〇〇人にまで引き上げられている。盲人修道士・修道女たちの主な活動は相変わらず物乞いだった。活動は教会内とパリ市内の路上に限られており、そのために宮廷司祭長の署名入りの版画あるいは印刷による許可証が交付された[4]。

一方、看護部内では一〇人あまりの盲目生徒たちが養育されていた。彼らは教団のその他の会員と同じく修道士や修道女という立場をあずかっており、同じ権利を保持していた。成人年齢とされていた十六歳を過ぎると、施設内礼拝堂の合唱団にコーラスとして雇われた。そして、年長者たちと同じ義務を課されるのだった（要は物乞いである）。しかし、看護施設は一七五二年に「無用かつ費用の無駄遣い[5]」とされて廃止された。生徒がいなくなったため、この年参事会は、教団内の晴眼者の子供たちから六人を集めた正式合唱団を構成した[6]。こうした子供たちは施設内の学校に行くことを義務づけられていた。一七五二年八月一八日付の決議では、参事会は少女を教えるための女教師を二〇〇リーヴルの給与で雇っている。この給与は一七五五年には三〇〇リーヴルに上がっている[7]。

しかし、この頃にはもっと大きな変化がキャンズ・ヴァンを訪れていた。

サン・トノレ通り囲い地の整備

一八世紀初頭から次第にキャンズ・ヴァンの敷地は荒廃の度を増していた。一七一四年には、匿名のある人物が「現在きわめて老朽化が激しい状態にある施設の建物を改修するためにも、一〇〇万リーヴルの籤募金を設立し、公表し、受領する[8]」ことの王の許可を願う手紙を書いている。この提案はその時点では実現を見なかったが、計画は一七四六年に持ち越された。この年、国王顧問団の決定により[9]、サン・シュルピス教会の建造に充てられるべきくじ引き収入の半分で、キャンズ・ヴァンの礼拝堂や建物の再建が許可されたのだった。工事は一七四八年に開始され、サン・シュルピス籤募金制度の廃止のせいで停止していた数年を経て、一七七九年にはほぼ完了していた。この年には、かつての施設の名残としては前面の古い建物と、両脇に店を並べた教会だけだった[10]。囲い地のその他の部分は「多彩で美しい建物の数々がパリの真ん中にあっても目を惹く」場所として蘇った[11]。

その間に、ウィーン大使を退任してフランスに戻っていたルイ・ルネ・エドワール・ロアン公（一七七七年一一月に帰国）が、フランス宮廷司祭長に任命された。ロアン公はこうして、キャンズ・ヴァンの最高取締役にもなったのだった。

同年四月一九日の申告により、それまで衛兵隊銃士二部隊の住居であった二つの館が売りに出された。この二部隊は、一七七五年一二月一五日の王令[12]により解散したのだった。二つの館の一つは、かつて黒銃士部隊の兵営があったサン・タントワーヌ通りにあった。買い手が見つからないまま、アレクシ・モロー・デュ・ソヨン[13]という名の王国農家監察官に貸し出されていた。

囲い地の譲渡と国庫収入

一七七九年一二月三一日[14]、宮廷司祭長は（その頃、枢機卿かつストラスブール司教も兼任していた）、大金を使って再建したばかりのキャンズ・ヴァンの囲い地を譲渡し、住人をシャラントン通りにあるかつての黒銃士の住居へ移動する許可状を受け取った。この移動は、キャンズ・ヴァンとの前もっての話し合いもなく決定されたもので、関係者はほぼ強制的に事後承諾を与えなければならない状況におかれた。彼らはそれを拒否した。枢機卿は押し切ろうとした。キャンズ・ヴァン運営部の一同は、反意を示すために免職し、国王顧問団に上申した。しかし、宮廷司祭長は王の支持を得ていたから、彼らの反対もむなしく、決定は実行に移された。

この事件の細部には立ち入るまい。なにせ、ロアン枢機卿がほとんど無神経な軽々しさで[15]扱っている財政資料は、実は大変分厚く、かなり複雑なものだからだ。ただ、サン・タントワーヌ囲い地が譲渡された理由として次のものがあったことだけを述べておこう。昔の囲い地にあった修道士の住居は、墓地の隣ゆえに衛生上の問題があったほか、[16]周りが繁華街であったことから、彼らの行き来の安全は保障されていなかった。一方で、キャンズ・ヴァンが所有していた建物は維持に大きな費用がかかったため、据え置かれていた資金は、むしろ盲人たちの将来の十分な年金に充てた方がいいと判断されたことがある。この年金のより定額の補助金が出て、盲人たちはこれ以上物乞いをしなくてもすむようになり、さらには外部補助制度も作ることで、さらに多くの盲人を助けることができるだろうと予測されていた。[17]

まず、施設内建物の老朽化についてだが、この状況がどうやって、一七四八年に同じ場所に施設の再建を考えていた行政官や、アルマン・ガストン・マクシミリアン・ド・ロアン枢機卿の目を逃れたのか不思議である。一方で、不動産資本を国庫収入内の年金枠に変換することを考えた人々もまた、永続年金につきまとう貨幣価値低下の恐れを軽く見すぎていたと思われる。しかし、公私の動機がなんであれ、この変換は、アンシャン・レジーム末期に打ち立てられていた社会扶助制度改革を構成する大プロジェクトと歩を一つにするものだった。社会扶助改革は、チュルゴーとネッケルによって、一七七四年から一七八一年にかけて、いくつかの点で実施された。例えば、病院・施療院の独立行政に代わる国家による統制、そうした施設の資財や建物などを資本化して年金とする改革、施設の全資産と収入を国家が自由に利用できるようにすべきだという批判、慈善団体の活動の改革と統制、貧民あるいは障害者への扶助に関しては、入院よりも自宅介護を優先させるという方向、さらには物乞い撲滅の機運である。

シャラントン通りへの引っ越しに伴うキャンズ・ヴァン再編成

キャンズ・ヴァンの運営部の反対や、指導官や行司の抵抗にも拘わらず、ロアン枢機卿はサン・トノレ通り囲い地の売却に踏み切った。売却契約によれば、売値の六〇〇万リーヴルのうち五〇〇万が国有地のものとなり、それに対して政府はキャンズ・ヴァンに二五万リーヴルの永続年金を支給することになっていた。枢機卿の手元に残った一〇〇万リーヴルのうち、四五万は元黒銃士の館を政府が購入する資金に充てられた[18]。売却は一七八〇年一月一八日に行われ、その年の夏に移動が始まった。九月四日には、パリ大司教の許可を得て、旧教会におさめられていた骨と記念表札を新しい教会の建物に移した[19]。

一七八〇年七月一四日以後、物乞いは禁止された。違反を一度おこせば禁錮の罰が与えられ[20]、繰り返せば追放となった[21]。物乞いができなくなった代わりに、盲人たちには決まった額の金銭補助が与えられた。補助は原則的に物乞いによる最高収入を上回っていた[22]。独身者には一日二〇ソル、施設外の人間と結婚している関係者には二六ソル、施設内で結婚している者たちにはそれぞれ三六ソルが支給された。加えて、十六歳以下の子供一人につき、一日二ソルの援助があった[23]。

宮廷司祭長は勅令によって以下のように物乞いについて報告した。

「これまでも、施設の収入を増やし、盲人たちが物乞いをしなくても生きて行くことができる手段を見つけることは大きな課題の一つだった。必要に迫られて彼らが行なっていた物乞いは、特権とは言え、施設の高邁な性質を欠いたものであり、特に教会の秩序と神に仕える使命[24]への敬意を甚だしく傷つけるものであるという考えが一般的だった[25]。」

宮廷司祭長は、これまでも盲人修道士たちによって、物乞いの廃止が参事会に提案されていたと言っている。しかし、全ての人々がそう望んでいた訳ではない。少なくとも、一八一六年に元キャンズ・ヴァンの住人であった盲人、フランソワ・ベルナール・ジルによって書かれたチラシを見れば、ロアン枢機卿が「王の信頼と自らの権力を恃んで、盲目という障害を持つ者たちの苦難を増やした[26]」として批判されていることが分かる。枢機卿には多くの批判が寄せられたが、そのうちの一つに物乞い収入に代わるものとして盲人に与えた補助金の少なさがあった。

ともあれ、キャンズ・ヴァンの盲人たち、運営部、その他の責任者たちは、否応に関わらず宮廷司祭長の決定に従わなければならなかった。司祭長は、一七八三年三月一四日付で国王とその顧問団から施設改修の許可を取り付けた。物乞いの廃止の他にも以下の変革が計画されていた。まず、貴族二五人に対して一人三〇〇リーヴルの年金と、貧しい盲目の教会伝導師八人に対して同じ額の年金を与えること。それから、地方の貧しい盲人について、一〇〇リーヴル、一五〇リーヴル、二〇〇リーヴルの生活扶助を与えること。さらに、入所希望の者たちの中から一五〇人に日々のパンを与えること。「地方の貧しい盲人のために二五床の病室を用意すること。彼らは、どのような眼病にかかっているにせよ、(完治するまで、あるいは完全に失明するまで)首都最高の名医によって治療を受けることが許され、無料で宿と食事を支給される[27]」。最後に、毎年眼病治療と予防法についての決まった主題で懸賞論文を公募し、その中で最も優れた論文に四〇〇リーヴルの賞金を与えること[28]。

これら様々な計画のうち、外部の盲人を対象とした生活扶助と、入所を希望する盲人たちへのパンの支給のみが実施に移された。一方、眼病研究の懸賞、および眼科診療所の設立については計画でとどまった。[29]

一七八三年五月三〇日の勅令で、国王の後ろ盾を控えたロアン枢機卿は、新たなキャンズ・ヴァンへの入所条件を発表した。十六歳以上であること、そして上限は二十一歳にまで上がった。特に、全盲であることが条件となっていたのが大きな変化だった。盲目と呼ばれながらも弱視も許されていた教団指導官も含めて、初めて課された条件だった。[30]それまではおそらく、「生活に支障をきたす盲目」の条件が、キャンズ・ヴァン共同体に入所を許す条件として十分だと思われていたのだろう。新たな規則を完全に遂行するため、一七八七年二月一四日と七月三一日には、二度の医師による入所者の診察が行われた。この診察の結果、盲人の幾人かは出所を命じられ、それまでの特権を剥奪された。[31]キャンズ・ヴァンの盲人たちに物乞いが禁じられたということは、今後働ける条件にある者をできる限り排除して、完全な障害者のみに無条件の扶助を提供することが重要となったのである。

一方で、まだこの時代には完全な盲目を誤らずに測定する技術は開発されていなかった、ということを述べておかなければならない。例えば、夜と昼を区別できるというだけのことでは、キャンズ・ヴァンの盲人が自立するには足りなかったのである。ということで、明らかな過誤は別としても、この時期から新たな規則に従う定期的な盲人削減が行われたが、古い伝統を守る者の目から見て、これは完全に行き過ぎていた。

物乞いの廃止と入所条件の変更以外にも、キャンズ・ヴァンの住人がサン・トノレ通りに移動するに際して新たな規則が適用された。特に、宮廷司祭長に対する運営部と指導者の抵抗を不可能にするために、有給総監のポストが新たに設けられたことが大きい。

もちろん、キャンズ・ヴァンの盲人たちは、彼らがこれまで享受していた「全ての権利、特権、税金控除、義務の免除」[32]を新たな敷地内でも保持することができた。また、一七七九年にはロアン枢機卿によって縮小されたとは言え、多くの基本的なミサの習慣を守ることができた。それにしても、彼らがこの時から権利というよりは、個人の意志で集まった会員のみに開かれた慈善宗教団体としての性格を失い始めたことは確かである[33]。キャンズ・ヴァンは次第に、これまでのように王権に依拠するのみならず、社会補助制度の財政枠に入る公的補助団体として[34]、自宅介護の原則のもとに、できるだけ多くの盲人に保護を与えることを目的とする施設となっていった。

一方、眼科診療所設立の計画には、後にトノンが一七八八年の著書『パリ市内の病院について[35]』で推奨することになる医療化された施設の最初の姿が伺える。しかし、医療施設としてのキャンズ・ヴァンが現れるのは、次世紀の終わりになってからのことである。

施設の盲人たちは、この改革によって「物乞い貴族」としての立場を完全に失うことになった。もちろん、施設の敷地内に居住する者たちは、以前と同じ特権的な状況を維持することができたが、他の施設に収容された盲人たち（キャンズ・ヴァンに場所が見つからず、ビセートルやサルペトリエールに行かなければならなかった者たち[36]）は、あらゆる特権を失った。今では、旧黒銃士住居に移された盲人たちには、それぞれが暖炉つきの個室を与えられた。暖炉つきの、独身者には小さな部屋、夫婦者には大きな部屋だった。子供がいる場合は二部屋のアパート（暖炉付きの大きな部屋と暖炉のない小さな部屋）があてがわれた[37]。

他方、盲人の両親を持つ晴眼の子供たちは、以前と同じように、施設内の無料学校に通った。この学校は一七八四年九月一日付の新規約によって運営されていた。新規約によれば、学校に通うのは五歳以上十二歳未満の子供たちであり（十二歳を過ぎると、原則的に施設の費用で職業訓練を始めることになっていた）、読み書き、綴り方、算数、教義問答、さらには羞恥と衛生の授業を受けた。彼らは毎月勉強の進歩を検査され、優秀な者には賞与が与えられた。午前は八時のミサで始まり、一一時半の朝の祈りで終わった。午後二時きっかりに学校の門が開き、夏は五時、一〇月一日から四月一日までの期間は四時に終わった。学校の授業は敬虔な読書に始まり、夕べの祈りで終わった。水曜日と土曜日の午後は、教義問答の授業に充てられていた[38]。施設内の学校に通う生徒たちの時間割における勉強と宗教の時間の配分を見れば、一八世紀末においてもそれ以前と同じように、カトリックの信仰と「道徳教育」への配慮が、どれほど施設内で大きな影響を持っていたかが分かる[39]。

キャンズ・ヴァンの盲人たちに対する監視や統制がいかなるものだったにせよ、この時代、彼らにはますます無為の食客という特権を持った人々のイメージがつきまとうようになった。なぜなら、貧民収容所は「フランスの社会扶助制度の切り札[40]」だったからである。物乞いがいかに忌避の感情を喚起し、この習慣を廃止する努力が重ねられたにせよ、国家にとって貧民収容所を撤去することはできなかった[41]。

この章の結論としては、まず、一八世紀の初めに哲学者たちと教育家たちによって研究された盲人は、世紀末には博愛主義者たちによる啓蒙と教育活動の対象となった、ということがある。

一七八五年、ヴァランタン・アユイが博愛協会の協賛をもって設立した訓盲院は、教育、教養、雇用、そして尊厳を勝ち取ることができる盲人市民の像を、あらゆる手段をもって社会に向けて発信し始めた。アユイは、学者や宮廷の前での盲人生徒の披露、公開実技、宗教行事や音楽会への参加、そしてその間も日刊紙や文学雑誌でその活動を逐次報告することに精力を注いだ。一方、キャンズ・ヴァンの盲人たちと言えば、新たに同施設の扶助を受けるようになった地方の盲人たちを取り込んでその数を増やしながらも、「自らにとって、また社会にとって無用な」盲人、つまり教育を受けて社会的交流の場に参入することができず、仕事によって経済交換の輪の一部となることもできない盲人、というイメージを増長させる存在であり続けた。

こうして、大革命前夜のフランス社会には、二つの盲人と盲目の表象があった。つまり、最貧の盲人たちに与えるべき援助についても、二つの見方があったということである。社会扶助と教育のどちらを選ぶべきかという悩みは、この後、革命期を経てフランス社会に現れる様々な政治体制のもと、慈善事業の責任者たちが繰り返し議論する問題となるだろう。

第Ⅲ部　フランス革命と盲人

——国家事業

第7章

聾唖者と盲人の合同学校（一七九一―一七九四年）

「革命の中核には（…）博愛主義者たちのネットワークがある。彼らは良俗と福祉の進歩に貢献し、啓蒙主義を広めようとした[1]。」

このテーゼを確かめることのできる格好の分野があるとすれば、それは感覚障害者扶助制度と教育の分野である。

革命と博愛主義

一七八九年八月三一日にはすでに、『パリ新聞』に次のような記事が見つかる。

「［この日の翌日である］サン・ルイ祭りの八日目にあたる火曜日には、盲目児童たちがダム・サン・トマ教会において一一時に行われる祭日ミサで、聖歌を数曲奏でることになっている。また、ド・シャルノワ氏が愛国心についての演説を行なう予定であるその後さらに、盲目児童たちが、故国への愛情と国王への賛辞を音楽にした曲を演奏することになっている[2]。」

革命が勃発してから数カ月たらずで、愛国主義者と博愛主義者は公式に、盲目生徒たちを通して手を結んだ。さらにその一週間後には、パリ市庁舎で同種の式典が行われた。この式典には、博愛協会の会員である二人の愛国主義者、つまりパリ市長バイイーと衛兵隊指揮官ラ・ファイエットが参加していた。同年九月八日付のパリ市記録にはこうある。

「立憲議会は、ド・シャルノワ氏がミサ終了後に行なうことになっている愛国主義的演説を、盲目生徒たちの司会によって進行させることを許した。許可は彼らの教師アユイ氏に与えられた。[3] 議会から今朝の市庁舎来訪を求められたアユイ氏は、フィーユ・サン・トマ区の衛兵隊の一団に護衛されて到着した。議会議員は市庁舎大ホールでアユイ氏を迎えた。そのすぐ後、二人のパリ市総監も到着した。盲目児童の演奏による行進曲が、衛兵隊の足並みの伴奏をつとめた。自然の過誤によって不幸な障害を負わされた子供たちを見て、感動を覚えない者はなかった。ド・シャルノワ氏はその演説の中で、盲目の児童たちが市長の特別の恩顧を必要としている旨を、アユイ氏に代わって述べた。（…）バイイー氏はそれにこたえて、アユイ氏を賞賛した後、盲目児童への関心を表明する機会を与えられて誇らしく思う、と述べた。[4]」

式典は音楽演奏で締めくくられたが、この後、式典には器楽演奏が欠かせないものになる。音楽は観客の心に「優しい感情を呼び起こす源泉」であった。

「不幸な者たちを目の前にして、我々は彼らの境遇に悲しみを覚えた。同時に、彼らの教師の功績と、見返りを期待しない謙譲の美徳には、果てしのない賛嘆の気持ちを感じた。この式典は、そこにいた者たちの心に、消えることのない共感と喜びと感動を残したのである。[5]」

市庁舎に盛大に迎えられたヴァラタン・アユイとその生徒たちの様子を伝える挿話から、当時彼らがいかに有名であったか伺うことができる。一方、博愛協会のネットワークが、立憲議会やパリ市議会にどれほど強い影響力を持っていたかも。慈善家たちの影響は、聾唖者や盲人の教育施設に関する政策において、今後さらに勢力を増して行くだろう。

一七八九年一二月二三日、アベ・ド・レペが没した。ド・レペの臨終には、国民議会の使節団がかけつけた。その時、使節団の団長であった法務大臣シャンピオン・ド・シセ[6]が発した言葉は、伝説となったくらい有名である。「安らかにお逝きください。国があなたの子供たちを育てますから」。実際その数日後、パリ市の代議士たちは国民議会に、「アベ・ド・レペの死によって寄る辺なく残された不幸な孤児たちのために[7]」国立の養護施設の創立を願う請願書を提出した。二カ月後の一七九〇年二月二三日には、サン・テチエンヌ・デュ・モンでド・レペの追悼記念式典が開かれた。六人の議員から成る国民議会代表団[8]と、ド・バイイーに先導されたパリ市代表団が出席するという大変な式典だった。おそらくラ・ファイエットも出席していただろうと思われる。また、アベ・ド・レペも会員だった博愛協会の人々の姿もあった。著名人ばかりではなく、ド・レペを惜しむ大衆も追悼式につめかけ、教会はたちまち人で溢れかえった。追悼式では、アベ・フォーシェが追悼の辞を読み上げた。その辞は「簡明にして完璧に、啓蒙の世紀における理想のキリスト者の姿を描いていた。哲学者であると同時に慈善家でもあったド・レペの姿が、見事に描き出されていた[9]」。アベ・フォーシェはこの時、アベ・ド・レペを「シトワイヤン・アベ」と呼び、彼がいかに「心底から善良で徳高い」人間だったか、「他の者が情念の炎にかられている時に、善行を唯一の情熱とした人であり、その資質ゆえに教会と故国へ尽くす運命に導かれていた[10]」と熱弁した。

同年二月二六日の『管区市町村官報』は、式典の記事を掲載している。この記事は、ヴァランタン・アユイの盲目生徒たちと聾唖生徒たちが並んで式典に出席していたことを伝えている。サン・テチエンヌ・デュ・モン教会の司祭は、盲目生徒たちに式典の音楽演奏を依頼していた。『官報』によれば、「観衆は、(…)二重に胸打たれる光景に感動した。彼らの前には、一方に聾唖児童たちが、(…)反対側には盲目児童たちが座っていた。その上、盲目児童たちは、暗く悲壮な音楽を奏でながら、そこにいた全ての人の哀惜の気持ちを表現していた[11]」。記事を書いた作者は、読者の関心を盲目児童に惹き付ける配慮を忘れない。さらに、執政者たちにも「故アベ・ド・レペと並び称されるアユイ氏が、レペへの賛辞を常に惜しまなかった[12]」ことを評価するよう呼びかけている。

公式の式典において、初めて盲目の生徒と聾唖の生徒が列席したことは、誰もまだ想像できないその後の歴史を暗示しているように思われる。

その間、聾唖学院と訓盲院の日常は変わらなかったが、生徒の運命は平穏というわけにはいかなかった。アベ・ド・レペは亡くなる前に、最も近い協力者であったアベ・ド・マッスを後継者として指名していた。しかし、一七九〇年四月六日にパリ聾唖学院の院長として選出されたのは、ボルドー聾唖学院長であったアベ・シカールだった[13]。この時の新院長選には込み入った状況が絡んでおり、結局、シャンピオン・ド・シセ、バイイー、ブルッス・デフォシュレの三人を審査員として選出することになったのだった。同じ頃、アベ・ド・レペの死後ムーラン通りから退去せざるを得なかった聾唖の生徒たちは、セレスタン修道院に通って授業を受けていた。その後、法務大臣が正式に「王によってかつて指名された場所[14]」であるセレスタン修道院に学院を移籍した。

このように、学院内の覇権争いもあらわに新学院長選挙が行われた一七九〇年の一月から二月にかけては、聾唖の生徒たちにとって混迷の時期だった。その一方で、同年三月二二日には、「アユイ氏に導かれた盲目児童たちと博愛協会会員数名がサン・ジャック・ロピタル教会に集まり、管区が訓盲院に与えた厚情に対する感謝ミサをあげた。このミサは大編成オーケストラの演奏で行われ、献金は学院に納められた[15]」ことが伝えられている。その通り、翌週の木曜日三月二五日には、サン・ジャック・ロピタル教会の組織のもとに、訓盲院の生徒たちは「国会議員諸子、およびコミューン・諸学術団体[16]・諸管区の代表を前にして[17]」実技披露をしたのである。場所は、パリ市庁舎のコミューン集会ホールであった。

三月二五日の実技披露会の目的は「訓盲院の教育の有用性と、その保有する豊富な教材について、国民の意識を高める」[18]ことであった。とは言え、訓盲院の生徒数は決して増加傾向にはなかった。しかも、博愛協会の支持者数激減のせいで、院の財源も細りつつあった。この公開実技から数カ月後、アベ・シカールは聾唖学院の生徒とともに同じようなプロモーション活動を開始し、八月二四日には、シカールと聾唖の生徒の代表団は議会への正式な招聘を受けた。公開実技のやり方においてアユイとシカールに共通しているのは、一人の特に優秀な生徒を代表に選んで実技をさせたことである。訓盲院代表はジャン・ドニ・アヴィッスという生徒で、聾唖学院代表はジャン・マシウだった。この二人の生徒はまた、級友たちの署名を添えて、施設の国営化を求める嘆願書を提出した。[19]しかし、訓盲院の生徒たちが「諸団体の議員の方々」の前でアクロバティックな盲人の技能を披露していたのと同じ頃、博愛協会会長のベチューム・シャロは、リアンクールと貧民救済委員会に向けて、博愛協会の財政難を訴える手紙を出している。この時シャロ会長は、訓盲院の将来の暗い見通しを特に強調した。何よりも、訓盲院維持の経費が協会会計に大きく響いていたからである。[20]

アユイとシカールのプロモーション活動は成功だった。一七九一年の七月二一日と九月二八日には、シャロン・シュル・マルヌ県の議員プリウールとセーヌ・エ・オワーズ県の議員マシウが、聾唖学院と訓盲院それぞれについての報告書、および関連政令法案を、立憲議会[21]に提出した。両議員とも貧民救済委員会の監察官である。この二人の報告書と法案は、聾唖学院と訓盲院の国家的庇護の政策を決定づけた文書という意味で、非常に重要である。これから始まる両院の国営化は、彼らの報告書と法案が定めた法的枠組みに従って進むのである。

『先天性聾者のための教育施設に関する報告』と一七九一年七月二一日付政令

さて、聾唖学院の将来についての審議は、訓盲院に先立って行われた。本当のところ、七月二一日にプリウールによって提出され、同日議会によって承認された政令法案は、すでに訓盲院の命運も決定していたのは確かであるが。七月二一日付政令第二条は、四月二〇日付パリ県庁所在地執政部令を批准するもので、以下のように定めている。

「パリの兵器庫《アルスナル》近隣にある旧セレスタン修道院の施設と建物は、分譲せずそのまま、聾唖者と盲人の教育にあてられた学校の敷地となる。[22]」

プリウールの報告は我々の関心には直接関係ないので詳細は述べないが、ここではその文書の基本的性格を記憶するにとどめよう。感覚器官の障害を持つ者の教育は国家の責任であるという考えがこの文書の根底にある、ということである。もちろん、アベ・ド・レペが始めた「二重の生涯によって野蛮人に近い状態におかれている[23]」人々を救うための人道主義的事業[24]を続行することが、この政令の目的であったことは確かだろう。しかし同時に、「聾唖者の教育は人道主義の観点にとどまらない。彼らに教育を与えることで、自らの仕事で生きる手段も与える[25]」という考えも明らかにされている。プリウールはさらに「すでに聾唖学院には多くの作業所が設置されている」と付け加える。特に「印刷所はフル稼働しており、『学者新聞』や『農業新聞』がここから出版されている」。また、「これまで外国で製造されていた綿の敷物やその他の布製品を製造する工場もある[26]」。

つまり、報告者が提案しているのは、アベ・ド・レペによって創立された学院を「貧民施設であり学校でもある」機関に変えることだったのである。アベが学院を創立した根本の目的は、聾唖者が他者とのコミュニケーションを問題なく行なうための教育を与えることであったが、ここでは聾唖学院は、貧しいものたちが「自分の手で生活の資を稼ぐ手段を手に入れる場所[27]」と見なされている。そのため、議会は「今年の一月一日から数えて[28]」学院に働く教職員および事務員[29]に「年俸」を支給することを決定した。また、職業訓練という目的に従い、「現在学院で学ぶ二四人の貧しい生徒に、それぞれ一年三五〇リーヴルの奨学金を支給する」[30]という切り詰めた処置を取った。議会は、「国家が全額教育費を支給する生徒数を増やすには」、生徒たちが働いて収益をあげることが必要であると考えていた。そうなれば、学院の経費が「長く国家の財政を煩わせることがない」[31]からである。

一七九一年七月二一日付政令が再編成しようとしている聾唖学院は、教育施設と言うよりも労働による救援施設に近い。政令はまた、「当施設は、男女ともほどよい距離で居住させることができるように、広い敷地を必要とする」[32]と定めている。アベ・ド・レペは、男女の生徒が混ざっていることを気にもとめなかったようであるが、プリウールの報告書では男女の区別は大問題となっている。生徒の上限数が一〇〇人にまで引き上げられ、全寮制が取り入れられたために、なおさら懸念は強まった。プリウールの報告書は、行動の規律と労働の倫理を学院に敷くことを第一の課題としていた。このことは、この後、学院が経済的な安定と持続性を確保するとともに、聾唖の生徒たちからますます自由が奪われていくことを示してもいた。もちろん、経済的保証と言ってもつかの間のことで、国庫の破綻とともにすぐに揺らぐことになる安定であった。

一方、盲目の生徒たちの運命はどのように変転していただろうか。七月二一日の政令には、盲人と聾唖者の合同施設を決定していたのであるが。訓盲院についての処置は、オワーズ県の執政政府下司祭であり、セーヌ・エ・オワーズ地方の議員であったマシウが提出した第二の政令案で決定された。この政令を採択した立憲議会は、採択の二日後に解散した。

『先天性盲人のための教育施設、およびその聾唖者施設との合併に関する報告』と一七九一年七月二八日付政令

プリウールが聾唖学院について行なったように、マシウもまた、訓盲院設立の経緯とその教育内容、そして生徒たちの技能について発表することから、その報告を開始している。[33]感覚代替教育法の宣言書とも呼べるこの報告書は、障害者教育の創設者の博愛精神と両学院の社会への貢献に賛辞を惜しまない。[34]加えて、その作成者マシウは、盲目の生徒と聾唖の生徒を合同させることの必要を説いている。

「二人の偉大なる指導者［アユイとシカール］は、聾唖者と盲人が健常者と迅速にスムーズに交信できるようにするために多大な努力を払われたが、彼ら同士の間の交信についてはまだ十分な成果をあげておられない。健常者との交信は、彼らの完璧な技術によって可能となった、あるいは、現時点の成果から見て必ず可能となると思われる。（…）

自然が生まれながらの聾唖者と盲人の間に設けた障壁は、一見したところ踏破不可能と思われるほど大きなものである。（…）しかし、もし盲人が［その考えを］聾唖者の目に見えるように描き表すことができるならば、また、もし聾唖者が、手で触れて分かる記号でその考えを表現できるならば、聾唖者は盲人の言うことを聞くことができ、盲人は聾唖者を理解することができるはずである。[35]」

かつて教師であったこともあるマシウは、自然に従った教育法に信を置いているようである。彼は、盲人と聾唖者

がともに作り出す社会を、このように謳い上げる。「同じ敷地に、そして同じ作業場に集合した盲目の生徒と聾唖の生徒は」、「見える者と聞こえる者の集まりと同じくらい完全な社会を構成するだろう[36]」。「聾唖者が書いた手記を盲人が印刷している様子が思い浮かばないだろうか、盲人がかがった糸で織物をしている聾唖者の姿が想像できないだろうか。一人がガラスを磨けば、もう一人は織機の車輪をまわす。一人がデッサンをし、絵を描き、エッチングをし、キャンバスや岩や大理石から工芸品を生み出せば、もう一人は最高存在と美徳を讃える歌を歌う[37]」。マシウの叙情的な演説は、次の結論に帰着する。

「今では数々の才能と技能が集まる聾唖者と盲人の学校だが、数年前には沈黙と闇、悲惨と荒廃しか存在しなかったとは、考えるだけでも驚くべきことではないか[38]。」

おそらくマシウは、プリウールが聾唖学院についての報告と政令案を提出したその前の週の七月二一日に、ヌフ・スール協会[39]の会合に参加していたのだろう。この会合では、一人の聾唖者と一人の盲人が、協会員の前で、盲目と聾唖という孤立状態の終焉を意味する舞台を演じていた。

「会合は、聾唖者の技能発表で幕を開けた。彼は『アタリー』の手話朗読に従い、ジョアードが若いジョアスに追従者のしかける罠についての訓戒を与える美しい場面を、見事に筆記した。（…）生まれながらの盲人が、この聾唖者と文字を書くことで会話をした。この二人が一緒にいる姿は実に驚異的で、また実に感動的だった。この出会いが証明したのは、自然状態における人間の間の交信を妨げるものはもはや何もなく、自然から奪えない秘密はもはやないということである[40]。」

マシウの文書とヌフ・スール協会の会合の報告との間には、友愛によって結ばれた人間社会の似たようなイメージがある。このような社会では、障害も含めて、何一つ人間同士の交流を妨げるものは存在しないのである。[41] マシウの文書は、教育に、考えうる限りの困難を乗り越えて、市民の結束を成功させる鍵を見た、革命家たちの信条告白とでも言えるものであろう。また、マシウは、アベ・ド・レペが考案した手話が当時の知識人の関心を惹いていることを語っている。手話の厳密さと普遍的な体系は、この時期、言語改革を夢見ていた思想家たち全ての瞠目の的となっていた。[42]

とは言え、「盲人と聾唖者」を同じ敷地に集合させるという考えには、もっと実利的な理由があった。敷地の節約ということであった。同じ理由で、当時の執政者は訓盲院の経営のための資金を、国庫からではなく、キャンズ・ヴァンの収入から得ようとした。キャンズ・ヴァンが「その創立の時から、この種の障害者の慰撫を目的としており、また、毎年の収益の余剰分で新しい盲人の学校を経営するのに十分である」[43] という理由で。議会では、マシウの提案に続いて、政令の採択が行われた。採択された政令には、新しい盲学校に給付される金額が明記されている。「主任教官、副教官、補助教官、二人の作業場監督、二人の女子作業場監督官、四人の音楽教官（声楽および楽器演奏）、八人の盲目復習教師、全ての年俸合わせて一万三九〇〇リーヴル」、そして、「今年のみ、三〇人の生徒にそれぞれ三五〇リーヴルの奨学金を与える。この三〇人は、現在学校に在籍している生徒で、資産のない者でなければならない。奨学金の総額は一万五〇〇〇リーヴルである[44]」。

奨学金を受ける生徒数が、盲人の方が聾唖者よりも多いことが分かる。マシウはその理由として、プリウールが出した根拠のない聾唖者数「四千人くらい[45]」に比べて、盲人の方が「ずっと多い[46]」という説をあげている。実際のところは、政令が採択された時期に両学校にいた寄宿生の数によって、奨学金を給付する人数はすでに決められていたらしい。

こうして、「革命初期の合理的なユートピア思想を背景に(47)」、議会はアベ・ド・レペとヴァランタン・アユイが創設した二つの学校の国営化、および合併を承認した。この決定は本当に、「人類がその歴史の新たな一頁を開いた厳粛な瞬間のひとつ(48)」だったのだろうか。彼らのユートピアは、果たして厳しい現実を乗り越えられるのだろうか。

セレスタン修道院にやって来た聾唖者と盲人——一七九二年二月の規定

プリウールやマシウの政令案に明らかな限界があったとしても(49)、国家が初めて感覚障害者にも教育を受ける権利があると認めたことは、彼らの歴史において非常に大きな進歩であった。とは言え、一七九一年一〇月にすでに実施された二校の国営化および、敷地と経営部を同じくする合併は、二人の報告者が望んでいたような幸福な結果をもたらさなかった。マシウはすでに、報告書の第五条と六条で、「両校の校長」シカールとアユイの間の確執に触れている。マシウ報告書の第五条は、訓盲院に、「同校の校長および聾唖学院の院長による推薦を受けて、パリ市役所に選ばれた副主任、監督官、女性教師、復習教師がおかれる(50)［傍点筆者］」ことを定めていた。しかし、逆は真ではなく、聾唖学院の教員採用について訓盲院の校長の承諾は必要なかった。アユイは、シカールに比べて劣った立場にあったのである。

こうした最初の困難に続き、新たな問題があった。一七九一年七月二八日付政令第六条は「現在の聾唖学院の会計係が、訓盲院の会計も担当する」こと、そして「両校の出費は、パリ市の監督と監査のもと、同じ施設のものとして扱われる(51)」ことを定めた。一七九二年二月一六日にパリ市総裁の官僚たちによって承認された『先天性聾唖者と先天性盲人のための施設に関する規約』は、両校共通の会計士にとてつもなく大きな実権を与えるものであった。「支出会計にたずさわる」[52]のはもちろんであるが、彼にはその上、施設の調理師と建物管理人を個人の召使いとして監督下に置く権利があった。さらに、生徒と作業場長を厳しく監督する任もあずかっていた。

「会計士は、どの生徒も一瞬たりとも怠けることがないように見張らなければならない。生徒の怠慢を見つけたら、すぐに校長に報告しなければならない。また、他の生徒の手本とし、誇りとなるべき勤労生徒についても、報告しなければならない。[53]」

さらに、

「会計士は、全ての作業場を即座に監査する権利がある。生徒たちの作業を監視するばかりでなく、監査官の仕事も監督する権利がある。なぜなら、作業場の監査官と作業場長が報告書を提出するのは、会計士に対してだからである。彼らは、作業場で行われている仕事の種類と結果を毎日会計士に報告しなければならない。会計士は報告書を受理したら、両校の校長にそれを報告し、校長が政府に報告する。[54]」

ここでも、アユイは聾唖学院の院長に比べて低い立場に立たされている。聾唖学院の院長には、訓盲院の予算を監査したり、盲目の生徒の作業場を監視することが許されているのである。

この「ささいな誤解」は、アユイによれば、一七九二年二月の規約が実施されるずっと以前から両校の関係をこじらせていた。[55]この後、確執はさらに大きくなる。規約の翌月の三月にはすでに、合併された学校の雰囲気は、アユイとシカールという二人の校長の間の諍いによって、荒んだ様相を呈している。この時期の政治的な混乱が加わり、[56]学校の内部分裂は、思いもよらない展開によって次第に劇的な事態に変化した。ここで、この時のアユイとシカールの間の諍いを詳述する必要はない。ただ、この諍いのせいで、シカールが一時命を落としかけたということと、アユイと訓盲院の未来が暗雲に包まれたことだけを述べておこう。[57] 我々にとって問題となるのは、一七九二年二月一六日の規約である。この規約が聾唖学院と訓盲院にもたらした根本的な改革である。

まず、この規約が会計士に生徒の監視の権利すらも与えていることからして、議会とパリ市の両校編成の企図が、経済優先のものであったことが窺える。この経済優先の精神は、革命初期の改革者たちが唱えていた福利厚生の自由主義に通じる。[58]「貧民施設であり学校でもある」聾唖学院と訓盲院は、いずれ独立採算化して、国家に一切負担をかけなくなるべきであると考えられていた。少なくとも、国会での臨時委員会の報告者と規約の作成者たちの意図はそうであった。

この規約には「聾唖者と盲人の施設内で続行中の作業リスト」が添付されている。両校に共通する印刷所、糸縒り作業場、編み物作業場、に加えて、ろくろ作業場、木工作業場、錠前作業場、手袋作業場、織糸作業場、デッサン所、ペンキ作業場、庭仕事作業場、などがある。これらの作業は、特に聾唖者によって行われていた。盲人は主に、綱作り作業場、リボン製造作業場、糸縒り作業場、枡《ます》工房、詰め物作業場で働いていた。

しかし、プリウールが指示したように「休みなく生徒たちを働かせ」、「教師の手から監督者の手に渡す[59]」ためには、さらなる監視と統制が必要であった。革命後の立憲議会が作り出した聾唖者と盲人のための施設は、つまるところ厳しい寄宿制の学校だった。そこでは、生徒たちの日課と時間割が綿密に定められ、絶えざる監視のもとに置かれていた。

「校長のみが生徒に外出許可を与える権利がある。(…)外出許可は外泊許可には相当しない。[60]」

さらに、

「建物の管理人はいつも門を閉めておくこと。校長と会計士の文書による指示なくしては、生徒に門を開けることは決してしてはならない。夜一〇時以降は、いかなる理由があろうと、外部の者が施設内に入ることも、施設から誰かが外に出ることも禁じられている。(61)」

時間割については、「教師、指導官、会計士によって、(…)生徒の一日の時間が、勉強と作業にくまなくあてられるように作られている(62)」。

とは言え、それぞれ一時間のリクリエーションの時間が、一日の間に二度設けられている。最初の一時間は午後二時の昼食後であり、次の一時間は午後八時の夕食後である。一方、「祭日以外休みの日はない」。さらに、祭日さえも「ミサや聖書の授業など、信仰の修練にあてられる(63)」。少なくとも午後のお祈りの後には散歩の時間があったと言いたいが、その散歩がどんなものであったかは想像を絶する。一列に並んで、おしゃべりをせず、指導官と寮母の厳しい監視の目のもとに歩くのである。

こうして、セレスタン修道院に場所を移した障害者の学校は、強制的な教育プログラムを実施に移そうとしていた。生徒たちにはもはや自由時間は一分もなく、プライバシーは全て奪われた。これは、アベ・ド・レペとアユイが創立した学校には全くなかったことであった。生徒のプライバシーについて、規約は次のように定めている。

「男子生徒の復習教師および監督者、そして女子生徒の教師および生活指導者は、「生徒が聾唖者である場合」

一刻たりとも生徒の傍を離れてはならない。夜も昼も同じである。（…）盲人生徒については、監査官と作業場長、そして女性生徒の教師および生活指導者は、同じくひと時も彼らの傍を離れてはならない。[64]」

水も漏らさぬ監視体制を敷くためには、次の配慮ももちろん必要であった。

「夜間も、寮の全室の明かりをつけたままにしておくこと。復習教師および監督者には、男子生徒の寝室の両端にベッドが与えられる。女子生徒の教師および生活指導者は、同じく、女性生徒の寝室の両端で寝る。[65]」

こうした規則は、当時の教育施設や社会扶助施設（学校や貧民施設）に共通する、寄宿生の監視基準に則ったものであった。とは言え、男女の生徒が同じ場所に住んでいることで、セレスタンでの規則は特に厳しかった。特に盲人の生徒にとって、彼らからは見えない人々に常に見張られているという状況が、どれほど堪え難いものだったか、想像に難くない。この点については、一七九二年の規約は、特別な建物を造る必要もなく、完璧な一望監視方式《パノプティスム》を達成したと言える。

学ぶ喜びは別のものとなった。かつてアベ・ド・レペがシカールに推奨したゲームを使った教育法[66]や、一七八四年にアユイが字蹟学術審議会で発表した盲人を幸福にするための教育プランは、急速に教育と労働による規範適応のためのプログラムに変わった。あらゆる種類の「記号の障害者たち」は、こうした教育と労働の施設の中で、彼らがいずれは参加するはずとされていた社会から劃然と切り離され、監視の目を受けて生きることになった。そう考えれば、一七九二年の規約が、芸術科目の習得についてきわめて慎重な条件を設けていることは、非常に興味深い。規約は、聾唖者が「デッサンとエッチングを習うには、まず指導官から適性を認められた上でなければならない。また、女子生徒については、こうした科目によって裁縫の履修が免除されることはない(67)。」

盲目の生徒の学習についても、同じような条件がつけられている。

「盲目の生徒のうち、音楽の授業を受けることができる者は、指導官が適性を認めた者に限る。しかし、盲人にとって、音楽は決して生活の資を稼ぐ手段ではなく、個人的な慰撫にすぎないことを忘れてはならない。それゆえ、盲目生徒の教育において、音楽の占める場所は副次的なものである。盲目が許す限り行なえる作業を先に教えるべきである(68)。」

他方、ヴァランタン・アユイが最初の計画で示していた盲人の社会的流動性という展望に代わり、社会からの統制のプロセスが始まった。アユイは、盲目の生徒たちを「第二のサウンダーソン」にすることを夢見ていた。つまり、「盲人にも、晴眼者にすらも〔傍点筆者〕師と仰がれるような存在、あるいは、「高名なパラディ嬢に匹敵するような(69)」才能溢れた芸術家にしたいと願っていたのである。新しい社会統制のもと、労働者階級出身の盲目の生徒たちは、まず勤勉な労働者になることが求められた。つまり、法律と雇い主の定める規則に従い、かつ、自分で自分の生活の資を稼ぐことのできる人間となることが求められた。

「全ての生徒は、施設を離れる前に、家族や社会の世話にならずとも、自立した生活を営めるだけの職を身につけておくことが必要である。これは盲目の生徒も同じである。両校の根本的な任務は生徒を自立させることであり、そのことを教師たちは決して忘れてはならない(70)。〔傍点筆者〕」

ユートピアの破綻

革命初期の博愛家たちがどのような確信や目的を持っていたかはともかく、聾唖学院と訓盲院を合併させる彼らのもくろみは、失敗に終わった。別種の障害者の同居の成果は惨憺たるものであった。この合併は、一七九四年四月三日に、別の敷地を見つけた聾唖者が施設を出て行くことで終わった。新しい聾唖学院は、サン・ジャック通りの旧サン・マグロワール神学校に引っ越した。彼らが盲人と一緒に過ごした二年間は、変転と大変な財政難による問題に満ちた年だった。(71)しかし、ここではその詳細には立ち入るまい。まず、訓盲院がなぜ合併の初期から聾唖学院に比べて劣った立場に置かれていたのか、その理由を探ってみよう。この時期、訓盲院の運営は聾唖学院の校長に握られ、その活動は同学院の会計士によってつぶさに監視・監督されていたのである。

シカールの画策によってこうした規約の取り決めが行われたというのは、十分あり得る話である。ヴァランタン・アユイは、彼が盲人生徒とパリ市の間の「仲介者」と呼ぶ人物に宛てた一七九二年一月二八日の手紙で、規約の条項のいくつかが彼の知らない間に「修正」されている、とこぼしている。印刷にまわされる前に、規約のゲラ刷りに目を通したのはシカールであり、彼ではなかった。(72)一方、一七九一年に革命後の立憲議会公的扶助委員会が実施した訓盲院の視察が、非常に悪い条件のもとで行われたということがある。この視察の三カ月後に『聾唖者と盲人の施設についての規約』が採択された。こうした状況の裏に誰かの意図が働いていたと思えても無理はない。その前年の一七九〇年に、シカールが聾唖の女教師や生徒の一部を懐柔して、すでにアベ・ド・レペの後任として指名されていたアベ・ド・マッスを出し抜き、校長に就任した離れ業を考えれば。訓盲院の視察は、「校長のいないところで生徒に質問する」方法で行われた。それによって、「アユイ氏の学校の短所を際立たせ」、「その細かい部分にまで立ち入る」(73)

ことができたからである。

委員会の視察方法が、シカールによって吹き込まれたものであったにせよなかったにせよ、アユイに対して公的機関がある種の不信感を抱いていたことは確かである。この男は、果たして慈善家なのか、それともペテン師なのか、という疑問が権力者の側には常にあった。訓盲院の創立者は、いつも諸刃の剣にさらされていた。アユイの不安定な立場が、シカールにとって有利だったことは言うまでもない。この視察の一件でも、アユイとその生徒たちは、ピエール・ヴィレーが告発したような、歴史上常に見られる「盲目への偏見」の被害者となったのだろうか。

確かに、アユイとその生徒たちの実技披露に贋物の疑いをはさんだ観客は少なくなかった(74)。しかし、アベ・ド・レペの生徒たちの公開演技も似たようなものだっただろう。例えば、アベ・ド・レペは、一七八五年の一一月二五日と一二月一八日にシカールに宛てた二通の手紙で、すでに公開の質問の内容が生徒に伝えられていることを述べている(75)。しかし、政府は決して、聾唖学院に真偽の追及の目を向けなかったようである。ここから言えることは、もしシカールが、立憲議会によって合併された障害者の施設において、アユイに対する優越的な立場を確保すべく画策したとしても、彼のもくろみは彼一人の力では成功しなかっただろうということである。彼を助けたのは、盲目と無能力を同一視する、社会一般に残る根強い見解だったのだ。

こうした見解の根強さは、例えば、一七九二年八月一〇日の週に、「盲人の友」と称する二四人の市民から立法議会に宛てて送られた嘆願書を見ても分かる。この嘆願書は、「シカールに訓盲院職員を代表する権利を与える条文を取り消すこと」を要請するものであった。作成者によれば、「シカール氏はこれまでも、パリ市と意を合わせて、訓盲院の生徒受け入れに反対して来ました。彼は、盲人を純粋な機械と考えており、教育など必要ないと言っているのです(76)。」［傍点筆者］

このような「糾弾」を受けて間もなく、シカールはパリ兵器庫《アルスナル》所轄の革命委員会によって逮捕された。アユイは同所轄の秘書をしていた。もちろん、この逮捕の件自体十分慎重に検討されなければならないが、聾唖学院院長が盲人についてかくも問題ある発言をしていたという仮定は、かなり信憑性が高いと思われる。なぜなら、シカールは、この八年後、自分が一五年以来教えている先天性聾唖の生徒たちについても、似たような意見を述べているからである。

「先天性聾唖者とは、その個人の資質のみを鑑みた時、一体何者だろうか。姿形は人に似ているものの、教育によって人類の一員となり始める以前の彼は、何者でもない。社会にとっては完全に無用な存在であり、言わば生きた機械人形である。(…) その能力は身体の動きにのみ限られている。さらには、動物がこれ一つで生きて行けるといった自然に身に付いた本能すらも彼には欠けており、理性を覆い隠している不具の闇を切り開かれて初めて、その本能に目覚めるのである。(…)

つまり、これまで聾唖者は単なる歩く機械にすぎなかった。またその機械の組成も、動物のそれにはるかに劣る効率性しかないものであった。(…)

精神は体から遠く離れた事象を組み合わせて成っているので、そうした事象の存在すらも感知できない聾唖者に、精神活動があるとは言えない。(…)

自然状態におかれた聾唖者とはかくのごときものであると、私が長年聾唖者と生活し、彼らを観察した経験から、結論づけることができる。[77] [傍点筆者]」

二つの文献に共通する「機械」と言う言葉は、最初のものは盲人について使われ、次のものは聾唖者について使われている。同じ言葉であるが、意味が少々違う。後者の引用で、シカールが「機械」の語で喚起しているのは従来の機械装置や動物性というイメージであり、比喩の目的は、聾唖者の教育がいかに難しく、また必要であるか、そして、その困難な企図を成功させた人々の功績はいかばかりに大きいかを強調することにあった。反対に、最初の引用では、シカールは、盲人教育の不毛とその教育にたずさわる教師の格下げを主張するために機械の比喩を用いている。盲人についてのシカールの否定的見解は、パリ市の役人の一部に承認されたらしい。彼らも「生まれながらの盲人」の教育に疑いを抱いていたのである。

一八一一年にギャングネが「首寝違え司祭」(78)とからかったシカールは、その野心に見合った利益を同時代人の偏見から引き出すことに成功した。つまり、当時の通念を効率的に利用して、自分の権力と栄光を確立したのである。

こうした背景はどうあれ、一七九四年四月三日、「ジャック通り」に聾唖学院が移転したことによって、アユイは念願の報復を果たした。しかし、訓盲院の財政はますます困窮の度をきわめていた。ガリオによれば、「印刷所の節約のおかげで、数年間だけは、ますます厳しくなる盲人の生活を支えることができた(79)」。これは、キャンズ・ヴァンの古文書室に保存されている共和暦二年霜月《フリメール》二二日(一七九三年一二月一一日)付の会計資料が、証明しているところである(80)。

第8章

国立盲人労働者学校

セレスタン修道院の大部分は、すでに兵器移動事務局の敷地となっていた。盲人生徒たちは、まだ後数カ月この場所に残らなければならなかった。しかし、やっと彼らにも新しい住居が見つかった。「ドニ通り」三四番地、ロンバール通りと交差する場所にあった「カトリネット」修道院である。(1) アユイは、随分前から、最初に訓盲院があった場所のようにパリの中心の新居を探していた。彼は、町の中心に来れば、生徒たちの仕事にも顧客が見つかりやすいと思っていたのである。

訓盲院には「盲人労働者学校」という新しい呼び名が与えられたが、(2) これは新たな国家の計画を示している。この学校が「公教育省の監督下にとどめられるべきか」、あるいは「公的扶助委員会の帰属機関になるべきか」という問題が浮上した。この問いは、別の言い方をすればこうである。盲人労働者学校は「福祉施設として見なされるべきか、それとも公教育機関としてみなされるべきか(3)」。

盲人生徒の教育は、公的扶助の問題なのか、それとも公教育の問題なのか

つまるところ、施設の予算がどの委員会から出費されるかを、早々に決定しなければならなかったのである。公的扶助と公教育の間のジレンマは本質的に行政上の問題、かつ財政上の懸案である。しかしこの問題は、訓盲院創立者にとって、それ以上に大きな意味があった。ヴァランタン・アユイは、その頃すでに貧窮状態にあった学校を維持するため、あらゆる財政援助を申請していた。アユイにとって、訓盲院が福祉施設とならず、教育の場と見なされることは非常に大事な意味を持っていた。(4) 彼は、共和暦三年の雪月《ニヴォーズ》二五日（一七九五年一月一五日）、公的扶助委員会の役員に宛ててこう書いている。「シトワイヤン、あなたは委員会の名のもとに、我々の学校の監視権を手に入れようとしていますね」。

「それは驕った勘違いです。しかし、かわいそうな生徒たちへの優しいお気持ちだけは、嬉しく、ありがたいことに思えます。確かに、彼らが第一に必要とするものと公的扶助の理念の間にはつながりがあるでしょう。しかし、原則重視の憲法のことを考えると[5]、貴委員会の監視だけでは十分とは私には思えません。なぜなら、もし社会が不幸な者たちに扶助を与える義務があるとすれば、彼らには教育もまた必要だからです。私の学校は生徒たちの仕事で運営されていますが、彼らには、学力の進歩、芸術的な才能の開花、職業的技能の習得を同時に保証してくれる委員会が必要なのです。シトワイヤン、これから貴委員会の扶助内容を一つ一つ検討して行きたいと思います。当校へのご配慮として提案していただいた福祉措置を、つまびらかに解明したいと思います[6]。[傍点アユイ]」

このアユイの手紙を受けて、共和暦三年牧草月《プレリアル》二五日（一七九五年六月一四日）、アン県山岳党の代議士であり、公的扶助委員会の会員であったメルリーノは、国民公会に『パリに創立された盲人労働者の施設の最終編成についての政令案』と題された報告書を提出した。メルリーノはこの時、「財政委員会、公教育委員会、および公的扶助委員会の三つの委員会を代表して報告する」と述べている。アユイの思いは政府に届いたかのように見えたのだが……。

盲人労働者学校の編成に関する共和暦三年テルミドール一〇日（一七九五年七月二九日）付法律

この法律は、メルリーノの法案を直接下敷きにしている。しかし、盲人の学校がどの委員会（一つでも複数でも）の監督のもとに置かれるのかについては、何も述べていない。唯一、第五条のみに「公的扶助委員会が（…）盲人労働者学校に欠けている家具やリネン、そして生徒の様々な職業実習に必要な道具類を支給する」[7]という但し書きがある。

その他の条項には、一切の財政的な規定は書いていない。「共和国の費用で養われ、保護されるべき」生徒たちの奨学金や、学校職員の給料などについても、どこからその費用が出るのかは明確に書かれていない。ただ、訓盲院が国営となることだけは確かであった。この学校は、もはやキャンズ・ヴァンの収入に頼らなくてもよくなったのである。

政府にとっては、もはや、少人数の私立学校を一時的に庇護し、その財政を助けるだけの事業ではなくなった。その一〇年前にヴァランタン・アユイが博愛協会の庇護を受けて創立した訓盲院は、ここで初めて「国立学校」の名前を与えられ、フランス共和国全土の貧民階級出身の盲人に開かれた学校となったのである。共和国の事業としての使命を果たすため、訓盲院は、それまでの給費生の数三〇人を「八六人（各県から一人）[8]」に増やすことにした。

山岳党の失墜から一年が経っていた。国立盲人労働者学校の再編を決める法律は、共和暦二年に立法に基づく国家福祉事業の再来であるかのように見える。この事業の綱領は、貧窮にあえぐ国民への国家の義務、そして同時に、物乞い職業の徹底排斥という二点であった。確かに学校は「国立」になったかもしれない。しかし、アユイの生徒たちはあくまで「盲人労働者」であった。テルミドール一〇日法第三条には、一七九二年の規約と同じように、「盲人には五年の教育期間が与えられる。その期間内に、各々の生徒は、実社会で営むことのできる職業を身につけなければならない。〔傍点筆者〕」他方、このテルミドール法は、教育期間を終了した後、学校内にとどまって働くことを希望する生徒のケースについても、ある程度配慮している。このような生徒には、「学校が報酬を支給すること[10]」が定められていた。同法第八条に「盲人生徒はその能力が認め、その障害が許す職業に就くことが好ましい」とはっきり述べ、その理由で盲人の復習教師の数は、それまでの八人から四人に減らされている。

「声楽、あるいは楽器の四人指導教官はこれまで晴眼者の職であったが、今後、削除された復習教師の役職にあった盲人が勤めることになる。これら教師には、音楽の才能に加えて、その哀れな弟たちに手仕事を教えることのできる能力があった方が好ましい（…）。[11]」

つまり、学校の内外を問わず、盲人生徒は何らかの労働による社会参加の道を見つけなければならなかった。この点において、テルミドール一〇日法はそれまでの法律に比べて、はるかに責任ある約束をしている。第一〇条にはこう明記されている。

「国民公会は、五年の就学期間に特に優秀と認められた男女の生徒に対し、彼らの卒業時にはそれぞれ三〇〇リーヴルの自立援助金を供与する。[12]」

これからさらに明らかになることだが、貧しい盲人の教育と労働による社会参加を国家が支援するというプロセスは、ここで決定的なものとなった。革命後期の国庫は厳しい財政難に苦しんだが、それにも拘わらず、また、執政政府期から第一帝政期にかけて、政府が国家主導の福祉に反対の意向を示したにも拘わらず、一七八五年にヴァランタン・アユイが創設した盲人のための学校を国の庇護下に置くという原則は、これ以後、決して覆されることはなかった。ただ、その方法や細則が、時代の移り変わりと政府の転換によって変わっていっただけである。一方、「盲人労働者の学校は、果たして福祉施設なのか、それとも公教育機関なのか[13]」という問いは、解決を見ることなく、常に提示され続けた。

共和暦四年霧月《ブリュメール》三日（一七九五年一〇月二五日）、公教育制度再編に関する法案が、ドーヌーによって提出され、国民公会はその案を採択した。この案の中では、聾唖学院と盲人学校もまた、公教育機関に含まれている。

「第三。特別学校（…）

第二条。生まれつきの聾唖者と盲人のための学校も含まれるであろう。[14]」

大衆の公教育についてのタレーラン報告（一七九一年）から、ル・ペルチエの大衆の教育に関する政令案（一七九三年）までには、コンドルセの報告と政令案、およびラントナの政令案（一七九二年）があった。しかし、次々と異なる革命政府の議会に提出され、公教育あるいは国家教育の基本方針を定めたこれら重要な歴史的文献は、そのいずれも聾唖者と盲人の学校について一言も触れていない。[15]公教育の法制化において前人未到の領域に踏み込んだのは、テルミドール立法が最初であったようである。おそらく、公教育再編についての国民公会期、および革命期の最後の法律である共和暦四年ブリュメール法が、それまでの法律と違って、フランスの教育制度全てを見直す一般的な内容であったことがその理由だろう。[16]最終的に、少し前に内務省の管轄となっていた[17]聾唖学院と訓盲院の管理責任は、同省の公教育および学校部門に帰されることはなく、病院やその他の慈善団体と並んで、社会扶助部門に帰されることとなるだろう。

カトリネット修道院での日々——貧窮、そして権威の失墜

共和暦三年テルミドール一〇日法からは、一七九一年九月二八日の政令とは反対に、一切施設内規というものが生

まれなかった。法律は寛大な処置を提示していたが、だからと言って学校の赤字が解決される訳ではなかった。盲人労働者学校は、これ以後、共和暦三年の経済危機の余波を受けた物価の高騰のために、大変苦しい目に立たされることになる。パリの救貧施設の監視人たちから、共和暦三年果実月《フリュクティドール》六日（一七九五年八月二四日）に、公的扶助委員会に提出された報告書も、この時期の盲人学校の財政危機について強く訴えている。この報告書の目的は、国庫に「盲人労働者学校の一九人の生徒の給費を補填するため、四〇三リーヴル一五ソルの支払いを」求めることだった。

「国民公会は（…）公的扶助委員会に盲人労働者の施設への必需品給付等を任せることに決定した。委員会は、早急に、同施設が陥っている貧窮状態を解決しなければならない[18]。［傍点筆者］」

ついでに言えば、同校は、創立時の政令で定められていた給費生三〇人という数には、全然達していなかった。さらに言えば、革命末期の財政難のせいで、総裁政府もまた、テルミドール一〇日法が定めていた「七歳から十六歳までの盲人生徒の中から選ばれた八六名の給費生」に給費を与えることはできなかった。一方、学校の費用は相変わらず国庫から支給されており、共和暦五年の総裁政府の立法基本法以後もそれは変わらなかった[19]。ともあれ、革命末期の財政難は軽減するどころか、総裁政府末期に至るまで、ますますひどくなっていった。アユイはこの頃、政府に向かって何度も「当校は貧窮に面しております[20]」という内容の手紙を送って、救援を求めている。

当時の社会情勢の混乱が学校の経営に響いていたと言うよりも、盲人学校自体が、革命期の様々な社会の変動を如実に映し出す鏡のようなものだった。一七九五年の春にパリで起こった民衆蜂起に続いて、ジャコバン派の弾圧が始まった時には、アユイもまた、かつて革命委員会兵器庫部署の監査官であった過去が問われて、テロリストとして告発される目にあった。アユイはこの後、共和暦三年牧草月《プレリアル》五日（一七九五年五月二四日）付の法令によって七つの罪状で検挙され、監禁されることになる。七つのうちで最も重大とされた罪は、一七九二年八月二六日のシカールの逮捕を招き、そのために九月の虐殺の間の獄留を余儀なくさせた張本人であるということだった。この嫌疑はシカールその人から通報された。アユイは、幾人かの生徒たちの嘆願のおかげで解放されるが、共和暦三年収穫月《メシドール》二日（一七九五年六月二〇日）にはまた逮捕された。同月一一日（六月二九日）に再び釈放されるが、訓盲院に蟄居を命じられた。結局アユイにかけられた嫌疑が解かれるのは、共和暦三年果実月《フリュクティドール》一九日（一七九五年九月五日）付で、公衆治安委員会の法令が施行された時だった[21]。その後は、アユイは何にも邪魔されず、訓盲院の運営に没頭することができるはずだった。その上、その年のテルミドール一〇日法に定められた新しい優遇策が次々と適用されるはずであった。

　しかし、それほど事は簡単でなかった。アユイ自身がある手紙の中で述べている表現をそのまま用いれば、「最近の動乱のせいで」、「生徒同士、教師同士、また学級を超えて、彼ら同士の間の協調性が、乱されてしま[22]」っていた。というのも、生徒の一部が「校内に蔓延している悪習を公表して、貧民救済委員会に非常に有用な問題解明の糸口を与える[23]」ことを目的に、政府に上申したからである。同種のことはすでに、一七九一年一一月、一七九二年九月、そして共和暦三年果実月《フリュクティドール》九日（一七九五年八月二七日）に起こっていた。最後の日付については、その頃まだアユイは共和国警察の嫌疑から逃れていなかった。この日の二日後、果実月《フリュクティドール》一一日（八月二九日）には、「盲人労働者学校の復習文法教師アヴィッス氏」が、同じく学校の運営についての批判の言葉を報告している。

　長くなるがアヴィッスの手紙を以下に引用しよう。間接的にではあるが、こうした混乱の裏にあったシカールの権謀術策について、動かぬ証拠を与えてくれるだろう。シカールは、アユイが政治的理由で訴追される状況を作った張本人であった。その上、一部の生徒や協力者を煽動して、再びアユイが糾弾されるようにしむけた。ジャン・ドニ・アヴィッスの内部告発の手紙がそのことを証言している。アヴィッスは、一七八八年に訓盲院に入学し、一七九一年政令発行の直後に文法と論理学の復習教師として学校に雇われた人物である。

「この数年にわたって注意深く検討して来たことですが、盲人労働者学校の現状は理性的な観察者の目に明らかな問題を抱えています。全て創立者の似非《えせ》教育法のせいです。確かにアユイの企図は魅力的です。これまで全ての試みが失敗に終わった盲人教育に新たな手段を与えようというのですから。彼はこの目的で、男女両性の盲人たちを学校の敷地に閉じこめました。しかし、その手段が無意味なものであることは、これまでの経験が如実に証明しています。公開実技では数々の盲人生徒の奇跡的な発達ぶりが披露されて来ましたが、こうした生徒たちはすでに大人だったのです。彼らの成果は、ただの目を惹く力技にすぎません。暇な観客の好奇心を満足させる見せ物にすぎません。決して教養ある人々の賞賛に値するものではありません。こうした確信から、私は皆さんに、以下のことを正直に通報しなければならないと感じ、急いで筆をとったものです。シトワイヤン諸君、私は現在、同学校で復習教師の職に就いていますが、これは国家にとっての無駄遣いです。生徒の年齢は高くなりすぎて、もはや学習態度など持っていません。そのために、復習教師の授業は、現在、完全に無意味なのです。私は、自分自身の利得に反してまでも真実を伝えるべきであるという教養人のあり方を尊重して、この手紙をしたためています。シトワイヤン諸君が同感してくださることを望みます。とは言え、私が学校の創立者に対して恩知らずなことをしているとは思わないでください。この手紙が、どれほど彼の栄光に損瑕を加えていると言っても。人間の心を知る人ならば、恩知らずになることが、何の恩義も受けていない相手に対して感謝の気持ちを抱くのと同じくらい、あり得ない話だと理解してくれるはずです。

私は、外国で中等教育を受けていた折に視力を失いました[24]。その後二年間、私の能力を評価してくださったシトワイヤン・シカールのもとに通い、訓盲院への通学と平行して文法の学問を修めることができました。シカール氏は、教えることが非常に困難な文法を、見事な方法でもって私に伝授してくれました。もし、シトワイヤン・ジェルサンから沈黙を命じられていなければ、私はもっと早い時期に盲学校の現状を報告したことでしょう。ジェルサンは、盲学校にはびこる無数の悪習を知る幾人かの代議士の方の言葉を信じて、盲学校の存続を保証する近年の政令は、シトワイヤン・アユイの教育法を厳密に吟味した上で、施行の決定がくだされるものだと考えていたのです。

しかし、そうした吟味なしに政令が施行され、成人した生徒たちで溢れた盲学校が存続することとなった現在、私は自分の職の抹消を乞わなければならないと感じたのです。この件について、皆さんの決定がくだされることを待ち望んでおります。少なくとも、盲学校が再編成され、叡智に富んだ教育プログラムが制定され、見識ある教師が雇用され、そして、何よりも、私の職に意義を与え、国家の庇護に適うだけの将来を持った若い生徒がこの学校に現れるとすれば、現在の職を続けてもよいと考えております。そうでなければ、続けることはできません。(25)［傍点筆者］」

非常に激しい手紙である。密告文書そのものと言える。こうした手紙が訓盲院内部から出されたということは、セレスタン修道院時代から続いていたアユイとシカールの対立が、アユイの側にも分裂を生んでいたことの証拠である。同時に、ジャン・ドニ・アヴィッスの手紙は、訓盲院がその頃直面していた別の種類の危機を明らかにしている。これは、手紙が書かれる二日前に、訓盲院の八人の生徒が「パリ公的扶助委員会会員のシトワイヤン・デルニオ」に提出した嘆願書も同じである。

確かに、共和国政府からの訓盲院への財政援助はここ何年も途絶えており、そのために学校も、新入生募集をやめていた。もちろん、このことはアユイの経営や教育の方針のせいではなかった。こうした状況の中で、学校は次第に、学校というよりも貧民労働者が集う福祉施設に似始めたのだった。生徒たちは就職先がないために、成人になっても学校にとどまらざるを得ず、自分たちの手作業で学校のわずかな収入を支えるのが精一杯だった。その中にはキャンズ・ヴァン病院への移転を願う者もいた。ジャン・ドニ・アヴィッス自身、一七九一年一〇月にキャンズ・ヴァンへの入居希望を提出しているが、断られている。一方、生徒たち（アヴィッスの表現を借りれば「成人生徒」）は、相変わらず公開実技でその進歩ぶりを披露することを義務づけられていた。実技は二週間に一度あったが、それが一〇日に一度になった。山岳党が支配した国民公会の時期を通して、盲学校の生徒たちは共和国の祭典や革命記念式典への積極的な参加を求められたが、そうした実技もまた、次第に最初の意義から遠ざかりつつも、続けられたのだった。実技を行なう生徒たちの中には、派手な広告とは対照的に取るに足らない教育の成果について、失望を隠せない者もいた。一〇年前の一七八五年、熱狂的な国家の支持を受けて軌道に乗ったアユイの盲人教育計画は、結局盲人たちの将来に目覚ましい改良を生むことはなかった。訓盲院の初期から一〇年にわたってアユイに従って来た生徒たちが、ここへ来て、約束を果たさなかった指導者の有名無実の宣伝の道具になっていることに飽き飽きしたとしても不思議ではない。共和暦三年の牧草月《プレリアル》から果実月《フリュクティドール》にかけて、アユイを誹謗する一連の集団行動に加わった生徒たちは、おそらくこのような感情に動かされていたのではないか。

　もちろん、アユイの方もこうした告発を甘んじて受けた訳ではない。彼は、生徒たちが学校で学んだ手仕事は、無意味であるどころか、「（当校に）収入をもたらし、ひいては国家の負担を軽くするものである」[26]ことを強調して、応戦した。アユイの弁によれば、訓盲院創立の目的とその国営化の意義（盲人を「彼ら自身にとっても、また社会にとっても、有用な人間にすること」）は、決して放棄されてはいない。不幸なことに、アユイの経営と教育法を批判する生徒たちの嘆願書は反アユイ派の言い分に根拠を与え、それが、もともと盲人の教育に懐疑的であった人々や、盲人援助の唯一の方法は生活保護であるという通念に縛られた人々に、まことしやかな理屈を述べる機会を与えることとなった。しかし、それは無理もないことだっただろう。教育を受けた盲人たち自身が「人間の能力は非常に限られており、そのうちの視力を失えば、自ら生活の資を稼いで、自立した生活を営むことはもはや不可能である」[27]などとはっきりと宣言した時、政府高官や行政の責任者は、それに反対してまで、盲人の知的能力の開発や職業養成の可能性を信じ続けることができただろうか。

それでも、盲人の教育は続く

アユイの教育法を批判する様々な署名を集めた生徒たちも、盲人労働者学校の危機的状況の初期においては、まだ校内にとどまっていた。カトリネット修道院での日々は、アユイ校長のもとで、いつものように続いていた。

この頃から、フランソワ・ルシュアール（今では学校の会計士となっている）と、四人の復習教師・女教師、四人の作業場監督のうちの三人、そして七人の成人した「生徒」が学校内で結婚し始めた。何年か後、彼らは学校内に住んだまま、大きな一つの家族を構成するに至る。アユイは校内に家庭が生まれたことを非常に誇りに思っていたが、一部の常識的な人々からは不道徳だと思われた。アユイはこの後、盲人同士の結婚を許したことで非難の表にたたされることになる。

一方、政府はテルミドール一〇日法を適用して、新しい給費生を選抜し始めた。共和暦四年には七人の生徒が選ばれた。続いて、五年には一〇人、六年には一三人、七年には一一人、八年には三人、九年には二人が選ばれた。総数四六名の新しい生徒のうち、一七名は入学時に十歳以下の児童であった。十五歳以上の生徒は六名しかおらず、残りは皆十歳から十五歳までだった。政府の選別は、テルミドール一〇日法の精神に則って、学校に初等教育の場所という性格を取り戻させるものだった。そこには、教育課程を終え、成人した盲人たちを雇うことのできる作業場が付属していた。ガリオの『訓盲院小史』はこう言っている。「卒業生が新入生に、自分の受けた訓練を伝え、後者がある程度鍛えられたら、アユイ氏は公開実技をさせるのだった[28]」。

似非《えせ》だという中傷を受けたアユイの教育法と公開実技であったが、実技は相変わらず、盲人労働学校の授業の中心的指標の一つだった。むしろかえって以前よりも重要になった。というのも、この頃は学校があらゆる方向から疑いの目を向けられていた時だったし、物質的窮乏も全く改善の兆しを見せていなかったから、教育の成果を大衆と政府の役員の前で証明する必要が、常にもましてあったのである。こうして、共和暦四年雨月《プリュヴィオーズ》一六日（一七九六年二月四日）には、当時の内務省大臣であったピエール・ベネゼックが出席していたジュルダン将軍の軍功を讃える祝賀会で、再び盲人労働者学校の生徒たちの実技披露があった。ジャン・ドニ・アヴィッスが、『内務省大臣シトワイヤン・ベネゼックへ宛てた、賃金の通過払いを嘆願する書状[29]』と題された嘆願書を提出したのは、この祝賀会のしばらく後のことであった。ユーモアたっぷりに書かれたこの書状は、経済破綻とアッシニアの下落で起こった激しいインフレーションのせいで、学校が窮乏状態に陥っていることを訴えている。アヴィッスはジュルダン祝賀晩餐会について軽妙な筆で感想を述べた後、内務大臣に頼みたいことがあると切り出している。学校の生徒と復習教師に毎月の給費および給与を与えるか、または、毎日彼らを夕食に呼んでくれるか、どちらかを叶えて欲しい、という願いである[30]。

一方、アユイも内務大臣に手紙を出していた。共和暦四年熱月《テルミドール》七日付（一七九六年七月一四日）の事務的な書簡である。アユイはこの手紙で、生徒たちの仕事は「彼らの生活を支えるにはいたっておらず、かろうじて食糧の不足を埋め合わせるにとどまっている[31]［傍点アユイ］」ことを述べた。学校を貧窮から救うため、アユイは大臣に共和暦三年テルミドール一〇日法の第四条を適用するように頼んでいる。この第四条は、盲学校の生徒たちの学業と生活は共和国政府の負担となることを定めていた。その一〇カ月後の共和暦五年牧草月《プレリアル》には、雪月《ニヴォーズ》四半期の給費はまだ国庫から支給されておらず、学校は相変わらず貧窮にあえいでいた。アユイはまた大臣に手紙を書き、必要なパンと肉が毎日補充されるように、「政府の責任のもとに」[32]学校にパン職人と精肉職人を配置することを頼んだ。政府の責任のもとに、とは、もちろん、内務省の費用で、という意味である。もし、この措置が取られなければ、新入生の受け入れをやめる、とアユイは警告している。

この年の冬は、特にパン屋の店先に毎日人が集まった冬であったと警察は報告している。同じ頃、ジャン・ドニ・アヴィッスは「フランス共和国総裁の一人、シトワイヤン・フランソワ・ド・ヌーシャトー」に宛てて、暖をとるための薪の補充を頼んでいる。[33]こうした手紙や嘆願書は、中には機転の利いた表現を含むものがあるとは言え、全体的に同じことを繰り返しており、並べてみるとひとしなみに単調な印象を与える。単調さは、長く続く貧窮が全く改善されず、解決さえもおぼつかなかったことから来るものであろう。また、この時期については、その後見つかるような生徒一人一人の健康診断の目録は見つかっていない。おそらく、生徒と復習教師のための健康診断を定期的に行なうような組織力はまだなかったのだろう。ともあれ、一人でも校医がいたような形跡は見当たらない。医学的文献はなくとも、この時期の学校の赤貧状態を記した手紙などの文書を読めば、この時期、長く続く窮乏のために生徒や復習教師たちの健康がどれほどひどい状態であったか、推し量ることができる。ジャン・ドニ・アヴィッスの悲しい運命もまた、そのことを示している。彼は、ここに述べた一連の事件の直後、病に倒れて亡くなった。

盲人労働者学校にはもはや何一つ物質的な備えはなかったが、それでも教育と盲人たちの作業場での仕事は続いた。ガリオがその『小史』で語るように、一七九七年には「アユイ氏はそれまで用いていた印刷用活字をやめ、授業と印刷の両方に使えるものに代えた」[34]。また、同じガリオによれば、この時期も新入生の募集は着実に続いており、小さなオーケストラまでも編成されていた。ちなみに、このオーケストラの件で、その他の様々な校内活動と同じように、アユイに非難が寄せられることになる。[35]さて、この頃アユイは新しい教育法を考え出した。学校演劇である。これは、旧体制期《アンシャン・レジーム》のキリスト教教団学校での伝統に則った教育形態でありながら、[36]舞台表現の教育的効果を打ち出した革命期の教育論も踏まえたものであった。[37]

教育のための小芝居、あるいは「慈善芝居シアター」

アユイは、学校の小学部を訪問した晴眼児童の親たちから演劇のアイデアを得たと言っている。小学部は、昔の生徒で、今は教師となって雇われている盲人によって運営されていた。ここを訪れた親たちは、そのほとんどが近隣の商売人だったが、盲学校を見学して、自分たちの子供の小学校と比較したらしい。そして一般児童の学校では「教育の進歩と愛国心の育成に役立つ小劇を子供に演じさせている[38]」ことを伝えたと言われる。

アユイは演劇による教育のアイデアを軌道に乗せるため、学校の理事たちに「ヴェルサイユの部屋を細かく模した芝居のセットを作るための装飾道具一式[39]」を盲学校に支給してくれるように願い出た。盲学校における最初の芝居の舞台は、晴眼者児童が役者となり、その親たちが雇った盲人生徒が「フルオーケストラと合唱団[40]」で音楽を奏でる、というものであった。しかし、次第に盲人生徒も演ずるようになっていった。

共和暦四年熱月《テルミドール》二七日（一七九六年）、国立盲人労働者学校で、生徒たちのためにファーブル・ドリヴェが書き下ろした戯曲、『ヒンドスタンの賢者[41]』初上演が行われた。おそらく理事たちもプレミアに招待されていたと思われる。[42]一幕もので、合唱およびオーケストラと交互に演じられる韻文形式の哲学的な戯曲である。作者は、ヴァランタン・アユイに捧げた献辞の中で、盲人生徒の演劇を思いついたのはアユイだと言っている。

「私はアユイ氏の希望に従って、盲人が不都合なく演じられる劇を作った。よって、盲人にとって簡単と思われるエピソード的なシーンを選んだ。[43]」

旧体制下の学校の例に倣い、アユイによって依頼され、ファーブル・ドリヴェによって書き下ろされた戯曲には、演じる生徒とそれを観る観客の教化という二つの教育的目的があった。

ドリヴェの戯曲は短いにも拘わらず、一一回も「美徳」や「徳高い」といった言葉が出て来る。登場人物は三人で、まずヒンドスタンの秘境に隠遁している「賢者」がおり、そこにやって来る「老人」、そして老人が連れている「盲目の子供」がいる。子供は老人の息子である。老人は、子供の目を治す方法を探しに隠者のところへやって来たのである。しかし、賢者はすぐにこう言って老人を諭す。盲目に生まれた子供を晴眼者にするような「自然の法則を矯める」ことは、彼の力を超えている、と。[44] しかし、その代わりに、子供を無知蒙昧で怠惰な状態から引き離し、叡智と美徳の「人生を開く」ことはできると。その証拠として、四人の高名な過去の偉人たちの姿が現れる。「勇敢なベリゼール」、「大胆なミルトン」、「学識の誉れ高いサウンダーソン」、そして「崇高なホメロス」である。[45]

四場面にこの四人の偉人たちの魂が入れ替わりたちかわり現れ、彼らの経験を観客に語って聞かせる。皇帝に盲《めしい》にされたベリゼールは、不幸に遭ったことで初めて、真実の価値や平和や美徳を「宮廷の華美な生活」や「戦闘のとどろき」[46]よりも好むことを覚えた、と言う。ミルトンは盲目の中に詩のインスピレーションを見つけたと言い、[47] 幼少期に失明したサウンダーソンはその「計り知れない障碍」を克服したと証言する。最後に「いかめしく崇高なホメロス」が登場し、盲目の詩人を「恐るべき飢えの中に」[48]取り残したに違いないギリシャと対照させて、啓蒙された人民の徳について語る。

「啓蒙され、賢明で、勇敢で、かつ人道を知る人民は、
芸術をこよなく愛し、

正しい法律をもって
不幸な者に栄誉を与えるのだ(49)」

「聾唖者を無から救い出した(50)」賢者への賛辞の後に、劇のクライマックスがやってくる。盲人のために大きな事業を成し遂げた人物の登場である。

「彼は盲人たちの理性を照らし出すだろう、彼らの手に知識を与えるだろう、
慈善の光によって、目に代わって世界を見ることができるようになった手に(51)」

戯曲の最後のシーンは、老人と子供の目の前で繰り広げられる「魔法の絵」である。その「絵」の中では、紗の幕の向こうで舞台奥に盲人労働者が集まって、楽器と声の旋律に合わせながら日常の作業をこなしている。

「私を動かす情熱は、まずお前たちの目に
崇高な、意味深い絵を描き出す。
美徳の合唱が妙なる和音を響かせている絵だ。
今この時に、パリで起こっていることかもしれない。
この幸せな夫婦は、新たなやり方で
大事な子供たちの若い命を教育し
天賦の才と叡智を開花させている。

その間に、光を奪われた人々が
昔ヨーロッパで発明された古い技法を習得し
自由自在な文字を印刷している。
その周りでは、彼らの仕事を活気づけるため
趣味と仕事が幸運にも一致した楽団が
華々しい音楽を演奏している。
声を合わせながら、調子を変えながら」

ヒンドスタンの賢者が語り終わると、盲人合唱団のコーラスがそれに応える。

「おお、心優しき人々よ
私たちの仕事を見に来てください。
苦しい運命に逆らって
教育が我々に与えてくれた成果を[52]」

盲目の子供は、こうして垣間見た盲学校の「素晴らしく美しい」光景に感動し、父親にこの「素敵な場所」に連れて行ってくれとせがむ。彼は、パリの学生合唱団の見事なコーラスに、自分の声も加わることを夢見ているのだ。

ファーブル・ドリヴェはこの戯曲のために、台本だけでなく、音楽も書き下ろした。この「哲学劇」がどの程度の成功を収めたのかは分からない。ファーブルについての研究書を書いたレオン・セリエは、いささか曖昧ではあるが、

この劇は「非常な成功」をおさめて、「何度も上演された[53]」と言っている。この劇の成功が大きかったか小さかったかはともかく、『ヒンドスタンの賢者』のプレミア上演を皮切りとして始まった「教育のための小芝居」への盲人労働者の登場は、共和暦二年の平等と博愛を祝う祭典への彼らの参加と同じように、大衆教化を目的とした手段であった。アユイはここでもまた、生徒たちを通して、「法と芸に通じ」、その仕事と「調和のとれた声」によって、新しい市民社会の建設に役立つような盲人市民のイメージを与えようとしている[54]。アユイは公式文書の最後に、サインとともに「国家認定盲人主任指導官」という自作の称号を書き入れたが、彼が持っていた指導者のアイデンティティーは革命期の教育者のイメージと大きく重なる。革命期の教育者とは、国家教育にたずさわるものであると同時に、大衆を教化する役割も負っていた[55]。

しかし、訓盲院の一階に小劇場が生まれた経緯には、別の目的もあった。学校を貧窮から救うという。同年熱月《テルミドール》七日（七月二四日）、つまり、『ヒンドスタンの賢者』プレミアの数日前に、アユイが内務大臣に送った手紙の言葉を思い出そう。

「当節の社会情勢によって、我々の資財は不足しており、生徒たちの仕事は彼らの生活を支えるにはいたっておらず、かろうじて食糧の不足を埋め合わせるにとどまっている[56]。［傍点アユイ］」

この窮乏を理由に、ヴァランタン・アユイは「慈善芝居シアター」と名付けられた校内の劇場を、バレ氏という興行師に貸すことになる。バレはそこで、喜劇を中心に数作の戯曲を上演した。教育のための演劇というよりも、完全にビジネスとして。

慈善芝居シアターのためにいくつかの喜劇も書かれた。そのうちの一本の作者はジャン・ドニ・デヴィッスの書いた『盲人の策略』である。これは、幻想の出来事に、盲人の経験や主観の写実的記述を取り入れた戯曲である。『盲人の策略』のプログラムにはこうある。「一幕もののアリエット形式を含む韻文芝居。(…) 共和暦五年雪月《ニヴォーズ》二日(一七九六年一二月二二日)、ドニ通り三四番地、ロンバール通りと交差する場所にある慈善芝居シアターで初上演」。

この戯曲のお話の舞台は盲人労働者学校であり、主人公はそこの若い盲人教師ペランである。ペランはリーズに適わぬ恋をしている。リーズの妹コレットは盲人で、学校の生徒の一人である。学校が舞台だけに、読み書きの授業を中心として物語は進む。ペランが、盲目の少女たちに読み書きを教えている。少女の生徒たちも舞台に現れる。しかし何より、この戯曲は、登場人物たちの口を通して盲人が持つ、当たり前の恋愛や結婚に対する憧れを表現したものである。盲人たちは、ペランがそうするように、[57]策略を使ってでも結婚の欲求を満たそうとするのである。例えば、コレットは「私は目が見えないのよ」と言った後、こう続ける。

「でも、誰かが私を妻に欲しいと言ったら、喜んで一緒になるわ。
皆、私は可愛い娘だって言ってくれるし、
独身のままなんてつまらない。
奥さんになれたら、子供も持てる。
子供と遊べば退屈しない。
子供のいる人はママって呼ばれて、大事にされて、愛される。
私だって、子供がいればそうなるわ。[58]」

こうしたことが、実際にアユイの学校では起こっていた。アユイは盲人の結婚を奨励し、そのために前述したような非難を社会から受けた。一九世紀と二〇世紀の「良識ある」教育者たちから、『盲人の策略』が不道徳と受け取られたとしても、驚くにはあたらない。特に、いくつかの軽佻浮薄な場面があるだけに、非難は十分予測できた。例えば、ペランの友人でもう一人の教師であるネルソンが登場するくだりなど。

「見えないなら、触ってみなきゃ。
生意気娘がどんな顔なのか。
いたずら娘はみっともないのか、可愛いのか。
気に入った顔をしていたら、もう一度触れてみる。
若い、きれいな顔に、飽きるはずなんてないじゃないか。[59]」

ネルソンの台詞は、中世笑劇によく現れた好色な盲人の姿を思い出させる。ここではさらに、一八世紀の感覚主義哲学が打ち出した五感の代替による知覚という理論のパロディーが見られる。コレットとリーズの召使いであるジュスティーヌがこう問いかけるところなどである。

「きれいって、何があなたにとってきれいなの？」

ネルソンの返答は、あたかもディドロからそのまま引いて来たようである。この台詞の間、おそらく、ネルソン役の役者は言葉に合わせた仕草をしていたことだろう。

「ジュスティーヌさん、それはね、
若く、きめの細かい肌のビロードの手触り、
指で触って楽しい、なでやかな目鼻立ち、
こちらの手を押し返す弾力のある肌、
軽やかで優美な平らな額、
弓形の豊かな眉毛に切れ長の瞼、
可愛い口と、愛が宿っているような
微笑みを刻んだ二つのほっぺた。(60)」

ディドロが観察したピュイゾーの盲人がこう言っていたことを思い出そう。「滑らかな体の曲線は、音声にも増して陰影に富んでいる。盲人が自分の妻を別の女と間違えることはあり得ない。もちろん、それで得をするのなら別だが(61)」。エリザベート・ド・フォントネーによれば、「昔の哲学講義の生徒たちは、感覚主義と官能性を混同しているように見えても、教師が思っている以上にこの二つの関連性を知っていた(62)」。

ヴァランタン・アユイの検閲者たちは、この後追跡の目的を達することになる。アユイが見せた、盲人の恋愛や結婚への願いを叶えようとする許し難い態度に関しても、監視の目は揺るがなかったことだろう。しかし、今の段階においては、『盲人の策略』は大きな成功だった。『サン・ドニ通りの歴史』の作者であるドクター・ヴィモンによれば、共和暦五年雨月《プリュヴィオーズ》一三日（一七九七年二月一日）から芽月《ジェルミナール》七日（一七九七年三月二七日）までの間に、盲学校内で行われた八回の芝居公演のうち、ジャン・ドニ・アヴィッスのこの喜劇は六度までプログラムに載っている。同じ期間に上演された他の戯曲は、盲人や盲目というテーマとは関係がないものばかりである。ヴィモンの本によれば、

それら戯曲は『お婿さんの学校』〔モリエール、一六六一年〕、『主人と張り合うクリスパン』〔ル・サージュ、一七〇七年〕、『ナニーヌ、あるいは征服された偏見』〔ヴォルテール、一七四九年〕、『フィロクテーテース』〔ソフォクレス〕、『役者気取りの婚約者』〔ドルヴィニー、一七八四年〕、『作家と下男を兼ねた恋人』〔セルー、一七六二年〕、『不機嫌な恋人』〔モンヴェル、一七九七年〕、『粗忽な男』〔モリエール、一六五三年〕、『田舎の祭り』、『ジェローム・ポワンタ』、『ピグマリオン』〔ルソー、一七六二年〕であった。(63) 一七八〇年代以降、本物や偽の盲人を主人公にした戯曲はますます増える傾向にあった。(64)

盲学校の生徒や教師が、こうした様々な舞台にも登場していたかどうかは定かではないが、彼らが慈善芝居シアターに常に参加していたことは確かである。というのも、生徒が登場する芝居である『盲人の策略』は、常に他の戯曲と混じってマチネーのプログラムに含まれていたからである。

同時に、シアターが設置されていたホールは「盲人たちの作品展示場」としても利用されていた。つまり、「公開実技」の場所がここに移っていたのである。公開実技は、今ではアヴィッスの短い「前座芝居」から始まっていた。ブラーズの「盲人労働者の作業場」と題された音楽を、生徒と教師が演奏しながら、その芝居の伴奏をした。

この道化芝居の登場人物たる「歌い手」は、「読み書き教師ガラン、音楽女教師ガリオ、(65) 読み書きの授業の生徒コラン、音楽の生徒ルジャンドル、算数女教師ベルブラ、算数の生徒コラン、印刷士ガラン、地理の女教師ベルブラ、地理の生徒トリアノン」(66)であった。学校オーケストラが彼らの歌を伴奏した。オーケストラ構成員についても、プログラムはこう明示している。「フルートのソロを受け持つのは、ガリオ先生の生徒であり、不幸な兄弟の一人、盲人プレヴォである」(67)。ちなみにこのプレヴォについては、訓盲院出身の音楽家たちについてジョゼフ・ガデが一八四七年に書いた記事にこうある。「その後、彼は学校が生み出した最高のフルート奏者となった」。「当時有名だった演奏家と並べての引けはとらなかった」(68)。

歌や楽器演奏をしない盲人生徒たちは、その間「様々な手仕事を披露」(69)していた。前座芝居の途中で、女性の音楽教師が「フランスの各地から教育を受けるために送られ、当学校で養成された初の盲人教師に指導されている盲目の子供たちにも歌うことのできる簡単な合唱曲[70]」を指揮した。この合唱曲の歌詞は次の通りである。

「幼い友よ、涙を拭こう。
運命に身を任せて呆然と生きる日々は終わった。
慰めてくれる仕事が見つかった。
目が見えなくても、仕事が導いてくれる。[71]」

芝居は、盲人が「毎年新たな奇跡を生み出す[72]」祖国に捧げる忠誠の言葉で終わっている。
奇跡と言えば、盲学校が打ち続く貧困と飢餓に耐えながら、この時代にもまだ授業を続けていたこと自体が奇跡的である。アヴィッスの書いた前座芝居のプログラムには「印刷士」の名前が出て来るが、このことは盲人労働者の作業場の現実を垣間見させる。

「印刷機がうなるほど、
お金も精算機に入ってくる。[73]」

生徒の実技公演の後はいつも、学校で刷られたパンフレットや生徒たちが集めた小さなオブジェを売るためのバザーがあった。ある程度の収入がそこから得られたものと思われる。とは言え、こんなバザーの収入などで、学校の経営難が乗り切れたはずがない。一方、芝居興行に期待を寄せたヴァランタン・アユイは、生徒や教師たちを動員して恒常的なプログラムを組んだが、果たして学校のイメージにそれがよい結果をもたらしたかどうかも、分からない。ともあれ、懐の広さ、熱中しやすい気質、そして無謀さに特徴づけられるアユイの性格を考えれば、彼がこの頃、もう一つの大掛かりな芝居に、協力者や生徒たちを巻き込んで取り組んだのも理解できようというものである。もう一つの芝居とは、宗教と政治の分野に関わる一大事業である。

盲人労働者学校と敬神博愛教

共和暦三年の告訴にもめげず、ヴァランタン・アユイは民主主義活動家としての生活をやめなかった。共和暦四年の冬には、九三年の反乱を惜しむ人々が集まったクラブの一つであるパンテオン・クラブの会員となり(74)、完全平等主義のバブーフ派から愛国者として迎えられた(75)。共和暦四年風月《ヴァントーズ》九日（一七九六年二月二七日）、総裁政府はボナパルトに、パンテオンの集会を閉鎖させるよう命じた。平等主義者たちは秘密裏に裏総裁政府といったものを固め、陰謀を企てたが、花月《フロレアル》（一七九六年五月）にはそれが露見した。まさにその時、平等主義革命運動の頭領であったフェリックス・ルペルチエは、『現代についての考察』と題されたパンフレットを書いているところだった。ここには、社会福祉のプログラムの骨子を成す平等主義者の宗教観が盛り込まれている(76)。平等主義者は、信仰の基盤を自然神教と自然道徳に置き、信仰をもって革命に反対する者を斥け、共和国を守ることを提唱していた。同じく共和暦四年の春には、共和暦二年の革命記念祭儀から直接生まれた「市民」信仰を成立させる案がいくつか提案されていた。それまで司法官に託されていた神聖な義務を「家庭の父親」に譲渡する傾向を見せている点が新しかった(77)。これらの案のいくつかはすでに実行に移され始めていた。しかし、大衆に根付いたのは一つだけ、敬神博愛教と呼ばれる市民信仰である。

共和暦四年の中頃、「シュマン・フィス」、あるいは「シュマン・デュポンテス」と呼ばれていた小さな出版社が、市民信仰マニュアル販売の用意をしていた。この出版社は穏健な共和主義と反教会の立場を持ち、フリーメーソンだったかもしれないと言われている。(78) マニュアルは『敬神博愛教の道』と題され、共和暦四年中に書かれたこの本は、翌年一〇年葡萄月《ヴァンデミエール》朔日（一七九六年九月）に刊行された。刊行と同時に、シュマン・デュポンテス社の本には「良俗と啓蒙の光に照らされた尊敬すべき人々」(79)である読者が殺到した。その中には、モローとジャンヌというそれまで全く知られていなかった二人の六十歳代の人物がおり、また、有名すぎるほど有名な盲人の先生、ヴァランタン・アユイも混じっていた。アユイは出版社の社長シュマン氏に会見を申し込み、信仰告白を勧めた。その後しばらくして、アユイ、シュマン氏、モロー、ジャンヌ、そしてもう一人の家庭の父親を含めた五人は、自然神教委員会を結成した。アルベール・マチエズはこのように述べている。

「ヴァランタン・アユイは、シュマンの企画にただ物質的あるいは人材的な助力（盲学校の敷地の使用権、合唱隊、公衆、生徒たち）を与えただけではない。彼の貢献は何よりも彼自身の強烈な信仰心にあり、それは『敬神博愛教の道』の作者に欠けていたものだった。アユイは敬神博愛教会の第二の創始者である。彼が唯一本当の創始者だと考える人もいるほどである。(80)」

こうして、アユイとその生徒および協力者たちは、新しい教会の信者となった。教会の創立目的は、「革命によって人心が受けた傷を癒し」、「相互の寛容の精神と過誤の忘却を説くことで、人々の心を一つにすること」(81)であった。共和暦五年雪月《ニヴォーズ》二六日（一七九七年一月一五日）には、「ドニ通り三四番地、ロンバール通りと交差する場所」(82)において、カトリネット修道院の旧礼拝堂と思われる場所で、神を敬う人類の友の会の初回集会が開かれた。この集会については、アモーリー・デュヴァルが記事を書いており、イデオローグが寄稿する一〇日おき発行の雑誌『デカード・フィロゾフィック』共和暦五年花月《フロレアル》三〇日（一七九七年五月一九日）号に載った。デュヴァルは「新宗教についてのパノラマ」という書簡形式の論考の作者である。

「集会は、簡素に飾り付けられただけの広いホールで行われた。ドアには『私語は禁止、神への愛を捧げる場所を敬うこと』とあった。ホールの中央には小さな祭壇がしつらえてあり、花かごがたくさんその上に乗っていた。暁色の布地を両側にたらした説教壇があった。また、短く簡単な碑文がいくつか飾られていた。[83]」

プリュドム・ペールの『フランスにおける革命の公正な歴史』によれば、雪月《ニヴォーズ》二六日の集会に出席したヴァランタン・アユイの生徒たちは、賛歌や聖歌を合唱したという。ある家庭の父親は、世界の父なる創造者への呼びかけを朗誦し、演説を行なった。[84] その後、新しい教会の集会は、同じ場所で、毎週日曜日の午前一一時からもたれるようになった。毎週の集会に押し寄せる人の数は大変なものだったので、すぐに、もう一つの集会の日が設けられた。同じく午前一一時に始まる、一〇日に一度の集会であった。その後さらに、日曜の集会と一〇曜日（共和暦の週は一〇日であった）の集会の両方に、二度のセッションが設けられた。午前九時から始まるセッションと一一時からのセッションである。両日とも、二度のセッションの間に子供のための「道徳教育」の時間をはさんでいた。また、カトリネット修道院では、毎週水曜日の午後六時から信仰指導委員会の理事会が開かれた。

新しい宗教の「礼拝堂」で定期的に開催される催しに参加する人々の数は、ますます増えるばかりだった。しかしながら、そうした人々はまだ限られたサークルに属しており、アユイらの宗教団体は一般には全く知られていなかった。それが変わるのは、共和暦五年の花月《フロレアル》初頭（一七九七年四月末）に、政治的報道機関が、敬神博愛協会の発足を大々的に世の中に知らしめた時からである。しかし、それ以上に重要だったのは、同年の花月《フロレアル》一二日（一七九七年五月朔日）にフランス学士院で行われた集会で、熱烈な理神論者であり、カトリック教会排斥派であったラ・レヴェイエール・レポー学士院理事が、精神道徳・政治科学部門の同僚たちを前に、「信仰、市民的祭事、および国民の祝祭について」と題された論考を読み上げたことである。ラ・レヴェイエール・レポーは、名指しはしなかったとしても、明らかに新しい市民信仰への賛辞を表現したのである。彼の論考によって、世の中の関心が一挙に敬神博愛教へ向けられることになった。

ラ・レヴェイエールの論考を印刷したパンフレットは、その後何度も再販されることになった。ドイツ語にも訳され、出版された。報道機関は飛びつき、激しい論戦がラ・レヴェイエールの論考と、彼が漠然と褒め讃えている敬神博愛教の本義をめぐって交わされることになった(85)。カトリックの新聞は新宗教を激しく攻撃し、カトリネット修道院をテロリストの巣とまで呼んだ。そこに住む盲人たちも、当然ながら揶揄された。「施設が目的を変えたわけではない。そこに集まっているのは、真性のキャンズ・ヴァンぞろいなのだから(86)」。一方、政府機関紙の方は、カトリックとは反対に、ラ・レヴェイエールと敬神博愛教の側についた。こうして、ほんの少し前まで無名だった新興宗教団体は宗教的・政治的論争の矢面に立つことで知名度を獲得し、同時に新しい信者を得ることができた。「敬神博愛教の周りには、少しずつ、クーデタに参与するあらゆる人間が集まりつつある(87)」。

信者はますます増え続け、カトリネット修道院のホールにはおさまりきらなくなった。そこで、敬神博愛教会の運営委員会は新しい敷地を探すことにした。果実月《フリュクティドール》一八日のクーデタの前夜には、敬神博愛教会、または「神を愛する人類の友」の会は、パリに三カ所の礼拝堂を持つに至っていた。三カ所とも、盲人労働者学校に本部を構える教会の運営委員会によって経営されていた。共和暦五年収穫月《メシドール》一三日（一七九七年七月朔日）には、教会の最初の学校が開校した。校長は元司祭であり、熱狂的な愛国主義者のシャピュイであった。

花月《フロレアル》一二日のラ・レヴェイエール・レポーの演説にプロモーションされたような形で世の中に飛び出した敬神博愛教会であったが、その後共和暦五年の果実月《フリュクティドール》一八日（一七九七年九月四日）のクーデタを経て、さらなる発展を見せることになる。クーデタによって変革された総裁政府は、その後一年以上も完全な独裁制となった。政情は愛国者たち、特にラ・レヴェイエールにとって、「市民道徳の再活性化」をはかる好機と見えた。共和国の未来は、この活性化にかかっていると思われたのである。これ以後、敬神博愛教会は政府からの公然たる庇護と経済的援助を受けるようになった。教会の出版物は、国公立学校の教則本として取り入れられた。アユイは、セーヌ県公教育委員会審査員の一人に任命された。アユイの任命によって排除された前任者は、なんと仇敵シカール。シカールは、『宗教、政治、文学年報』の編集員として活躍していたが、クーデタ後の弾圧によってその地位を追われたのだった。[88]

他方、敬神博愛教会の運営委員会もその面々を変えていた。穏健派は退き、多くがジャコバン派から選ばれた新入会員が理事になりつつあった。新理事は前任者が大事にしていた寛容と穏健という原則を忘れ、パリの教会を乗っ取ろうという穏やかならぬ計画を立て始めた。サン・メリ教会は、このようにして、彼らのものとなった。サン・メリでの敬神博愛教会礼拝堂開幕式は、共和暦六年一〇年葡萄月《ヴァンデミエール》一〇日（一七九七年一〇月朔日）に行われた。政府監査官とパリの管轄区の代表が出席し、新教会設置の報告書に署名をした。開幕式は、信仰の自由を褒め讃える公人の演説に始まり、敬神博愛教会の信徒奉事者と弁術者による演説が続いた。それから、若い女性と男性のデュオが賛歌を歌った。二人とも盲人労働者学校の生徒だった。二人の歌を伴奏したのは、ジェルヴェ・フランソワ・クープランのオルガンであった。クープランは当時オルガン奏者として高い名声を得ていた。[89]

このように、アユイの若い盲人生徒たちは、再び革命を信奉する宗教の中に取り込まれた。この時代の革命信仰は、敬神博愛教会の成功によって、その最大の表現に達したと言える。

サン・メリ教会を手にしてから四カ月も経たないうちに、新興教会の信者たちは、パリ市内その他の一二の教会を使用する許可を得た。つまり、一七九七年の末には、果実月《フリュクティドール》一八日以前に教会が取得していた三つの教会を合わせると、敬神博愛教会はパリ市内に一六カ所の旧カトリック教会の敷地を礼拝堂として所有するに至ったのである。一七九八年には、そこにノートルダム教会、サン・ジャック・デュ・オー・パ教会、サン・メダール教会が加わった。全ての礼拝堂の開幕式には、もちろん盲学校の生徒たちが合唱隊やオーケストラとして参加した。彼らの音楽は、この後、教会がそのマニュアルの中で宗教的祭事としてみなすようになる国民的祝祭の伴奏としても、聞かれるようになるだろう。同マニュアル『儀式の書』は、シュマンによって書かれ、共和暦七年に彼の出版社から刊行された。

共和暦六年花月《フロレアル》二七日（一七九八年五月一六日）付の、アユイからロンバール管区警察所の巡査に宛てた手紙を読めば、その頃、彼の学校内の商学部には「小さな盲人生徒」だけではなく、晴眼者の子供たちもいたことが分かる。後者の生徒たちは、「共和暦週の五曜日と一〇曜日に、午前九時から一一時まで」音楽の授業と「普遍道徳」の授業を受けた。これらの授業を受けたおかげで、晴眼の子供たちもまた、敬神博愛教の祝典に参加することができた。[90]その頃アユイは、完全に教会の業務で忙殺されていた。それでも、パリ第六区の立憲サークルの会員になり、盲学校をその会議の場所として提供していたのだが。彼は、教会の訓導委員会から依頼を受け、排他的な郊外にまで出向いて共和主義的宗教の伝道を行なった。例えば、共和暦六年雨月《プリュヴィオーズ》八日（一七九八年一月二七日）に警視総監に宛てた手紙で、アユイは、ヴァンセンヌ付近のモントルイユ村の住民たちによる「敬神博愛教会運営委員会に対する職務妨害」を訴えている。[91]

しかし、アユイとその学校にとって残念なことに、海外にまで評判が広がることになった敬神博愛教会は、ここでいきなり発展を止めてしまうのである。共和国信仰《キュルト・デカデール》が、次々と採択された法律によって制度化したからである。その法律とは、まず共和暦六年熱月《テルミドール》一七日（一七九八年八月四日）法、同年果実月《フリュクティドール》一三日（八月二〇日）法、果実月《フリュクティドール》二三日（九月九日）法である。その制度の組織構成は、フランソワ・ド・ヌーシャトーが起稿した共和暦六年果実《フリュクティドール》月二〇日（一七九八年九月六日）付の通達により、決定された。新たな信仰の団体は、それまで敬神博愛教会とカトリック教会の信者たちが場所を争っていたパリの教会を、次々に占拠していった。「神を愛する人類の友たち」は、できる限り新しい状況に適応しようとした。アユイもまた、パリ第二区と第一区の区役所で行われた式典に、「盲人労働者の小さな音楽隊」を有料で派遣したりした。(92) アユイの教会の信者たちは、新しい勢力とうまくやっていくため、無信仰であるが有名な人物を団体に招き入れたりして、部分的に自分の宗教の教義を否定しなければならなかった。しかし、そうした努力にも拘わらず、敬神博愛教会は総裁政府の不信感を打ち砕くことはできなかった。政府は、かつて怖れていた「王党派の危険」よりも、今でははるかに強く「ジャコバンの危険」を危惧していたのである。こうしてアユイの教会は次第に権力から見捨てられていった。同時に、共和暦七年芽《ジェルミナール》月（一七九九年四月）の選挙(93)が近づくにつれ、彼らに対する警察の監視の目はますます厳しくなった。同年牧草《プレリアル》月三〇日（一七九九年六月一八日）のクーデタで、ラ・レヴェイエールは辞任を強いられることになった。同人の庇護を受けていた教会の信徒たちは、ここでクーデタ派に思い切り笑われることになる。かつての指導者と信徒たちは「ペテン師の群れ」と呼ばれ、嘲笑と罵倒を浴びせかけられた。しかし、教会はひるまなかった。シュマンは、敬神博愛教会の規定から、共和暦五年果実《フリュクティドール》月一八日以降に付記された追加条項を排除して、できるだけ首都圏と地方に散らばった教会支部の全てに、純粋な博愛主義の性格と教育という目的を中心とした分かりやすい性格を持たせようとした。

　このように教会指導者は、権力におもねったご都合主義から様々な対応策を考えた。また教会自体も一時は活力を取り戻したかのように見えた。しかも、ブリュメール一八日のナポレオンのクーデタによっても、その活力は削がれないかのように見えた。しかし、革命期の自然神教の栄えは終焉に近づいていた。ナポレオンとローマ教皇の間のコンコルダート（政教条約）交渉、そして締結にいたって、こうした民間の信仰の全ては過去のものとなった。共和暦一〇年葡萄《ヴァンデミエール》月一二日（一八〇一年一〇月四日）付の法令は、「敬神博愛教会という名で知られる団体」が「国家の建物内で集会すること」を禁じた。同月二〇日（一〇月一二日）、ブリュメール一八日のクーデタの後も立ち入りを許されていた教会の扉は、敬神博愛教会の信徒たちの前で固く閉ざされ、彼らはその場所が自分たちにはもはや禁じられていることを知った。(94) 共和暦七年牧草月《プレリアル》三〇日以来、自分たちのことを「自然神教の友」と呼ぶようになっていた元敬神博愛教会の信徒たちは、署名や嘆願を第一執政官、学士院、そして世論に向かって繰り返したが、その願いが聞き届けられる見込みはもはやなかった。

しかし、教会の集まりが公式に禁止されるその一年前から、ヴァランタン・アユイには新たな悩み事が持ち上がっていた。

第9章

国立盲人労働者学校とキャンンズ・ヴァンの合併

共和暦九年一〇年葡萄月《ヴァンデミエール》一五日（一八〇〇年一〇月七日）、内務大臣リュシアン・ボナパルトは、「即刻盲人労働者をキャンズ・ヴァン盲人施設に収容するよう」命じる法令(1)を発行した。同時に、ヴァランタン・アユイは校長の職から降ろされた。もちろん、「盲人の道徳指導と教育の唯一の責任者(2)」であることは変わらなかったが。

キャンズ・ヴァンと訓盲院の合併は、すでに総裁政府時代のフランソワ・ド・ヌーシャトー内務大臣が提案したことだった(3)。新政府が挙げた理由は、概ね予算と行政上の問題に関することであった。両施設の合併によって、敷地や人件費の削減が見込まれていたのである。学校の経営は今や惨憺たる状況だったからである(4)。一方、新しい執政政府は社会扶助システムの大掛かりな改革の計画に乗り出しており、この措置も同計画の一部であった(5)。

ヴァランタン・アユイの敗北

しかしながら、『フランス新興宗教団体の歴史(6)』の作者であるアベ・グレゴワールの言うところを信用するならば、アユイが校長の職を失った理由は、その革命家としての過去と、敬神博愛教会への積極的関与にあった。アユイの学校は今や別の国立機関の監督下に置かれることになった。その国立機関とは、他ならない聾唖学院であった。リュシアン・ボナパルトの上記法令は、訓盲院をキャンズ・ヴァンに併合したのみならず、キャンズ・ヴァンの運営を聾唖学院に任せたのである(7)。もちろん、創立し、維持して来た学校を奪われ、それまでの仕事を破壊されることを怖れたアユイは、政府の決定を撤回させようとして、世論に訴えかけることを怠らなかった。アユイが学士院院長と政府官僚のそれぞれに宛てて書いた悲痛な三通の「覚え書き」は、ポスターとなって町中に張られた。

アユイは、このような思い切った方法を取るまでに追いつめられていたのだった。そこには学士院院長に宛てられた共和暦九年霜月《フリメール》二二日（一八〇〇年一二月一二日）付の手紙が添えられていたが、この手紙を読むと彼の心境がよくわかる。手紙の中で、アユイは、訓盲院を創立したのは自分であること、その創立のためには全財産をつぎ込んだ上、いまだに返せていない借金までも必要としたことを述べている。そして、いかなる困難にも負けず、現在学校を訪れる市民や外国人が証言してくれるように(8)、盲人教育を「満足できるレベルに保って来た」ことを誇りに思うとも。盲人労働者のキャンズ・ヴァンへの収容を彼の意見も聞かずに決め、「国家財政という奇妙な理由で学校と盲人の幸福を覆す［傍点アユイ］(9)」計画を遂行しようとしている政府を批判して、手紙は終わっている。

アユイの書いた三通の「覚え書き」の最初のものは、彼が「恐怖政治のさなかにおいて」見せた政治的行動についての釈明である。自分は誰を貶めるつもりもなかった、シトワイヤン・シカールについてはなおさらのことである、一七九二年九月の大虐殺と共和暦五年果実月《フリュクティドール》一八日のクーデタにおいて、自分はシカールの利益を二度にわたって擁護したではないか――これがアユイの主張であった。

第二の「覚え書き」は、アベ・ド・レペおよびその後継者に対するアユイの「矮小な嫉妬心」への誹謗に対する抗弁である。アユイはアベ・ド・レペに対する昔からの敬愛の情を表明し、シカールについても、ラ・ファイエット夫人の推薦を取り付けて聾唖学院の後継者となることを助けたのは、他ならぬ自分であることを主張した(10)。この二通の「覚え書き」から分かることは、アユイが、自分の失脚を招いた「陰謀」の裏に、シカールの大きな影響力を見ていたことである。

三通目の「覚え書き」は一番長い(11)。アユイはこの中で、訓盲院の擁護を試みている。盲人教育という生涯の使命に目覚めた時から始めて、創立時の思い出を語りながら、アユイは自分の教育方法が確かな成果を生んで来たことを述べる。最初の生徒は今では働き者の労働者となり、よき家庭の父ともなっている。そして、現在学校を改革しようとしている人々が、盲人教育についての資格も経験も持っていないことを、厳しく批判する。

「私が進んで来た道に一度足を踏み入れれば分かることだ。私が引き受けたのと同じ数の盲人に授業をしてみたまえ。『仕事を見れば職人が分かる』というのは本当だ。また、教育をつければいいものではないことも覚えておきたまえ。生徒一人一人が、その仕事で生きて行けるように、また、彼らにとって慰めとなるような、できるだけ幅広い教養と技芸を身につけさせなければならないのだ。私が諸君に期待しているのはこうしたことだ。[12]」

最後に、アユイは「もしこの学校がつぶされても」、もう一度立て直す決意であることを宣言する。それは「フランスの名誉のため」なのだ。彼の努力を認め、助力を惜しまない「感じやすい魂の人々」が、必ずや支えてくれるだろう、とアユイは言う。[13] 実際、三通の『シトワイヤン・アユイによる盲人を教育するための方法についての覚え書き』を公表した直後、アユイは「盲人労働者のための私立施設創設」計画書をしたため、『覚え書き』を送った全ての公人に向けて、計画支援者募集の広告とともにチラシの形で配った。チラシによれば、新しい学校は決して国立の施設と張り合うものではなく、そこではできない教育を与える補習校として、特に法律が定める国営盲人労働者学校の年齢枠に入らない年少者、あるいは青年盲人を受け入れる場所となるはずであった。よって、新学校の構成は二つに分かれており、七歳以下の児童部と十六歳以上の青年部があった。さらに、青年部の近くに晴眼児童のための寄宿舎を設ける計画であった。

フランス学士院で共和暦九年雪月《ニヴォーズ》五日（一八〇〇年一二月二六日）にもたれた「第五回総会」の「会議報告書」を読むと、この総会で「シトワイヤン・アユイが、国立盲人労働者学校に関する覚え書きの会議での発表を、議長に委任した手紙」が読み上げられたことが分かる。報告者はまた、「同覚え書きは、会議で確かに読み上げられ、学士院各部にも伝えられた[14]」と付け加えている。

アユイの努力虚しく、こうした政府への働きかけも大きな効果はなかった。同じ頃、敬神博愛教会の人々も自然神教を救おうとしていたが、それも徒労に終わった。学士院から報告を受けた内務大臣リュシアン・ボナパルトは、これまで以上に厳しくアユイに答えた。内務大臣からアユイに宛てられた、共和暦九年雪月《ニヴォーズ》二日（一八〇〇年一二月二四日）の手紙を読めば、時代の趨勢はすでにアユイの側にはなかったことが分かる。共和制は維持されていたとは言え、表現の自由はなくなっていた。新しい政府は、一介の公務員が大臣決定を無視して勝手に世論に訴えかけるような真似をすれば、もはや笑って見過ごしたりはしない。

「貴君のやったような挑発行為は、何の言い訳も成り立たないものであるばかりか、許すべからざることですらある。特に、公給を受ける身にあり、その監督下にある施設のために国家が取った措置に従う義務を課せられた者から発せられたとすれば、その意味はさらに重大である。[15]」

革命時の国民公会が採択した福祉施設国営化の案は、執政政府下において完全な実効力を発したと言える。政府が、政府だけが、盲学校の将来と運営方法を決定する権利を持つようになったのである。いくら創立者と言っても、ヴァランタン・アユイはもはやその指導者ではなく、ただ学校を任されている公務員にすぎなかった。もちろん、政府にとって一番大事なのは教育ではなく、経済的な課題を解決することであった。

しかし、シャプタルは、訓盲院とキャンズ・ヴァンの合併はアユイの仕事を無に帰すことではない、と考えた。シャプタルからアユイに宛てた手紙にはこうある。

「私の前任者[16]によって採用された盲人労働者学校の再編計画は、貴校のこれまでの慣習に背く部分があるかもしれない。しかし、私自身は、この計画には何一つ有用な施設の規則を変えるものはなく、その施設を破壊するような傾向はないと思っている。ましてや、創立者の大きな社会的貢献を無視するような意図などない。この計画にあるのは、ただ、貴君のみが作り上げることができたような教育の方法を、完全に行政の利害から切り離し、あらゆる意味で貴君の協力者となるにふさわしい心清らかで無欲な人々にその教育の任を与えようという欲求である。貴君以外の人は誰でも、この計画の中に、善き人の心を占有する唯一の理想としての教育に身を捧げて、社会に貢献するための一手段を見るにすぎないであろう[17]。」

このように政府側の意図がはっきりしたので、アユイの反抗も、必要とあらば新しい学校を作ろうというその計画も、結局許されることではなくなった。

「あえて言うならば、公職にあると自認している人物が、何の公的許可もなしに私立施設の創立の広告を行なうなど、前代未聞のことと余人の目に映ってもおかしくないだろう。もちろん、政府はこのような公共に役立つ計画を援助するものであるが、貴君のやり方はどう見ても、周りの状況が見えていないとしか言いようがない[18]。」

シャプタルからアユイに宛てた手紙は、規律を忘れた一公務員に対する勧告というものでしかない。ここでも、盲人の社会的認知のために生涯を捧げた人物と、常に敵意を含んだ疑いの目で彼を見て来た公権力の間には、数年来続く根強い誤解があったことが分かる。

共和暦九年雪月《ニヴォーズ》一三日（一八〇一年一月三日）に、執政官宛に提出された報告書で、作成者シャプタルは、前任者の決定をいきなり実行に移す前に「シトワイヤン・アユイの訴えにも何らかの根拠がないかどうか[19]」を確認したことを述べた。確認の結論は、「合併計画には秩序の制定と施設の改善と経済状況の回復という目的しかなく、決して盲人たちの教育を損なうものではない［傍点筆者］(20)」であった。シャプタルは、この見解と政府の決定を裏付けるために、二年前に前任者フランソワ・ド・ヌーシャトーが総裁政府に提出した報告書から、直接の引用をした。

シャプタルが引用したヌーシャトーの報告書は、共和暦三年のテルミドール一〇日法による訓盲院の再編成案には「二つの根本的欠陥」があったことを指摘している。

「最初の欠陥は、第五条にある。教育期間を五年に設定している条項である。

盲人が訓練されている類いの技芸が社会に何らかの有用性を持つとすれば、それは彼らに供与されている特別に考案された道具と、彼らの障害を見事に補う技術が組み合わされた結果である。しかし、こうした技芸は、道具が古くなって誰も使わなくなった途端に、社会においても必要とされなくなるだろう。施設を出た盲人にとって、世の中で生きる術はなくなるだろう。また、盲人たちは結束することによってしか生きられない。社会に放り出され、一人一人が自分の力で生活の資を稼がなければならなくなれば、彼らはもはや生きて行くことができなくなるだろう。

第二の欠陥は、共和暦三年テルミドール一〇日法が規定している場所に施設がとどまっていることにある。貧しい盲人を引き受ける施設は他にもあるというのに、この学校を独立して存続させておくことは間違っている。また、老齢と障害がそれを妨げない限り、人間は人生のいつの時期においても何らかの仕事をしなければならず、無為は罪であることを、若い盲人の職業養成を企図した人々が忘れたことは、驚くべきことだ。無為の生活を禁止し、経営費用についてのもっと明らかな目算を立てていれば、キャンズ・ヴァンにおいても、盲人にとって最もふさわしい仕事の養成プログラムが設けられていたはずである。しかし、一切そのような試みはなかった。盲人労働者学校の生徒をキャンズ・ヴァンに収容することで、今後はキャンズ・ヴァンの盲人たちの習慣を変えることができるようになろう。生徒たちのおかげで、キャンズ・ヴァンの盲人たちも、障害の中にあっても自分と家族の生活を改善する労働の道を知ることができるだろう。

よって、視覚を他の感覚で代替させる理論を土台にした教育法を実践する教育者たちには、今後はキャンズ・ヴァンの盲人たちのためにその知見を役立ててもらいたい。盲人教育は、この奉仕によってより一般に膾炙するものとなり、教師たちの熱意はより広く、より確実に法の精神を実践することになろう。[21]［傍点筆者］

これは、「革命が残した最大の価値[22]」とされた労働倫理を中心に据えながらも、経済的効率性の懸念に貫かれた、差別的な計画であった。フランソワ・ド・ヌーシャトーは、盲人は「一人一人が自分の力で生活の資を稼がなければならなくなれば」決して社会で生きて行くことができない、という偏見を利用しながら、また当時の科学者や福利厚生の理論家特有の体系的分類への志向に従って、自説を正当化する理屈を編み出した。国家が盲人に与えることのできる援助が、より合理的に（つまりよりコストパフォーマンスのよい方法で）配分されるためには、同じ障害を持った貧しい人々を、同じ敷地内に集めた方がよいという理屈であった。シャプタル自身科学者だったので、このような合理的な考え方を大いに気に入り、共和暦九年雪月《ニヴォーズ》の執政官会議で、そのまま前任者の報告書を引用して自分の報告に代えたのだった。

この時期、キャンズ・ヴァンについては別の案も進行していた。エジプト遠征で失明し、まだ「軍人病院《アンヴァリッド》[23]」にとどめられていた軍人たちを収容するという案であった。この案は、フランソワ・ド・ヌーシャトーの合併計画の差別的側面を、はからずして強調している。軍人のキャンズ・ヴァンへの収容案は、バルビエ・ヌヴィル[24]が共和暦九年一〇年葡萄月《ヴァンデミエール》に草稿を作成した。ヌヴィルはこの文書の中で、何世紀にもわたって「最も大事な感覚を奪われた人々[25]」の慰安のために健闘して来たキャンズ・ヴァンは、新たな時代の負傷者を受け入れるだけの十分な「経験」を持っていることを主張した。そして、共和暦九年一〇年葡萄月《ヴァンデミエール》一五日（一八〇〇年一〇月七日）の法令により、エジプト遠征のさなかに眼炎をわずらい、失明した軍人たちは、盲人労働学校の合併と時を同じくして、キャンズ・ヴァンに正式に収容されることになった。

「行政は、エジプト遠征から失明して帰還し、現在軍人病院にとどめられている盲人たちを、キャンズ・ヴァンに収容するための必要な措置を取るつもりである。法律と施設の規定に従い、彼らには盲人のための援助が支給される。(26)」

同じ法令により、キャンズ・ヴァン運営部は内務大臣に「施設内の経営方針について詳細を報告すること」と「今後の施設に予測される変化と青少年の盲人への対応について(27)」の見解を提示することを命じられた。キャンズ・ヴァン運営部は命じられた通りに、共和暦九年雪月《ニヴォーズ》二二日（一八〇一年一月一二日）、施設の改革計画案を内務省に提出した。同案は「できるだけ厳しい節約政策」を取ることをうたっており、具体的には、施設には盲人のみを残して、それまで一緒に住んでいた「外部者」、つまり盲人の配偶者、子供たち、寡婦と寡夫を追い出すことにしていた(28)。その代わり、盲人たちの食事、衣料、暖房、身の回りの品は施設が無料で提供することを約束し、さらに盲人には貸与という形で一日五サンチームの小遣いが渡されることになっていた。

しかしながら、実行されればキャンズ・ヴァンの建物をほとんどそっくり改築することを余儀なくさせ、それ以上に、そこに住む人々の生活を根底から変えてしまったであろうこの計画は、一度も実施に移された形跡がない。というのも、東洋遠征から失明して帰還した兵士たちは、結局キャンズ・ヴァンには来ず、アヴィニョンの軍人病院に移されたからである。この措置を決めたのは、共和暦九年牧草月《プレリアル》一一日と二七日（一八〇一年五月二一日と六月一六日）

付の二法令であった。兵士たちは、キャンズ・ヴァンの盲人たちとの共同生活をかろうじて免れたのである。
一方、訓盲院の生徒たちは、執政政府の度重なる命令に従わざるを得ず、四カ月の抵抗の後、サント・カトリーヌ館からキャンズ・ヴァンへ移送されることになった。しかも彼らは、共和暦九年 雨 月《プリュヴィオーズ》二八日（一八〇一年二月一七日）付の執政官の命により、突然引っ越ししなければならなかったのだった。その前日の 雨 月《プリュヴィオーズ》二七日に、キャンズ・ヴァン運営部が内務省大臣に宛てて送った手紙が、そのことを伝えている。

「大臣閣下、
昨日の三時、御文を拝受し、二四時間以内に盲人労働者たちをキャンズ・ヴァンに収容するべしとの執政官のお達しを、確かに了解いたしました。
執政官と大臣閣下のご要望通り、盲人生徒たちが学校で寝泊まりするのは今日が最後となり、明日からはキャンズ・ヴァンの住人となっていることをお約束いたします。(29)」

これが、盲人労働者学校の最期であった。この後、かつての生徒であった盲人たちはキャンズ・ヴァンに寄宿することになる。キャンズ・ヴァンにもともと住んでいた盲人たちは「一級盲人」と呼ばれ、後からやってきたアユイの育てた若い盲人たちは「二級盲人」と呼ばれることになった。アユイは、人生を賭して作り上げた彼の作品である学校が跡形もなく粉砕されて行くのを、怒りに燃えて、しかしなす術もなく見ている他はなかった。アユイと、彼の最初の生徒たちであった学校の協力者たちにとって、新世紀はかくも悲しい姿で始まったのだった。しかし、新時代の盲人教育について新しい章を開く前に、まず、革命期の終わりにあたるこの時期、キャンズ・ヴァンがどのような状態にあったか、それを見ておくことにしよう。

内務省の管轄となったキャンズ・ヴァン

一七九一年まで、キャンズ・ヴァン施療院は、メッツの司教であり、一七八九年に枢機卿に就任したルイ・ジョゼフ・モンモランシー・ラヴァルの監督下にあった。モンモランシー・ラヴァルは、ロアン枢機卿の後を継いでフランスの宮廷司祭長となった人物である。一七九一年一月、貧民救済委員会の報告は、キャンズ・ヴァンを「野蛮な宗教団体の反社会的規約のはびこる場所[30]」と厳しく批判している（批判は特に、収容児童から相続権を剥奪し、病院の利益とする規則に対してなされていた）。この報告はさらに、キャンズ・ヴァンは現状のままでは残しておいてはならず、いずれは敷地を売り払い、その収入も「修道士や修道女たちが好きな場所を定めて独立するための年金として[31]」配分するべきであるが、それまでは「一時的にではあっても、経営者ときちんとした規約を与えて、今のゴシックな状態よりも時代に対応した形式で運営すべきである」としていた。結論としては、「監督役はさしずめ、パリ市に依託されるのが適当であろう[32]」。

一七九一年四月七日、国会は「キャンズ・ヴァン盲人施設が、一七九〇年一一月五日法に則って運営されるべきである[33]」ことを制定した。しかしながら、モンモランシー枢機卿の辞任に続いて起こったアンシャン・レジーム期最後の総督たちの失墜（一七九一年五月）のせいで、キャンズ・ヴァンはその後一七九三年七月まで、誰が運営しているのか分からないといった混迷期を過ごすことになる。

しかし時代の混迷は、キャンズ・ヴァンの収容者や収容希望の盲人たちに驚くべき表現の自由を与えた。これは革命期と呼ばれる一七九〇年代を通して、あらゆる分野に見られた現象であった。ロアン枢機卿、その後を引き継いだ運営者たち、あるいはキャンズ・ヴァン独自の運営方法に関して、彼らは国会に署名嘆願書や、それに反対する嘆願書を送り続けた（規約による自由の制限や、財産あるいは相続の権利の没収などに対する反対を訴えた盲人もいた）。

この時代に次々と現れた改革案の一つとして、一七九二年一一月二六日国民公会の公的扶助委員会に、シトワイヤン・サン・マルタンが提出した「キャンズ・ヴァン病院を抹消する計画[34]」案がある。この案は国会からは却下された。国会は、「公的扶助委員会に、施設の一時的な経営部を編成するよう[35]」依頼した。サン・マルタンの抹消案は一七九三年にもう一度提出された。

その間、一七九二年一二月三〇日と三一日には、国民公会は、キャンズ・ヴァンの経営状態を調べるため、三人の公的扶助監査官を指名していた。一七九三年七月二二日には、その調査をもとにして、国民公会は以下の政令を発表した。

「第一条 キャンズ・ヴァン盲人施設はこれまで一般病院の総則によって営まれて来たが、今後一時的にパリ市の監督および監視のもとに置くことにする。パリ市の運営方法は以下の通りである。

第二条 パリ市会議所によって、同施設には四人の経営部長、一人の会計士、そして理事が任命される。このうち給与があるのは会計士のみである。（…）

第三条 キャンズ・ヴァン運営委員会から一二人の陪審員を選ぶ。彼らは施療院の運営についての決定には必ず呼ばれ、決議票を持つ[36]。施設が必要とする職員は全て、経営者と陪審員が多数決で選出する[37]。」

この政令を見る限り、旧キャンズ・ヴァン委員会の役員たちは、新しい体制下も病院の幹部として残っていたことが分かる。一方で、彼らを施設のコミュニティーに結びつけていた身柄と財産の完全な共有の誓いからは解かれた。七月二二日法第五条は、施設を出て自立したい盲人にその権利を与えている。彼らは「どこに住むかを明らかにした上で出て行ってもよい。彼らとその十六歳以下の子供たちは、どこに住もうと、それまでと同じく施設から生活保護が与えられるであろう[38]」。また、第六条にはこうある。出所を希望する盲人は、入所時に持ち入った家具や生活道具、および入所後に購入した品々を持ち運んでも構わない。「彼らが施設に与えた全てのものは、なかったことにされる[39]」。

このように、七月二二日の政令は盲人を支える措置を含んでいたが、盲人自身の訴えや請求にきちんと応えてはいなかった。また、施設の再編についても、様々な提案について積極的な検討はしていなかった。例えば、国家福祉法が採択されるちょうど二日前であった共和暦二年花月《フロレアル》二〇年（一七九四年五月九日）には、シトワイヤン・ルルブールという人物が、公的扶助委員会の名の下に、シトワイヤン・バレール[40]に「キャンズ・ヴァン盲人施設についてのいくつかの報告[41]」を提出している。

ルルブールは、一七九三年七月二二日の政令が奨励していたような自宅扶助の考えを発展させ、次のような提案を出した。

「一、これ以後、キャンズ・ヴァンに新入所者を認めないこと。

二、施設の目的を変えること。これ以後、無差別な盲人の収容をやめて、盲目の他に別の疾患ないしは障害を持った者のみを入れること。

三、これらの措置が取られれば、今後、失明以外に何の疾患も持たない貧民は、自宅において扶助を受けることになる。扶助の総額は、その他の共和国国家年金と同じく、年間三〇〇リーヴルである[42]。」

まとめると、一七九三年七月二二日の政令もルルブールの報告書も、「一般病院の再編成を待つ間」、キャンズ・ヴァンに「一時的な」経営部を設置することを定めている、ないしは定めることを提案している。

キャンズ・ヴァンに持続的な運営の方式を定めたのは、共和暦五年の総裁政府の法律である。この法律はその後、王政復古の時代を除いて、一九世紀末まで恒常的に維持されることとなるキャンズ・ヴァンの編成の土台となった。これは、共和暦五年一〇年葡萄月《ヴァンデミエール》一六日（一七九六年一〇月七日）法である。原則としてあらゆる市民の病院を市町村の管轄下に置くことを定めていたが、唯一「盲人と聾唖者のための現存する施設のみ、（…）国庫に属するものとする」(43)としていた。同法第四条を適用した共和暦五年雪月《ニヴォーズ》一二日（一七九七年一月朔日）付の執政政府の法令は、キャンズ・ヴァンを政府の直接監視のもとに置き、その維持費用は内務省が負担するものとしていた。内務省のキャンズ・ヴァン予算は、年間一五万フランであった。

司祭であり、一九世紀の福祉施設についての歴史家でもあるアベ・プロンソーのうがった見解によれば、キャンズ・ヴァンを内務省の予算枠に入れることで、国家は収支決済を拒んだのであり、つまりキャンズ・ヴァンの正当な財産を返却しなかったのであった。

「キャンズ・ヴァンを国家予算に組み込んだとしても、それは結局財政的には前と何の変わりもなかった。国庫が彼らのために受け取っていた年金を利用しただけだったのだから。しかし、これは大きな間違いだったことは今では明らかである。しかし、その他に解決策がなかったことも理解できる。(44)」

つまり、実際のところはキャンズ・ヴァンの「出金者」にすぎなかった政府は、この法律で施設を擁護する「慈善家」の役割を演じることができたのである。また、この役割のおかげで、キャンズ・ヴァンへの年間給付額を減らすこともできた。ちなみに、雪月《ニヴォーズ》一二日の法令が盲人の「生活保護」と呼んでいるものは、かつて「治療費」と呼ばれていた給付金と全く同じである。

総裁政府は、共和暦五年牧草月《プレリアル》二七日（一七九七年六月一五日）付の二番目の法令で、キャンズ・ヴァンの運営体制を決定した。施設はまず、「総代」（内務省命による）に監督され、その下には施設の衛生と治安を監督する四人の陪審員がいた。四人の陪審員は、キャンズ・ヴァン・コミュニティーの盲人たちによって任命されることになっていた。会計役には一人の計理士が補充された。毎年の会計報告は、総代によって確認を受けた後、内務省に送られて大臣の承認印を得ることになっていた。アベ・プロンソーは、「共和国の時代になっても、ルイ九世がキャンズ・ヴァンに敷いた民主的運営の基盤を完全に覆すことはできなかった」[45]と付け加える。

内務大臣の命により、キャンズ・ヴァンでは、施設内の総合的問題を討論するための定期的な総会がもたれた。しかし、総会で盲人と職人が座る場所を決めるのは大臣であった。大臣は、必要と判断した時には、彼らの任を解く権限を持っていた。

一方、先ほど述べたように、共和暦九年風月《ヴァントーズ》一五日と二八日（一八〇〇年一〇月七日と二〇日）付の法令は、キャンズ・ヴァンを聾唖学院の監督下に置くことを決定していた。この法令は、それまでの三年間、新編成されたキャンズ・ヴァンを運営して来た陪審員や決議委員会の人々の処分については、一言も触れていない。執政官時代になると、革命後も、ある意味で革命政府に守られて続いていたような伝統的な平等主義の名残は[46]、キャンズ・ヴァンから跡形もなく消え失せていた。一八〇一年二月にアユイの盲人生徒たちが見いだしたキャンズ・ヴァンは、かつて特別な特権を享受していた組織ではもはやなくなっていた。キャンズ・ヴァンに与えられた特権は、一七八〇年にサントノレ通りの敷地を売却するまでは、かろうじて無傷で守られて来たのだったが。

しかし、総裁政府と執政政府は、このようにキャンズ・ヴァンを内務省および国庫の限定的な監督下に置くことで[47]、急激な変化を回避しただけだったのではないだろうか。その創立が一五二二年の規定と一五四六年のフランソワ一世の勅令にさかのぼるキャンズ・ヴァン盲人施設を国家統制下におさめるプロセスは、緩やかではあるが確実に始まっていた。[48] かつての運営基盤であった盲人コミュニティーの名残はほとんど消え失せていた。その上、今後、キャンズ・ヴァンの盲人たちは自らの施設の運営に対して一切口を挟むことはならず、政府からの生活保護を受ける身となった。物乞いはかつてないほど厳しく禁止された。[49] さらには、共和暦九年の執政官たちは、盲人労働者学校の生徒たちをここに収容することで、キャンズ・ヴァンの盲人も労働に駆り立てる計画を持っていたのだった。

前段で引用した共和暦九年の執政官会議で、フランソワ・ド・ヌーシャトーの報告を引用してシャプタルが述べたように、教育者は「今後、キャンズ・ヴァンの盲人たちのためにその知見を役立てる」[50] ことを期待されていたはずである。しかし、そのようなことは、大人の盲人については最初から問題外であった。盲人児童と、そして施設に起居していた盲人の子供の晴眼児童たちについても、彼らの学業は次第に忘れられ、その後の時代を通して、勉強のかわりに施設内の工場で働く姿が見られるようになる。

ヴァランタン・アユイとその最初の生徒たちが繰り広げた、盲人に対する世間の偏見を改め、盲人に市民権を与えるための前代未聞の奮闘は、ここへ来て、単なる人道的社会扶助理論家たちになじみの深い利得の夢想を実現したに終わったかのように見える。「もはや、盲人すらも無為でいることは許されない」と彼らは言っていなかっただろうか。

第Ⅳ部

一九世紀初頭のフランス社会の盲人たち

――現実とフィクション――

第10章 一九世紀初頭のフランスの盲人たち

啓蒙の世紀は、長く続いた偏見によって、学ぶことも、働くことも、愛することも、つまりは社会から必要とされる幸福な人生を歩むことなどできないと思われていた盲人たちに、真の希望の光を与えたかに見えた。彼らは人間としての尊厳を取り戻し、平等な権利を獲得し、自分の言葉を持つようになった。しかし、一九世紀は、すでにその最初の数年において、フランス社会の盲人たちにとって不吉な前兆を示していた。

光は隠されたのか

アユイが育てていた生徒たちは、今ではキャンズ・ヴァンの住人となった。キャンズ・ヴァンは、フランス各地の施設の盲人を一同に集め、彼らに厳しい生活規律を課した執政政府によって、事実上のゲットーに変えられてしまっていた。こうなった今、盲人生徒たちが教育によって市民権を獲得する可能性は少しでも残されていただろうか。

共和暦九年風月《ヴァントーズ》二三日（一八〇一年三月一四日）には、シャプタルは早々にキャンズ・ヴァンの新入所者たちに対する規程を公布した。規程によれば、八年と定められた修学期間を終えた盲人生徒たちは、

「キャンズ・ヴァンの運営部による能力試験の結果、生活能力についての認定を受けるものとする。教師は、旧盲人労働者学校の生徒それぞれの道徳的資質と素行について詳しい報告をしたため、内務省大臣に通達しなければならない。それを受けて、大臣は、その生徒がキャンズ・ヴァンに入る資格があるかどうかを判断することになるだろう。資格なしと判断された生徒は両親のもとに戻らなければならない。(1)」

数年後、規程はさらに厳しくなる。一八〇九年に内務大臣に就任したモンタリヴェ伯爵は、一八一三年、キャンズ・

ヴァン運営部の度重なる要請に応えて、第一級盲人の人数を減らし、その分を最終学年にある盲人生徒の最優秀者に与えることにするのである。この時には、訓盲院最優秀卒業生の自立資金として年間三〇〇リーヴルを与えることを約束していた共和暦三年テルミドール一〇日法は、すっかり忘れられてしまっている。フランス革命から一〇年後、「盲人市民」はキャンズ・ヴァン病院の収容者として、残りの生涯をそこで生きるか、あるいはもとの悲惨な状態に立ち戻るか、という選択しか持たない存在として現れることになる。

一方、キャンズ・ヴァンの大人の盲人は、外来患者であろうと病院内に住もうと、収容数は三〇〇人に限られていた。執政政府は外来患者の生活保護や自宅介護という措置は復活させなかった。自宅介護制度は、一七八三年に作られたのだが、共和暦四年熱月《テルミドール》朔日（一七九六年七月一八日）に、金融危機のせいで削除された。他方、共和暦九年以降にキャンズ・ヴァンに入所を許可された盲人については、家族の同伴を禁止する新しい規程もできた。この時から、盲人は、キャンズ・ヴァンに住んで恒常的な介護を受ける代わりに、伴侶と子供を病院の外に残すか、外来患者として割り当てられた自宅介護手当を受けるか、のどちらかを選ばなければならなくなった。

キャンズ・ヴァンにもともと住んでいた盲人たちも、旧盲人労働者学校の生徒たちと同様に、新政府の措置には不満だったと言えるだろう。キャンズ・ヴァンの盲人たちは新しい同居人を喜んでは迎えなかったし、盲人生徒たちもまた、シャラントン通りのかつての営舎に望んでやって来たわけではなかった。盲人生徒たちの生活費用の大部分は、内務省がキャンズ・ヴァンに給付する年間一五万フランの助成金でまかなわれることになっていた。政府は盲人生徒を一二〇人にまで増やすことを考えていた(2)。

病院の第一級盲人にとって幸運だったのは、共和暦九年の規程は決して厳密に適用されなかったことだ。また、一八〇六年をさかいに、もともと総裁政府の構想であり、ナポレオン執政期の最初の数年において形になり始めていた生産主義的福祉社会の実現というユートピア計画が、完全に放棄されたことがある。しかし、盲人生徒が自立の道を再び見いだすには、第一帝政の終焉まで待たなければならない。その時になれば、新しい暫時的教育方法のおかげで、盲人たちはようやく書き言葉の文化を手に入れるだろう。

しかし、一九世紀フランス唯一の盲人専門施設であるキャンズ・ヴァンと訓盲院のその後の歴史を語る前に、この時代のフランス社会における盲人たちの立場を概観しておく必要がある。よって、この時代の一般社会における盲人の生活を、次の章で描き出してみよう。その後、様々な出典から選ばれた文献を例に挙げつつ、盲人と盲目に関する社会的かつ文化的な表象を分析することにしよう。

盲目の定義と失明の原因(3)

すでに述べたように、近代の医学において、視力と視野の検査方法は長く確立していなかった。一九世紀半ばを過ぎてもそれは同じことだった。盲目は実践的基準に依拠して定義されており、客観的な測定数値はなかった。「自分一人で動けない」人々は全て盲人とされ、盲人はすなわち「何の仕事もできない人」と見なされた。その証拠に、この時代の医学事典や辞書は、盲目について一切厳密な定義を設けていない。

一八一二年から一八二二年にかけて編纂されたパンクック社の『医学大辞典』の「盲目の者」と題された項目には、次のような定義が書かれている。

「盲目の者――カエクス（語源）。名詞化された形容詞。視力を欠いた、という意味――生まれながら盲目であることもあれば、事故や病気によって盲目になることもある。前者を『先天性の盲人』と呼ぶ。視力の喪失を引き起こす数々の疾病と原因については、同辞典内のそれぞれの項目を参照されたいが、ここではいくつかの考察と観察与件のみを述べるにとどめる。[4]」

こうした出だしに続くのは、医学的というよりもむしろ哲学的な、視覚およびその喪失についての考察であるが、『百科辞書』にダランベールが寄稿した「盲目」の項目をほとんど丸写ししたような記述である。また、ダランベールの記事は、ディドロの『盲人書簡』をまとめなおしたものにすぎなかった。

パンクック社の辞典は、「盲目《セシテ》」という別の語についても短い定義を挙げている。「視力の完全な喪失」（この語は「心理的、比喩的な意味」の「盲目状態《アヴーグルモン》」と区別される）。定義の後には「盲目《セシテ》」の様々な原因と、考えうる原因の数々、そして有効かもしれない治療方法が列挙されている。しかしながら、何をもって「視力の完全な喪失」と呼ぶのかについての厳密な説明はない。[5] パンクックの辞典から四〇年後、盲目の定義は相変わらず曖昧なままだったようである。一八五六年にジョルジュ・デュモン博士が書いたことを読んでみよう。

「盲目とは、視力の喪失あるいは消失のことである。この障害は、目を必要とする仕事ができないと分かった時に現れる。

盲目はこれまで全盲と不完全盲に大別されてきたが、それぞれの意味はいまもって曖昧である。（…）言葉の厳密に論理的な意味に従えば、全盲は（…）完全な視覚の消滅、つまり光に対する目の感受性が完全に失われている状態のみを指すべきである。とは言え、現実はそれほど厳密なものではない。実際のところ、全盲と呼ばれる盲人と、夜と昼をようやく区別できるだけの視力を持った人の間には、ほんのわずかな違いしかないからである。（…）

よって、盲人と呼ばれる人が目の助けなしに行動して危険が伴う場合、これら全てを全盲の症例と呼ぶことにしよう。全盲を上限とした上で、できる仕事の種類によって盲目の度合いが変化することとしよう。医者が測定しづらいと感じるのは、この度合いの細かな違いなのである。[6]［傍点筆者］」

一八五一年、ヘルマン・フォン・ヘルムホルツが検眼鏡を完成させていた。[7] しかし、デュモン博士の盲目の定義は、世紀初頭と変わらず実践的な基準に依拠しており、客観的な測定数値によってなされてはいない。結論から述べてしまえば、この本の序文にも書いた通り、フランスにおいて視力検査の数値に依拠した盲目の定義が初めて現れるのは、一九四五年七月三日のオルドナンス第一条なのである。同オルドナンスは障害と不治の疾患についての福利厚生制度についての法律である。しかし、一九四五年になっても、視覚障害の定義は非常に難しかった。日常の活動、学業、職業における障碍という実践的な基準に従って盲目を定義する方を選ぶ人も少なくなかったのである。[8]

キャンズ・ヴァンへの入所、あるいは訓盲院への入学の希望者の医学的検査による選別は非常に難しかった。しかしそれ以上に厄介だったのは、客観的な視力測定の方法がないため、「全盲」が実生活上の問題（移動の困難などよりも、「目を必要とする仕事が一切できない」という事実）の程度によってはかられていた時代においては、盲人と晴眼者の両方に根強く残る盲人の無能力という偏見が払拭されるはずがなかったことである。大体最初から目を必要としない仕事などあるだろうか。盲目についての一般通念から発しているだけに、実生活上の盲人の困難を強調したような定義は、盲目をそうした社会的表象の網の目にさらに強く取り込む結果をもたらしたのである。

一九世紀フランス社会における盲人と盲目のイメージについては、すでに先行研究がある。我々はその研究に頼って以下の論考を進めることにしたい。同研究は、執政政府時代から第一帝政にかけてキャンズ・ヴァンへの入所を申し込んだ盲人、そして入所を許可された盲人たちのカルテを渉猟してなされた。[9]

カルテが最も多く挙げている盲目の原因は「黒内障」あるいは「顆粒状黒点失明」である。当時、これらの病名は原因がよく分からず、外見上の異常がない盲目に共通の呼び方だった。残された様々な症状の記述から、この病名には現在「緑内障」と呼ばれる病気や網膜剥離、または視神経炎が含まれていたことが分かる。しかし、黒内障の診断しかないため、実際のこの病気の発症率や原因については分からない。これら文献から出せる結論は、検眼鏡が開発される時代以前には、医者たちはほとんど眼病について無知だったということである。このことは、一八六四年にリーブレック博士がバイリエール社の『実用医学・外科学新辞典』(一八六四年―八六年)に寄稿した「黒内障」の項目でも確認できる。

「黒内障とは、外から見える原因のない失明である。かつては様々な病気にこの病名を用いていた。(…)偉大な物理学者ヘルムホルツの発明によって、眼病の見方は全く変わった。検眼鏡のおかげで、ガラス体や脈絡膜や網膜や視神経後部末端を観察することができるようになった。また、こうした器官の疾患を直接観察できるようになったのみならず、多くの症例における目の外部にある失明の原因と病気の一般的状態について、より正確な判断が可能になった。(…)

新たな発見により幅広い診断が可能になったことで、これまで信用されて来た眼病、特に黒内障についての意見は大きく変わった。黒内障はこれまで一つの疾患を指す名称であったが、今後は外部から見えない原因による失明という一症状の名前となった。[10]」

キャンズ・ヴァァン入所申込者および入所許可された者たちのカルテを見ると、黒内障の次に多い失明原因は白内障、現在でも病因は定かではない水晶体混濁がある。また、痘瘡が原因の失明もあるが、同じ文献では、その九二・八六パーセントまでが十五歳までに発症している[11]。当時、黒内障が複数の疾患をあらわす総合的な名称だったのと同じように、「眼炎」もまた目の膜炎をひとくくりにした言い方であった。今日、結膜炎、角膜炎、虹彩炎、虹膜睫状体炎、脈絡膜炎と診断される病気も当時は理由がはっきり分からず、適切な治療が施されていなかったために、長期の失明を引き起こす怖れのある病気だった。キャンズ・ヴァンのカルテを参照すれば、眼炎による失明は生後数日で起こりうることもあったし、また幼少期、あるいは成人してから起こることもあったようである。当時は、新生児の膿性眼炎は最多の失明原因の一つであった。[12] 生後数日内あるいは数カ月内で眼の病気にかかったことの有る無しに関わらず、もう少し大きくなった子供には、幼児期感染症によって併発される眼炎の危険があった。麻疹、水疱瘡、猩紅熱の結果としての失明もあった。[13] 当時一般大衆の生活の一部をなしていた眼炎はこのように様々であったが、その中でも「エジプト眼炎」と呼ばれる病因を異にする一連の疾患があったことを挙げておこう。エジプト眼炎は、エジプト遠征に参加したフランス軍と英国軍が欧州に持ち帰った病気であり、一九世紀前半を通して、部隊が駐屯した場所に現れた。[14]

一九世紀初頭のキャンズ・ヴァンの入所希望者のカルテに挙げられている様々な疾患に加えて、それぞれの疾患以上に大きな失明者を出した事故の後遺症という遠因についても見ておかなければならない。[15] 後遺症の半分以上は、仕事中の事故が原因である。[16] 例えば、爆発、火傷、銃傷、落下、鈍器の衝突、外部の物体の侵入（目の表面だけであっても、あるいは深い侵入であっても）である。

当時のフランスの人口の大きな部分を占める人々は、しばしば目の病気に苦しんだが、その真の理由は、貧しさ、無知、非衛生的な環境、感染病、栄養失調、危険な労働条件などであったように思われる。[17] それに拍車をかけたのが、様々な目の病気の真の原因とその効率的な治癒方法についての当時の医学の無知だった。何も知らない医者が施す、乱暴という以上に無効な治療に全財産をつぎ込んだ病人やケガ人たちは、いずれは完全に視力を失う運命にあった。

失明の理由がいかなるものであったにせよ、一九世紀初頭の盲人たちが生きた男女であったことに変わりない。我々は、どのようにして彼らの姿を描き出すことができるだろうか。

一九世紀初頭のフランスの盲人たち

彼らは文学作品にも登場する。ジャンルは問わず、実在した人物の人生を扱う文学作品である。これら人物の幾人かは大きな名声を博した。一方で、大衆絵画やデッサンやエッチングには、見慣れた放浪の音楽家、物乞い、行商の盲人の姿も見える。彼らはよく犬を連れている。さらには、著書をものし、有名になって、刊行物の見開きに肖像が掲げられているような高名な盲人たちもいる。最下層の貧しい盲人たちの人生は、病院の資料室に行けば見ることができる。特に、盲人用施設への入所時に作られた書類は、出生証明、申請書、種々の証明書、医者の証明書、推薦書によって構成されており、その大多数が残されている。これらの書類は、当時の貧しい盲人について調べる時に欠かせない貴重な文献である。また、アンヴァリッド軍人病院もまた、失明した傷痍軍人についての資料を持っている。傷痍軍人は特殊な待遇を受けていた。

人数はどのくらいだったのか。先に挙げた文献を調べれば、当時のフランス社会の様々な社会階層に生きていた盲人の生活について、ある程度のことを知ることができる。しかし、その数を正確に知るための統計は一切残されていない。一八五一年の国勢調査によって初めて状況は変わった（もちろん、この調査自体も非常に外観的な数字ばかりで、完全に信用が置けるものではなかったにせよ）[18]。国勢調査以前に盲人について書いたピエール・アルマン・デュフォーなどは、統計の不足に嘆いていた一人であった。彼は一八五〇年、このように言っている。

「フランスではこれまで盲人の調査がほとんど行われなかった。よって、統計データは非常に曖昧である。県庁にこれまで提出され、保存されている仔細な報告書ですら、十分な情報は与えてくれない。盲人施設の行政管理を司る部署すらも、十分な資料を持っていないことが分かった[19]。現在のフランス社会における盲人の行政的立場を把握し、今後の正しい盲人に対する措置を検討するには、盲人人口についての統計的資料がどうしても必要なのであるが[20]。」

富裕階級の盲人たち

というわけで、一九世紀初頭の盲人の数ははっきりとは分かっていない。しかし、それ以前と同じく、盲人たちの中には、特権的階級に生まれ、特別な施設に頼らずとも教育を受け、知的職業に就くだけの能力を与えられた者もいたことは確かである。彼らの高い評判は、その著書や周囲の人々の賛辞の言葉を通して、今日にまで伝わっている。

その一人、フランソワ・ユベール（一七五〇年―一八三一年）はジュネーヴの画家ジャン・ユベールの息子だった。ジャン・ユベールはヴォルテールの友人であったことから、「ユベール・ヴォルテール」と呼ばれていた。フランソワ・ユベールはもちろんスイス人であるが、一七九八年のジュネーヴが当時フランスに属していたレマン県の県庁所在地だったことを忘れてはならない。また、フランソワは、ミツバチの研究を著書にしてヨーロッパ中の学者たちの間で名声を博したが、彼が用いた言語が啓蒙の世紀の共通学術言語、つまりフランス語であった。また、研究が高い評価を受けたため、彼はパリ科学アカデミーの通信会員となった。フランス語を使用したこととアカデミー会員であったこと、これがフランソワ・ユベールをフランスの特権階級の盲人に含めた理由である。

もう一人は、一七五五年パリに生まれ（おそらくコンティ伯の私生児だったと思われる）、高名な作家・文法学者として学士院会員となったシャルル・ド・プージャン（一七五五年―一八三三年）である。プージャンについては、フランス文化を受け継いだフランドル人であり、もう一人の有名な盲人アレクサンドル・ローデンバッハ（一七八六年―一八六九年[21]）が「今世紀最も優れた盲人の一人」と呼んでいる。プージャンは喜んで若く貧しい盲人たちと交流し、文学や哲学を語った。彼からジャン・ドニ・アヴィッスに宛てた手紙が見つかっている。アヴィッスは自分の著書の巻末にプージャンの手紙を附記として加え、彼の死後、アヴィッス未亡人が出版した。

フランソワ・ユベールは十五歳で失明した。シュヴァリエ・マリー・シャルル・ジョゼフ・ド・プージャンは、ローマに留学していた折にかかった疱瘡のために、二十三歳で失明した。二人とも遅く盲人になったので、特別な教育方法を探す必要はなかった。ただ、一人は思春期の最後の時代、もう一人は青年期を通して、引き続き教養を身につけ、専門分野での研究を行ない、その成果を口述筆記で書き留めさせる方法を考案する必要があった。

一方、モントーバンの裕福な家に生まれた詩人ジャン・イザーク・ロック（一七七一―一八三七年）は、生後八カ月の時に疱瘡の後遺症で失明した。とは言え、ロックさえも、所謂「特殊教育法」を必要としたわけではない。前世紀の裕福な盲人たちと同じように、ロックも本を人に音読してもらうことで勉強し、また、自分自身で試行錯誤を重ねながら、目が見えないことを乗り越える「ささやかな方法」を発見した。ロックは、盲人労働者学校がキャンズ・ヴァン病院に合併された直後にヴァランタン・アユイが創立した盲人博物館を訪れ、そこでアユイが二〇年以上にわたって実践して来た教育のツールを発見することになるが、それはずっと後のことである。しかし、イザーク・ロックは同世代のプージャンよりはるかに、他の盲人たちの運命に共感と関心を持っていた。彼は、一八二八年、「盲人の人生を改良するよりよい方法を証明する仕事[22]」に与えるための賞を創設した。そうした仕事自体が少なかったため、賞の選考は毎年次の年に繰り越されて、一八三七年には取りやめとなった。同じ年、賞が取りやめになる直前の三月九日、短い闘病の後にロックは死んだ。この賞の選考委員はキリスト教道徳協会の会員が務めていたが、ユージェーヌ・ニボワイエの『盲人教育について』という著書を金賞に選んだ。マリー・アメリー王妃とアデフイド公妃が手ずから、著者に賞を授与した。

このように、科学や文学の分野で高名な著書をものしたことで、死後まで高い評判を博した盲人たちがいた。付け加えるならば、その中には一人の女性もいなかったことがやや気になるところである。[23] しかし、全く高名ではなかった富裕階級の盲人たちは、さらにたくさんいたことであろう。彼らの人生は、怠惰なものだったにせよ、勤勉なものだったにせよ、あるいは幸福だったにせよ、不幸だったにせよ、死後何の足跡も残さなかった。もちろん、不運な事件に見舞われたり、一八世紀末の政治的な動乱によって財産を失い、施設に収容されざるを得なかった一部の富裕盲人を除けば、であるが。後者のカテゴリーには、我々がキャンズ・ヴァンの資料の中に見つけた貴族の娘の例がある。執政政府から第一帝政に続く時期において、施設に収容された三十歳の女性、ピエレット・ド・ラ・フォランシュである。彼女の父親はサン・ルイ騎士勲章に輝いた騎兵隊隊長であったが、大革命で財産を失い、一八〇八年に八十歳で死亡した。天涯孤独のうちに残された娘には頼りになる財産もなく、一八〇八年に父親が死ぬとすぐに帝国盲人施設[24]への入所申し込みをせざるを得なくなった。しかし、受け入れてはもらえず、一八一三年にもう一度申し込みを繰り返している（それでも受け入れてもらっていない）。

さらにもう一人、無名の富裕盲人の例を挙げるならば、我々が同じようにキャンズ・ヴァンの資料の中に見つけた二十五歳の独身青年、ジャン・バチスト・ジロがそうである。ジャン・バチストの家族は「サン・ドミンゴ諸島に領地を持っていたが、黒人奴隷の暴動によって見捨てざるを得なくなり、フランスに逃げて来た[25]」。彼は十四歳の時に失明し、キャンズ・ヴァンに入所申し込みをした。しかし、受け入れてもらえず、一八一三年と一四年に申し込みを繰り返した。最終的に彼の入所は認められなかったようである。また、このような破産の憂き目にあった盲人の一人に、ナンシーの若い女性テレーズ・アデル・ユッソンがいる。彼女は一八〇三年、比較的裕福な職人と商売人の家庭に生まれた。彼女が二十一歳の時、両親が破産した。その翌年、キャンズ・ヴァン所長に宛てて、彼女は自筆の論考『盲人の心身状態についての考察』を送った。この論考は、おそらく入所申し込みに添えて提出されたものだろう。テレーズ・アデルの申し込みは即座に受け入れられた。それればかりか、毎年一五〇フランの外来者用扶助金を交付された。[26]

貧しい盲人たち

統計が全くないと言っても、一九世紀初頭のフランスの盲人のほとんどが労働者階級出身の貧しい人たちであったことは確かである。先天性の盲目であったか途中で失明したかによって、貧しいままに生き、あるいはさらに貧しくならざるを得なかった人々である。貧しい盲人が大多数であったのは、貧民階級が最も人数が多かったためだけではない。病気、非衛生な環境、栄養不良、事故などの失明の原因が最も蔓延していたのは貧民階級だったからである。その多くが家族の扶養のもとで生きていた。もちろん、その家族が「無駄口」を養うだけの余分な収入があった場合の話であるが。あるいは、福祉事務所を通して、自宅介護の扶助金をもらうこともできた。または、パンや野菜のスープや衣服といった慈善、あるいは等価価値材での生活保護を受けることができた（当時、金銭での扶助を受けることができた貧民は、盲人と老齢者のみであった）。

その他の盲人は、昔からしてきたように、渡り歩く仕事で生きていた。放浪の唄うたい、音楽家、動物曲芸師、巡回の研ぎ師、行商人、占い師や宝くじ売りなどである。こうした職業はキャンズ・ヴァン入所申し込みの書類の中にも記載されている。例えば、三歳で失明したという四十歳男性、ジャン・バチスト・ドグレは、イヨンヌ県のジョワニー村に住んでいた。一八〇八年八月には、彼が一七九五年以来キャンズ・ヴァンへの入所希望者リストに名を連ねていることを証明する村長の手紙とともに、「ヴァイオリンを弾くしか生計を立てる道がなく、それでは妻子を養うことはできない」[27]ことを訴える手紙を送っている。その他には、一九世紀のピトレスク大衆小説や、地方や外国からの観光客が残した一九世紀初頭のパリ見聞記録に現れて「有名人」となった大道芸人がいる。一九世紀の版画画家たちは彼らの姿を記録した。大道のピアノフォルテでソナタを演奏している盲人は版画に描かれ、コッツェビュが回想録に記録した人物である。

「五感のうち最も大事な視覚を失ったかわいそうな人にまた出会った。彼は道に座り、安物のピアノを前にして全力でソナタを弾いていた。観衆はいくらでもいるのに、ピアノに掛けられたアルミのコップに同情の小銭が投げ込まれることはほとんどなかった[28]。」

版画家デュプレシ・ベルトーは、このピアノ弾きが当時の有名な音楽家に囲まれているところを描いた。ピアニストのプラデール、ペルスイとエルヴィウーというオペラ・コミック座の二人の歌手が、共和暦一〇年収穫月《メシドール》五日（一八〇二年六月二四日）にマドレーヌ大通りで、彼のために即興コンサートを開いている場面である。エルヴィウーの妻が観衆の間を募金にまわっている[29]。この絵が描かれた一〇年あまり後には、画家アントワーヌ・ピエール・モンジャンが、一八一四年のサロンのために、唄うたいでありヴィオル弾きの盲人フレロンの絵を描いた。この絵をもとにして、ゴドフロワ・アンジェルマンが一八一六年にリトグラフを作った。その題名は、当時流行っていたロマンスにちなんで『犬と盲人』というものだった。絵にもリトグラフにも、ロマンスの数節が挿入されていた。版画には、楽譜の一頁目に書かれているのと同じく、「盲人支援基金のために一枚二フラン」という値段がついていた[30]。

その他に、「幸福の盲人」と呼ばれたフィリップ・フランソワ・ベランジェがいる。元木工職人であり、キャンズ・ヴァンに住んでいた。彼は国民宝くじ売りとしてパリジャンによく知られており、特に、一八〇五年巷を騒がせた犯罪事件の犯人として有名になった。この事件は共和暦一三年収穫月《メシドール》九日（一八〇五年六月二八日）にグレーヴ広場で執行された絞首刑で終わりを見た。版画家はこの事件をいち早く主題に取り入れ、「死刑の日のコンシェルジュリー監獄におけるベランジェの顔の忠実な写生[31]」を後世に残した。

上記の貧しい盲人たちはほとんど物乞いとすれすれの「商売」を営んでいたと言える。「唯一の持ち物であったあばら屋を売り、そのお金で携帯オルガンを買った」ジャン・バチスト・ローランスという盲人などは、一八〇八年の物乞いを禁止する政令発効において、「物乞い、あるいはもっとひどい状態に甘んじているだけの不良市民と混同される」[32]ことに強い反発を見せた。しかし、その一方で失明する前の職業を維持していた盲人たちもいた。例えば、共和暦九年にキャンズ・ヴァンに入所申し込みをしているアンドレ・シコという盲人がそうである。彼は二十四歳の時に完全に失明したが、その後も以前と変わりなくリヨンで帽子作りの仕事を続けていた。「共和国の部隊」の帽子の飾りを作ったこともある。しかし、共和暦六年末以来「予測不可能な信じられない出来事が相次いで、すっかり財産を失ってしまった」ので、パリのキャンズ・ヴァンに場所を求めざるを得なくなった[33]。

シャルル・ジャン・フランソワ・ヴァレも同じケースである。ヴァレは一八一四年三月三一日にキャンズ・ヴァンに入所申し込みを提出している。申込書類に添付された『盲人ヴァレ氏考案による光学ガラスの使用方法についてのルーアン科学・文芸・芸術アカデミー報告書』の記事によれば、ルーアンに住んでいたヴァレは、「視力を完全に奪われていたにも拘わらず、それまでと変わらぬ見事な手際でガラス製造および工業化の仕事を成し遂げていた」[34]。不幸なことに、「近年の状況に強いられて」、「仕事に必要な道具のみならず、基本的な材料すら手に入れる手段を失い」、「恥ずべき貧民の地位にまで身を落とす」はめになってしまった、と報告書は語っている。彼は、ルーアン市の福祉事務所から毎週の生活保護を受ける身になっていた[35]。

芸をせず、職も持たず、ただ物乞いだけで生きている盲人たちの数はもっと多かったことだろう。革命勃発とともにフランスでは物乞い禁止令がたびたび出されたにも拘わらず、彼らにはそれ以外に生きる道はなかったのだから。パリとパリ近郊の盲人の物乞いについては、ビセートル病院とサルペトリエール病院に残された文献にその足跡を確かめることができる。物乞いたちは、この二つの病院に「警視総監の命により」収監された。あるいは、サン・ドニ

県やヴィレール・コトレ県の救貧施設の資料にも彼らの消息が確かめられる。(36)

富裕階級の盲人たちは家族のもとで生きることが多かった。もし独り身だったとしても、十分に家政を取り仕切ってくれる召使いに囲まれていた。それほど豊かではなくとも、極貧ではない盲人たちは、周囲に精神的な支えと必要な物質的援助を求めることができた。(37)一方で、キャンズ・ヴァンへの入所申し込み書の文献を見れば、貧しい盲人たちはしばしば社会から孤絶していたことが分かる。伴侶に去られた男女や孤児、寡夫や未亡人、あるいは戦争で家族と切り離された人々である。貧しい盲人の孤立の例を二つ挙げよう。最初の盲人は、一八一二年に申し込みをしている五十二歳の女性マリー・ジュリアンヌ・ペトレ（旧姓ブラン）である。二年前に失明し、その治療のために貯蓄を使い果たした。元兵士で日雇い労働者だった夫は「負傷がもとで」亡くなっていた。息子は「大変喜んで」軍隊に仕えており、何年も帰ってこない。二度も戦争の犠牲となったこのかわいそうな女性は、盲目となっても支援も助力もなく、「介護をしてくれる家族も皆無(38)」となっていた。

もう一人は、テレーズ・ジャクリーヌ・パランである。ブーローニュ・シュル・メールに生まれ、生まれた時から盲人だった。父親は「名誉の戦死を遂げ」、祖母に育てられた。祖母は「兵士の夫と二人の子供がいる伯母の世話もしていた」らしい。彼女には他にもう二人の伯父がいて、両方とも「皇帝陛下に仕える軍隊」の一員であった。一八〇九年に彼女が内務省大臣に宛ててしたためたキャンズ・ヴァン入所願いには、ブーローニュ・シュル・メール市長の推薦書が添えられている。


「祖母が亡くなって以来、パラン嬢にはもはや誰一人身の回りの世話をしてくれる家族がいません。このような女性を一人で置いておくことの危険［市長はここを強調している］を考えてください。この町には兵隊、船乗り、外国人が溢れています。この若い女性は［二十一歳であった］何一つ生活の資を持っておりません。(39)」

戦争のために家族の支えを失い、祖母を亡くしたテレーズ・ジャクリーヌ・パランの入所願いは、天涯孤独の障害者を待っていた運命[40]について多くを語るこの手紙をもってしても聞き入れられなかったようである。

パリでは、こうした不幸な盲人たちの多くが悲惨と孤独の中に生きていた。キャンズ・ヴァンが駄目ならば、最終手段であるビセートル病院かサルペトリエール病院に行く道しか彼らには残されていなかった。これらの病院はまさしく監獄と呼ぶにふさわしい場所だったが、それでも自ら入所願いを提出する盲人が後を絶たなかったのである。ビセートルとサルペトリエールでは、神経疾患を病んだ者そうでない者を含めたあらゆる年齢層の盲人が、老齢者、慢性病患者、その他の障害者と一緒になって生活していた[41]。社会から孤立している人々はこの施設のうちいずれかに入所することができた。それは彼らの意志ではなく、物乞いの現行犯で捕まった場合や、オテル・デュー病院ないしはその他のパリの貧窮施設以外身を隠す場所を持たない人々をビセートルかサルペトリエールに送還することを命じる共和暦一〇年収穫月《メシドール》六日（一八〇二年六月二五日）法と共和暦一一年牧草月《プレリアル》二六日（一八〇三年六月一六日）法が適用された場合であった。オテル・デューでは、治療や手術の試みが終わり、それでも健康状態が回復しないまま無用にベッドを占領している盲人たちを、これ以上置いておくことはできなかった。これら盲人の多くは、白内障の手術が不成功に終わった多くの人々や、膿性眼炎や事故から発生した感染症によって失明した人々であった。ここに一人の例がある。一八一二年六月に二十六歳だった孤児で独身の青年ピエール・マルタン・パイエは、「六カ月にわたる病気の結果、完全に視力を失い」、「一八一二年一月四日にシャリテ病院にやって来」ていた。「何一つ生活の資を持たない」この青年は、「シャリテから追い出される寸前に」あった。「なぜなら、病院では治癒の見込みのない患者には出て行ってもらうことになっている〔傍点筆者〕[42]」からだった。ピエール・マルタン・パイエは同じ状況の盲人たちよりも運がよかった。彼は一八一七年、キャンズ・ヴァンに入所を認められた。

別種のカテゴリー、戦傷による失明軍人

病院に入っている盲人たちの中には、革命期や第一帝政の数々の戦争で負傷し、失明した人々がいた。彼らはアンヴァリッド軍人病院にいた。エジプト眼病の患者と、結局実現しなかった彼らのキャンズ・ヴァンへの収容計画については第三部で述べた。アンヴァリッド軍人病院[43]とその入院患者は、いろいろな意味でフランスの病院の中でも特別の待遇を受けていた。

アンヴァリッド軍人病院は戦争省の直轄にあり、他の病院に比べてとりわけ豊かな財政を誇っていた。運営部は院長(同時に軍隊の師団長でもあった)、副院長、それから財政監督の三人で構成されていた。運営員委員会ももちろんあり、そこでの院長の権限は強かった。キャンズ・ヴァン運営部とアンヴァリッド病院運営部の給料を比較するとどうなるか。一八一〇年九月二八日付法令でキャンズ・ヴァンの会計課は総合監視員(その後「総合会計監視員」と呼ばれた)の管轄下に置かれた。総合監視員の給料は六千フランとされた。一方、一八一一年三月二五日の組織政令により、アンヴァリッド軍人病院の院長には五万フラン、副院長には二万五千フラン、財政監督には一万五千フランの定額給与が保証されていた。ちなみに、同時期のキャンズ・ヴァン運営部付き計理士の年収は四千フランであった。

アンヴァリッドに入院している患者たちもその他の病院に収容された障害者に比べてはるかに特権的な状況にあったが、その特権は、一兵卒であるか、下級将校であるか、将校であるかという位によって異なっていた。戦場で片目を失った兵士は、腕や足をなくした兵士と同じく、名誉中尉の位を授与される原則だった(もちろん現実には常に適用されなかったにせよ)。両目を失明した兵士は、これも「原則として」、名誉大佐の位を授与された。つまり、理論的には、失明した兵士たちは皆、(一級ではないが)将校に昇格することになっていた。また、一八一三年以降、失明した傷痍軍人のために、すでにあった金銭および物質的な扶助に加えて、特別な恩給制度が設けられた。アンヴァ

リッド軍人病院に入院していたほとんどの患者たちがこの恩給を受け取っていた。しかし、軍人に与えられていた一番大きな特権は、やはり質の高い医療であろう。アンヴァリッド軍人病院では、高い給金をもらって勤務している医者、外科医、薬剤師から、最高の治療を受けることができた。一方、一八〇〇年から一八二七年までキャンズ・ヴァンに勤めた外科医ベリヴィエの年収を見れば、第一帝政時代には八〇〇フラン（つまり、アンヴァリッド最下位の外科医の年収より四〇〇フラン安い）という低いものだったことが分かる。同じ頃、アンヴァリッドの臨床部長と外科部長はそれぞれ六千フランの年収を稼いでいたのである。

このようにフランスでも唯一の制度であるアンヴァリッド軍人病院に入院している、片目あるいは両目を失明した傷痍軍人たちの存在が、民間施設における盲人あるいは弱視者と晴眼者の間の区別をさらに強調したことは確かである。軍人たちの失明は戦傷がもとになっているのみならず、軍隊の厳しい生活規律とも関係があった。その上、ナポレオン時代の遠征における軍隊での介護の不在、衛生管理部の無能力などへの反省が加わって、傷痍軍人たちのフランスでの立場は非常に特別なものとなっていた。失明した軍人もまた、視覚障害者の中で特別なカテゴリーとなったのである。もちろん、その他にも彼らを特殊な階層としている要因はある。男性だけで構成されたグループであるとか、アンヴァリッド軍人病院の特別な編成などである。しかし、ここでは軍人の失明が特別な配慮を受けていたと述べるにとどめよう。一八世紀の退役軍人についてはジャン・ピエール・ボワの研究書があるが[44]、一九世紀の傷痍軍人（その中に失明者も含める）も、それだけで分厚い本になる素材であろう。

次のことだけを述べて終わりにしよう。一八一一年から一八一六年の間に「アンヴァリッド軍人病院本部と支部に収容されたアルファベット別傷痍軍人リストを含む」二四冊の記録[45]のうち一〇冊を調べた結果、目の問題で入院していた者（片目あるいは両目の失明、弱視など）の数は二〇六人にのぼっていたことが分かる。二〇六人中七二人についてのみ、目の問題の原因が記載されている。七二人のうち、三一人までもの障害の原因が病気であることは興味深い。大多数と予測された負傷者はほんの四一人にすぎないのである（そのうち二人は爆発事故による失明である）。同じことは、二〇六人の目に関連した障害を持つ傷痍軍人の一〇二人までについて言える。彼らの症状は、主にリューマチ痛、脚の痛み、激しい動きの結果起こったヘルニア、胸の病などから来るものであり、直接の戦傷を原因としている場合はむしろ少ないのである。

アンヴァリッド軍人病院の入院患者の特徴として、もう一つ目につくのは、多くの人が比較的まだ若いことである。「疲弊し」、「ボロボロになった」、「年老いて」、「擦り切れた体をした」という記述で記録に残る軍人たちは、実はそれほど歳をとっていなかった。例えば一八一二年八月六日にアヴィニョンの軍人病院に収容された前線歩兵師団第五部隊長であったリュック・ビエルネ・バイヤンである。彼の入院時の年齢は二十六歳であったはずだが、記録に残る人物記述はこうである。「失明しており、その上リューマチ痛に常時悩まされ、かつ戦争によって疲れ果てている［傍点筆者］[46]」。しかし、バイヤンが任務についていたのは、ほんの「五年七カ月一〇日」という短い時間なのである。こうした「戦争の疲れ」の表現については、一八世紀に関して、歴史家アルレット・ファルジュが見事な解釈を展開した[47]。この表現は、共和国から第一帝政にかけての時期、フランスの兵士たちが経験した堪え難い軍隊の生活を表しているものだろう。栄養不良、強制歩行移動[48]、厳しい気候状況、衛生観念の不在、そして様々な病気[49]が蔓延していた軍隊の生活は、おそらく戦場での負傷以上に多くの犠牲者を生んだであろう。『エジプト遠征回想録』を書いたモワレ大佐が何度も述べているように、この遠征は、灼熱の砂漠を突っ切る苦しい行進、喉の渇き、空腹、睡眠不足に苛まれる経験、そして何よりもペスト、悪性の熱病、伝染病、そして有名なエジプト眼病の脅威の連続であった。モワレは言っている。「この眼病はエジプトでは実にありきたりの病気である。それで、この国のことを『盲人の国』と呼ぶのだ[50]」、と。

第11章

一八〇〇年から一八三〇年代にかけてのフランス社会における盲人のイメージと文学的表象

一九世紀前半フランス社会にいた盲人たちは、失明の原因が何であろうと（はっきり分かっていない場合が多かった）、その数が何人であろうと（判明していない）、富裕であろうと貧しかろうと、高名でも無名でも、皆一様に当時の社会が持っていた盲人についての考え方、イメージ、つまり表象といったものを通して知られていた。以下では、こうした表象を伝えるテキストを概観してみよう。様々なジャンルに属し、異なる目的を持つ文献の数々である。

現実社会の記述

富裕階級に生まれ、教養を積んで、高尚な学術書の著者となった盲人たちは、同時代の人々の尊敬と賞賛を受けていた。彼らは、また当時の感受性にぴったりと沿う家族愛の手本のような存在でもあった。一方、労働者階級の盲人たちについて書かれた文献には、盲人は自分自身にとっても社会にとっても有用な人間たることはできないという、昔からの揺るがない偏見が到る所に見られる。これら正反対の内容の文献には、ピエール・ヴィレーの語る「盲目への偏見」が全く違った二つの姿で現れているという気がする。しかし、文献解読には慎重を期さなければならない。それぞれの文献は、書かれた目的によって、その形と内容を変えるものだからである。

まず、ある人の「経歴覚え書き」なる文献は、特にそれが「弔辞に代えて」と明記されている場合、確実に賛辞の部類に入ると考えてよい。この種の文献には過度な賞賛の言葉があってもおかしくないので、書かれていることをそのまま受け取るわけにはいかない。我々にとっての賛辞の有用な使い方は、まず描かれた人物像について盲目に関する部分だけを批判的に検討し、賛辞の作者の言葉を分析して、当時一般的に流通していた盲人特有の資質についてのトポス（ありきたりの考え）を探り出すことである。例えば、盲人は優れて音楽的な耳、驚くべき記憶力、障碍を感知する生まれついての感覚などを持つとされてきた。こうしたトポスは、実際の盲人がどのように障害を乗り越えていたかを観察記述した部分にも十分響いている。もちろん、観察者にとってトポスを避けることは難しかっただろう。例えば、カンドールはフランソワ・ユベールが音楽への「計り知れない才能」と「生まれながらの嗜好」を保有していたと述べているが、これを単なる文飾的な誇張とは言えない。ユベールは若くして唱歌と和声の訓練を受けたが、その方法を見れば、彼に生まれながらの才能があったことは明らかである。

「彼はよい声をしていた。幼少時からイタリアの音楽に親しんでいた。彼がどのように音楽を学んだかは特記しておく必要がある。他の人々のよい手本になるかもしれないからである。彼の息子からもらった手紙にはこうある。『父は単に記憶だけでメロディーを覚えたのではありません[1]。グレトリーから受けた一二回の対位法の授業に加えて、和声について自己研鑽した結果なのです。父にある曲を教えるためには、まず曲の一小節のバスの部分を、続いて和音のつらなりを、最後にメロディー部分を聞かせました。メロディーを自分で歌った後、父は完全にこの音楽を把握していました。二度繰り返す必要はありませんでした。こうして最初の小節が終われば、次の小節へ移り、曲の最後まで同じ方法で教えました。こうして一度習っただけで、父は長い曲でも完全に覚え込み、最初から最後まで繰り返すことができました。教える側としては我慢強くある必要は全くありませんでした。とは言え、妹に助けられた部分も多かったのですが[2]。』」

一方、スタール夫人は小説『デルフィーヌ』で、フランソワ・ユベールとその妻マリー・エメをモデルにした登場人物ベルモン夫妻の姿を通して、当時の盲人に対するポジティブな「偏見」を浮き彫りにしている。夫妻を訪問したレオンスとデルフィーヌは、ベルモン氏の音楽的感性と才能について述べる。ここには、盲人自身の感情や彼らの音楽とのつながり以上に、スタール夫人が盲人と音楽について抱いていた気持ちが読み取れよう。

「父親はハープシコードの前に座って、圧倒的な才能と深い感性に満ちたプレリュードを弾いた。音楽の感興に身を任せる盲人を見る以上に感動的なことがあろうか。まるで、色とりどりの音や、その音が聴覚に与える印象によって、失われた感覚が戻って来るというように。目の見えない人は当然内気だから、自分の生活の困難について他人に語らない。まわりもできるだけその話題を避けようとする。しかし、盲人が物憂い音楽を弾くのを聞けば、その胸の奥に秘めた悲しみが伝わってくるようだ。音楽は、聞く人を疲れさせることなく心のうちを打ち明けるために、盲人が見つけた甘美な言葉なのだ。(3)」

次に来るのは、「貧しい盲人に関する記録」とでも呼べる資料だ。讃えるべき盲人の経歴を記した文献とは一八〇〇度傾向を異にし、また全く違った種類の読者に向けて作成された文献である。出典が施設や警察であることから、こうした文献は福祉団体の運営部や内務省の福祉施設・社会扶助部門に宛てられた報告書であることが多い。大衆の賞賛を喚起することが目的ではなく、施設に場所を求めたり、自宅介護を申し込むことが目的だった。そのため、「最悪の障害」の犠牲者である「被検者」が、完全に自立不能者であることを証明しなければならなかった。

例えば、全盲はキャンズ・ヴァンの入所条件であったが、前段でも見たように、当時の全盲の定義ははなはだ曖昧だった。入所願いに添えられた医者による全盲証明は、盲人が「一人で動くことができない」ことや「働くことができない」という概ね実生活上ないしは職業上の困難を基準として構成されていた。こうした証明書を作成していた医者、市町村の職員、名士の面々は、本当に盲人には一切の仕事が無理だと考えていたのだろうか。しかも、失明が何歳で起こったかも問わずに。現在の資料から彼らの認識の度合いを知ることは不可能である。とは言え、入所願いに記述された盲人たちの生活状況は、この種の書類にありがちな哀れを乞うための誇張を考慮したところで、実に劇的で、悲惨なものである。(4) おそらく、労働者階級の盲人に関する資料を見る限り、盲人には仕事ができないという共通の一般理解（盲人自身もそう言っている）の裏には、当時の社会が抱えていた無力感が隠されているように思われる。「失明するまで真面目な仕事人であったのが、突然視力を奪われて、同時に生活の資も奪われた」(5) 人々に対し、何の解決手段も与えることができない社会の無力感である。

この点を証明するために、一八〇九年の書類を引用してみよう。この書類は、共和暦九年の規定を適用し、八年の学業を終えた一定数の盲人生徒たちにキャンズ・ヴァンの場所が与えられることを要求して、同病院運営部が内務省大臣に提出した報告書である。この手紙は、若く貧しい盲人の男女にとって(6) 自分の手一つで生活を支えるなどできないこと、よって「彼らの生活習慣をよく知り、彼らの必要とするものをわきまえた」(7) 施設の保護がなければ生きて行けないことを綿々と述べている。手紙の作成者たちは、行政の立場からだとはしても、若い盲人たちを八年間の就学期間を通じて観察する機会を持ったはずである。それなのに、「若い盲人たちは、どれほど勤勉で、どれほど優れた教育方法によって育てられようと、（…）結局他人の世話なしに生きることはできず、職業の選択も限られており、自分の手で確かな生活の保証を築き上げることなどできないと、（…）経験からも分かっている」(8) と真剣に言っているのだろうか。おそらく何人かは本気でそう思っていたに違いない。例えば、共和暦八年霧月《ブリュメール》五日（一八〇四年一〇月二七日）付けで内務省の福祉施設総監に任じられたシカールがそうだっただろう。しかし、手紙に名を連ねるマチュー・ド・モンモランシー、ガルニエ（帝国最高裁判所主任書記）、デムニエ（下院議員）、マリュス（第一師団監査指揮官）については、彼らがどう思っていたのかは分からない。

唯一確かなのは、学業を終えた盲人たちに職を探すための組織や、それ以上の保護を与える擁護団体は、当時のフランスには一切なかったことである。(9) 訓盲院が、その短い歴史の中でどれほど多くの困難に直面して来たかを考えると、同種の学校をもう一度創立するなど、誰にとっても考えの及ばないことだったに違いない。また、すでに述べたが、さらに悪いことに、共和暦三年テルミドール法にあった訓盲院卒業生のための自立資金支給の項目が、この頃には削除されていた。「福祉という職業に拘束された」[10]キャンズ・ヴァン運営部は、公権力が福祉施設に要求していたことに応えるため、[11]教育を受けたところで貧しい盲人は結局生活保護を受ける身であることは変わらない、という使い古された議論を持ち出したものだろう。その方が、政府に決定の見直しを求めたり、施設の編成や教育内容を刷新したりするよりも簡単だったのだろう。ちなみに、キャンズ・ヴァン運営部の博愛家たちは、「光を奪われて生まれ、幼少期から国家の養子として生きるしか道がなかった子供たちへの特別な慈愛」[12]を持って、「盲目児童の学校」国営化の原則を遵守するエリート層であった。彼らは当然のごとく、物乞い撲滅を目指していたが、同時に、労働者階級の生活を不安定にしている根本的な経済問題の原因には無関心であった。よって、収入不足による貧窮から「被護者」を守ることが博愛家たる彼らの任務であったにせよ、だからといって、貧民救済扶助というこれまで成果を発揮して来た唯一の方策を見捨てて、盲人の自立を信じる気など毛頭なかったのである。

「確かに、盲目の生徒にとって彼らのために考案された教育ほど、国家の包容力と慈善の精神を示すものはありません。仕事を持つことで、どれほど彼らが慰められているかは計り知れません。とは言え、収入がおぼつかないことは変わりがなく、やはり盲人には養護施設が必要です。もちろん、例外もありますが、ここでは細かく述べません。収容される盲人学校の生徒数はかつてと同じに戻すべきであると考えます。（…）盲人である限り、彼らは必ず養護施設に入る権利があるのです。[13]［傍点筆者］」

これは、盲人たちのキャンズ・ヴァン入所申し込み書類にあるのと同じく、定型化された理屈である。手紙の作成者が実際思っていたことと合致しているかどうかはともかく、行政側にとって受け入れやすい理屈であった。つまり、内務省「貧民救済施設課」の課長であったバルヴィエ・ヌヴィル、同省の主任書記であったデジュランド、そしてキャンズ・ヴァン運営部が申し込んでいる措置についての唯一の決定権を握っていた内務大臣その人にとっては[14]。キャンズ・ヴァン運営部と行政側はこのようなもっともらしい議論を交わすが、彼らの作り上げた理論には穴がある。「もちろん、例外もありますが、ここでは細かく述べません」。例外とは、誰のことを指して言っているのか。「かつてと同じ数に戻すべき」と彼らが主張する「盲人学校の生徒たち」とは、例外を除いた一般生徒なのか。そうである。当時、アユイ自ら教えた第一世代の生徒たちに続く第二世代が、八年の学業を終えて、これまでになく理系文系の教科それぞれに強く、加えて芸術的な才能を十全に備えた優秀な復習教師を生み出していた。もちろん、行政側の施設責任者たちも、第二世代の勉学における成功を伝え聞いていたはずであり、この点を看過しなかったはずである。しかし、運営部は「詳しく」述べようとはしなかった。なぜなら、「神が望んだことであっても、期待を生むべきではなかった生まれつきの盲人の教育[15]」が、確かな成功をもたらすことを証明するわけにはいかなかったからである。このために、運営部は幾人かの生徒の目覚ましい成功を知りながら、その数が限られていることだけをほのめかし、議論を避けているのである。また、これら生徒たちが、数が少ないことのみならず、「個人的に特別な能力を備えた特別な者たちである[16]」ことも強調している。例外は常に、多数に適用される規則を補強するにすぎない。ヴァランタン・アユイの訓盲院は労働者階級出身の盲人を教育する学校として創立されたのだが、この学校の貧しい生徒たちがキャンズ・ヴァン病院に場所を求めるという事情においても、状況は全く同じだった。

しかし、行政や慈善の専門家たちの意図がどうであれ、貧しい盲人たちの社会参加を妨げる偏見は次第に崩れていった。それは、ひとえに「例外的な」生徒たちのもたらした成果ゆえであった。というのも、盲人労働者学校の復習教師第二世代となった生徒たちのおかげで、貧しさと障害にも拘わらず、教育によって盲人の能力も向上することが証明されたからである。彼らは、第一世代の生徒たちのように芝居じみた実技披露をする必要はなかった。与えられた職業に精通し、専門家の限られた枠を超えて認められる仕事をこなすことによって能力を認められたのであり、また、訓盲院の貧しい生徒たちの手記を刊行することによってその名を知らしめたのであった[17]。

とは言え、盲人生徒たちの手仕事による収入はささやかなものであった。また、彼らの家族は貧しかった。そして、政府や公機関の福祉責任者たちは、社会扶助によってしか彼らを支援しようとしなかった。こうした事情が重なり、多くの復習教師たちは、キャンズ・ヴァンに入るか、自宅介護の給付金を求めるしか道がなかった。ジャン・フランソワ・ガリオがよい例である。彼は、一七八七年に十歳で訓盲院に入学し、一八〇一年九月には、同じく音楽教師であった盲人の妻とともにキャンズ・ヴァン第一級盲人の仲間入りをした。一八〇六年、かつて施設の盲人の時間割に含まれていた音楽の授業が再開した時、キャンズ・ヴァン総監督のポール・セイニェットは、ガリオをその責任者にした。ガリオはその後、キャンズ・ヴァン音楽監督となり、施設内オーケストラの指揮者となった。彼はそこで、調和のとれた音楽を生み出した。一八一五年から一六年にかけて、キャンズ・ヴァンは再度独立採算化された。その三年前に施設内児童聖歌隊の音楽監督に任じられていたガリオは、引き続きキャンズ・ヴァンにとどまった。この時期、彼は器楽用ミサのためのオーケストラを再編成している。ガリオ自身も作曲した。彼は、盲人音楽家のために、線状に浮き出した文字や数字で音符を表現した音楽表記法を考え出した。この表記法は、その後五〇年にわたってキャンズ・ヴァンの聖歌隊が用いるところとなった。ガリオの生涯はまさしく完全な音楽家かつ教師のそれであり、彼の名声はキャンズ・ヴァンの外にまで響いた。彼が施設の外で教えた生徒たちの中には、コンセルヴァトワールで優秀な成績をおさめた者もいた。とは言え、一八六二年一月一六日に亡くなるまで、彼自身は一生キャンズ・ヴァンの住人であった。

ガリオと反対に、ジャン・バチスト・パンジョンは施設の外に出てキャリアを築いた。彼は一七九七年に十五歳で盲人労働者学校に入学した。学業の成果は目覚ましいものだった。その能力ゆえに、特別施設を出てアンジェのリセで教えることになった。一八一〇年には、同リセで超高等数学の教諭に任命された。パンジョンの例は同級生に大きな刺激を与えた。彼は学業優秀であったため、一八〇六年にはキャンズ・ヴァンから一級盲人として認められたが、結局施設に戻ったのは退官後の一八四〇年のことであった。パンジョンが再び施設を出るのは一八六四年、死の数カ月前である。彼には二〇〇フランの自宅介護補助金が支給された。

さて、当時の旅行者の記録やピトレスク文学には盲人行商人の姿がよく出て来るが、これらの多くはジャンルの法則に従って紋切り型のイメージを含んでいる。その例としては、先にも挙げたコッツェビュの見聞録からエチエンヌ・ド・ジュイ、そしてルイ・プリュドムの『鏡』からJ・B・グーリエの『有名人の肖像』がある。実在した人物についての記述ばかりとは言え、慎重に検討しなければならない文献ばかりである。しかし、まず共通の特徴として言えることは、一九世紀初頭にはまだ、文献の作者たちが町中に溢れていると証言する盲人の物乞いに対する皮肉や中傷はなく、むしろ好奇心や同情の方が強かったということである。貧しい盲人に対する否定的なまなざしが主流になるのは、一八四〇年代以後のことである。一九世紀初め、ルイ・プリュドムはこう言っている。「パリの町には盲人の浮浪者がたくさんいる。不幸な彼らを見て、同情を覚えない者があろうか。盲人たちはリボンでつながれた犬を連れており、犬は主人の命令に素直に従っている[18]」。同じ頃、コッツェビュもまた、同じ感慨を抱いている。

「親愛なる友よ。(…)また一緒にお散歩をしましょう。(…)でも、悲しい思いで涙があなたの瞼を濡らすことがないとは言い切れません。ほら、かわいそうな盲人が見えませんか。清らかで悲しいメロディーを歌っています。その横には、彼に寄り添って離れず、道を案内する忠実な犬がつながれていて、その首輪についた鈴が時々淋しげな音を立てています。犬がいない盲人は、いろんな音色の小さな鈴がたくさんついた一種の車を細綱で引っ張っています。彼は声を張り上げて物乞いなどしないのです。時々、慈悲深い通行人が通ったかどうか確かめるため、目の前に置いた帽子をさぐるだけです。帽子の中にお金が入っていることはほとんどありませんが。[19]」

一八四一年、道端の盲人を見る目は明らかに変わっている。この年、マリア・ダンスパックが書いた『プリズム——一九世紀精神史の百科事典』にはこうある。

「パリの町は放浪の楽師で一杯である。(…)物乞いが禁止されているとは言え、彼らは一向に消えもしないし、捕まえられもしない。ピーピーと鳴るクラリネットを首にかけた盲人たち、延々と泣き言を繰り返すヴィオル弾き、人々に嫌悪される惨めな人生を歩み始めた男女両方の哀れな子供たち、乞食以外に彼らを何と呼べばいいのか。貧困は仕方がない。でも、それならばもっと自由に施しができるような方法を考えてもらいたい。少なくとも、このような物乞いたちに、神の本当の子供たちに与えられるべき施しを奪うような恥知らずな真似をさせないために。[20]」

これまで引用して来た様々な出典の文献(様々な覚え書き、行政書類、パリについての文学作品、またベルモン氏を登場させたスタール夫人の『デルフィーヌ』のようなフィクション作品)は、一九世紀のパリやその他のフランスの都市に実際に生きていた盲人たちを描いている。とは言え、盲人や盲目を描写する方法は決して客観的とは言えない。ステレオタイプを満載し、時には現実以上に盲目にまつわる偏見や一般的な恐怖感を伝えている場合が多い。

フィクション作品はどのように盲人を描いていたのか。一九世紀最初の三〇年間に書かれた戯曲と小説を見れば、様々な表象が浮かび上がる。喜劇の伝統における盲人の人物のイメージを踏襲しているものもあれば、啓蒙の世紀における盲目についての哲学的考察に刺激されて生まれた新しい知見と感性に則ったものもある。また、すでにロマン主義的な盲人のイメージを打ち出しているものもある。不幸に打ちひしがれながらも、余人には見えない世界を透視することができる劇的な登場人物である。

フィクション文学

それではこれから、共和暦九年（一八〇一年―〇二年）から一八三〇年までに書かれたフィクション作品に登場する盲人像を検証してみよう。もちろん、あらゆる作品を例にとるわけにいかないので、二〇作品ほどに絞ってみた。全て、一人ないしは数人の登場人物の「盲目」（実際のであれ、想像されたものであれ）を軸にストーリーが展開する作品ばかりである。まず、イザベル・ド・モントリューが書いた二編の小説。これらは、ドイツの小説を下敷きにした『ソフィー、または目の見えない娘』（一八一二年）、そしてイギリスの小説をモデルにした『若い盲人』（一八一九年）。それから、チュリー男爵夫人による一編の小説、『ルイザ、または小さな物乞い』（一八二九年）。この小説のヒロインの父は、かつての軍隊曹長であり、ナポレオンのロシア遠征で失明した老モランである。次に、子供のための教育草子をもとにした二編の短編小説、ギゾー夫人の『盲人』（一八二一年）、ローラン・ピエール・ド・ジュシュー（一八二七―二八年）の『若い盲人』である。ジュシューの小説のモデルは、おそらく『ソフィー、あるいは目の見えない娘』と同じドイツ作家の作品であろう。

その他の作品は以下である。アルマン・クロワゼットとシャトーヴューが脚本を書き、ルブランが音楽をつけたオペラ、『フランコンヴィルの盲人』（共和暦一〇年、一八〇二年）と、数本の戯曲。「大衆向け散文劇」である二本の感傷劇《メロドラマ》、クレニエによる『有名な盲人』（一八〇六年）とフレデリックによる『チロルの盲人』（一八〇七年）、そしてジュイが使い古されたベリゼールの主題をもとに書き、一八一八年に「テアトル・フランセで脚本読みは行われたが、上演はされなかった」五幕ものの韻文悲劇、最後に一ダースほどの喜劇である。これら喜劇は、バーレスクものからブルジョワ劇まで様々である。題名を挙げておくと、まず、F・P・Aレジェによる一幕もののヴォードヴィル『物乞いの盲人、あるいは賭けとしっぺ返し』(共和暦一〇年、一八〇一年)。これはクルトバルブによる笑劇『コンピエーニュの三人の盲人』の焼き直しである。[21] ヴォードヴィルの定義である「一八世紀のスカトロジックで卑猥な冗談から生まれた芝居」[22]にぴったりと合う戯曲である。それから、シャゼとモローによる『盲目のカッサンドル、あるいはアルルカンの合唱』。最後に、ルピートルによる『偽りの盲人』である。両方とも、共和暦一一年(一八〇三年)にパリで上演された。

これらに付け加えるべきは、一七一六年にテアトル・フランセで初演されたルグランの喜劇『よく目の見える盲人』が、同じく一八〇三年に再演を見たことである。長い旅から帰った壮年の男が、旅に出る前に結婚を約束していた未亡人の女性の変わらぬ愛情を試すために、旅行中に失明したと偽る話である。[23] また、モンタンシエ座で上演されたドルヴィニーの『二幕ものの茶番劇《フォリー》』に、三人の盲目音楽師が登場する。彼らは幼い少年に手を引かれて、婚礼の余興を申し出る。共和暦一二年(一八〇四年)には、ヴァリエテ・モンタンシエ座で、ジャクランとリゴーの「逸話風喜劇」、『盲目のピロン』が上演された。ヴォルテールの仇敵であったアレクシ・ピロン(一六八九—一七七三年)が晩年失明したことにちなんだ劇である。その後二〇年ほど経った一八二二年一二月には、テアトル・フランセでスクリーブとメレヴィルの恋愛劇『ヴァレリー』が初上演されたが、この劇はすぐさま二本のバーレスクなパロディーを生んだ。そのうちの一本は、デゾジエとアドルフの『オクリ氏、あるいは白内障』と題されるもので、もう一本はデュパンとヴァルネールによる『白内障』である。それぞれ、一八二三年の一月と二月に上演された。『ヴァレリー』はまた贋作も生んだ。カリオン・ニザとソヴァージュの『ヴァレリアン、あるいは盲目の青年』である。この贋作戯曲が生まれた経緯には、同年の四月に上演された。『ヴァレリー』の大成功があったことは明らかである。この戯曲の内容については後に詳しく述べるが、一八二三年の二月から一八二四年の七月にかけて、さらに四本の盲人を主人公とした劇が生まれたのも、この戯曲の成功がもとだった。その四本とは、カルムーシュとクルシーによる『二人の盲人』（一八二三年二月三日初演）、ブラジエ、ガブリエル、ジェルサンによる『モンモランシーの盲人』（一八二三年三月六日初演）、キュヴリエとカロンによる『偽の盲人』（一八二三年一一月二五日初演）、そしてブラジエ、メレヴィル、カルムーシュによる『三人の盲人』[24]（一八二四年七月二四日）[25]である。

こうした戯曲や小説の中で我々の興味を惹くのは、当時のフィクション文学作品において、盲人がどのように表象されていたかということである。そのために一番例として分かりやすい作品を選んで検討することにしよう。盲人は、古典的な田舎芝居のお決まりであるバーレスクな登場人物から、社会の偽りに欺かれる感傷劇の涙ぐましい主人公まで、いろいろに姿を変える。偽の盲人という典型も忘れてはならない。盲人の振りをすることで周囲の真の心を読み解こうとする人物である。他方、愛と科学の力によって奇跡的に目の光を取り戻す盲人という人物もある。時には滑稽に、時には感傷的に描かれるこのような人物像を通して、啓蒙主義哲学は一世紀以上にわたってその思想基盤を表明し続けたのである。

『盲目のカッサンドル、あるいはアルルカンの合唱』は、ヴォードヴィルが混じったパレード喜劇である。主人公カッサンドルは音楽好きでありながら、暴君的な父親である。彼は娘コロンビーヌをアルルカンにやると約束している。しかし、アルルカンがロシアに宝探しに出かけている間に失明してしまい、ジルという眼科医を偽る愚か者と懇意になってしまう。ジルはカッサンドルに本を読んでやる役目を引き受けながら、彼の音楽的な野心をかき立てる。カッサンドルはジルに丸め込まれ、アルルカンにした約束を反古にして、娘をジルにやることに決める。カッサンドルの旧友デュブルイユは一生懸命彼を止めようとし、娘はジルに嫁ぐ気はないのだが。最初のシーンは、アルルカンがロシアから戻って来たところから始まる。ジルが愚かで嘘つきであることを見抜いたアルルカンは、カッサンドルの目が見えないのをおなじみのやり方で利用し、まんまとライバルの裏をかくことに成功する。最後には、婚約者も取り戻すのだ。イタリア喜劇の伝統に従って作られたこの戯曲でも、盲目の登場人物は周囲に騙される人物として描かれている。カッサンドルはまずジルの甘い言葉に騙され、次にはアルルカンの策略に騙されるのだから。アルルカンは、婚約者の父に本当は席がないのにオペラ座に行くと思い込ませ、馬車であちこち引き回したあげくに自宅に連れ帰り、客間に集合させておいた楽師たちの演奏を聴かせるのである。ここで、カッサンドルの盲目《セシテ》は、彼のあり得ないような信じやすさにともなって、「心理的な盲目《アヴーグルモン》」の比喩として働いている。家庭では暴君でも、周囲の策略にころりと騙されてしまって、その弱さや好きなものをうまく利用しようとする人々の餌食になってしまう人物なのである。アルルカンの策略と、ただ一人彼を騙そうとしなかった旧友デュブルイユの誠実な態度が交錯する、この突拍子もないストーリーは、カッサンドルの心の目が開き、本当のことが見えるようになる、という結末で終わっている。

「一幕もののヴォードヴィル喜劇」と銘打たれた『偽の盲人』もまた、策略を筋書きとした物語である。ここでも騙されるのはヒロインの父親、クリソゴンとなっている。しかし、カッサンドルと違って、クリソゴン一人が騙されるわけではない。しかも彼は盲目ではない。彼は眼科医なのだ。眼科医だからと言って「炯眼」なわけではない。盲人を装い、ヴァルクールと名前を変えて、彼の家に住み込んだデルヴァルの息子の企みに気がつかないのだから。クリソゴンの旧友である自分の父親にそそのかされたデルヴァルの狙いは、美しいソフィーを手に入れることである。眼科医としてはあまり達者な方ではないくせに欲だけは深いクリソゴンは、躍起になってデルヴァルの息子が化けたヴァルクールを治そうとする。ヴァルクールは高い家賃を払っている上、娘にただで音楽の授業をしようと申し出ているのである。

盲人や盲目についての滑稽な表象について見れば、この戯曲は古い盲人像を斥け、より一般的な性格喜劇から筋書きを借りて来ている。例えば、無知で吝嗇な医者が笑い者になっているところや（特に眼科に騙り医者、ヤブ医者、不正直な医者が多いことは知れ渡っていた）、恋心から生まれる結婚を支持しているところなど、とは言え、父親のあつらえた結婚話を喜んで受け入れる息子という設定には、父の権威を傷つけない配慮が見られるが）である。戯曲が盲人の表象を特に強調していないからこそ、ソフィーは、ヴァルクールが盲人だと信じながらも彼に恋してしまうのだ。その反対が、一八世紀のルグランの戯曲を再演した『よく目の見える盲人』のヒロイン、レオノールである。若い未亡人であるレオノールは盲人と結婚しなければならなくなり、「恐怖」におののく。ソフィーは、デルヴァルの父の質問に答え、その息子が化けた「ヴァルクール」への恋心をこのように打ち明ける。

「**デルヴァル（父）**　ソフィー、秘密は守りますよ。だから言ってください。あなたはあの青年が好きなんでしょう。彼からも愛されているんでしょう。そうじゃないですか。何も言わなくても、あなたの沈黙が一番よく本当のことを語っていますよ。では、もう一つ質問に答えてください。彼は不幸な盲人です。それでも夫に選びますか。

ソフィー　目が見えない人だけに、もっと愛しますわ（……）

デルヴァル（父）（自分に）いい娘だな。（聞こえるように）でも、彼の傍にずっとつきっきりの人生になりますよ。

ソフィー　彼の慰めとなり、支えとなること以上に嬉しいことはありませんわ。[26]」

もちろん、ソフィーの愛が全く純粋というわけではない。彼女は、盲目の夫なら浮気をされることがないだろうと踏んでいるのである。また、『よく目の見える盲人』の盲人であるダモンは年をとっているが、ヴァルクールは青年である。それに、盲目ということを除けば、若い女性が恋人に望む全ての特質を備えた青年である。魅力的で心持ちは繊細であり、よい声をしていて姿もいい。その上、見えないながらも「きらきらした美しい目」[27]をしている。我々にとって大事なのは、このヴォードヴィル芝居の観客たちが、ヴァルクールの策略を知りつつも、ソフィーのうぶな恋心や献身の情に感動することができたのかどうか、ということである。別の言い方をすれば、観客はソフィーに十分感情移入することができたとしたら、それは単に一般的な恋心への共感からではなく、目の見える女性と見えない男性が結婚することすら当然であると認められるほどのものだったのだろうか。しかし、この疑問に答えることは難しい。なぜなら、一八世紀末から一九世紀最初の三〇年間の間にパリで上演された戯曲のうち、晴眼者と盲人の恋愛をテーマにしている作品は、ほとんど全て、盲人が視力を回復することで幕を閉じるからである。例えば、『偽りの盲人』がそうであるように、結末によって晴眼者と盲人の間の結合という仮説はすっかり振り出しに戻ってしまうのである。ともあれ、晴眼者と盲人の結婚はこれら戯曲の中心テーマではない。盲目は、恋人たちが真実の恋心や献身の情をお互いに確かめ合い、自己犠牲の精神を互いに証明するためのファクターにすぎない。とは言え、いかに劇場の観客が晴眼者と盲人の間の恋という虚構の筋立てに共感していたとしても、現実に同様の事態が起こった時、社会人としての彼らが寛容であったかどうか、それは分からない。フランソワ・ユベールの伝記作者が伝えているところによれば、ユベールの婚約者の父親であったリュラン氏は、将来の婿の失明が避けられないと分かった時点で、結婚を取りやめさせようとした。二人は、思春期の頃からすでに婚約していたのであるが。ユベールを愛していたマリー・エメは、成人するのを待って（当時の成年は二十五歳であった）自らの意志でユベールと結婚した。[28]

ともあれ、『偽りの盲人』は、バーレスクの伝統に依拠したその他の戯曲に比べて、盲目についてずっと前向きな内容であるとは言え、それでも、現実とはかけ離れたステレオタイプをなぞっていることには変わりない。

それとは逆に、ジャクランとリゴーの『盲人ピロン』では、主人公の盲目はずっと本物らしく描かれている。もちろん、この「逸話風喜劇」はアレクシ・ピロンの伝記的事実に基づいて書かれている。グリムの『文学書簡』には、一七七三年一月（ピロンはこの月の二三日に亡くなった）の日付にピロンについてのコメントが見つかる。「彼は十歳か十二歳の頃、完全に失明した[29]」と。しかし、『盲人ピロン』もその他の喜劇と同じく、欺く者が欺かれる筋書きである。

さてこの戯曲には、ナネットが出て来る。ナネットは、『測量マニア』の作者、つまりピロンの姪である。彼女は密かに音楽師カプロンと結婚している。カプロンは伯父の詩作品を歌にしている。二人はピロンを騙しおおせていると思っているが、老齢と障害にも拘わらず生き生きとした機知で同時代の賞賛を浴びていたピロンは[30]、すっかり全部見抜いている。彼はナネットとカプロンにいたずらを仕掛ける。人のよいピロンであるが、二人が彼を信用しなかったことを少し恨んでいるのである。彼はまず、ナネットを「毎晩窓の下に来て歌を口ずさんでくれる[31]」隣人のフォルヴィル氏に嫁がせるつもりであるかのように見せかける。それから、公証人を呼び、口述をするかと思いきや、歌を歌い始める。これが、ナネットとカプロンの前でピロンが歌う有名な遺言の詩である。

「理由は秘密だが、
ナネットには何もなし。
全部譲りたいのは、
カプロン夫人の姪なんだ。[32]」

芝居は大団円を迎える。最後の場面は、ピロンの旧友で若い恋人たちの相談役であった「カヴォー」座[33]の仕出し屋ランデルが用意した、美酒溢れるテーブルに皆が揃ってごちそうに舌鼓を売っているところである。

つまるところ、さほど込み入った筋立てもなく、軽いだけの喜劇である。しかし、盲人の描かれ方を検討する素材としては重要である。例えば、カッサンドルが鈍重で信じられないほど騙されやすい盲人として描かれているのに対して、ピロンは鋭い機知に富み、目の見えないのを補塡するその他の感覚を駆使して、周囲の策略の裏をかくのである。『盲人ピロン』の中で一番何も見えていないのは二人の恋人である。彼らは伯父を騙していると思っているが、伯父はこう言う。

「実際のところ、恋人たちほど盲目な者はいない、そうじゃないか、姪っ子や。[34]」

さらに、ピロンが生来持つ快活で楽天的な気性は、自己憐憫から彼を救っている。盲人の「快活さ」は、聾唖の悲しさと同様に、当時の紋切り型のイメージであった。とは言え、アレクシ・ピロンは生来朗らかな性格をしているように描かれている。例えば、恒常的な「退屈さ」に苛まれ、失明でさらに倦怠に陥るデファン夫人に比べ、ピロンは確かな性格の強さを持って障害を克服しているようである。決して運命を恨んだり、自分を哀れんだりせず、反対に自分より不幸な「兄弟たち」の身の上を気遣っている。ピロンは、ちょうどその朝やって来た「いつもはヴァンドーム広場の通り道付近のフイヤン・カフェのテラスにいる気の毒な盲人[35]」の願いを聞き入れて、彼のために歌を作るのである。

ここに浮かび上がるのは、裕福で、時には高名な盲人と、教会の戸口や公道で物乞いをしている貧しい盲人の間の対照である。現実において、彼らはお互いについてどのような感情を持っていたのだろうか。残念なことに、一八世紀についても一九世紀初頭についても、この点を明らかにする資料は残されていない。ただ、高名なプージャンが、盲人労働者学校の報われない復習教師ジャン・ドニ・アヴィッスに示した友情のしるしが思い出されるばかりである。

しかし、貧しく無名であったとは言え、アヴィッスは少なくとも教養ある人物であり、決して社会の最下層の盲人ではなかった。別な見方をすれば、出自からしても、受けた教育や身につけた教養の内容からしても、完全に啓蒙主義的哲学者の仲間であったプージャンが、自ら盲人でありながら、当時の上流社会の人々が表明していた貧しい盲人の教育という理想実現の運動に、無関心であったはずがない。ともあれ、プージャンの態度は決して、エリート層に属する盲人と物乞い盲人たちの間に「同じ不幸を分かち合う仲間意識」があったことを示すものではない。反対に、『コンピエーニュの三人の盲人』の諧謔的な盲人のイメージが繰り返し用いられたことからも分かるように、一九世紀初頭の一般社会において、盲人はまだ笑いの対象であり、ひいては軽蔑の対象であった[36]。おそらく、当時の「上流階級の」盲人たちは、こうした喜劇の登場人物たちに対して、同じ階級に属する晴眼者に対する以上の距離をとっていたことだろう。その一方で、同じ階級に属する晴眼者と盲人の間には、深い理解があったことも確かであるように思われる。例えば、一八世紀における、ヴォルテール、モンテスキュー、デファン夫人の間の交流がそうであり、あるいはフェフェル、ヴァイセンブルグ、パラディィ嬢の友情がそうである。

もちろん、社会階層が異なる盲人たちの間に共通するアイデンティティーの有無は、非常に重要な問題である。盲人アイデンティティーの意識は、一九世紀もさらに後になって、いきなり現れることになる。しかし、一九世紀初頭については、この時代の喜劇作品の登場人物を検討した結果として、以下の結論にとどめておこう。一九世紀初頭のフィクション作品における盲人のイメージは多様である。周囲に騙されるままになっている盲人はグロテスクとも言える姿をしており、恋する盲人は微笑ましく、老齢と障害の苦しみを乗り越える快活さを見せる盲人は好感を抱かせる。こうした盲人像のほとんどが、現実とはかけ離れている。唯一ピロンだけは実在した人物で、その行動は有名であっただけに、戯曲に移し替えられても、その人物像は必ずしも現実をゆがめたものではなかったかもしれない。

感傷劇《メロドラマ》という隅から隅まで定型化されたジャンルにおいては、人物像は厳密に固定されており[37]、筋書きは決して本当らしく進まない。この「大衆向け悲劇」は、総督政府最後の年[38]から大きな隆盛を見せた。メロドラマにおいて、盲人はもう一度闇の世界の代弁者となった。とは言え、中世演劇の伝統からは完全に解放されていた。盲人は笑うべき存在ではなく、「不幸な者」となった。不幸の責任の一部が自らにあったにせよ。例えば、一八〇七年三月一六日にゲテ座で初演され、一八一二年までロングランを続けたフレデリックの戯曲『チロルの盲人』の主人公、ホルスベルグ公エルネストがそうである。

エルネストは、彼の妻に懸想したインスブルック大公アストルフに卑怯な騙し討ちに会い、嫉妬と怒りで妻を刺し殺してしまう。妻の父親であるレッツ男爵の捜索を受け、息子アルマンとともに住んでいた土地を立ち去ることになる。彼らはフランスに逃げるが、そこで大病にかかり、命を取り留めた代わりに完全に失明してしまう。このオーストリア版グローチェスター公は、裏切り者を信用した愚かさゆえに、「彼と息子のパンを乞うために、国から国へと放浪する[39]」はめになってしまう。

戯曲は、事件の八年後から始まる。エルネストは「ボロを身にまとい、布袋と水筒を首から下げた」姿で現れる。「彼が無事に歩けるよう常に気を配っている[40]」息子に手を引かれている。エルネストは故郷に戻って来たところである。ヴォルセン村に向かう途中、彼が最初に出会う人物は勇敢なフィデマンである。フィデマンはかつて軍人であり、今は農家を営んでいる。エルネストとアルマンに施しをするばかりか、宿まで提供する親切な人物である。フィデマンはかつて、バロン男爵に仕えていた。さて、フィデマンのもとには、今はクロチルドと名乗る、エルネストの妻アルベルチーヌもまた隠れ住んでいる。アルベルチーヌは夫の刃に傷ついたものの、九死に一生を得たのだった。彼女は年取った召使いの助けを借りて密かに城を抜け出し、フィデマンに身柄を預けていた。疑われた妻は、自分の潔白を証明する日が来ることを願っている。彼女は死んでもいなければ、夫を裏切ったことなどない。しかしそのためには、大公の権力をほしいままにしているアストルフを罠にかけなければならない。その日が来るまで、アルベルチーヌはフィデマンのもとに、農家の娘の扮装で隠れているのである。

別れた夫婦はそれと知らずに出会う。失明したエルネストにはクロチルドと呼ばれる娘の顔は分からないし、アルベルチーヌの方も、エルネストがフランスに逃亡したことも失明したこともしらないので、フィデマンのもとにやって来た盲人の物乞いが自分の夫だとは想像もしない。アルマンと言えば、父親に故郷から連れ出された時はまだ赤ん坊だったため、母親の顔を覚えていない。彼は母が死んだものと思っている。同じ理由で、アルベルチーヌも、盲目の父親をかくも優しく世話している九歳か十歳の少年に、自分の息子の面影を見いだすことはできない。二人の人物だけが、こうしてお互いに見分けられなくなった夫婦が誰かを知っている。アストルフに雇われているスパイ、ブルツマンとゾーラーである。彼らは「大公とその妻と息子をとらえ、インスブルック城に連れ帰る[41]」ことを企んでいる。最初のシーンでは、ヴォルセン村で村祭りの準備が進んでいることが分かる。祭りには、インスブルックに向かう途中のアストルフ公とレッツ男爵も来ることになっている。行商人に化けたブルツマンとゾーラーは、祭りの騒ぎにまぎれて企みを遂げるつもりでいる。

もちろん、これから続く込み入った筋書きについてはここでは触れないが、劇の結末だけ述べておこう。裏切り者が罰を受け、フィデマンの献身と英雄的な行為のおかげで、ばらばらになっていた家族が再び出会うところで幕は閉じる。アルベルチーヌとエルネストは、レッツ男爵からも再び認められて、二人の息子アルマンとともに幸福な家庭生活を送ることができるのだ。当たり前の筋書きだが、ここで大事なのは盲目の表象である。「メロドラマは本質的に教育的なジャンルである[42]」とされるが、この戯曲の台詞の中にも多くの訓戒表現が見られる。このようなジャンルにおいて、どのように、盲人の姿が道徳的メッセージと呼応しているのか。例えば、盲人と彼の手を引く少年の姿は、狩りから帰る途中のフィデマンの心に自然な憐憫の情を呼び起こす。

「隣の森から出て来た途端、私は九歳か十歳の少年に手を引かれた不幸な盲人に出会った。少年は私の方にやって来た。彼の優しい声色は、岩のような心も動かしたことだろう。彼は、不運な父親の苦しみを和らげて欲しいと私に頼んだ。[43]［傍点筆者］

フィデマンがこのように語れば、その息子エチエンヌも同情の言葉で答える。

「かわいそうな男![44]」

しかし、フィデマンに言わせれば、盲目は不幸なことであるが、この男自身は決して不幸ではない。なぜなら、「慰め、支えてくれる子供がいるから[45]」。他人の支えと親切がなければ生きていない盲人の姿を通して、神は愛の摂理を描き出しているのだ。神の摂理とは、人々が皆心に持つ感受性や慈悲の気持ちを表明させることにあり、特に子供たちが自分勝手で恩知らずにならないようにすることにある。

「神の善意と天上の摂理が見えないか。この不運な人間は他人の哀れみによって生きている。(…)遺産として貧しさと不幸の記憶しか残さないと言うのに、それでも息子は彼を愛している。父親の足もとに気を配り、不幸を忘れさせているのは息子だ。多くの父親たちは、子供を可愛がるあまり、その気まぐれを満足させるために大金をはたいた結果、他人の痛みに無関心で恩知らずな人間に育ててしまう。それに気がつくのはいつも遅すぎるのだ。[46]［傍点筆者］

フィデマンの台詞からは、「社会のあらゆる階層が楽しんだ唯一のジャンル[47]」とされるメロドラマにおいて盲人のイメージが果たした役割を伺い知ることができよう。他人によって生かされている盲人のイメージは、博愛主義的なメロドラマの目的に適っている。まず、慈善行為を通じて異なる社会階層が和解させる集団的美徳を育てること、そして高齢者や障害者の問題を家族の団結によって解決するために、父子の愛情を軸にした私的道徳を称揚することである。

しかし、不幸な盲人の姿が、慈善家や操正しい妻や孝行息子の美徳を強調するならば、それは同時に悪者たちの「心の闇」も浮き彫りにする。このように、メロドラマの道徳的メッセージは善悪峻別の図式に基づいている[48]。エルネストが盲目になったことを知って、アストルフとその一味は同情するどころか、彼の弱みを利用して暗殺を企てるのだ。主人公が盲目であることは、いくつかの悲劇的なシーンのドラマ性を盛り上げている。こうしたシーンがゲテ座の観客に呼び起こした感動を想像してみよう。例えば、再終幕でアストルフが短刀を手にして盲人に挑みかかり、他の人がやってくることで盲人はやっとその刃を逃れるシーンなど。

メロドラマに描かれた盲人は、不幸を人格化したものと言える。彼の不幸により、周囲の人々の魂の清らかさと醜さがさらに明らかになる。観客たちは、盲人の「悲しい運命」への共感から、彼を取り巻く人々の暖かさへの感動、そして彼を危険にさらす出来事への恐怖まで、様々な感情を味わうことになる[49]。ここに教訓があるとするならば、それはかつてアユイの「福祉演劇シアター」で演じられていた芝居の教訓とは随分違ったものであろう。アユイが観客に伝えようとしていたのは、盲人も教育を受ければ「市民」として自立できるというメッセージだったのだから。

それでは、イザベル・ド・モントリューの小説『ソフィー、あるいは盲目の娘』のヒロインはどのように描かれているだろうか。この小説は、『メルキュール』誌に二回にわたって掲載され、一八一二年にはパシュー社から増補出版された。

この小説の初版は見つからない。いつ出版されたか明記されておらず、またパシュー社から出版される以前の『メルキュール』の掲載小説リストに載っていないからだ。作者は多くの作品を残したスイス人小説家イザベル・ド・モントリューである。検討の土台となっているのは、この小説の改訂増補された第二版である。『一二の短編』と題された四巻本のコレクションで出版された。『ソフィー、あるいは目の見えない娘』を構成する四挿話は、まるまる二五七頁の一巻を成している。(50)

さて、『ソフィー』を構成する四つの挿話は、それぞれ「アンリ・ド・P」と呼ばれる語り手の成長の段階に呼応している。小説の意図は、家庭的な美徳を称揚することにある。

最初の挿話で、アンリは二十五歳である。彼は、一三年以上会っていない幼なじみシャルルに出会いに行く途中である。春の日長、二人がシャルルの庭で再会を喜んで語らっている時、どこからとも知れず「天上の音楽のようなメロディー(51)」が聞こえて来る。ハープシコードの和音に続き、「この世で最も心打たれる、最も調和のとれた声」が「人生の美しさと生きる喜び(52)」を讃える歌を歌い出す。アンリは胸打たれて涙ぐみ、シャルルに「あの天使の歌声は誰のものか(53)」と尋ねる。アンリが驚いたことに、それは三年前からシャルルの隣に住み、彼と親しくしている盲目の若い女性の声である。ソフィーというこの女性は当年二十歳。七歳の時、疱瘡にかかって失明した。幸い、病気は彼女の視力を奪っただけで顔には何の跡も残さなかった。(54)

シャルルの話にショックを受けたアンリは「若い身空で永遠の闇の中を生きなければならないとは、何と言うかわいそうな人だろう(55)」と悲しむ。アンリはソフィーが絶望していると想像するが、シャルルはそれを打ち消して、彼女はいつも明朗で楽しげだと言い添える。シャルルによれば、神は「目の光に代わる内なる光を彼女の心に与えたまえた[56]」のである。

二人の青年の口から描き出されるソフィーは、若く、美しく、音楽に秀で、天使のような声と朗らかな性質の娘である。その上、もともとの資質に加えて、優しく献身的な母親が彼女に与えた教育のおかげで、機知、洞察力、優れた記憶力などにも恵まれた知的な女性である。母親は、視力に代わる能力を他の感覚につけさせる教育により、娘の才能を最大限に引き延ばすことに成功した。作者のモントリューとその種本となった小説の作者が、ディドロを読んだことは明らかである。ディドロが盲人について語っていることの中でも、特にメラニー・ド・サリニャックの伝記が、彼らに若い盲目の娘ソフィーの原型を与えたのだろう。ソフィーの能力を語るいくつかの場所は、ディドロによるメラニーの思い出をそのまま敷衍借用したかのように見える。例えば、彼女の勉学への興味とか、音楽の才能とか、「空間にある障碍物を感知する独特の感覚[57]」とか、「誰かがものを落とせば、その音から落ちた場所と距離を察知するきわめて鋭い聴覚[58]」とか、見事な縫い物の技術などである。一方、盲目ゆえに悪と誘惑から守られているソフィーの浮世離れした雰囲気は、別のところに原型が見つかる。ソフィーは時々このようにつぶやく。「目が見えないおかげで、私はこれまでどれほどの危険から守られて来たことかしら。本当に、この病は私を救ってくれたのだわ。［傍点筆者］」

シャルルはアンリにこう尋ねる。

> 「ソフィーの言ってることは正しいと思うかい。考えも、好みも、欲しいものも、あまりに人と違うんだ。彼女は世の中に悪があるなんてほとんど知らない。彼女の魂は、まるで曇らない鏡のようだ。大胆で物欲しげな男の目に顔を赤らめるほど悩まされたことなんてない。無粋な話題が耳に入っても、彼女は理解さえしないんだ。[59]」

余談だが、このような人物像は近代初期のジャン・ド・サン・サムソンやフランソワ・マラヴァルの伝記を思い出させる。二人とも、「神聖な」盲目のおかげで浮き世の出来事や誘惑から切り離され、内なる光を見いだすことができた人々である。

アンリは、シャルルがこれほど隣人のことを褒めちぎるのはきっと恋心が働いているのだろうと考えるが、実際にソフィーに会ってみて、聞いたことが本当だったと知る。「いや、ソフィーは地上の恋慕など呼び起こさない。[60]」天使のような心が姿形にも現れた女性だからである。

「まず、すらりとした体つきと軽やかな足取りが目に飛び込んだ。白い服を着た彼女は、清らかで霊妙な顔立ちをしていた。まるで、エデンの園に最初の人間たちを訪れた天使の一人を見ているかのように、僕は彼女の前に跪《ひざまづ》きたくなった。彼女が僕の傍に座っても最初の印象は変わらなかった。若々しく、瑞々しい、輝くような美しさは、言葉で言い表せなかった。閉じたままの彼女の目はもちろん何も表現していなかったが、楕円形の顔立ちの何とも言えない均整、透明な肌、笑顔が、まなざし以上にその心の美しさを表していたのだ。[61]」

ソフィーの教育、賢明さ、障害をやすやすと乗り越える能力は啓蒙の世紀の産物である。彼女もまた、清らかな魂と曇りのない考えを持った光の子なのである。その内なる光は彼女の姿全体を照らし出している。男性にプラトニックな敬愛の気持ちだけを喚起する女性なのである。このような目の見えない女性のイメージは非常にロマン主義的であり、その意味でヴィクトル・ユーゴーの『笑う男』に出て来る盲目女性デアの人物像を先取りしていると言える。ユーゴーはデアをこう紹介している。

「デアの姿には夢のようなものがあった。彼女は、少しだけ肉体を持った夢想のように見えた。彼女の体は風によって作られたようだった。華のようにたおやかで弱々しい上半身、見えない翼がついているような両の肩、感覚以上に魂に対して彼女が女性であることをわずかに示している柔らかな曲線、ほとんど透明な白い肌、地上の出来事に一切目を塞いだ崇高な瞼、無垢で神聖な笑顔など。限りなく天使に近いながらも、最小限女性の部分を残しているのがデアであった。[62]」

自宅に戻ったアンリは、「興味深い盲目の娘」のことを忘れることができない。彼女の面影は一時「彼の孤独を慰める[63]」が、いつしかそれを堪え難いものにする。アンリはソフィーに結婚を申し込もうと決意し、シャルルに手紙でそのことを伝えようとするが、ちょうどその時、シャルルからの手紙を受け取る。手紙の中で、シャルルは、アンリのおかげで自分のソフィーへの気持ちを理解したと言う。ソフィーは盲目であることに気兼ねしてシャルルの求愛を最初は断ったが、実は彼を愛していたので、最終的に受け入れた。若い二人の幸福を、自分が死んだ後、盲目の娘がたった一人で残されることに悩んでいたソフィーの母親の「深い歓び[64]」が祝福している。ついでに述べておくと、小説の母親の心配は、現在も全ての障害者の親が持っている一番大きな懸念である。

ひと月経てばソフィーはシャルルの生涯の伴侶になるのだ。シャルルは旧友にも祝福に来てくれと頼む。しかし、アンリが二人と再会するのは、この数年後のことになる。

一〇年が経ち、三十五歳になった「アンリ・ド・P」は、中断していた物語を再び語り始める。『ソフィー、あるいは目の見えない娘』の第二の挿話「エレオノール、あるいは美しい瞳」は、ソフィーとシャルルの結婚の五年後から始まっている。アンリは彼らの結婚をまだ忘れることができない。ソフィーの面影から解放されたいと望んでも、シャルルが規則的によこす手紙がそうさせなかったのである。しかし、舞踏会に招かれたある晩、アンリは「これまで見た最も美しい褐色の目[65]」に出会う。その二つの目は「実に暖かで表情豊かだったので、その晩が終わるまでには、きちんと開いた褐色の目を持たない女性の魅力など理解できなくなっていた[66]」とアンリは言う。アンリはやっとソフィーへの恋心から解放される。「褐色の目の美女」の名は「エレオノール・ド・P」。両親がないため、伯父が後見している。伯父は彼女を早く結婚させたがっている。エレオノールはアンリを憎からず思い、アンリの財産が相当なものであったので、結婚話はすぐにまとまる。アンリはシャルルにこう書く。「僕は世界で最も幸福な男だ。エレオノールは世界で最も美しい褐色の目を持っているが、その目は僕しか見ていない[67]」。

アンリは早まった思い込みをした。エレオノールと結婚して五年後、彼はこう言う。「何もかも見えていると、楽しいことよりも嫌なことの方が目につくようになる。見えすぎるよりも何も見えない方がよかったのではないか、僕は今ではそう思う[68]」。

エレオノールの目は美しいばかりでなく、鋭かった。そして、その鋭い目は彼女の驕慢な性格を作っていた。

　「私に見えないものなんてないわ。だからいつでも楽しいのよ。他の人に見えてなくて私だけが見えていることを見つけると、私のプライドはとても喜ぶのよ。［傍点筆者］」

エレオノールの驕慢さは、夫にとってだんだん不愉快なものとなる。特に身なりに気を使う彼女は、他の人の欠点を見逃さない。彼女にとっては夫の顔も、家のインテリアも完璧ではない。夫の顔は変えられないとしても、家のインテリアを変えることはできる。エレオノールは結婚後の二年間を、大枚をはたいて壁掛け、家具、置物などを買い直すことに費やす。彼女に言わせれば、「私の目は繊細だから」、「いささかの不備にも耐えられない[70]」のである。結婚後二年して彼女は母親となるが、小さな娘のソフィーも躍起になって完璧にしようとする。五感のうち、エレオノールが最も重視するのはもちろん視覚である。娘の養育においても、家具選びと同じように次々と趣旨を変える。今日いいと思った方法は、明日には放棄し、その次の日にはまた別のやり方を選ぶ、といった風に。

エレオノールの完璧への執心は、彼女が社交界に再び舞い戻った時に頂点に達する。数年間を娘の養育に費やした後、もう一度社交生活を再開した彼女を待っていたのは、粋なドン・ファンのド・ローネー伯爵の口説き文句だった。伯爵は、エレオノールの美しく鋭い目を褒めたたえ、彼女をうっとりさせる。

アンリはシャルルとソフィーに妻の不倫の危機を知らせる。二人の友人は駆けつける。そう、「目の見えないソフィー、旅が何の楽しみも与えず、かえって辛抱することの連続であるようなソフィー、生まれた住まいに慣れきったソフィー、手を引いてもらえなければ歩けないソフィー、娘を持ち、この世に二人とない優しい母親であるソフィー、でも、旅行のためには子供を置いてこなければならなかったソフィー」[71]、つまり「善良なソフィー」が、友人アンリ夫妻の結婚を救うため、エレオノールに浮気のむなしさを説いて聞かせるために、わざわざ遠い場所からアンリのところまでやって来たのである。

作者モントリューの訓戒が垣間見えるこの部分では、ソフィーは家庭の美徳を守る守護天使となっている。啓蒙哲学の理性を体現しつつ、ある意味でロマン主義小説の崇高な盲人女性の姿を先取りしていた主人公なのだが。アンリが長い間会わなかったソフィーについて述べているくだりからも、盲人女性のイメージが大きくここで変化していることが明らかである。

「ソフィーを見ていると、（…）静けさ、理知、叡智、幸福そのものが、魅力的な女性の姿となって我々の間に降り立ったように思われた。彼女はほとんど変わっていなかった。同じ天上の微笑み、同じ優美な仕草、見事な楕円形の同じ美しい顔。少々ふっくらしたかもしれない。一方で、彼女の顔の表情からは昔の浮世離れしたところは減っていた。彼女の動作にはもっと重々しい感じが備わっており、それが生来の彼女の表情や声の調子にあった暖かさや繊細さとあいまって、今では敬意と信頼の念を呼び起こすのだった。ソフィーはあらゆる意味で、妻であり母親になっていた。彼女の幸福がこの二つの称号に由来していることは、誰が見ても明らかだった。(72)［傍点筆者］」

結婚前と結婚後のソフィーの肖像は、確かに盲人女性の肯定的なイメージを伝えている。しかし、ここで大事なのは、作者が盲人の主人公に結婚と母親業の辛苦と喜びを経験させていることである。この点は、それ以前の盲人を描いた文学作品に比べ、はるかに独創的で、かつ新規である。これまで先天性盲人という人物像は、人生の楽しみと言えば、ただ精神的な快楽しかなく、盲目のために恋愛経験もないまま、一生独身で過ごすのが普通であった。『ソフィー』の独創性と革新性は、もっと後の時代の教養小説であるイポリット・トーネー夫人の『目の見えない若い娘』（一八四二年）と比較すれば明瞭である。トーネー夫人の小説のヒロイン、ヴィクトワールは、愛する男性を別の女性と結婚させ、自分は悲しみのあまり死んでしまう。(73)

とは言え、アンリがソフィーの資質を賞賛し、特に鋭すぎる目を持ったエレオノールと比較して目の見えないソフィーの優れた点を詳述する言葉は、よくよく考察する必要がある。彼の言い方によれば、盲目の妻こそは、夫を幸福にし、夫婦間の和合を維持する条件とすら思える。例えば、アンリは妻の要求の高さと散財の気質を嘆きつつ、次のように短絡的な、しかし大真面目な感想を述べている。「僕の妻エレオノールは実に善良で感じやすいばかりではなく、多くの美点も持っていました。彼女がソフィーのように目が見えなければ、どれほど僕を幸福にしてくれたかは疑いを得ません。(74)［傍点筆者］」

作者が描く独身時代のソフィーの姿と、結婚し、母となったソフィーの姿の間にはどのような関連があるのだろうか。盲目のおかげで男性の浮気な視線から守られ、美貌なのに虚栄には陥らず、読む本までを指示する母の庇護のもとで純潔な考えを維持することができたおかげで、ソフィーは悪を知らず、清らかで操正しい心のまま結婚した。妻となったソフィーは夫を理想的な男性と信じ、彼に一切の欠点を認めない。喧噪に満ちた外の世界にいるよりも家庭の中にいることを好み、社交生活がもたらすはかない快楽や、法外な出費には興味を持たない。彼女にとって、

「男性はこの世で一人きり。それは夫であり、（…）彼女に母となる最大の幸福を与えてくれた人物なのだ。[75]」

盲目が夫婦間の和合を取り持つという主題は、これまで演劇の世界でよく扱われて来た。しかし、どちらかと言うと笑い話として語られて来た。今回、『ソフィー』の作者イザベル・ド・モントリューは、真剣にこの主題を証明しようと試みている。もちろんソフィーの盲目はエレオノールの衝動的で放埓な炯眼ぶりと並んで象徴的な意味を持っているのだが[76]、盲目女性の象徴的価値がブルジョワ的結婚観と肯定的に結びついていることは特記すべきである。モントリュー夫人はどちらかと言えば、ディドロの間違った考えよりもルソー的な道徳に影響を受けていたようであるが[77]、それにしても、今日の我々がこの小説を読む時、作者がおそらく思いもしなかった疑問が湧いて来ても不思議ではない。つまり、女性が盲目でなければ耐えられないほど、夫は不完全な存在であり、結婚は退屈なものなのか、という疑問である。とりあえず、『ソフィー』の第二挿話「エレオノール」が、エレオノールの「家庭の幸福[78]」への回帰で終わっていることを、ここでは述べるだけにしておこう。エレオノールは急転直下の改心を見せ、新しい親友ソフィーから離れることができなくなる。ソフィーを愛するあまり、彼女は「家庭生活をやり直すため」、シャルルとソフィーの家のそばに引っ越すよう夫を説得する。第二挿話の終幕は、アンリによって語られる二つの家庭の団らん風景である。二軒の隣り合った家は同じ庭を共有し、夫婦と子供たちがそこに集まっている。

「皆、この世で持ちうる限りの幸福な気持ちを味わっていた。(…)エレオノールの瞳は相変わらず美しいが、今では見るべきものしか見ない。ソフィーの目は相変わらず閉じられているが、心がその代わりをしている。ソフィーの心は全てを感じ、全てを見通す。彼女こそ、我々の守護天使、幸せな団らんの絆なのだ。[79]」

さて、『ソフィー、あるいは目の見えない娘』にはもう二挿話ある。「子供たち。五十歳になったアンリ・ド・P」と「パリの盲人」である。この二つの物語については詳しくは検討しない。我々の主題とはあまり関わりがないからである。ただ、最後の挿話にはソフィーが盲人施設を訪問するシーンがある。そのシーンについて語っておこう。ソフィーは「彼女の不運な弟妹たちが、音楽の譜読みをしたり、彼らのために浮き彫り印刷された本を手で触れて読んだりする様子」を聞いて、「歓びと感動」を覚える。[80]盲人用の印刷技術という「素晴らしい発明」に感嘆したソフィーは、「私も生徒になって」、「読書の喜びを学びたい[81]」と考える。それから、「生徒たちの何人かに彼らの失明の原因と、彼らの毎日の仕事、そして家族との関係など」について質問する。語り手はソフィーの関心をこのようにコメントする。

「生徒たちは皆、ソフィーが昔私に語ったのと同じ気持ちを抱いたことがある、と口を揃えて述べた。盲目の中にありながら、日々新たな困難を克服する時の強い喜びである。[82]」

学校への訪問を終えて、ソフィーは自分の運命と「何も見えないまま、知らない人たちの中で生きなければならないかわいそうな子供たち」の運命をひき比べ、彼らがどれほど「丁寧に教育され、優しく取り扱われて[83]」いるにせよ、やはり家族の中で、「彼女の困難を取り除くことだけに専心している」「愛する人たち[84]」に囲まれて、成長できたことは大きな幸運だったと思う。

『ソフィー、あるいは目の見えない娘』は荒唐無稽な展開を見せた後、大団円に持ち込まれる。作者は「興味深い盲人女性のまわりに集まった学識ある男性と心優しい女性たちの連帯」[85]を歌い上げる。彼らは談話し、一緒に本を読み、音楽を奏でるのである。語り手はルソーを真似したような口調で、このように結ぶ。「この世の楽園は、愛し愛され、愛と美徳が一緒になるところに生まれる」[86]。

イザベル・ド・モントリューは、非常に多作な流行作家だったかもしれないが、文筆家としては凡庸だった。『ソフィー』も、今日では完全に忘れられている。しかし、あり得ない出来事を満載した、文章も冴えない小説とは言え、この作品は『メルキュール』誌に連載された後、一八一二年にパシュー社から刊行された時には、かなりの人気を博したようである。一八世紀に生まれ、一九世紀にも根強く残っていた盲人への興味が、この成功を生んだものだろう。一八一九年、モントリュー夫人は同じテーマを扱って、若年読者用の教養小説『目の見えない若い娘』を書き、アルチュス・ベルトラン社から出版した。ちなみに、『ソフィー』は女性読者のために書かれていた。新しい小説は九歳の盲目の少女エレーヌが主人公である。彼女の家族や友人は、彼女のために競って心を配るが、心優しい少女は決してスポイルされない、という話である。詳細は省こう。

モントリュー夫人の二作目の主人公エレーヌは、結局有名な眼科医の手術を受けて視力を回復する。この小説が出た三年後、『ヴァレリー』がテアトル・フランセで初演され、大成功を博した。『ヴァレリー』は、スクリーブとメレヴィルによる三幕ものの散文劇である。初演は一八二二年一二月二一日であった。ヴァレリー役を演じたのは女優のマルス嬢であった。

子供の頃から盲目の孤児という役柄のヴァレリー（しかし最後には彼女も手術で視力を回復する）を演じるために、

マルス嬢は、ソフィー・オスモンという若い盲目女性を観察したらしい。オスモンは「ミネットという名で知られたヴォードヴィル女優の娘[87]」だった。『女性とファッションのための雑誌』の一八二八年六月三〇日号は、アレクサンドル・ローデンバッハの『ディドロの続編としての盲人書簡』を引用してこう伝えている。「美しいマルス嬢が演じるヴァレリーは、まるで彼女が仕草を学んだソフィーそのまま、つまり本当の盲人そっくりである[88]」。

『ヴァレリー』は恋愛劇である。ヒロインは、長いパリ滞在からこっそり戻った恋人エルネストの手によって治される。エルネストは、パリの有名な眼科医から困難な手術の技を密かに習得して来たのである。この劇は、初演後半世紀にわたってコメディー・フランセーズ座の観客を熱狂させた。一八七四年以前に実に三九八回もの上演を見たという[89]。初演以来目覚ましい成功を収めたので、すぐに二本のパロディーが書かれた。デゾジエとアドルフの『オクリ氏と白内障』(フォリーを含む一幕ものの「バーレスクを模倣した喜劇」)は一八二三年一月二九日に初演された。デュパンとヴァルニエの一幕もの「フォリー・ヴォードヴィル」、『白内障』は、ジムナーズ座で同年二月四日に初演された。『ヴァレリー』の贋作も書かれた。カリオン・ニザとソヴァージュによる二幕もの「メロドラマ」、『ヴァレリアン、あるいは盲目の青年』である。『ヴァレリアン』は、一八二三年四月一七日にポルト・サン・マルタン劇場で初演された。タイトル・ロールのヴァレリアンを演じたのは、マルス嬢のライバル女優マリー・ドルヴァルであった。

生まれながらの盲人が手術で視力を回復するという『ヴァレリー』の筋書きは、一九世紀を通して様々な形で(恋愛劇、バーレスク劇、あるいは悲劇)演じられた。すでに述べたように、『ヴァレリー』の成功とそれに続く模倣劇の数々は、一八二三年から二四年の間にさらなる四本の盲人を中心とした劇作品を生んだ(登場人物の盲目が本物にせよ、偽物にせよ)と思われる。まず、一幕もののミュージカルを含む二本の戯曲がある。カルムーシュとクーシーの『二人の盲人』(一八二三年二月三日、ヴォードヴィル座初演)と、ブラジエ、ガブリエル、ジェルサンによる『モンモランシーも盲人』(一八二三年三月六日、ヴァリエテ座初演)である。それから、キュヴリエとカロンの一幕もの悲劇『偽の盲人』(一八二三年一一月二五日シルク・オランピック劇場初演)、最後にブラジエ、メレヴィル、カルムーシュによる一幕ものヴォードヴィル『三人も盲人』(一八二四年七月二四日、ヴァリエテ座初演)である。ここではもちろん、それぞれの戯曲の内容は検討しないが、一言、『二人の盲人』の主人公であるサー・エドウィンもまた、物語の最後に外科手術によって視力を取り戻すことを述べておこう。

さて、この章では、一九世紀初頭の三〇年間において、文学作品の中で盲目がどのような表象を与えられているかを見て来た。結論としては、非常に稀な場合を除き、この時期フランス語で書かれた戯曲と小説における盲人の姿は、前世紀のものとは異なっていながらも、決してそれ以上に写実的ではないということである。前世紀の発見は文学に何ももたらさなかったように見える。特に、一八世紀に生まれ、道徳的な性格を強く持っていた恋愛小説とメロドラマという二つのジャンルにおいて、盲人の姿は仮の姿として現れ、見かけの真偽を軸として善悪の対照を際立たせる目的で使われており、作者たちが盲人の現実に興味を持っていたことを伺わせるものは何もない。

前の時代から大きく進歩しているところと言えば、盲人たちはもはや闇の世界と取引をする存在とは見なされていないことである。反対に、教養小説、恋愛劇、メロドラマにおける盲目の主人公たちは、常に「善い者」の側として描かれている。同じ見方はヴォードヴィルにもできる。大衆演劇に出て来る物乞いの盲人たちは、伝統的なイメージを背負っているとは言え、それでも中世笑劇や前世紀のピカレスク小説に描かれた盲人に付随していた腹黒い部分、つまり「魂の闇」はなくなっている。

フィクション文学であれ、現実の盲人や客観的な社会的状況に言及した資料であれ、一九世紀初頭の盲人のイメージは、それぞれの人物が属する社会階層が高ければ高いほど肯定的である。一九世紀初頭の喜劇の舞台では、物乞いの盲人が行なう間違いは相変わらず観客を笑わせていた。一方、現実の貧しい盲人たちは、教育や職業を与えたところで個人的な社会参加は不可能であると思われていた。彼らは社会扶助なしには生きて行けない人間たちだという観念が定着していたのである。

第Ⅴ部　ルイ・ブライユの世紀

――生産主義的ユートピアの時代から教養による社会参加の時代へ――

第12章

執政政府下から第一帝政時代のキャンズ・ヴァン

——生産主義的ユートピア思想の出現——

共和暦九年雨月《プリュヴィオーズ》二八日（一八〇一年二月一六日）、キャンズ・ヴァンの盲人たちと盲人労働者学校の生徒たちの共同生活が始まった。内務省福祉施設運営課の直接監督下にあって、キャンズ・ヴァンには博愛主義的なボランティア運営体制が敷かれた。

共和暦九年雨月《プリュヴィオーズ》のキャンズ・ヴァン運営部の状態、そしてヴァントーズ二三日（一八〇一年三月一四日）規定

共和暦九年葡萄月《ヴァンデミエール》に任命された行政の福祉施設課には、ベチューム・シャロやラ・サールやブルッス・デフォシュレがいた。同年雪月《ニヴォーズ》四日（一八〇〇年一二月二五日）には、そこにボンヌフー、デュケノワが加わった。デュケノワは、一七八九年の協会会員であり、国民公会の一員でもあった。彼は特に、フランソワ・ヌーシャトーから命じられて、『英独訳・人類社会のための慈善施設調査研究論叢』の監修にあたった。同じ頃、ベチューム・シャロが亡くなったため、ロシュフーコー・リアンクールが後任となった。しかし、リアンクールはその「冬の間ずっと不在となる」ことを予告した。よって、共和暦九年霧月《ブリュメール》一八日（一八〇〇年一一月九日）、内務省令によってマチュー・モンモランシーが代わって任命された(1)。

この五人で構成された運営部は、アンリ、ガスパール、シャルル・ブーレ（もと議員でジュエンヌの友人）という補佐がいた。この三人は、共和暦九年葡萄月《ヴァンデミエール》二八日（一八〇〇年一〇月二〇日）の法令で、正式にキャンズ・ヴァンの総代役に就任したが、すでにそれまで三年間施設に勤めていた。

共和暦九年雪月《ニヴォーズ》二二日（一八〇一年一月一二日）、運営部は葡萄月《ヴァンデミエール》一五日法第七条を適用した「キャンズ・ヴァン盲人施設運営と経営のための詳則案」(2)を、内務省に提出した。内務大臣シャプタルはこれに応えて、共和暦九年

風《ヴァントーズ》月二三日（一八〇一年三月一四日）法を発布した。

ヴァントーズ二三日法文には序文がついていた。シャプタルはその序文で、まず先行法文についてコメントしている。共和暦五年雪《ニヴォーズ》月二日と牧草《プレリアル》月二七日（一七九七年一月一日および六月一五日）付の総裁政府下に出された政令、それから共和暦八年牧草《プレリアル》月二四日（一八〇〇年六月一三日）の風紀取り締まり規定、そして共和暦九年葡萄《ヴァンデミエール》月一五日と雪《ニヴォーズ》月一四日（一八〇〇年一〇月七日および一八〇一年一月四日）付の、盲人労働者学校をキャンズ・ヴァンに併合することを定めた政令である。続く規定の本文は六章に分かれ、最後の三章は盲学校の生徒のことだけを扱っている。

第一章は、施設の訓盲院「総合運営部」について述べている。「同じ敷地に集められた」キャンズ・ヴァンの盲人と盲人労働者学校の生徒たちは、「動産管理および内規の施行において(3)」、聾唖学院に監督されることとなった。運営部のもとには、内務省に任命された総代に続き、「経理、文献保管係、文書作成係、事務員、そして教師(4)」が置かれた。キャンズ・ヴァンにはまた、専任の建築士と健康士《オフィシエ・ド・サンテ》がいた。健康士の仕事はもっぱら児童の保健管理であり、特に「これまで疱瘡に罹ったことのない者の健康を守る(5)」ことであった。これは一八〇一年三月のことであるが、その一年前、ロシュフーコー・リアンクールが率先して、種痘《ワクチン》宣伝委員会を結成していたことが思い出される。共和暦九年雨《プリュヴィオーズ》月一七日（一八〇一年二月六日）には、フランス初の公開種痘がリアンクールにおいて実施された。その直前、パリで無料種痘センターが開設され、病院・福祉施設諮問委員会の監督下に置かれた(6)。しかし、この法文には定期的な眼科検診に関する条項はまだない。外来診療の配慮などはさらにない(7)。

ヴァントーズ一五日規定は、主に疫病対策を中心に考案されている。また、もう一つの疫病とも言える怠惰を撲滅する意図が強く表明されている。運営部のパターナリズムは、施設に収容された貧しい子供たちが怠慢な日々を送ることを怖れ、キャンズ・ヴァン運営部には次の任務が課された。

「施設内にいくつかの作業場を設置し、全ての生徒たちに毎日通わせること。児童たち、青年、また働く気のある老齢の盲人が、できるだけ早く有用な手仕事を身につけるよう計らうこと。[8]」

こうして、運営部の構成と任務が制定された。規定が次に定めているのは、生活保護を受ける「盲人の数、扶助内容、扶助体制」である。キャンズ・ヴァン入所数は最初から四二〇人と決められていた。「これらの者は二つのグループに分かれる。個人住居を与えられた男女三〇〇人と、七歳から十六歳までの児童および未成年者の男女一二〇人である。[9]〔傍点原文〕」ここに、『共和暦九年ヴァントーズ二三日規定についての覚え書き』と題された書類がある。日付無記載、無署名であるが、おそらくポール・セイニェット（一八〇二年から二四年までキャンズ・ヴァン総代だった）が、一八一四年から一五年にかけて書いたと思われる。一八一四年から一五年と言えば、王政復古とともに、キャンズ・ヴァン総指導者として宮廷大司祭長が戻った年である。この書類には、「我々は一度も一二〇人の児童および未成年者を擁したことはなく、せいぜい九〇人どまりだった[10]」とある。

キャンズ・ヴァンに席が空けば、内務省が新入所者を選んだ。入所希望者は、前もって住んでいる市町村長から実際に貧しいことと品行方正の証明をもらっておく必要があった。また、住居から最も近い病院の主任外科医から全盲の証明をもらい、さらにはその書類に「副県知事の承認印を受け[11]」ておかなければならなかった。しかし、それでもまだ、入所はすぐには認められない。「大臣の許可を受けて運営部との面談が許された盲人は、その場で施設付きの外科医から診断を受け、そこで全盲が確認されれば、入所が許される[12]」のであった。一七八三年以来、キャンズ・ヴァンに入るためには全盲が必須条件となっていたが、盲目の医学的検査はこの頃ますます厳しくなっていたことが分かる。とは言え、二〇年前から全く検眼方法は進歩していなかったので、この検査自体あやふやなものだったのだが。

入所が許された盲人は、その日から毎日九〇サンチームの給付を受けた。九〇サンチームのうち、第一級盲人は三三サンチームまでを現金で受け取り、残りを現物（パン、野菜と肉の入ったスープなど）で受け取った。毎日の給付金に加え、衣服と暖房用の薪を三立方メートル分受け取った。もちろん、三三サンチームの日当は、第二級盲人には与えられなかった。彼らの「衣食および生活費は共通の財政でまかなわれ[13]」た。新規定の発効以前に入所していた盲人夫婦には、毎日「二五サンチーム相当[14]」が、現物支給（パンやスープ）されることになっていた。盲人から生まれた晴眼の子供で十二歳以下の者には、大人より少し少なめのパンが配給された。これは、彼らが職業訓練に就く年齢まで続いた。子供たちの職業養成については、「生活の資を稼ぐだけの職業を、できるだけ早い時期に身につけさせるために、運営部は最大の努力をすべきである[15]」とされた。また、「施設の教師は子供たちに、読み書き算数とキリスト教道徳を教えること[16]」とされた。規定はまた、両親も子供たちの教育に参加すべきとし、子供たちの行動に気を配り、「授業や作業を休んだ日には」配給を取り上げるべしとした。

新規定によれば、盲人の寡婦や未亡人は施設から出て行かなければならなかった。亡くなった配偶者と、その失明の時期から数えて五年以上婚姻関係を続けた者のうち、現在六十歳以上、あるいは就労の妨げとなる障害を持つ者については、「貧しい老齢の障害者のために用意された民間病院に適当な場所を見つけること[17]」が約束された。これは、運営部に恒常的な監視体制を敷くことを要求するのみならず、民間病院に不要な者を送り込む残酷な制約であった。しかし、ポール・セイニェットの『覚え書き』はこう付け加える。「七十歳以下の寡夫や未亡人がビセートルやサルペトリエールへ送られることはほとんどなかった。下限は六十歳ではなく、七十歳だったと言っていい。この点で、我々は政府といつも意見が食い違っていた[18]」。おそらく、同条項は適用されず、盲人の寡婦と未亡人は、キャンズ・ヴァンに残ることを許される場合が多かったのだろう。

老齢でもなく、障害者でもない寡夫や未亡人については、規定は彼らができる限り早くキャンズ・ヴァンを去るべきことを定めている。しかし、彼らは「自宅で毎日三三サンチームの日当を受け取るであろう[19]」。つまり、キャンズ・ヴァン内でも最も優遇された盲人と同じ額の日当である。最後に、「盲人伴侶との結婚期間が五年に満たず、就労可能な健康に恵まれた寡夫や未亡人は、施設を出なければならない。彼らには日当は与えられない[20]」。セイニェットによれば、この規程だけはしっかりと守られたらしい。

すでに述べたことであるが、新入所者の伴侶と子供たちは、施設内での盲人との同居を認められなかった。そのため、家族をおいて一人入所することを望まない盲人は、自宅にいながら施設にいるのと同じだけの配当(三三サンチーム)を受け取ることができた。もともとキャンズ・ヴァンに住んでいた盲人が、施設内の誰かと、あるいは外の誰かと結婚した場合、即座に施設を出て、「規定第二章第五条に定められた日当を自宅において受け取ることができる[21]」とされていた。定められた日当とは、九〇サンチームである。この規程は、前のものに比べてさほど驚くべきことではない。ポール・セイニェットの『覚え書き』によれば、共和暦九年ヴァントーズの規定にあった盲人の結婚を禁止した項目は削除された。「盲人の精神の安定と施設の秩序のために[22]」という理由からだった。キャンズ・ヴァンの盲人は今までと変わらず結婚し、施設内に伴侶や子供たちと一緒に住んでもよかった。ただ、「絶対に禁止[23]」だったのは、盲人同士の結婚だった。

共和暦九年ヴァントーズ規定にはもう一つ重要な点がある。施設の盲人たちの誰一人「パリ市内あるいは別の場所で、物乞いをしてはならないという正式な命令[24]」を付け加えているところである。これに違反した者は、初回は日当の割当をひと月停止するという罰を受けるが、二度目からは一生停止されることになる。この罰則にも拘わらず、もう一度違反をおかした者は、施設から退去させられる。しかし、他の条項と同じく、この禁止も厳密には適用されなかった。「罰則を課したことも何度かあったが、大抵の場合はこの恥さらしな行為に目をつぶった。給付金が少な過ぎることは明らかであったから[25]」。

共和暦九年ヴァントーズ規定の第三章は、施設の風紀取り締まりについて述べている。全体的に、共和暦八年プレリアル二四日規定のアウトラインをなぞっているだけの章だが、盲人を閉じこめる規則が以前にもまして厳しくなったことが特徴である。

二三の項目によって構成された第三章は、当時のキャンズ・ヴァンでの日常生活について貴重な情報を与えてくれる。全ての項目を信用するならば、施設の囲いの中では、それなりに余興もあり、事件もある生活が営まれていたようである。運営部は、基本的な集団生活の規律や衛生の規則を盲人たちに守らせることがなかなかできなかったようである。このような部分を読めば分かる。

「施設敷地内に住む全てのシトワイヤンは、決して窓からものを投げ捨ててはならない。使用した水は排水溝に流し、排泄物は公共トイレに捨てなければならない。守らなければ、日当の給付を三日間停止する。ゴミを廊下やトイレの踊り場に投げ捨てる者も、同じ罰則を受ける。[26]」

キャンズ・ヴァンの住人たちは、パリ市民の習慣を繰り返しているだけである。当時、パリを訪れた外国人たちはパリっ子の不潔さに驚いていた。一八〇二年から一八〇三年のパリについて、ライヒャルトはこのように書いている。

「汚物に満ちて、粘つく糞便に覆われたパリの通りには、どれほど注意深く歩く人間でも足を降ろす気になれない。(…)植物園に行くつもりで裏道を通ったのだが、通行人の貧しい様子、不潔さ、羞恥心のない振る舞いには実際辟易した。思い出すだけで、今でも吐き気がこみ上げる。(…)ヨーロッパを長く旅行しているが、自分に胃があったと気がついたのは、これが初めてだ。僕は、パリで初めて『むかつき』というものを経験した。[27]」

通りがこのような状態であったとすれば、キャンズ・ヴァン内の住居（狭い部屋ばかりだった）はさぞ不潔だったことだろう。多くの盲人がアパートの中でウサギや鳩や鶏を飼っていた。その後、住居内で動物を飼うことは禁止された。「最初の違反では動物を取り上げ、次に違反した時には動物を取り上げるだけでなく、日当を一日停止する」[28]。キャンズ・ヴァンの盲人が動物を飼う習慣は、その禁止とともに非常に古くからある現象だった。すでに、一五二三年という昔にも、「雌鳥、雄鶏、小鳥、鳩」を施設の敷地内で飼うことを禁ずるオルドナンスが発効されていた[29]。住居内で動物を飼う人々の後は、犬を飼っている人々が狙われた。

「犬を中庭や廊下に放すことは禁止されている。最初の違反では、日当が一日分取り消される。二回目は二日分の停止、その後は違反の回数に従って相当分の日当が取り消される[30]。」

キャンズ・ヴァンを自由に走り回る犬のせいで、様々な事故が起こっていた。ヴァントーズ規定が実施に移された数カ月後の花月《フロレアル》朔日（四月二一日）には、運営部はもう一度この禁止を繰り返している。

「（…）禁止を無視して犬を放し飼いにしている盲人がいることが分かった。昨日、そうした犬の一匹が盲人のシトワイエンヌ・シャルチエとギゾー夫人の腿を噛んだのである。よって、今後、施設内に住む盲人ないしは晴眼者のいずれも、決して犬を放し飼いにしてはならない。盲導犬として必要な犬以外は飼うことも禁ずる。また、盲導犬であっても、常に綱で縛っておかなければならない。この禁止を破った者は、事故の程度に応じて罰則を受けるものとする[31]。」

この二度目の警告は無視される。そこで、共和暦一〇年風《ヴァントーズ》月二日（一八〇二年二月二一日）、運営部は全ての犬を完全に施設から退去させることを決めた。今回の決定は守られたようである。この件について、セイニェットはこのようにコメントしている。

「ここ数年間、施設内には一匹の犬もいなかった。しかし、最近入所を許された盲人の一人が盲導犬を連れているので、運営部は犬とともに入所することを許そうと考えている。もちろん、この犬が死んだ時には、新しい犬を飼うことはならないが[32]。」

盲人に犬を飼うことを禁じることで物乞いの可能性も減少する――キャンズ・ヴァン運営部はこうした「一石二鳥」を期待していたのかもしれない。なぜなら、いつも犬を連れてパリの町を歩いていた盲人は、たった一人では物乞いに行くことなどできなかったからである。犬の禁止は、施設内の安全と衛生に関連した措置のように見えるが、実は別の懸念に応えるものだったのかもしれない、と考えることもできる。こう考えるのも、根拠となる文献があるからである。共和暦一〇年、キャンズ・ヴァン運営部は、またもや数人の収容者が物乞いの現行犯で見つかったというニュースを聞き、同年風《ヴァントーズ》月二日（一八〇二年二月二一日）の総会でこう決定している。

「犬と物乞いについての禁止条項［ここでは両者が完全に直結している］を、時を移さず、再度発効しなければならない。禁止があるとは知らなかったと誰にも言わせないためにも[33]。」

さて、運営部が新入居者の家族を排除してまで秩序を守ろうとしているキャンズ・ヴァンでは、盲人の晴眼の子供たちもまた、風紀を乱すもとである。

「子供たちが中庭や廊下で群れないように、両親がしっかりと監視していること。集団で遊べば、子供は危ない遊びや禁じられたことをしでかすかもしれないからである。石を投げることは禁じられている。投げた子供は、初回は叱られるだけだが、二回目は一五日分のパンを取り上げられる。[34]」

また、別の条項では、盲人の住処であることからキャンズ・ヴァンには常に火事の危険があったことが分かる。

「庭の中や窓の外に向かって花火をしたり投げたりすることは禁止されている。また、いかなる理由があっても火を焚いてはならない。違反した者は日当から一五サンチーム引かれる。違反したのが子供である時は、その父母の日当を減らす。[35]」

規定にある次の規則は、「誰であれ、運営部の許可なしに、自分の住居の中に入れたり泊めたりしてはならない[36]」という禁止である。決して新しい規則ではないものの、破る人はあとを断たなかった。施設責任者は口を酸っぱくして禁止事項を繰り返さなければならなかった。その他の規則についても言えることであるが、キャンズ・ヴァンの盲人たちの行動は、革命後さらに自由になったようである。おそらくこの規則も、秩序の回復を望んでのことだっただろう。とは言え、新入所者の伴侶や子供たちが施設での同居を禁止されていたことや、盲人の寡夫や未亡人をできるだけ早く退去させるという新しい決まりから考えられるのは、この規則は全く別の懸念を含んでいたということである。家族でさえも施設にとっては望ましくない存在であり、誰であれ住居内に外部者を呼び寄せた者は罰則を受けたのである。

規定が次に定めているのは、晴眼者をできるだけ施設から排除することである。キャンズ・ヴァン最古の会則が、この規程のもととなっている。

「面倒を見るべき盲人を放置した晴眼者、盲人を虐待した者、あるいは盲人に助けの手を与えなかった者は、最初に見つかったら謹慎部屋に送られ、二度目は退去を命じられる。[37]」

一五二二年の規定を思い出さないだろうか。

「目が見える修道女・修道士たちは、物乞いその他のあらゆる場所で出会う盲人を大事にし、慈悲と誠実の心を持って助けなければならない。何の報酬もなしに。[38]」

新規程の底を流れている昔の習慣は、キリスト教的慈愛の精神など一切ない条文の中で、奇妙な不協和音を奏でている。共和暦九年規定の第一八条は、盲目は常に周囲の親切な配慮を要求する人間である、という伝統的な考え方のもとに成り立っている。全八四項目の中に挟まれた数行の短い条項は、よく注意して読まないと見落とす可能性がある。おそらくここに、盲人の結婚を禁止し、その伴侶を退去させた規則の失敗の原因があるのだろう。施設の治安と住人たちの快適な生活のために盲人には常に他者の助けが必要であったとすれば、なぜ助けを与える役を伴侶ではなく、給料をもらって勤める公務員にやらせたのだろうか。運営部も、内務省の役人も、改革の意志と古い考え方の間にあって、キャンズ・ヴァンの盲人たちの共同生活をうまく組織することができないでいた。もちろん、キャンズ・ヴァンを完全に改革するには、最初の段階でより多くの金銭的な投資が必要であったことは確かだろう。世俗慈善団体としての習慣が残るキャンズ・ヴァンでは、盲人たち自身が改革に全く乗り気ではなかった。また、何よりも、盲人を福祉によって生存する者と見る「盲目への偏見」を払拭する必要があっただろう。しかし、少なくともこの偏見のおかげで、盲人たちは二〇年の改革の後も、彼らに唯一残された特権を保持することができた。自宅と家族を施設の外に持ちつつ、キャンズ・ヴァン入所者と同じ生活保護をもらうという特権である。

住民の生活態度についての勧告の後、新規定は建物の保全についての項目に移る。しかし、建物の損傷以上に、風紀を乱す者に課された罰則は厳しい。

「廊下で騒いだり、住人の眠りを妨げることは禁止されている。違反した者は、まず謹慎部屋に送られ、さらに繰り返して違反した場合には厳しい罰則の対象となる。[39]」

罰則の厳しさが、こうした違反の繰り返しを物語っている。キャンズ・ヴァンでは、夜昼問わず、ひっきりなしの口論や、酔った住人たちの喧嘩が繰り返されていたものであろう。騒ぎは、時にはとなり喧嘩の域を超えて、深刻な暴力事件にまで発展したと思われる。次の条項が、「全ての暴力沙汰、また公務執行妨害は総代に報告され、処理される。ただし、運営部に上申すれば、総代の決定が取り消されることもある[40]」と定めているからである。

規定の条項を読んで行くと、キャンズ・ヴァンの住人たちの姿が見えて来る。個人主義で、勝手で、不潔で、騒がしく、喧嘩好き。彼らは決して純真でかわいそうな子供たちなどではなかった。内務省の役人の腹づもりはどうでも、このような住人たちが、盲人労働者学校の生徒たちの勤勉な精神に学ぶことがあったかどうかは、はなはだ疑わしいところである。

共和暦九年ヴァントーズ二三日規定は、まずこのように第一級盲人(もともとキャンズ・ヴァンに住んでいた盲人)とその家族について一般的な規則を定めた後、最後の三章で「若い盲人たちについての特別規程」の条項に移る。若い盲人とは、もちろん盲人労働者学校の生徒たちである。彼らはキャンズ・ヴァンでは第二級盲人と呼ばれた。

第二級盲人の人数は規定第二章の第一条に定められている通り、上限一二〇人である。第四章第一条では、生徒たちの選別において「国家に奉仕して亡くなった市民の子供たち[41]」を優遇することを制定している。一七八三年、博愛協会は、同じ障害の子供たちの中でも「両親ともを亡くした子供を真っ先に優先し、次にどちらかを失った子供を優先する。両親が揃っている場合、扶養家族が最も多い家庭の子供から優先する[42]」としていた。一八〇一年、一〇年におよぶ戦争が終わった後、執政政府は祖国のために命を落とした者の遺児を優先的に保護した。愛国者の遺児への配慮は第一帝政になればさらに強まり、子供のみならず、「祖国を守った者」の親や未亡人までも、第一級盲人として優先的にキャンズ・ヴァンに入所させるようになった。

さて、盲目の子供たちがキャンズ・ヴァンに入るには、貧しいことと、七歳から十六歳までの間の年齢であることが必須条件であった。内務省の審査によって入所が認められれば、彼らには八年の保護が与えられた。八年間、「運営部は盲人児童が有用な職業を学ぶためのあらゆる便宜を図らなければならない[43]」ことになっていた。共和暦九年の規定が認める「有用な職業」とは何だったのだろうか。音楽家や教師なども有用だと認められていたのだろうか。おそらく、非常に例外的な場合を除き、答えは否であろう。例えば音楽の授業などは、特に才能があると認められた生徒だけに許されたものだったのだから。他の生徒にとっては、音楽は単なる「余暇」にすぎなかった。上層部は凡庸な音楽家が町に溢れることを怖れていたのだろうか。共和暦九年の法文作成者たちは、一七九二年の聾唖・盲人学校規定が定めていたように、「有用な職業」を「手仕事」と考えていた。

生徒たちの入所条件と修学期間の制定の次は、授業内容と時間割についての取り決めである。教師監がプログラムの指導を受け持った。政府と大きな衝突があったとは言え、この時期、まだこの職務に就いていたのはヴァランタン・アユイである。職務の遂行のため、アユイには一一人の補佐がいた。

「副教師監一人、助手一人、復習教師二人、作業場長二人、音楽教師一人（これまで全て晴眼者）、生徒から選んだ音楽の復習教師二人（盲人）、そして女子生徒のための女教師あるいは監督役二人。[44]」

教師監も、晴眼復習教師の一人を助手として、男子生徒を教えた。つまり一二〇人の生徒に対して、教師陣には一二人の責任者がいたわけである。一二〇人の盲人生徒の他に、キャンズ・ヴァンで生まれ育った十二歳以下の晴眼者の子供たちもアユイたちの授業に通ってくることになった（彼らの人数は、共和暦九年芽《ジェルミナール》月の統計では八七人とされている）[45]。訓盲院がキャンズ・ヴァンに合併された時には、五九人の生徒に対して一六人の教師を与えることが見込まれていたのだが[46]、この割合は大きく変わった。学校職員は、「教師監からの推薦と運営部の賛同を受けて[47]」、内務省に任命されることになっていた。彼らは教師監の「直接監督下」に置かれた。例外は個々の作業場の監督たちであった。彼らは「キャンズ・ヴァン作業場長の命に従う[48]」ことになっていた。最後の条件は、アユイの権限にとってさほど大きなことではなかったと思われるかもしれない。しかし、作業の時間がどれほど大きな割合を生徒の新しい時間割に占めていたかを見れば、これは看過できることではない。生徒には年齢と関わりなく、すぐに作業の日課が与えられた。作業場長は教師監に何の報告の義務も持たなかった。つまり、盲人生徒たちの手作業は、訓盲院で行われていた作業と違い、決して何かの職業修練といったものではなかったのである。キャンズ・ヴァンで生徒たちが行なった作業は、まず生産的な労働でなければならず、生産性は必然的に収益の意味を持っていた。作業場長は「師」ではなく、「工場監督」であった。それゆえ、彼はキャンズ・ヴァンの作業場全体の収益性に責任を持ちこそすれ、教師と関わる必要は全くなかったのである。

一方、アユイはじめ教師陣が「施設内のあらゆる晴眼児童および、盲目の児童のためにおこなう授業」は、「キリスト教道徳の基本的な教えと、読み書き算数の基礎[49]」という内容にとどまっていた。一七八四年、アユイは訓盲院の生徒たちの発展ぶりを見て、「我が校の数学講座には、新しいサウンダーソンの講義を聞きに詰めかける若者たちが見受けられる[50]」という感慨を抱いていたのだが。アユイの希望は、はかなくも崩れたということになる。

共和暦九年規定の第四章の第八条かつ最終条項には、盲人生徒たちの住居についての取り決めが載っている。これは、住む場所の分け方の規程である。生徒たちはお互いの間で分かれて住むだけでなく、世界から切り離されてもいた。

「生徒たちの住まいは、年寄りの住まいと切り離される。また、男子と女子は別々の公共ユーティリティを持つ。彼らの住居の中には、運営部ないしは教師の許可なくして、誰一人忍び込んではならない。教室のみ、晴眼児童にも入ることが許されており、それも決まった時間だけである[51]。」

こうして、かつての兵舎が盲人施設になった荒涼とした場所、キャンズ・ヴァンに、盲人の少年少女が、厳しい規律と手工業労働者としての時間割を強制的に押し付けられて、閉じこめられることになった。

規定はさらに、生徒たちの「身辺、衣服、家具[52]」が清潔に保たれていることを要求する。また、生徒たちは行ないを慎み、教師には絶対服従し、授業と作業場の時間に遅れることはならないとされた。こうしたことは驚くべきことではないが、一方、「生徒の義務」を定めた同規定第五章第四条は、我々の注意を惹く。

「生徒は誰にも手を触れてはならない。手を伸ばすことで、誰かを傷つけたり、風紀を乱す行為を行なってはならない。この規則に違反した者は厳しく罰せられる。」[53]〔傍点筆者〕

「誰かを傷つける」仕草が禁じられているのは当然だっただろう（もちろん、規定の起草者の述べていることが我々の考えていることと同じならば、であるが）。しかし、「風紀」を守るために生徒が誰かに手を伸ばすことを禁じるというのは、当時の道徳的規範を超えるものである。一九世紀の中学校や高校の厳しい風紀的規則すらも、この禁止の前では青ざめただろう。どのようにこっそりと投げかけられた視線であっても、視線は他者との接触を許すものである。盲人たちは、もともとその方法を持ってない。手による接触の禁止以上に、彼ら一人一人を孤立させる効率的な方法が、果たしてあっただろうか。この規則は、キャンズ・ヴァンの高い塀よりも、ずっと確実に盲人を閉じこめたはずである。お互いに意志を伝えあうには、彼らにはもはや声しか残っていなかった。しかし、声は誰でも聞くことができる。よって、盲人生徒たちにはもはや、教師、運営部、職員たちの合同監視の目と耳を逃れるすべは何一つ残されていなかった。

「もし運営部の人間や監視責任者が現規定の条項に甚だしく違反する行為を行なっている生徒を見つけたら、即座に教師監に報告し、同時に規定に定められた罰則を生徒に課すべし。」[54]

当該罰則は、規定第五章の第二条に定められている。その軽重は、余暇の禁止から、パンと水の懲罰、そして謹慎部屋への監禁、最後には退去（内務省大臣のみが決定できる罰則であったが）まで様々である。罰則があれば報償もある。これは規律のもう一つの柱である。よい行ないの生徒は、メダルをもらったり、最優良生徒名簿に名前が載った。最優良生徒名簿は、「複写が一冊教師監の手に、もう一冊が運営部に残される」(55)ことになっていた。この名簿は、その後、名誉や教育的効果を与えるために利用されることになるが（例えば、卒業式で仰々しく読み上げられた）、その他にももっと「実用的な」目的で使われた。生徒の卒業成績の報告書作成の際に、教師が参照する資料となったのである。卒業成績報告は、政府がその後の生徒の道を決定する時に重要であった。政府は、「注目に値するほど素行がよかった生徒には、（…）それに見合った将来を与える」(56)ことを約束していたからである。それに見合った将来とは、学業を終えたら、キャンズ・ヴァンの第一級盲人の仲間入りをすることだった。

生徒の義務と規律内容を詳述した後、規定は余暇と休暇の項目に入る。生徒たちは週の間に「まるまる一日と半日の休み」(57)が与えられている。しかし、彼らはそうした休みの時間をどのように過ごしたのだろうか。

「生徒に与えられた余暇の半日は、天候と季節が許す限り、散歩にあてられること(58)。」

一九世紀の中学校や高校の生活を研究したポール・ジェルボは、こうした週に一度の「散歩」が、列を組んで、「偶然あてがわれた連れ合いと二人ずつ並び」、「厳しく見張られて」行われていたことを明らかにした。ジェルボによれば、それは「町を横切る沈黙した陰鬱な行進」(59)であった。

キャンズ・ヴァンにも「普通の日の余暇の時間」はあった。

「もし天候が許せば、盲人生徒のためにあてがわれた中庭に出てもよい。しかし、男子生徒と女子生徒は常に離れていること。雨天の場合は、生徒たちはそれぞれの教室に残ること。(60)［傍点筆者］」

こうした余暇の間、生徒たちは「障害が許す限りの作業の訓練に励むこと」(61)とされた。この規程は何を意味しているのだろうか。また、キャンズ・ヴァンの建物の構成や、盲人生徒に与えられた狭い空間を考えれば、生徒たちにはどのような「練習」ができたのだろうかと、不思議に思わざるを得ない。中庭でのある程度自由な遊びだったのか、それとも身体的な拘束に満ちた「軍隊式の」運動だったのか、あるいはまた、整列行進だったのか。残念ながら、この点に関しては資料が不足している。キャンズ・ヴァンにいた間、盲人生徒たちがどのような余暇活動を行なっていたのかは分からない。

盲人生徒たちのこうした陰鬱な余暇についての最後の章で、規定は、「あらゆる偶然ゲームを禁止する」(62)としている。キャンズ・ヴァンの囲いの中でも、盲人生徒たちは子供らしく、予測のつかないことに魅力を感じていたことが分かる。

休暇については、規定は何一つ具体的なことを述べていない。教師の休暇は年に二カ月と定められているだけである。もちろん、その間も誰か一人は生徒とともに残っていなければならなかったが。つまり、盲人生徒たちは一年間、キャンズ・ヴァンを全く離れなかった、ということである。彼らの多くは孤児であり、あるいは両親が遠く離れたところに住んでいた。多くの両親たちは貧しさゆえに、子供の長い旅行の費用を払えなかった。または、両親から望まれず、国立の養護施設に捨てられた子供たちもいた。(63)とは言え、規則上、生徒にも休暇は与えられていた。その細則は以下である。

「盲人生徒たちが年間決められた期間を両親のもとで過ごすことに、運営部は何の異論もはさまない。両親が子供の休暇を望んでいる場合、その期間は果実月朔日《フリュクティドール》［八月半ば］から風月《ヴァントーズ》三〇日［一〇月の第三週］までとする。しかし、この期間以外は、健康その他の理由で必要不可欠と認められる場合を除き、どの生徒もキャンズ・ヴァンを離れてはならない。(64)［傍点筆者］

学校の休暇の間キャンズ・ヴァンに残っていた生徒たちの毎日については、残念ながら資料がないので分からない。規律と余暇についての取り決めの後は、毎日の時間割である。規定によれば、一日の学業と労働に充てられる時間は一五時間。そのうち八時間が羊毛紡績の作業場での仕事である。学業に充てられる時間は二時間のみ。ガリオは回想録でこのように述べている。

「教師監の地位にとどめ置かれたアユイ氏は、晴眼者の復習教師ジェルマン氏の補佐を受けて、男子生徒のための一日二時間の授業を行なった。副教師監のベルトラン氏が女子生徒の授業を受け持った。授業以外の時間、生徒たちは施設内に設けられた布製造の作業場で、羊毛を紡いだ。(65)」

かつてヴァランタン・アユイが盲人教育の宣伝に利用した公開実技は、ひと月に一度行われるだけになっていた。「それ以外の授業は、男女の別を問わず、施設内部で行われる。外部者は立ち入り禁止である(66)」。確かに、過去において公開実技の数は多過ぎたかもしれない。しかし、ひと月に一度という極端に少ない回数にまで減らすことで、キャンズ・ヴァンに閉じこめられた盲人生徒たちの社会からの孤立はさらに深いものになったのではないだろうか。

共和暦九年規定の第六章であり最終章は、「教師と復習教師の義務」について定めている。しかし、ここではすでに定められている規律と時間割について少々の説明を付け加えているだけである。ただ、キャンズ・ヴァン内の盲人の学校で、いかに恒常的で序列に従った監視体制ができ上がっていたかが分かる部分だけを引用しよう。

「作業の監視は、作業場長、それぞれの作業場の監督、そして復習教師に任されている。常に生徒の傍に誰かがついているように、三人は交代してこの任を負うことにする。監視は全員で行ない、またお互いに励まし合うこと。同じく女子生徒も恒常的に監視される。就寝時、夜間、起床時、食事中、そして外での散歩の間は特に注意すること。男子生徒の復習教師と女子生徒の監視を任されている職員は、生徒と同じテーブルで食事を取ること。監視の役にある者には個室はなく、生徒と同じ大部屋で寝なければならない。大部屋のどこで何が起こってもすぐに分かるように、監視教師の寝場所をあちこちに分散させること。[67]」

生徒たちは、実に四六時中監視の目にさらされていたのである。[68] しかし、監視役の職員や教師たちもまた、それに劣らず見張られていた。彼らが規則的に「報告を提出[69]」することになっていた教師監が直接監視することもあったし、あるいは運営部とキャンズ・ヴァン総代が間接的に監視することもあった。独身教師たちが耐え忍ばなければならなかった修道院的で厳格な生活は、生徒たちの生活に劣らず、喜びの少ないものであった。また、この種の習慣は間もなく制度化される運命にあった。一九世紀を通して、特に帝国大学ができてからは[70]、フランス中の中学校や高校の教員や復習教師には、またもっと広く大学以前の教育を引き受ける教師全てには、このように旧大学と修道院の伝統が感じられる生活様式が強いられることになった。教師は、独身で、集団のテーブルで食事をし、老朽化し、非衛生で、寒い学校の建物に住む人となったのである。

ともあれ、新しいキャンズ・ヴァン運営部は、新しい規定によって、施設の生活を政府の意向に沿ったものに作りかえようとしていた。最初のうちは大変な作業だった。盲人労働者学校の生徒たちを、学校という目的には適わないキャンズ・ヴァンの建物に引っ越しさせなければならなかったし、彼らの持ちものと施設の動産についての細かい目録も作らなければならなかった。しかし、何より難しかったのは、ヴァランタン・アユイを官僚的ヒエラルキーに従わせ、共和暦九年の規定に定められたような仕事の条件を認めさせることだっただろう。それと同時に、政府が欲したようにキャンズ・ヴァン内に作業場を設けることも大仕事だった。これら手工業の作業場には、布製造作業場、それに準じる羊毛紡績の作業場、また、タバコ製造の作業場や印刷所があった。

さてこの段では、一九世紀はじめ、どのようにキャンズ・ヴァンに盲人労働者学校の生徒たちが迎えられたかを、規定の条項を通して長々と見て来た。今度は、これら改革や再編成が実際に行われた敷地の建物について見ることにしよう。キャンズ・ヴァンの建築を詳しく検討することで、盲人生徒たちの新しい住まいの様子を知ることができる。彼らが住み始めたのは、同時に盲人施設であり、工場であり、学校でもある、という場所だったのだから。

一八〇一年のキャンズ・ヴァンの建物と盲人生徒の入居状況

キャンズ・ヴァンが黒騎士館と呼ばれていた時代の一六九九年、キャンズ・ヴァンになってからの一七八五年、一七八六年、一八〇六年には、様々な建物の設計図やエッチングが残された。しかしその一〇〇年あまりの間にさほど大きな改修はなかったようである。一八〇一年の絵を見れば、一七八七年に看護部を設置するために新築された二階建ての建物が付け加わっている他は、キャンズ・ヴァンは相変わらず黒騎士館のままである。一七八〇年には、盲人と家族を住まわせるための建物内改修が行われたが。

シャラントン通りの扉をくぐれば、キャンズ・ヴァンの最初の中庭にぶちあたる。この中庭の周囲に、かつて成人

訓盲院の生徒たちが合流した1801年頃のキャンズ・ヴァン
（フランス国立図書館蔵）

した盲人の住居だった建物がぐるりと並んでいる。一七八〇年には、独身者の盲人、寡夫や未亡人といった人々は、暖炉付きの小さな部屋をあてがわれていた。子供のいない夫婦には暖炉付きのやや大きな部屋が与えられた。子供のいる夫婦には、暖炉付きの大きな部屋と暖炉なしの小さな部屋で構成された二間のアパートが与えられた。しかしその後、政府は個人用住居を廃止して、キャンズ・ヴァンを大部屋と食堂の寮生活に戻そうと考えていた。一八〇一年にもその計画は廃れていない。集団の台所と集団食堂の設置計画はまだ残っていた。さて、最初の中庭の奥まで行って、建物に開いた回廊をくぐり抜けると、三面を低い屋根の建造物で囲まれたキャンズ・ヴァン第二の建物がある。半分誰も住んでいないこれらの建造物は、昔の厩舎である。政府が手工業作業場を設置しようとしたのは、この建造物の中である。職業に就く前の盲人とその晴眼の子供たちに「有意義な時間」を与えようとしたのだ。

盲人男子生徒が入所とともにあてがわれた住居も、ここにあった。「二番目の中庭左側の建物に設置された大部屋[71]」である。女子生徒たちは、看護部のホールの一つで寝起きした[72]。

男子生徒と女子生徒は一緒に食事をした。しかし、「昼間は、別々の作業場に別れて過ごした[73]」。夫婦者の寄宿者は「看護部の個人住居か、二番目の中庭の建物の一部に[74]」住んでいた。

総代が語るところによれば、「雨　月《プリュヴィオーズ》二八日以来、キャンズ・ヴァンでは、夜も昼も土方が働いている。敷地の清掃と、いろいろな荷物を車から運び出すためだ(75)」。生徒たちのキャンズ・ヴァンへの引っ越しは慌ただしく行われたので、敷地内は混乱していた。シャルル・ブーレの報告からもその様子が伺える。生徒たち自身と言えば、いきなり知らない場所に連れてこられ、暖かい歓迎も受けず、戸惑うばかりであっただろう。彼らが新しい場所の記憶を作るには、まだ時間がかかった。最初の生徒たちがキャンズ・ヴァンに到着した二日後のヴァントーズ二日、シャルル・ブーレは運営部に「サン・ドニ通りにとどまっている生徒たちを迎え入れる準備が整った(76)」ことを報告した。運営部は、キャンズ・ヴァン内の盲人労働者学校の設置について考案する前に、まず生徒たちと同居する教師を決めた。学校の教師や職員のうちから、アユイ、アンジブー、ドキュレ、クレルジェが選ばれ、キャンズ・ヴァン内に住まうことになった。彼らは順番に、教師監、副監、助手、作業場長であった。成人し、結婚している生徒については、「今のところ、サン・ドニ通りにとどめ置くことにする。しかし、すでにやって来ているシトワイヤン・ジェルヴェとその妻、そして、病気のため看護部に入ったシトワイヤン・アヴィッスは別である(77)」。

敷地配分についての運営部の取り決めは、以下の点で終わっている。「盲人労働者の印刷所は、シトワイヤン・アユイの住居に隣接する二部屋に設置することとする(78)」。ついでに言っておくと、印刷所の騒音を想像すれば、運営部が全く「シトワイヤン・アユイ」とその家族の生活の便を考えていなかったことが分かる。

二カ月後、芽月《ジェルミナール》二七日（四月一七日）運営部総会で、キャンズ・ヴァン総代が盲人生徒の住居問題を再び取り上げた。

「盲人生徒が住んでいる二つの建物は、（…）お互いに離れすぎていると思われます。運営部は、彼らがお互いからもっと近いところに住めるように、また作業場や寮の部屋や食堂から遠くない場所に住めるように取りはからうべきです(79)。」

ブーレは早急な改修の必要を説いたが、運営部はそれに耳を貸さなかった。結局、「キャンズ・ヴァン建築士が新築と改修の費用について正しい見積もりを立てるまで、現状を維持する[80]」決定がくだされた。

その後六年経っても、キャンズ・ヴァンに何一つ変化はなかった。少なくとも生徒の住居に関しては。一八〇七年六月六日、運営部は、盲人男子生徒のために新しい大部屋を設置することについて、内務省の許可を求めている。設置の必要を証明するため、運営部は手紙にキャンズ・ヴァン付き外科医ベリヴィエ氏の報告書を添えている。「生徒たちの健康状態の問題についての考察[81]」を含む報告である。政府の給費生が増えたせいで、生徒たちの寮の部屋は狭くなり、不潔になっているというのである。確かに、共和暦九年の給費生は男子三七人、女子二二人という数であったが、一八〇七年には男子六〇人、女子三五人にまで増えていた。この時期、女子生徒は相変わらず看護部に起居していた。しかし、運営部は看護部の建物を「その本来の目的に適った用途に[82]」戻したいと願っていた。九月五日、運営部は改修の願いを再度提出した。しかし、内務省の方は頑として聞き入れなかった。改修ができない代わりに、翌週九月一二日の総会で総代は、休暇の間に「男子生徒の大部屋の壁に空いている穴を塞ぎ、シラミの侵入をふせぐ[83]」という対策を提案するにとどめた。

こうした建物の改修や清浄の申請書を見ると、キャンズ・ヴァンの建物の老朽化と、それによる不便で不衛生な生活状況が想像できる。一八〇一年二月の不吉な夜、有無を言わせぬ手でキャンズ・ヴァンに移送された盲人生徒たちが住まなければならなかったのは、このような場所であった。そして、彼らがシャラントン通りのキャンズ・ヴァンに住んだ一五年の間、実際の改修は一度も行われなかったのである。この時期にキャンズ・ヴァンを訪れた外国人、アウグスト・コッツェビュは『一八〇四年のパリの回想』でこのように述べている。

「これら不幸な盲人生徒たちは、すでに述べたピチエ病院の孤児よりもずっと悪い環境にいる。敷地も建物も大きいが、とにかく不潔である。(84)［傍点筆者］」

キャンズ・ヴァンは、内部連絡が悪く、湿気て老朽化した環境だった。おそらく、住居環境の悪さは、そこに住み、働く盲人生徒たちの死亡率とも関係していただろう。ドクター・ギリエは、『一八一六年から一七年にかけての王立盲人学校の状態についての内務省報告』で、「一八〇二年から学校の移転まで〔生徒たちは一八一六年、再度別の場所に移転することになる〕、総計四二人の生徒が亡くなった。つまり、一年につき三人である(85)」。

こちらの方も、共和暦一二年（一八〇三―〇四年）から一八一一年の間に発効されたキャンズ・ヴァン運営部の決議書を調べ、その期間に少なくとも三三人の盲人生徒が亡くなっていることを確認した（実際にはもっと多いかもしれないが）。つまり、一年平均三人の死亡ではなく、四人である。三三人のうち、一〇人までが結核で亡くなっている（死亡原因は「肺病」、あるいは「るいれき症」となっている）。結核は、共同生活における衛生状態など、特に生活環境との関係が深い病気である。

執政政府から第一帝政下において、キャンズ・ヴァン運営部の度重なる改修願いにも拘わらず、それを無視あるいは拒み続けた内務省高官の態度は、盲人生徒たちの命運を決定した共和暦九年規定の予算削減の原則に忠実に従ったものと言えるだろう。彼らは、貧民階級の盲人の子供たちを無料で養う施設など何の収益も見込めないのに、その莫大な改修費用をさらに支払うなどもってのほかだ、と考えていたのだろう。

施設の編成

「時間配分の規則」

生徒たちがひどい住居に住んでいたことは分かった。引っ越し後、運営部は彼らの衣服を新調したが、それにしても貧しい服装であったことは確かだろう。さらに、彼らには「キャンズ・ヴァンに住む盲人生徒および晴眼児童たちの一日の時間配分と学業・作業の規則」が課された。同規則は共和暦九年収穫月《メシドール》五日（一八〇一年六月二一日）に採択された。盲人男子生徒は学力によって二組に分けられ、盲人生徒と分けられた晴眼男子生徒だけの三組目があった。盲人女子生徒の組はもちろん別であった。さらに、盲人の子供である晴眼児童の女子のために別のクラスがあった。

毎朝、午前七時半から九時半までは、晴眼男子生徒クラス、晴眼女子生徒クラス、二組目の盲人男子生徒クラスで授業があった。この間、一組目の盲人男子生徒と盲人女子生徒はそれぞれの作業場で仕事に専念した。一〇時になると、晴眼男子生徒が羊毛紡績作業場に赴いた。この授業と作業の交替については、厳しい監視のもとに、規則遵守が課された。

「七歳以上の晴眼男子生徒の作業場総監督は、生徒たちの時間に遅れない精勤を記録した。男子生徒たちは、それを教師副監に提出しなければならなかった。副監は一〇日ごとにそれをまとめた報告を総代に提出し、総代がそれに従ってパンの配当を決めるのだった(86)。」

同じ時刻に、二組目の盲人男子生徒たちが作業場入りすることになっていた。作業場は布製造工場と同じ場所に設置されていた。彼らはそこで、午後一時の昼食まで働いた。午前一一時から午後一時までの間には、教師監による一組目の盲人男子生徒への授業と、副監による盲人女子生徒への授業があった（もちろん、女子生徒の授業は、一人の女性監視員によって見張られていた）。昼食とそれに続く休憩時間の後、三時に仕事は再開した。休憩時間は、音楽の授業を受けることを許された生徒にはなかった[87]。昼食後の作業は、午後七時半の夕食まで続いた。

つまり、盲人生徒は一日の活動時間の半分以上を羊毛紡績作業場で過ごすことになっていた。音楽の授業を受けることが許された幾人かの生徒と、印刷所での作業を課された生徒だけは別であったが。しかもその上、作業場では「仕事の最中さえも」、復習教師と監視役職員は生徒たちに一時間目の授業を繰り返させていた。「朝の授業がきちんと頭に入ったかどうかを確かめるため[88]」にである。盲人生徒たちの一日は二重に詰まっていたと言える。作業場で手を働かせている間、彼らには頭を休める暇も与えられていなかったのである。「授業においても、休憩時間においても、食事中でも、必ず男子生徒の傍には復習教師一人が附き、女子生徒の傍には女性監視員が一人附いていなければならない[89]」。どんな時でも、生徒たちは外からの視線を浴びていなければならなかった。これは、一七九二年の規定に続いて共和暦九年の規定が、目の見えない子供たちに課した重圧だった。「作業場監督は、作業中の生徒たちから決して目を離してはならない[90]。［傍点筆者］」盲訓校の一七八五年の創立時における目的は、教育の力で貧しい盲人たちに社会参加の道を切り開くことであった。しかし、一八〇一年になると、この学校は、盲人たちからは見えない目による監視と様々な拘束によって生徒たちに規律を押し付け、その結果、生徒一人一人をますます孤立させる場所になってしまっていたことが分かる[91]。

盲人生徒の一日の時間配分を定める規定は、最後に彼らの監視体制のピラミッド構造を詳述している。

「教師たちは責任を持って、内務省大臣規定と同規定の施設内における遵守を見張らなければならない。教師たちは復習教師たちを監督し、違反に気がついた時にはすぐ総代に報告する義務がある。違反の報告を受けた総代は、それを運営部に報告する。[92]」

もちろん、こうした連携がスムーズに機能するためには、教師と総代と運営部の間に密な連絡がなければならない。しかしピラミッド構造による学校の再編成は、言わば理想的な計画図、ユートピア的目算にすぎなかった。学校の運命に歯がみしていたヴァランタン・アユイは、官僚から与えられた責任を忠実に果たす気など全くなかった。そのために上層部と衝突し、早々に教師監の職を辞さざるを得なくなるのだが、ここではそこまで先走りするまい。それよりもまず、キャンズ・ヴァン運営部が政府の要望を受け入れて施行した、盲人労働者学校の職員の再編成について見てみよう。

盲人生徒の教育に関わる職員たち

共和暦九年芽月《ジェルミナール》（一八〇一年三月―四月）から同年収穫月《メシドール》（六月―七月）にかけての職員割当とその給与を検討しよう。この時期、実働者数が半分に減らされていることがまず目につく。人員削減は、盲人の復習教師と作業場監督の職がカットされたことによる。これらの職にあった者たちは、共和暦一〇年葡萄月《ヴァンデミエール》朔日（一八〇一年九月二三日）をもって、キャンズ・ヴァン第一級盲人に加えられた。

解雇者数は一〇九人に上った。これは大きな節約だった。彼らの給料だけで年間一万五〇〇〇フランもかかっていたのだから。その上、任務に据え置かれた職員たちの給料も減らされた。他方、経済的解雇の犠牲となった盲人教師たちが、もともとアユイに育てられた第一世代の盲人生徒たちであったことを考えると、彼らの解雇の事実は、その他の盲人生徒たちにとって経済的な事情だけでは納得のいかない重大な意味を帯びていた。アユイのかつての生徒であり、現在では教育における協力者となっていた盲人教師たちが、政府にとって厄介な存在であったことは確かである。彼らはアユイの方法が有効であること、そしてその企図が成功し得ることを示す生き証人であった。盲人教師の解雇を通して政府が狙いを定めたのは、貧しい盲人の史上初の教育者であり、盲人たちの社会参加の提唱者であったヴァランタン・アユイその人だったと言えるだろう。次いでに述べておくと、この解雇は違法である。なぜなら、盲人労働者学校編成の際に採択された政令の第五条に反しているからである。また同条項は、共和暦三年のテルミドール一〇日法第三条においても確認されており、テルミドール法はこの頃まだ廃止されていなかった。「盲人たちは優先的に、彼らの資質と障害が許す職に就かされるものとする」。

最初の人員削減の後、共和暦収穫月《メシドール》の「盲人生徒の教育にたずさわる職員」は、教師監アユイ（年俸五千フラン）、副監ベルトラン（共和暦牧草月《プレリアル》就任、年俸二五〇〇フラン）、助手アンジブー（年俸二千フラン）、第一復習教師ジェルマン（年俸千フラン）、作業場長のクレルジェとデュビュイッソン、第一・第二女子生徒監督のビアルデュオーとリドー（最後の四人とも年俸六〇〇フラン）、であった。よって、教育関連の人件費予算の総額は、この期間に年間二万三四〇〇フランから一万二九〇〇フランにまで減ったということである。

共和暦九年後半の教師給与録には、音楽教師は含まれていない。しかし、共和暦九年牧草月《プレリアル》一三日（一八〇一年六月二日）付の政令では、「シトワイヤン・マチュー」が確かに「年俸六〇〇フラン」でこの職に任命されている[93]。共和暦一〇年雨月《プリュヴィオーズ》二二日（一八〇二年二月一一日）のキャンズ・ヴァン全体の職員の給与明細に音楽教師の名前がないことから、おそらく音楽の授業は二人の卒業生に任されることになったと考える。優れたヴァイオリニストになっていたニコラ・イルデヴェール・ジャロと、ピアノフォルテの奏者セシール・エレーヌ・モローである。この二人は、共和暦九年牧草月《プレリアル》一三日付の政令で、無給与の復習教師に任命されていた。この点について付け加えると、卒業生を無給与で、ないしは不規則な薄給で復習教師にするやり方は、この頃からキャンズ・ヴァンの習慣となっていった。この習慣が実際に改まるのは、アレクサンドル・ルネ・ピニエが校長となってからのことである。もっと正確には、一八三三年、内相チエールがピニエ校長の学校を訪問した後のことである。内相は訪問の折、盲人復習教師の年俸として三〇〇フランの予算を承認したのである。

盲人の手工業労働者

共和暦一〇年霧《ブリュメール》月朔日（一八〇一年一〇月二三日）に始まった新学期を機に、晴眼生徒と「盲人生徒と呼ばれる第二級盲人」は、学業と言うよりも労働を開始した。しばらく前から、彼らの働く場所である羊毛紡績作業場がキャンズ・ヴァンに設置されていた。

政府は、この新学期からキャンズ・ヴァンに三つの作業場を設置しようとしていた。羊毛紡績作業場は、共和暦九年雨《プリュヴィオーズ》月二二日（一八〇一年二月一一日）の運営部決定によって設置された。シャプタルに依頼されて作業場の組織案を起てたのは、フランス技術工芸学院のモラールである。同年風《ヴァントーズ》月二日（二月二一日）付規定を見ると、作業場監督はルフェーブルという人物であったらしい。その直後、風《ヴァントーズ》月二二日（一八〇一年三月一三日）付の規定により、布製造作業場が設置された。最後に、共和暦九年牧草《プレリアル》月二日（一八〇一年五月二二日）付規定により、「シトワイヤン・オヴィード」を監督とするタバコ製造作業場が、翌収穫《メシドール》月朔日（六月二〇日）をもって設置された。大人の盲人たちはこの三つの作業場のうちどれに入ってもよかったが、生徒たちは、印刷所で働くことが許された場合を除き、羊毛紡績の作業のみをすることになっていた。

共和暦九年果実《フリュクティドール》月二五日（一八〇一年九月一二日）、キャンズ・ヴァン運営部は軍人学校と施設で製造された布の売買契約を結んだ。また、シャプタルも、共和暦九年の年末にルーヴル宮で行われた産業博覧会に、盲人の織った

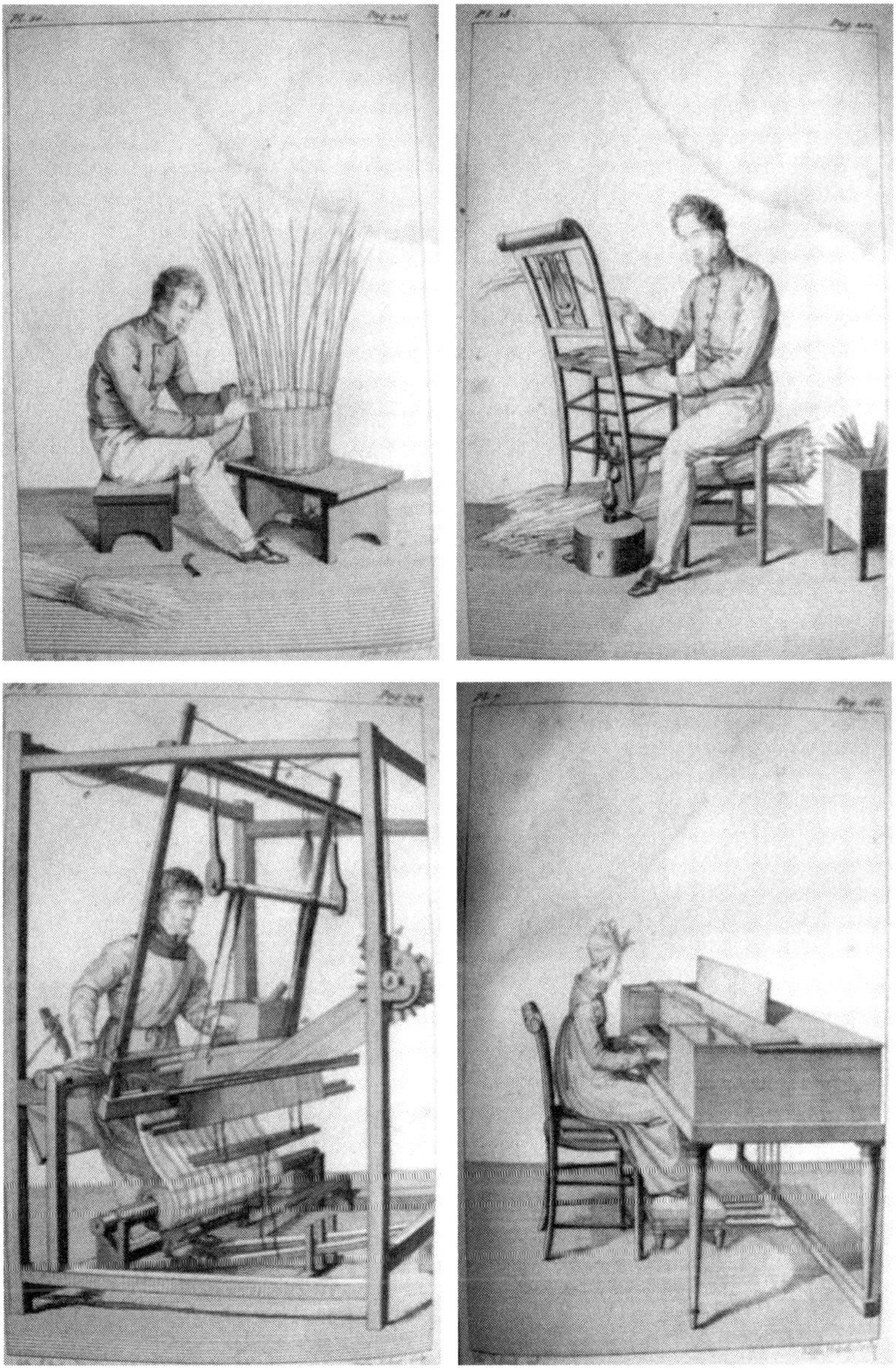

盲人生徒たちの手作業

布を展示しようと考えた。一方、セーヌ県福祉施設・病院総合運営部は、共和暦一〇年牧草月《プレリアル》二五日（一八〇二年六月一四日）付法令で、福祉施設や病院で配給・販売される全ての「嗅ぎタバコ・巻きタバコ」が、キャンズ・ヴァンの作業場で製造されるべきことを定めた[94]。さらに、同年テルミドール二日（一八〇二年七月二一日）の内務省法令は、「セーヌ県の全刑務所・拘置所、およびサン・ドニ県の貧民救済所[95]」にも同じ取り決めを適用するよう定めた。執政政府は、生産主義的福祉政策の成果を出すため、実にあらゆる手を打っていたようである。

盲人たちと言えば、政府ほどにはこの見通しに乗り気ではなかった。ヴァントーズ一三日規定によれば、「働きたいと願う老人のみ[96]」を働かせることになっていたが、実際には、年齢を問わず盲人たちには選択の余地は残されていなかったようである。例えば、共和暦一一年花月《フロレアル》二四日（一八〇三年五月一五日）運営部が発布した規則第九条を見れば、「タバコ製造作業場には運営部人員表に登記されている盲人をできる限り働かせること。その人数は五〇人を下ってはならない[97]」［傍点筆者］その上、監督の意にそぐわない盲人工員には罰則が課された。同規則の第一一条は、これら工員と「作業場に雇われている全ての盲人[98]」が責められるべき咎を挙げ連ねている。

『キャンズ・ヴァン　タバコ工場の盲人勤務録』は、共和暦一一年牧草月《プレリアル》二四日（一八〇三年六月一四日）から共和暦一二年収穫月《メシドール》一八日（一八〇四年七月六日）の間の記録であるが[99]、確かにこの期間、第一級盲人のみならず第二級盲人と呼ばれた生徒たちも、タバコの作業場で働いていたようである。しかしこれは、盲人生徒の時間割を決めた規程に反することだった。

羊毛紡績作業場について言えば、共和暦六年風月《ヴァントーズ》二日規定第六条は、四人の見習い工員訓練員の雇用を認めている。同規定第八条はさらに、見習い工員の数についてこう述べる。

「五人の男、三人の女、一二人の児童である。男五人のうち、二人まで盲人であっても構わない。女と児童のうちにも盲人がいても構わない。見習いは、できるだけ外部の者よりも、キャンズ・ヴァンの盲人、その妻および子供たちの中から選ぶこと。(100)」

工員たちの給与についてはどのように定められていたか。

「仕事の最初の時期は見習いなので無給とする。その後も、製造の量と質によって支払いは増えない。男には基本日給七五サンチーム、女には六〇サンチーム、児童には三〇サンチームである。これは一日の労働の値であり、半日しか働かなかった場合には半分になる。(101)」

一日の労働時間は一〇時間である。一方、布製造作業場における盲人工員の時間割について、シャプタルが「盲人たちに毎年供給される衣服を彼ら自身が製造するようにし、これまでの怠惰な習慣を破ることを検討(102)」するよう、運営部に命じている。翌年果実月《フリュクティドール》一二日に、シャプタルが「キャンズ・ヴァンで製造された最もよい布(103)」を産業博覧会に提出するよう運営部に申し出ているから、実際に大勢の生徒たちが布製造作業場で働いていたのだろう。シャプタルは、盲人に仕事を与えたことを誇りに思っていた。そのため、共和暦九年収穫月《メシドール》五日（一八〇一年六月二四日）には、第一執政官ボナパルトにキャンズ・ヴァンを見せている。この時、ボナパルトは「内相の配慮のもと設置された布製造作業場(104)」に特に関心を持ったと伝えられている。

第一級盲人の反乱

しかし、盲人が「参事会に発言権を持っていた」時代が終わったことを、よく理解できなかった住民がいた。そうした盲人が、訪問した執政官をとらえて、キャンズ・ヴァン新編成のやり方に反対する署名を提出した。彼らの思い切った行動のせいで、キャンズ・ヴァンの「読書室[105]」は間もなく閉鎖された。なぜなら、運営部は「キャンズ・ヴァンに毒々しい唆呵を吐く反乱分子たち[106]」は読書室に集まっていると考えたからだ。同時に、この署名を提出した者たちの代表であり、おそらく書面の起草者であったシトワイヤン・ビュラールという盲人が[107]、三日間の謹慎室行きを命じられた。二週間後、この処置を不十分としたシャプタルは、運営部に対して「当該盲人を完全に名簿から除去し、施設から退去させること」を命じた。「警視総監と相談して、盲人がキャンズ・ヴァンから自宅に移るまで警備隊に送らせること。また自宅においても、市役所の責任でその動向を見張ること[108]」。シャプタルは、誰もこの命令を知らぬ存ぜぬで済ませることができないよう、大きく印刷してキャンズ・ヴァン内に張り出させた。それだけではない。「あらゆる手段を尽くして施設内の警備を徹底させること[109]」も命じた。

その結果、第一執政官のキャンズ・ヴァン訪問の三週間後の収穫月《メシドール》二七日(一八〇一年七月一六日)、「シトワイヤン・ビュラール」は追放された[110]。ビュラールとその賛同者がボナパルトに提出した署名と嘆願書には、いくつかのキャンズ・ヴァン改革の要望が列挙されていた。特に、彼らは「王によって創設され、住民全員の協力で守られ、自らの収入と用益権利者の遺産によって経営されてきたキャンズ・ヴァンを、巨大な監獄に変えようとする[111]」政府の意図を告発している。また、その新編成は「かつて浮浪者弾圧の場所であったサン・ドニやポントワーズの貧民救済所」に倣うものである[112]、と。さらに、盲人たちは運営部が、「過酷な統制を押し付けるために[113]」彼らの日当を減らしたことに不満であった(金銭で支払われていた一フラン二〇サンチームから、ヴァントーズ二三日規定の後は、一部現物支給の九〇サンチームへと減少していた)。日当が三三サンチームにまで減額された今となっては、家族のある盲人は、物乞いをするか(規定が厳禁していたことであるが)、施設内の作業場で働くしか選択はなかった。例外は、音楽に秀でて、ポール・ロワイヤルの「盲人カフェ」が雇っていたようなオーケストラの団員になったりする盲人だけだった。

第一級盲人と運営部の諍いについては、一八一六年に盲人のフランソワ・ベルナール・ジルが書いたパンフレットに見られる。見出しは「王立キャンズ・ヴァンでナポレオン・ボナパルトとロアン枢機卿がそれぞれ行なった事業の比較」であった。ジルは、ナポレオンが盲人を強制的に労働させたことを告発している。

「執政官はタバコ作業場と羊毛布作業場の二つを設置させた。タバコの葉を刻むだけの体力がある者はある程度の収入を得ることができたが、体力が保たず、死んでいった者たちもいた。羊毛を梳いていた者たちは、一日一二時間の労働に対して二〇サンチームを受け取った。[114] その間に三フラン分の製品は失われることもあった。目が見えないためにきちんと仕事ができないからだった。しかし、下手な仕事を叱責された時に盲目を理由に抗弁すれば、七日から八日の間謹慎室に閉じこめられた。別の盲人たちは布織り用の棒をもらって布を製造していた。目の見える人間が監督していた。晴眼者の方が盲人よりもずっと早く、ずっと確実に布が織れたはずなのに、ボナパルトとその側近たちは、目の見える者に金を払って、見えない者を苦しめる方を選んだ。[115]」

フランソワ・ベルナール・ジルはまた、はっきりとは名指ししないが、クロード・ビュラールの処分についても語っている。

「盲人の一人が、キャンズ・ヴァンの生活の正しい観察をボナパルトに提出したことがあった。この盲人は才能ある、教育を受けた人物だった（しかし、ボナパルトは何も聞く気はなかった）。彼は直ちに施設を退去させられた。警備の者が二人、彼を警視庁まで引き立てていった。彼はそこで三週間拘禁されることになった。その後、窃盗犯とともに荷車に乗せられ、警備隊から警備隊へと、出生地に戻るまで旅をした。彼の妻と子供たちもキャンズ・ヴァン名簿から抹消され、日当を打ち切られて、施設から退去させられた(116)。」

この文献にはもう一つ興味深い点がある。それは、キャンズ・ヴァンに工場が設置された際の政府の横暴を告発したこの文章の中で、かつてのキャンズ・ヴァンに住んでいた盲人の作者自身が、盲人の仕事の遅さや稔りのなさに言及していることである。

盲人生徒たちはもちろん、たった二時間の「一般」授業と引き換えに課された長時間労働については、何一つ文句など言えるはずがなかった。この点においても、また別の面でも、生徒たちの学業のために運営部に対して反旗を翻したのは、「教師監」アユイであった。ヴァントーズ二三日規定で定められたアユイの役目は、生徒の労働がきちんと遂行されるよう監督することだったのだが。

ヴァランタン・アユイとキャンズ・ヴァン運営部の間の争い

ヴァランタン・アユイと政府直轄の運営部の間の争いについては、共和暦九年雨月《プリュヴィオーズ》から一〇年雨月《プリュヴィオーズ》の間の運営部総会議事録を読めば、その内容と重大さを伺い知ることができる。例えば、共和暦九年風月《ヴァントーズ》一二日（一八〇一年三月三日）付の、運営部からアユイに向けられた公開実技の停止令がある。「新たな決定が下されるまで(117)」実技は中止するようにとの通達である。アユイは、全く上司に相談せずに、規定によって許された以上の数の公開実技を行なっていた。牧草月《プレリアル》二二日（六月一一日）、運営部はこう憤慨している。

「シトワイヤン・アユイは盲人生徒にキャンズ・ヴァンの自由出入許可証を与えているらしい。総代は何の報告も受けていない。運営部は直ちに門番に警告し、これ以後、このような許可証を持った生徒の誰一人も外に出さないように気をつけさせること。出入許可証を作成できるのは総代のみであり、総代の許可証のみが門番の認証すべきものである。(118)」

その間のアユイの行動は、シャプタルが運営部に宛てた芽月《ジェルミナール》二九日（四月一九日）付の手紙によれば次の通りである。「三日前、シトワイヤン・アユイはシトワイヤン・ベネゼックに生徒の一人を送り、盲人が蒙っている悪い処遇について慈悲深い改善を望んでいることを伝えさせた(119)」。シャプタルは続いて、アユイをよく見張ること、そして必要とあらば強硬手段に訴えることを命じている。

「運営部が哀れな盲人たちに未来を与えようと手を尽くしているというのに、反乱の手段を与えて彼らの平静を奪ってしまうなど、言語道断な振る舞いである。（…）まず、このような迂闊では済まない行動を起こしたアユイ氏を厳しく戒め、彼の今後の動きには、特別な監視の目を向けなければならない(120)。」

鋭い監視の目がアユイに注がれた。熱月《テルミドール》一二日（七月三一日）、キャンズ・ヴァン総代は「今月五日付法令に従い」、「キャンズ・ヴァンに来て以来、シトワイヤン・アユイが運営部に対して見せた行動(121)」を詳述した報告書を内相に宛ててしたためた。報告書の中で、総代はアユイが一度も運営部の「友愛に満ちた」警告を受け入れなかったことを非難している。「特に花月《フロレアル》二日［四月二二日］に芽月《ジェルミナール》二九日付の内相からの勧告文を見せられた時にすら(122)」反省の色はなかった、と。さらに困ったことに、こうした警告や勧告の言葉は、アユイにとって「規定違反をやめるどころかさらに繰り返して行なうため、そして運営部に一言の相談もなく規則を変えるための格好の口実を与えたにすぎな」[123]かった。
アユイの直接の上司シャルル・ブーレによれば、アユイは「教師監以上の権限がもはや自分にないことを理解していなかった」[124]。アユイに向けられた非難は次の通りである。施設内の盲人生徒および晴眼児童に、規定に定められた通りのキリスト教道徳の授業を行なうことを拒否するばかりか、同僚たちにもさせないようにする。

「道徳を教えたり祈祷させる代わりに、ルソーの詩やその他のお伽噺を聞かせている。生徒には敬神博愛主義という宗教だと教えている。彼はその他に宗教を持たず、生徒に自分の宗教を教え、実践させるつもりである、とも。[125]」

また、アユイが、何人かの盲人女子生徒に女性監視員と施設内礼拝堂にミサに行くことを禁じたことも非難されている。その日は「彼自身が音楽の授業をした。教師がいないために、運営部が音楽の授業を一時停止にしていることをよく知っているにもかかわらず[126]」。

アユイはさらに、規定に反して、同じ月のうちに何度も、「時によっては、一日のうちに数回[127]」、公開実技を行なった。そのせいで、生徒たちの時間割に大きなずれが生じた。それればかりではなく、公開実技が行われている間に彼は「多くのことを暗示している物語を読み上げ、それを自分流に解釈し、盲人の運命を嘆いている振りをしながら、あたかも現在の政府によって、盲人はかってよりもっと不幸な状態に置かれているかのように語った[128]」。アユイの反抗はさらに度を超し、抗議文を印刷させて、キャンズ・ヴァン敷地内に張り出すということを何度も行なった。そのたびに運営部は張り出された紙をはがさなければならなかった。「第一執政官のキャンズ・ヴァン訪問について事実を歪めた記述」を掲載した文書を、彼が「大量に町中に配った[129]」ことは、言うまでもない。

アユイに対するもう一つの非難は、キャンズ・ヴァンの授業に外部の晴眼児童を受け入れ（カトリネット修道院でもそうであった）、さらには自宅に大人の盲人を招いて「新聞やその他の書籍を朗読して聞かせている[130]」ことである。最後の行為は、読書室を閉鎖した共和暦九年収穫月《メシドール》一二日（一八〇一年七月朔日）付の運営部決定に甚だしく違反するものである。アユイにはこうした様々な非難が寄せられたが、その中でも内務省官僚にとって最も重大と思われたものは、やはり「授業をするという名目で盲人生徒をいつでも呼び出し、彼らが作業場監督の指示に従っているべき時間を奪って、勤務を妨害した[131]」ことではなかっただろうか。生産主義的福祉の計画を成功させることだけに腐心していた政府にとって、これは許されないことだった。ともあれ、この点については、ブーレも最も長い章を割いている。ブーレは、つい八日前にアユイと羊毛紡績作業場監督であったシトワイヤン・ルフェーブルの間に持ち上がった「恥ずべき」出来事の場面を語っている。盲人女子生徒が働く作業場にいた二人の隣には、スダンから来た二人の羊毛製造業者がいた。

「彼は、ここは自分の持ち場であり、誰にも何も見せるものなどないと言い張って、二人の製造業者に生徒たちの仕事ぶりを視察させなかった。盲人の紡績作業を見ることを楽しみにしていた業者たちは、結局何も見ずに帰ることになった（と、シトワイヤン・ルフェーブルは運営部に宛てた同月五日付の手紙で述べている[132]）。」

紡績作業場監督の手紙の日付と運営部の決定の日付は一致している。この事件を受けて、運営部は総代を通じてアユイの行動についての報告を行なったのである。また、この日付の一致は、アユイとルフェーブルの間の騒動が、簡単に言えば「水盤を溢れさせる一滴の水」であり、それまでに長い水面下の確執があったことを意味しているのだろう。作業場でアユイが取った信じ難い行動が、それまで何カ月もの間内務省官僚の間にくすぶっていた憤怒を爆発させたとすれば、ブーレはさらに権力者の怒りを煽るかのように、アユイが「今でもシモン・ルフラン通りの盲人学校を経営して[133]」おり、そこに毎日「シトワイヤン・アンジブーとともに出講しているので、キャンズ・ヴァンの授業はすっかり放り出して[134]」、復習教師の一人に任せたままでいる、と述べている。さらに、シトワイヤン・アユイは印刷所まで設置して、かつてキャンズ・ヴァンに与えられていた全ての印刷業務を一手に引き受けている、とも。収穫月《メシドール》には、

「盲人の印刷所で印刷された公式文書など一通もなかったはずだ。このことは、印刷所長クレルジェ氏が運営部に提出している出納帳簿を見ても明らかであろう。[135]」

長い報告書を読み終わった運営部は、「内相ご自身でこれらの事実をお読みいただくため、報告書を転送する[136]」ことを決めた。報告を読んだ内相の対応を伝えてくれる文献はない。おそらくこの報告書は、すでに内務省官僚たちの耳に届いていた様々な事実を公式化したものにすぎなかったのだろう。確実だったのは、アユイが教師監の職から解かれるのは、もはや時間の問題だったということである。

この報告書から六カ月半後の共和暦一〇年雨月《プリュヴィオーズ》二八日（一八〇二年二月一七日）、シャプタルはキャンズ・ヴァン運営部に「第二級盲人と呼ばれる盲人労働者の学校」を再編成し、「同学校に雇われている教師と職員の給与を大幅に減らす[137]」ことを認めた。シャプタルの通達には、同じ日付の法令の敷衍条項が添えられていた。以下のことを制定した条項である。

「共和暦一〇年風月《ヴァントーズ》朔日（一八〇二年二月二〇日）をもって、第二級盲人と呼ばれるキャンズ・ヴァン盲人労働者たちの教師監の職は、半永久的に削除されるものとする。(138)」

また、この日をさかいにして、アユイの給与は打ち切られ、彼は「キャンズ・ヴァン運営部の会計から、年間二千フランの退職金を受け取る(139)」こととなった。

こうして、盲訓校の生徒たちがキャンズ・ヴァンに強制移送されてからわずか一年後、その創立者自身が退去の憂き目を見た。退去の理由は、運営部に反抗した盲人「シトワイヤン」クロード・ビュラールの時と同じであった。もちろん、学校の創立者であるだけに、政府もある程度の形式を守り、欺瞞を付け加えることを忘れなかったが。シャプタルは運営部にこう書いている。「教師監職の削除に関しては」、

「同封の敷衍条項を参照されたい。同条項はシトワイヤン・アユイにも読んでもらうように計らって欲しい。シトワイヤンの職が現在の経済的事情により維持できず、行政側も誠に遺憾に思っている次第である。このこともご納得いただきたい。(140)」

もちろん、規律に従わない公務員を抹殺するために内相が挙げた理由など、誰一人信じる者はいなかった。一方、教師監の給与は大きかったので、アユイを免責したことで政府はかなり節約できたと言えよう。

さて、教師監職の削除を皮切りに、続々と類似の措置が取られた。共和暦九年収穫月《メシドール》（一八〇一年六月―七月）と翌年同月の「職員給与明細報告」を比べると、ほんの一年の間に、盲人労働者学校の職員給与の総額が一万二九〇〇フランから六四〇〇フランにまで減っていることが分かる。

アユイが去ったことで、内相とキャンズ・ヴァン運営部はやっと盲人生徒たちの労働を、効率的に組織できるようになった。そのため、学業の時間はできる限り短縮された。「生徒全員にとって午前中二時間の授業で不足がないように、実用的な勉強だけに絞って教え、彼らの一日の残りは必ず手作業の仕事にあてること[141]」が、彼らの指針であった。

貧民階級の盲人の教育を目的に創設された史上初の学校は、労働者福祉施設の姿に転落してしまった。アユイの盲訓校は、一七九一年から九九年にかけて英国、スコットランド、アイルランドで設立されていた工場としての盲人学校とよく似た施設となっていった。

ヴァランタン・アユイのその後について述べておくと、彼はキャンズ・ヴァンを首になった後、もう一つの学校「盲人リセ」を中心に教育を続けた。このリセは間もなく、「盲人博物館、および北部と南部の言語を教える語学学校」という長い名前で呼ばれるようになった。彼が住んでいたのは、相変わらずシモン・ルフラン通りとサン・タヴォワ通りの角にあるメーム館であった。彼の自宅に起居する盲人生徒は全て、「年間千リーヴルの養育料と一般科目の授業料、およびピアノ教師に三〇〇リーヴルの報酬を払うことができる」裕福な家の子供たちだった。一人一人の子供たちは「自分のベッド、シーツやリネン、衣服、ナイフとフォーク、コップ、卒業時には学校に残していく様々な物品」を自宅から運んでくることになっていた。また、もう千リーヴル出せば、勉強に役立つ道具も買えた。アユイは、こうした道具は「一度買ってしまえば、一生盲人の役に立つ[142]」と言っていた。

つまり、アユイの生活は一七八五年以前の状態に戻ったのだった。彼がまだ、裕福な階級の盲人生徒をほんの少数集めて感覚代替による重要な教育法を彼らのためにのみ使っていた時代、彼が貧しい盲人たちにその手を差し伸べる前の時代に。

生産主義的ユートピアの破綻

一八〇二年に起こった「史上初の盲人の教師」の学校が権力によって簒奪されるという事件は、アユイの夢見た社会改革にも決定的な打撃を与えたのだろうか。そう懸念してもいいところだが、実はそのようには歴史は進まなかった。

アユイが学校を去って六カ月後の共和暦一〇年果実月《フリュクティドール》一〇日から一七日（一八〇二年八月二八日―九月朔日）の間に、キャンズ・ヴァンでは、一つの事件が起こっていた。目立たなかったが、大きな事件だった。シトワイヤン・ポール・セイニェットが、運営部より「辞職したシトワイヤン・ブーレの代わりに、キャンズ・ヴァン総代として[143]」任命されたのである。一七六九年一二月一七日にブルターニュ地方のラロシェルで生まれ、一七九一年にモンペリエ大学医学博士となったこの青年は、この時三十三歳であった。セイニェットは博愛主義者であり、ラムフォールド伯爵の『政治・経済・哲学論考』を訳し終えたところだった。一八一二年にキャンズ・ヴァンが作成した職員個人情報記録によると、就任当時、彼は結婚していて、すでに三人の子供の父親であったらしい。一七九八年から一八〇〇年にかけて、セイニェットはマドリッドのフランス大使館で大使秘書を務めた。その後、キャンズ・ヴァンに任命されるまで、数カ月間、内務省文献保管所に雇われていたこともある。それまでのキャリアには一点変わったところのない、ありきたりの実直な公務員であった。

しかし、このありきたりの公務員が、彼がキャンズ・ヴァン総代に就任してから一八二四年に退職するまでの間、盲人生徒たちにとっての恩寵となるのである。ヴァランタン・アユイの学校を決定的な壊滅の危険から救ったのは、このセイニェットであった。アユイもそれを認め、一八〇六年四月にはセイニェットにこう書き送っている。ちょうど、アユイがロシア皇帝の招きを受けて、ザンクト・ペテルスブルグに盲学校を創立するために、ロシアに出発する直前のことである。

「[盲人教育という]私自身の大きな計画に関連のあることになら、今でも全幅の注意を払っております。繰り返しお礼を申し上げなければなりません。あなたは、私に代わって、私の子供たちの養父の役目を立派に果たしてくださっておられます。(144)」

一八〇二年と一八〇六年の間に、成り行きで後任者に選ばれた良心的な公務員に、アユイがこのように謝意を表明するに至るような状況が生まれていたのだろうか。

実のところ、盲人を働かせようという政府の意図とは裏腹に、シャプタルがキャンズ・ヴァンに作り出した生産主義システムの軸である布製造作業場と羊毛紡績作業場は、「高くつきすぎる(145)」ことが判明していた。共和暦一三年牧草月《プレリアル》一二日(一八〇五年六月朔日)の運営部総会では、布製造作業場を閉鎖し、別に敷地を借りることが決定された。その数カ月後の共和暦一四年霜月《フリメール》一六日(一八〇五年一二月七日)には、同様に「羊毛紡績作業場を閉める」決定が下された。なぜなら、「キャンズ・ヴァンは今や梳かれた羊毛で一杯なのに、一般の販売店と競争して売る見込みなどない(146)」からであった。その後、生徒たちはいろいろな仕事を与えられた。靴下編み、麻や亜麻の糸車織りなどであるが、そうした小さな手仕事が何であったにせよ、運営部は「工業化された製造方法があっと言う間に大量の糸を呑み込んでしまうのだから、手作業にはもっと休止を入れた方がいい(147)」と考え始めていた。こうした状況が背後にあったために、総代となったポール・セイニェットは、「これまでよりもっとたくさんの時間を」学業にまわすことを提案できたのである。セイニェットは特に、音楽の授業が「もっと協調的に、また、これまでになかったほどに総合的に（148）」再開されることを望んだ。

ガリオがその『訓盲院小史』で述べているところによれば、セイニェットは音楽授業を再開する目的でル・シュアールを呼び戻し、彼と会見の時間を持ったという。総代は「盲人が特に能力を持っていること（149）」が何かを知りたかったのである。セイニェットは運営部にこのように提案している。

「ベルトラン氏とジェルマン氏の指導のもと、彼らの授業の復習授業ができるだけの能力を持った復習教師を雇うこと。当復習教師は、一定の時間に、歴史・地理・文学などの授業の復習授業を行なうこと。復習授業の行ない方は、それぞれの学科について教師が有用と判断する質問を生徒に向け、同時に生徒から出される質問に教師が答える形で行われるものとする（150）。」

このように、徐々にではあるが、布製造作業場と羊毛紡績作業場が閉鎖されたおかげで、また、セイニェットが示した教育への関心のおかげで、盲人労働者学校には一般科目の授業と音楽の授業が戻って来た。

ヴァランタン・アユイが立てた学校は起死回生を果たした。その結果、一八〇六年四月には、盲人生徒と盲人の子供である晴眼生徒の「学業、労働、余暇の時間配分」についての新規定（151）が採択された。一八〇六年二月には、晴眼児童のための学校もキャンズ・ヴァン内に再開されていた。晴眼児童のクラスについては面白いエピソードがある。一八〇六年四月一七日付のキャンズ・ヴァン運営部の決定により、盲人女性のコーザン嬢が晴眼女子児童のクラスの担任に選ばれた。彼女の授業補佐としては、筆記の教師と教室の秩序を監視する人物がいただけだった（152）。

一八〇六年五月初頭、学校の将来が明るいことを確信したアユイは、安心してロシアに旅立った。彼についていったのは、妻と息子、そしてアレクサンドル・フルニエという盲人協力者だった。アユイはロシアへの途上でベルリンに立ち寄り、フリードリッヒ・ヴィルヘルム三世が招聘した人々を前に、ベルリン科学アカデミーで盲人教育法の実践を披露した。その結果、間もなくして、プロシア王国の首都にある小さな村シュテグリッツに、盲人のための教育施設が生まれた。

自国で激しい弾圧を受けたとは言え、アユイの偉大な使命であった盲人教育は、その使命を生んだ普遍的な啓蒙思想の力に支えられて、これからさらなる発展を遂げることになるだろう。その後、ヨーロッパ各地では、訓盲院をモデルにした多くの盲学校が生まれることになる。

キャンズ・ヴァンでは、生産主義の破綻が始まってから唯一生き延びていた印刷所とタバコ製造作業場が、一八一一年の年明けに閉められることになった。これは、それぞれ一八一〇年二月五日と一二月二九日付の印刷とタバコ製造を規定する帝国令の結果であった。シャプタルが始めた障害者を生産性システムの中に参入させる国家的計画は、一〇年近い空しい努力のあげくに、完全な失敗という結果に終わった。

第一帝政の終わりとともに、老若男女の盲人たちが集まるキャンズ・ヴァンには、さらなるゲットー化が進むことになるだろう。そして、キャンズ・ヴァン自身もその最後の時を迎えることになるだろう。

第13章

王政復古期のキャンズ・ヴァン

――絶対王政派にとっての「記憶の場所」――

一八一四年五月三日、ルイ十八世は厳粛なパリ入城を果たした。

同年一二月九日の「昼餐の二時間後」、反コンコルダート派の最高峰聖職者、ランス公大司教、王家門下筆頭貴族、そして宮廷大司祭長であったアレクサンドル・アンジェリック・ド・タレーラン・ペリゴール猊下は、「宮廷司祭長の権限において王立キャンズ・ヴァン盲人施設を所有し、同施設の運営を全般にわたって直轄する最高管理者」[1]となった。

宮廷大司祭長の帰還、そして盲人生徒の退去

宮廷大司祭長が「管理運営者」の役職を与えたのは次の五人である。「サン・ルイ王勲章のシュヴァリエ、マチュー・ド・モンモランシー子爵、学士院会員アベ・シカール、ガルニエ男爵、マリュス男爵、ド・ジェランド男爵」[2]。「管理運営者」の職は、ロアン枢機卿の時代から運営部に残っていた。最初は五人であったが、後に大司祭長の助祭ケレン猊下も加わって六人となった。ケレンは次第に、タレーランの「留守の時にはあらゆるその職務を引き受ける」[3]ことになった。それまでのセイニェット総代は、「運営部長および第一書記」[4]に任命された。

さて、アンシャン・レジーム下のキャンズ・ヴァンでは、運営管理者や運営部長が就任する際には、福音書を開いて以下のような宣誓文を読み上げるならわしであった。

「フランス宮廷大司祭長猊下の庇護を受けた王立キャンズ・ヴァン盲人施設運営部を前に、私は誓い、約束する。盲人たちに無償で慈悲の介護を与えることを、施設の資財、収入、特権を守ることを、そして規約に則った運営のために日夜配慮を怠らないことを。福音書の聖人たちの後塵を拝すべく、神が私を導いてくれんことを。[5]」

簡単に言えば、

「宮廷大司祭長猊下の権限行使により、先んじて内務大臣に与えられていたキャンズ・ヴァン監督の責任は一掃された。猊下は内相にその旨を書面でご通達たまわれた。[6]」

その後は、この調子でことが進んだ。フランス絶対王政のシンボル、サン・ルイ王を創立者と仰ぐキャンズ・ヴァンは、王政復古の「大政奉還」にならって、編成を新たにした。同時に、サン・トノレ通りの敷地が売却されて以来国庫に眠っていた二五万フランのキャンズ・ヴァンのための年金が復活した。この年金は最初王室費用の中に含まれていたが、次第にキャンズ・ヴァンの住民と外来盲人の扶助金を増加させた。一八一五年一月朔日より、キャンズ・ヴァンに住む盲人寡夫・未亡人と独身盲人の日当は一フランに、夫婦の盲人については一フラン三〇サンチームに上がった。まだ職業訓練に就いていない子供がいる夫婦は、嫡出子一人あたり一日一五サンチームの追加配当を受けた。外部に住むキャンズ・ヴァン会員の盲人は、年間二三三フランの障害補償を受けた。

国家年金が返って来たことで、外部居住者の年金を支払うことができた。前述と同じ日付をもって、一七八三年三月一四日の時点でキャンズ・ヴァン年金授与者であった一〇〇人の盲人には、一人一五〇フランの外部者年金が給付された。この後、キャンズ・ヴァン外部に住む年金給付者数はますます増え、一八三〇年には四〇〇人となった。国家は、「あと数年の努力で、一七八三年三月一四日付法令が確約している王の慈悲深い計画を完遂すること[7]」を目指していた。

宮廷大司祭長が一八一五年二月一七日付で認証したキャンズ・ヴァン財政規約によれば、住民には毎日白いパンが配給され、男性には二年に一度、女性には毎年一度、上から下まで衣類が提供され、毎年暖房用の薪が与えられることになった。外部居住者もまた、その他の特権は別としても、金銭的な配当を受け取った。

キャンズ・ヴァンの敷地内の礼拝堂は、一八〇九年以来サン・タントワーヌ教会の支部となっていたが、王政復古とともに「王立礼拝堂」の機能を復活させた。一八一四年一一月二九日には、この礼拝堂で、「キャンズ・ヴァンの哀れな盲人たちに国王陛下より賜った御慈悲の数々を讃える」[8]荘厳感謝ミサが行われた。ミサの指揮をとったのは、再び返り咲いたアベ・シカールであった。同ミサに続き、二組の合唱団による「テ・デウム」のコンサートがあった。ジャン・フランソワ・ガリオの指揮の下、五〇人以上の盲人が合唱に参加した。この直後、ガリオはキャンズ・ヴァン礼拝堂楽団のコンサートマスターとなった。

ナポレオン百日天下のせいでキャンズ・ヴァンの王立盲人施設としての復活もしばらく頓挫したものの、一八一五年一二月には、宮廷大司祭長のオルドナンスによって、王立盲人施設キャンズ・ヴァン主任医師シェフシエと、礼拝堂の司祭二人が任命された。王政復古期の間、キャンズ・ヴァン礼拝堂ではガリオに指揮された盲人オーケストラと合唱隊が、繰り返しミサの曲を奏でることになるだろう。礼拝の参列者の中には、時々王家の人々が見られることもあった。

盲人生徒たちにとって変わったことは、まずセバスチアン・ギリエという名のボルドー出身のもと軍医が、一八一四年「三月四日に亡くなったルイ・ベルトランに代わって」、同年四月一一日より主任教師に就任したことであった。ガリオは回想録の中で、ギリエの到着をこのように述べている。

「主任教師ベルトラン氏が一八一四年三月四日に亡くなった時、彼を惜しむ者は少なかった。しかし、ギリエ氏がやって来た時は、多くの者がいっせいに故人をしのんだ。[9]」

ギリエは権威主義者で野心家の男だった。野心ゆえに、盲人の学校をキャンズ・ヴァンから分離させることに執念を燃やした。キャンズ・ヴァンにとっても、内務省に直営されていた時代が終わって独立運営と独立採算が保証された今となっては、盲人生徒を無料で養い続ける理由はなくなっていた。そのため、一八一五年一月八日には、「盲人生徒をキャンズ・ヴァン以外の敷地に移送するにあたって取るべき措置[10]」を制定したオルドナンスが採択された。同オルドナンスは、先ほど述べたようにナポレオン百日天下のせいで、発効がちょうど一年遅れることになった。また、同オルドナンスは、「盲人のための教育施設を内務省管轄下に再置すること[11]」を定めていた。分離の法規に理由を与えるためであったとは言え、ここで盲人生徒たちの集まりが「教育施設」と呼ばれていることは興味深い。盲人労働者学校はもはや、それ以前の時代の労働者福祉施設ではなくなっていた。

オルドナンス発効の結果、一八一六年二月二〇日、盲人生徒たちは長く住んだシャラントン通りの建物に別れを告げ、サン・ヴィクトール通り六八番地の建物に引っ越した。サン・ヴィクトール通りの建物は、かつてパリ大学のボンザンファン・コレージュだった場所である。一八世紀にはサン・フィルマン神学校だった。パリの中でも最も貧しく、不潔な場所にある建物だったと言い添えておかなければならない。

盲人生徒たちが出て行った後、キャンズ・ヴァンでの生活は一八一五年二月一七日付規定に則って大幅に再編成された。盲人たちの生活条件は、全般的に帝政時代よりもずっとよくなった。一方、宮廷大司祭長がキャンズ・ヴァン施設長に帰還して以来、入所希望者にはカトリック信徒である証明を提出する義務が課されるようになった。これはアンシャン・レジーム下の習慣でもあった。一八二一年一〇月、枢機卿になっていたタレーラン・ペリゴールが死んだ。宮廷大司祭長の位は、ストラスブール司教のクロイ公が引き継いだ。キャンズ・ヴァンを巡って、カトリック保守反動勢力の圧力はますます強くなる傾向にあった。同時に、運営部もまた、盲人たちに対する統制を強めていった。

超カトリック保守反動派の牙城となったキャンズ・ヴァン

クロイ公ギュスターヴ・マクシミリアン・ジュストは、一八二一年一一月二七日に「キャンズ・ヴァン王立盲人施設を所有する」ことを宣言した。彼は「教会のプリンス」と呼ばれていたが、それは文字通りの意味だった。ギヨーム・ド・ベルチエ・ド・ソーヴィニーは王政復古についての著書の中で、クロイ公は王政復古下の高位聖職者の中でも、絶対王政に忠実な旧貴族の中から選ばれた「極端に例外的なケース」であると述べている。

「地方教会での説教に出かける時も、自分とその助祭のために二台の馬車、一〇頭の馬、六人の召使いを使った。助祭自ら列の先頭に立って馬を駆った。赤い革袋をつけた白馬だった。その後ろを二人の憲兵が護衛していた。(12)」

キャンズ・ヴァンに着いた司教(まだ枢機卿にはなっていなかった)は、パリ大司教となったケレンの代わりに、宮廷司祭のアベ・フートリエを運営管理責任者に任命した。一八二二年一二月には、フートリエに代わってジャン・マリー・ド・ラ・メネ司祭が任命された。一八二四年七月、メネの後にシュヴァリエ・ド・ラ・フォワ教団の大司祭ピエール・ペローが任命された。ちなみに、シュヴァリエ・ド・ラ・フォワの教団長は、キャンズ・ヴァン運営管理長マチュー・ド・モンモランシーであった。

クロイ公は一八二二年、前任司祭たちと同様にヴァチカンの一員となった。彼の権威のもとで、キャンズ・ヴァンの盲人たちの生活には、次第に厳しい道徳的および宗教的な監視体制がのしかかるようになった。

一八二三年一二月朔日のことである。

「大司教猊下は、来月中に施設内の盲人たちを視察することを望んでおられる。猊下はこれまでの年月の間に信仰が踏みにじられて来たことを慮られて、この視察は必要であり、大事な利益をもたらしてくれるものと仰せられている。[13]」

一年経って、晴眼女子生徒クラスの担任である「コラ嬢」は、この「視察の折に優れた信仰心を見せた[14]」ことで、運営部から褒美の金銭をもらった。

一八二四年五月一五日、シュヴァリエ・ド・ラ・クロワ・ダゾレット（ヴァチカン会員でベレー司教の助祭であったニコラ・オーギュスタン・ド・ラ・クロワ・ダゾレットの弟）が、「病気のため引退せざるを得なくなった[15]」ポール・セイニェットの後任としてキャンズ・ヴァン運営管理部長となった。アベ・プロンソーは後に、ラ・クロワ・ダゾレットを「真面目だが無能な男[16]」と形容したが、この新部長は、完全に大宮廷司祭長、助祭、その他の運営管理部幹部（特にマチュー・ド・モンモランシーと、一八二二年に就任したアレクシ・ノアイユ）の目的に適った働きをした。その目的とは、キャンズ・ヴァンにおける超カトリック保守反動政権の復権であった。例えば、ラ・クロワ・ダゾレットが大宮廷司祭長に宛てた一八二四年六月三〇日付の極秘報告では、「我々の聖なる敷地に、また二、三のプロテスタント家族が残っている」という密告が見つかる。彼はこのことを「サン・ルイ王の規約に対する明らかな違反である」とし、「キャンズ・ヴァンにとって害毒となるこれら異端信徒をどこか別の場所に移す[17]」よう提案している。

サン・ルイ王と聞けば、あまりの時代錯誤に今日の読者は吹き出すかもしれない。しかし、この時代のキャンズ・ヴァン運営部の文書には、サン・ルイ王の名前は頻繁に出て来る。宮廷大司祭長の施設長就任の挨拶は、「キャンズ・

ヴァンに光明を与え、この施設を唯一無二のものにしているサン・ルイの名を褒め讃えよ[18]」で始まっていた。また、運営部はキャンズ・ヴァンの住人を「たぐいまれなサン・ルイの盲人たち[19]」と呼ぶならわしだった。プロテスタントの盲人で、アユイの「盲人博物館」を受け継いだ後、一八一一年からキャンズ・ヴァン住人となっていたダニエル・エルマンは、一八三二年一一月になって、「宮廷大司祭長の時代」の「嘲罵を耐え忍ぶよりは[20]」出て行く方を選んだと述べている。

一八二五年一一月、ラ・クロワ・ダゾレットは、またしても審議会に注意を促した。今回はラエー家とウーゼ家の「風紀の問題[21]」である。後者は父親と母親（物乞いをし、酒を飲む）と、その二人の子供たちから成っていた。ダゾレットは特に、この家の両親と十六歳の長男には全く宗教的な習慣がないことを強調している。審議会は、ラエー一家をキャンズ・ヴァンから追い出すこと、そしてウーゼ一家の両親と息子は叱責した上、行動を改めなかった場合には退去させられるという警告を出すことにした。

運営部はさらに統制の便宜を図るため、一八二五年一月一〇日、盲人たちに制服着用を課した。制服は、一〇年以来キャンズ・ヴァンからはなくなっていた。盲人たちは、礼拝堂に行く時、運営部事務所に行く時、そして外出する時には必ずこの制服を着なければならなかった。どのような服だったかと言うと、

「男用には、鉄灰色のエルバフ織り上着とベストとズボン。王家の青い色で襟と袖が縫われ、キャンズ・ヴァンを表わす一五×二〇という数字が百合の模様と一緒に彫られた銅ボタンがついている。女用には、模様入りキャンパス地に、王家の青と白い百合の紋章がついたベルトのワンピース[22]。」

盲人たちは制服の強制を嫌がって、強く抵抗した[23]。制服の目的は「施設の内外において、男女それぞれの盲人たち

を監視し易くするため[24]」、という個人に向けられた統制だったからである。運営部が特に懸念していたのは、盲人が町での物乞いすることのみならず、ラ・クロワ・ダゾレットが厳禁していた様々な活動を行なうことだった。例えば、「祭りや騒ぎに加わること、公道で歌を歌ったり、売ったりすること［別の報告書では「歌は全て良俗に反する」とされている[25]］、占いをしたりすることである[26]」。

運営部は、違法で下等とみなすこうした活動がいくら禁止しても止まないことに業を煮やし、盲人を労働に駆り立てることで防ごうとした。何ら新しいところのない対処法である。そのため、賃金仕事で一日の収入を増やしたい盲人が参照することができる「施設内の盲人および晴眼者たちが保有する様々な技能と職業[27]」のリストを作成した。一八二五年二月二八日、リスト作成のための調査の段階で運営部に報告された業種の中には、特に資格を必要としないものもいくつかあった。例えば、一二人の刃研ぎ車の車輪まわし、一人のパイプオルガン空気入れ役、一人の鐘つき、二人の水運び屋、一人の鉤掛け屋が見つかる。聖水注ぎという仕事を申告している女性までいる。その他の盲人たちは、文法や数学や英語の教師から、音楽家（最も多数である）、そして椅子の詰め物師まで様々である。また、二人のワイン販売人、二人のタバコ販売人、一人の砕粒小麦とヴァーミセリの女商人は、中世からのならわしであったように、キャンズ・ヴァン内に店を構えていた。運営部の調査は、調査時において施設に住んでいた一二五人の盲人のうち、六八人までが「働き、売っている」ことを明らかにした（しかし、そのうち一五人は老齢、あるいは病気のため看護部に入っており、すでに働いてはいなかった）。

盲人を労働させようという運営部の努力にも拘わらず、キャンズ・ヴァン審議会は「盲人の幾人かは、物乞い禁止の規則を無視して、慈悲深く受け入れてもらっている王立盲人施設の名前を汚す行為を続けている[28]」ことを、何度も嘆くはめになった。施設は、盲人が仕事に就くために必要な養成や道具の費用を、前貸しすることすら考えていた。懲戒は何度も繰り返された。物乞いをやめない盲人への最大の罰則は、キャンズ・ヴァンからの永久退去命令であった。しかし、効果はなかった。とは言え、この時代に強制労働の事実があった痕跡はない。執政政府から第一帝政時代にかけての失敗の思い出が、運営部に思い切った対策をとらせなかったと見える。

しかし、七月革命が到来するや否や、王政復古期にキャンズ・ヴァン運営部が試みた、超カトリック保守派の勢力基盤としてのキャンズ・ヴァンの変革は、あっけなく消えてしまった。一八三〇年には、それまで「由緒あるサン・ルイ王の施設」と呼ばれ、絶対王政信奉者の記憶の場所となっていたキャンズ・ヴァンは内務省管轄下に戻った。

一八三〇年一〇月、内務省福祉施設審議会会員ジャン・ドニ・コシャンが、暫定的にキャンズ・ヴァンの新管理部長となった。翌一一月二〇日、コシャンは運営部のメンバーを決めた。まず、一〇月二五日付内務省決定で、辞任したニコラ・フランソワ・アメル・ド・ラ・バール（ラ・クロワ・ダゾレットは一八二四年一二月に退官していた）に代わって管理部長となったジェームズ・アントワーヌ・ヒポリット・シャボー・ラトゥール。シャボー・ラトゥールは、「オルレアン公側近の息子を持つカルヴァン信徒」[29]であったが、任命直後、健康を害して休職した。一八三〇年一二月朔日には、ニーム出身の建築家で「亡妻は改革宗教に帰依していた」[30]と言われるジョゼフ・シモン・デュランが、期間限定の管理部長となった。一八三〇年一〇月二二日には、ルター派シュランベルジェ氏がキャンズ・ヴァン財政部長となり、翌一月朔日より職務に就いた。一八三一年五月一六日付の商業・国民公庫省法令は、翌六月朔日より施設内礼拝堂の閉鎖を命じた。それにより、その次の日六月二日をもって、もとキャンズ・ヴァン礼拝堂副司祭のアベ・プロンソーが施設付司祭長となった。プロンソーは後に、キャンズ・ヴァンの歴史を書くことになる。

こうして、一七八九年に始まった王立キャンズ・ヴァンの脱教会プロセスは、七月王政によって完遂された。この後、カトリックの天下は二度とキャンズ・ヴァンに戻ることはないだろう。

第14章 王政復古下の王立訓盲院

キャンズ・ヴァンから分離したからといって、王政復古期最初の数年の盲人生徒たちの生活は決して楽になったわけではなかった。様々な財政困難も抱えていた。しかし、一八二一年をさかいにして、訓盲院は幾多の困難を乗り越え、次第に新しい可能性を形にしていくことになる。多くの職業がそこから生まれたばかりでなく、盲人たちが初めて書き言葉を手に入れる方法が編み出された。書き言葉を手にしたことで、盲人たちはようやく社会と文化に参与する道を見つけるのである。

有名になりたかった独裁者、ドクター・セバスチアン・ギリエ校長

一八一五年一〇月一八日、内務省は訓盲院の新規定を発表した。新しい校長は、ドクター・セバスチアン・ギリエ。その後多くの改訂を経るが、一八四五年四月まで公的な実効力を持つことになる規定だった。給費生の数は一二〇人の代わりに九〇人に押さえられた。男子六〇人、女子三〇人だった。入学の年齢制限は十歳から十四歳の間とされ、就学期間は八年と定められた。国営化以来のならわしで、学校は有料の寄宿生たちも受け入れた。一八二五年の『パリのプロヴァンシャル』の作者モンティニーは、「機知に富んだ立派なご婦人」に勧められて盲訓校の卒業式を見学に行った日のことを覚えている。この女性は、「その頃七歳くらいの、農家の娘で、生まれつきの盲人である少女の親代わりをしていた。盲人のために特別に考案された教育法を少女が享受できるように、彼女が学費を全額負担していた[1]」。

ギリエは訓盲院長であると同時に校医でもあった。彼の義務は、内相を除けば、彼自身もその一員である運営審議会にのみ活動報告をすることだけだった。簡単に言えば、新院長は訓盲院とその職員および生徒たちの上に専制的な支配権を握ったのだった。一八一六年から二一年にかけて、セバスチアン・ギリエはこの支配権を独裁的に行使した。

同時に、訓盲院の歴史を書いたジョゼフ・ガデが述べているように、ギリエの独裁制はある意味で「社会的認知を引き出すという非常に難しい目的を成功に導いた[2]」とも言えよう。

生徒たちの活動時間は一日一五時間で、知的訓練、音楽の授業、手作業、食事、休憩、そしてお祈りの時間に分かれていた。規律は厳しく、食事は簡素で、男子と女子の生活は峻別されていた[3]。不衛生で不便だったサン・フィルマン通りの建物が新しい校舎に選ばれたのは、何を置いても「必要不可欠[4]」な男女生徒の峻別が可能だったからである。同じ理由から、生徒が他人に手を触れることはタブーとされていた。一八一五年規定第一五条に明記されているように、この条項は共和暦九年ヴァントーズ二三日規定を踏襲している。

「どの生徒も、誰かに手をのばして害を与える仕草や、風紀を乱す行為を行なってはならない。規則を破った生徒は厳しく罰せられる[5]。」

規定には、懲罰に関する七箇条と報償に関する五箇条が含まれていた。最も厳しい罰則は一日から数日間の謹慎部屋行きであったが、最終的には放校措置もとられた。この点ではキャンズ・ヴァンの時と同じであった。ギリエは一八二一年二月にやむを得ず退職することになるが、その直後の一八二一年五月に、運営部に宛てて学校の現状報告が作成された。運営部はこの報告書を内相のもとにも届けた。ここにはさらに残酷で屈辱的な懲罰が記されている。

「一条の鉄の鎖が、食堂と庭にそれぞれ備え付けられていました。今も備え付けられています。これらの鎖は、口に出せないほどひどい懲罰を課された男子生徒を罪人のように縛るためのものでした。(…)年齢の高い生徒も、幼い生徒もムチで打たれることには慣れきっており、ただ痛いという感覚しか持たなくなっていました。最初ムチ打ちを執行していたドミニクという名前の男は間もなくしてビセートルで死んでしまい、ギリエの召使いだったシモンが後任となりました。

最も健康に気を配らなければならない盛りの若い娘たちすら、同じような待遇を受けました。そのうちの一人は、ムチ打ちの刑を受けてからすっかり病みついてしまい、五カ月間も床から離れられませんでした。五ソルという金額をもらってこの名誉ある仕事を請け負っていたのは、水運びをしていたマダム・イックスという女性でした。

学校に鎖があるのを見て、外国からの訪問客は怖れをあらわにしたものです。女子生徒へのムチ打ち刑は、最近ようやく廃止されたようです。

鎖の輪は今でも女子生徒の作業場の壁に埋め込まれています。皆さんの目の前にある鎖とムチは、かつての女教師が学校に唯一忘れていった家具です。[6]」

この報告書は、ギリエの後任ピニエが、内務省から依頼されて作成したものである。それゆえ、ギリエ時代の学校の惨状についてはいくらかの誇張があったと思われる。しかし、ピニエがここで告発している生徒虐待は事実である。かつて盲学校の女子生徒を教えていたゼリー・カルデラック[7]がジョゼフ・ガデに宛てて書いた一八六一年の手紙も、そのことを証明している。カルデラックはこの手紙で、ギリエと彼女たち教師が特定の生徒に対してムチをふるった理由を弁明している。もちろん、どれほど頻繁に使ったかについては言葉を控えているものの。ところで、ジャン・クロード・カロンは『暴力の学校――一九世紀公立学校における懲罰と虐待』で、一九世紀のフランスの公立学校で同種の懲罰があったことを明らかにした。カロンは、こうした懲罰が社会から次第に暴行と見なされ、告発されるようになった経緯を述べている。告発の態度はピニエの報告書にも見られる。

つまり、王政復古下の訓盲院はヴァランタン・アユイの教育法からはかけ離れていた。キャンズ・ヴァン時代のセイニェット院長のもとでの善意溢れる教育からも、ほど遠いものだった。

以前と変わらず残っていたのは公開実技だけだった。ギリエは内相に宛てた「一八一八年から一九年における盲学校の状況に関する報告書」で、公開実技を行なうホールを増築したことを伝えている。ホールの収容人数は、それまでの二年間の二八〇人から四〇〇人に増えた。一八二一年のギリエの退任に際して、学士院会員であり大学総視学官であったルトロンヌが、盲学校の読み書き教育の状況を調査すべく任命された。ルトロンヌはその報告書で、一八一五年に男子学生の副教師監となったピエール・アルマン・デュフォーの言葉を裏付け、公開実技こそ「盲学校での教育の目的であり、全科目の授業がこの唯一の目的を達成すべく構成されていた[8]」としている。ルトロンヌはさらに付け加えて、「三、四人の生徒が特に選ばれ、あらゆる手段で公開実技を成功させるための訓練を受けていた[9]」と述べている。この種の披露の方法がどれほど有効であったかを語るくだりである。おそらくこの点では、訓盲院は創立時から方針を変えていなかった[10]。

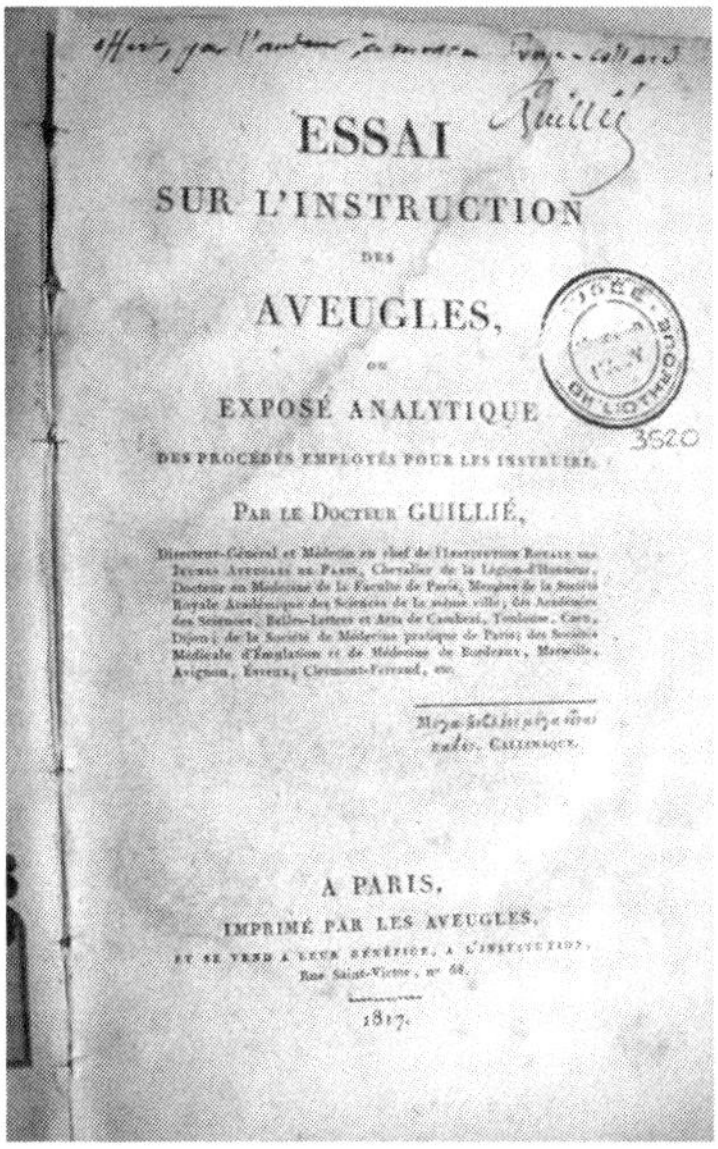
ESSAI
SUR L'INSTRUCTION
DES
AVEUGLES,
OU
EXPOSÉ ANALYTIQUE
DES PROCÉDÉS EMPLOYÉS POUR LES INSTRUIRE;
PAR LE DOCTEUR GUILLIÉ,

A PARIS,
IMPRIMÉ PAR LES AVEUGLES,
1817.

セバスチアン・ギリエの論考初版表紙（1817 年）

ドクター・ギリエは、一八一七年に刊行した『盲人教育についての論考、あるいはその教育方法の分析的説明』で、訓盲院とその特殊な教育方法の宣伝を試みた。この論考は、一八一九年と一八二〇年に二度再版され、英語とドイツ語にも翻訳された。

訓盲院のオーケストラのコンサートもまた、公開実技と同じくらい優れた「コマーシャル」効果を持っていた。セバスチアン・ギリエ自身音楽をたしなんだこともあり、彼が就任して以来、訓盲院の音楽の授業はぐっとレベルを上げていた。オーケストラの指揮は、ガリオの弟子であるジャン・イポリット・イスマンに任されていた。その頃指揮者として高い評価を得ていたイスマンは、かろうじて一点のみを見ることができる視野を維持しており、そのおかげで楽譜を読むことができた。優れた音楽家であったゼリー・カルデラックは、一八六一年にジョゼフ・ガデに宛てた手紙で、学校にピアノと和声の授業を導入して「音楽授業に目覚ましい発展」[11]をもたらしたのは自分であるとしている。カルデラックはここで才能溢れるソフィー・オスモンの例を挙げているが、前章でも触れたように、オスモンはマルス嬢がテアトル・フランセで『ヴァレリー』を演じた時に役作りの一助となった盲人女性であった。若いソフィーはカルデラックから音楽の手ほどきを受けた後、自宅で盲人の少女たちのために音楽の私塾を開いた。カルデラックは手紙の中で、オスモン以外にも幾人かの女子生徒の声楽の才能を発見し、音楽の道に進ませたと誇称している。

次に手作業の訓練がある。それ以前のものと同じく一八一五年規定もまた、この分野を特に重要視している（「王立訓盲院は、盲目児童を教育し、有用な職業を身につけさせることを目的とする」[12]）。一八一九年八月二五日から九月三〇日までルーヴル宮で開催された「フランス産業博覧会」では、盲学校の生徒たちの手による作品が出品され、審査員は「盲人によって製造された様々な綱、織物、藤細工、印刷物、および手編み物や枡で作られた品」[13]に努力賞を与えた。その後も盲学校は定期的に産業博覧会に生徒の作品を出品することになる。学校は産業博覧会から何度も銅メダルを受賞した。

しかし、ドクター・ギリエ院長の学校には一つ自慢できないことがあった。この短い章はその点に触れて終わることにしよう。それは、校長自身が校医であった盲学校で、生徒たちの保健衛生に大きな問題があったということである。それればかりか、盲学校がサン・ヴィクトール通りに移転した後、学校内に設置させた眼科診療所で、ギリエが四、五人の生徒を使って医学実験を行なったという事実がある。

ギリエ校長は一八一八年と一八二〇年に内務省に提出した「王立訓盲院の現状について」という報告書で、校内の看護部が正しく機能していること、また生徒たちへの保健衛生が充実していることを、自信を持って保証している。しかしながら、一八二一年の報告書には、当該分野において学校の汚点となるようなとんでもない事実が載っている。新しい校長に任命されたアレクサンドル・ルネ・ピニエが盲学校に到着して三日後のことである。自らも医者であったピニエは、新しい赴任先を視察することから始めた。そこで彼は、「ぽつんと離れたところにある、真っ黒に汚れた小部屋から、堪え難い臭気が立ち上っていること[14]」に気がついた。悪臭の原因を知るべく周囲に問いただしたところ、ピニエが聞いた答えは、「その部屋は、痴愚症に近い状態にあるプーペという生徒が閉じこめられている場所なのだが、空腹に耐えられなくなったものと見えて、そこから抜け出して学校中を這い回ったのだ[15]」というものであった。ピニエはすぐさま、「学校中の者が言うように、その生徒が二カ月前から生きながら腐って行くままにされているのならば、すぐさま彼を汚染した場所から引き出し[16]」、治療を受けさせることを命じた。この児童は「あまりにも教育の見込みがない[17]」ために、運営部は退校させることを望んでいた。しかし、ピニエがすぐに移動させることは無理だと判断したために、小部屋から連れ出された後しばらく看護部にとどまった。ピニエの判断通り、この少年は数日後に息を引き取った[18]。また、シャゾという名のもう一人の生徒は、ピニエが到着した頃、「肺病の最終段階」にあった。この生徒は、「病気であったにも拘わらず看護部に収容されたことは一度もなく、その時まで集団部屋に置かれて、他の生徒に感染の危険をもたらしていた[19]」。シャゾもまた、時を待たずしてプーペと同じ運命を辿った。

もう一つ、我々にとってさらに大きな醜聞だと思われるのは、一八一九年一二月と一八二〇年一月にギリエが四人の生徒に対して行なった、感染性眼病についての実験である。しかし、このようなことは当時の人々にとっては驚くべきことと思われなかったようである。なぜなら、ギリエは実験結果を、自分が創刊したばかりの医学雑誌『眼科医学目録、あるいは眼病に関する観察記録集』上で公開しているからである。

ギリエはこの時まで眼科を勉強したことは一度もなかった。それにも拘わらず、学校に眼科診療所を設け、医学生を集めて眼病についての講義を行なっていた。一方で、一八一八年にはクルールボワ出版社から白内障と黒内障についての研究書まで出している。さらには、「アングレーム公爵夫人陛下、ブルボン公爵猊下、オルレアン公爵夫人猊下の御典眼科医」という称号も得ていた。

盲人生徒たちを用いた実験に先立って、ギリエは自分の雑誌に「粘液性眼瞼結膜炎の感染についての観察」と題した論文を発表した。これは、一八一九年四月二一日から六月二一日にかけて、奴隷船「ル・ロドゥール」号上で起こった集団眼病発症事件についての論考である。ギリエは、結論としてこの種の眼炎が感染性であると述べている。さらに加えて、「ここ二カ月以来小児病棟に蔓延している眼炎」は、「病気の子供と繰り返し接触したほとんどの患者を、年齢や体格の別なく襲った[20]」としている。

当時の眼科医たちは、ある種の眼炎を伝染病とみなし、感染症とは考えていなかった。そこでギリエは、小児病院の院長であったゲルサンとの合意のもと、「粘液性結膜炎の第二段階で病院に運ばれた子供たちの瞼から流れる粘液[21]」を採取して、生まれながら盲目の子供の瞼に注入する実験を行なうことにしたのである。その経緯について、彼はこう説明している。

「この実験は視力を奪う危険をはらんでいたので、晴眼者の瞼を用いることは人道に反すると思われた。その上、黒内障の盲目患者の全く無傷の瞼でも、同じ結果を出すことができたのだから[22]。」

私はすでに別の論考でギリエの実験について詳しく述べたので[23]、今ここでこれ以上立ち入ることはしない。ただ、不幸にも実験台となった子供たちにとって、その後大きな苦痛が待ち受けていたことだけを述べておこう。しかも、この実験は何一つ医学的な発見をもたらさなかった。

一方で、ギリエの実験の挿話から二つの疑問が起こる。まず、ギリエの名声への渇望はさておいても、彼がその「知的欲望」の犠牲となったかわいそうな子供たちが苦しむ姿を前にして一切痛痒を感じなかったのは何故か、という疑問である。ギリエはきわめて淡々と実験経過を記述しているが、その乾いた口調から、我々は二つの理由を考えることができると思われる。まず、言いなりにならない子供に対する残酷な扱いにも見られたように、ギリエの無関心は彼が本来情性を欠いた性格だったためということである。一方で、感覚主義によって形作られた盲目観によって、身体的盲目は「精神面」に影響を及ぼすものと考えていたということもあり得る。ギリエの「最愛の友アベ・シカール[24]」が聾唖者について抱いていた考えを思い出そう。シカールは、「自然状態にある聾唖者は、あたかも動き回る機械に似ている。しかし、外に現れる動きから判断したその機械の組成は、動物のそれよりはるかに劣悪である[25]」と言っていた。ギリエもまた、盲人について次のように述べていた。

「目が見えないことで盲人が失ったものは、視力が晴眼者に与える感覚だけではない。盲人の思考は、盲目の影響を受けて、変化し、歪められているのである。[26]」

ギリエは、自然状態にある盲人にとって「思考や感情という精神世界は介在しない[27]」ものと考えていた。この考えに従えば、盲人は通常の人々よりも感度が低く、感情を抱きにくい。ギリエが盲人を人間以下と見なしていたとすれば、実験台として盲目児童を選んだことも不思議ではない。実験台とされた子供たちのうち、最年長の者はフランソワ・Pという名前であったが、すでに「痴愚症」の傾向を見せ始めていると記載されている。また最年少の者たちは（十歳から十一歳の間）、学校教育の「人間化」効果をまだ十分に発揮していない状態だったとされている。当時、実験動物は痛みを感じないものとされていた。しばしば実験に動物を使っていたギリエが、動物に対する以上に盲目児童たちに同情するいわれなどあっただろうか。また、ギリエが持っていた盲人の「精神面」についての考え方に、当時の子供についての保守的な観念も付け加えなければならないだろう。当時、子供は動物と同じで、打擲によってしつけなければならない存在とみなされていた[28]。ギリエが校長であった時代の盲学校で、盲目児童が残虐な懲罰を受けたのはそのせいでもあっただろう。

ともあれ、この種の医学実験が、教育の場において衆人黙視のもとで行われたという事実からは、もう一つの問いも生まれる。革命政府のもとで訓盲院が国営化されて以来繰り返し問われてきた、訓盲院の立場は何かという問いである。一八一六年のキャンズ・ヴァンから分離した後も、訓盲院は学校ではなく福祉施設と考えられていたのか。そうだとすれば、国家の費用で施設に収容されている児童に、当時貧民を無料で受け入れていた病院やホスピスで行われていたのと同じ臨床観察や治療の試行がなされることに、ギリエの同時代人、特に監督省庁の役人が異論を持たなかったこともうなずける。一八二一年五月付のギリエを告発した報告書が彼の人体実験について一切言及していないことも、その仮説を証明しているようである。

社会扶助か教育か。貧しい盲人児童の国家による無料教育のあり方について問う時、この二者択一の問題は常に現れて来る。しかし、アレクサンドル・ルネ・ピニエが院長になってからの訓盲院は、特に読み書きの修練についての実験と改革が行われる場所になる。訓盲院で開発された新しい方法は、その後、盲人教育が確かなものとなる下地を作り、上の議論をさらに発展させることになるだろう。

アレクサンドル・ルネ・ピニエ、「訓盲院の第二の創立者[29]」

一八二一年二月二〇日、罷免されないために辞職を選んだドクター・ギリエの後任として、アレクサンドル・ルネ・ピニエが訓盲院長に就任した。他人に厳しかったギリエであるが、実は女教師ゼリー・カルデラックと内密の関係を結んでおり、彼の辞職に従ってカルデラックも職を退いた。

サン・ヴィクトール通りに到着してすぐ、ピニエは運営部と相談して、訓盲院の創立者ヴァランタン・アユイの訪問を乞うことにした。アユイは一八一七年にはロシアから帰還しており、この時すでに七十六歳になっていた。アユイの仇敵アベ・シカールと長年懇意にしていたドクター・ギリエは、その就任期間、アユイの訪問を拒んでいた[30]。一八二一年七月一九日、帰国後初めてアユイは、三六年前に彼が創立した学校の門をくぐった。ドクター・ピニエは教義聖省に属し、福祉協会のメンバーでもあった。訓盲院理事であり、後にキャンズ・ヴァンの理事にもなるアレクシ・ド・ノアイユ伯爵とは知己の間柄だった。ピニエは、かつての革命の闘士であり、敬神博愛教の共同創始者でもあるヴァランタン・アユイを訓盲院に迎え入れることで、過去との妄執を断ち切り、平和の旗印のもとに統治を開始したのだった。学校とその創立者の和解という象徴的な意味を含んでいたアユイの訪問には、政治的な有用性もあった。七月二七日にノアイユ伯はピニエに宛てて、彼の明敏さを讃える手紙を送っている。

「聖ヴァンサン・ド・ポールの祝日は成功だったようですね。アユイ氏をお呼びになったことは、非常に優れたご判断でした。彼はもう老人ですし、これ以上誰にも迷惑をかけないでしょう。また、盲人生徒たちが学校の真の源泉と邂逅し、愛校心を高めることは、はかり知れないほど重要なことです。特に、ギリエ氏の横暴な独裁者ぶりにあれほど生徒が悩まされた後では。[31]」

最初の訪問からひと月経った八月二二日、「盲人の父」アユイは再び訓盲院に招かれた。学校では、彼の訪問を祝って、公開のコンサートが催された。

「彼は再び、三〇年前に若い盲人たちが彼を介して受けた天からの恵みに感謝して歌ったのと同じ歌声を聞いた。老人の顔は涙で濡れた。盲人の父たちの周りでは、新しく結集した学校が喜びに沸き返っていた。[32]」

アユイはこの時、老齢のためにすっかり病弱になっており、残念ながら長く盲人生徒たちとの再会を喜ぶことはできなかった。一八二二年三月一九日、彼は兄アベ・ルネ・アユイが王立植物園の中に与えられていた小さな館の中で、その一生を終えた。[33] 翌日サン・メダール教会で行われた葬儀には、彼のかつての生徒の一人が作曲したレクイエム・ミサを、訓盲院の生徒たちが合唱した。ピエール・アンリは、レクイエムの作曲者はガリオだったと考えている。[34] アユイの三〇年以来の仇敵アベ・シカールも、間もなく世を去った。シカールが死んだのは、同年の五月一〇日のことであった。二人とも火葬され、同じパリのペール・ラシェーズ墓地に葬られた。

さて、就任したばかりの訓盲院の新院長ピニエはあらゆる煩雑な事務に追われた。彼の補佐を務めたのは新しい教師、ランドレッス夫人だった。夫人の後は彼女の娘が同じ職務に就いた。

ギリエ辞任間際の一八二一年五月には、学士院会員であり大学総視学官であったルトロンヌと王立ポリテクニック学校の授業視学官であったビネが、その時の訓盲院の状態についての報告書を提出した。すでに述べたように、この報告書には余人を驚愕させる内容が記載されていた。この中で、ルトロンヌは特に公開実技を批判している。彼によれば、「公開実技は真の教育熱を持つ者を挫折させ、まがい物の宣伝に役立つばかりであり、教育の実際の成果を無視して、くだらない入れ物を作ることに教師を専念させている[35]」。

一般科目の授業と同様、「手工業」の授業の成果もまたかんばしくないように思われた。確かに、一八一九年の産業博覧会に出品された綱製品、房工芸製品、帯や編み物の製品、あるいは紐細工や籐細工製品は、盲人生徒の手によるものではなく、外注で購入した品々だった。調査の際に、幾人かの職人が証拠を提出した。唯一満足できる状態にあったのは音楽と宗教の授業だった。このことは、パリ大司教付き主任助祭のアベ・ボルドリーによって報告されている。

では、生徒たちの健康状態はどうだったか。オテル・デューの医師ドクター・レカミエと福祉施設事務局の医師ケイヨル（二人ともピニエと同じく善行協会の会員だった）が、生徒を個別に検診した結果、かなり危険な状態にあるとの報告をしている。彼らの報告書にはこうある。

「最初に驚いたことは、ほとんどの生徒が青ざめた顔色をしており、甚だしくやせていることだった。その上、るいれき症状を見せている生徒も何人か見かけた。また、内分泌線が充血状態を見せている生徒もいた。多くの生徒が消化不良に悩み、この傾向は女子生徒に目立った。一般的に、消化不良は思春期の患者にはほとんど見られないのであるが。このため、我々はその原因は住居環境にあるのではないかと考えた[36]」

「住居環境」とは、ここでは学校のある界隈と建物のことである。医師たちは確かに不衛生な環境であると判断した。キャンズ・ヴァンで盲人生徒の住んでいた場所も、不衛生で狭く、そのため不健康であるという指摘がすでになされていたことを思い出そう。

つまり、新院長がやらなければならないことは多かった。信仰に篤かったピニエは、新しい仕事をキリスト者の使命だと考えた。この考えには理事の一人アレクシ・ド・ノアイユも賛同した。ピニエの就任直後に、ノアイユが彼に宛てて書いた手紙にはこうある。

「親愛なる友よ、
訓盲院長に就任されたことを伺いました。この学校は神があなたの善意に一任された場所なのですから、これからの全てのご決定は必ずや成功に導かれることでしょう。[37]」

ピニエをこきおろそうとする一派は、彼が監督する訓盲院がいかにも厳格で、修道院のような規律が支配する場所であることを批判した。確かに、一八二一年四月にノアイユ伯がピニエに宛てた手紙には、「学校に信仰を取り戻すため、イースター期間には何かのミサを行なったらどうでしょうか[38]」という提案がある。少なくとも、身体的懲罰は廃止された。生徒たちの尊厳は尊重されるようになった。新院長の懸念は、特に復習教師として雇われている昔の生徒たちの未来にあった。この点についてはルイ・ブライユも、一八五一年の『ガデ氏の著作についての感想と批評』において、こう言っている。

「[就任して以来ピニエの]教育的懸念は、不正確にも復習教師と呼ばれていた若い教師たちの上に集中した。(…)新しい院長は、彼らが生徒の進歩に捧げる熱意と献身に賞賛を惜しまず、かつ奨励した。[39]」

すでに述べたように、当時復習教師たちの職は不安定であり、ピニエが一八一五年規定の復習教師の人数、立場、年収を定める条項についての改正を取り付けたのは、ようやく一八三三年になってのことだった。

教育の「三分割」は変わらなかった。つまり、一般授業、手作業訓練、音楽授業である。しかし、音楽授業の方向はそれまでとは大きく変わった。特に、ピニエはオルガンの授業を強化した。その『訓盲院小史』でピニエ自身述懐しているように、「もとサン・シュルピス神学校と教区の聖職者団体の専属医師」だったピニエは、「多くの聖職者と関わりを持つことになった」[40]。教会との関係のおかげで、院長は生徒たちの就職先として教区の教会やキリスト教団体、またはバック通りにあった海外布教委員会に、オルガン奏者の職を見つけることができたのである。ちなみに、海外布教委員会は、教義聖省の隔週ミーティングがもたれていた場所である[41]。一八三三年五月二一日の運営部に宛てた報告で、ピニエは一三人の生徒が「パリとその他の県で」就職したことを伝えることができた。一八三五年一月の報告書の但し書きには「現在までに一九人がオルガン奏者の職に就いている」[42]とある。ここに至るまでには、どれほど高名な後ろ盾があったとは言え、ピニエは多くの偏見と戦わなければならなかっただろう。

一方でオーケストラは維持された。コンサートとそれに続く学校案内の催しが、公開実技に取って代わった。ブライユは『ガデ氏の著作についての感想と批評』の中で、「パガニーニ氏は大きな拍手で生徒たちに喝采を送ったし、当時の新聞には盲学校の生徒たちの演奏についての好意的で誠意に溢れた批評が載ったものだ」[43]と、楽しげに述懐している。訓盲院の音楽の授業がプロを要請できるまでにレベルを上げたのは、ソルフェージュ、和声、作曲などのコースが創設されたからでもあった。

オーケストラの楽器、オルガン、ピアノなどの器楽演奏の授業に続き、楽器調律の授業も加わった。ピニエは『訓盲院小史』の中で、盲学校がキャンズ・ヴァンに併合されていた時期、ガリオは女子生徒たちに調律を教えており、「盲人生徒たちは、いつの時期にも自分で楽器を調律することができた」[44]と述べている。サン・ヴィクトール通りの訓盲院では、多くの生徒がこの職業を見事にものにし、若い同期生たちを訓練するまでになった。一八三六年、初めて調律の授業が公式にカリキュラムの中に加えられた。一八一七年に入学し、一八二一年には復習教師になった、ラリエ県ラ・パリッス村出身のクロード・モンタルという生徒が、特にこの授業で頭角を現した。彼は独立した調律師になるため、一八三〇年に訓盲院を離れた。その後ピアノ製造を始め、自分の会社を設立するまでになった。事業の最初の頃は苦労があったものの、彼の会社は随分と繁盛した。一八五三年には、モンタルに「フランス皇帝および皇妃猊下の認証を受けた楽器納入業者[45]」の肩書きが授与された。

訓盲院の音楽教育は、ドクター・ピニエのおかげで一気に弾みがつき、生徒たちの将来の保証とまでなった。しかし、手作業の訓練の方もないがしろにされていたわけではない。新しい訓練が多く取り入れられた。アレクシ・ド・ノアイユは、一八二四年四月四日付のピニエに宛てた手紙で、その前日「盲人生徒の手作業訓練場創設の計画」をパリ市長に提出したことを伝えている[46]。残念なことにこの計画が実現するのは、次の院長の代になってからである。しかしとりあえず、一八二四年一一月には、国内産業推進協会の実用技芸委員会は、「盲人のための手作業修行の学校」と見なした訓盲院に、千フランの奨励金を与えた。審査報告をしたデジェランドは、この機を利用して訓盲院の将来について、内相の注意を促している。

「王立訓盲院が普通の教育機関となれば、大きな進歩が期待できるでしょう。それぞれの県の貧しい男女の盲人児童から毎年選んだ二人の生徒を教育し、彼らが後に郷里に帰って特殊教育の先達となるように導くのです[47]。」

ここには、一七九一年に国民公会が訓盲院と聾唖学院の国営化を決定した時に一部の報告者たちが表明したのと同じような、生徒たちの将来に対する懸念が認められる。一八二七年以後、訓盲院は再び産業博覧会に生徒の製品を出品するようになった。訓盲院はその年の博覧会と、一八三四年および一八三九年の博覧会で三度銅メダルを受賞した。

ドクター・ピニエが就任とともに特に力を注いだことがある。それは、新たな敷地の購入だった。一八二五年三月七日付でピニエが運営部に提出した報告書には、すでにこの考えが表明されている。

「ご存知のように、敷地の一部はワイン市場《いちば》の交通の便をはかるために取り壊されることになっています。現在でも、学校の敷地は十分広いとは言えません。狭い上に、湿気ており、不衛生で、生徒たちの健康によくない環境であることは確かです。この点は、一八二一年五月一九日付の医者による学校の状態についての報告書が証明してくれます。一刻も早く新しい学校の敷地を購入することが必要です。十分広く、通気がよく、校内での移動がより簡単で、男女の生徒が別々に住むことができ、同時に業務上の理由もなく職員と生徒が混じり合わないように、職員用の住居を分離して設置できるような場所を。[48]」

一八二八年の『訓盲院内科医および外科医の報告』は、ピニエの申請に新たな裏付けを与えた。

「我々医師の意見としては、(…)訓盲院はできる限り早く別の敷地に引っ越すべきである。現在の場所にとどまる限り、生徒たちの健康と、ましてや生命すらも高い危険にさらされることになる。我々は、この学校はもっと広く、衛生的で、通気のよい場所に移されなければならないと考える。[49]」

しかし、医者たちが「生徒の大多数が健康を蝕まれている[50]」と新たな報告をしたにも拘わらず、さらには、一八二一年と一八三八年の間に五四人もの生徒が死亡したにも拘わらず[51]、ピニエの願いは一〇年以上無視されることになった。この願いは紆余曲折を経た後、一八三八年になってようやく、代議院が盲学校の新しい敷地購入と新しい建築のための予算案を採択することで成果を見た。新しい訓盲院はアンヴァリッド大通りにあった。ムーラン県代議士のピエール・アントワーヌ・フィリップ・ジョゼフ・メルラおよびマコン県代議士アルフォンス・ド・ラマルチーヌが指示した法案は、一八三八年五月一四日に代議院で採択され、同年七月二二日に貴族院で採択された。新敷地の工事は一八三九年六月二二日に開始された。しかし、一八四〇年五月七日、ピニエは院長の職を副教師監のピエール・アルマン・デュフォーに譲って退官することになった。ピニエとデュフォーの間には、何年にもわたる確執があった。それはともかく、ピニエはアンヴァリッド大通りの新訓盲院の開校式には立ち会わなかった。

しかし、ピニエ院長は訓盲院に大きな貢献をした。ピニエは、政府助成の不足による財政的問題に悩まされながらも、常に訓盲院の運営を改善すべく力を尽くした。「熱情家」[52]とあだ名された超保守派、ヴィレール内相のブレーン[53]であったピニエを「保守反動の人間」と見ることもできよう。しかし、盲人生徒たちにとって、彼は何よりも「進歩主義の人間」であった。

ピニエの功績はまず、先に述べたように、盲人生徒に新たな就職先を見つけたこと（オルガン奏者養成コースや新しい「手作業」の訓練コースを設置したこと以外にも、一八三〇年から四〇年にかけて、幾人かの盲人生徒に小学校教師の第一級および第二級免状を取得させたことも付け加えておこう）、そして新しい敷地を購入し、新校舎を建造したことが挙げられる。また、欧州およびアメリカの同じような特別教育施設と長い連絡を保つことで、訓盲院の名声を海外にとどろかせることにも貢献した。「エミール・トランシュリーという訓盲院の卒業生が、ハウ氏に連れられて、ボストン盲学校の教師の口に応募するため旅立った[54]」のも、こうしたピニエの外交のおかげだった。

しかし、何と言ってもピニエの最大の功績は、盲人のための点字筆記体系に関心を持ち、その導入に努めたことではないだろうか。彼は就任して間もなく、前任者が全く関心を持たず、斥けていた、博愛主義者シャルル・バルビエ・ド・ラ・セール考案の点字体系の検討にとりかかった。

シャルル・バルビエ・ド・ラ・セールの「夜の表記法」からルイ・ブライユの発明へ

盲人のための点字考案者、シャルル・バルビエ・ド・ラ・セール

ドクター・ピニエに点字を教育に取り入れるよう提案した時、ニコラ・マリー・シャルル・バルビエ・ド・ラ・セールは五十四歳だった。彼は革命期を北米で砲弾将校として過ごしたが、世紀初頭には帰国していた。帰国後、彼は目を使わずに読み書きできる点字の開発に取りかかった。彼は、この表記法を「[人間の精神を賞揚し]、その発展に寄与するあらゆる発明の一つである[55]」と考えていた。バルビエ・ド・ラ・セールの暗号表記法と速記法への関心は、おそらく彼の軍人のキャリアと関係があるだろう。またその関心は、アメリカインディアンとの交流から生まれ、様々な読書（彼自身著書の中で言っているところによれば、ジャン・シャルダンの『ペルシャおよび東インド諸島旅行記』やジョゼフ・ダコスタ神父の『両インド史[56]』）によって育まれた異国言語への傾倒に支えられていたものだろう。

バルビエ・ド・ラ・セールを伝統的な人文主義の継承者と見ることに異論はないとしても、彼の表記法についての考察は、啓蒙の世紀の普遍主義と博愛主義によって導かれた同時代人の問題意識を如実に反映している。前世紀に引き続いて、一九世紀初頭は、普遍言語および表記法の開発と同時に古代語・異文化言語の研究に対する熱気が高まっていた時期である。イデオローグの先導のもとフランス学士院に設置された心理学・政治学部門では、八年という短い存続期間のうちに、「表記法および言語としての普遍記法[57]」についての論文が何度も検討された。しかし、バルビエはそれほど大それた野心を持っていたわけではない。彼はただ実用的な通信方法を考えたかっただけなのである。とは言え、「普遍記法」なるものの考案者とされていたオランダのハーレム科学アカデミー会員のメミュー氏の第二作に対して、賛辞を送ることを忘れてはいない。

一八〇八年、バルビエは『速記体系表』を発表し、翌年には同体系を使って書き言葉を独習するためのマニュアルを発表した。彼は自分の考案による体系を、その他出回っていた三つの方法と区別するために「フランス式速記法」と呼んだ。この三つの方法とは「早書法《タシグラフィー》、ショートハンド法《ステノグラフィー》、譜表速記法《オキグラフィー》」[58]であった。バルビエのマニュアルは『口語と同じ速度で書けるフランス式速記法綱領』という題で、附記として『ペンと鉛筆を使わず、文字を使わずに書き、数部の複製を同時に作成することができる穿孔表記法綱領』がついていた。

「フランス式表記法」は、軍人や学生など、素早くメモを取る必要のある全ての人に供された簡略表記法だった。その体系は複雑な記号の総体から成っており、習得するにはかなり時間がかかった。しかし、穿孔表記法の方は非常に単純ないくつかの記号に集約され、それら記号の組み合わせによって暗記したアルファベットに代用し、文字と音を同時に表現することができるものだった。この表記法のアルファベットは任意の順序で並んでおり、それゆえ「外交文書に最適の記号組み合わせ表」[59]と呼ばれた。

さて、穿孔表記法で記号を打つには、ペンや鉛筆の代わりに「一端が鋭く他端が太くなっている小さなカミソリのようなもの、場合に応じてはナイフ」[60]を使った。記号の連続で表したメッセージをこの道具で打ち込むのだが、打ち込む紙の下に数枚の紙を重ねて、同じメッセージを複写することができた。この通信法は極秘のもので、軍隊の遠征などの特別な場合に限られていた。もちろん、その理由は何ら博愛主義的なものではなかったが。

一八一五年、バルビエは三冊目の著書を出版した。『フランス式速記法の様々な実践技術についての論考――それぞれの技術について一二の表記例を提示した図版つき』と題されていた。題名に明らかなように、バルビエは速記法を研究するうちにその技術も細かく分類するようになっていた。技術は三つのカテゴリーに分かれていた。簡易表記、組み合わせ表記、速記である。最後の二つの表記法が、バルビエが速記術を編み出した当初の理由（暗号通信と迅速なメモ）に適したものであるならば、最初の「簡易表記」の目的は純粋に博愛主義的なものであった。彼が簡易表記

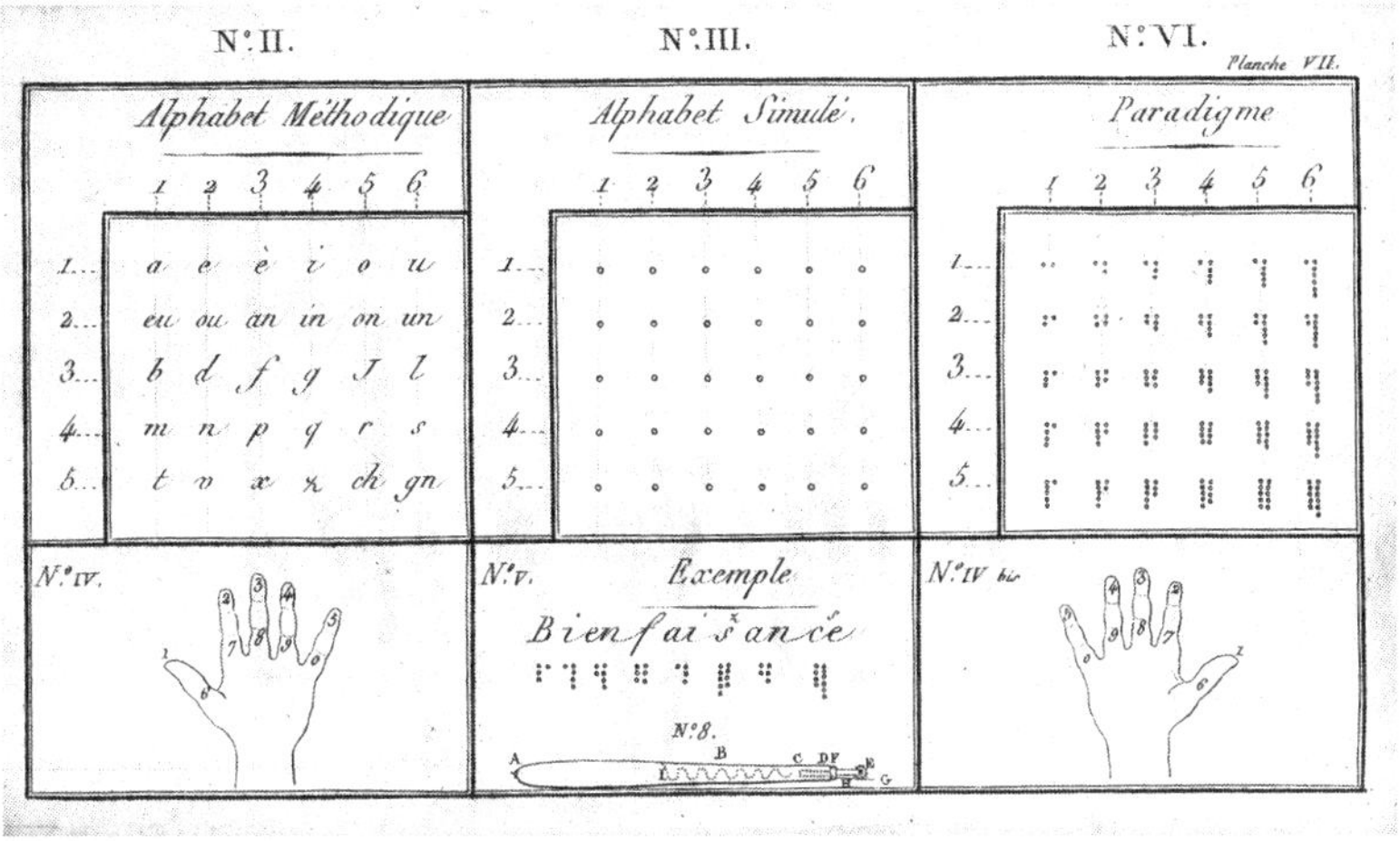

シャルル・バルビエの表記システム

を考案した目的は次の通りであった。

「一般的な方法で読み書きを学ぶことのできない状況にあって（…）読み書きのできない者、あるいは読めても書き方を知らない者のために、その考えを紙の上にとどめることができる表記方法、単純な体系ですぐにやり方が覚えられる表記方法を与えること[61]。」

穿孔表記法と同じく、全ての簡易表記技術は、文字と音を表す簡単な記号の組み合わせの上に成り立っていた。生徒たちは、それら記号を包含した体系表をまず暗記するのだった。簡易表記の一つは紙に点を打っていくやり方であり、六行二列の表に配置された一二の点を組み合わせた記号が音と文字を表していた。この表記は目でも読めたが、指で触れても理解できるものだった。それぞれの記号（文字あるいは音を表す）が、左側の列の何点でできているかが表全体の中でその記号が置かれている場所を示すのだった。右側の列の点の数は、その記号が行の上でどの位置にあるかを示した。

バルビエは、一八一〇年にすでに、サン・シュルピス教区の子供たちを対象に、点描表記の試験授業をしていた。授業の成功は、サン・

シュルピス教会司祭のアベ・ドピエール、文学博士のアベ・タルディ、フレール・グロ・ケイユー協会の会長フレール・ルフロワと会員フレール・ベヌゼが署名した証明書によって認証された。これら署名者はまた、バルビエの方法が盲人や就学年齢を超えた子供たち、または大人たちなど「読み書きを学ぶ手段を持たない者、あるいは普通の方法で学ぶ希望をなくした者たち[62]」にとって有用であると認めた。バルビエも、一八一五年の『論考』序文ではっきりと、彼の方法が「文字を読む方法を身につけるすべを持たず、一般の書き言葉の文字を正しく綴るには非常な障害を持っている、生まれながらの盲人[63]」に役に立つものであると述べている。

しかし、「指で読むことができる」この表記法が盲人に提供できる利点を証明するためには、「彼らの教育を行なう機関において[64]」試行してみなければならなかった。いつのことかは定かではないが、すでにバルビエは王立訓盲院の院長ギリエにこの件で連絡をしていた。「夜の表記法」と彼自身が呼んだ点描表記法は、確かに校内で試験授業されたものらしいが、その後ギリエは実際にこの表記体系を授業に取り入れるのを断ったようである。一八二一年四月にバルビエはギリエの後任ピニエに宛てた手紙で、その時の苦々しい思いをこう語っている。

「私の表記法があまりに簡単だったので、その利点がギリエ氏にはよく理解できなかったようです。ささやかな物事の有用性を正しく判断する能力こそ真の功徳と言えましょうが。確かに私の表記法は、華やかな公開実技には何の役にも立ちません。ギリエ氏の頭を占めていたのは公開実技のことばかりだったようです。彼は公開実技に向けて生徒たちを互いに競い合わせることだけに専心しており、そこからひたすら個人的な虚栄心の満足を汲みだしていました[65]。」

パリ訓盲院の生徒たちに授業できなかったかわりに、バルビエはキャンズ・ヴァンの幾人かの盲人に点描表記法を教えることに成功していた。これは、一八二一年五月二八日付のバルビエからケレン司教に宛てた手紙にも見られる。[66]また、バルビエは、ベルリン盲学校にも夜の表記法マニュアルと様々な補助道具を送っている。[67]それ以前の一八一九年六月、彼は科学アカデミーに書き道具の一つである「フランス式速記法補助器具」を提出していた。審査を報告したド・プロニー、モラン、ブレゲらは、バルビエにその発明を「もっとシンプルで、安価なもの[68]」にするよう勧告した。

さて、一八二一年に訓盲院院長に就任したピニエは、すぐさまバルビエの表記法の検討にかかった。同年五月一九日、ピニエが運営部に宛てた報告にはこうある。

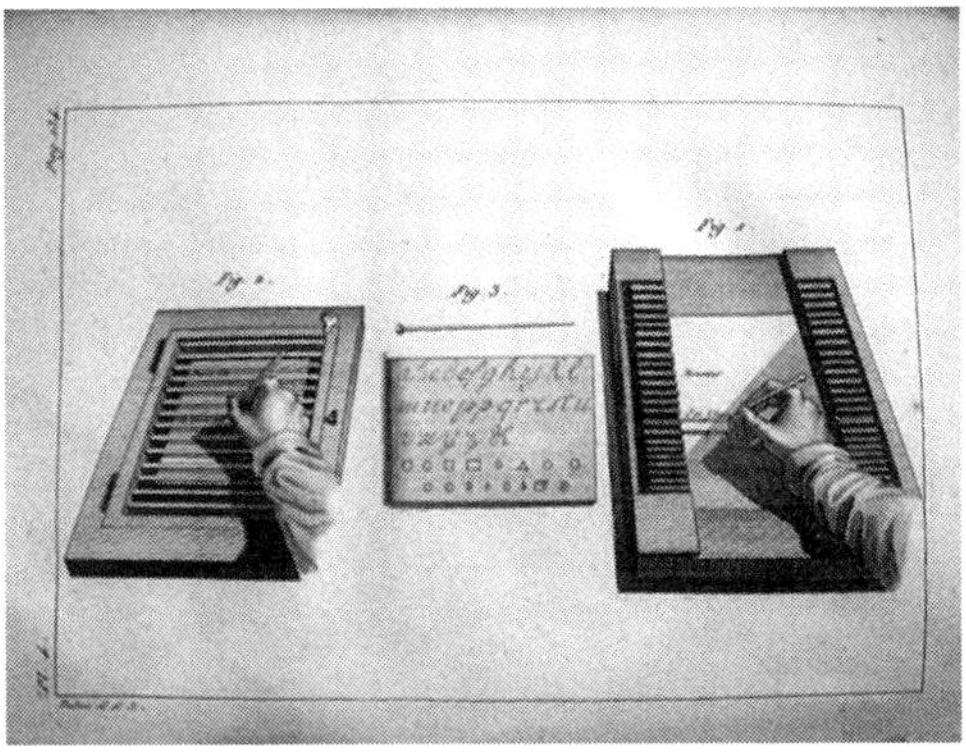

訓盲院で教えられていた盲人の書き方(1815-1820年頃)

「バルビエ氏がお持ち込みになった盲人用の表記方法は、彼ら同士の交信を助ける非常に優れたものです。私は急いで彼の方法を取り入れ、実地に試してみました。その成果は時間が教えてくれるでしょう。(…)またバルビエ氏は、訓盲院の図書館に、彼の表記法で作成したいくつかの文書を残してくれることになっています。[69]」

ピニエがバルビエの表記体系が訓盲院に導入したのは学校の創立後四〇年近く経ってからのことであったが、その頃も、盲人生徒の読み書き学習の方法はアユイの時代以来変わっていなかった。生徒たちは浮き出し文字の鋳造活字で直線印刷された本で読み書きを勉強し、計算台の上に一つ一つ数字の鋳型を並べることで計算を学んでいた。筆記体については、文字の形が刻まれた板の上で、先の鈍いペンと手の補助器具を使って学んでいた。これらの方法は実践においては不完全であることが証明されていた。確かに、直線的浮き出し文字は、指で触って読んだ時の理解の行程とは相容れないものだった。一方、生まれながらの盲人に筆記体を学ばせること自体、アユイやプージャン、そしてエルマンが次々と加えて来た補助器具への改良にも拘わらず、現実性に欠けたことであった。ちなみにエルマンは、キャンズ・ヴァンの住人であり、プロテスタントとして先に述べたクロイ枢機卿の時代に「迫害」された人物である。ともあれ、生徒たちは一旦盲学校を卒業すると、学校にのみ置いてある浮き出し文字の本がなくては読み書きもままならなくなった。これはもちろん、その時に書くことを覚えていればの話であるが。この問題について当時の卒業生の一人が証言を残している。一八四二年に盲人と晴眼者の間の通信を助けるためのタイプライターを考案することになるフランソワ・ヴィクトール・フーコーである。

「生まれ落ちて間もなく失明したために、私の持っている乏しい知識の全ては訓盲院の授業から得たものです。学校では浮き出し文字で読むことを覚えました。しかし、この技術は、私にとっても、私の同胞の盲人たちにとっても、ほとんど社会では役にたちませんでした。なぜなら、学校の外に出れば浮き出し文字の本はなく、また本から離れて数年も経てば、指は読み方を忘れてしまうからです。浮き出し文字は非常に小さい上、指の感覚はすぐに摩耗するからです。もしきちんと書き方を習っていたとすれば、親や友人などの助けを借りなくとも他人と文書で交信ができたでしょう。私たち盲人はそれすらもできません。盲人はいろいろなことを学びますが、その中で最も進歩が遅れているのは表記の技術ではないでしょうか。読むことはすぐに覚えられますが、ほとんどの盲人が書くことを学びません。(…)失明する前に書き方を知っていた者たちは、盲人になってから学ぶことはほとんどありません。行間を糸で仕切られた板を与えれば、次第に自分で文章を構成できるようになります。[70]」

自分と学校が社会で目立つことにばかり専心していたギリエは、こうした本質的な問題を認めようとはしなかった。盲人教育に読み書きのレベルで問題があることを認めれば、それはとりもなおさず公開実技のまがい物の側面を認めることになっただろう。先にも述べた通り、ギリエ専制下の訓盲院の教育は全て公開実技の成功を目指して行われていたので、これはできない相談だった。生徒たちにとっての僥倖は、ギリエの後任ピニエの教育理念が全く別のところにあったことである。ピニエは、生徒たちのためになることならば何でも試してみようとしていた。しかし、ピニエは訓盲院で慣用的に使われていた表記法を廃止して、完全にバルビエの方法を取り入れようとしていた訳ではない。バルビエ自身もそのようなことは考えていなかった。ピニエは授業の「補足的で副次的な技術[71]」としてバルビエの方法を教えようとしただけであった。一般的な表記法とバルビエの通信法を学んだ生徒たちは、学校を卒業してからも、社会で読み書きに苦労することはないだろうと考えたのである。一方で、これはバルビエの深い野心でもあったが、新たな表記法は生徒たちが「教育を受けられない社会中の盲人たち[72]」の教師となった時に、就学中に学んだ読み書きを伝授することに役立つだろうという目算があった。例えば、バルビエがピニエに宛てた手紙にはこうある。「王立訓盲院は、盲人教育を社会に広めるための教師を養成する中央機関となりつつあります[73]」。

バルビエは、ピニエと訓盲院運営部にその方法が快く迎えられたことに意を強くして、「夜の表記法」のための補助道具にさらなる簡略化を施すことに努めた。「フランス式速記法補助器具」は、たちまち非常にシンプルで安価な道具のセットに変わった。一八二〇年の科学アカデミー報告者が勧告していた通りに。シンプルな書き道具が何で構成されていたかと言うと、まず「行間が狭い六本の平行線を中央に刻んだ木材の板[74]」、「最も広くて二リーニュ〔四・五ミリメートル〕の間隔で、一プース〔二・七センチメートル〕の深さで垂直に開けられた孔がずらりと並んだ[75]」ブリキの定規様の板、そして「定規に開けられた孔と同じ直径の太さの[76]」丸い先端を持つ棒状の道具である。その後、最初の板は次第に拡大され、ブリキの定規は糸で編み目が張られた枠に代えられた。

バルビエは博愛精神にのっとり、これら「夜の表記法の道具」を「障害のため、何年も前に休職を余儀なくされていた全盲の工具師[77]」に作らせた。その上バルビエによれば、こうした道具の一部を考案したのは「盲人たち自身[78]」であったらしい。盲人たちはバルビエの発明を喜んで迎えた。やっと彼らにも、自分でメモを取ったり、考えを紙に書き写したり、それを読み直したり、さらにはお互いの交信ができる手段が現れたと思われた。確かに、限られた数の記号の組み合わせで作られた穿孔表記体系は、果てしない数の形態の組み合わせを使用しなければならない普通表記体系にくらべて、盲人たちにとってははるかに学び易く、はるかに暗記しやすいものだった。網膜にくらべて解析度が低い指の感覚にずっと適した表記法だったと言えよう。盲人たちの支持を受けて、バルビエはその表記法を「全言語に通用する普遍表記法[79]」にすることを考え始めた。彼はこうして、一八二三年には様々な発明認証の審議会に表記法を発表している。

――フランス産業博覧会。審査員はバルビエの発明に銅メダルを与えた。

――国家産業奨励協会。彼はここに「印刷された二文書と盲人によって作られた夜の表記法の道具類[80]」を提出した。

――王立科学アカデミー。二人の報告者、ラセペードとアンペールは炯眼にも「普通表記は目を通してメッセージを伝えるが、バルビエ氏の表記法は指を通して伝えるものである[81]」と述べた。しかし、産業博覧会によってすでに発表され、報償を受けていたものだけに、アカデミーはその規約から（好意的な評価はくだしていたにしても）この発明について特別な意見を表明することは差し控えた。

バルビエが夜の表記法のプロモーションに励んでいた間、盲人生徒たちは次第に彼の体系に不備な点があることを感じ始めていた。バルビエの表記法は音声記述の道具であり、決してアルファベットを代用するものではなかったからである。つまり、フランス語の綴りを知らなくても使用できる方法だったのだ。これは、就学中の生徒たちにとっては大きな問題だった。また、バルビエの表記法では計算もできず、音楽の譜面を書き取ることもできなかった。音楽は、盲人生徒たちにとって最大の就職分野だった。一八二二年、バルビエは少なくともこの不備をなくそうと、ピニエに「音楽の先生と話させて欲しい」と頼んでいる。彼は音楽教師から最初のヒントを得た後で、「ガリオ氏から音楽表記の改良について有効なアイデアを聞く(82)」つもりだった。しかし、夜の表記法の一番大きな問題は、組み合わせのベースとなる穿孔点の種類が一二もあったことだった。一二点は、指を使った読書がまとまった理解をもたらすためには多すぎる数だった。一つ一つの文字を表現する点描でできた孔の広がりは、指が感じることのできる最大領域を超えていたばかりか、垂直の読み方を強要する表記法は左から右へと読んでいく文章理解の順序と相容れないものであった。ピエール・アンリもこう言っている。

「サン・ヴィクトール通りの古い建物では、一八二五年の前後、盲目を乗り越えようとする生徒たちのうちでも最優秀な者たちが、大変な努力を傾けて考え、話し合い、その時あった手段を使って、書き言葉を手に入れようとしていた(83)。」

「音声記述による表記法の改良、あるいはもっとよい方法の発見(84)」を目的として飽かず探求を続けていた生徒たちの中には、一八一九年二月に訓盲院に入学したルイ・ブライユがいた。

バルビエは夜の表記法の記号が「場所を取りすぎるらしい(85)」ことを認めて縮小を肯んじたものの、綴りの規則を学ばせない記号構成の原則を見直すことは頑として拒否した。ピエール・アンリはバルビエの態度に「盲人にとって綴りは無用であるという、いささか貴族主義的な偏見(86)」を見ているが、おそらくこの指摘は間違っていないのだろう。しかし、バルビエが「音声のアルファベット」をこれほどまでに必死に守ろうとした真の理由は別のところに見つかるのではないだろうか。彼が文法上の綴りについて、それが単に初期の言語と表記が複雑に変化した結果にすぎないと考えていたとすれば、就学前の子供が話し言葉を学ぶ時の不要な規則という以上に、彼が夢見る普遍通信手段にとって大きな邪魔ものだと思われただろう。綴りについてこのような考えを持つ者は、彼の同時代人の中にも少なくはなかった。ピニエ自身、一八二四年には盲人にとっての綴りの役割についてこのように述べている。

「盲人は綴りなしでも生きていける。綴りを廃止すれば、我々が他言語を学ぶ時に、一言の発音の仕方も分からないままに煩わされる無数の困難から解放されることになろう。晴眼者とは反対に、盲人はその音声記述の体系を使って、特別な学習や努力をせずとも、あらゆる言語を音によって書き写すことができるだろう。(87) [傍点筆者]」

同じ一八二四年に当の夜の表記法考案者が科学アカデミーに送った論文の題名は、ピニエの言葉と興味深い対応を見せている。『中国語とペルシャ語の夜の表記法』。バルビエの研究を導いたユートピア的普遍言語観が伺える題名である。同じ頃、もう一人の博愛主義者、ジャン・フランソワ・シュードルもまた「普遍的音楽言語」の譜記体系を作り上げていた。「ソ・レ・ソ」体系と呼ばれたこの表記法の最初の研究成果は、一八二七年にパリの芸術アカデミーで発表された。シュードルもまた、彼の表記法を盲人の役に立てようと考えていた。(88)

さて、バルビエが音声記述表記法を擁護していた頃、訓盲院ではルイ・ブライユが独自の表記体系を完成に近づけていた。

「盲人のグーテンベルグ(89)」と呼ばれたルイ・ブライユ

これまでにもフランスの内外で、ルイ・ブライユとその点字体系については多くの著書が刊行された。フランスにおけるブライユ研究の第一人者はピエール・アンリである。すでに言及したアンリの著『盲人のアルファベットを発明した人物、ルイ・ブライユの人生と業績』は、ブライユ没後百周年にあたる一九五二年に刊行された。またこの年、ブライユはパンテオン入りを果たした。

一方、英国のクリスティン・マクレオードが進めている研究の展望(90)に従って、ブライユには、ブライユ英雄化という現象という新たな研究課題に注目できる。この課題はこれから重要さを増すだろう。ブライユには、現在に至るまで世界中の盲人たちが偶像視とも言える賞賛を捧げているからである。もちろん、同書の年代区分を鑑みればそこまで視野を拡げることはできない。とは言いつつも、ブライユ自身の手による草稿以外に（非常に数少ない）、私がこの本を書くためにもっぱら頼った彼についての伝記と評論は、彼の英雄化が非常に早い時期に始まっていたことを理解させるものばかりである(91)。ブライユはすでに同時代人から「盲人に功徳を施した人」と呼ばれており、この観点から次第に「フランスに最大の栄光をもたらした一人(92)」というイメージが生まれたと思われる。

「盲人のグーテンベルク」ルイ・ブライユ（1809-1852）

最初に参照する伝記は、ブライユの死の直後アレクサンドル・ルネ・ピニエが書いた略伝である。訓盲院を卒業したブライユは、一八二八年、ピニエ院長のもとで復習教師となったが、一八三三年にはチエールの訪問を受けて行なわれた内規改訂によって教授に昇格した。この略伝を読めば、かつての訓盲院長ピニエがいかに深くブライユという生徒を愛していたかが分かる。次に参照した文献は、もとブライユの生徒であり、後に彼の同僚となり友人ともなったイポリット・コルタの手による同種の略伝である。ブライユの死の翌年である一八五三年五月二五日、訓盲院に設置されることになったブライユの胸像の除幕式で読み上げられた。この二つの文献は両方ともブライユ礼賛の目的で書かれているので、慎重に読む必要がある。しかし残念なことに、ブライユという人の人となりについて、より客観的な判断を可能にしてくれるような文献は他に見つかっていない。ブライユの思い出に捧げられた二つの伝記以外には、ブライユの点字体系を説明したジョゼフ・ガデの文章をもっぱら参照した。ガデは一八四〇年から七一年まで訓盲院の教務部長を勤めた。彼はブライユが完成させた体系を、「間違いなくアユイ以来実現された最も重要な成果であり、浮き出し文字印刷と肩を並べることもできる発明[93]」と考えていた。

ルイ・ブライユは、一八〇九年一月四日、セーヌ・エ・マルヌ県、モー群のクーヴレー村で、四人兄弟の末子として生まれた。馬具製造業の職人だった父親のシモン・ルネ・ブライユは、ルイが生まれた時、四十四歳だった。夫より五歳年下の母親モニーク（旧姓バロン）は専業主婦だった。シモン・ルネは、自宅と作業場以外にも、田舎の生活に必要な多くの建物を所有していた。同じ村落の中には、三ヘクタールの土地とブドウ園も持っていた[94]。つまり、この時代の標準からすれば、ブライユ一家は金満家とは言わずとも貧しくはなかった。少年ルイは三歳の時、父親の仕事を真似して皮帯を切り取ろうとし、錐《きり》で片方の目を刺してしまう。その目の炎症は時をおかずしてもう片方の目にも移り、間もなくルイは完全に失明した。

盲目にも拘わらず、ルイの両親は彼を村の学校に通わせた。ピニエは、この頃のルイは「穏やかな性格と、頭がよかったことで[95]」村の学校で評価されていたと伝えている。家に帰ると父が頼む作業が待っていた。馬具につける房を編む仕事のおかげで、ルイの指はますます器用に動くようになった。その後、おそらくクーヴレーのパリュイ司祭と小学校の教師アントワーヌ・ベシュレの進言を聞き入れたものと思われるが、両親はルイを王立訓盲院に送ることに決めた。願書は無事受理され、一八一九年一月一五日付の内務省からの入学許可をもって、同年二月一五日[96]、ルイは晴れて学校の門をくぐることになった。彼はその頃十歳になったばかりで、ブロンドの髪とほっそりした顔の虚弱な子供だったという。元サン・フィルマン神学校の敷地にあった訓盲院は暗くて湿った場所だった。そこでの不健康な暮らしは、もともと頑健ではなかったルイの健康に悲劇的な痕跡をもたらすことになる。

ピニエがルイに初めて出会うのは、彼の入学から二年経ってからのことだった。しかし、ルイのあらゆる学科における秀でた能力がピニエの目に止まるには時間はかからなかった。ピニエは、ルイが「特に理科において[97]」優れていたと伝えている。ルイは毎年多くの賞をもらった。一八二五年の盲学校での授賞式に出席した『パリのプロヴァンシャル』の作者モンティニーが、このことを間接的に証言してくれる。

「皆が喜ぶだけのものはもらった。しかし、特にセーヌ・エ・マルヌ県出身の生徒ルイ・ブレイ［ママ］は、たった一人で、論述[98]、一般文法、地理、歴史、数学の五つの賞をもらった。少年の急いだ手で重ねられた賞品の本はベンチの後ろに盛り上がり、やがてそのピラミッドの山は彼の頭をはるかに超してしまった[99]。」

理系文系の両方に秀でていたブライユは、手仕事や音楽にも才能を示した。コルタは、ブライユのピアノの演奏の巧みさ（彼はチェロの演奏にも優れていた）とオルガンの才能を特記している。ブライユの鍵盤演奏は「確実で、華麗で、かつ余分なものがなく、彼の人柄をよく表すものだった[100]」。

一八二一年、訓盲院の新院長がシャルル・バルビエの音声記述点字体系を導入した時、ルイは十一歳だった。ピニエによれば、ルイは「持ち前の明敏な才覚で」この方法を試してみた後、

「バルビエ氏にいくつかの改良すべき点を指摘し、この表記体系に伴う困難とバルビエ氏自身長年思案していた問題を解決する方法を提示した[101]。」

バルビエは、自分の発明の不備を指摘されると無愛想な応対を見せることで有名だったが、ルイはそんなことにくじけず、自らの直感とクラスメートたちの批判や指摘を頼りに思索と実験を続けた。ピニエによれば、ルイはすでに一八二五年までに独自の点字体系のアウトラインを考案していたという。「実験と思索を多く繰り返した後、彼はその体系の最終案を作り上げ、実地において本当に役に立つ方法かどうかを知るために、クラスメートたちに伝えた[102]」。ピニエはさらにこう加える。

「ブライユは、新しい点字方法についての説明を起草した。私自身が彼の口述で筆記したので、そのことはよく覚えている。この論考は一八二九年に浮き出し文字印刷で発行され、一八三四年には産業博覧会で展示された。産業博覧会では、点字で書かれた本と、点字のために特別鋳造の活字で印刷された本が一冊ずつ添えられた。音楽の項目を改訂した同書の第二版は、一八三七年に同じく浮き出し文字印刷で出版され、一八三九年の産業博覧会に出品された[103]。」

この数行の回想を通して、ブライユが根気よく続けた探求の日々が浮かび上がってくるようである。ブライユは、学校の授業の合間を縫って、またクーヴレー村に帰省している間も、常に研究の努力を怠らなかった。暗中模索に始まり、クラスメートとの意見交換を通して努力の成果が見え始めた時から、最終的な成功を確信する時まで、ブライユの探求は止むことがなかったのだろう。しかし、ピニエの証言の裏に見える少年の態度はひたすら謙虚であり、個人発明者として公的機関の認知を求めることなど考えてもいなかった様子である。ピニエが言うように、確かにブライユの考案による点字作品は産業博覧会に出品された。しかし、それは訓盲院が出品したその他数々の製品と同列に出品されたのであって、決してブライユの名前はおもてに出なかった。(104) 一八三四年と一八三七年に訓盲院が博覧会の賞を受けた時も、点字の考案者であるブライユの功績は知られず、訓盲院全体の製作が評価されたのだった。しかし、ピニエはブライユの発明が重要で新しいことをよく理解していた。彼は訓盲院内での点字使用を奨励したのみならず、外国の教育機関にも宣伝して認知を高めようとした。

何故ブライユは名声を望まなかったのだろうか。彼の控えめな性格がなせる業だったのか、それとも若すぎたためか、あるいは訓盲院内で復習教師という下の立場にいたからなのか。あるいはまた、信心深いピニエ院長が教育の柱とした、集団のために自己を卑下し自我を忘れることを説く宗教的な価値観が、彼において内面化されていたからだろうか。確かにピニエは、「学校というよりも神学校に近い精神と習慣を訓盲院に持ち込んだ(105)」として後任者たちから批判を受けたこともある。

そうしたことは脇においても、ルイ・ブライユの点字体系は、完全にバルビエの音声記述表記法を乗り越えてしまった。研究を発表した時、ブライユはわずか二十歳になったばかりだったのだが。しかし、彼は論文の中でバルビエの体系に代わる新しい体系が必要になった理由を明確にしながらも、知的高潔さと謙虚さをあわせ持つ性格から、決して先輩に対する借りを忘れはしなかった。一八二九年、訓盲院内で浮き出し文字印刷されたブライユの論文『盲人のために作られた、言葉、音楽、単旋律歌唱を点字によって書き留めるための方法』にはこうある。

「バルビエ氏が盲人のために特別に考案した穿孔による音声記述表記法は、大変精緻なものであるのみか、学ぶのに易しい実践的な方法だった。しかし我々には他の体系がどうしても必要だった。バルビエ氏の表記法の記号より場所を取らず、かつ普通表記法と同じだけの記号を含み、さらには音楽や単旋律歌唱を書き留めることができる新しい表記法が。ここに公表する表記法を考案するにあたって、我々は上述した盲人のための表記法の欠陥を避けるべく努め、必要な点をできるだけ取り入れようとした。新しい体系の一つの記号はバルビエ氏の体系の二つの記号に対応する。しかし、アルファベット文字、アクセント記号、句読点、数字、幾何学記号などを含めた記号の総体を表現するために必要な数を超えた記号数を備えている。また、この体系は音楽や単旋律歌唱を書き留めることもできる。

巻末には一種の速記表のようなものを添付した。我々の体系は二〇の記号でできており、それらを組み合わせてフランス語が持つあらゆる単語を作ることができることが分かるようになっている。

我々の表記法の三つの記号はバルビエ氏の記号の一つに対応している。

我々の表記法はバルビエ氏の体系以上に盲人にとっての利点が大きいことは先に述べた通りである。しかし、そうした新しい体系の最初のアイデアが生まれたのは、バルビエ氏の体系のおかげであることを忘れてはならない。(106)」

ブライユの表記法がバルビエの表記法に負っているものとそれに勝る点について述べるために、これほど簡潔で的確な言い方はあるまい。

しかし、この時点ではブライユの最初の体系はまだ不完全だった。数字、句読点、数学記号を表すために点と直線を組み合わせていたからである。同じ場所に配置された二点と直線を指で触り分けることは難しい。一八二八年復習教師となったブライユは、訓盲院の授業で自分の表記法を教え始めた。一八三〇年からは、点字が授業中のノートや課題のための生徒たちの書き言葉となった。そこで直線を用いた記号は実践には向かないということが判明し、廃止されることになった。ルイ・ブライユは常に自分の表記法の改良を目指していた。ピエール・アンリは、彼のアルファベットと音楽記述法は「おそらく一八三四年に最終的なバージョンに達した(107)」ものと推測しているが、先にも述べたように、実際完成した体系の紹介である『表記法』第二版が出版されるのは一八三七年のことである。ピエール・アンリによれば、この第二版でブライユは「アルファベット、数字記号、アクセント記号などを確定した。この体系のおかげで、盲人は速記の方法、学校の勉強や文学活動を行なう手段、また統一的な音楽記述の体系を手に入れた」[108]。

ブライユ表記体系の説明として、ジョゼフ・ガデの論文の一部を引用しよう。ガデはこの論文を一八四四年に初めて『聾唖者・盲人教育年報』[109]上で発表した。その後一八五六年には、『盲人教育』[110]誌に再掲載している。

「ルイ・ブライユの点字体系は、彼が基本記号と呼ぶ一〇の記号の上に成り立つものである。これらの記号は非常に単純で、一番複雑なものすら四つの点しか含まない。基本記号は二本の横線の上に並べられており、aからjまでの文字を表す。その他の記号は、これら基本記号の下に一つか二つの点を加えることで表される。そこで三本目の横線が必要になる。ブライユ表記体系は、最も複雑な記号すらも、縦に三つと横に二つ以上の点を含まないように考案されている。三本目の横線の上の点は基本記号それぞれの左下に位置し、場所によってkからtまでの文字系列を形成する。また、基本記号の右下に置かれた二つの点が三つ目の系列を作り、同じく右下に一点を加えることで四つ目の系列が発生する。ブライユ体系には総計四〇の記号がある。加えて、六つの補足記号によって、iとアクセント付きのô、二重母音のœ、アポストロフ、ハイフン、数を表す。

基本記号はまた、一から一〇までの数字を表記することができる。その場合、アルファベットではなく数字の記号だというマーカーが記号の先に来る。(…)

ブライユ表記体系ではイニシャルなどの略語も表現できる。よって(…)速記方法として使用することも可能である。使用頻度の少ない記号の多くには、文字を表すと同時にある文字グループや音のまとまりを表すものもある。[111]

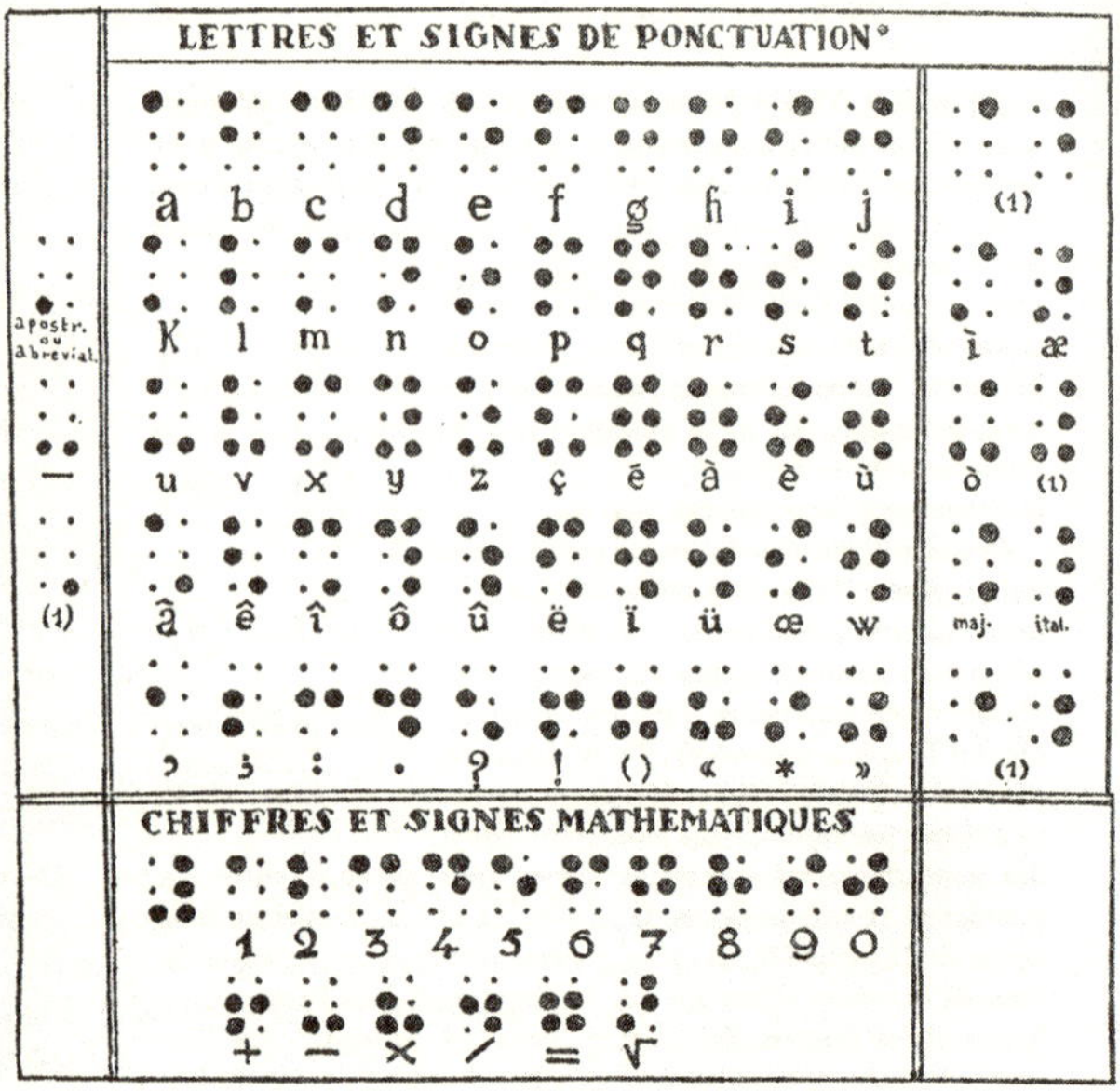

ルイ・ブライユの点字システム

（…）ブライユ表記体系は音楽にも適用できる。七つの音符は基本記号の最後の七つで表現される。また音符のそれぞれは、先にオクターヴの指標となる記号をつけることで七オクターヴの上に位置することができる。（…）この体系ではキーの指示は必要ない。これは大きな利点である。リズム、変調、休止、ニュアンス、区切りなど、晴眼者が作曲する時に使う全ての記号は、盲人の表現にあっては点で表現される。[112]」

ブライユは、表記体系と同じく、点字表記用の道具にもバルビエの考案を借用した。罫線を刻んだ石板、六行の代わりに三行に対応する四角い編み目の開いた枠、そして点を穿つ先の鈍い鑿である。点を打つ標準線の数について言えば、ブライユの体系の土台はバルビエの体系の一二点と違い、六点からできていたので、必要な行は六行ではなく三行だけだった。一方、バルビエの体系と違ってブライユ文字は右から左にかけて書くことが特徴である。これは、紙を裏返した時に、普通の順序通り読むことができるためだった。

ブライユは『表記法』第二版の中で、「天にましますわれらの父」の祈りを六言語に訳し（ラテン語、フランス語、イタリア語、スペイン語、ドイツ語、英語）、それぞれの言語について直線印刷した。これはブライユ体系の最初の翻訳の試みであった。ピニエはブライユ体系を外国に紹介しようという意図から、出版された『表記法』を多くの外国機関へ送った。送り先は「フィラデルフィア、グラスゴー、エジンバラ、ブラッセルおよびその他のベルギーの都市、スペイン、特にマドリッド、ハンガリーのペシュト、コペンハーゲン、ノルウェイ、記憶に間違いがなければ、ナポリとミラノ、またその他の都市[113]」。

一八三七年、ブライユは二十八歳になっていた。彼の体はすでに何年も前から結核の徴候をあらわしており、この病気は一五年後に彼の命を奪うことになる。この頃の彼の会話や手紙は、「心に浮かぶ悲しい思いがにじみ出す[114]」ようだったと伝えられている。しかし、点字改良のための研究を休むことはなかった。ブライユが次に取り組んだのは、盲人と晴眼者の交信手段を作り出すという課題であった。その結果、通常アルファベット文字と数字の形をそのまま再現した点字体系という盲人と晴眼者が同時に読むことのできる表記法を考案した。この方法は盲人たちが書いたものを読み直すのに非常に簡便であった。必要な道具は、横の罫線が刻まれた石板、薄い枠、鑿である。盲人は板と枠の間に紙を挟んで、そこに暗記した記号表に従って、普通文字や数字や句読点の形に並んだ点の組み合わせを打ち込んでいくのだった。枠を除いては、ブライユが盲人のために考案したこの方法の道具と晴眼者の書き方の道具の間に異なる点はない。

一八三九年、ブライユは『盲人のための、一般文字、地図、幾何学記号、音楽記号などの形を使った新表記法[115]』を刊行し、そこで新しい表記法を紹介した。コルタが伝えるところによれば、一八〇六年から一八一八年まで訓盲院に学び、卒業後も学校にたびたび戻って来ていたピエール・フランソワ・ヴィクトール・フーコーは、ブライユの新発明に感銘を受けたという。彼は「[ブライユが]盲人に捧げた新しい表記方法の重大さをすぐさま理解し、機械の開発に秀でていた自分の才能を駆使して、ブライユの方法から枠を取り払った機器を作ろうと試みた。まっすぐに書くために必要だった枠は、同時に盲人の書く速度を落としていたからである[116]」。ブライユとフーコーの協力により、一八四二年には、盲人と晴眼者間の交信を助けるタイプライターが開発された[117]。

ブライユが盲人に与えた助力と恩恵ははかり知れないものであった。彼の「不運な兄弟たち」はそのことに感謝と賞賛の言葉を惜しまず、イポリット・コルタにいたってはこのように書いている。

「実際のところ、我々はブライユを盲人のヨハン・グーテンベルグと呼びたいのである。しかし、どれほど見事な発明を実現しつつも、彼が心底謙虚な人であったことを思い出して、踏みとどまっているのだ[118]。」

ブライユの発明はまた、当時特別教育の権威であった多くの教育者たちからも賞賛を受けた。その中には、ブリュージュの聾唖盲学院の創立者兼校長であり、最初の盲人と聾唖者の教育についての専門雑誌『聾唖者と盲人』を刊行したアベ・シャルル・カルトンがいる。カルトンはブライユの一〇点字《デカポワン》の発明に関してブライユにコメントを送ったが、その手紙をこのように結んでいる。「あなたの才能と天才への賞賛の念に耐えません[119]」。

これほどに盲人に歓迎され、教育にたずさわる晴眼者の一部からも賞賛されたブライユの点字体系であるが、一八四〇年のアレクサンドル・ルネ・ピニエが訓盲院を退官した後、学校内での使用がやや統制されるようになる。ピニエは当時、ブライユ文字で書かれた本の刊行すらも始めていたのだが、彼の後任であるボルドー出身のピエール・アルマン・デュフォー（一八一五年にギリエによって採用された）は、学校内での表記法を普通文字に戻すことを望んだ。デュフォーの指示で、エジンバラやフィラデルフィアの盲学校[120]のものを模倣した新活字が鋳造され、訓盲院の印刷所に並べられた。生徒たちは点字で授業のノートをとることは許されていたが、本などの点字印刷は行われなくなった。ただ、音楽の譜面だけは別であった。音符はその後もブライユ文字で印刷され、もし文章が添えられていれば、それは直線浮き出し印刷となった。デュフォーも、その他晴眼教師の例に漏れず[121]、盲人を「見える人の世界」から隔離することを怖れて点字の使用を制限しようとしたのだが、後にはその怖れが杞憂であったことを理解した。デュフォーは以下のように、ブライユ表記法がその他のどの表記法よりも優れていることを認めている。

「これまで、晴眼者も読める文字のみを使用して盲人用の本を印刷すべきであるという思い込みが強かった。近年に至るまでこの考えに従って、価値のない試行が繰り返された。しかし、経験はついに人々の目を開いた。[122]」

これは、一八五〇年にデュフォーが盲人についての著作の第二版で言ったことである。同著の一八三七年の初版においては一切ブライユとその発明についてコメントしなかったのであるから、この言葉にはいささかの欺瞞があると言える。ブライユ表記法は、一八五四年に訓盲院の授業と印刷物に公式に採用された。これは、当時ブラジル皇帝となったナポレオン三世の自由主義的な措置に負うところが多かった。それ以来、あらゆる文字を構成するために必要な点字の印刷が始まった。[123]一八五二年、ブライユ表記法はローザンヌ盲学校に取り入れられた。初の外国機関による輸入であった。

その一八五二年、ルイ・ブライユは、二〇年来彼を苦しめ、徐々にその活動を制限するようになっていた病の前に屈した。一月六日、彼は訓盲院の看護部で、兄弟と友人たちに見守られ、訓盲院付き司祭の秘跡を受けた後、その生涯を終えた。ピニエや彼の生徒たち、また彼の伝記を書いたイポリット・コルタや親友ガブリエル・ゴーチエ[124]の記憶に残るブライユは、控えめで穏やか、友情に篤く、機敏な精神と洞察力溢れる知性を持ち、かつ、はにかみと世間体への配慮から、厳しく感受性の発露を抑制した人であった。また彼は一心不乱に勉強する人であり、才能豊かな音楽家であり、優れた教師でもあった。コルタによれば、「ブライユの人柄の魅力と明敏さのおかげで、彼の授業は生徒たちにとって義務であるどころか、大きな喜びとなった[125]」。

こうして訓盲院の中に閉じこめられたルイ・ブライユの一生は終わった。もちろん定期的に郷里に帰省していたし、ピニエが『略伝』で述べているように旅行にも行くこともあった。ブライユがシャマリエールからピニエに宛てた手紙がそのことを証明している。[126] とは言え、死ぬには若過ぎたし、「年齢にふさわしくない養生と健康への配慮」[127] によって、その生活は長い間拘束に満ちたものであった。言うまでもなく、その愛情のはけ口は友情にしかなかった。「ブライユは友のためならば、時間も、健康も、財産も全て投げ打っただろう」[128] とコルタは伝えている。また、ブライユは深い信仰を持った人だった。彼にとっての第二の父親であったドクター・ピニエとの交流は、おそらく信仰に基づくものだったと思われる。父子関係に関して、コルタは、ブライユの父シモン・ルネが、死ぬ前に長男の手を借りてピニエにしたためた手紙を思い出している。「ピニエは、末の息子を頼む、決して見捨てないでくれというブライユの父の懇願を、訓盲院に委託された、また、頼まれる前から院長がすでに快諾していた神聖な遺言と考えていた」[129]。

厳格な規律に縛られ、何の華やかさもない質素なブライユの人生には、ただ障害と病の苦しみがあった。こうした人生はもちろん全く不毛なものにもなり得たであろう。しかし、知性と気力の光に照らされ、粘り強い研究精神と同じ境遇にある者を助けたいという希望によって導かれたブライユの人生は、驚くべき豊穣な成果を生んだ。彼の短い生涯は世界の盲人たちにあらゆる書かれた文化（文学、科学、音楽）を手にする手段を与えたのみならず、ヴァランタン・アユイの夢だった障害者の社会参加への道を切り開いたのだった。

一八七八年、パリ万国博覧会を機に開催された盲人と聾唖者の生活改良のための国際学会で、ようやく長い普遍性の夢は軌道に乗り始めた。九月二七日金曜日夜の総会で、同学会は「ブライユ表記法を改訂することなく一般化する」[130] ことを多数決により決定した。これは「その後、記号分類のブライユ独自の体系を普遍化するにあたって、全ての支持者が一致する土台を作った決定的な意味を持つ出来事だった」[131] と、ピエール・アンリは言っている。

西洋言語圏の属する国の中で唯一アメリカだけが一九一七年までブライユ点字を導入しなかった。しかし、二〇世紀に入れば、ユネスコ指導のもとに、ブライユ点字は東洋言語やアフリカの諸方言にまで広がることになる。シャルル・バルビエ・ド・ラ・セールが夢想した普遍的表記法がようやく現実のものとなったと言えるかもしれない。もちろん、一九世紀に発明されたあらゆる「普遍的」書き言葉と同じく、ブライユ点字もまた内輪の言語、つまり教育を受けた盲人のみが使用できる表記法にとどまった。しかし、そのことにより盲人コミュニティーの結束は固まった。一九世紀末においてコミュニティーの盲人はまだ少数だったが、その後次第に彼らの要求と権利についての意識が芽生えていった。

一九世紀に盲人コミュニティーが存在していたことと、盲人におけるコミュニティーへの所属意識の高まりについては、一八八七年五月三〇日にクーヴレーで行われたブライユ記念碑除幕の式典が証明してくれる。この時のブライユの記念碑は、世界各国の寄贈者からの寄付金で建造された。ブライユが没した翌年の一八五三年に行われた同種の式典に参加したのは、訓盲院の生徒、教師、および職員だけだった。一八八七年の式典でクーヴレーに集まった人々の中には、クーヴレー村長と住民だけではなく、パリ訓盲院から教師と生徒の代表を引き連れて参加したエミール・マルタン院長、キャンズ・ヴァン病院およびルイ・ブライユ盲学校の兼任院長であるアルフォンス・ペフォー、彼に随行したキャンズ・ヴァン住民の代表と学校職員たち、さらには「パリと地方の多くの盲人たちと盲人に関心を持つ人々(133)」がいた。

一八八七年の式典ではエミール・マルタンが演説を行なった後、

「障害者のための報道機関と点字刊行物出版機関、およびヴァランタン・アユイ協会を代表して、またフランス内外の数多くの盲人たちおよび盲人に関心を持つ人々からの依頼を受けて、『ヴァランタン・アユイ』協会の会長［モーリス・ド・ラ・シズランヌ］が簡潔に、彼らのブライユへの想いを汲んだ祝辞を述べた(134)。［傍点筆者］」

ルイ・ブライユ信仰とも呼べる現象は、ここで世界の人々を結集させて始まった。ブライユは、やがて彼の名を冠されることになる点字体系と同じように、国際的な盲人コミュニティーの連帯の基礎を築いたのである。

しかし、こうした栄誉は「盲人のために尽くした貢献によって『第二の訓盲院の創立者』とも呼べる偉大な院長[135]」アレクサンドル・ルネ・ピニエに帰されるべきであろう。ピニエには少年ルイのうちに天才を認めるだけの謙虚さがあった。また、盲目を克服する手段の開発においては、盲人こそが最も鋭い目を持っていることを理解するだけの賢明さがあったのだ。

結語

この本を書くにあたって私は、現代社会に見られる盲人に対する数々の偏見が過去に源泉を持つものと考え、数世紀にわたる歴史をたどってその跡を確かめようとした。現在も人々は盲人に対して無知と恐怖を持ち、拒否や逃避の態度を隠さない。またその対極には、視覚障害者と真摯に対話し、彼らの社会参加を助けようとする前向きな姿勢も見られる。研究を始めた時、私の最初の疑問は以下のようなものだった。「今の時代がどれほど『醒めた』時代であっても、視覚障害者たちはいつまでも説明のつかない偏見と戦わなければならないし、そうした偏見のせいで彼らの場所さえも規定されている、これは何故だろうか」。この疑問に満足のいく答えを与えるには、数人で研究を行なうべきだっただろう。

ディドロも同じ意見を持っていたようである。一七四九年、彼はこう自問している。「生まれながらの盲人に問いかけて、意見を求めることは、ニュートン、デカルト、ロック、ライプニッツなどの天才の能力を合わせても、十分に手応えのある大仕事ではないか」。

いずれにせよ、障害と障害者を対象とする研究には必ず複数の専門領域にまたがる知識と視野が要求されると、私は確信している。

盲人に関する特徴的な表象が横行し、最初の盲人施設が生まれた中世の時代、盲目は常に何らかの「徴候」と見なされていた。その徴候が肯定的なものであるか否定的なものであるかは、失明した人の出自によって違った。ボヘミア王、ルクセンブルグ公、クレシーの戦いで戦死した武将であるジャンが盲目の英雄として人々の心に刻まれたとすれば、その対極には家から家を巡り、教会や修道院の戸口に居座ってその日のパンを乞わなければならなかった貧しい乞食の姿があった。

有効な医療手段がなかった時代、眼病に罹患した人々、ましてや失明した人々の多くは、聖人の加護による治癒を信じて巡礼の旅に出た。この頃書かれた多くの聖人伝は、盲目（あるいは障害一般）の歴史家にとって貴重な情報を満載した文献である。

同じ頃、演劇の舞台にも盲人が現れる。喜劇に描かれた盲人の姿は、怠惰、愚かさ、虚栄心、欺瞞、飲酒癖、賭け事熱、または放蕩（これは「偽の盲人」かもしれないという疑惑がない場合であるが）というあらゆる悪徳を一身に集めた人物である。観客は舞台上の盲人の硬ばった動作を嘲笑し、彼が付添人に騙されることになる「真っ当な」結末に拍手を送った。盲人の乞食という人物像には、「あらゆる価値の反対」である貧困への否定的な大衆の感情が投影されている。それと同時に、隠れた罪や精神的な悪弊の目に見えるしるしと見なされていた障害には、暗いイメージもまつわりついている。しかし、疑惑と諧謔の態度が一般的だった一方で、一三世紀以来（もしかしたらその前からも）貧しい障害者のうち盲人のみを対象とする慈善施設が生まれた。特に一三世紀には、聖ルイ王によるキャンズ・ヴァン施療院の創立があった。創立年代は明らかではないが、少なくとも第七回十字軍の失敗の後（つまり一二五四年以後）と思われる。キャンズ・ヴァンは三〇〇人の「パリ市内に住む貧しい盲人」を住まわせるための慈善施設だった。盲人たちはここで、同じ規約のもとに共同生活を営んだ。彼らは施設に身柄と全ての私有財産を与えた。財産の用役権は保持した。施設に入れば、その運営に参加することができた。つまり、創立以来キャンズ・ヴァンの盲人たちはかなり「民主的」体制のもとに生活していたのである。唯一の義務は、庇護者たちのための祈りと市内での物乞いであった。物乞いで得た金銭は全額キャンズ・ヴァン共同体のものとなり、パンを得た場合は施設と盲人の間で分けられた。

キャンズ・ヴァンの規約が物乞いを施設の盲人の唯一の仕事としたために、すでに当時の心性と生活に浸透していた盲目と物乞いという二つの概念の結合がさらに強固なものとなった。

十把一絡げに中世と呼ばれるこの長い時期は、盲人表象の歴史においては、盲人を他者と見た時の人々の排他的な態度と慈善運動によって特徴づけられる。その後現れる盲人表象の変化がどのような意味でラディカルであったかをよく理解するためには、まず中世にまでさかのぼって調べる必要があった。同時に、中世の表象と当時創立された慈善施設が、どれほど盲人についての旧来の見方の変化を妨げたかということを理解するためにも。

一六世紀から一七世紀にかけて、公式に無為を許された人々であるキャンズ・ヴァンの住人たちは、物乞いのみに精を出していたが、その一方で無為と物乞いに対する弾圧はますます厳しくなっていた。一五二六年に刊行された貧民扶助についての著書の中で、スペインの医学者ファン・ルイス・ヴィヴェスは、施設に収容された盲人にも労働を与えるべきであるという考えを初めて打ち出した。ヴィヴェスは同著書に、当時の盲人が就業可能と思われる知的・芸術的・手工業的職業を詳細した史上初の便覧を付け加えた。我々の知る限り、ヴィヴェスは君主によって人民全てに課された労働法規をあらゆる貧民と同じく盲人にも適用されると考えたことで、盲人をその他の人民から切り離すことを肯んじなかった初めての理論家である。しかし、障害者に労働を強いることに対してまだ世論は乗り気ではなかったため、ヴィヴェスの考えはすぐには実行に移されなかった。

同じ頃、エラスムス、カルダン、メシアが口を揃えて、盲人に書き言葉を教えるためのアルファベット文字を刻んだ石板の使用を推奨した。しかし、もちろんこうした理論も、盲人人口全体にすぐ適用されるには及ばなかった。カルダン自身、石板を使った書き言葉の伝達技術について述べたくだりで、「素晴らしい発明だが、ほとんど役に立たないだろう」と言っているのだ。裕福な階級や聖職にある盲人たちは秘書を雇うことができたが、貧しい盲人に読み書きを教えるなど、当時は考えもつかないことであった。

富裕階級の盲人たちは、それ以前と同じく音声を通して書き言葉の文化を手に入れることができた。一七世紀には特に二人の有名な盲人がいる。二人ともブルジョワ階級の出身で、幼少期に失明した人物である。彼らは後に高名な聖典解釈者となり、おびただしい遺稿を残した。しかし、両方とも書き言葉との関係は音声だった。二人の名前はジャン・ド・サン・サムソン、そしてフランソワ・マラヴァルという。二人とも偉大な神秘主義神学者であった。私はこの二人を、当時出現した教養ある自立した個人という新しい盲人観を証明する人物であると考える。二人が盲目であったということは、彼ら自身にとっても、また同時代の人々にとっても、宗教的解脱を助ける内なる光のあらわれだと思われたのである。しかし、近代における主体としての盲人像の出現を体現している人物でありながら、彼らはかつてないほどに通常人との差異によって特徴づけられた存在でもあった。この二人の盲人は、神に選ばれた天からの使いという姿で人々の記憶に残ったのだから。

その一人、マルセイユに生まれたフランソワ・マラヴァルは、一七一九年五月一五日にベルザンス枢機卿の腕の中でその生涯を閉じた。この時彼はすでに九十二歳になっていた。彼の死後間もなく、時代は大きく変わることになる。盲人の社会的表象と人々の彼らへの言動は、一八世紀前半において大きな歴史的転換点を迎えるのである。

生まれながらの盲人が視力を取り戻したらという仮説は、すでに一六九三年、モリヌーによってロックに提示されていた。一六九四年、ロックは『人間知性に関する哲学的論考』第二版において、この有名なモリヌーの問題を公表した。それ以来、人間の認識プロセスにおける五感の役割を論じる多くの哲学的議論において、盲人は中心的な位置に据えられることになった。

一七四九年、ディドロは『目の見える人のための盲人についての書簡』の中で、視力を取り戻した、生まれながらの盲人という理論的な問題を乗り越え、さらには「盲人の世界」への関心を示した。ディドロが打ち出した盲人像は、単なる観察の対象ではなく、哲学者と対等に対話をする一人の主体であった。

これは、共感ある盲人観察とでも呼べる態度であった。この態度は五感の代替使用の有用性についての関心を呼び起こした。また、当時の啓蒙思想は、見識ある人々の心に教育熱を生み出していた。さらには、博愛主義という新しい感性の形が登場した。博愛主義者は貧民や障害者を他者とみなすことを拒否し、「我々と同類の人々、我々の兄弟たち」と呼んだ。博愛主義から自然に導かれた不運な兄弟たちを救おうとする努力は、史上初の貧しい盲人児童の集団教育の試みとなって実を結んだ。一七八五年以来、博愛協会の支持を得てこの試みを軌道に乗せたのは、ヴァランタン・アユイという人物である。

貧しい盲目児童の教育を試みる前に、アユイはその教育方針の基盤についての確信を固める必要があった。計画実行の一年前、彼はパリに滞在中だったウィーンの盲目演奏家、マリア・テレジア・フォン・パラディと対談した。パラディ嬢は盲目というハンデを乗り越えるために様々な方法を用いたが、その中でも触覚を媒介とした学習法が最も重要であった。

それまで盲人の教育は家庭教師による個人授業と決まっていたが、ここで集団授業という可能性が生まれた。アユイの集団授業は特に触覚を駆使したもので、あらゆる社会階層の盲目児童を対象としていた。

一七八〇年、アユイが計画を実行に移す数年前のこと、キャンズ・ヴァン盲人施設は創立以来居を構えていたサン・トノレ通りからシャラントン通りの黒騎士館と呼ばれる旧兵舎に引っ越しをしていた。引っ越しにともない、キャンズ・ヴァンの規約にはいくつかの改訂があった。特に物乞いの義務が削除された。

ヴァランタン・アユイが教育によって盲人にも教養や職業、ひいては尊厳ある市民としての社会参加への道を切り開こうと考え、実行に移したちょうど五年前、キャンズ・ヴァンの住人たちは「特権ある物乞い」の立場を失っていた。こうして次第に、一般社会が盲人に持つイメージは、伝統的なキャンズ・ヴァンの物乞い盲人の姿から、公開実技をするヴァランタン・アユイの「盲人生徒」に移っていった。アユイはまず、生徒たちを学術会合の場で披露し（一七八四年と八五年）、それから宮廷に連れて行った（一七八六年）。最後には「一般公開授業」で、盲人が知的・芸術的能力を備えていること、そして、それまで盲人には不可能であると思われていた多くの手作業ができることを証明した。

とは言え、物乞いでなくなったキャンズ・ヴァンの盲人たちが「無為な人々」であることには変わりはなかった。

なぜなら、彼らの生活の変化は、物乞いで得ていた収入が一定額の生活保護給付金となっただけだったからである。キャンズ・ヴァンの盲人は、「自分自身と社会にとって無用な人々」という盲人のイメージを存続させることに貢献したと言えよう。このイメージこそ、ヴァランタン・アユイと博愛主義者たちが打倒しようと願っていたものであった。

その一方に、啓蒙主義哲学と博愛主義によって、絶対的他者から同胞へと社会における場所を変えた盲人の姿があった。革命前夜のフランスには二つの盲人の表象が共存していたと言える。二つの表象に従って、二種類の貧しい盲人を援助する方法論があった。慈善が博愛になったからと言って根本的な問題は変わっていなかった。社会経済的交流の枠組みの中に盲人を組み込む際、優先すべきは教育かそれとも社会扶助か、という問題である。

革命期、ヴァランタン・アユイが一七八五年に創立した訓盲院は二度にわたって国営化された。一七九一年九月二八日と共和暦三年テルミドール一〇日（一七九五年七月二九日）付の法律によってである。訓盲院を維持するための個人の寄付は限界に達していた。そこで、革命政府は（博愛主義者も一部の議席を占めていた）、国家予算で学校を経営することにしたのである。ちなみに、総裁政府下の共和暦五年、社会扶助法はキャンズ・ヴァンを内務省監督下に置き、その運営費用は同省予算に組み込まれた。一〇年続いた革命期を経て、訓盲院ないしはキャンズ・ヴァンに所属していた貧しい盲人たちは国家の庇護下に入った。国家による盲人の庇護という原則はこの後、一度も破られることがない。執政政府と第一帝政期の政府がヴァランタン・アユイの事業に対して示した無理解にも拘わらず、この原則は生き延びた。

しかし一方で、先にアベ・ド・レペ創立の聾唖学院（これも同時期に国営化された）に併合された訓盲院は、国営化にあたって多くの規制を受けた。まず、「聾唖児童と先天性盲目児童の学校」に与えられた一七九二年二月の新規定。それから、「盲人労働者学校の組成に関する」共和暦三年テルミドール一〇日法である。両規定とも訓盲院の経済的および道徳的目的を強調している。これら規定が教師に呼びかけているところによれば、「生徒の一人一人が家族や社会に頼らずとも生活することができるように」、卒業時には「有用な仕事を身につけている」ことが必須とされていた。

また、国民公会時代には、訓盲院経営は公的扶助委員会の問題なのか、それとも公教育委員会の問題なのかという議論が起こった。ヴァランタン・アユイの教育計画は、盲人の「幸福」を唯一の目的としていた。しかし、革命政府下、その計画は労働者階級の盲目児童を、教育と労働によって下層階級の一般市民に育てようという意図として現れた。訓盲院運営をどの委員会に属させるかという問題は、貧しい盲人の教育が社会扶助に組み込まれるのか、それとも公教育の領域なのか、という革命政府自身のジレンマを象徴的に表している。

結局、ますます壊滅的になっていた訓盲院の財政状態や、恐怖政治時代のヴァランタン・アユイの政治的行動、そして敬神博愛教という新興宗教へのアユイの献身という経済的・政治的問題が絡んだために、執政政府は訓盲院を社会扶助業務の一つとすることに決定した。そして、総裁政府下でもすでに提案されていたように、訓盲院とキャンズ・ヴァン盲人施設の併合に踏み切った。

執政政府の決定は、両施設の併合のみならず、キャンズ・ヴァン内に手作業の工場を設置し、そこでアユイの生徒たちを働かすという措置も含んでいた。訓盲院の生徒たちだけではない、キャンズ・ヴァンの住人たちの十二歳以下の子供たち（十二歳以上ならば職業養成を始めなければならなかった）と、住人たちの一部も働かされたのである。盲人生徒と晴眼生徒のために設置された施設内の学校の授業内容は、読み書き計算、および道徳という基本的知識にとどまった。貧しい子供にはそれで十分と政府は考えていたのだろう。

その一五年前にヴァランタン・アユイが打ち出した市民権獲得を目指した教育という理想は、すでに過去のものとなっていた。執政政府はその代わりに、三世紀前に社会扶助を理論化したユマニストたちが提唱した盲人の労働市場導入という商業主義の道を選び、完遂させた。「これからは盲人にすら、無為であることは許されない」。

ヴァランタン・アユイの訓盲院は、創立されたまさにその国において基盤を失いつつあった。アユイは政府によって自ら建てた学校の任を解かれ、退職に追い込まれたが、一八〇六年にはザンクト・ペテルスブルグにロシア初の盲学校を創立するために招聘された。こうして、ヴァランタン・アユイとウィーン啓蒙主義の使者であった盲目の音楽家マリア・テレジア・フォン・パラディとの出会いから生まれた、貧しい盲目の子供たちの集団教育という計画は、その生地フランスから飛び立ち、次第にヨーロッパ各地へと広まっていくことになる。

しかし、アユイが外国に旅立ったちょうどその年、キャンズ・ヴァンで喘いでいたパリの訓盲院は息を吹き返した。実は、五年前から政府がキャンズ・ヴァンを舞台に進めていた生産主義的ユートピアの計画は頓挫していたのだった。一八一六年、訓盲院はキャンズ・ヴァンから独立した。訓盲院を改革する最も大きな出来事が起こるのは、王政復古期においてである。盲人生徒の一人、まだ少年と呼べるルイ・ブライユが、点字による盲人の読み書き手段を考案したのである。ブライユ体系はそれまでにあった盲人の言語学習の方法を完全に刷新した。

ブライユの考案した方法は、博愛主義者シャルル・バルビエ・ド・ラ・セールによって開発されていた暗号表記法をまず改訂し、その後にそれを完全に変革したものであった。ブライユは、思索と試行を重ね、同じ盲目の同級生たちと議論を繰り返し、周囲の批判と意見を受け入れながら、独自の方法を開発した。新しい表記法は指による理解のプロセスに完全に合致しており、点字記号以外にも、アルファベット文字、数学記号、譜表記号などの様々な内容を表記することができるものであった。

ブライユは盲人たちに書かれた通信の手段を与えた。書き言葉を手にしたことで、盲人たちは世界の文化に近づく道が与えられた。ブライユ体系は、教育を受けた世界中の盲人たちのコミュニティーの基盤となった。同時に、ヴァランタン・アユイがまだ不十分だった方法で試みた、盲人の知的自由を保証し、盲人に市民権を獲得させるための努力が、ここにおいて初めて確かな成果を生んだと言える。ブライユ体系によって市民の仲間入りをした盲人たちは、その後、独自の活動や著述により、少数派反対勢力としての力を持ち、同時代の社会や世界についての彼らの視点を紹介し、希望を表明できるメディアと出版社を作り上げ、盲人が社会に参加することを妨げる偏見の圧力に対して変化を及ぼすことができるまでになった。ピエール・ヴィレーは「盲人の世界」を晴眼者に初めて説明する著作を書いた時、その中のまるまる一章をブライユ体系の解説に割いた。これは意味深いことである。ヴィレーにとって、ブライユは盲人解放の鍵だったのである。

しかし、この本を終えるにあたって引用したいのは、決してヴィレーやモーリス・ド・ラ・シズランヌやピエール・アンリといった高名な「盲人の権利」擁護者の言葉ではない。現代に生きるアフリカの国トーゴの盲人少年の言葉である。この少年、ルクー・ククー・ルースは、昔と変わらず今も、教育が貧しい盲人の心と精神にどのような希望の光を与えるかを見事に表現している。かつて物乞いの立場を強要され、同時代人の蔑視の対象であった盲人たちが、教育によってどのように人生を変えることができるかを教えてくれる。盲人のための書き言葉を想像し始めた頃のルイ・ブライユとほぼ同世代のアフリカ人中学生、ルクー・ククーの言葉は、なぜブライユが今日まで世界中の盲人たちの偶像であるかという問いへの答えなのだ。

「今も昔もナイル川がエジプトの土地を肥やし続けるように、ブライユ点字は僕にとって尽きることのない宝庫です。この宝は何とも比較できず、どの点でも疑いを得ません。

ブライユ点字に出会う前、僕は他の盲人と一緒に、生まれた村の広場で乞食をしていました。彼らと同じように、貧しい生活と教育や文化のない悲惨な生活の中で、暗闇をさまよっていました。

ブライユ点字に出会ったのは十一歳の時でした。僕は全身でこの光にしがみつきました。そしてやっと理解したのです。僕は決して『一番馬鹿なやつ』でもなければ、両親が貧しいからと言って『最下位の人間の子供』でもないということを。今では、心から謙虚に自分が賢いと言えますが、昔は知らなかったことなのです。

ブライユは世界中の盲人たちにとって『なくてはならない希望の道具』だと信じます。どんなに貧しくても希望は与えられます。ブライユ点字は、どの時代にも盲人が幸福になれることを教えてくれるからです。(1)」

(120) Pierre Henri, *La Vie et l'œuvre de Louis Braille*, p. 74.
(121) ウィーンのクライン校やブレスラウのクニー校など。
(122) P. A. Dufau, *Des Aveugles. Considérations sur leur état physique, moral et intellectuel, avec un exposé complet des moyens propres à améliorer leur sort à l'aide de l'Instruction et du Travail*, seconde édition, Paris, Jules Renouard et Cie, 1850, p. 123.
(123) Pierre Henri, *op. cit.*, p. 74.
(124) 訓盲院を卒業したガブリエル・ゴーチエは、高名な作曲家であり、サン・テチエンヌ・デュモン教会のオルガン奏者であるとともに、作曲と和声についての教則本の著者として知られていた。彼は、ブライユ到来の1年前の1818年、10歳の時に訓盲院に入学した。学校ではオルガン・和声・作曲の教師を勤めた。ブライユにとっては最も古く、最も大事な友人だった。しかし、ゴーチエもまた、ブライユが死んだ1年半後の1853年6月27日に、世を去ることになる。ピニエはゴーチエについての略歴をしたため、1859年に、ブライユおよび、オーギュスト・ムーランというもう1人の教師の略歴とともに、出版した。
(125) Hippolyte Colta, *op. cit.*, p. 16.
(126) 上記の注を参照されたい。
(127) Dr. Pignier, *Notice biographique*, p. 23.
(128) Hippolyte Colta, *op. cit.*, p. 21.
(129) Dr. Pignier, *Notice biographique*, p. 8.
(130) *Congrès universel pour l'amélioration du sort des aveugles et des sourds-muets,* tenu à Paris du 23 au 30 septembre 1878, Paris, Imprimerie Nationale, 1878, p. 153.
(131) Pierre Henri, *La Vie et l'œuvre de Louis Braille*, p. 81.
(132) 1883年、サンマンデ市に、ペフォーの発案で創立された。
(133) Ltalenet, « L'inauguration du monument Braille, Coupvray, 30 mai 1887 », *Le Valentin Haüy*, Revue française des questions relatives aux aveugles, 5e année, juin 1887, p. 41.
(134) *Id.*, p. 46.
(135) Edgar Guilbeau, *Histoire de l'Institution nationale des jeunes aveugles*, Paris, Belin Frères, 1907, p. 81.

結　語

(1) ルクー•ククー•ルース君は、トーゴ共和国トーゴヴィルの中学2年生である。「ブライユ点字は私にとって何を意味するか、そして点字によって人生で変わったことは何か」という題のスピーチで、世界盲人連盟のコンクールに出場した。2000年11月30日に開催されたユネスコの学会「フランスと欧州における青少年視覚障害者への公的扶助の現状および展望」において、「ブライユ点字」についての報告を受け持たれたカティ・カヴァイエス氏がルース君の言葉を引用していた。Caty Cavaillès, « Le braille », communication au Congrès « Bilan et perspectives de la prise en charge du jeune déficient visuel en France et en Europe », Paris, UNESCO, 30 novembre 2000.

(102) *Id.*, p. 16.

(103) *Ibid.*

(104) Institution Royale des Jeunes Aveugles, *Bordereau des objets envoyés par l'Institution royale des Jeunes Aveugles à l'exposition des produits de l'industrie nationale en 1834*(*l'institution a obtenu une médaille à cette exposition*), s. d., Archives I. N. J. A., manuscrit non coté.

(105) Joseph Guadet, *L'Institut des jeunes aveugles de Paris*, p. 81.

(106) *Procédé pour écrire les Paroles, la Musique et le Plain-Chant au moyen de points, à l'usage des aveugles et disposé pour eux*, par L. Braille, Répétiteur à l'Institution Royale des Jeunes Aveugles, Paris, 1829, « Avertissement », Musée Valentin Haüy, Inventaire A 05-3001.

(107) Pierre Henri, *La Vie et l'œuvre de Louis Braille*, p. 57.

(108) *Id.*, p. 58.

(109) *Annales de l'éducation des sourds-muets et des aveugles*, tome I, No. 2, 1844, consacré à la cérémonie d'inauguration du nouveau bâtiment de l'Institution royale des aveugles de Paris, le 22 février 1844.

(110)『盲人教育』誌は、1855-56年度の始めに、ジョゼフ・ガデによって創立された。この雑誌は、浮き出し文字の普及に大きな役割を果たした。

(111) Joseph Guadet, « Ecriture en points saillants (système Braille) », *L'instituteur des Aveugles*, tome I, année scolaire 1855-1856, No. 5, février 1856, p. 96-97. ブライユ自身が明かさなかった基本となる10記号が生まれた経緯については、ピエール・アンリの本を参照されたい。Pierre Henri, *La Vie et l'œuvre de Louis Braille*, chapitre III, « La genèse du système Braille », p. 51-53.

(112) Joseph Guadet, « Exposé du système d'écriture en points saillants à l'usage des aveugles », *Annales de l'éducation des sourds-muets et des aveugles*, tome I, No. 2, 1844, p. 88. ブライユによる音楽記号の表記については、ピエール・アンリの本の第3章がより詳しい。Pierre Henri, *op. cit.*, p. 60-61.

(113) Dr. Pignier, *Essai historique*, p. 107.

(114) Dr. Pignier, *Notice biographique*, p. 23.

(115) この体系は、しばしば「10点字(デカポワン)と呼ばれる。なぜなら、ブライユは10の点を組み合わせることで全ての一般文字を表現する体系を作ったからである。Pierre Henri, *op. cit.*, p. 101.

(116) Hippolyte Colta, *Notice biographique sur L. Braille*, 1853, p. 19.

(117) フーコーが考案した種々のタイプライターについてよく詳しくは、拙稿を参照されたい。Zina Weygand, « Un clavier pour les aveugles, ou le Destin d'un inventeur : Pierre-François-Victor Foucault (1797-1871) », *VOIR barré*, No. 23, décembre 2001, p. 30-41.

(118) Hippolyte Colta, *op. cit.*, p. 17.

(119) *Lettre écrite à M. Braille par M. l'Abbé Carton, Directeur de l'Institut des Sourds-Muets et des Aveugles de Bruges*, Copie manuscrite, non datée. Archives I. N. J. A., non inventoriée. おそらく、この手紙の趣旨は1839年に公表された10点字体系についてだったに違いない。なぜなら、1842年5月21日付のブライユからカルトンへの手紙には、「1839年の発明」に対してカルトンから「もったいない賛辞」をもらったことへの礼の言葉が見られるからである。ちなみに、ブライユはこの手紙を「近年発明された」フーコーのタイプライターで書いていることを宣言している。Lettre de Louis Braille à l'abbé Carton, Paris, 21 mai 1842, 1 feuillet. Collection de la Congrégation des sœurs de l'enfance de Marie à Spermalie, Bruges, Reproduite dans *VOIR barré*, No. 23, décembre 2001, p. 31.

(86) Pierre Henri, *op. cit.*, p. 48.

(87) Lettre de Charles Barbier au docteur Pignier, Versailles, le 11 novembre 1824.

(88) Histoire de la langue universelle, par L. Couturat, Docteur ès Lettres, Trésorier, L. Leau, Docteur ès sciences, Secrétaire général de la Délégation pour l'adoption d'une langue auxiliaire internationale, Paris, Hachette et Cie, 1903, Section I, Chapitre VI, Sudre : Solrésol.

(89) *Institution impériale des jeunes aveugles, Inauguration du buste de Louis Braille, aveugle, ancien professeur de l'Institution, inventeur du procédé d'écriture en points saillants*, Paris, Duverger, 1853, « Notice biographique sur L. Braille », par M Coltat, p. 17.

(90) ブリストル大学のクリスティン・マクレオードはブリストル大学教授である。彼女が現在進めている研究は、「発明の英雄たち。19 世紀英国における評判の確立」と題されている。

(91) ルイ・ブライユについてのさらに詳しい情報は、ピエール・アンリの本を参照されたい。

(92) Jean Roblin, *Les Doigts qui lisent. Vie de Louis Braille 1809-1852*, Regain, Monte-Carlo, 1951, « Préface » de Georges Bidault, p. 11.

(93) Joseph Guadet, *L'Institut des Jeunes Aveugles de Paris. Son histoire et ses procédés d'enseignement*, Paris, Thunot et Cie, 1849, p. 88.

(94) クーヴレーとブライユ一家についての詳しい情報は、ジャン・ロブランの本、第 1・第 2 章を参照されたい。Jean Roblin, *Les Doigts qui lisent*, 1951, Chapitres I et II.

(95) Dr. Pignier, *Notices biographiques sur trois professeurs anciens élèves de l'Institution des jeunes aveugles de Paris*, Paris, Imprimerie de Madame Veuve Bouchard-Huzard, 1859, « Notice sur Louis Braille. Professeur et ancien élève de l'Institution des jeunes aveugles de Paris », p. 8.

(96) Institut des Jeunes Aveugles, Registre du 31 mars 1796 au 22 novembre 1822, Musée de l'I. N. J. A., A8 72T.

(97) Dr. Pignier, *Notices biographiques*, p. 9.

(98) 原文には amplification（展開）とあるが、おそらく小論文のことだろう。

(99) L. Montigny, *Le Provincial à Paris*, p. 258.

(100) Hippolyte Colta, *Notice biographique sur L. Braille*, 1853, p. 15-16. ブライユの音楽の才能と演奏の喜びは、彼について残されて稀少な私的証言の内容となっている。近年、訓盲院はブライユの手紙を出版したが、その中には彼がシャマリエールからピニエに宛てて書いたものがある。その中で、ブライユは自宅でコンサートを催して、近隣の人を喜ばせていると伝えている。引用してみよう。「ここでは、隣人たちの前で、ピアノとチェロと歌で、トリオやデュオの演奏会を行なっています。彼らは魅入られたように聴き入っています。私たちには少人数の観客の方がよいのです。クレルモンで大掛かりな演奏会を行なうように頼まれましたが、全て断りました。しかし、県民新聞には、他の音楽家への賛辞とともに、私の名前も見つかります」。なぜ、ブライユがもっと大勢の観衆の前で演奏を披露することを拒んでいたのかは分からない。健康上の問題に由来する毎日の疲労とも考えられるが、彼自身はその件についての手紙でほんのわずかに触れているだけである。疑問を解く鍵はまだ見つかっていない。ブライユの手紙の典拠は以下である。« Lettre à Monsieur le docteur Pignier, Chamalières, 11 octobre 1848 ». Signée « Votre affectionné élève, Braille ». Louis Braille 1809-1852, *Correspondance inédite*, éditée à partir de lettres originales, Archives I. N. J. A., 1999.

(101) Dr. Pignier, *Notices biographiques*, p. 14.

manuscrit non coté.

(66) Lettre de Charles Barbier « A Son Eminence Monseigneur de Quélen, co-adjuteur à l'Archevêché de Paris », Paris, le 28 mai 1821. Manuscrit, Archives XV-XX, B 115-6856.

(67) Lettre de Charles Barbier, « A Monsieur le Président de l'Administration de l'Institut Royal des Jeunes Aveugles », Paris, le 20 juin 1821. Archives I. N. J. A., manuscrit non coté.

(68) Académie royale des sciences, *Rapport sur un instrument au moyen duquel on peut tracer sur une planche métallique les caractères d'une écriture appelée « Expéditive française »*, Paris, le 15 mai 1820, De Prony, rapporteur, Molard, Bréguet, Archives de l'Académie des sciences, B. V. H., copie dactylographiée.

(69) Dr. Pignier, *Rapport fait au Conseil d'administration*, Du 19 mai 1821. Archives I. N. J. A., manuscrit non coté.

(70) *Appareil pour écrire à l'usage des aveugles,* Rapport à Messieurs les membres de la Société d'encouragement. Signé : Foucault, membre des Quinze-Vingts, Paris ce trois octobre 1842, imprimé en écriture piquée. Bibliothèque du C. N. A. M., 4o K 20.

(71) Lettre de Charles Barbier, « A Monsieur le Président de l'Administration de l'Institut Royal des Jeunes Aveugles », Paris, le 20 juin 1821, Archives I. N. J. A., manuscrit non coté.

(72) Lettre de Charles Barbier au docteur Pignier, Versailles, le 8 décembre 1821, Archives I. N. J. A., manuscrit non coté.

(73) Lettre de Charles Barbier au docteur Pignier, Versailles, le 11 mars 1822, Archives I. N. J. A., manuscrit non coté.

(74) « Suite des applications de l'expéditive française », Second article, « Ecriture nocturne à l'usage des aveugles », extrait des *Annales de l'Industrie nationale et étrangère ou Mercure technologique*, Paris, Bachelier, 1822, p. 9.

(75) *Id.*, p. 10.

(76) *Ibid.*

(77) Lettre de Charles Barbier au docteur Pignier, Versailles, le 8 décembre 1821, Archives I. N. J. A., manuscrit non coté.

(78) Lettre de Charles Barbier, « A Monsieur le Président de l'Administration de l'Institut Royal des Jeunes Aveugles », Paris, le 20 juin 1821.

(79) Lettre de Charles Barbier au docteur Pignier, Paris, le 20 juin 1821.

(80) Société d'encouragement, Rapport sur les Concours ouverts par la Société pour l'année 1823, par Monsieur le Baron de Gérando, *Bulletin de la Société d'encouragement pour l'industrie nationale*, année 1823, p. 264, « 2e Travail des Aveugles indigents », B. V. N. copie dactylographiée.

(81) *Rapport de Messieurs de Lacépède et Ampère sur l'Ecriture imaginée pour les aveugles par Monsieur Charles Barbier*, 1er décembre 1823. Archives de l'Académie royale des sciences, B. V. H., copie dactylographiée.

(82) Lettre de Charles Barbier au docteur Pignier, Paris, le 5 janvier 1822, Archives I. N. J. A., manuscrit non coté.

(83) Pierre Henri, *La Vie et l'œuvre de Louis Braille, Inventeur de l'Alphabet des Aveugles*（*1809-1852*）, Paris, PUF, 1952, p. 46.

(84) *Ibid.*

(85) Lettre de Charles Barbier au docteur Pignier, Versailles, le 11 novembre 1824, Archives I. N. J. A., manuscrit non coté.

faculté de médecine, médecin de l'institution des jeunes aveugles ; Récamier, professeur à la faculté de médecine et médecin consultant de l'établissement ; Mirambeau, docteur-médecin, chirurgien en chef de l'hôpital royal des Quinze-Vingts et chirurgien de l'établissement, etc., p. 267.

(50) *Id.*, note 37, p. 261. Avis des médecins sur la nécessité de faire faire aux élèves des promenades à la campagne. Signé : Baron, Cayol, Gondret, Mirambeau, Récamier.

(51) *Institution Royale des Jeunes Aveugles, Décès des élèves*, Archives I. N. J. A., manuscrit non coté.

(52) Pétition des administrateurs et anciens administrateurs de l'Institution Royale des Jeunes Aveugles en faveur de M. Alexandre-René Pignier. Signée : Dehaussy de Robécourt, de Schonen, Acloque, de Tascher et Lahure, les 3 et 4 février 1841. Archives I. N. J. A., manuscrit non coté.

(53) Catherine Duprat, *Usage et pratiques de la philanthropie. Pauvreté, action sociale et lien social à Paris, au cours du premier XIXe siècle*, Paris, Comité d'Histoire de la Sécurité Sociale, 1997, tome II, p. 1046.

(54) Dr. Pignier, *Essai historique*, Notes et pièces justificatives, note 15, p. 244.

(55) *Essai sur divers procédés d'expéditive française, contenant douze écritures différentes, avec une planche pour chaque procédé*, Paris, 1815. Sans nom d'auteur. Précédé d'un « Avis » signé « B », p. 2. この本には作者名が明記されていないが、おそらくシャルル・バルビエによって書かれたものと思われる。その理由は、文体のみならず、提示されている体系的表記方法や、それら体系を利用する効用についての作者の見解が、バルビエの名前を記したその他の文献と酷似しているからである。

(56) *Historia natural y moral de las Indias* (Séville, 1590), traduction française par Rober Regnault, *Histoire naturelle et morale des Indes, tant orientales qu'occidentales* (1598). 他方、「非アルファベット表記言語の表記体系の間」(「中国語」、「メキシコ絵記号」、ペルーのキッポなど)の「比較研究の先駆」であるP. ダコスタの本については、マドレーヌ・ダヴィッドの研究書を参照されたい。Madeleine V. David, *Le Débat sur les écritures et l'hiéroglyphe aux XVIIe et XVIIIe siècles et l'application de la notion de déchiffrement aux écritures mortes*, Bibliothèque générale de l'E. P. H. E., VIe section, S. E. V. P. E. N., 1965, p. 28-30.

(57) Picavet, *Les Idéologues. Essai sur l'histoire des idées et des théories scientifiques, philosophiques, religieuses, etc. en France depuis 1789*, Paris, Félix Alcan, 1891, p. 76.

(58) Charles Barbier, *Principes d'expéditive française pour écrire aussi vite que la parole, 2e* édition considérablement augmentée par l'auteur, suivie d'un Procédé d'écriture coupée pour suppléer la plume et le crayon et exécuter plusieurs copies à la fois sans tracer de caractère, Paris, Gillé fils, 1809, « Préface ».

(59) *Id.*, p. 44.

(60) *Id.*, p. 48-49.

(61) Barbier, *Essai sur divers procédés d'expéditive française*, p. 12-13.

(62) Copies des Certificats de l'abbé Depierre, Curé de Saint-Sulpice, de l'abbé Tardy, Docteur-ès-Lettres et de Frère Leufroy, directeur des Frères du Gros Caillou et Frère Bénezet, Frères des Ecoles chrétiennes, Paris, le 23 novembre 1810. Manuscrits, Archives XV-XX, B 115-6856.

(63) Barbier, *Essai sur divers procédés d'expéditive française*, p. 20.

(64) *Ibid.*

(65) Lettre de Charles Barbier au docteur Pignier, Paris, le 24 avril 1821, Archives I. N. J. A.,

A. Mahul, Année 1822, Paris, Ponthieu, 1823, p. 120. 3月19日は、デュフォーが『ヴァランタン•アユイ覚え書き』に記載した日付でもある。Pierre-Armand Dufau, « Notice sur Valentin Haüy », p. 78. さらに、ピエール・アンリが1984年にものしたアユイの伝記には、「アユイは、兄と教区司祭アベ・ミショーに見守られて、1822年3月18日に息を引き取った」とある。同時に、伝記の付記の中で、アンリはサン・ジュスタン・ショセ教区人名簿を参照し、「ヴァランタン（1745年11月13日-1822年3月19日）」とも記載している。Pierre Henri, *La Vie et l'œuvre de Valentin Haüy*, PUF, 1984, p. 190 et p. 194. アユイの死亡証明書は、1871年のパリ文献館の火災で消失したらしいため、その死亡日が18日か19日かは、今でも議論が別れるところである。

(34)「翌日、サン・メダール教会で、キャンズ・ヴァン礼拝堂主任指揮者ガリオ作曲による対位法ミサ曲の演奏が終わった後、彼のかつての生徒たちはその亡骸をペール・ラシェーズ墓地まで送った」。Pierre Henri, *La Vie et l'œuvre de Valentin Haüy*, p. 190.

(35) *Observations sur la direction et l'état de l'instruction littéraire dans l'institution royale des jeunes aveugles*, Paris, 10 mai 1821, signé « Letronne, membre de l'institut, inspecteur général de l'Université et inspecteur des études des Ecoles militaires », Archives I. N. J. A., manuscrit non coté.

(36) Dr. Pignier, *Essai historique*, Notes et pièces justificatives, « Rapport de MM. Les docteurs Récamier et Cayol », p. 265.

(37) Lettre d'Alexis de Noailles au docteur Pignier, Paris, ce 4 avril 1821, signé « Alexis », Archives I. N. J. A., 1 page manuscrite, non cotée.

(38) *Ibid.*

(39) Louis Braille, *Remarques et observations critiques sur l'ouvrage de M. Guadet*, mars 1851, p. 10-11. Archives I. N. J. A., manuscrit non coté. ピニエはブライユの言葉を引用している。Dr. Pignier, *Essai historique*, p. 57.

(40) Dr. Pignier, *Essai historique*, p. 157.

(41) Geoffroy de Grandmaison, *La Congrégation*（*1801-1830*）, Paris, Plon, 1889, p. 161.

(42) *Rapport au conseil d'administration de l'Institution Royale des Jeunes Aveugles par le Directeur de l'Etablissement*, du 31 mai 1833, p. 17-18. Archives I. N. J. A., manuscrit non coté.

(43) Louis Braille, *Remarques et observations*, p. 21.

(44) Dr. Pignier, *Essai historique*, p. 165.

(45) Dufau, Bienaimé, Tahan, *Claude Montal, facteur de pianos*（*aveugles*）*: sa vie et ses travaux*, Paris, Firmin Didot Frères, Fils et Cie, p. 15.

(46) Lettre d'Alexis de Noailles au docteur Pignier, Paris, ce 4 avril 1824, signée « Alexis », Archives I. N. J. A., 1 page manuscrite non cotée.

(47) Bulletin de la Société d'encouragement pour l'Industrie Nationale, Année 1824, pages 299 et suivantes. Extrait des programmes des prix proposés par la Société d'encouragement pour 1824, « Prix pour un moyen de procurer aux aveugles indigents le travail le plus utile pour eux et le mieux approprié à leur situation », Copie dactylographiée, B. V. H.

(48) *Rapport fait par le Directeur de l'Institution Royale des Jeunes Aveugles le 7 Mars 1825 à Messieurs les administrateurs de l'Etablissement*, Archives I. N. J. A., manuscrit non coté.

(49) Dr. Pignier, *Essai historique*, Notes et pièces justificatives, « Rapport des médecins consultants et du chirurgien de l'institution », Paris, ce 4 décembre 1828. Signé : Baron, médecin des enfants de France, médecin consultant de l'établissement ; Cayol, professeur à la faculté de médecine, médecin consultant de l'établissement ; Fizeau, professeur à la

族とは友人の仲だった。ボルドーの医学生だったギリエにパリで学問を続けるよう勧めたのはシカールである。まだ訓盲院がキャンズ・ヴァンと合併していたころ、ギリエが第一教師の口を得たのは、おそらくシカールのおかげだろう。シカールは、キャンズ・ヴァン理事の1人だったからである。

(25) R. A. Sicard, *Cours d'instruction d'un sourd-muet de naissance. Et qui peut être utile à l'Education de ceux qui entendent et qui parlent*, Paris, Le Clerc, an VIII, « Discours préliminaire ».

(26) Dr. Guillié, *op. cit.*, p. 68.

(27) *Id.*, p. 13.

(28) この点については、ジャン・クロード・カロンの『暴力学校』を参照されたい。Jean-Claude Caron, *A l'école de la violence. Châtiments et sévices dans l'institution scolaire au XIX*[e] *siècle*, Paris, Aubier, 1999, chapitre II : « L'invention de la punition ».

(29) Edgard Guilbeau, *Histoire de l'Institution nationale des jeunes aveugles*, Paris, Belin Frères, 1907, p. 81.

(30) ゼリー・カルデラックは、前掲1861年7月15日付の手紙で、なぜギリエがロシアから帰国したアユイの再三にわたる訓盲院訪問願いを斥けたかという疑問について、シカールへの義理立てであったことを明らかにしている。カルデラックがアユイの教育方法について批判的な意見を述べた後に続けている部分を引いてみよう。「アユイを閉め出すには、別の理由もありました。混迷した時代に、彼が革命思想にのめりこんでいたということです。そのせいでアユイは、高名であり、我々の友であるアベ・シカールを告発し、死の危険にあわせたのです。博愛主義者を装って親切ごかしに長けていたアユイは、実のところ復讐に燃えた人間でした。敬愛すべきアベ・シカールを告発した密告文書にはアユイの名前が署名されており（私は真実しか申しておりません）、そこにはまた、敵の首を必ずはねてくれという言葉も見つかります。アベ・シカールは現在でもよく訓盲院を訪れてくださいます。我々にとってこれほど大事な友の死を望んだ男を、どうやってここに受け入れることができるでしょうか。アベ・シカールを悲しませることはできません」。カルデラックはアユイを訓盲院から閉め出す理由を、ひとえに革命時の出来事についてのシカールへの罪悪感に帰している。しかし、この手紙は、ジョゼフ・ガデに宛てられた7月17日付の手紙と同じように、確証のない証言を並べただけのもので、唯一の証拠としてはカルデラック自身の「私は真実しか申しておりません」、「私は決して嘘はつきません」といった、断定的な保証がある。もちろん、何一つ証明する保証ではない。彼女の証言のいくつかについては、実際に嘘言だったという確証がある。

(31) Lettre du comte Alexis de Noailles au docteur Pignier, Rolle, Canton de Vaud, Suisse, le 27 juillet 1821, Archives I. N. J. A., manuscrit non coté.

(32) Pierre-Armand Dufau, « Notice sur Valentin Haüy », *Annales de l'éducation des sourds-muets et des aveugles*, tome I, 1844/2, p. 78.

(33) アユイの死亡した日については諸説あるようである。ピニエは1860年に匿名で出版した『パリ訓盲院略伝』の中で、その日を1822年3月18日としている。学校の礼拝堂にあるアユイの記念プレートに刻まれているのも、その日付である。プレートの銘文を書いたのは、ピニエによれば「学士院会員のプチ・ラデル氏」である。そこには「ヴァランタン・アユイ記念。パリ、1822年3月18日没」とある。Dr. Pignier, *Essai historique sur l'Institution des Jeunes Aveugles de Paris*, Paris, Imprimerie de Madame Veuve Bouchard-Huzard, 1860, p. 24 et p. 229. 一方、1822年のマウル版『死亡者名簿』を調べると、その日付は3月19日となっている。*Annuaire nécrologique ou Complément annuel et continuation de toutes les biographies ou dictionnaires historiques*, par

(7) ゼリー・カルデラックは、1815年に訓盲院女子部の教師監に任命された。1849年出版のガデの本の中にあった訓盲院批判に応えて、1861年に彼女は以下のような手紙を残した。「ほんのわずかな時間で生徒たちがこれほどに成長したのは、教師たちが厳格に、また時には厳しく（厳しさからは常に何かの利益が生まれるものです）彼らを扱ったからなのです。（…）新しく入ってきた子供たちには、大人をだませると信じ切って、吊るされてもいいような馬鹿げた振る舞いをする者がいます（彼らのおかしな行動の例を挙げることもできます）。一度叱責を与えた後、それでもやまないと分かれば、教師である我々はその子供たちをムチで打ちました。しかし、ほとんどの場合は怖がらせるだけにとどめておきました」。Zélie Lagrange-Cardeilhac, Lettre à Joseph Guadet en réponse à sa publication sur l'Institution des aveugles, Paris, 15 juillet 1861, 9 pages manuscrites non cotées, B. V. H/, Archives Maurice de La Sizeranne.

(8) Dr. Pignier, *Rapport fait au Conseil d'administration*. Du 19 mai 1821. Pièce No. 8, « Observations sur la direction et l'état de l'instruction littéraire dans l'Institution royale des jeunes aveugles », par M. Letronne, p. 3, Archives I. N. J. A., manuscrit non coté.

(9) *Ibid.*

(10) 確かに、訓盲院の創立時と、続く革命政府時代には、大衆に盲人の教育理念を納得させ、寄付をつのるための公開実技は必要だった。その時代には、学校は常に存続が危うい状態にあったからである。

(11) Zélie Lagrande-Cardeilhac, Lettre à Joseph Guadet.

(12) *Règlement*, arrêté le 18 octobre 1815, article 1er.

(13) *Rapport du jury central sur les Produits de l'Industrie Française*, présenté à son Excellence M. le Comte Decazes, Ministre secrétaire d'Etat à l'Intérieur, rédigé par M. L. Costaz, membre de l'Institut d'Egypte, et Rapport du jury central, Paris, 1819, chapitre XXXVIII, « Produits du travail dans les établissements de Bienfaisance et de Charité », p. 340.

(14) Dr. Pignier, *Rapport fait au Conseil d'administration*. Du 19 mai 1821, article 3, « Mort de l'élève Poupé ».

(15) *Ibid.*

(16) *Ibid.*

(17) *Ibid.*

(18) 1796年5月31日から1822年11月22日の間に訓盲院に入学した生徒の登録記録によれば、ピエール・プーペは1810年7月6日にコート・ドール県ノド・シュル・セーヌ市に生まれ、1820年9月12日に訓盲院に入学した。彼は、1821年4月13日、学校内で死亡した。Institut des Jeunes Aveugles, Registre du 31 mars 1796 au 22 novembre 1822, Musée de l'Institut National des Jeunes Aveugles, A8 72T.

(19) *Ibid.*

(20) Dr. Guillié, *Bibliothèque ophtalmologique ou Recueil d'observations sur les maladies des yeux, faites à la clinique de l'institution royale des jeunes aveugles*, tome 1er, Paris, 1820, p. 81.

(21) *Id.*, p. 82-83.

(22) *Id.*, p. 83.

(23) Zina Weygand, « De l'expérience de Cheselden（1728）aux expériences du docteur Guillié sur l'ophtalmie contagieuse（1819-1820）. Diverses modalités de l'utilisation de l'aveugle-né comme lieu de la preuve », *Histoire des sciences médicales*, tome XXXIV, No. 3/2000, p. 295-304.

(24) Dr. Guillié, *Essai sur l'instruction des aveugles ou Exposé analytique des procédés employés sur les instruire*, 3e édition, Paris, 1820, p. 42. シカールは、セバスチアン・ギリエの家

(16) *Les Quinze-Vingts. Notes et Documents*, recueillis par Feu l'Abbé J. H. R. Prompsault, Paris, Victor Sarlit, Carpentras, 1863, p. 113.
(17) *Rapport confidentiel du Chevalier de La Croix d'Azolette au Grand Aumônier*, 30 juin 1824, Archives XV-XX, B 107-6685, brouillon manuscrit.
(18) Hôpital royal des Quinze-Vingts, *Registre des délibérations*. Du 16 juillet 1819 au 20 janvier 1824. Séance du 27 novembre 1821, Fo 68 Vo.
(19) Hôpital royal des Quinze-Vingts, *Registre des délibérations*. Du 31 juillet 1824 au 6 décembre 1826, Séance du 6 mai 1826, Fo 130.
(20) *Registre destiné à recueillir les délibérations et arrêtés de l'administration des Quinze-Vingts, par nous* (Cochin) *administrateur provisoire de cet hospice*. Du 5 septembre 1831 au 24 juin 1835. Le 14 novembre 1832, p. 79.
(21) Hôpital royal des Quinze-Vingts, *Registre des délibérations*. Du 31 juillet 1824 au 6 décembre 1826, Séance du 28 novembre 1825, Fo 103 Vo.
(22) *Id.*, Séance du 21 février 1825, Fo 46 Vo, Arrêté de l'administration sur le pain, le vêtement et les secours, article 5.
(23) 1830年、キャンズ・ヴァン旧運営部の記録発表に応えて、「施設の同胞のために」したためられ、国王ルイ・フィリップに提出された陳述書には、この時になってもまだ、制服の件が盲人たちを立腹されていたことが分かる。*Op. cit.*, p. 25.
(24) Hôpital royal des Quinze-Vingts, *Registre des délibérations*. Du 31 juillet 1824 au 6 décembre 1826, Séance du 10 janvier 1825, Fo 104 Vo.
(25) *Id.*, Séance du 28 novembre 1825, Fo 104 Vo.
(26) *Rapport confidentiel du Chevalier de La Croix d'Azolette au Grand Aumônier*, 30 juin 1824, Archives XV-XX, B 107-6685, brouillon manuscrit.
(27) Hôpital royal des Quinze-Vingts, *Registre des délibérations*. Du 31 juillet 1824 au 6 décembre 1826, Séance du 28 février 1825n Fo 49 Vo et Fo 50.
(28) *Id.*, Séance du 6 mai 1826.
(29) *Les Quinze-Vingts. Notes et Documents*, recueillis par Feu l'Abbé J. H. R. Prompsault, p. 113.
(30) *Id.*, p. 114.

第14章　王政復古下の王立訓盲院

(1) L. Montigny, *Le Provincial à Paris. Esquisses des Mœurs parisiennes*, tome troisième, seconde édition, Paris, Ladvocat, 1826, Chapitre XIV : « L'institution des aveugles », p. 249.
(2) Joseph Guadet, *L'Institut des jeunes aveugles de Paris. Son histoire et ses procédés d'enseignement*, Paris, Thunot et Cie, 1849, p. 64.
(3) 当時、寄宿学校は男子校と女子校にわかれていたが、訓盲院は共学寄宿舎だったために、男子生徒と女子生徒の峻別の問題は常に浮上した。
(4) *Rapport fait à S. Ex le Ministre secrétaire d'Etat au département de l'Intérieur, par le Docteur Guillié, sur l'état de l'institution royale des jeunes aveugles, pendant les exercices 1816 et 1817*, Paris, J. L. Chanson, 1818, p. 11.
(5) *Règlement pour l'Institution Royale des Jeunes Aveugles*, arrêté le 18 octobre 1815, article 114, Archives I. N. J. A., manuscrit non coté.
(6) Dr. Pignier, *Rapport fait au Conseil d'administration de l'Institution Royale des Jeunes Aveugles par le Directeur de l'établissement*. Du 19 mai 1821, « Punitions », Archives I. N. J. A., manuscrit non coté.

Fo 135 Vo, Archives XV-XX, manuscrit non coté.

（144）Lettre de Valentin Haüy à Monsieur Seignette, agent général de l'hospice impérial des Quinze-Vingts. Le 23 avril 1806. Archives XV-XX, correspondance, copie dactylographiée à la B. V. H.

（145）*Registre des délibérations de l'administration des Quinze-Vingts*. Du 10 germinal an XI（1er avril 1803）au 21 mai 1808. Séance du 12 prairial an XIII（1er juin 1805）, Fo 64. Archives XV-XX, manuscrit non coté.

（146）*Id.*, Séance du 16 frimaire an XIV（7 décembre 1805）, Fo 78.

（147）*Id.*, Fo 79.

（148）*Ibid.*

（149）*Note sur l'établissement des jeunes aveugles réunis aux Quinze-Vingts en 1801, adressé à M. Haüy à son retour en France, par M. Galliod son ancien élève, maître de musique aux Quinze-Vingts*. Archives I. N. J. A., manuscrit, s. l. n. d., 1817, non coté, p. 1.

（150）*Registre des délibérations*, Séance du 16 frimaire an XIV（7 décembre 1805）, Fo 79, Archives XV-XX, manuscrit non coté.

（151）*Id.*, Séance du 27 mars 1806, Fo 91 Vo à 94 Vo.

（152）*Id.*, Séance du 17 avril 1806, Fo 98 Vo.

第13章　王政復古期のキャンズ・ヴァン――絶対王政派にとっての「記憶の場所」

（1）Hôpital royal des Quinze-Vingts, *Registre des délibérations de l'administration dudit Hospice*. Du 1er décembre 1814 au 14 mai 1819. Séance du 9 décembre 1814, Fo 1, Archives XV-XX, manuscrit non coté.

（2）*Ibid.*

（3）*Id.*, Séance du 25 janvier 1815.

（4）*Id.*, Séance du 9 décembre 1814, Fo 1.

（5）*Id.*, Séance du 29 décembre 1814, Fo 4.

（6）*Id.*, Séance du 9 décembre 1814.

（7）Hôpital royal des Quinze-Vingts, *Registre des délibérations de l'administration dudit Hospice*. Du 1er février 1827 au 5 septembre 1831. Séance du 25 janvier 1830, Fo 263, Archives XV-XX, manuscrit non coté. 1783 年付政令が定めていた入居者数の上限は、450 人だった。

（8）Hôpital royal des Quinze-Vingts, *Registre des délibérations de l'administration dudit Hospice*. Du 1er décembre 1814 au 14 mai 1819. Séance du 29 décembre 1814, Fo 3.

（9）Jean-François Galliod, *Note sur l'établissement des jeunes aveugles réunis aux Quinze-Vingts en 1801*, p. 2.

（10）Hôpital royal des Quinze-Vingts, *Registre des délibérations de l'administration dudit Hospice*. Du 1er décembre 1814 au 14 mai 1819. Séance du 22 février 1815, Fo 12 Vo.

（11）*Ibid.*

（12）Guillaume de Bertier de Sauvigny, *Au soir de la Monarchie La Révolution*, 3e édition, Paris, Flammarion, 1955, p. 306.

（13）Hôpital royal des Quinze-Vingts, *Registre des délibérations*. Du 16 juillet 1819 au 20 janvier 1824. Séance du 1er décembre 1823, Fo 168 Vo, Archives XV-XX, manuscrit non coté.

（14）s Hôpital royal des Quinze-Vingts, *Registre des délibérations*. Du 31 juillet 1824 au 6 décembre 1826. Séance du 6 décembre 1824.

（15）*Id.*, Séance du 17 juillet 1824, Fo 2, Vo.

用してみよう。「1801年には、ビュラールという盲人が秩序に対して反抗する6人の盲人を指導したというかどで、警備隊に引き連れられて、郷里への強制送還の目にあった」。*Observations en réponse au mémoire de l'ex-administration des Quinze-Vingts,* imprimé en relief à l'usage des aveugles par M. Galliod, aveugle-né, aux 15-20, Paris, 1830, signé : « Diette, Galliod, Groscoeur, Guénard, Villa, pour leurs confrères les membres aveugles de l'hôpital royal des 15-20 ».

（117）*Registre des délibérations*, Séance du 12 ventôse an XI（3 mars 1801）, Fo 40, Archives XV-XX, manuscrit non coté.

（118）*Id.* Fo 73.

（119）Lettre du ministre de l'Intérieur au Citoyen administrateur des Quinze-Vingts. Du 29 germinal an IX（19 avril 1801）, Archives XV-XX, B 109-6715, manuscrit non coté.

（120）*Ibid.*

（121）*Ibid.*

（122）*Registre des délibérations*, Séance du 12 thermidor an IX（31 juillet 1801）, Fo 81 et 81 Vo, Archives XV-XX, manuscrit non coté.

（123）*Id.* Fo 81 Vo.

（124）*Ibid.*

（125）*Ibid.*

（126）*Ibid.*

（127）*Ibid.*

（128）*Id.* Fo 81 Vo et Fo 82.

（129）*Id.* Fo 82.

（130）*Ibid.*

（131）*Ibid.*

（132）*Ibid.*

（133）ヴァランタン・アユイが共和暦9年霧月《ブリュメール》に学士院へ送った3通の覚え書きに、その創立を予告していた学校である。

（134）*Registre des délibérations*, Séance du 12 thermidor an IX（31 juillet 1801）, Fo 82.

（135）*Ibid.*

（136）*Ibid.*

（137）« Le ministre de l'Intérieur à l'administration de l'hospice des Quinze-Vingts », le 28 pluviôse an X（17 février 1802）, Archives XV-XX, B 109-6722, 2 p. manuscrites.

（138）第一教師監の役職はこの後削除され、ヴァランタン・アユイは早期退職に追いやられた。法令とは、共和暦10年雨月《プリュヴィオーズ》28日（1802年2月17日）付、シャプタル署名の政令である。Archives XV-XX, B 109-6722, 2 p. manuscrites.

（139）*Ibid.*

（140）« Le ministre de l'Intérieur à l'administration de l'hospice des Quinze-Vingts », le 28 pluviôse an X.

（141）*Ibid.*

（142）アユイが、共和暦13年霜月《フリメール》9日（1804年11月30日）に、生徒アントワーヌ・アンセルム・ブレイエに交付した就学証明からの引用である。ブレイエはモンメディ出身で、共和暦12年花月《フロレアル》21日（1804年5月10日）に盲人博物館リセに入学した。就学証明交付は彼の母親からの希望であった。Archives Hédé-Haüy, copie dactylographiée à la B. V. H.

（143）*Registre des délibérations de l'administration des Quinze-Vingts.* Du 2 brumaire an IX au 26 ventôse an XI. Séances du 10 et du 17 fructidor an X（28 août et 4 septembre 1802）,

(104) *Registre des délibérations de l'administration des Quinze-Vingts.* Du 2 brumaire an IX au 26 ventôse an XI. Séance extraordinaire du 5 messidor an IX (21 juin 1801, Fo 75, Archives XV-XX, manuscrit non coté.

(105) この図書館はもともと、「新聞といくつかの歴史の本の音読を聴くため」にのみ使用される予定だった。運営部は、ここが「キャンズ・ヴァンに広がっている無規律と反抗の空気の温床」となったことを嘆いている。*Registre des délibérations de l'administration des Quinze-Vingts.* Du 2 brumaire an IX au 26 ventôse an XI. Séance du 12 messidor an IX (1er juillet 1801), Fo 77, Archives XV-XX, manuscrit non coté.

(106) *Registre des délibérations, Ibid.*

(107) 1807年にクロード・ビュラールから内相シャンパニー伯爵に宛てて提出された嘆願書によれば、ビュラールは失明する前には検事だったとある。つまり、彼は身内の権利請求のために、法律文書として立派に通る嘆願書を作成する能力を持っていたということである。また、共和暦9年のボナパルトに宛てて14人の盲人が署名した嘆願書の事件において、彼1人が罰せられたという事実も、一連の盲人の権利回復行動においてビュラールが指導者的な役割を果たしていたことを示すものだろう。

(108) *Registre des délibérations,* Séance du 22 messidor an IX (11 juillet 1801), Fo 78, Archives XV-XX, manuscrit non coté.

(109) *Ibid.*

(110) 共和暦9年収穫月《メシドール》21日の決定はビュラールにとって非常に厳しいものだったが、続く果実月《フリュクティドール》18日(1801年9月5日)の書簡で、シャプタルは緩和策を取り入れている。その書簡によれば、「シトワイヤン・ビュラールは、今後外来盲人患者として、運営部から扶助金を受け取ることができる」となっている。つまり、施設を追い出されてもキャンズ・ヴァンの一員であることには変わりないと認められたのである。このおかげで、後にビュラールは扶助金受給を再開している。*Registre des délibérations,* Séance du 22 fructidor an IX (9 septembre 1801), Fo 89, Archives XV-XX, manuscrit non coté.

(111) « Pétition présentée au Premier Consul, par les aveugles de l'hospice des Quinze-Vingts », s. d., 5 p. Archives XV-XX, B 109-6724, manuscrit.

(112) *Ibid.*

(113) *Ibid.*

(114) 羊毛紡績作業場と羊毛製造作業場では、実際のところ、夏期には朝6時から始まり夜7時まで作業が続いた。冬期には朝7時から始まり、夜8時まで続いた。13時間の拘束時間のうち、3時間が食事にあてられていた。つまり、実働10時間であった。*Registre des délibérations,* Séance du 2 ventôse an IX (21 février 1801), « Règlements pour une manufacture de filature de laine cardée », article 5, Fo 36, et séance du 22 ventôse an IX (13 mars 1801), « Règlements pour les ateliers de la manufacture de laine aux 15-20 », an 1er, Fo 43 Vo. Archives XV-XX, manuscrit non coté.

(115) *Parallèle de Napoléon-Bonaparte et du Cardinal de Rohan, sur les œuvres qu'ils ont pratiquées dans l'Etablissement royal de l'hospice des Quinze-Vingts ; suivi d'un Discours adressé, à cet égard, à sa Majesté Louis-le-Désiré ; et d'un autre Discours au peuple français,* Par F. B. Gilles, Paris, 1816, p. 16-17.

(116) *Id.*, p. 19-20. 執政政府時代に起こったこの事件は、キャンズ・ヴァンと訓盲院の盲人たちに大きな衝撃を与えた。1830年にはキャンズ・ヴァン旧運営部の記録が出版されたのを受けて、盲人たちの代表は国王ルイ・フィリップに宛てた長い陳述書を起草したが、その中でも、この事件はまだ尾を引いていたことが分かる。引

XIII-1805, p. 106.

(85) *Rapport fait à S. Ex. le ministre secrétaire d'Etat au département de l'Intérieur, par le docteur Guillié, sur l'état de l'Institution royale des jeunes aveugles, pendant les exercices 1816 et 1817*, Paris, J. L. Chanson, 1818, p. 40.

(86) *Registre des délibérations de l'administration des Quinze-Vingts*. Du 2 brumaire an IX au 26 ventôse an XI. Séance extraordinaire du 5 messidor an IX（24 juin 1801), Fo 75. .

(87) 音楽の授業は午後3時から5時の間と決まっていた。音楽授業を受けている生徒たちは、授業の後すぐにそれぞれの作業場に移動しなければならなかった。作業場の仕事は夕食の時間まで続けられた。

(88) *Registre des délibérations*, Séance extraordinaire, Fo 76.

(89) *Ibid.*

(90) *Ibid.*

(91) ここには、ミシェル・フーコーが『監獄の誕生』第3部（「規律」）で指摘したような徹底的に有効化された1日のスケジュール管理と監視体制が、教育の現場でも十全に機能していたことを見てとることができる。Michel Foucault, *Surveiller et punir*, Paris, Gallimard, 1975, IIIe Partie : « Discipline ». 邦訳については巻末参考文献参照。

(92) *Registre des délibérations*, Séance extraordinaire, Fo 76.

(93) Arrêté de nomination d'employés à l'Institut des aveugles-travailleurs du 13 prairiel an IX. Signé « Chaptal », Archives XV-XX, B 109-6722, 3 pages manuscrites.

(94) Lettre de l'agent de surveillance de l'hospice de Bicêtre au Citoyen agent de la maison des Quinze-Vingts. Du 10 messidor an X（29 juin 1802). Archives XV-XX, B 113-6789, 2 pages manuscrites.

(95) Arrêté du ministère de l'Intérieur du 2 thermidor an X（21 juillet 1802). Archives XV-XX, B 113-6791, manuscrit.

(96) Du 23 ventôse an IX, *Règlements pour l'organisation de cet hospice,* chapitre premier : « Administration générale », article 4. Archives XV-XX, B 106-6610, manuscrit.

(97) Arrêté de l'administration des établissements de bienfaisance du 24 floréal an XI（15 mai 1803), A. N. F15 2576, manuscrit.

(98) *Id.*

(99) この記録によれば、タバコ製造作業所で働いていた盲人たちは、皆女性だったという。彼女たちの仕事は「染みをはがすこと」で、給金は1日30サンチームから1フランの間であった。また、「タバコの葉を掃除する」役に雇われていた生徒たちもいた。彼らのうちの4人が16歳以下であり、1日の給金として5サンチームしかもらっていなかったことが分かっている。*Journal des aveugles qui travailleront aux journées à la fabrique de tabac des 15-20*, Archives XV-XX, B 113-6789, manuscrit.

(100) *Registre des délibérations de l'administration des Quinze-Vingts.* Du 2 brumaire an IX au 26 ventôse an XI. Séance du 2 ventôse an IX, « Règlement pour une manufacture de filature de laine cardée », article 8, Fo 36, Archives XV-XX, manuscrit non coté.

(101) *Id.*, article 9, Fo 37.

(102) Lettre du ministre de l'Intérieur à l'administration des aveugles et des sourds-muets. Du 28 ventôse an IX de la République（19 mai 1801). Archives XV-XX, B 106-6610, manuscrit.

(103) Lettre du ministre de l'Intérieur à l'administrateur de l'établissement des Quinze-Vingts. Du 12 fructidor an IX de la République（30 août 1801), Archives XV-XX, B 113-6787, manuscrit.

(56) *Id.*, article 4.
(57) *Règlements*, chapitre 5, titre quatre « Des récréations et des vacances », article 1er.
(58) *Id.*, article 2.
(59) Paul Gerbod, *La Vie quotidienne dans les lycées et collèges au XIXe siècle*, Paris, Hachette, 1968, p. 100 et 103.
(60) *Règlements*, chapitre 5, titre quatre, article 4.
(61) *Ibid.*
(62) *Ibid.*
(63) 1999年に公開されたイラン人映画監督のマジッド・マジディの映画『ザ・カラー・オブ・パラダイス』は、父親に捨てられ、テヘランの盲学校に寄宿している主人公の少年のひと夏のバカンスを描いている。彼の望みはイラン北部の村へ今一度帰省することである〔2000年日本公開。邦題は『太陽は、僕の瞳』〕。
(64) *Registre des délibérations de l'administration des Quinze-Vingts*. Du 2 brumaire an IX au 26 ventôse an XI. Séance du 22 fructidor an IX（9 septembre 1801）, Fo 89, Archives XV-XX, manuscrit non coté.
(65) *Notice historique sur l'établissement des jeunes aveugles,* imprimée aux 15-20 par M. Galliod, ancien élève de feu Monsieur Haüy, inventeur des procédés employés pour l'éducation des aveugles, Paris, 1828, imprimée en relief, non pginé.
(66) *Règlements*, chapitre 5, titre six, « Des leçons publiques », article 3.
(67) *Règlements*, chapitre 6, « Devoirs des instituteurs et des répétiteurs », articles 8 et 9.
(68) 1792年2月16日発行の『聾唖・盲人学校に関する規定』の基本的な態度が明らかになっている場所である。規定採択当時は、政治状況やアユイの断固とした反対の意志のおかげで、少なくとも訓盲院についてはこの条項は実施されなかった。
(69) *Règlements*, chapitre 6, article 10.
(70) 1808年3月17日付政令による。
(71) *Registre des délibérations de l'administration des Quinze-Vingts*. Du 2 brumaire an IX au 26 ventôse an XI. Séance du 2 ventôse an IX（21 février 1801）: « Logement des jeunes aveugles », Fo 35, Vo, Archives XV-XX, manuscrit non coté.
(72) *Id.*, Fo 36.
(73) *Ibid.*
(74) *Ibid.*
(75) *Ibid.*
(76) *Ibid.*
(77) *Ibid.*
(78) *Ibid.*
(79) *Registre des délibérations de l'administration des Quinze-Vingts*. Du 2 brumaire an IX au 26 ventôse an XI. Séance du 27 germinal an IX（17 avril 1801）, Fo 61, Archives XV-XX, manuscrit non coté.
(80) *Id.*, Fo 62.
(81) *Registre des délibérations de l'administration des Quinze-Vingts*. Du 14 germinal an XI（1er avril 1803）au 21 mai 1808. Séance du 6 juin 1807, Fo 147 Vo. Archives XV-XX, manuscrit non coté.
(82) *Ibid.*
(83) *Registre des délibérations de l'administration des Quinze-Vingts*. Séance du 12 septembre 1807, Fo 170.
(84) *Souvenirs de Paris, en 1804*, par Auguste Kotzebue, tome second, Paris, Barba, an

（26）*Règlements*, chapitre 3, « Police », articles 4 et 5.
（27）Johann-Friedrich Reichardt, *Un Hiver à Paris sous le Consulat 1802-1803*, Paris, Plon, Nourrit et Cie, 1896, p. 103. Cité par Jean Tulard, L*e Consulat et l'Empire 1800-1815*, « Nouvelle Histoire de Paris », Paris, Association pour la publication d'une Histoire de Paris/Diffusion Hachette, s. d., 1970, p. 227.
（28）*Règlements*, chapitre 3, article 8.
（29）Cité par Léon Le Grand, *op. cit.*, p. 234.
（30）*Règlements*, chapitre 3, article 9.
（31）*Registre des délibérations de l'administration des Quinze-Vingts*. Du 2 brumaire an IX au 26 ventôse an XI. Séance du 12 messidor an IX（1er juillet 1801）, Fo77 Vo. Archives XV-XX, manuscrit non coté.
（32）*Notes sur le règlement*, p. 2
（33）*Registre des délibérations de l'administration des Quinze-Vingts*. Du 2 brumaire an IX au 26 ventôse an XI. Séance du 2 ventôse an X（21 février 1802）, Fo 112 Vo. Archives XV-XX, manuscrit non coté.
（34）*Règlements*, chapitre 3, article 11.
（35）*Id.*, article 12.
（36）*Id.*, article 13.
（37）*Id.*, article 18.
（38）*Règlement pour l'hôpital des Quinze-Vingts avec l'arrêt d'enregistrement à la cour de parlement, prononcé le VIe jour de semtembre M. D. XXII*, in Dom Michel Félibien, *Histoire de la ville de Paris*, Paris, Desprez, 1725, tome V, p. 753.
（39）*Règlements pour l'organisation de cet hospice*, chapitre 3, article 20.
（40）*Id.*, article 21.
（41）*Règlements*, chapitre 4, « Dispositions particulières aux jeunes aveugles », article 1er.
（42）*Journal de Paris*, 1783, numéro 354, 20 décembre 1783, « Bienfaisance », p. 1457.
（43）*Règlements*, chapitre 4, article 2.
（44）*Id.*, article 4.
（45）この時、キャンズ・ヴァンにどのくらい就学年齢の子供がいたのかは分からない。また、当時の規定には一切子供たちの年齢については触れられていない。1806 年には、訓盲院の生徒たちとキャンズ・ヴァン入居者の子供である晴眼児童のために特別新規定が発行されるが、この規定によってようやく、就学最低年齢は 4 歳と定められることになる。
（46）このうち 15 人は、就学期間を終了した盲人労働者だった。つまり、実際の「生徒」は 44 人いたことになる。
（47）*Règlements*, chapitre 4, article 5.
（48）*Ibid.*
（49）*Id.*, article 6.
（50）« Mémoire de M. Haüy sur l'éducation des aveugles », in *Mémoires lus dans la séance publique du Bureau académique d'écriture*, Paris, Imprimerie d'Houry, M. DCC. LXXXIV, p. 45.
（51）*Règlements*, chapitre 4, article 8.
（52）*Règlements*, chapitre 5, titre premier « Devoirs des élèves », article 1er.
（53）*Id.*, article 4.
（54）*Règlements*, chapitre 5, titre deux « Des punitions », article 4.
（55）*Règlements*, chapitre 5, titre trois « Des récompenses », article 2.

第Ⅴ部　ルイ・ブライユの世紀——生産主義的ユートピアの時代から教養による社会参加の時代へ

第12章　執政政府下から第一帝政時代のキャンズ・ヴァン——生産主義的ユートピア思想の出現

(1) *Registre des délibérations de l'administration des Quinze-Vingts*. Du 2 brumaire an IX au 26 ventôse an XI (24 octobre 1800-18 mars 1803). Séance du 25 brumaire an IX (17 novembre 1800), Fo 5, Archives XV-XX, manuscrit non coté.

(2) Arrêté du 15 vendémiaire an IX de la République française, une et indivisible, Art. 7, Archives XV-XX, B114-6805, manuscrit.

(3) Ministre de l'Intérieur, du 23 ventôse an 9, *Règlements pour l'organisation de cet hospice*, chapitre premier, « Administration générale », article 1er. Archives XV-XX, B 106-6610, manuscrit.

(4) *Id.*, Art. 2e.

(5) *Ibid.*

(6) セーヌ県知事フロショによる共和暦9年雨月《プリュヴィオーズ》18日（1801年2月7日）付政令。種痘センターの創立を定めた法律である。

(7) とは言え、共和暦9年雪月《ニヴォーズ》2日（1800年12月23日）には、「眼科医、シトワイヤン・ドムールはキャンズ・ヴァンに診療の場所を移し、同施設の主任外科医、シトワイヤン・グリアールと協力して、盲人入居者全員の眼科検診をすること」と、運営部は指示を出している。2人の医師は「入居者の中に、人口虹彩手術［アントワーヌ・ピエール・ドムールの専門領域だった］によって、あるいはその他の方法で、視力を取り戻させることができる者がいないかどうかを確かめる」ように要請された。続く雪月《ニヴォーズ》12日（1801年1月1日）、この集団検診は実施された。検診結果についての資料は残念ながら残っていない。検診が行なわれたのは事実であるが、ドムールはあくまで外部の医者であった。*Registre des délibérations de l'administration des Quinze-Vingts*. Du 2 brumaire an IX au 26 ventôse an XI. Séance du 2 nivôse an IX (23 décembre 1800), Fo 15 Vo et Fo16. Archives XV-XX, manuscrit non coté.

(8) *Règlements pour l'organisation de cet hospice*, chapitre premier, article 4.

(9) *Id.*, chapitre 2 « Nombre, secours et régime des aveugles », article 1er.

(10) *Notes sur le Règlement du 23 Ventôse an IX*. Anonyme, s. l. n. d., 3 pages manuscrites, p. 1. Archives XV-XX, B 106-6610.

(11) *Règlements*, chapitre 2, article 3.

(12) *Id.*, article 4.

(13) *Id.*, article 7.

(14) *Id.*, article 9.

(15) *Ibid.*

(16) *Ibid.*

(17) *Id.*, article 10.

(18) *Notes sur le Règlement du 23 Ventôse an IX*, p. 1-2.

(19) *Règlements*, chapitre 2, article 11.

(20) *Ibid.*

(21) *Id.*, article 13.

(22) *Notes sur le Règlement du 23 Ventôse an IX*, p. 2.

(23) *Ibid.*

(24) *Règlements*, chapitre 2, article 16.

(25) *Notes sur le Règlement du 23 Ventôse an IX*, p. 2.

(65) *Id.*, p. 56.
(66) *Id.*, p. 57.
(67) *Id.*, p. 61.
(68) *Id.*, p. 62.
(69) *Id.*, p. 59.
(70) *Id.*, p. 67.
(71) *Id.*, p. 97.
(72) *Id.*, p. 103-104.
(73) Mme Hyppolyte Taunay, *Vertus du peuple. La jeune aveugle, histoire contemporaine,* Paris, C. Lachapelle, 1842, 2 vol., I. *La Jeune Aveugle. Une Vocation*, II. *Les Epoux Fournier, Gertrude et Célestin, André Bridens.*
(74) *Id.*, p. 68.
(75) *Id.*, p. 121.
(76) ユーゴー『笑う男』の登場人物ジョジアーヌの先駆と言えるだろう。
(77) モントリュー夫人の小説の題名『ソフィー、あるいは目の見えない娘』は、ルソーの『エミール』の第5章、「ソフィー、あるいは女性」の題を思わせる。ルソーがエミールにぴったりだと考える妻ソフィーについての記述を引用しておこう。「ソフィーは美徳を愛する娘だ。美徳への愛は、彼女を支配する情熱になっている。なぜ彼女は美徳を愛するのか。それは、女性の栄光は美徳にかかっているからである。美徳の誉れある娘は、天使にも比される存在だからである。ソフィーは、美徳を真の幸福にたどり着く唯一の道だと考えて、大事にしている。美徳を汚された女には、もはや悲惨で、世の中から見捨てられ、忌まわしい不幸と人々の侮蔑にまみれた人生しか残されていないことを、彼女は知っているのだ」。Rousseau, *Emile ou de l'éducation*, 1762, Paris, GF/ Flammarion, 1966, Livre cinquième, « Sophie ou la femme », p. 521.
(78) *Sophie ou l'aveugle*, « Deuxième nouvelle », p. 128.
(79) *Id.* p. 130.
(80) *Sophie ou l'aveugle*, « Quatrième nouvelle », p. 196.
(81) *Ibid.*
(82) *Id.*, p. 196-197.
(83) *Id.*, p. 197-198.
(84) *Id.*, p. 197.
(85) *Id.*, p. 256.
(86) *Ibid.*
(87) *Journal des Dames et des Modes*, du 30 juin 1828, No. 36, p. 285.
(88) *Ibid.* ここにはアレクサンドル・ローデンバッハの『盲人書簡』(ブリュッセル、1828年)の引用がある。Alexandre Rodenbach, *Lettres sur les aveugles*, Bruxelles, 1828, p. 29.
(89) そして、スクリーブの作品の中でも、19世紀を通して最もコメディー・フランセーズ座での上演回数が多かった戯曲である。この点については、ジャン・クロード・イヨンの研究を参照されたい。Jean-Claude Yon, *Eugène Scribe, la fortune et la liberté*, Librairie A. G. Nizet, Saint-Genouph, 2000, p. 365.

(34) *Piron aveugle*, Scène VI, p. 13.
(35) *Id.*, Scène I, p. 3.
(36) 1855年、ジュール・モワノーとジャック・オッフェンバッハは『2人の盲人』という新たな「荒唐無稽ミュージカル」を考案するだろう。これは、我々の知る限り、盲人滑稽芝居という、中世より続く世俗演劇の伝統に依拠する最後の作品である。
(37) Jecqueline de Jomaron, dir., *Le Théâtre en France*, *op. cit.*, p. 42.
(38) *Ibid.*
(39) *L'Aveugle du Tirol*, par M. Frédéric, nouvelle édition conforme à la représentation, Paris, Barba, 1812, Acte II, Scène IX, p. 30.
(40) *Id.*, Acte I, Scène VI, p. 11.
(41) *Ibid.*
(42) Jecqueline de Jomaron, dir., *Le Théâtre en France*, *op. cit.*, p. 42.
(43) *L'Aveugle du Tirol*, Acte I, Scène III, p. 6.
(44) *Ibid.*
(45) *Ibid.*
(46) *Ibid.*
(47) Jecqueline de Jomaron, dir., *Le Théâtre en France*, *op. cit.*, p. 42.
(48) ここには昔の盲人メージとの大きな違いが指摘できるだろう。かつて、盲人は「悪」の開示者ではなく、その体現であった。
(49) この点については、アンヌ・ヴァンサン・ビュフォーの『涙の歴史』第5章（「メロドラマに見られる不幸な者たち」）を引用しておこう。「人々は、たいてい弱く、善良な者たちのために泣いた。つまり、唖者、盲人、虚弱者、あるいは身を守るすべのない者である。例外は英雄であったが、この人物は常にあらゆる資質を備えていた。善良な者が舞台にあらわれるだけで人々は滝のような涙を流し、彼らが危険極まりない状況におかれるのを見て、憐憫の情が生まれた。メロドラマを見て、恐怖に震え、憐憫に涙する観客たちは、常に良き感情に突き動かされていた」。Anne Vincent-Buffaults, *Histoire des larmes, XVIII-XIXe siècles*, Rivages/Histoire, 1986, p. 226.
(50) ケランによれば、『12の短編』のうちのいくつかの短編は、ドイツの作家シュタルケの模倣であるという。しかし、我々は『ソフィー』のモデルとなった短編についても、それらの発行年についても、何の情報も得ることができなかった。
(51) Isabelle de Montolieu, *Sophie ou l'aveugle*, s. l., Paschoud, 1812, « Première nouvelle », p. 8.
(52) *Id.*, p. 9.
(53) *Id.*, p. 10.
(54) ヴァルクールについての記述と同じことが言える（同章脚注7）。
(55) *Sophie ou l'aveugle*, p. 13.
(56) *Id.*, p. 15.
(57) *Id.*, p. 21.
(58) *Id.*, p. 22.
(59) *Id.*, p. 23-24.
(60) *Id.*, p. 40.
(61) *Id.*, p. 28-29.
(62) Victor Hugo, *L'Homme qui rit*, 1869, Paris, Garnier/Flammarion, 1982, Volume I, deuxième partie, Livre deuxième : « Gwynplaine et Dea », p. 351-352.
(63) *Sophie ou l'aveugle*, p. 40.
(64) *Id.*, p. 46.

年にはカイヨー社から出版された。

(22) *Le Théâtre de France*, sous la direction de Jacqueline Jomaron, 2, « De la Révolution à nos jours », Paris, Armand Colin, 1989, deuxième partie, p. 164.

(23) 同じテーマのオペラ・ブッファ『イル・フィント・チェーコ』は、1791 年イタリア人の一団により、ムッシュー（王弟）劇場で初上演された。

(24) この芝居は、『コンピエーニュの 3 人の盲人』とは何の関係もない。

(25) これらの戯曲や小説に加え、この時代には盲人を登場させた多くのシャンソンやロマンス（恋愛小唄）が書かれた。当時の社会に蔓延していた盲人のイメージを喚起させる題名や内容のものばかりである。例えば、ヴェルニエの『盲人が連れた犬』（1814 年頃）、カミーユとロマニェージの『貧しい盲人』（1826 年頃）、シャルル・マロの『貧しい盲人に憐憫を』（1827 年）、そして流行歌となったベランジェの『バニョレの盲人』（1817 年）である。こうした歌は、しばしばヴィエルの伴奏とともに、街角で演奏された。街頭の唄い手の中には盲人も多くいた。

(26) *L'Aveugle supposé*, comédie en un acte et en vaudevilles par Monsieur L...（Par Lepître, d'après Geizel）, Paris, Madame Masson, an XII-1803, Scène XVI, p. 23-24.

(27) この特徴は、ヴァルクールを治せると誇称している眼科医の無知見を示すものであるかもしれない。しかし、当時の文学作品の共通点は、盲人の姿にポジティブな要素を与えようとする傾向である。主人公の盲人男女は、いずれの場合も決して醜い顔をしてはいない。作家は、盲人に見苦しくない外見を与えることで、読み手の共感や同情を呼び起こそうとしたのである。

(28) D'après A. P. de Candolle, Notice sur la vie et les écrits de François Huber, tiré à part de *La Bibliothèque Universelle de Genève*, février 1832, p. 3-4.

(29) Friedrich-Melchior, baron Grimm, *Correspondance littéraire, philosophique et critique, Paris, édition Maurice Tourneux,* 1877 à 1882, tome X, p. 161（janvier 1773）, cité par Brigitte Levl, *A travers deux siècles. Le Caveau, société bachique et chantante, 1726-1939*, Paris, Presses de l'Universit の é de Paris-Sorbonne, 1988, p. 95.

(30) バショーモンの『秘密の回想』の中の 1768 年 7 月 26 日の日記には、80 歳にならんとしていたピロンについての以下のような考察がある。「ピロン氏はヴォルテール氏以上に高齢でありながら、ヴォルテール氏と同じように、清秋時代の情熱を保存している。機知や皮肉において彼に適う人はいない」。Louis Petit de Bachaumont, *Mémoires secrets*, cité par Brigitte Level, *op. cit.*, p 91.

(31) *Piron avaugle*, par Jacquelin et Rigaud, Paris, Hugelet, an XII-1804, Scène VII, p. 15.

(32) *Id.*, Scène XII et dernière, p. 23. 晩年のピロンは、姪であるアントワネット・ソワソンと家政婦と 1 匹の猫とともに、ムーラン通りに住んでいた（アベ・ド・レペの住居と同じ通りである）。その遺言書には、確かに姪の秘密を見抜いたと、たった一言で記されている。しかし、戯曲と違って、実際のピロンはその件に関しては生涯口をつぐんだ。Brigitte Level, *op. cit.*, p. 91 et p. 95.

(33)「カヴォー（穴蔵）」は、バッカナル文学・シャンソン愛好者の集まりの名前である。おそらく 1730 年頃、アレクシ・ピロン、シャルル・コレ、ニコラ・ガレ、ベルナール・ジョゼフ・ソーランらによって創立されたと思われる。会長は、プロスペル・ジョリオ・ド・クレビヨンだった。この団体は、月に一度か二度、パリ、カルチエ・ラタン、ドーフィーヌ通りとブシ通りの過度にあったニコラ・アレクシ・ランデル経営のキャバレの地下（「カヴォー」）に集まっていた。このキャバレの上階には、1732 年にドーモン公がブシ・ロッジの事務所を設置した。これは、のロンドン・グラン・ロッジが初めてパリに設置したフリーメーソン協会事務所だった（ブリジット・ルヴェルの研究による。Brigitte Level, *op. cit.*, p. 29-30）。

た。その任務は、訓盲院の生徒であろうがなかろうが、フランス全土のあらゆる盲人を支援することだった。生徒への支援は、1849 年に創立された「訓盲院卒業生支援のための就職斡旋会」が行なうことになる。

(10) 1840 年以前に行なわれた社会調査について、ルイ・シュヴァリエはこのように述べている。「デジェランドとその同胞たちは、善行の徒であると自認していた。彼ら博愛主義者たちは貧家の階段を上り、病院を視察し、古めかしいパリの慈善の伝統を継続させようとしていた。善行の徒は良き貧民の友でもある。彼らは、常に自分たちの企図が成功すると信じていた。情け深い善行によって、貧しい階級の悩みを解決できると信じていた。残念なことに、これら善行の徒たちは、彼らを取り巻く環境が、人口においても階級においても、すっかり変わってしまっていることに気がつかなかったのだ。慈善の職務と理論の虜となっていたのは、彼らだった。［傍点筆者］」Louis Chevalier, *Classes laborieuses et classes dangereuse à Paris pendant la première moitié du XIXe siècle*, Paris, Hachette, 1984, p. 250-251.

(11) 革命の後に生まれた博愛主義者の団体に、政府は何を期待していたのか－この疑問については、カトリーヌ・デュプラがまた答えてくれる。「なによりもまず、金銭という全く散文的な狙いがあった。そして、無料で公的業務をこなしてくれることだった。一方で、階級間の和解を図るためには、金持ちの監督と庇護が必要であることは、いずれの場合においても明らかにはされていないとは言え、自明のことであった。［傍点筆者］」Catherine Duprat, *op. cit.*, p. 368.

(12) Hospice impérial des Quinze-Vingts, *Registre des délibérations de l'administration dudit hospice*. Du 28 mai 1808 au 25 octobre 1811. Séance du 24 novembre 1809, « Rapport et arrêté sur les comptes de 1808 », Fo99, Archives XV-XX, manuscrit non coté.

(13) *Ibid.*

(14) モンタリヴェ伯爵（1809 年 10 月 1 日、クレテーの後を襲って内相となった）は、1809 年の報告書を受け取ってから、実に 4 年後にキャンズ・ヴァン運営部の要請に応えることになる。もちろん、その間何度も要請は繰り返されていた。

(15) Hospice impérial des Quinze-Vingts, *Registre des délibérations...*, « Rapport et arrêté sur les comptes de 1808 », Fo99.

(16) *Ibid.*

(17) 当時の道具では盲人が筆記することが困難であったばかりか、書いたものを読み直すことは不可能だった。よってこれらの文献は口述で晴眼者が筆記したものである。すでに何度も引用しているジャン・フランソワ・ガリオの『訓盲院小史』および『覚え書き』である。他方、ジャン・バチスト・パンジョンが娘に書き取らせた自伝（この文献は 1853 年に、フランソワ・グリーユの『文学、伝記、道徳の断章』の中に掲載された）。そして、パンジョンから 1812-1813 年にニーム、ジェルゴンヌ社から刊行された『純粋・応用数学年報』第 3 巻に寄せられた手紙である。

(18) Louis Prudhomme, *Miroir historique et critique de l'ancien et du nouveau Paris et du département de la Seine*, 3e édition, chez Prudhomme fils, Paris, 1807, tome premier, p. 315-316.

(19) *Souvenirs de Paris en 1804*, par Auguste Kotzebue, traduit de l'allemand sur la deuxième édition, avec des notes, tome premier, Paris, Barba, an XIII（1805）, p. 77-78.

(20) Maria d'Anspach, « Les musiciens ambulants », in *Les Français peints par eux-mêmes. Le Prisme, Encyclopédie morale du XIXe siècle, 1840-1842*, tome quatrième, Paris, I. Curmer, 1841, p. 186.

(21) 同書第 1 部第 1 章（中世）を参照。中世期のパレード笑劇『3 人の盲人』（作者未詳）の模倣劇は、1782 年 12 月 4 日、パリのヴァラエティー座で上演され、1784

(45) 1811 年以前の傷痍軍人の記録は含まれていない。
(46) Archives de l'Armée de Terre, Invalides, *Registres contenant* (*par ordre alphabétique*) *les noms des militaires entrant à la maison-mère et dans les succursales*, Registre 212, BA à BLs, manuscrit.
(47) Arlette Farge, *Les Fatigues de la guerre. XVIIIe siècle, Watteau*, Paris, Gallimard, 1996.
(48) ジャン・ポール・ベルトーは、「軍人にとって大事なことは、歩くことができるということだった」と言う。「37 部隊にいた手榴弾兵フランソワ・ジョゼフ・ジャカンなどは、わずか 6 週間で、ベルギーからフランス北部、ノルマンディーからブルターニュ地方の全体を踏破した。800 キロの距離を休まず歩いた後、ヴァンヌ市に着いた彼は、1 カ月の休養を与えられた。そして、また新たな旅の命令が下った。ジャカンは部隊を引き連れて、さらにイタリア北部のトリノまで、およそ 2 カ月半で移動しなければならなくなった。その間、彼も、兵士たちも皆、腹ぺこだったのである」。Jean-Paul Bertaud, *La France de Napoléon 1799-1815*, Messidor/Editions sociales, Paris, 1987, p. 71. ベルトーが引用しているジャカンの文献は以下である。F. J. Jacquin, *Carnet de route d'un grognard*, réédition, Paris, 1960, p. 54-56.
(49) リディア・ルロールの博士論文がこの点について詳しい。Lydia Lerolle, *Les Principales maladies épidémiques dans les armées de Napoléon*, thèse pour le doctorat en médecine soutenue en 1981 à l'Université de Bordeaux II, U. E. R/ des Sciences médicales, 186 p. ナポレオンの軍隊は指導官が不足しており、特に衛生部隊はますます人員不足になっていた。1814 年、軍事政府は消失する。
(50) Joseph-Marie Moiret, *Mémoires sur l'expédition d'Egypte* (*1798-1801*), préface de Moriceau (1818), Paris, Belfond, 1984, p. 59.

第 11 章　1800 年から 1830 年代にかけてのフランス社会における盲人のイメージと文学的表象

(1) 興味深い一節である。この一節には、当時一般に感謝していた、盲人は「甚大な記憶力」を持ち、何事も努力せずに学ぶことができる、という偏見とは逆の事実が述べられているからである。
(2) Augustin-Pyramus de Candolle, « Notice sur la vie et les écrits de François Huber », tiré à part de la *Bibliothèque Universelle de Genève*, février 1832, p. 9-10. ちなみに、フランソワ・ユベールの妹が彼の音楽教育を補助したという事実は、盲人の家庭教育にどれほど家族の協力が大事であるかという点を示している。
(3) Madame de Staël, *Delphine*, 1802, tome I, édition Des femmes, 1981, p. 437.
(4) 公的援助の申請者が、しばしば故意に自らの状況を絶望的に描いてみせることはよく知られている。とは言え、社会に根付いた貧困や悲惨の事実がフィクションを超えることも稀ではない。
(5) A. N. F15 2572, Quinze-Vingts. Dossier de demandes d'admission du citoyen Mazé de Fontainebleau, an V-1801.
(6) 彼らは、孤児、あるいは、家族が赤貧状態にある（しばしば老いて貧しい寡婦の母親だけ）人々だった。
(7) Hospice impérial des Quinze-Vingts, *Registre des délibérations de l'administration dudit hospice*, du 28 mai 1808 au 25 octobre 1811. Séance du 24 novembre 1809, « Rapport et arrêté sur les comptes de 1808 », Fo. 99, Archives XV-XX, manuscrit non coté.
(8) *Id.*, Fo. 98 Vo et 99.
(9) この種の擁護団体の最初のものは、1841 年に登場する「フランス盲人の擁護と支援の会」である。同会は、国立訓盲院長アルマン・デュフォーによって創立されきな犠牲と出費を払うことをものともしなかったか、という事実を知ることができる。ジャコブの両親も、その他の両親とたがわず、田舎で眼科の治療と手術を一手に引き受けていた偽目医者たちの餌食となった。ジャコブはまた、障害を持つ子供を過度に保護したい誘惑に打ち勝った父親によって田畑や森での作業を教えられたこと、そして村の治療師をつとめていた祖父からは、薬品についての授業を受けたことを語っている。また、当時の村人たちは全体的に盲目の子供を受け入れ、交代で彼の使いを果たしていたと述べている。こうした暖かい環境のおかげで、ジャコブは兄とともに、または1人で村の近辺の道を歩くことを覚えたのである。彼がのちに独立した行商人になることができたのも、少年時代の鍛錬のたまものだろう。*Souvenirs curieux et vie remarquable de l'aveugle Jacob Birrer*, traduit de l'allemand par un clairvoyant, Zurich, imprimerie de Surcher et Furrer, 1843.

(38) A. N. F15 2571 et 2573, Quinze-Vingts : demandes d'admission, an IX-1812 et 1813-1815. Dossiers de Marie-Julienne Blin veuve Pétré, 1812.

(39) A. N. F15 2572 et 2573, Quinze-Vingts : demandes d'admission, an IX-1812 et 1813-1815. Dossiers de Thérèse-Jacqueline Parent, 1809 et 1815.

(40) この20年後、パリの買春窟を調査したパラン・デュシャトレは、軽犯罪を犯した売春婦を拘禁する場所であったサン・ラザール刑務所に盲人女性がおり、彼女たちが「痴呆者」棟に閉じこめられていたことを観察した。彼が拘禁中の売春婦たちに課された作業について述べている場所に、こうある。「ある売春婦には額縁の角を揃える仕事をさせ、別の者には毛糸玉に針を差しこむ仕事をさせる。こうした仕事は頭もいらなければ、考える必要もないと思われるかもしれない。しかし、こんな単純な作業すらもできない者がいるのである。こうした女たちは、痴呆棟と呼ばれる別の監禁棟に集められている。私はここに閉じこめられた15人から20人の女たちに会った。一方、痴呆棟にいるのは痴呆者ばかりではない。単純作業が不可能とは言え、その理由がほとんど完全な盲目のせいであるような女たちもいるのだ。さらに付け加えれば、この女たちは盲目でさえなければ、売春婦に身を落とすこともなかっただろう。盲目の女たちは、事実働くことが不可能な身体なのである。彼女たちに、なぜ売春するよりも餓死する方を選ばなかったのか、と責める権利は我々にはないだろう。[傍点筆者]」Alexandre Parent-Duchâtelet, *La Prostitution à Paris au XIXe siècle*, texte présenté et annoté par Alain Corbin, Paris, Editions du Seuil, 1981, p. 192（*De la prostitution dans la ville de Paris considérée sous le rapport de l'hygiène publique, de la morale et de l'administration*, Paris, 1836, 2 vol）.

(41) 確かに1801年以降、ビセートル病院とサルペトリエール病院には、年齢と障害の種類によって入院患者を別々に配置するシステムが整いはじめた。しかし、盲人たちは相変わらず、「重度障害者」の名のもと、麻痺患者や老齢患者と同室にとどめおかれていた。

(42) A. N. F15 2572 et 2573, Quinze-Vingts : demandes d'admission, an IX-1812 et 1813-1815. Dossiers de Pierre-Martin Paillet, 1812 et 1814. .

(43) アンヴァリッド軍人病院の「本部」と支部は、共和暦8年に誕生し、王政復古下（1815-1830年）において徐々に姿を消していった。唯一残ったのが、アヴィニヨンの支部だった。

(44) Jean-Pierre Bois, *Les Anciens soldats dans la société française au XVIIIe siècle*, Paris, Economica, 1990. 19世紀については、アンヴァリッドのみならず、退役軍人一般を扱った英語の研究がある。I. Woloch, *The French Veteran from the Revolution to the Restoration*, Chapel Hill, 1979, cité par Jean-Paul Bertaud dans son livre sur *La Vie quotidienne des soldats de la Révolution 1789-1799*, Paris, Hachette, 1985.

74 × 60.5 cm, Paris, MNATP, 996. 18 ; Godefroy Engelmann, *Le Chien de l'aveugle*, lithographie, Paris, 1816, 53 × 42.5 cm, Paris, BnF, Estampes, Ad 64 a. Fol., Album I ; *Le Chien de l'aveugle*, Romance de Vernier, Paris, No. 8 et chez tous les mondes de musique, s d. Paris, BnF, Musique, Vm7 108025.

(31) フィリップ・フランソワ・ベランジェの胸像のことである。この胸像は、ベランジェの処刑の前日、1805年6月28日、コンシェルジュリー獄内で写された当人の肖像デッサンをもとにして作られたものである。デッサンはパリの国立図書館に残っている。Bnf, Estampes, collection Hennin, tome 148, 12 986. 一方、「ベランジェ事件」は、キャンズ・ヴァン運営部の共和暦11年芽月《ジェルミナール》10日から1808年5月21日までの決定を残した文献にも残されている。共和暦13年風月《ヴァントーズ》14日および、同年収穫月《メシドール》17日(それぞれ、1805年3月6日と7月7日)の総会議事録である。ジャン・バチスト・グリエもまた、その著書『古代から現代までのパリの街角の有名人物』の中で、この事件に触れている。さらに、1805年の『ジュルナル・デ・デバ』(5月11日号)には詳しい記事が載っていたらしいと、1900年にシャルル・シモンが監修した『19世紀のパリの生活、1800-1900年』が伝えている。最後に、1956年にはエレーヌ・チュラールがこの事件について調査した記事を『ヴィジラ』に発表した。原文典拠は上から次の通り。Jean-Baptiste Gouriet, *Personnages célèbres dans les rues de Paris depuis une haute antiquité jusqu'à nos jours*, tome premier, Paris, Lerouge, 1811, p. 322 ; *La Vie parisienne à travers le XIXe siècle. Paris de 1800 à 1900*, sous la direction de Charles Simon, Paris, Plon, 1900, tome I, p. 114-116 ; Hélène Tulard, « L'aveugle du bonheur. Une affaire criminelle sous l'Empire », dans la revue *Vigilat*, 1956, No. 19, p. 4-8.

(32) A. N F15 2583, Quinze-Vingts : nominations de pensionnaires an XIII-1812. Dossier de Jean-Baptiste Laurence, ancien pensionnaire de l'hospice privé de sa pension en l'an IV.

(33) A. N F15 2571, Quinze-Vingts : demandes d'admission an IX-1812. Dossier d'André Chicot.

(34) 共和暦13年牧草月《プレリアル》30日(1805年6月19日)付で同アカデミーに採択された報告。

(35) A. N F15 257, Quinze-Vingts : demandes d'admission 1810-1815. Dossier de Charles Jean-François Vallée.

(36) 国立公文書館のF16分類には警察庁資料と社会扶助制度資料が集められているが、ここには救貧施設の入所登録書などの文献は見つからなかった。しかし、施設に収容されていた病者の中には盲人もいたことは確かである。なぜなら、公式書類のいくつかには盲人収容者についての注意書きが見られるからである。例えば、1810年5月25日付でヴィレール・コトレの救貧施設から警察庁に宛てられた手紙は、このように収容者を分類している。「ヴィレール・コトレ救貧施設に現在収容されている男女の中には、80歳代、70歳代のホームレス老人、60歳以上と以下の病者および盲人もいる」(A. N. F16 1045, copie d'un rapport adressé le 25 mai 1810 à « Monsieur le Conseiller d'Etat préfet », par « l'Auditeur » qui a visité ce dépôt)。一方、キャンズ・ヴァン運営部の議事録が示すように、キャンズ・ヴァンの盲人たちも物乞いの現行犯で捕まった場合、サンドニ救貧施設にとどめおかれることになっていた。

(37) このケースに当てはまるのが、スイス人ジャコブ・ビレールである。彼は1800年にリュセルヌ地方に住んでいた「貧しい田舎者の」家庭に生まれ、痘瘡の後遺症で4歳の時に失明した。大人になったジャコブは書籍の行商人として身を立てるが、その生涯を村の小学校教師に口述で記録させた。ドイツ語で残された彼の自伝は、1840年に出版された。1843年にはフランス語にも訳された。ビレールの幼少時代の回想から我々は、当時の子だくさんの貧しい家庭(ジャコブは6人兄弟の末っ子であり、彼のあとにはまた弟が生まれた)が、失明した子供のためにどれほど大激性の強い蒸気」（硫黄、アンモニア、海酸など）、アレルギーを引き起こす塵埃、潰瘍や傷のもとになる鉱物や金属の破片、竈や炉の炎、鉛やアンチモンなどの毒性の高い薬品との接触、または、弱い光のもとで過度な注意を必要とする微細な仕事（刺繍、エッチング、時計作り、宝石細工、陶器絵付け）、という理由があった。

(17) 当時の医学書や施設の書類に見つかるこれらさまざまな失明原因に加えて、遺伝も大きな原因だった。

(18) 1851 年度国勢調査によるフランス全土の盲人数（37,666 人）と、その地方別総人口に占める割合は、『慈善事業年報』の 1855 年 3 月 31 日号に発表されている（*Annales de la Charité*, 21 mars 1855）。1858 年には新たな国勢調査が行なわれ、この時は性別と年齢によってデータが提示された。58 年の結果では、フランス全土の総人口 3603 万 9364 人のうち、30,214 人の盲人が数えられる。盲人のうち男性は 16,469 人、女性は 13,745 人とされている。これらの数字はあたかも厳密に出されてデータのように見えるが、今日すらもフランスの盲人数は明らかでないというのに、19 世紀に出されたこうした統計をどう信じればいいというのだろうか。

(19) すなわち、セーヌ県庁のこと。

(20) P. A. Dufau, *Des Aveugles. Considérations sur leur état physique, moral et intellectuel*, Seconde édition, Paris, Jules Rnouard et Cie, 1850, p. 211.

(21) アレクサンドル・ローデンバッハは、盲人および聾唖者についての著作もものした。この本は 1853 年にベルギーのトゥルネーで刊行され、55 年に増補再版された。『盲人と聾唖者について。歴史、読み書き、教育、伝記』と題されたこの本には、古代から 19 世紀までの高名な盲人の列伝が、詳細豊かに載せられている。Alexandre Rodenbach, *Les Aveugles et les sourds-muets. Histoire, instruction, éducation, biographie*, Tournai, 1853.

(22) Extrait du rapport fait à la société de la morale chrétienne par M. Pinet, l'un de ses membres, in *Des Aveugles et de leur éducation*, par Madame Eugénie Niboyet, Paris, P. H. Krabbe, 1837, p. 5.

(23) 前世紀とは反対である。

(24) A. N. F15 2573, Quinze-Vingts : demandes d'admission 1811-1815. Dossier de Pierrette de la Folanches.

(25) A. N. F15 2573, Quinze-Vingts : demandes d'admission 1811-1815. Dossier de Jean-Baptiste Girot.

(26) テレーズ・アデルはきわめて貧しかったのみならず、特別に優れた精神の持ち主だった。私は彼女が残した歴史上稀な文献をキャサリン・クードリック教授の協力を得て発掘し、起稿し、監修し、英語に翻訳してニューヨークで出版した。*Reflections : the Life and Writings of a Young Blind Woman in Post-Revolutionary France. Thérèse-Adèle Husson*, translated and with commentary by Catherine J. Kudlick and Zina Weygand, New York University Press, New York and London, 2001, 155 p.

(27) A. N F15 2571, Quinze-Vingts : demandes d'admission en IX-1812. Dossier de Jean-Baptiste Degrais.

(28) Auguste Kotzebue, *Souvenirs de Paris en 1804*, traduits de l'allemand sur la deuxième édition, tome premier, Paris, Barba, an XIII（1805）, p. 78.

(29) Jean Duplessi-Bertaux, *La Bienfaisance ingénieuse*, 1802. Eau-forte et burin, Beraldi, tome IV, p. 71. I. F. F. I1, Paris, Musée Valentin Haüy ; la gravure reproduite dans *Les Cris de Paris, types et physionomies d'autrefois*, par Victor Fournel, Paris, Firmin-Didot et Cie, 1888, p. 217.

(30) Antoine-Pierre Mongin, *L'Aveugle Frélon*, huile sur toile, Paris, signé et daté 1814,

Labé, 1856, p. 8-9.
(7) 検視鏡とは、目の水晶体の向こうを検分することのできる光学的な道具である。
(8) Pierre Henri, *Les Aveugles et la société*, Paris, PUF, 1958, p. 17 et p. 19.
(9) キャンズ・ヴァンはフランス全土の男女の盲人を受け入れていた。19 世紀に提出された入居申請の書類は、申請者が入居を認められたか否かに関わらず、当時の失明原因についてまたとない情報を提供してくれる。しかも、これらの情報はフランス全土にわたる資料である。一方、執政政府時代と第一帝政時代に訓盲院がキャンズ・ヴァンと合併していたために、大人についての情報のみならず、子供についての情報も残されている。
(10) Dr. R. Liebreich, article « Amaurose », in *Dictionnaire des sciences médicales par une société de médecine et de chirurgie pratiques illustré de figures intercalées dans le texte*, Paris, J. B. Baillière et Fils, tome I, 1864, p. 785.
(11) 痘瘡は、19 世紀社会が震撼した災厄だった。痘瘡で死亡しなくとも、その醜い痕は顔に残った。とは言え、医学の進歩がその撲滅の見込みを許していたのは、失明原因としては唯一痘瘡のみであった。種痘の効果が次第に認められるようになっていたからである。痘瘡が完全に失明原因から取り除かれるのは、この 1 世紀後のことである。
(12) 現在の医学知識では、この眼炎は胎児が出生する時に感染し、膿性結膜炎に始まり、次第に角膜を浸食していくことが分かっている。封入体性結膜炎のようなウィルスが原因かもしれない。その場合、発症は出生後 8 日から 10 日の間に起こる。あるいは淋菌性眼炎かもしれない。この場合の潜伏期間は前者よりよりも短く(3 日から 4 日)、より重篤な合併症状が見られる。
(13) 麻疹が原因で起こる失明は、現在でもアフリカの幼児期失明の原因の 3 割を占めている。19 世紀から 20 世紀初頭にかけては、ヨーロッパでも相当数の失明の原因となっていた。例えば、1879 年生まれのピエール・ヴィレーが 5 歳で失明したのは、麻疹の後遺症のせいである。
(14) エジプト眼炎は歴史家にとって非常に有名な大規模疫病である。この病気に関しては、ジョルジュ・コルナンとピエール・ルナールの論文を参照されたい。コルナンとルナールによれば、「今日では、昔エジプト眼炎と呼ばれた病気がトラホームの諸段階、および複数のカタル性結膜炎（合併症を伴っていることもあった)、そして淋菌性結膜炎を区別なしに指していたことは明らかである。結膜炎の中でも特にコッホ・ウィークス菌性急性結膜炎の存在が目立つ」。Georges Cornand, Pierre Renard, « L'ophtalmie des armées au XIXe siècle », dans *L'Ophtalmologie des origines à nos jours*, tome II, 1979.
しかしながら、半世紀にわたってこの疾病の病因、性質、感染経路、治療方法、予防の方法に関する激しい論争が繰り広げられた。1844 年になってようやく、ヨーロッパで最も患者の多かったベルギーで感染症論者が環境・体液論者を論破したことで論争が集結した。それ以後、ベルギーの軍隊には感染を防ぐ様々な措置が講じられた。しかし、長年続いた学派間の論争は疫病の蔓延に拍車をかけていた。実際に病原菌が淘汰され、社会がこの病気から解放されるには、まだ長い年月が必要だった。
(15) 例えば黒内障などは、激しいショックによって網膜が剥離することで発症することもあった。また、ガラス職人や溶接工の職業病であった白内障は、「激しい熱」に日夜さらされる職場で、目が紫外線を浴び続けることによって起こる病気だった。
(16) 重労働環境条件に由来する労働事故には、失明につながるものもあった。これらの事故は、特に建設現場や工事現場の職人に関わることだった。その他にも、「刺

(48) 1792年6月、パリの所轄官庁は、キャンズ・ヴァン参事会による大宮廷司祭長の罷免と旧行政官の回顧に反対して、この2つのテキストを援用した。「キャンズ・ヴァンについての特殊措置を定めた法律は、議会文書として正式に記録された1546年の勅令および、1522年9月6日に議会より任を受けた大宮廷司祭長フランソワ・デュムーランが、同年オルドナンスとして発布した規定と内規のみである」。A. Tuetey, *op. cit.*, tome II, p. 196, pièce 123, A. N. F15 241.

これらのキャンズ・ヴァンに関する古い規定と内規の法律文書は、革命政府がよく調査して知悉しているところのものだった。例えば、リアンクールは、その貧民救済委員会に提出した報告書のキャンズ・ヴァンに関する章において、「ジャン王の大宮廷司祭長ミッシェル・ド・ブラッシュ」の規定を「同施設に関する最古の規定文書」としている。おそらく、パリ所轄官庁は、前年2月に聾唖学院と訓盲院に権威主義的な規定を与えた実績に意を強くしてか、キャンズ・ヴァンについても、盲人居住者が施設運営に参加するシステムを擁護するような規定を無視する方針をとったのだろう。リアンクールの引用文献は以下。Liancourt, *Suite du Rapport fait par le Comité de mendicité*, « Hôpital des Quinze-Vingts », 1791, p. 3.

(49) 革命期を通して、キャンズ・ヴァンの財政は傾く一方であった。つまり、盲人居住者の生活条件も悪化していたということである。盲人たちが再び物乞いを始めたのも無理はなかった。1795年には、禁止されていた物乞いの再開が問題になっている。1781年よりキャンズ・ヴァンの盲人たちには物乞いが禁止されており、特に1793年10月15日付法律があらゆる物乞い行為を厳罰に処して板にも関わらず、この頃キャンズ・ヴァンの盲人たちは大量に町に出て、自ら物乞いし、かつ子供たちにもさせるようになっていた。これを受けて、執政政府は共和暦8年牧草月《プレリアル》24日（1800年6月13日）、放置されたまま増加の一途をたどっていたキャンズ・ヴァンの盲人物乞いを統制するため、新たな警察規定を発効した。新規定第1条には、現行法による物乞い禁止と違反した場合の罰則が繰り返されている。

(50) Arrêté du 15 vendémiaire an 9 de la République française, une et indivisible. Art. 4ᵉ. Signé L. Bonaparte. A. N. F15 2576.

第Ⅳ部　19世紀初頭のフランス社会の盲人たち——現実とフィクション

第10章　19世紀初頭のフランスの盲人たち

(1) Ministère de l'Intérieur. Du 23 ventôse an 9, *Règlements pour l'organisation de cet hospice*, chapitre 4 : « Dispositions particulières aux jeunes aveugles », art. 2. Archives XV-XX, B 106-6610.

(2) キャンズ・ヴァン運営部は、共和暦9年雪月22日（1801年1月12日）付で、「施設の既得権であった25万フランの年金給付を再開してもらいたい」由、内務省に宛てて要請したが、内相はこれを受けて、年金ではなく助成金の支給という原則を頑として維持した。盲人生徒の受け入れにより、キャンズ・ヴァンの出費が増えたにも関わらず、助成額は共和暦5年に設定された年金と同額であった。

(3) 19世紀フランスにおける失明の原因については、私自身の研究書がある。Zina Weygand, *Les Causes de la cécité et les soins oculaires en France au début du XIXᵉ siècle(1800-1815)*, Paris, CT. N. E. R. H. I, 1989（Flash-Informations), 332 p.

(4) Dr. Lullier-Winslow, art. « Aveugle », in *Dictionnaire des sciences médicales par une société de médecins et de chirurgiens*, Paris, Panckoucke, tome II, 1812, p. 469-470.

(5) Dr. Jourdan, article « Cécité » in *Dictionnaire des sciences médicales*, Panckoucke, tome IV, 1813, p. 390.

(6) Dr. Georges Dumont, *Recherches statistiques sur les causes et les effets de la cécité*, Paris,

的な教会の役職は消えなかった。

1792年には、キャンズ・ヴァンの宗教行事に絡む出費を削減するために、運営部は第1聖歌隊長を減給し、オルガン奏者を引退させ、聖歌児童、聖歌隊員、セルパン奏者、ミサの監督役を解雇した。また、鐘つきの頻度は減らされた。それに応じて鐘をつく任務を負っていた職員の減給があったことだろう。

1793年10月29日、キャンズ・ヴァンの司祭はたった1人と決められた。同年11月9日には、次の決定が下った。「キャンズ・ヴァンの礼拝堂鐘楼には、まだ王国の印章を刻んだ鐘が残っていると報告を受けた。このような鐘の存在を喜ぶのは、狂信的な圧政者の支持者か偶像崇拝者のみである。よって、運営部はこの鐘をパリ市に献呈し、大砲に変えてもらうことに決めた」。Administration des Quinze-Vingts, *Registre des délibérations*. Du 22 juillet 1793 au 3 janvier 1797. « Séance du Nonidi Brumaire de l'an Deuxième de la République », Archives XV-XX, manuscrit non coté.

そして、1793年11月16日には、「理性の光に照らされた」盲人居住者代表団の要求を聞き入れて、「運営部は、本日をもって施設内の礼拝堂で執り行われている宗教行事は一切取りやめとし、宗教行事のために雇用されている職員の給与についても、支払いを打ち切ることを決定した。聖具室とその他の祭事用衣装が保管されている場所には、ただちに差し押さえの印が押される。キャンズ・ヴァン司祭であるシトワイヤン・デゼケルは、宗教行事の取りやめの決定を受けたらただちに、居住場所である司祭館を明け渡し、その鍵を、旧暦による来年の1月末までに返却しなければならない」。*Id.*, « Séance du Sextidi Vingt-six Brumaire de l'an Deuxième de la République ».

つまり、この時期においてキャンズ・ヴァン礼拝堂は完全に無人となってしまった。次に礼拝堂に住人が再び現れるのは、1809年1012日のことである。この時には、セーヌ県知事の指令で、サン•タントワーヌ教区内教会の一つとして、キャンズ•ヴァン礼拝堂も使用されることになるのである。新しい司祭の1年の給与は、たった900フランであった。

さて、革命期におけるキャンズ・ヴァン礼拝堂の閉鎖という出来事は、非常に重要な象徴的意味を持っていると思われる。それは、ただ施設の歴史においてだけではなく、盲人に対する社会扶助の歴史において大きな前進を意味している。なぜなら、キャンズ・ヴァンに宮廷大司祭長が戻り、施設がカトリック保守派の牙城となる王政復古時代（1815-1830年）の一時期を除けば、この1793年の出来事は確かに盲人への扶助という任務を脱教会化し、世俗化する、という革命期の大きな改革の到達点を示しているからである。1793年以後、政権がどう変わろうと、盲人への扶助は世俗社会の任務であるという原則が揺らぐことはないのである。

一方、その数カ月前、パリ兵器庫《アルスナル》部署内に「社会調和の会」が結成された。ヴァランタン•アユイとその生徒たちがこの会に参加した経緯は本文で述べている。キャンズ・ヴァンの盲人たちも、それに似た愛国者の集団を結成したと言えるだろう。彼らは、アンシャンレジームの名残である「キリストの貧者」という盲人のイメージを永久に排除しようとしたのだった。しかし、このように時代遅れな教会の庇護と信仰の義務を捨て去ることで、彼らは将来の政府の商業主義的政策に対する最後の防衛手段もまた捨て去ったのだった。キャンズ・ヴァンの盲人たちは、まだそのことに気がついていなかった。

(47) しかし、キャンズ•ヴァンには独自の収入源も残っていた。施設内居住場所の賃料、パリ市内の不動産の賃料、ヴィナントとルーヴルに保有する農家の賃料、そしてもう9カ所の地所からあがる賃料、さらには、個人資産を資本に組み立てられた年金、パリ市内の不動産と地方の地所を資産に組み立てられた土地年金である。

された財産、および、国会が国営と宣言しなかった病院やあらゆる救貧施設の財産も含めた国家財産について定めるものだった。その第 13 条は、病院と慈善施設はこれからも 1790 年 10 月 1 日以前までと同じように運営され続けることを定めている。A. Tuetey, *L'Assistance publique à Paris pendant la Révolution*, tome I, p. 43, pièce 10, A. N. D XIX 10, No. 94.

(34) A. Tuetey, *L'Assistance publique à Paris pendant la Révolution*, tome II, p. 213, pièce 140, « Présentation au Comité des Secours publics par le citoyen Saint-Martin d'un rapport concluant à la suppression de l'hôpital des Quinze-Vingts », Séance ordinaire du lundi 26 novembre 1792（Extrait du procès-verbal des séances du Comité des Secours publics, A. N. F II 39 Fo. 103 Vo）.

(35) *Id.*, p. 238, pièce 147, « Rejet par la Convention nationale d'une proposition tendant à la suppression des Quinze-Vingts et renvoi au Comité des Secours publics de la question de l'organisation provisoire de cette maison », 4 février 1793（Extrait du procès-verbal de la Convention Nationale, A. N. C245, No. 334, Ed. Procès-Verbal de la Convention nationale, tome VI, p. 56）.

(36) 貧民救済委員会が作成したキャンズ・ヴァンについての報告書は、同施設の現行の運営形態を厳しく批判している。同時に、この報告書は施設の陪審員と参事員の制度を高く評価しており、継続すべきとしている。付け加えると、国民公会の公的扶助委員会も貧民救済委員会の意見に従って、キャンズ・ヴァンの制度の中でも最も「民主的な」とされていた陪審員・参事員の制度を維持することに賛成した。同制度はその後「陪審員制度」の名の下に統一された。

(37) A. Tuetey, *L'Assistance publique à Paris pendant la Révolution*, p. 271-272, pièce 173, « Décret de la Convention nationale, portant que la maison des Quinze-Vingts sera provisoirement régie et gouvernée sous la surveillance du Département de Paris, 22 juillet 1793 »（Imprimé avec corrections de la main de Saint-Martin, A. N. C260, No. 549, Ed. P. V. de la Convention t. XVII, p. 94）.

(38) *Ibid.*

(39) *Ibid.*

(40) 共和暦 2 年花月《フロレアル》 22 日（1794 年 5 月 11 日）付国民共済法の報告者。

(41) A. Tuetey, *L'Assistance publique à Paris pendant la Révolution*, p. 294-296, pièce 186, « Rapport du citoyen Lerebours à Barère, proposant de changer la destination de la maison des Quinze-Vingts et de n'y admettre désormais que des aveugles infirmes, 20 Floréal an II »（Original signé, A. N. F15 241）.

(42) *Ibid.*

(43) 共和暦 5 年葡萄月《ヴァンデミエール》 16 日付「民間施設にその固有財産の用益権を引き続き維持することを許可する法律」。「この法律は、共和暦 2 年収穫月《メシドール》 19 日政令を取り消し、貧民に奪われた財産を返却するものである」。*Législation charitable*, par le Baron Ad. De Watteville, tome premier, 1790-1842, Paris, Cotillon, éditeur, 1863, p. 41.

(44) *Les Quinze-Vingts. Notes et documents*, recueillis par Feu l'Abbé J. H. R. Prompsault, Chapelain de cette maison de 1829 à 1855, Paris, Victor Sarlit, 1863, p. 91.

(45) *Ibid.*

(46) キャンズ・ヴァンの脱教団化は、1791 年に施設に雇用されていた司祭の数が 8 人から 3 人に減らされたことに始まる。しかし、1791 年以後もキャンズ・ヴァンに定例の宗教行事が根強く残っていた証拠に、オルガン奏者、セルパン（聖歌の伴奏に使われた木管古楽器）奏者、2 人の聖歌手、6 人の聖歌児童、信仰の監督役として象徴的な意味を持っていた門番とミサの監督役、そして鐘つき男、という伝統

39章を含むこの事典は、各県庁に配布された。19世紀の社会扶助理論家はこぞって、ヌーシャトーの先駆的業績に言及することになろう。カトリーヌ・デュプラの著作を参照されたい。Catherine Duprat, *op. cit.*, p. 417-419.

(22) André Guérin, *Gens pauvres, pauvres gens dans la France du XIX*e *siècle*, Paris, Aubier, 1998, p. 112.

(23) エジプト遠征中に失明した帰還兵士たちについては、フランソワ・ナタリの博士論文が詳しい。François Natali, *La Succursale des Invalides d'Avignon et les séquelles de l'ophtalmie d'Egypte*, Université Claude Bernard, Lyon, Thèse de médecine, 1974.

(24) 彼は、第一帝政下で内務省第3局長（施設と社会扶助機関を統一する局である）となった。

(25) *Rapport demandé par le Ministre de l'Intérieur*, Paris, le 19 vendémiaire an 9. Signé Barbier-Neuville, A. N. F15 2576. この報告書の最初に記載されている日付はおそらく間違ったものである。葡萄月《ヴァンデミエール》19日とあるが、9日ではないだろうか。なぜなら、バルビエ・ヌヴィルの署名のあとに続く短い補足条項には、「盲人労働者とエジプト帰還盲目兵士をキャンズ・ヴァンに移送する条項を含む指令を出すこと」とあるからである。当該指令は15日に発効した。

(26) Arrêté du 15 vendémiaire an 9 de la République française, une et indivisible, Art. 5e, signé L. Bonaparte. A. N. F15 2576.

(27) *Id.*, Art. 7.

(28) 共和暦9年霧月《ブリュメール》2日より11年風月《ヴァントーズ》26日まで（1800年10月24日-1803年3月18日）の運営部議事録『国営施設キャンズ・ヴァン運営部決定記録』から、共和暦9年雪月《ニヴォーズ》22日（1801年1月12日）の総会の記録。「同施設の新編成についての報告」と題されている。当時の盲目についての偏見や想像があらわになっている報告書であるから、ここで引用する価値は十分にあるだろう。キャンズ・ヴァン運営部は、一般の盲目についての意見に従った決定をくだしている。例えば、「人類がこうむるあらゆる苦難のうち最大のものは盲目である。永劫の夜の暗闇に生きなければならない者は、生きながらに生命を絶たれているのである。人としての機能はすべて持っているのに、導きの手がない者に等しい。働くことはできても、その活力に欠けているのだ。若さと力の頂点にありながら、毎日危険にさらされ、不安に満ちた生活を送っている盲人は、あたかも幼少期と老衰のくびきを両方背負っているようなものだ。彼にも備わった欲求と欲望と尽きることのない不安の種は、彼をして恒常的な他者への依存状態におかせることになる。国家の扶助を不幸な者立ちに分け与えることは政府の任務である。そして、その扶助を最も必要としているのは、おそらくこの興味深い人間カテゴリーの者たちである。［傍点筆者］」*Registre des délibérations de l'administration de l'Hospice National des Quinze-Vingts*. Du 2 brumaire an IX au 26 ventôse an XI（24 octobre 1800-18 mars 1803). Séance du 22 nivôse an IX（12 janvier 1801), « Rapport relativement à la nouvelle organisation de cet hospice », Archives XV-XX, manuscrit non coté.

(29) L'Administration des Etablissements de Bienfaisance au Ministre de l'Intérieur, Paris, le 27 pluviôse an 9 de la République, A. N. F15 2576.

(30) *Suite au rapport fait par le Comité de mendicité, des divers hôpitaux de Paris,* Imprimé par ordre de l'Assemblée nationale, Paris, Imprimerie nationale, 1791, « Hôpital des Quinze-Vingts », p. 13.

(31) *Id.*, p. 18.

(32) *Id.*, p. 19.

(33) 1790年10月23日・28日-11月5日付法律は、国会によって国家のものと宣言

naissance jusqu'à son extinction ».

(7) 共和暦9年葡萄月《ヴァンデミエール》15日の指令を補完する形で発布された同年同月28日（1800年10月20日）付指令には、新理事のリストが載っている。新しいキャンズ・ヴァンの運営部構成員は、ベチューム・シャロ（訓盲院が創立された時に博愛協会の会長だったベチューム・シャロ公その人である）、ブルッス・デフォレ、ラサール、キャンズ・ヴァンの行政監督ブーレ、聾唖学院の行政監督モークレルクであった。Archives XV-XX, B 114-6805, copie de l'arrêté du ministre de l'Intérieur en date du 28 vendémiaire an 9e.

(8) 例えば、1800年にアムステルダムの出版社から『盲人、視力、そして視界についての論考集』というフランス語の本を出版したドイツ人編集者、アウグスト・ウィルヘルム・シュヴェンガーは、その序文の中で次のように言っている。「パリの訓盲院は、あらゆる文明化された人々の注意を惹くに足りる優れた機関である」。*Mémoire sur les aveugles, sur la vue et sur la vision, suivis de la Description d'un télégraphe très simples*, avec gravures, par Auguste-Guillaume Schwenger, de la Société médicale de Paris, à Paris et à Amsterdam, 1800.

(9) Haüy, « Au Président de l'Institut National », Paris, ce 21 frimaire en 9 de la République française. Archives de l'Institut de France. Carton 4 A2, pièces annexes.

(10) *Deuxième Note du Citoyen Haüy, Auteur de la Manière d'instruire les Aveugles, en réponse à ceux qui le supposent animé d'une basse jalousie contre les talens qu'il n'a cessé d'admirer et de préconiser,* p. 8. Archives de l'Institut de France. Carton 4 A2, pièces annexes.

(11) この「覚え書き」には、この本の中でもすでに何度も言及した。

(12) *Troisième Note du Citoyen Haüy, ou Court Exposé de la naissance, des progrès et de l'état actuel de l'Institut National des Aveugles-travailleurs, au 19 brumaire an 9 de la République française, entremêlé de quelques observations relatives à cet Etablissement, p. 15-16.* Archives de l'Institut de France. Carton 4 A2, pièces annexes.

(13) *Id.*, p. 16.

(14) Institut National des Sciences et des Arts. *Procès-Verbaux des Séances Générales pour les années IX et X de la République française,* p. 21 : « 5e séance générale du 5 Nivôse an IX ».

(15) Le Ministre de l'Intérieur au Citoyen Haüy Instituteur des Aveugles-travailleurs, le 3 Nivôse an 9 de la République française une et indivisible. Signé : Chaptal. Pour copie conforme : le Chef de la troisième Division : H. Barbier-Neuville. Archives XV-XX, B109-6715, copie dactylographiée à la B. V. H.

(16) 葡萄月《ヴァンデミエール》15日付指令を発行したリュシアン・ボナパルトのこと。

(17) *Ibid.*

(18) *Ibid.*

(19) *Rapport présenté aux Consuls de la République par le Ministre de l'Intérieur*（*Par intérim*), le treize Nivôse an Neuf. Signé Chaptal. Extrait des Registres des Délibérations des Consuls de la République, Paris, le Quatorze Nivôse de l'an 9 de la République une et indivisible. Archives XV-XX, B109-6722, et A. N. F15 2576.

(20) *Ibid.*

(21) *Rapport Destiné au Directoire exécutif par le Ministre de l'Intérieur.* A. N. F15 2576. この報告書には、日付も署名もない。同報告書に言及したシャプタル作成の共和暦9年雪月《ニヴォーズ》13日付の執政官会議宛ての報告書が、フランソワ・ヌーシャトーの作品であると明記しているのである。ちなみに、ヌーシャトーは、総裁政府下で2度内相に選ばれた。彼の貧困階級についての社会調査と対策の考案をきっかけとして、総裁政府下と執政政府下で最初の博愛主義百科事典が編まれた。19巻におさめられた

343.
(84) *Histoire imparfaite des Révolutions de France*, par L. Prudhomme Père, Paris, A la Librairie de Melle Adèle Prudhomme, 1824, tome XI, p. 75-76.
(85) Albert Mathiez, *op. cit.*, p. 154.
(86) Madame Permon, mère de la duchesse d'Abrantès, citée par Pierre Henri, in *La Vie et l'œuvre de Valentin Haüy*, p. 114.
(87) Albert Mathiez, *op. cit.*, p. 169-171.
(88) *Id.*, p. 196.
(89) A L'Esprit, « Valentin Haüy, Instituteur des aveugles et théophilanthrope. Son séjour dans nos quartiers », in *La Cité*, Bulletin trimestriel de la Société Archéologique du IVe arrondissement de Paris, 17e année, 1918, p. 20-21.
(90) Haüy, Instituteur des Aveugles-travailleurs, « Au citoyen Breuillard. Commissaire de police de la division des Lombards », 27 floréal l'an 6e de la République française. Archives Hédé-Haüy. Copie à la B. V. H.
(91) アユイが、警察長官に宛てて、ヴァンセンヌ市近郊モントルイユでの擾乱を予防するように頼んだ手紙である。Haüy, Instituteur des Aveugles-travailleurs, « Au ministre de la police générale de la République française », 8 pluviôse l'an 6e de la République française（27 janvier 1798). Bnf 8o Ld188, 61（Extrait de la *Revue des Documents historiques*, « Les théophilanthropes », s. l. n. d., in 8o, paginé 35-37, figure, fac-similé（Don 217585), VIIIe).
(92) Albert Mathiez, *op. cit.*, p. 540.
(93) *Id.*, p. 553.
(94) *Id.*, p. 693.

第 9 章　国立盲人労働者学校とキャンズ・ヴァンの合併

(1) Arrêté du 15 vendémiaire an 9 de la République française une et indivisible. Le Ministre de l'Intérieur, signé L. Bonaparte. Art. 3, A. N. F15 2576.
(2) *Id.*, Art. 4.
(3) リュシアン・ボナパルトは再任され、共和暦 6 年花月《フロレアル》から 7 年収穫月《メシドール》（1798 年 5 月 -1799 年 6 月）の第 2 期を務めた。内相の第 2 任期において、自然神教は大きな政府の庇護を受け、そのライバルたる敬神博愛教は大きな打撃をこうむった。
(4) キャンズ・ヴァンの敷地にはアユイの学校を受け入れるに十分な広さがあったが、一方でカトリネット修道院は小売商が盛んな界隈に位置していた。カトリネットでは、生徒たちの工芸品は、学校の厳しい予算を補うに足る十分な実入りをもたらしていた。政府が盲人労働者学校に約束していた助成金は大きく支払いが遅れており、その総額は、「教官や職員の 9 カ月分の給与」と「1000 エキュほどの業者へのささやかな納入額」を「計算に入れなくても」、「生徒たちの生活費だけで 30,000 フラン」に上っていた。他方、学校の運営方針が変わったために、今後は事務員と教員の数を大幅に減らすことができるはずだった。*Troisième Note du Citoyen Haüy, auteur de la manière d'instruire les aveugles*, p. 13.
(5) 共和暦 9 年雪月 27 日の執政官会議指令により、パリ民間施設運営に関する総合審議会が発足された。しかし、直接内務省の管轄下に置かれている国立施設であるキャンズ・ヴァン、盲人労働者学校、およびパリ聾唖学院、ボルドー聾唖学院、そしてシャラントン病院は、この審議会とは無関係であった。
(6) Abbé Grégoire, *Histoire des Sectes religieuses*, Nouvelle édition, 6 vol., Paris, Baudoin, 1828. Tome premier, livre deuxième : « Histoire de la Théophilanthropie, depuis sa

である。Albert Mathiez, *La Théophilanthropie et le Culte décadaire 1796-1801. Essai sur l'Histoire religieuse de la Révolution*, Paris, Félix Alcan, 1903.

(77) Albert Mathiez, *ibid.*, p. 77.

(78) アルベール・マシエズは、この頃シュマンはフリーメーソンに加入していたのではないかと推測している。もちろん、グランド・オリエント・ロッジの加入書を調査することができなかったので、これは推測にすぎない。一方、マシエズは、王政復古期においてシュマン・デュポンテス兄弟の出版社が、モン・タボール審議会とフランス・グラン・オリエント・ロッジの会員として、また「7人のスコットランド人会」の名誉会員として、フリーメーソンの33階位を与えられていたことを指摘している。マシエズはさらに、「シュマンはこれほど高い地位に一夜にして上ったわけではないだろう」と考察している。一方、警察の調書がアユイにとって不利に書かれていることについても、マシエズは、これはアユイが「シュマンと同じく、フリーメーソンであったことの証拠になるだろう」と述べている（Albert Mathiez, *op. cit.*, p. 82, note 1, p 89)。我々も調査を試みたが、結局、革命期にアユイがフリーメーソンに加入していたかどうかを確かめる、あるいは否定する同時代の文献は何一つ見つからなかった。唯一、フランス国立図書館のフリーメーソン書庫に保管されている十字架騎士団のリストに、「ばら十字」という最高の位を与えられたアユイの名が見つかる。1805年には「サンタヴォワ通りの盲人博物館館長」として、1809年と1810年には「非在住騎士」の1人として「ロシアに滞在中」との注意書きとともにアユイの名が記されている（典拠は以下。Bnf, F. M. Impr. 2716, « Statuts de la Loge des chevaliers de la Croix, Orient de Paris, 5805 », p. 64 ; Bnf FM2 60bis, Paris, « Chap. Chavaliers de la croix, tableaux 1805-1825 », Fo. 44 ; Bnf FM Impr. 1653 ; « Tableaux des Chevaliers de la Croix de Paris », 1810, p. 36)。マシエズがシュマン・デュポンテスについて考えたのと同じく、我々もアユイが一夜にして「ばら十字猊下」の位を手に入れたわけではないと推察してみよう。アユイはまた、1804年と1806年に、「パリ西部在住叡智の友の会という分科名称を持つ聖ヨハネ・ロッジ」の「自由会員」として記載されている。また彼は、共和暦11年2日目（1806年1月2日）付で、フランス・グラン・オリエント・ロッジ友の会により起草された「盲人をフリーメーソンに入会させることについての報告」の署名者の1人である。ところで、「自由会員」や「名誉会員」という立場は、グラン・オリエント・ロッジによって長い間士官として務めた者、あるいは特別に任務において功績をあげた者のみに与えられていた（典拠は以下。Bnf FM2 38, Dossier 2, Paris « Les amis de la Sagesse », Tableaux 1803-1834, pièces 3 et 5 ; Bnf Opuscules de Franc-Maçonnerie 16e H 460 (9) ; Amis de la Sagesse, Orient de Paris, « Rapport », le 2e Jour de 11e, à Paris, De l'Imprimerie du Musée des Aveugles, Rue S. Avoie, No. 47)。

(79) これは、シュマン自身の言葉である。Chemin, *Année religieuse des théophilanthropes ou adorateurs de Dieu et amis des hommes*, l'an VI, 1797, p. 4. シュマンはこの書の中で、敬神博愛教会の創立経緯について述べている。

(80) Albert Mathiez, *op. cit.*, p. 86.

(81) J. B. Chemin-Dupontès, *Qu'est-ce que la Théophilanthropie ? ou Mémoire contenant l'origine et l'histoire de cette institution, ses rapports avec le christianisme, et l'aperçu de l'influence qu'elle peut avoir sur tous les cultes*, Paris, Librairie classique, an X-1801, p. 9. Cité par Albert Mathiez, *op. cit.*, p. 90.

(82) *Année religieuse des théophilanthropes*, *op. cit.*, p. 5.

(83) *La Décade philosophique, littéraire et politique, par une Société de REPUBLICAINS*, cinquième année de la République, 3e trimestre, No. 24, 30 floréal an 5e - 19 mai 1797, p.

施しと慈悲心を初めて明かすのである。

(58) *La Ruse d'aveugle*, Comédie en un acte et en vers, mêlée d'arietes. Paroles du C. Avisse, professeur aveugle de l'Institut National des Aveugles-travailleurs ; Musique du C. Mathieu, représentée pour la première fois le 2 Nivôse, An 5e de la République, sur le Théâtre de Bienfaisance, rue Denis, No. 34, au coin de celle des Lombards. Paris, An 5 de la République, 1797 in Avisse, *Œuvres*, p. 111-112.

(59) *Id.*, p. 116.

(60) *Ibid.*

(61) Denis Diderot, *Lettres sur les aveugles*, édition critique par Robert Niklaus, 1970, p. 10.

(62) Elisabeth de Fontenay, *Diderot ou le matérialisme enchanté*, 1984, p. 151.

(63) Docteur M. Vimont, *Histoire de la rue Saint-Denis de ses origines à nos jours*, préface de M. Dupont-Ferrier, tome II, *Pendant la Révolution*, Paris, Les Presses Modernes, 1936, p. 328-329.

(64) 例えば、以下のような戯曲が挙げられる。*Cassandre oculiste, ou l'oculiste dupe de son art*, comédie-parade en un acte et en vaudevilles, représentée pour la première fois à Paris le 30 mai 180 par les comédiens italiens ordinaires du Roi ; *L'Aveugle de Spa*, comédie publiée à Paris la même année dans un recueil de « Théâtre à l'usage des jeunes personnes » ; *Il finto cieco-L'Aveugle clair-voyant*, opéra bouffe en deux actes représenté sur le théâtre de Monsieur en août 1791 ; *Le conteur ou les deux postes*, comédie en trois actes, en prose, de L. B. Picard, représentée pour la première fois sur le théâtre de la République, le 22 fructidor an II (8 septembre 1794).

(65) この女教師はソフィー・フリュシャール（旧姓）といい、ジャン・フランソワ・ガリオの夫人であった。ガリオ自身も音楽家であり、後に訓盲院の『小史』を書いた。この本の中でも何度も引用されている。

(66) *L'Atelier des Aveugles-travailleurs*, Scène, in Avisse, *Œuvres* p. 64.

(67) *Ibid.*

(68) Joseph Guadet, « Les aveugles musiciens. Quatrième et dernier article. Musiciens remarquables sortis de l'institution royale des jeunes aveugles de Paris, 1784-1801 », *Annales de l'éducation des sourds-muets et des aveugles*, 4e année, 4e volume, 1847, p. 177.

(69) *L'Atelier des Aveugles-travailleurs, Scène*, in : *op. cit.*, p. 64.

(70) *Id.*, p. 67.

(71) *Ibid.*

(72) *Id.*, p. 69.

(73) *Id.*, p. 68.

(74) 最初は「共和国友の会」、そして「共和国友の結社」と呼ばれた「パンテオン・クラブ」（あるいは単に「クラブ」）は、共和暦4年霧月《ブリュメール》25日（1795年11月16日）にパリに創立した。

(75) この点については、『フランス革命事典』、フランソワ・フュレによる「バブーフ」の項目が参考になるだろう。また、アユイのパンテオン・クラブとの関わりや、バブーフ陣営とのつながりを特に知るためには、『フランス革命歴史事典』のレイモンド・モニエによる「ヴァランタン・アユイ」、および「パンテオン・クラブ」の項目を参照されたい。François Furet, art. « Babeuf », in *Dictionnaire critique de la Révolution française*, Paris, Flammarion, 1992, p. 25-36. Raymonde Monnier, art. « Valentin Haüy », « Club du Panthéon », in *Dictionnaire historique de la Révolution française*, Paris, PUF, 1989, p. 536, p. 809-810.

(76) 我々の主要典拠は、アルベール・マシエズの敬神博愛教についての博士論文

ルイ・ダヴィッドの素描にも共通している。ダヴィッドの素描は未完であるが、『眠ったホメロス』、『ギリシャ人の前で物語るホメロス』という題名がついている。ホメロスを主人公とした大きな歴史絵画の準備用素描である。シェニエとダヴィッドは1780年代を通して友人だったので、おそらくシェニエのテーマがダヴィッドに影響したものと思われる。2人の友情については、マイケル・フリードの書に詳しい。Michael Fried, *La Place du spectateur*, Gallimard, 1990, p. 160-163, Note 119, 120, p. 254.

(49) *Le Sage de l'Indostan*, édition précédée d'une « Lettre-Préface » de Maurice de Sizeranne, Paris, Dorbon, 1894, p. 46.

(50) *Ibid.*

(51) *Ibid.*

(52) *Id.*, p. 46-48.

(53) Léon Cellier, *op. cit.*, p. 54.

(54) アユイは、共和暦4年雨月《プリュヴィオーズ》5日（1796年1月24日）付「ヴェルサイユの部屋を模した芝居の小道具セット」の貸与を理事会に申し込んだ手紙で、次のように盲人生徒たちの革命式典への参与を説明している。「公式の祭典があるたび、彼らは作業や学業を中止して、音楽家や歌手たちと合唱するために駆けつけた。盲人生徒を結びつけているのは、革命への忠誠である。時には、祖国を守る青年市民たちの血をかき立て、時には、処刑台を見慣れてかたくなになった心をやわらげるような、調和への希求である。共和国が混乱と分裂のさなかにあった時、彼らの歌声が愛国者たちの心に、いく度となく統一と和解の優しい気持ちを呼び起こしたことを思い出していただきたい」。Haüy aux Citoyens directeurs, quintidi 5 pluviôse l'an 4e de la République française, une et indivisible, A. N. F15 2569.

(55) ブロニスラウ・バツコは、フランソワ・フュレ、モナ・オズーフ監修『フランス革命事典』の「公教育」の項目で、以下のように革命期の国家教育者の像を要約している。「理想の教育者とは、共和国の統一と調和を体現する人であった。教師は子供たちに読み書きを教えるのみならず、公的式典にも積極的に参加しなければならなかった。毎日、学校の初等教育マニュアルや教育のためのツールを利用して教育方法を研磨し、かつ十曜日には近隣の大人たちのために、知性と情緒の啓発を目的とした、共和国の暦と市民教理についての公開講座をもつ義務があった」。Broniskaw Baczko, « Instruction publique », in Furet/Ozouf, *Dictionnaire critique de la Révolution française*, « Institutions et créations », Champs/Flammarion, Paris, 1992, p. 280.

(56) Haüy, Instituteur National en Chef des aveugles, Au Ministre de la République française ayant le Département de l'Intérieur, septidi 7 thermidor de l'an 4 de la République française, A. N. F15 2569, 1 p.

(57) この戯曲のあらすじは、次の通りである。リーズの父親ドルフォンは、娘と結婚をしたいと申し込んでいる若者ペランに対し、1000エキュの対価を求める。しかしペランは、貧しい老人クレルモンとその盲目の息子を助けるためにすでに貯蓄を使い果たしており、ドルフォンが望む額を支払うことができない。そこで、ペランは田舎の父デュルバンをうまく騙して金を手に入れる方法を考える。彼は父に手紙を書き、パリの眼科医が片一方の目を治してくれたけれど、もう1つの目を治すには1000エキュの費用が必要だと嘘をつく。息子の目が見えるようになるという希望に歓喜した父親デュルバンは、言われた通りに送金する。ペランはその金でドルフォンの要求を満足させ、リーズとの結婚を許す。しかし、ペランの父デュルバンは、息子の目の手術に立ち会うために、田舎から上京することを決める。ペランは父の逆鱗に触れ、大変困惑する、という話である。この芝居はクレルモンが舞台に登場する場面で大団円を迎える。クレルモンはその場にいる人々に、ペランのアユイ協会の図書館に保管されている。同状には、当日のプログラムも同封されていた。それによれば、開幕は「共和暦4年熱月《テルミドール》27日、7曜日、夕方5時」であり、舞台の内容は「1、作業、2、文学レッスン、3、『ヒンドスタンの賢者』プレミア」だった。加えるなら、「5人の盲人が役をつとめる」と明記されている。

(43) *Le Sage de l'Indostan*, drame philosophique en un acte et en vers, mêlé de chœurs de musique, par Fabre-Olivet, présenté à l'Institut National des Aveugles-travailleurs par les Aveugles eux-mêmes, en thermidor, l'an 4e, à Paris, de l'Imprimerie des Aveugles-travailleurs, chez Dufay, 1796, p. 5.

(44) ファーブル・ドリヴェは、その頃刊行されたばかりのデリール・ド・サルの『自然哲学』に大きな感銘を受けたばかりだった。この芝居でも、ヒンドスタンの賢者に自然哲学者の意見をそのまま言わせている。ド・サルは観衆の中にいた（レオン・セリエの前掲書54頁から55頁を参照)。

(45) Le Sage de l'Indostan, édition précédée d'une « Lettre-Préface » de Maurice de Sizeranne et d'une « Notice » sur Fabre d'Olivet, Paris, Dorbon, 1894, p. 34.

(46) ユスチニウス帝の将軍だったベリゼール（490-565年）は、皇帝の怒りに触れ、目を潰され、投獄されるという罰を受けた。その後盲目の物乞いとなったベリゼールの伝説は、12世紀からギリシャ人僧侶ヨハネ・ツェツェスの口承で有名になった。15世紀、16世紀、および17世紀において、ベリゼール伝説のテーマは西洋文学、および絵画の主要テーマの一つとなった。1767年にマルモンテルが刊行した教養小説『ベリゼール』がフランス内外で大きな反響を呼んだことから、ベリゼール伝説の伝播に大きな転機が訪れた。その後、1781年と84年のジャック・ルイ・ダヴィッドによる絵画、1795年のフランソワ・ジェラールによる絵画が生まれた。また、演劇やオペラの作品も流行した。例えば、『ヒンドスタンの賢者』のプレミアの年である1796年には、パリ、オペラ・コミック座で、ダルティニーとフランソワ・アンドレ・ダニカン・フィリドールがマルモンテルの小説を翻案した戯曲を舞台にのせた。この戯曲は大きな成功をおさめ、イデオローグの哲学雑誌『デカード・フィロゾフィック』に報告が掲載されたほどであった。執政政府下の1798年には、ベリゼールのテーマをもとにしたロマンセ（恋愛歌曲）が巷に流れ、「感じやすい魂」の涙を絞った。このロマンセの歌詞作者はネポミュセーヌ・ルメルシエ、作曲者はガラである。参照文献は以下。

Grand dictionnaire universel du XIXe siècle, par Pierre Larousse, tome deuxième, article « Bélisaire », p. 499-500. Jean-François Marmontel, *Bélisaire*, édition établie, présentée et annotée par Robert Granderoute, Paris, Société des Textes Français Modernes, 1994, « Introduction » et « Bibliographie », p. I-LXXVII. *La Décade philosophique*, littéraire et politique, cinquième année de la République, premier trimestre, p. 106. Michael Fried, *La Place du spectateur. Esthétique et origines de la peinture moderne*, traduit de l'anglais par Claire Brunet, Paris, Gallimard, 1990, p. 143-165, notes, p. 249-255. « Visages mythiques de la cécité. De l'antiquité au Moyen Âge », *VOIR barré*, No. 5, octobre 1992, p. 18-20.

(47) シェニエもまた、死後出版された詩『シュザンヌ』で（シェニエのほとんどの詩は死後出版である）、ミルトンの語った盲目と詩的霊感を結びつけている。「悦楽の言葉、恐怖の言葉。ミルトンの唇に変わることなく咲きほこる。偉大な盲人よ、その目は多くのことを見た」。André Chénier, *Poésies*, Gallimard, 1994, « Suzanne », Chant I, p. 388.

(48) ファーブル・ドリヴェは、フランス新古典主義絵画の伝統にのっとって、ホメロスを、家族に見放されて貧しく放浪する詩人として描いている。この伝統は特に、1794年に書かれたとされるアンドレ・シェニエの詩『盲人』や、同年のジャック・

に厳しく、減給とインフレに悩んだ公務員が苦渋をなめたことは知られているが。

（31）Haüy, Instituteur National en chef des aveugles. Au Ministre de la République française ayant le département de l'intérieur, septidi 7 thermidor, l'an 4 de la République française, A. N. F15 2569, 1 p.

（32）Haüy au Ministre de l'Intérieur. Du 12 prairial l'An 5ᵉ de la République française（31 mai 1797）, A. N. F15 2569, 1p.

（33）*Œuvres* d'Avisse, Aveugle, « Au citoyen François-de-Neuf-Château, l'un des Directeurs de la République française », p. 23. しかし実際は、アヴィッスが書いたとされる最後の嘆願書には日付がない。フランソワ・ド・ヌーシャトーが大臣職にあったのが1797年9月8日から翌年5月15日までだったことを鑑みて、この手紙も97年と98年の冬に書かれたものと判断した。

（34）*Notice historique*, 1828, non paginée.

（35）アユイは『第3の覚え書き』にこう書いている。「犯罪的だったのは、学芸、読み書き、計算、地理、語学、詩、そして盲人のために特別に考案された印刷技術を、さらに特筆すべきは音楽の授業をも規定する権力に、学校を従わせたことだった。音楽を自由に学ばせないということは、盲人たちに特別に与えられた最後の能力の発露を押しつぶすことにほかならない。盲人にとって、音楽が慰めであると同時に生活の資を稼ぐ手段であることは、経験からも証明されているではないか。［傍点筆者］」*Troisième Note du citoyen Haüy, ou Court exposé de la naissance, des progrès et de l'état actuel de l'Institut National des Aveugles-Travailleurs au 19 brumaire an 9,* p. 14-15.

（36）共和暦4年雪月《ニヴォーズ》5日付（1796年1月24日）、理事たちに宛てた手紙で、アユイはこの伝統に明白に減給している。

（37）この伝統は、18世紀末には中学校においては完全にすたれており、その代わり、公開実技が取り入れられていた。

（38）Haüy aux Citoyens Directeurs, quintidi 5 pluviôse, l'An 4ᵉ de la République française, A. N. F15 2569, 1p.

（39）*Ibid.*

（40）*Ibid.*

（41）ファーブル・ドリヴェは、ラングドック出身の劇作家・詩人であり、文献学の研究でも知られていた。彼もまた、同時代の多くの学者と同じく、「話し言葉の原則にさかのぼる」ことに腐心していた。ドリヴェが特にヘブライ語を研究対象に選んだのは、この言語は彼にとって「文法の規則からその未知の源泉にさかのぼることが最も容易な言語の一つ」だったからである。彼の著書のうち最も有名なものは『再生ヘブライ語と、分析を受けて改訂され、実証されたヘブライ語起源の語の真の意味について』で、そこには神秘思想の影響を受けた宗教的思念が多く見られる。この書は2部にわかれており、その第1部は話し言葉の源泉についての思弁に割かれている。ドリヴェはまた、若い頃に医学を独学で学んだ博愛主義的哲学者だった。彼はのちに、複数の聾唖者に話し言葉を教えるという計画も実行に移し、成功したと言われる。典拠は以下。« Notice sur la vie et les œuvres de Fabre d'Olivet », annexée à *Le Sage de l'Indostan, drame philosophique*, Paris, Dorbon, Libraire, 1894, p. 52, p. 25. Léon Cellier, *Fabre d'Olivet. Contribution à l'étude des aspects religieux du romantisme*, Paris, Librairie, Nizet, 1953.

（42）Lettre d'Haüy, « Aux représentants du Peuple composant le Directoire exécutif de la République française », quintidi, 25 thermidor an IV de la République française, A. N. F III 45. アユイが「フランス共和国執政政府の民衆代表」に宛てて書いた共和暦4年熱月《テルミドール》25日付プレミア招待状は、起稿され、タイプで打たれてパリ、ヴァランタン・

員会のデルニオーに宛てた手紙。委員会総会に学校の副教師監の出席を求めている。

(24) パリの料理店経営者の家に生まれたジャン・ドニ・アヴィッスは、14歳で奴隷船に若年水夫として乗り込んだ。最初の航海は何事もなく終わったが、2度目のアフリカ航海でアヴィッスは眼病にかかった。アヴィッスの生徒で、後に彼の伝記をものしたデルピエール・デュ・トランブレーは、この時の病因を「悪い風」としている。トラコームだったのだろうか。それとも淋菌眼炎だったのだろうか。真の病因がなんであったかは分からないが、ともあれアヴィッスは「間違った処方による治療」を数カ月受け続け、18歳にして完全に失明してしまった。Delpierre (du Tremblay), « Vie d'Avisse, professeur de grammaire et de logique, à l'Institut des Aveugles-travailleurs », in *Œuvres d'Avisse*, Paris, De l'Imprimerie du Lycée des Aveugles, s. d., p. 1-14.

(25) *L'Assistance publique à Paris*, par A. Tuetey, tome II, pièce 248 : Lettre du sieur Avisse, répétiteur de grammaire à l'Institut des Aveugles-travailleurs, critiquant cet établissement. 11 fructidor an III, p. 366-367 (Original signé, A. N. F15 2569). 共和暦3年果実月《フリュクティドール》11日付アヴィッスが学校を批判している手紙。

(26) *Id.*, pièce 249 : Lettre de M. Haüy, Instituteur national des Aveugles-travailleurs, à M. Derniau, membre de la Commission des secours publics, déclarant qu'il se propose de démontrer avant peu l'utilité des travaux exécutés par les aveugles de l'Institut national, 14 fructidor an III, p. 368-369 (Original signé, A. N. F15 2569). 共和暦3年果実月《フリュクティドール》14日付、アユイからデルニオーに宛てた手紙。アユイは盲人生徒の作業の有用性を証明することを誓っている。

(27) 議会公文書館に保管されている、1792年9月9日の国会総会に提出された盲人労働者学校の生徒たちによる嘆願書。レスプリの引用による。A. L'Esprit, « Valentin Haüy, instituteur des aveugles et théophilanthrope. Son séjour dans nos quartiers », in *La Cité*, Bulletin trimestriel de la Société Historique et Archéologique du IVe arrondissement de Paris, 16e année, 1917, p. 263-266. 当時キャンズ・ヴァンの盲人に外来扶助が許されたことを受けて、アユイの生徒たちも、1791年9月28日付政令が設置した生活保護を受けつつ、学校の外へ出ることを望んでいたのだった。この嘆願書を書いた生徒たちが、実際に自分たちの言っていることを確信していたかどうかは分からない。彼らは、学校の現状に失望していたのかもしれない、あるいは盲目は就労不可能と同義であるという伝統的な盲人観を内面化してしまっていたのかもしれない。あるいは、公的扶助をより簡単に手に入れる方法として、そうした盲人観の理屈を逆に利用したのかもしれない。

(28) *Notice historique*, 1828, non paginée.

(29) *Œuvres* d'Avisse, « Au citoyen Bénézech, ministre de l'Intérieur : A l'effet d'obtenir des Traitements en Numéraire », p. 17.

(30) アルベール・ソブールが引用しているところによれば、同じ時期には、インフレーションによる給料の払い遅れ、または無払いを訴えた公務員団体の嘆願書が見つかると言う。ソブールの引用をそのまま引いてみよう。「現在、行政の役人の給料は、監獄の罪人や徒刑囚にかかる費用の4分の1以下にまで下がっている。役人はもはや日給6リーヴル、2ソル、8ドニエを受け取るのみである。生きていくためには、彼らは家具や生活必需品すらも売り払わなければならなかった。今では、公務員が貧民用のパンをもらいにやってくるようになっている」。Albert Soboul, *Histoire de la Révolution française*. Tome 2, « De la Montagne à Brumaire », Paris, Gallimard, 1962, p. 213-214. 付け加えるならば、囚人と公務員の比較にはいささか問題がある。囚人が獄死する主な理由は、寒さと飢えと病であった。もちろん、共和暦4年の冬はこと

(13) *L'Assistance publique à Paris pendant la Révolution*, par A. Tuetey, tome II, pièce 235, p. 350-351（Minute, A. N., F15 2569）.

(14) P. C. F. Daunou, *Décret sur l'organisation de l'instruction publique*, in *Moniteur* du 3 brumaire an IV（25 octobre 1795）, p. 131. Cité par M. James Guillaume, *Procès-Verbaux du Comité d'Instruction publique de la Convention Nationale*, tome sixième, Cinq cent huitième séance. Du 27 vendémiaire an IV（19 octobre 1795）, Pièces Annexes, p. 811.

(15) コンドルセは、公教育に関する報告書に先立つこと 4 年前に『地方議会の編成と機能についての論考』を刊行していた。同著の中で、彼はすでに「盲人と聾唖者の教育」を政府機関の管轄下におかれるべき問題として取り上げた。しかし、同問題が考慮されていたのは「貧民援助対策」の章の中であった。A. N. de Caritat, marquis de Condorcet, *Essai sur la constitution et les fonctions des assemblées provinciales*, 1788（s. l.）, tome second : « Des fonctions des Assemblées provinciales », Article IV, Etablissements publics. Division de ces établissements, I. Des secours à donner aux pauvres, p. 215-216. コンドルセはこのテキストで、聾唖者と盲人の学校が生徒たちの労働によって必要な収入を得ることができると示唆している。また、このテキストには、革命政府が続々と両校に対して採用することになる法的措置の萌芽が見られる。

(16) Maurice Gontard, *op. cit.*, p. 154.

(17)「共和暦 4 年葡萄月《ヴァンデミエール》 10 日付省庁編成に関する政令」、内務省の管轄について定めた第 4 条にこうある。「民間病院、慈善施設および作業場、物乞いと放浪撲滅のための機関、公的扶助事業、聾唖者と盲人のための施設」。« 10 vendémiaire an IV, *Décret sur l'organisation du ministère*, Art. 4, attributions du ministère de l'intérieur », in *Législation charitable* par le Baron Ad. De Watteville, tome premier : 1790-1842, Paris, Cotillon, 1863, p. 39-40.

(18) *L'Assistance publique à Paris,* par A. Tuetey, tome II, pièce 246, p. 365（Original signé et minute - 2 p. - A. N. F15 2569）「社会扶助委員会に提出された報告書は、盲人労働者学校の 19 人の生徒たちの生活費の補助金として、国庫から 403 リーヴル 15 ソルの出費を提案している。共和暦果実月《フリュクティドール》 6 日」。

(19) 共和暦 5 年葡萄月 16 日付「施設の固有財産の受益権を保護する法律」第 4 条にはこうある。「聾唖者と盲人のための既存施設は、国家財政の扶養とする」。« 16 vendémiaire an V : Loi qui conserve aux hospices civils les jouissances de leurs biens », Art. 4, in *Législation charitable*, par le baron Ad. De Watteville, tome premier 1790-1842, Paris, Cotillon, 1863, p. 41.

(20) アユイから内相に宛てた、共和暦 5 年牧草月《プレリアル》 12 日（1797 年 5 月 31 日）付の手紙。A. N. F15 2569.

(21) アユイの人生における波乱に満ちたこの挿話については、レスプリの記事に詳しい。A. L'Esprit, « Valentin Haüy, instituteur des aveugles et théophilanthrope. Son séjour dans nos quartiers », *La Cité*, 16e année, 1917, p. 279-291.

(22) *L'Assistance publique à Paris*, par A. Tuetey, tome II, pièce 245 : Lette de M. Haüy, premier instituteur des Aveugles travailleurs, à la Commission des secours publics, accompagnant l'envoi de divers documents en vue de la réorganisation de cet établissement, 26 thermidor an III, p. 364（Original signé, A. N. F15 2569）. 共和暦 3 年熱月《テルミドール》 26 日付アユイから公的扶助委員会に宛てた手紙。

(23) *Id.*, pièce 247 : Lettre des élèves de l'Institut national des aveugles-travailleurs à M. Derniau（membre de la Commission des secours publics）, le priant de convoquer à leur assemblée le second instituteur de la Maison, 9 fructidor an III, p. 366（Original signé, A. N. F15 2569）. 共和暦 3 年果実月《フリュクティドール》 9 日付盲人労働学校の生徒たちから公的扶助委

た。Thiéry, *Guide des amateurs et des étrangers voyageurs à Paris*, tome I, 1786, p. 495.

(2) 1793年の公式書類に記載された疑問である。

(3)「公的扶助委員会に提出された報告書によれば、盲人労働者学校は慈善施設とみなされるべきであり、公的扶助委員会の管轄に置かれるべきとされている。共和暦2年花月《フロレアル》2日」。*L'Assistance publique à Paris pendant la Révolution*, par A. Tuetey, tome II, pièce 235, p. 350-351（Minute, A. N., F15 2569）.

(4) 共和暦3年牧草月《プレリアル》25日（1795年6月14日）に、アン県の代議士メルリーノが国民公会に提出した『盲人労働者のためのパリの施設再編成のための最終案についての政令法案』の冒頭には、「国立盲人労働者学校に関する国民公会への嘆願書」が載せられている。嘆願書には、このようなくだりが見つかる。「現在の食料不足と食料価格の過度な高騰に最も苦しまなければならない階級があるとすれば、それは、財産を持たないのみならず、収入の不足を補うために必要な器官を持たず、どれほど勤勉な労働者であっても可能な仕事の幅があまりにも限られている階級である。（…）現在、彼らの苦しみは最高潮に達している。運命に見放されたこれら不幸な者たちは、これまで仕事の量を無闇に増やすことで飢餓を逃れようとしてきた。しかし、不毛な努力だった。少ないばかりでなく、質の悪い食事のせいで疲れ果てた彼らは、いくら力を振り絞って労働に向かおうとしても、またいくらその必要に迫られていたとしても、もはや腕が上がらない状態にある。そのうちの2人は過労の値を払うことになった。もう2人は入院している。もはや死は免れないだろう。その他の者は、学校内で日々衰弱している。病が彼らを襲うのも時間の問題だろう。署名、ジェルサン、アユイ」。

(5) 共和暦1年の憲法成立（1793年6月24日）直前には、人権宣言が発表された。人権宣言は、あらゆる人間の生存手段と教育への権利を認めていた。その部分を引用してみよう。

「第21条、国家は国民に公的扶助という聖なる義務を負うものとする。社会は不幸な市民に生存の道を与えなければならない。それは、雇用を供給することである場合もあり、労働が不可能な人間に生存手段を与えることである場合もある。

第22条、教育は全ての人間にとって必要である。社会はあらゆる手段を結集して、大衆の理性を進歩させ、あらゆる市民に教育の機会を提供するという目的を奨励しなければならない」。

ところで、訓盲院が再び独立採算となった時、山岳党の計画に心から賛同していたアユイは、院の公報のすべてに「盲人労働者学校――ドニ通りとロンバール通りの角」という題名と、その下に枠で囲んだ「社会は彼らに扶助、教育、雇用を与え、彼らの不幸を肩代わりする－共和国憲法第21、22、123条より」という標語を記載した。

(6) *L'Assistance publique à Paris pendant la Révolution*, par A. Tuetey, tome II, pièce 241, « Lettre de M. Haüy à l'un des membres de la Commission des Secours publics pour se justifier de certaines inculpations dont il était l'objet, 25 Nivôse an III », p. 358-359（A. N., F15 2569）.

(7) *Loi relative à l'organisation d'un Etablissement institué pour les Aveugles travailleurs.* Du 10ᵉ jour de thermidor, an 3ᵉ de la République, Article V.

(8) *Id.*, Article Premier.

(9) *Id.*, Article III.

(10) *Ibid.*

(11) *Id.*, Article VIII.

(12) *Id.*, Article X.

として印刷させた。［傍点筆者］」Gérard-Antoine de Halem, *Paris en 1790*, traduction, introduction et notes d'Arthur Choquet, Paris, Léon Chailley, 1896, « Seizième lettre », p. 280-281.

(75) 生徒たちはもっと高尚な問題について論述することや、もっと難しい問題に答えることができたにも関わらず、ディクテーションによって筆記していたのは、アベ・ド・レペが記号によって伝えていた簡単な内容だった。1785年11月25日の手紙で、ド・レペはシカールにこう言っている。「生徒たちが自分の考えを書き言葉で表現できるなどとは、決して考えてはいけません。我々の言語は彼らの言語ではないのです。我々の言語は記号の言語なのです。彼らが我々の言葉を彼らの方法で翻訳することで満足しなければなりません。それは、あたかも我々が、話すこともその言葉で考えることもできない未知の外国語をフランス語に訳すようなものです。私がこの分野で勝ち取った栄光のあとを継ぐよう指名されたことこそが、あなたの栄光ではありませんか。あなたの生徒が、私の生徒と同じように、記号のディクテーションによって書くことを学ぶこと以上に、あなたの成功はないではありませんか」。*Cours d'instruction d'un sourd-muet de naissance. Et qui peut être utile à l'Education de ceux qui entendent et qui parlent*, par Roch-Ambroise Sicard, Seconde Edition, Paris, chez Le Clerc, an XI-1803, Troisième Note, p. 483-484.

(76) « Pétition à l'Assemblée législative en faveur des aveugles » in *Procès-Verbaux du Comité d'Instruction Publique de l'Assemblée législative* publiés et annotés par James Guillaume, Paris, Imprimerie Nationale, 1889, « Pièces Annexes », A. op. 314. 添付文書のマージンには、このような注釈が書かれている。「公的扶助委員会と公教育委員会に転送。3日以内の報告を待つ。共和暦4年、1792年8月19日」。

(77) *Cours d'instruction d'un sourd-muet de naissance. Et qui peut être utile à l'Education de ceux qui entendent et qui parlent*, par Roch-Ambroise Sicard, Instituteur des sourds-muets de naissance, successeur immédiat de l'Abbé de l'Epée, A Paris, chez Le Clerc, An VIII. « Discours préliminaire », p. VI-IX et p. XI-XIV.

(78) Picavet, *Les Idéologues*, Félix Alcan, 1891, p. 504.

(79) *Notice Historique*, 1828, non paginée. 訓盲院がセレスタン修道院に居を構えていた間、その印刷所を指揮していたのは有能なルシュアールであった。この功績のおかげで、セレスタンから聾唖生徒がいなくなった後、ルシュアールは学校の会計士に任命された。

(80) Archives XV-XX, B 109-6715, Dossier Haüy, « Résumé de mes comptes. Année 1792 », *Ce primidi 21 Frimaire l'an 2*[e] de la République Française une et indivisible. Signé Haüy. アユイ自身が1792年当時の（聾唖学院と同居していた）訓盲院の支出を記録したこの書類によれば、「晴眼者学級」は印刷所に次いで学校に最も実入りのいい収入をもたらしている。この会計記録はまた、1792年に訓盲院にいた盲人生徒の数が27人であったことを教えてくれる。27人のうち、8人が復習教師（男子6人、女子2人）であり、19人が生徒（男子11人、女子8人）であった。この数は、国立の教育施設にしては非常に少人数に思われるが、当時の訓盲院の予算を鑑みれば多すぎるほどだった。

第8章　国立盲人労働者学校

(1) サント・カトリーヌ教会は、聖アウグスツス会の修道女たち（「カトリネット」）によって運営されており、「あらゆる階級の女性と娘たちに、3日以上の住居と食事を与えること」をその主な任務としていた。アンシャン・レジームには、「パリの市街と監獄で亡くなった人の亡骸の世話と埋葬」もカトリネットたちの仕事だっしょう。授業に遊びを持ち込まない限り、きちんと教育できないということをご了解ください。[傍点筆者]」これは、ド・レペがアベ・シカールに宛てて書いた178. . . 年12月20日付の手紙の言葉である。フェルディナン・ベルチエの引用による。Ferdinand Berthier, *L'Abbé Sicard, célèbre instituteur des sourds-muets, successeur immédiat de l'abbé de l'Epée. Précis historique sur sa vie, ses travaux et ses succès*, Paris, Charles Douniol et Cie, 1873, Note G, Cop*ie de deux lettres autographes inédites de l'abbé de l'Epée, ne portant pas de signature, adressées à l'abbé Sicard, secrétaire du Musée, et instituteur gratuit des sourds-muets, maison Saint-Rome, à Toulouse*（*cachet de l'abbé de l'Epée, en cire rouge, presque effacé*）, p. 212. アベ・ド・レペは、このようにゲームや遊びを授業に持ち込む方法を推奨していた。この点において、彼はロックの教育原則および、エラスムスの人文主義を受け継いだ18世紀の多くの教育者たちの方法に忠実に従っていたのである。

（67）*Règlemens pour l'établissement*, Titre III, Article XVI, p. 14.

（68）*Id.*, p. 15.

（69）« Mémoire de M. Haüy sur l'éducation des aveugles », in *Mémoires lus dans la séance publique du Bureau Académique d'écriture, le 18 novembre 1784*, p. 45.

（70）*Règlemens pour l'établissement*, Titre III, Article XVIII, p. 15

（71）政府財政の赤字に加えて、キャンズ・ヴァンではその頃運営部内の対立が深刻化していたことがある。そのためにキャンズ・ヴァンは、1791年9月の政令に定められていた訓盲院への助成義務を拒否したのだった。

（72）匿名の相手に宛てられたアユイの手紙。1792年1月28日土曜日付である。パリ、ヴァランタン・アユイ協会の図書館の「Hédé-Haüy 蔵書」に、タイプ打ちされた複写が保管されている。

（73）*L'Assistance publique à Paris pendant la Révolution*, documents inédits, recueillis et publiés par A. Tuetey, tome II. *Les Ateliers de charité et de filature 1791 - an IV*, Paris, Imprimerie nationale, 1897. « Institut des Aveugles travailleurs », pièce 233 : « Enquête faite par le Comité des secours publics sur l'Etablissement des Aveugles travailleurs, 14, 19 novembre 1791 », p. 349（Extrait des procès-verbaux des séances du Comité des secours publics, A. N. AF *II 39, folio 11 Vo）

（74）例えば、1790年に訓盲院を訪れたドイツ人、オルデンブルグの裁判官ゲルハルト・アントン・フォン・ハレムは、こう言っている。「昨日、ヴァランタン・アユイがその学校で週に2回行なっているという試験を傍聴することができた。階段状に並べられたベンチには、14人ほどの男女の盲人生徒が座っていた。年齢はまちまちであった。彼らは緑色の目隠しを深くおろしていた。アユイは自信満々の声を張り上げて、まるで歯抜き職人そのままだった。アユイによれば、彼の盲人生徒は学ぶだけではなく、いずれは見える者を教え導く立場となる者たちらしかった。そのため、アユイは生徒たちを『盲人師匠』と呼んでいた。生徒たちはその技と知識を披露するために進み出た。彼らの傍には、可愛らしい2人の幼い少年がいた。盲人生徒たちは、少年に読み方、算数、地理を教えているふりをした。盲人たちは、浮き出し文字で印刷された本を指で触れていた。幼い晴眼者の少年たちは、普通の印刷物で同じ教本を音読していた。教師役の盲人は浮き出し文字の本を頼りに、少年たちが読み方を間違えた時には、間違いをただしていた。アユイ氏は盲人教師の能力を試すために、時には少年たちに数頁とばして読ませた。（…）そして、1人の盲人が進み出て、長い詩を朗誦した。この詩は彼自身が書いたものだというう わさだった。この詩は、盲人がおかれている状況と、アユイ氏の学校で彼らがどれほど幸福であるかをうたっていた。アユイはこの詩を学校内の印刷所で四つ折り版の本

(57) セレスタン修道院で聾唖生徒と盲人生徒が同居していた時期の出来事について、また9月の大量虐殺を目前にしたシカールの逮捕および拘留の引き延ばし（あるいは、反対に釈放）において、アユイがどのような役割を演じたかという疑問については、すでに紹介した研究書を参照されたい。Pierre Henri, *La Vie et l'œuvre de Valentin Haüy*, p. 86-96 ; Alexis Karacostas, *L'Institution nationale des sourds-muets de Paris de 1790 à 1800*, p. 62-82 ; A. L'Esprit, « Valentin Haüy, Instituteur des aveugles et théophilanthrope, son séjour dans nos quartiers », dans *La Cité, Bulletin trimestriel de la Société historique et archéologique du IV*[e] *arrondissement*, 16e année, 1917 ; Ferdinand Berthier, *L'Abbé Sicard, célèbre instituteur des sourds-muets*, Paris, 1873, chapitre II et VI.

ここで問題となっている1792年8月26日から9月4日まで続いたシカールの逮捕と拘留から、続く共和暦3年の牧草月《プレリアル》と果実月《フリュクティドール》に起こったアユイの逮捕と釈放までの一連の事件は、あまりにも不確実な情報と矛盾に満ちた証言のために、その実態の把握が難しい。我々も、シカールとアユイのどちらが正しかったのかを判断することはできない。ただ1つ確かに思われるのは、この2人が互いに心から憎み合っていたということである。この理由からも、両者の証言を文字通り受け取ることはできないと思われる。シカールとアユイの伝記作者たちに依拠するとしても、彼らがそれぞれの主人公の肩を持つ傾向があるのは当然である。アユイの罪状に関しても、シカールの嘘についても確かな「証拠」がないために、我々は、こうした場合において常にそうであるように、意見を述べることは控えたい。しかし、アユイが兵器庫《アルスナル》所轄の活動に精力的に参加した事実や、彼が革命政府の終焉まで公言し続けたジャコバン思想については、その重要性を過少評価するものではない（アユイのジャコバン思想は、ブリュメール18日のクーデターの後、彼に重大な損害を与えることになるだろう）。一方、ピカヴェがイデオローグについての研究書で語ったシカールの「二枚舌の性質」を考慮しないわけにもいかない。ピカヴェは、シカールの「哲学者としてのキャリアは浮き沈みの激しいものであり、何とも形容のしがたい様相を持っている」と言う。ピカヴェがその意見の根拠としている事実とは、「テルミドール政変の後、クートン書類の中に1冊の本が見つかった。この本の第1頁目にはシカールが書いた献呈の辞があり、それは、当時の政治傾向を考えても非常に危険な種類のものであった。ラカナルはシカールの身を案じてこのページを破った。その上、彼にエコール・ノルマルでの発話技術の講義を与えた」。Picavet, *Les Idéologues. Essai sur l'histoire des idées et des théories scientifiques, philosophiques et religieuses, etc., etc., en France depuis 1789*, Paris, Félix Alcan, 1891, p. 501 et p. 504.

(58)「両校の主要目的は、道徳教育以上に、全ての生徒たちに産業に参画することのできる技術を与えて、外部からの施しを受けずに自活することのできる社会人に育て上げることである。よって、教師や会計士たちは、彼らの教育や配慮が全てこの社会全体の有用性の方向に向けられているべきことを忘れてはならない。*Règlemens pour l'établissement des sourds-muets et des aveugles-nés*, Titre III, Article Premier, p. 8-9.

(59) « Rapport sur l'établissement de l'Institution des sourds-muets de naissance », in *Procès-Verbaux*, p. 740 et p. 742.

(60) *Règlemens pour l'établissement*, Titre II, article II, p. 4.

(61) *Id.*, Article IX, p. 7.

(62) *Id.*, Titre III, Article Premier, p. 8 et 9.

(63) *Id.*, Article XIX, p. 15.

(64) *Id.*, Titre II, Article III, p. 4 et p. 5.

(65) *Id.*, Titre III, Article XIII, p. 13-14.

(66)「生徒たちがこうした作業でどれほど楽しい思いをするかをご覧になることで

開例会で読み上げられ」た報告書には、「聾唖者教師シカール」と署名がある。In *Tribut de la Société des Neuf Sœurs*, 14 octobre 1791, p. 281. ついでに述べておくと、シカールはこの報告書で聾唖者と盲人の間の交流の垣根を取り払ったのは自分が最初だと言っているが、この発言はまた、アベ・ド・レペとアユイのそれ以前の功績を無視したものである。

(42) Dominique Julia, *Les Trois couleurs du tableau noir. La Révolution*, Paris, éditions Belin, 1981, p. 223.

(43) « Rapport sur l'établissement des aveugles nés », in *Procès-Verbaux*, p. 757.

(44) « Décret du 28 septembre 1791, sur la réunion des aveugles et des sourds-muets, la dotation du nouvel établissement, le personnel et les traitements », article 2, in *Archives Parlementaires de 1787 à 1860, Paris*, 1888, Première Série (1787 à 1799), tome XXXI, p. 532.

(45) « Rapport sur l'établissement des sourds-muets de naissance », in *Procès-Verbaux*, p. 742.

(46) « Rapport sur l'établissement des aveugles nés », id., p. 752.

(47) Gladys Swain, *op. cit.*, p. 68.

(48) *Ibid.*

(49) プリウールとマシウは、パリの学校が「特殊教育の専門家」を養成することも考えに入れていた。パリで養成された障害者の教師は、その後「フランス全土に」新しい学校を創立することになっていた。しかし、新たな特殊学校が生まれるのはそのずっと後のことである。国民公会が行なったのは、ただアンシャン・レジームの時代にボルドーに創立された聾唖学校の国営化のみだった。

(50) « Décret du 28 septembre 1791 » article 5, in *Archives Parlementaires*, p. 532. 1791 年 9 月 28 日付政令第 5 条には、ピエール・アンリが注意を促した重要な項目が記載されている。「盲人たちには、その障害と才能に応じて最適な場所が与えられる」という項目である。これは、盲人による盲人の教育という考えに初めて法的土台を与えたものであった。この考えは国民公会によって再び取り入れられ、この本でも後に検証する「盲人労働者学校編成に関する共和暦 3 年テルミドール 10 日法」に盛り込まれることになろう。しかし、ここではまだ法解釈の領域である。同項目の分析についてはピエール・アンリの著書を参照されたい。Pierre Henri, *La Vie et l'œuvre de Valentin Haüy*, Paris, PUF, 1984, p. 89-90.

(51) « Décret du 28 septembre 1791é, article 6, in *ibid.*

(52) *Règlemens pour l'établissement des sourds-muets et des aveugles nés fondé par les Décrets du 21 juillet et du 28 septembre 1791*, A Paris, De l'Imprimerie de l'Institution des sourds-muets, près l'Arsenal, 1782, « Titre II », Art. V, p. 5.

(53) *Id.*, Art. VII, p. 6.

(54) *Id.*, Art. VIII, p. 7.

(55) アユイが匿名の相手に宛てた 1792 年 1 月 28 日付の手紙。パリ、ヴァランタン・アユイ協会図書館にタイプされた複写版が保管されている。

(56) シカールは共和国議会に宣誓することを拒否した聖職者であったが、アユイはパリ市兵器庫《アルスナル》所轄の有名人だった。アユイはまた、1792 年第 1 議会の書記を勤め、その後、パリで最も活発な区域の 1 つであった同所轄における民間監査員、そして革命政府監査員となった。1793 年 7 月 17 日には、「社会調和の会」と名付けられたサン・キュロット男女の大衆的な集会が結成され、アユイと、その生徒の幾人かも馳せ参じた。Cf. Albert Soboul, *Dictionnaire historique de la Révolution française*, Paris, PUF, 1989, Articles « Section de l'Arsenal » et « Valentin Haüy », signés par Raymonde Monnier, p. 43, p. 536.

はもっぱら貧困撲滅委員会（社会扶助政策を担当していた）を代表する人物であったことは注意する価値があるだろう。

(28) « Décret sur l'établissement de l'institution des sourds-muets », article 4, 1, in *Procès-Verbaux, ibid.*, p. 745.

(29) つまり、第1教師1人、第2教師1人、助手2人、会計士1人、読み書き教師1人、男子生徒のための復習教師2人、そして女子生徒のための女教師2人。

(30) « Décret sur l'établissement de l'institution des sourds-muets », in article 4, 3, in *ibid.*

(31) « Rapport sur l'établissement de l'institution des sourds-muets », in *Procès-Verbaux, op. cit.*, p. 739.

(32) *Id.*, p. 742.

(33)「聾唖者は、視覚の力によって、模倣と記号を介してアクセスできる知識のすべてを手に入れる」。一方、「盲人は触覚を磨ぎすませることで、言うならば目の代わりに指を使って学ぶ」。「先天性盲人の教育施設および同施設の聾唖者教育施設への合併についての報告。貧困撲滅委員会・国有財産譲渡委員会・財政委員会・立憲委員会の名において、オワーズ県司祭であり、国民議会におけるセーヌ・エ・オワーズ県代議士、J・B・マシウにより、1791年9月28日に発表された」。in *Procès-Verbaux*, p. 753.

(34)「アベ・ド・レペ、アベ・シカールとともに並び称される功績を誇るアユイ氏は、同じく後世に伝えられるべき美徳と才能をもって、生まれながらの盲人たちのために最初の2人が生まれながらの聾唖者に対して行なった善行をほどこした。人間にとってなくてはならない、同類たちおよび最高存在と交信するための方法を教えたのである。(…) アユイ氏はさらに、彼らに芸術的な知識や、特に機械の知識を与え、こうした知識のおかげで仕事を得て、貧困からはい出すことを可能にした」。*Ibid.*

(35) *Id.*, p. 755.

(36) *Id.*, p. 756.

(37) *Ibid.*

(38) *Ibid.*

(39) これは、同じ名を持つフリーメーソン・ロッジの延長とも言える、半ば科学者の集まりであり、半ば政治的会合であるような団体であった。アユイとアベ・シカールも加わっていた。

(40)「1791年7月21日のヌフスール協会公開例会報告」« Compte-rendu de la Séance publique de la Société Nationale des Neuf Sœurs du 21 Juillet 1791 », in *Tribut de la Société nationale des Neuf Sœurs, ou Recueil des Mémoires sur les Sciences, Belles-Lettres et Arts et d'autres pièces lues dans les Séances de cette Société*, 14 août 1791, A Paris, de l'Imprimerie de la Société Nationale des Neuf-Sœurs, p. 142 du même volume comportant les numéros allant du 14 juillet au 14 octobre 1791.

(41) 前掲書に報告されている例会では、聾唖生徒と盲人生徒の実技に加えて、「手のない子供が口にペンを加えて筆記をし、聾唖者と紙面によって交信し、手紙で遠くの人と交信をするに足りる特殊な能力を披露した」とされている。*Ibid.* マシウがこの7月21日の例会に出席したかどうかは定かではないが、彼はシカールが数年前から始めていた聾唖者と盲人の間の交信実験の成功に大きな影響を受けていた。シカールは自分の実験成果を同年9月27日のヌフスール協会例会で発表した。この例会の日が、ちょうどマシウが議会で聾唖者と盲人の教育施設についての報告を読み上げた日の前日であることに注意しよう。シカールがヌフスール協会で発表した報告の題名は「先天性聾唖者と先天性盲人の間の思念交信を助けるための新たな方法についての簡潔な報告」である。「ヌフスール協会の1791年9月27日公に供給されるべきこと」が定められている。Alexis, Karacostas, *op. cit.*, p. 50 に引用。しかしながら、チエリーが著した『探索好きと外国人旅行者のためのパリガイド』（1786-1787 年）には、この時セスタン修道院は、「様々な病気の電気治療を試みるル・デュール父子の暫定的施療院」がかつて下された政府認可のもとで、まだ運営されていたとある。Thiery, *Guide des amateurs et des étrangers voyageurs à Paris,* et Gattey, tome premier, 1786, p. 663. 実際のところ、この 2 通の勅令のいずれも、アベ・ド・レペの生前には適用されなかった。ド・レペは勅令が出された後も、ムーラン通りの自宅で授業を続けていた。おそらく、その費用も自腹か慈善家の寄進に頼っていたと思われる。そして、革命勃発後の 1790 年には、セレスタン修道院跡地は兵営に変貌した。

(15) サン・ジャック・ロピタル教区。*Assemblée générale - Messe des enfans aveugles, en action de grâces des vues du District pour étendre leur institution. Le Mardi 22 mars 1790.* Extrait du procès-verbal constatant cette cérémonie étant au deuxième régistre（sic）de délibérations du District. De l'Imprimerie du Postillon, rue d'Argenteuil, s. d., p. 1.

(16) 大学、王立科学アカデミー、王立音楽アカデミーのこと。

(17) サン・ジャック・ロピタル教区。*Assemblée générale, op. cit.*, p. 4.

(18) *Programme des exercices que soutiendront les enfans-aveugles, Le Jeudi 25 mars 1790, à Midi précis, en la Salle d'Assemblée de la Commune à l'Hôtel de Ville de Paris*, s. l. n. d., p. 1.

(19) サン・ジャック・ロピタル教区。*Assemblée générale - Messe des enfans aveugles, en action de grâces des vues du District pour étendre leur institution. Le Mardi 22 mars 1790, op. cit.*, p. 2-3. Alexis Karacostas, *op. cit.*, p. 37 ; et Note（1）, p. 56（Pétition de Massieu）.

(20) すでに挙げたカトリーヌ・デュプラの著作も参考になるだろう。Catherine Duprat, *op. cit.*, p. 406-407.

(21) 貧困撲滅委員会、国有財産譲渡委員会、財務委員会、立法委員会の名の下に。

(22) « Décret sur l'établissement de l'institution des sourds-muets de naissance, 21 juillet 1791 »（1791 年 7 月 21 日付先天性聾唖者のための教育施設法）in *Procès-Verbaux et Rapports du Comité de mendicité de la Constituante 1790-1791*, publiés et annotés par Camille loch et Alexandre Tuetey, Paris, Imprimerie Nationale, 1911, p. 744-745.

(23) *Ibid.*, p. 741.

(24) 議会で発言した代議士の 1 人は、ド・レペの名が「人類と祖国に最も大きな貢献を果たした市民の名とともに残されるべき」であると主張した。この意見は議会によって採択され、7 月 21 日付指令の第 1 条の中に明記されることとなった。条項にはこうある。「聾唖院の創始者であるアベ・ド・レペの名は、人類と祖国に最も大きな貢献を果たした市民の 1 人として残されるべし」。「先天性聾唖者教育施設に関する報告。貧困撲滅委員会、国有財産譲渡委員会、財政委員会、立憲委員会の名において、国民議会ラ・マルヌ県シャロン市議員、プリウールが作成。聾唖学院において印刷」。in *Procès-Verbaux, ibid.*, p. 744.

(25) *Ibid.*, p. 739. アベ・ド・レペ自身はこのような懸念は持っていなかった。彼が聾唖者の生活手段について著作の中で触れているとしても、それは副次的話題としてである。

(26) *Ibid.*

(27) *Id.*, p. 742 & p. 743. この点に関して、聾唖者の教育施設と盲人の教育施設について議会から依頼を受けて報告をした代議士の 2 人が、2 人とも貧困撲滅委員会の 1 員であった（委員会は 4 人からなっていた）ことは興味深い。さらに、この 2 人が、国有財産譲渡委員会・財政委員会・立憲委員会（立憲議会はこれら委員会に公教育についての懸案を任せていた）の名において報告書を提出したとしても、彼ら自身

第Ⅲ部　フランス革命と盲人——国家事業

第7章　聾唖者と盲人の合同学校（1791–1794年）

(1) Catherine Duprat, *op. cit.*, p. 286.

(2) *Journal de Paris*, 1789/243, du 31 août 1789, « Cérémonie », p. 1097.

(3) 10月3日、ル・ヴァシェ・ド・シャルモワは自らパリ市議会に足を運び、その式典に「演説を下賜した」のだった。*Actes de la Commune de Paris pendant la Révolution*, Sigismond Lacroix éd., Paris, Cerf et Noblet, 1894-1909, t. I, p. 460-461.

(4) *Id.*, p. 508-509.

(5) *Id.*, p. 509.

(6) 1786年、当時ボルドー大司教だったシセは、アベ・ド・レペの方法にしたがった聾唖学院をボルドーに創立する計画に賛同した。学院長は、アベ・ロッシュ・アンボロワーズ・シカールに任された。この時44歳のシカールは、すでにアベ・ド・レペのもとで手話を学んでいた。

(7) Ferdinand Berthier, *L'Abbé de l'Epée. Sa vie, son apostolat, ses travaux, sa lutte et ses succès*(...), Paris, Michel Lévy frères, Librairie-Editeurs, 1852, p. 57.

(8) 1人の貴族議員、2人の第3階級議員、3人の司祭という構成だった。司祭の1人は、サンリス行政区聖職議員であったジャン・パチスト・マシウだった。マシウは1791年9月の盲人施設国有化政令の報告者となる。Maryse Bézagu-Deluy, *L'Abbé de l'Epée. Instituteur gratuit des sourds-muets. 1712-1789*, Paris, Seghers, 1990, p. 256を参照。

(9) Catherine Duprat, *op. cit.*, p. 52.

(10) *Oraison funèbre de Charles-Michel de l'Epée*, prononcée en l'église paroissiale de Saint-Etienne-du-Mont le mardi 23 février 1790 par l'Abbé Fauchet, Paris, J. R. Lottin de Saint-Germain, 1790, p. 29.

(11) *Journal de la Municipalité*, cité par Maryse Bézagu-Deluy, *op. cit.*, p. 258.

(12) *Id.*, p. 262.

(13) 選考は、4月5日から6日にかけて法務省で行なわれた。審査員の大部分はバイイーが推挙し著名人であった。碑文文芸アカデミーのアベ・バルテレミーとケラリオ、アカデミー・フランセーズのラ・アルプとマルモンテル、科学アカデミーのコンドルセとルロワ、貧困撲滅委員会のリアンクール（彼は4月26日に同委員会の会長に選ばれる）、国民衛兵隊隊長ラ・ファイエット、パリ市議会のシャンピオン・ド・ヴィルヌーヴ、ブルッス・デフォシュレ、そしてもちろん、パリ市長バイイー、法務大臣シャンピオン・ド・シセがいた。Alexandre Karacostas, *L'Institution nationale des sourds-muets de Paris de 1790 à 1800. Histoire d'un corps à corps*, Thèse pour le doctorat en médecine, Paris, 1981, p. 27.

(14) シャンピオン・ド・シセーからパリ市長バイイーに宛てた1790年3月19日付手紙。Alexis Karacostas, *op. cit.*, p. 50に引用されている。1778年、国務院が出した勅令（すでに触れた法文である）は、確かに以下のことを定めていた。「パリ司教区のセレスタン修道院が保有する財産のうち、前任者の寄付により無記名で残されている部分を、財産を持たない聾唖の生徒たちの生活費として、および同校を開校させる準備に必要なあらゆる経費をまかなう費用とする」。「同勅令は、パリに聾唖者の施設が設立されることを定める。ヴェルサイユ、1778年、11月21日」In *Recueil général des Anciennes lois françaises*, par MM. Jourdan, Isambert, Decrussy, Du 10 mai 1777 a 31 décembre 1778, Paris, mai 1826. No. 986, p. 459-460. 1785年3月25日には、「聾唖者教育のための施設の設立および収入に関する」第2の勅令が発行された。ここでは、「男女両性の生徒を受け入れる聾唖者施設を、パリのセレスタン修道院敷地内に設置し、建物を維持し、聾唖者のための教育を常にまかなうための資金が恒常的

退去せざるを得なかったために、過去数世紀にわたって慈善家からの贈与や遺贈、物乞いや修道士・修道女の遺産などで蓄積してきた資本を失うことになった。国家収益の再分配という代金で、サントノレの敷地を手放したキャンズ・ヴァンは、同時に共同体としての自立と自由を失い、国有の施設となってしまったのである。

(34) 国庫がキャンズ・ヴァンに支給することになった25万リーヴルの年金の他に、キャンズ・ヴァンにはまだ、地方の所有地や賃貸用建物などの資産があった。

(35) トノンが1788年に王立科学アカデミー、および王立外科アカデミーに提出した報告の最初のものにはこうある。「盲人に関して言えば、治癒可能な者をキャンズ・ヴァンに収容して、治療を受けさせるべきと考える。施設の場所や建物は治療の場所に適している。看護部も設置されている［1782年より、看護部は年老いた修道士・修道女、および病気の者を養護する場所だった。1787年に看護部のために新しく建物を建造することが決まった］。これからこの看護部に、解剖学、医学、眼科学を修めたパリでも有数の外科医を1人置くことにしたい。(…) 貧しい盲人たちが資力を取り戻せば、キャンズ・ヴァンには働き手が増え、出費が減るだろう。就業不可能な盲人は病院に収容し、そこに生涯とどめ置くことになるだろう。その場合、彼らの眼が治療不可能であることを証明する医師の書き付けが必要となろう」。*Mémoires sur les hôpitaux de Paris* par M. Tenon(...), Paris, De l'Imprimerie de Ph. D. Pierres, 1788, « Premier mémoire », p. 15-16.

(36) レオン・ル・グランによれば、ビセートル病院の入居者登録書に初めて盲目の記載があったのは1711年7月26日であり、1726年には、病院内に盲人のための特別な部門が設けられていた。例えば、1726年3月4日に入所したジャック・マルチノという人物の登録ファイルに、「盲人部門に入れるべし」とある。Léon Le Grand, *op. cit.*, p. 309. また、サルペトリエール病院については、1657年の現状報告に、628人の前収容者のうち「貧しい盲人の女15人」という記載がある。Nadine Simon, *La Pitié-Salpêtrière*, s. l., éditions de l'Arbre à images, 1986, p. 57.

(37) *Les Quinze-Vingts*, par l'Abbé Prompsault, *op. cit.*, p. 74.

(38) Léon Le Grand, *op. cit.*, p. 309. Pièces justificatives, X, « Règlement de l'école des Quinze-Vingts » (6485), 1er septembre 1784.

(39) かつてキャンズ・ヴァン共同体に入会する時に義務づけられていたのと同じように、施設に入るにも宣誓の文句が必要だった。入所を正式に許されるためには、盲人は次のことを誓わなければならなかった。「礼拝堂でのミサと祈祷」に参加すること、「少なくとも年に6回は告解すること」。修道士と修道女の日曜ミサへの出席は、出席コインを置いてくる決まりによって監督されていた。ミサの終了後に彼らの出欠は記録され、欠席するたびに罰金を払わなければならなかった。また、1783年6月2日付オルドナンスにより、修道士と修道女たちの祝日行列への参加も義務づけられていた。この義務を果たさなかった場合、1カ月の自宅蟄居という罰則があった。

(40) Jean-Pierre Gutton, *op. cit.*, p. 173.

(41) 貧民収容所は、1767年10月21日付国務省決定によって設置され、1775年11月21日付回状でチュルゴーによって閉鎖された。チュルゴーの回状は、数多い貧民収容所を危険人物を収容する5カ所に限定していた。しかし、ネッケルがさらにその決定を撤回した（ネッケルは同時に、ソワソンにモデルとなる収容所を作った）。貧民収容所の新規役は、1785年に交付されることになる。

(14) レオン・ル・グランは、改修のための工事人夫に支払われていた額は、1779年までにおよそ2百50万リーヴルに上ったと記録している。もちろん、この額には、建築技師、監査官、設計技師、倉庫見張り番などの給与や、工事に際して雇われた衛兵へのアルバイト代は含まれていない。Léon Le Grand, *op. cit.*, p. 86.

(15) 常に借金に追われていたロアン枢機卿は、部分的にはいわれのない賄賂疑惑もかけられた。「キャンズ・ヴァン事件」の噂には、枢機卿のほか、シャルトル公爵も巻き込まれており、長くパリの新聞をにぎわせる事件となった。

(16) レオン・ル・グランは、こうした理由により、当時多くの修道士に地方移転の許可が与えられたと述べている。移転許可は毎年更新する必要があったとは言え、18世紀末には急増した。1775年、参事会は多数決一致で、地方の教会に呼ばれることが多いオルガン奏者のみならず、施設の盲人修道士にとっても、より移転しやすい制度を定めることを決議した。盲人修道士の希望を叶えるというだけではなく、施設の利益を見込んでなされた決議でもあった。なぜなら、彼らが不在になれば、その施設内住居を外国人に賃貸しすることができたからである。Léon Le Grand, *op. cit.*, p. 89, note 6, et p. 232.

(17) *Id.*, p. 89.

(18) この売却金で最も潤ったのは、すでに借金で首がまわらなくなっていた国庫だっただろう。

(19) 兵営内の礼拝堂では場所が足りなかったので、オテル・デュー総務局はキャンズ・ヴァンの墓地と、近くの教会の墓地であったクラマール墓地に納骨することを許したのである。Léon Le Grand, *op. cit.*, p. 88-89.

(20) サンタントワーヌ通りには、かつてサントノレがそうであったように、謀叛を起こした者や非行の人間を閉じこめる監獄の代わりをする場所があった（当時の主な軽犯罪は、酩酊、暴言、暴力、賭け事であり、重犯罪は窃盗や強姦だった）。18世紀のキャンズ・ヴァンで入所者の犯罪については、ヤスミナ・ベンタンシとオリヴィエ・メゾンデューの修士論文に詳しい説明がある。*Les Quinze-Vingts dans la seconde moitié du XVIIIe siècle*, Paris X-Nanterre, 1978, p. 176-197. 1780年からは、これらの罪状に物乞いも加わった。

(21) Léon Le Grand, *op. cit.*, p. 151.

(22) *Les Quinze-Vingts*, par l'abbé Prompsault, *op. cit.*, p. 72.

(23) Léon Le Grand, *op. cit.*, p. 151.

(24)「一般的」は言い過ぎである。盲人の物乞いについての厳しい批判が始まったのは、施設創設のずっと後のことなのだから。

(25) Archives XV-XX, 5889, fol. 95, cité par Léon Le Grand, *op. cit.*, p. 150.

(26) *Parallèle de Napoléon-Bonarparte et du Cardinal de Rohan, sur les Œuvres qu'ils ont pratiquées dans l'Etablissement Royal de l'Hospice de Quinze-Vingts*, Par F. B. Gilles, Paris, chez l'Auteur, rue d'Argenteuil, No. 39, 1816, p. 5.

(27) Ordonnance du Grand aumônier du 28 mars 1781, Archives XV-XX, 5889, fol. 146Vo et 6470, citée par Léon Le Grand, *op. cit.*, p. 91 et par l'Abbé Prompsault, *op. cit.*, p. 72.

(28) *Les Quinze-Vingts*, par l'abbé Prompsault, *op. cit.*, p. 72.

(29) *Id.*, p. 73.

(30) また、修道士と修道女の一部は「キャンズ・ヴァン共同体」の中から選ばれた盲人でなければならなかった、という点も付け加えておこう。

(31) *Les Quinze-Vingts*, par l'abbé Prompsault, *op. cit.*, p. 74.

(32) *Id.*, p. 76.

(33) 国庫からの臨時収入があったとは言え、キャンズ・ヴァンは、サントノレから

が催された（教会司祭が博愛協会の会員だったことを付け加えておこう）。祝典では、「パリ大司教猊下」によって「2人の盲人生徒に堅信礼と聖体拝受の儀式」が授けられた。儀式の後、博愛協会によって救われた盲人生徒のために寄付を乞う女性たちの姿が見かけられた。協会の書記によれば、厳粛な儀式に強く心を揺すぶられた大勢の観衆は、「いつの間にか、そろって感涙を漏らしていた」という。*Journal de Paris,* 1787/246, du 3 septembre 1787, « Bienfaisance », Lettre du Secrétaire de la Société Philanthropique aux Auteurs du Journal, Paris, le 26 août 1787, p. 1072. ガリオの『訓盲院小史』には、この儀式の後、パリ大司教は「盲人女子生徒の歌を所望」し、それ以来「教会祝典における合唱は盲人生徒の特権となった」とある。Galliot, *Notice historique, op. cit.*, 1828.

(147) *Journal de Paris,* 1787/36, du 5 février 1787, « Bienfaisance », Lettre du Secrétaire de la Société Philanthropique aux Auteurs du Journal, le 27 janvier 1787, p. 158.

(148) Galliot, *Notice historique, op. cit.*, 1828.

(149) 1800年、アユイは訓盲院に宛てた『第三の覚え書き』（既に何度も引用）にこう述べている。「我々は、学業を終えた生徒たちがお互い同士で結婚することを喜ばしいことと思っている。なぜなら、盲人も健常者と同じくらい、いやおそらくそれ以上に、日々の苦労を語り合える相手が必要だからだ。配偶者以外に、よりよい相談相手がいるだろうか。（…）訓盲院は創立の綱領からして、このような性質の場所だ。広い敷地の中では、一方に学校があり、他方に就労者たちがいる。大人になって結婚している卒業生たちにも、我々教師は手助けを惜しまない。かつての生徒たちが築く家庭には、しばしば、余人がうらやむような秩序と清潔さが溢れている。そこでは、盲人生徒だった父親と母親が、まだゆりかごにいる赤ん坊がその目を開けて、両親を認めることができる日を待っているのだ」。*Troisième Note du Citoyen Haüy, auteur de la manière d'instruire les Aveugles, 19 brumaire an 9* (10 novembre 1800) *de la République Française, op. cit.*, p. 14.

(150) « Mémoire de M. Haüy sur l'éducation des aveugles », in *Mémoires lus dans la Séance publique* (...), 1784, p. 39.

第6章　キャンズ・ヴァンの移転と国庫収益

(1) 看護部で育てられた盲人を除いた数字である。

(2) 施設の収入があまりに少なかったせいである。

(3) 300という人数の内訳は以下の通りである。盲人修道士165人、盲人修道女50人、盲人児童10人、晴眼修道士23人、晴眼修道女52人。*Les Quinze-Vingts. Notes et documents*, recueillis par feu l'Abbé J. H. R. Prompsault, 1863, p. 65.

(4) Léon Le Grand, *Les Quinze-Vingts depuis leur fondation*, 1887, p. 140.

(5) *Id.*, p. 278.

(6) *Les Quinze-Vingts*, par Prompsault, p. 54.

(7) *Ibid.* かつてキャンズ・ヴァンでは司祭が教師だった。教師の役目は「施設内のすべての子供たちに、男女の別なく、教育を与えることにあった」。

(8) Archives XV-XX, 5877, fol. 188 (1714), cité par Léon Le Grand, *op. cit.*, p. 83.

(9) Arrêt du 20 juillet 1746. Archives XV-XX, 6461, cité par Léon Le Grand, *ibid.*

(10) Léon Le Grand, *op. cit.*, p. 85.

(11) Abbé Goergel, *Mémoires*, tome I, p. 485, cité par Léon Le Grand, *ibid.*

(12) ルイ16世は、このオルドナンスによって、国家にとって負担であった過剰な衛兵数を削減した。

(13) Léon Le Grand, *op. cit.*, p. 88.

A Versailles le 27 décembre 1786, *Un Philanthrope qui a été présent aux Exercices du 26.*

(136) *Journal de Paris,* 1787/8, du 8 janvier 1787, « Bienfaisance », *Aux Auteurs du Journal,* Ce 4 janvier 1787, HAÜY, Interprète du Roi, p. 31.

(137) マキシム・デュ・カンが引用しているところによれば、アユイは 1820 年 3 月 28 日付の息子に宛てた手紙でこう語っていたらしい。「亡きルイ 16 世陛下は、私と 24 人の最優秀生徒をヴェルサイユ宮殿にお招きくださった。我々が宮殿ですごした 15 日の間に、国王陛下は 2 度にわたって生徒たちの実技に出席いただいた。1 度目は陛下お 1 人だったが、2 度目は宮廷全員の前にお召しになった。慈悲深い国王は、宮廷の人々がよく理解するように、我々の実技の優れた点を自らお示しくださった」。Maxime Du Camp, *Paris, ses organes, ses fonctions et sa vie dans la seconde moitié du XIXe siècle*, tome cinquième, Paris, 1874, p. 493.

(138) 博愛協会事務長が 1787 年 1 月 27 日付で『パリ新聞』に宛てた手紙には、それまで 8 カ月間の協会の活動が報告されている。そこには、この期間に盲人生徒が行なった実技は 、「約束された報償がきちんと支払われれば、11 万 2711 リーヴル、15 ソル、6 ドニエの収入になる」とある。*Journal de Paris,* 1787/36, du 5 février 1787, « Bienfaisance », Lettre du Secrétaire de la Société Philanthropique aux Auteurs du Journal, A Paris, le 27 janvier 1787.

(139) *Journal de Paris,* 1787/8, du 8 janvier 1787, « Bienfaisance », *Aux Auteurs du Journal,* Ce 4 janvier 1787, HAüY, Interprète du Roi, p. 31.

(140) 医師グレーズはこのように紹介されている。「医学博士、アルトワ伯爵およびオルレアン公爵両猊下のかかりつけ眼科医、王立オルレアン外科医学校の外科および眼科長」。Glèze, *Règlements de Vie ou comment doivent se gouverner ceux qui sont affligés de la faiblesse de la vue avec les moyens de s'en préserver,* Orléans, Imprimerie de Jacob l'Aîné, 1787, p. 93.

(141) *Ibid.*

(142) 大衆が公共の場所でそろって他人の不幸に感涙の涙を流したという歴史的現象については、アンヌ・ヴァンサン・ビュフォーの研究が一つの仮定的説明を与えてくれる。ヴァンサン・ビュフォーによれば、「感性を媒介とした他者への自己同一化から生まれた新しい人間関係のあり方」を見ることができるという。この意見はグラディス・スワインの「アイデンティティーの革命」説に近い。Anne Vincent-Buffault, *op. cit.*, p. 43 ; Gladys Swain, *op. cit.*, p. 63.

(143) Glèze, *Règlement de Vie, op. cit.*, 1787, p. 95-96 医師グレーズのこの本から 2 年後、ルイ・セバスチアン・メルシエもまた、ヴァランタン・アユイを褒めそやす有識層についてこう述べている。「これら不幸な者たち［盲人生徒］は、訓導者の慈悲深い日夜の努力に多くを負っている。アユイ氏が、彼らに欠けた感覚を補うために他の感覚を訓練している様を見ることほど、心動かされる光景はない」。Louis-Sébastien Mercier, *Tableau de Paris,* Nouvelle édition, corrigée et augmentée, t. XII, Amsterdam, 1789, « Aveugles », p. 178-179.

(144)「5 月 14 日付の前便から、現在までの間に支給された額は 2 万 4 千 594 リーヴルであり、そのうち 1 万 6479 リーヴル、17 ソル、60 ドニエが盲人生徒の給付金となる。（…）46 人の盲人生徒が昨年給付を受け、今年は 62 人が受けるだろう 」。*Journal de Paris,* 1787/36, du 5 février 1787, « Bienfaisance », Lettre du Secrétaire philanthropique aux Auteurs du Journal, A Paris, le 27 janvier 1787, p. 158.

(145) Joachim-Heinrich Campe, « Fragment d'une lettre（...）résumé et traduit par Mme Liessens, de Cologne », in *Le Valentin Haüy,* 23 année, no. 3, mars 1905, p. 21-22.

(146) 1787 年 6 月 29 日には、サン・トゥスタッシュ教会で「荘厳かつ心打つ祝典」

(122) *Mémoires secrets*, tome trentième, année M. DCC. LXXXV, 15 décembre 1785, p. 126.

(123) アユイの訓盲院が最初に設置されたのは、彼の通詞オフィスがあった事蹟学術審議会の事務所だった。1786年にノートル・ダム・デ・ヴィクトワール通り18番地に移転するまで、パリ二区のコキリエール通りにあった。

(124) *Journal de Paris*, 1786/7, du 7 janvier 1786, « Bienfaisance », p. 27.

(125) 便覧番号はA-02-3004、整理番号VH 12/T4。

(126) アントワーヌ・ルネ・ド・ヴォワイエ・ダルジャンソンのことである。現在の国立図書館アルスナル本館は、彼の貴重な蔵書をもとに生まれた。

(127) *Journal de Paris*, 1787/36, du 5 février 1787, « Bienfaisance », Lettre du Secrétaire de la Société Philanthropique aux Auteurs du Journal, Paris, le 27 janvier 1787, p. 252. ガリオはその『訓盲院小史』に、「盲人生徒たちが印刷に成功したのを見て、アユイ氏は晴眼者のための印刷所をつくることができると考えた」と伝えている。ガリオは続けて、「その印刷所の監督として、博愛協会の一員であり王室印刷官であったクルジエ氏が選ばれた。クルジエ氏は喜んで活字を供与し、印刷所を監督する任務を引き受けた」と述べる。Galliot, *Notice historique*, 1828. また、アユイの『試論』初版には、ヴァンサン、元印刷業、クルジエ氏、王室付き印刷官、およびサイヤン、もと書店主」が、印刷技術を習得し終えた盲人生徒たちに与えることになっていた、1786年12月16日付の「「印刷業資格証書」が添付されている。*Essai sur l'éducation des aveugles*, 1786.

(128) *Essai sur l'éducation des aveugles*, 1786, p. 6.

(129) ガリオは『訓盲院小史』に、ノートル・ダム・デ・ヴィクトワール通りの事務所についての記述がある。この事務所は「博愛協会会員の中から選ばれた職員が働いていた」。「事務所の最初の総会で、イルデブラン氏の機械で糸を紡いでいた盲人の子供たちをアユイ氏の学校に入れようということが決まった」。「イルデブラン氏はこの意見に賛同し、機械を訓盲院に運ばせた」。Galliot, *Notice historique*, 1828.

(130) アユイの『盲人教育に関する試論』には次のような書類が添付されている。「盲人生徒が簡単に作成できる印刷物の見本」。*Essai sur l'éducation des aveugles*, 1786. ガリオの言うところを信用するならば、この時期をさかいに併合された2つの学校は、ヴァランタン・アユイを校長とし、博愛協会が借りている敷地に設置された。

(131) *Institution des sourds et muets par la voie des signes méthodiques*, 1776, Première Partie, p. 184-185.

(132) 初版の見開きには、同書の本文および補遺のいくつかのページは盲人生徒の手で印刷されたものである、という申し送りが記載されている。生徒たちは「一般的な活字」を使用し、「本の他の部分」、つまり『試論』全体の印刷には「盲人用に特別に考案された活字」を使用したとする。晴眼読者に向けて装丁された同書は「白地に黒で」印刷されていた。アユイは、普段使っていたシリンダー印刷機にインクリボンを設置して、「盲人が、彼らのためには白で印刷している版を黒で印刷できるように」はからったのである。Valentin Haüy, *Essai sur l'éducation des aveugles*, 1786, « Avertissement », p. 56.

(133)『試論』初版には「公開実技プログラム」が補遺として転記されている。ガリオは『訓盲院小史』において、「ヴェルサイユでの公開実技では、2人の生徒が、アユイ氏が試論の中で説明したシリンダー印刷機を使用した」ことを述べている。具体的には、「ル・シュアールが晴眼者用印刷機を使って印刷し、一方でユアールが盲人用印刷機で印刷をしてみせた」。Galliot, *Notice historique*, 1828.

(134) *Mémoires secrets*, tome trente-troisième, année M. DCC. LXXXV, p. 308.

(135) *Journal de Paris*, 1787/1, du 1er janvier 1787, « Bienfaisance », *Aux Auteurs du Journal*,

(110) *Journal de Paris*, 1785/47, du 16 février 1785, « Bienfaisance », p. 197.
(111) *Journal de Paris*, 1785/50, du 19 février 1785, « Bienfaisance », p. 209.
(112) *Ibid*.
(113) *Ibid*.
(114) *Journal de Paris,* 1785/52, du 21 février 1785, « Bienfaisance », p. 217.
(115) *Mémoires secrets pour servir à l'histoire de la République des Lettres en France, depuis M DCC LXII jusqu'à nos jours*, Tome 28, année M DC LXXXV, 20 février 1785, p. 153.
(116) その後、アユイの生徒の公開実技のたび、同じことが行なわれた。
(117) *Mémoires secrets pour servir à l'histoire de la République des Lettres en France, depuis M DCC LXII jusqu'à nos jours,* Tome 28, année M DC LXXXV, 20 février 1785, p. 153.
(118) *Id*., p. 156.
(119) *Journal de Paris*, année 1785 : No. 73 du 14 mars ; No. 82 du 23 mars ; No. 83 du 24 mars, et No. 204 du 23 juillet.『フランス文芸共和国新報』はまた、教養交歓サロンでのアユイの生徒たちの実技について報告している。*Les Nouvelles de la République des Lettres et des Arts* pour l'année 1785.
(120) *Journal de Paris,* 1785/61, du 2 mars 1785, « Bienfaisance », Lettre du Secrétaire de la Société philanthropique aux Auteurs du Journal, Paris, le 28 février 1785, p. 252.
　スイス生まれのろくろ機械師イルドブラン氏は、1785 年、「ろくろ作業の専門家であり、機械工を生業としている」と紹介された。Liliane Hilaire-Pérez, *L'Invention technique au siècle des Lumières*, Albin Michel, 2000, p. 148. サン・ドニ救貧施設に収容されている聾唖者および盲人のために紡績機械を設置するという計画が持ち上がった時、ピエール・ディオに対抗してイルデブランも候補者となった。Liliane Hilaire-Pérez, *op. cit*., p. 71-72. ヴァランタン・アユイは、『盲人教育に関する試論』1786 年初版で、「イルデブラン氏の手によるきわめて精巧な機械」をどのように扱うかを説明している。盲人生徒の 1 人が「真ん中の輪をまわしている間に、他の者たちはその輪から出ている数本の糸巻き棒で糸を紡いだ。糸巻き棒は、機械全体の動きを乱すことなく、好きな時にまわす速度を落としたり、止めたりすることができた」(*Essai sur l'éducation des aveugles*, 1786, p. 117, note 21)。また、アユイの最初の生徒の 1 人だったジャン・フランソワ・ガリオは、1828 年にキャンズ・ヴァンの浮き出し文字印刷機で印刷された『訓盲院小史』の中で、「この後すぐ、糸巻き棒を固定式のものに変えた」と付け加えている。

　啓蒙の世紀における産業技術の発達についての研究をしたリリアーヌ・イレール・ペレズは、当時の総合病院や特別施設、あるいは懲罰施設は、「バラバラに集められた労働者の集まりが新しい技術を試験的に使用して働かされている場所であり」、「技術的発明や強制的ユートピア思想が実物大の人間で実験されている場所」となっていたと述べている。イレール・ペレズはまた、18 世紀を通して発明家たちは紡績労働者のための学校を創立する計画を次々に立てたと言う。社会扶助と技術革新はここでさらに強く結びついたのである。Liliene Hilaire-Pérez, *op. cit*., p. 71-72, et p. 363, note 37.
(121) ルイ・シャルル・オーギュスト・ル・トヌリエ・ド・ブルトイユは、ヴェルジェンヌとも非常に近しい仲であり、その頃は国務院と王室の秘書官を務めており、同時に大臣でもあった。彼は貧民や病者といった社会のアウトサイダーたちを救うために様々な措置を提案した。その中には効果を発揮したものもあった。Arnaud de Maurepas/Antoine Boulant, *Les Ministres et les ministères du siècle des Lumières, 1715-1789. Etude et dictionnaire,* Editions Christan/JAS, 1996, p. 275. 前段でも述べたように、ブルトイユとベルジェンヌは、アユイの計画に関心を示した最初の大臣たちだった。

またロマン主義作家たち（スタール夫人、アンドレ・シェニエ、ピエール・シモン・バランシュ、バルザックなど）が文学の中で盲目の唄うたいや詩人の登場人物に大きな場所を与える理由となった。こうした作家たちはまた、文学の起源や「才能の基本的条件」についても語った。William R. Paulson, *Enlightenment, Romanticism, and the Blind in France*, Princeton University Press, 1987（Chapitre 5 : « From Chateaubriand to Balzac : litterature and loss of sight »）.

（91）アユイは、「盲人労働者学校の最初の礎石を築くため、私はそれまで20年間にわたって稼いだわずかな蓄えを注ぎ込んだ上、借金までしたのだ」と述懐している。*Troisième Note du citoyen Haüy*, p. 10

（92）*Journal de Paris*, 1784/274, du 30 septembre 1784, p. 1159.

（93）Valentin Haüy, *Essai sur l'éducation des aveugles*, 1786, p. 54. 台の両脇に設置された鉄板の上に文章を作っていくのだった。鉄板には印刷用の紙がとりつけられ、圧力を加減するようになっていた。

（94）*Id.*, p. 87-88.

（95）「彼のために近頃印刷された本の1ページを任意に開いた（これはサウンダーソンの伝記からの抜粋である）」*Journal de Paris*, 1784/328, du 23 novembre 1784, p. 1374.

（96）*Ibid.*

（97）*Troisième Note du citoyen Haüy*, p 9-10.

（98）« Mémoire de M. Haüy sur l'éducation des aveugles », in *Mémoires lus dans la séance publique,* 1784, p. 43-44 et 45-46.

（99）« Précis historique », in *Essai sur l'éducation des aveugles*, 1786, p. 121.

（100）*Journal de Paris*, 1784/363, du 28 décembre 1784, « Bienfaisance », *Aux Auteurs du Journal*, Paris, le 26 décembre 1784, *Un de vos Abonnés, Membre & Secrétaire de la Maison Philanthropique*, p. 1538.

（101）Académie royale des sciences, *Procès Verbaux*, tome 104, p. 33-38. 科学アカデミーが指名した監査官は以下の4名であった。デマレ（物理学者）、ドムール（御典眼科医）、ヴィック・ダジール（解剖学者、臨床家、1776年王立医学協会の創立メンバー）、ド・ラ・ロシュフーコー公爵（正式な名前をルイ・アレクサンドル・ド・ラ・ロッシュ・ギュイヨン・ド・ラ・ロシュフーコー・ダンヴィルといい、ちょうどこの年、1785年に博愛協会に入会を許された）。

（102）*Journal de Paris*, 1785/37, du 6 février 1785, « Bienfaisance », *Aux Auteurs du Journal,* Paris, le 6 février, De La Salle, *Secrétaire perpétuel de l'Académie Royale de Musique*, p. 154-155.

（103）*Id.*, p. 155.

（104）« Extrait des Registres de l'Académie Royale des Sciences, du 16 février 1785 », publié en annexe à *l'Essai sur l'éducation des aveugles*, 1786, 13 pages, p. 10-11.

（105）*Id.*, p. 11-12.

（106）そのために、ヴァランタン・アユイは1785年1月14日、博愛教会に入会を許された。その8カ月前、1784年3月28日には、アベ・ド・レペも入会していた。*Tableau des Membres de la Maison Philanthropique*, s. l. n. d., p. 26.

（107）« Extrait des Registres de l'Académie Royale des Sciences », p. 12.

（108）Turgot, article « Fondation », in *Encyclopédie ou Dictionnaire raisonné*, t. VII, 1757, p. 74, cité par Catherine Duprat, *op. cit.*, p. 4.

（109）1784年4月16日、コンセール・スピリチュエルの場所は、チュイルリーのソン・シュイス・ホールから旧機械室に移った。

(69) *Troisième Note du citoyen Haüy,* p. 10.

(70) « Précis historique », in Valentin Haüy, *Essai sur l'éducation des aveugles*, 1786, p. 119-120.

(71) *Id.*, p. 120.

(72) *Ibid.*

(73)『パリ新聞』に宛てたラ・ブランシュリーの手紙は24日に初めて公開されたのだから、当然である。

(74) « Précis historique » in Valentin Haüy, *Essai sur l'éducation des aveugles*, 1786, p. 120.

(75) *Journal de Paris,* 1784/260, du 16 septembre 1784, « Bienfaisance » *Aux Auteurs du Journal*, Paris, le 11 septembre 1784, *Un de vos Abonnés, Membre & Secrétaire actuel de la Maison Philantropique* (sic), p. 1101.

(76) *Ibid.*

(77) « Mémoire de M. Haüy sur l'éducation des aveugles » in *Mémoires lus dans la séance publique*, 1784, p. 39.

(78) *Ibid.* この1784年発表の論考でアユイが貧民階級の盲人のことを語る言葉は、1776年にアベ・ド・レペが赤貧家族に生まれた生徒たちのことを説明する言葉から大きく進歩している。8年の間に貧民や障害者を語る語彙が変わったことが分かる。この変化は、心性の変化と呼応しているだろう。ド・レペが「社会の澱《おり》」と呼んだ貧民階級は、アユイによっては「おそらく最も勤勉な人々であろうが、最も生活に苦しんでいる階級」と表現されている。貴族階級出身であったアベ・ド・レペと違い、ヴァランタン・アユイが民衆の生まれだったことも影響しているのかもしれない。

(79) « Mémoire de M. Haüy sur l'éducation des aveugles » in *Mémoires lus dans la séance publique*, 1784, p. 40.

(80) *Ibid.*

(81) *Journal de Paris,* 1784/274 du 30 septembre 1784, « Bienfaisance », *Aux Auteurs du Journal*, Paris, le 19 septembre 1784, Haüy, *Interprète du Roi*, p. 1159.

(82) *Mémoires lus dans la Séance publique du Bureau académique d'écriture*, 1784, frontispice.

(83) *Seconde Note du citoyen Haüy, auteur de la manière d'instruire les aveugles, en réponse à ceux qui le supposent animé d'une basse jalousie contre les talents qu'il n'a cessé d'admirer et de préconiser.* Imprimerie de l'Institut National des Aveugles-Travailleurs, rue Denis, No. 34, près celle des Lombards, Paris, s. d., p. 4

(84) « Mémoire de M. Haüy sur l'éducation des aveugles », in *Mémoires lus dans la séance publique*, 1784, p. 42.

(85) *Institution des sourds et muets, Seconde partie*, « Lettre Première de M. L'Abbé***, instituteur des sourds et muets, A M. L'Abbé***, son intime ami, en 1771 », p. 26-27.

(86) Abbé de l'Epée, *La Véritable manière d'instruire les sourds et muets*, 1784. Réédition, Paris, Fayard, 1984, p. 19.

(87) *Journal de Paris*, 1784/274 du 30 septembre 1784, p. 1159. アユイは後に、「盲人たちの手の感覚は、いつしかある種の視る力を帯びるようになった」と書いている。これ以上明らかに感覚代替について語った言葉はあるまい。Valentin Haüy, *Essai sur l'éducation des aveugles*, Paris, 1786, p. 18.

(88) « Mémoire de M. Haüy sur l'éducation des aveugle », in *Mémoires lus dans la séance publique*, 1784, p. 39.

(89) *Ibid.*

(90) *Ibid.* 盲目が「延々と続く孤独な時間」と同一視されたことは、前ロマン主義作家、がそうである。*Le Muet, aveugle, sourd et manchot*, Paris, Gilles Langlois, 1756.

(63) Catherine Duprat, *op. cit.*, p. XXIV-XXV.

(64) « Précis historique » in Valentin Haüy, *Essai sur l'éducation des aveugles, op. cit.*, 1786, p. 119.

(65) *Troisième Note du citoyen Haüy ou Cours exposé de la naissance, des progrès et de l'état actuel de l'Institut National des Aveugles-Travailleurs au 19 brumaire en 9 de la République française, entremêlé de quelques observations relatives à cet établissement.* De l'Imprimerie des Aveugles-Travailleurs, rue Denis, No. 34, p. 9-10.

(66) 18世紀の奇形興行と感性の発展の歴史については、ジャン・ジャック・クルチーヌの2本の論文を参照されたい。これら論文は、作者本人から手元に届けていただいた。Jean-Jacques Courtine, « Curiosités humaines, curiosité populaire. Le spectacle de la monstruosité au XVIIIe siècle » in *Curiosité et* Libido sciendi *de la Renaissance aux Lumières*, t. II, textes réunis par Nicole-Jacques-Chaquin et Sophie Houdard, Centre de Recherche Li Di Sa, ENS Editions, 1998, p. 499-515 ; *Id.*, « Le théâtre des monstres. Le spectacle tératologiques au XVIIIe siècle », *Les Cahiers No. 33*, Revue trimestrielle de Théâtre, Comédie-Française, janvier 2000, p. 51-59.

(67) アベ・ド・レペの言葉である。この言葉が見つかる文献は、より長く引用される価値がある。*Institution des sourds et muets par la voie des signes méthodiques, op. cit.*, p. 4-5.「かつて、聾唖の子供を持った両親たちは、そのことで名誉を汚されたように感じていた。こうした両親たちは子供に衣食を与えることでできる限りの義務を果たしたつもりでいたが、その子を世の中の目から隠すことは変わらなかった。聾唖の子供はこうして、秘密の部屋に軟禁されたり、誰も知らない場所にとどめ置かれたのである。今日、物事の様相は変わり始めている。すでに、何人もの聾唖者たちが堂々と世の中に姿を現している。彼らの公開実技についての告知があるや否や、人々はその内容に関心を寄せた。公開実技には、あらゆる階層の観客がつめかけた。実技をした生徒たちは、拍手を受け、抱きしめられ、褒め言葉と栄誉で飾られた。(…) 聾唖者という新たな種類の役者たちは、それまで彼らをひた隠しにし、世の中から消し去ろうとしていた同じ社会によって、これまでの否定の力に劣らぬほどの信頼と歓喜を持って迎えられた」。ド・レペの文章と、サン・トヴィードの祭りについて語っているヴァランタン・アユイの文章を比べれば、この時期「記号の障害者」たちをめぐって起こっていた認知の革命が、どれほどに影響力の強いものだったかが分かる。その一方で、ド・レペが行なっていた公開実技の意味が曖昧な意味を残していた点もよく伺える。なぜなら、この実技を行なっていたのは当時の中学校最終学年である修辞学年の生徒たちだったが、その公開の仕方は、彼らの普段の勉強の方法を正しく紹介するものでありながらも、障害をことさら強調した趣のある見せ物だったことも確かだからである。「新たな種類の役者たち」を見物するためにムーラン通りの学校に詰めかけた「あらゆる階層の観客たち」は、果たしてサン・トヴィードの祭りで「ヴァランダン氏」が興行した見せ物に集まった群衆よりも、障害者に対して純粋な共感を抱いていたと言えるだろうか。事実、アユイがそうであったように、同じ観客が2つの見せ物を見物したとしても不思議ではなかったのだ。聾唖学院があったサン・ロッシュの丘と、サン・トヴィードの祭りが行なわれていたルイ15世広場はとても近かったのだから。二つの「見せ物」が同時期に、しかも近所で見られたことで、ヴァランタン・アユイはサン・トヴィードの見せ物の後進性を同時代の誰よりも早く判断することができたのだ。

(68) Gladys Swain, « Une logique de l'inclusion : les infirmes du signe », *Esprit*, 1982/5, p. 63.

問題と深く関わる言語の本質の探求にあらわれている。

(52) また、ド・レペはこのようにも言う。「身振りの言語は他の言語に比べ、はるかに自然であるゆえに、優れて表現力豊かなものである。体系的な技術に仕上げれば、この言語は全ての人間にとって普遍言語となるだろう」。*Institution des sourds et muets, op. cit.*, p. 32-33. 普遍言語としての身振りの言語という理想については、ジェームズ・ノールソンの論文を参照されたい。James R. Knowlson, « The idea of gesture as a universal language in the 17th and 18th centuries », *Journal of the History of Ideas* (26), 1965, p. 495-508.

(53) アベ・ド・レペの業績は大きな反響を呼び、王国国務院からはすでに1778年11月21日付法律で聾唖学院には公的施設としての立場が与えられていた。しかし、1785年3月25日付法律により聾唖学院はセレスタン修道院の建物に移転した後も実際の公費負担はなく、やっと国の予算で運営されるようになったのは1791年のことであった。

(54) 1784年9月30日刊行の『パリ新聞』に掲載された同年9月18日付のアユイの手紙にはこうある。「私が盲人教育の計画を思いついたのは、貴誌の昨年4月24日付号に掲載されたラ・ブランシュリー氏の通信を読んだ時であり、また、1749年のディドロ氏の著作にも多くを負っている」。*Journal de Paris*, 1784/274, du 30 septembre 1784, p. 1158.

(55)『盲人教育についての試論』の付記として出版された「訓盲院誕生、発展、現状についての略歴」。« Précis historique de la Naissance, des Progrès et de l'état actuel de l'Institution des Enfants Aveugles », publié en annexe à *l'Essai sur l'éducation des aveugles*, 1786, p. 119-123.

(56) *Troisième note du citoyen Haüy, auteur de la Manière d'instruire les aveugles ou Court exposé de la naissance, des progrès et de l'état actuel de l'Institut National des Aveugles-Travailleurs, au 19 brumaire an 9 de la République Française* (10 novembre 1800), *entremêlé de quelques observations relatives à cet établissement.*

(57) « Lettre inédite de Valentin Haüy » à son fils, du 28 mai 1820, citée par Maxime Du Camp in *Paris, ses organes, ses fonctions et sa vie*, tome V, 1874, p. 491-499.

(58) サン・トヴィード祭りは毎年8月と9月にルイ15世広場で開かれていた。

(59) *Almanach Forain, ou Les différens spectacles des boulevards et des foires de Paris*, Paris, Chez Valleyre l'aîné, 1773.

(60) Jean-Claude Margolin, « Des lunettes et des hommes ou la satire des malvoyants au XVIe siècle », *Annales E. S. C.*, 30e année, No. 2-3, mars-juin 1975, p. 375-393. 絵画における象徴的な細部という点については、同じ作者が書いたピエール・マルリーとの共著『眼鏡と片眼鏡』上の論考も非常に参考になる。Jean-Claude Margolin, « Vers une séméiologie historique des lunettes à nez », in Pierre Marly, *Lunettes et lorgnettes*, Hoëbeke, 1988, p. 17-81. マルゴランの2本の論考は、多数の図版で飾られている。第2の論考に載っている版画は特に興味深い。17世紀のフランスの版画で、「キャンズ・ヴァンのための眼鏡」という題である。諧謔的な意図の版画であることは言うまでもないが、歴史家にとっては当時のキャンズ・ヴァン周辺の様子や、盲人たちの衣装を伝えてくれる重要な史料である。

(61) 例えば、1782年12月4日、パリのお笑いヴァリエテ座で初公演された一幕もののパレード喜劇『3人の盲人』がある。*Les Trois Aveugles*, comédie-parade en un acte, représentée pour la première fois sur le théâtre des Variétés amusants, à Paris, le 4 décembre 1782.

(62) 1756年ジル・ラングロワ社から刊行されたパレード喜劇『盲・聾・唖でペンギン』

d'Autrepe : et Haüy, membre et interprète du Roi. Paris, De l'Imprimerie d'Houry, MDCCLXXXIV, p. 42.

(44) これは、アベ・ド・レペが自らの教育方針を説明するために使った言い方である。Abbé de l'Epée, *La Véritable manière d'instruire les sourds et muets confirmée par une longue expérience*, 1784, Réédition, Paris, Fayard, 1984, p. 9.

(45) ジャコブ・ロドリゲス・ペレールは、1715年4月11日、スペイン領エストラマドゥラ地方のベルランガに生まれた。生家は、カトリックに改宗したユダヤ系ポルトガル人家族だったと思われる。家族の何人かはその後ボルドーに避難して、ユダヤ教回帰を果たした。ペレールは1780年9月15日、パリで死亡した。同年3月7日には、パリのユダヤ系ポルトガル人共同体の代表者であった彼自身の働きかけによって、イスラエルの民のための初めての公認墓地が生まれていた。ペレールもこの墓地に葬られた。ペレールの生涯と業績について知られている一番新しい研究は、ルネ・ネール・ベルネムのものである。以下に挙げるベルネムの2本の論文のうち2つ目のものは、現在ペレールについての著書を書かれているセミリオ・サルゲイロ博士のご好意で手に入れることができた。René Neher-Bernheim, « Un pionnier dans l'art de faire parler les sourds-muets : Jacob Rodrigue Péreire », in *Revue du Dix-Huitième siècle*, 13, 1981, p. 47-61 ; « Un savant juif engagé : Jacob Rodrigue Péreire (1715-1780) » in *Revue des études juives*, tome CXLII, juillet-décembre, 1983, fascicule 3-4, p. 373-451.

(46) カーン文芸アカデミー1746年11月22日総会において、ペレールはこのように述べている。「生まれながらの聾唖者に一般言語の語彙を分節して話させることは至難の業だったが、なんとかやり遂げることができました。しかし、もっと難しく、またもっと重要だったのは、彼らに言葉の意味を理解させ、口頭あるいは文面で自分の考えを表現させることでした。表現の手段を持ちさえすれば、聴覚に頼らないことにおいては、聾唖者も他の全ての人間たちと全く対等の成果をあげることができるようになるのです」。Edouard Seguin, *Jacob-Rodriguès Péraire. Premier instituteur des Sourds et Muets en France*, Paris, J. B. Baillière, 1847, p. 37.

(47) この生徒の成功は、ペレールと対立していたアベ・ド・レペが、対立にも関わらず、聾唖者教育の可能性を示す最も見事な成功例として挙げた。サブルー・ド・フォントネーについては、ド・レペの『聾唖者教育について』のみならず、次世紀のイデオローグ、デジェランドーも、その聾唖者教育論で言及している。Abbé de l'Epée, *Institution des sourds et muets par la voie des signes méthodiques, op. cit.* ; De Gérando, *De l'éducation des sourds-muets de naissance*, Paris, 1827, *op. cit.*, p. 408-430.

(48)『聾唖者を教育する真の方法』第1部で、ド・レペは「信仰と人類愛は、我々と同類の不幸な人間たちへの関心を与える［傍点筆者］」と述べている。De l'Epée, *Véritable manière d'instruire les sourds et muets, op. cit.*

(49) しかし、アベ・ド・レペの生徒たちの中には裕福な家の子供たちもいた。「我々の聾唖生徒たちの中には、社会の澱《おり》に生まれた者もいれば、裕福で高貴な血筋の者もいる」。*Institution des Sourds et Muets par la voie des signes méthodiques*, première partie, p. 184.

(50) *Institution des sourds et muets par la voie des signes méthodiques*, p. 184-185.

(51) ド・レペはこのように記している。「聾唖者にとって自然な言語は仕草による言語である。教育を受けない限り、彼らには他の言葉はない。自然の欲求が彼らをこの言語へと導くのである」。Abbé de l'Epée, *La Véritable manière d'instruire les sourds et muets*, Paris, Réédition, Fayard, 1984, p. 102. この著の中には、聾唖者を彼らにとってなじみの深い言葉によって教育し、キリスト者とするという目的が表明されている。ジャンセニズムに強い影響を受けたド・レペの信念は、ポール・ロワイヤル文法の

文庫改版版、1976年〕

（34）つまり、自らの労働によって生活の資を稼いでいる人間は皆「貧しい」ということだ。それならば、ヴァランタン・アユイも貧しかった。彼は、慈善事業の費用にかかった借金を一生かけて返したのである。

（35）ヴァランタン・アユイのそれ以前の人生については、Pierre Henri, *La Vie et l'œuvre de Valentin Haüy, Paris*, PUF, 1984を参照。

（36）ルイ16世が1779年1月23日の免状によってこの審議会を創立した。免状の第10項にはこうある。「将来の事蹟学術審議会には24人の専門家が配される。書き言葉の完成、古代文字の研究、そして解読を助けるためにその簡略文字に携わる者たちである。また、商業経済、銀行および金融業に関わる計算表記の専門家も配置する。さらには、筆記と署名の本人確認、正書法にちなんだフランス語文法の管理など、あらゆる文字表記に関する専門家の役割を担う者が置かれる」。この審議会は24人の「会員」、24人の「アグレジェ（資格保持者）」、さらには24人の「事蹟専門協力会員、および版画師」、最後に数を定めぬ「事蹟専門通信員」で構成されていた。Henri Maistre, *Valentin Haüy et ses Fonctions d'interprète*, Saint-Denis, 1901, p. 4-5. 最初は、かつてシャルル9世が発行した1570年の免状によって創立された事蹟専門家の職業団体を、同じ目的（司法上も含み）で18世紀によみがえらせたものであった。ルイ15世は、1727年12月の免状第28条により、この職業団体を学術団体に格上げした。しかし、最初の会合が行なわれたのはようやく1762年2月25日のことであった。その構成は、1779年1月23日の免状によってさらに層の厚いものになった。事蹟学術審議会はこれ以後、警視総監、国王の検事、事務長、さらに2年ごとに再任される事務長秘書によって監督されることになった。審議会の定例会合は毎月第一および第3水曜日で、午後6時から開始された。パリ市内事蹟専門家のために持たれることになっていた教授委員会は、毎月第二および第四日曜日の午前11時に開かれた。L. V. Thiery, *Guide des amateurs et des étrangers voyageurs à Paris*, t. I, Paris, Hardouin et Gattey, 1786, p. 726-727. つまり、ヴァランタン・アユイは、過去2世紀にわたって王国が維持してきたフランス語の監視と規格化政策に関わる教育的、および内政に関連した目的を持つ、職業団体に属していたのである。この言語政策の要はもちろんアカデミー・フランセーズである。ちなみに、政策という点で見れば、ルイ15世がこの団体を学術審議会《アカデミー》に格上げしたことは興味深い。

（37）*Mémoires et éloge lus dans la séance publique du Bureau académique d'écriture, le 8 novembre 1781, par MM. Harger Vallain et de Courcelle et Haüy*, Paris, De l'Imprimerie Houry, 1781, p. 44.

（38）ヴァランタン・アユイからアムロに宛てられた1783年6月3日の論考。Archives Nationales, O 16097. Cité par Maistre, *op. cit.*, p. 5-6.

（39）アユイからセーヌ県知事に宛てられた「電報設備を拡大し、改良するために役立つかもしれない新しい手段について」の論考。Archives, I. N. J. A. cité par Maistre, *op. cit.*, p. 4

（40）Daniel Roche, *La France des Lumières*, Paris, Fayard, 1993, p. 384.

（41）*Ibid.*

（42）この書の第1部に引用したグラディス・スワインの論文「統合の論理、記号の障害者たち」。« Une logique de l'inclusion : les infirmes du signe », in *Esprit*, 1982/5, p. 61-75.

（43）« Mémoire de M. Haüy sur l'éducation des aveugles », in *Mémoires lus dans la Séance publique du Bureau académique d'écriture, en présence de M. Lenoir, de M. de Flandre de Brunville, Présidents du Bureau et M. Moreau. Le 18 novembre 1784, par MM. Harger :*

第に見物人の数は増えていった。その中には、カルディナル・ルモワーヌ中学の教諭であった兄のルネ・ジュストと一緒に訪れるヴァランタン・アユイの姿もあった。また、もっと高名な人物もいた。例えば、「フランケンシュタイン伯爵」の偽名で訪れたヨーゼフ2世などである。1774年から1776年にかけて、アベ・ド・レペの学校には30人の生徒がいた。生徒たちは一般人の家庭に寄宿していた。1776年には、アベ・ド・レペの最初の著作が刊行された。『記号体系を用いた聾唖者教育について。体系に依拠する自然の記号を用いた普遍言語創造の計画書も収録された書』である。反対者も多かったアベの方法論を説明するものでありながら、その擁護のための書だった。アベの方法に反対する者の中には、30年来ペレールによって成功が示されていた指文字の方法や口語を使った方法の賛同者もいた。

(22) Abbé de l'Epée, *Institution des sourds et muets par la voie des signes méthodiques. Ouvrage qui contient le Projet d'une Langue universelle, par l'entremise des Signes naturels assujettis à une Méthode*, Paris, Chez Nyon l'aîné, Libraire, MDCCLXXVI, Seconde Partie. 第2部には、1771年から74年にかけて聾唖の生徒が行なった練習の数々、およびそれに関連する手紙が公表されている。 « Lettre III », De l'instituteur des Sourds et Muets, à M. L'abbé***, en 1773, pp. 49-50.

(23) ロベール・モージによれば、確かに「(慈善は) 報償として、その享受者の特質によって正当化される必要があった。例えば、不幸なだけではなく、不幸に加えて努力の功績を持つ者にのみ慈善を施すべきであるというという説明があった。このような慎重さは、慈善が野放図な衝動に陥らないためにも必要だった。常に秩序の必要が幸福の要求に均衡を与えたのである。[傍点筆者]」Robert Mauzi, *op. cit.*, p. 609.

(24) *Journal de Paris*, 1783/354... p. 1457.

(25) *Ibid.*

(26) シャルトル公ルイ・フィリップ・ジョセフは、1785年オルレアン公となる。当時はフランスの「大オリエント」ロッジのグレートマスターだった。

(27) *Journal de Paris*, 1784/111, 20 avril 1784, « Bienfaisance », Aux Auteurs du Journal, Semur-en-Auxois, 16 janvier 1784 (...) Régnier, Mécanicien de S. A. S. Mgr. Le Duc de Chartres, p. 234.

(28) *Ibid.*

(29) *Ibid.*

(30) 錠前職人の祖父と父を持ち、1751年スミュール・アン・オークソワに生まれたエドメ・レニエは、数々の武器や錠前の考案者としてボードー司祭から褒美を受けていた。彼は、鉄綱を撚るための機械を考案して、「ブルゴーニュ地方とシャルトル公猊下の機械工」という称号をもらったばかりだった。レニエについては、Liliane Hilaie-Pérez, *L'Invention technique au siècle des Lumières*, Paris, Albin Michel, 2000 ; Alain Mercier, *Le Portefeuille de Vaucanson, chefs-d'œuvre du dessin technique*, Paris, Musée National des technique, 1991 を参照のこと。

(31) *Journal de Paris*, 1784/111, 20 avril 1784, « Bienfaisance », « Aux auteurs du Journal, A Paris, le 17 avril 1784 », « Un de vos abonnés, membre et secrétaire de la Société philanthropique », p. 488.

(32) *Journal de Paris*, 1784/119, 28 avril 1784. « Spectacle, théâtre français », p. 520.

(33) Beaumarchais, *La Folle journée ou le mariage de Figaro*, texte conforme à l'édition originale de 1785 et au manuscrit de la Bibliothèque Nationale, notes explicatives, questionnaires, bilans, documents et parcours thématiques établis par Bernard Combeaud, Classiques Hachette, Paris, 1991〔ボオマルシェ『フィガロの結婚』辰野隆訳、岩波

(*1789-1833*), Paris, Société d'éditions « Les Belles Lettres », 1959, p. 57.

(7) *Rapport et Projet de Décret sur l'organisation générale de l'Instruction publique*, Présentés à l'Assemblée nationale, au nom *du Comité d'Instruction publique*, par Condorcet, Les 20 et 21 avril 1792, réimprimé par ordre de la Convention nationale, p. 2.

(8) Voltaire, *Dictionnaire philosophique*, 1764, article « Vertu », cité par Robert Mauzi, *L'idée du bonheur dans la littérature et la pensée françaises au XVIIIe siècle*, Paris, Albin Michel, 1994, p. 605〔ヴォルテール『哲学書簡　哲学辞典』中川信・高橋安光訳、中公クラシックス、2005年〕.

(9) ロベール・モージが言うように、「徳という項目に関しては18世紀の人々は皆口を揃えて、他者の幸福に役立つ利益が自らの幸福と一致することであると定義している」。Robert Mauzi, *op. cit* , p. 580.

(10) Diderot, *Essai sur les règnes de Claude et de Néron* (*1778-1782*), in *Œuvres complètes*, Assezat-Tourneux, 1875-1877, tome III, p. 210, cité par Robert Mauzi, *op. cit.*, p. 591.

(11) Catherine Duprat, « Pour l'amour de l'humanité », *Le temps des philanthropes. La philanthropie parisienne des Lumières à la monarchie de Juillet*, tome I, Paris, Editions du CTHS, 1993, p. 33.

(12) « Précis sur la société philanthropique », *Calendrier philanthropique*, 1787, p. XXIX-XXXVII, cité par Catherine Duprat, *op. cit.*, p. 69.

(13) *Ibid.* ここで言う「友愛」とは、福音書が「同じ父の息子たち」としてイエス・キリストの中で結ばれるべきと説く友愛ではなく、「人類愛」によって結ばれた友愛のことである。

(14) 1784年4月24日の記事で、ラ・ブランシュリーはこの言葉を使ってパラディ嬢の盲目を形容している。

(15) Valentin Haüy, *Essai sur l'éducation des aveugles* (...), 1786, p. 7-8, et *Troisième Note du citoyen Haüy, auteur de la manière d'instruire les aveugles ou Court exposé de la naissance, des progrès et de l'état actuel de l'Institut National des Aveugles-Travailleurs, au 19 brumaire an 9 de la République Française, entremêlé de quelques observations relatives à cet Etablissement*. De l'imprimerie des Aveugles-Travailleurs, rue Denis, no. 34, p. 9.

(16) サヴァレット・ド・ランジュはメスメルの信奉者で、あらゆる種類のオカルト教義に関心を持っていた。1786年には、パリの秘密結社「永遠調和協会」の有力メンバーの1人となった。Robert Darnton, *op. cit.*, p. 71-72.

(17) Catherine Duprat, *op. cit.*, p. 56, 65, 67.

(18) *Journal de Paris*, 1783/354 du 20 décembre 1783, « Bienfaisance », « Aux auteurs du Journal (...)un de vos abonnés, membre et secrétaire actuel de la Société », p. 1457.

(19) *Id.*, p. 1456.

(20) *Ibid.*

(21) アベ・ド・レペ（1712年ヴェルサイユ生まれ）は、そのジャンセニスト的意見のせいでボーモンから秘蹟授与の聖務の停止を命じられ、1760年頃から貧しい家庭の聾唖姉妹の教育にとりかかったと言われる。アベ・ド・レペ以前には、シモン・ヴァナン司祭が1759年9月19日に亡くなるまでこの2人の姉妹の世話をしていた。アベ・ド・レペは模倣と仕草を基本とした記号の言語を完成させた後、サン・ロッシュ教会付近のムーラン通りにある自宅に学校を開いた。そこには貧しい家庭の子供たちが、アベと国王の建築士であったその弟の費用と多くの慈善家の寄付金によって、無料で世話を受けていた。それ以前の聾唖教育の方法と違って、アベ・ド・レペはどうしても生徒が口をきかなければならないとは考えなかった。アベは1771年よりその方法論の公表を始めた。そのために公開実技によって生徒を披露したが、次

かめ合い、社会における共生の可能性を証明する機会だった。一種の心地よい哲学的な経験だったのである」(*op. cit.*, p. 76)。

(120) 彼女は後に自宅を使って音楽学校を開いた。そこにはウィーンの「良家」の独身女性や既婚女性が集まった。彼女と彼女の生徒たちはそこでしばしば演奏会を開いた。

(121) *Der Schukkandidat* (1792), *Rinaldo und Alcina* (Prague, 1797).

(122) *Deutsches Monument* (1794).

(123) Diderot, *Additions*, *op. cit.*, p. 85.

(124) *Rechenkunst für Sehende und Blinde*

(125) *Algebra für Sehende und Blinde.*

(126) ニコライは同時に、ヴァイセンブルグが「フランス語およびドイツ語をかなり正しく書いた」と伝えている。一般的に盲人は、本を全く読まない、あるいはほとんど読まないために、書く時綴り間違いをすることが多いのであるが、ヴァイセンブルグはよく本を読む人だったようである。あるいはおそらく、彼はこの 2 言語を完全に失明する前に学んだのだろう。

(127) 1806 年 12 月 13 日にニコライが科学アカデミーで読み上げた報告書「最初の盲人教育家」を参照。« Un premier éducateur d'aveugle », n *Blindenfreund*, mars et avril 1896-*Le Valentin Haüy*, no. 8, année 1896, pp. 111-113.

(128) Robert Heller, « Educating the blind in the age of Enlightenment. Growing points of a social service », in *Medical History*, 1979, 23, p. 396.

(129) Cité par Adolf Kistner, « Christian Niesen, der erste Blindenlehrer und sein Schüler Johann Ludwig Weissenburg in Mannheim », in *Mannheimer Geschichtsblätter*, 1921/12, p. 205.

(130) *Journal de Paris*, 1784/274, 30 septembre 1784, « Bienfaisance », « Aux auteurs du Journal, Paris, le 18 septembre 1784, Signé, Haüy, Interprète du Roi », p. 1159.

(131) *Essai sur l'éducation des aveugles* (...) Dédié au Roi, Par M. Haüy (...), A Paris, Imprimé par les Enfants-Aveugles, sous la direction de M. Clousier, Imprimeur du Roi ; (...) MDCCLXXXVI. Sous le privilège de l'Académie des Sciences. Edition en fac-similé, Paris, édition des Archives contemporaines, 1985, (Bibliothèque du CNAM), p. 61.

(132) *Id.*, p. 115, note 11.

第 5 章　博愛主義と感覚障害者の教育

(1) Ferdinand Buisson, *Dictionnaire de pédagogie et d'instruction primaire*, Paris, 1882, Première partie, tome I, article « Bibliographie », p. 196-202, cité par R. Chartier, M.-M. Compère et D. Julia, *op. cit.*, p. 208.

(2) Louis-René de Caraduc de La Chalotais, *Essai d'éducation nationale ou Plan d'études pour la jeunesse,* 1763, cité d'après A. Sicard, *Les Etudes classiques avant la Révolution*, Paris, 187, p. 522. In R. Chartier et al. *op. cit.*, p. 39.

(3) Jean-Pierre Gutton, *La Société et les pauvres en Europe* (*XVe-XVIIe siècles*), Paris, PUF, 1974, p. 168.

(4) Jean-Jacques Rousseau, *La Nouvelle Héloïse*, 1761, in Œuvres Complètes, 1961, Pléiade, tome II, p. 566-567, cité par R. Chartier et al., *op. cit.*, p. 39〔ジャン・ジャック・ルソー『新エロイーズ』安士正夫訳、岩波文庫、1960 年〕.

(5) A. de Charmasse, *Etat de l'instruction primaire dans l'ancien diocèse d'Autun pendant les XIIe et XVIIIe siècles*, Autun, 1878, p. 37-38, *ibid.*

(6) Maurice Gontard, *L'Enseignement primaire en France de la Révolution à la loi Guizot*

とで知られていた。M. Rioux, J. Y. Patte, *Le Concert spirituel, 1725-1790. L'invention du public*, Nexos et Marco Polo, 1996, 57 p.

(109)「2 歳の時に失明したパラディ嬢が、昨日のコンセール・スピリチュエルでハープシコードのコンチェルトを披露した。人々はこの新しい舞台に大きな関心を寄せた。美人ではないし、25 歳なのに 30 歳ぐらいに老けて見えるが、演奏は見事であった。技術もタッチも優れていた。彼女には大きな拍手が送られた。演奏のあと、バルコニーに姿を現し、さらに大きな喝采を受けた」。*Mémoires secrets pour servir à l'histoire de la République des Lettres en France*, année MDCCLXXXIV, 2 avril, p. 204.

「木曜のコンサートには新しい趣向があった。2 人の知られていない名演奏家が演奏し、大きな賞賛を呼んだのである。パラディ嬢とジェルヴェー氏である。2 歳の時から盲目のパラディ嬢はハープシコードのためのコンチェルトを演奏した。どれほど見事な指使い、確実な技術、軽やかで明晰な響きだったかは彼女の演奏を見た者にしか分からないだろう。これまでハープシコードは大きな会場で弾く楽器ではないと思われていたが、パラディ嬢は難しい賭けに成功した最初の演奏者である。音符は全て明瞭に演奏された上、ハープシコードでは出ないと思われていたフォルテやピアノの陰影までもが見事に表現された。観客は熱狂的に拍手した。コンサートのあと、彼女がバルコニーに姿を現した時まで拍手は鳴り止まなかった。才能もさることながら、興味深い経歴を持ったこの若い女性は、オーストリア、ウィーンの出身である。彼女はコゼルック氏にピアノを習った」。*Journal de Paris*, 1784, no. 95, dimanche 4 avril 1784, p. 421.

(110) マメス・クロード・ペン・ド・シャプラン・ド・ラ・ブランシュリーは、1778 年から 80 年にかけて、「芸術通信会」という文学協会を創立した人物である。この協会は、文学者のみならず、学者や芸術家の間の関係をとりもつサロンの役割を担っていた。1779 年には『学芸共和国通信』という雑誌も刊行した。

(111) この後『パリ新聞』に載った広告を見れば、パラディ嬢の宿泊先はパリ館ではなく、リシュリュー通りの「ペイ館」だったことが分かる。

(112) *Journal de Paris*, 1784/115, 24 avril 1784, « Variété », « *Aux Auteurs du Journal* (...) La Blancherie, *Agent-général de correspondance pour les Sciences et les Arts* », p. 504-505.

(113) *Id.*, p. 505.

(114) サリニャック嬢が手で触れて読める楽譜で学んだのと対照的である。

(115) *Journal de Paris*, 1784/115, 24 avril 184, p. 505.

(116)『パリ新聞』には 1784 年にパラディ嬢が出演した演奏会の予告が全て載っている。4 月 1 日の最初の演奏会の予告は、3 月 31 日に掲載された。10 月 2 日に行なわれた最後の公演については、同じ日に次のように予告された。「本日 2 日、パラディ嬢の演奏会がドーフィーヌ通りのミュゼ・ホールで行なわれる」。*Journal de Paris*, 1784/276, 2 octobre 1784, p. 1167.

(117) ジョージ 3 世(グランド・ブリテンとアイルランドの王、および神聖ローマ帝国に連なるハノーヴァーの選挙侯であった)の息子。

(118) マリー・アントワネットとヨーゼフ 2 世の妹。

(119) 18 世紀において人々が落涙する喜びを通して感情の交信を深め、さらには涙もろいことを感受性の強さと美徳のしるしであると考えて、そうした姿を惜しむことなく他人の前にさらけ出したという歴史的現象については、アンヌ・ヴァンサン・ビュフォーの研究に詳しい。Anne Vincent-Buffault, *Histoire des larmes. XVIII-XIXe siècles*, Paris, Rivages, 1986. 特に第 1 部(『涙への嗜好、感受性の交換』)の第 3 章と第 4 章を参照するのがいいだろう。ヴァンサン・ビュフォーはこう書いている。「芝居を見に行って、他の人と声を合わせて泣くことは、人間の心の善良さを互いに確

(103) メルメルは、インゴルシュタッド大学の哲学および神学博士であり、ウィーン大学では医学博士号も取得した。医業を営み、よい医者であったとされる。また、テナーの声で歌い、ピアノフォルテとチェロを弾き、1761年にベンジャミン・フランクリンが現代の形に改良した素晴らしいグラスハーモニカを所有していた。メスメルはモーツァルト父子、ハイドン、グルックと親交があった。フリーメーソンの「真の和合」ロッジの会員であり、このロッジにはモーツァルトも加入しており、1785年にはハイドンも参加した。1768年にモーツァルトのオペラ処女作『バスチアンとバスチアンヌ』の作曲を注文したのは、他ならぬメスメルであった。メスメルはこの作品を自分の屋外劇場で演奏させようと考えたのだった。Jacques Henry, *Mozart, Frère Maçon. La symphonie maçonnique dans l'œuvre de Mozart*, Aix-en-Provence, Alinéa, 1991 ; Brigitte Massin, *Mozart, le bonheur de l'Europe,* Paris, Plon, 1991 ; Howard Chandler Landon, *Mozart, l'âge d'or de la musique à Vienne, 1781-1791*, Paris, Lattès, 1989 pour la traduction française.

(104) メスメルが動物磁気療法の実験を始めたのは1775年である。この治療はしばしばグラスハーモニカの演奏を背景に行なわれた。グラスハーモニカの音は、フリーメーソンの集会でもよく使われた。

(105) シュテファン・ツヴァイクによる。Stefan Zweig, *La Guérison par l'esprit*, Paris, Pierre Belfond, 1982, 1991 pour la traduction française, « Mesmer », pp. 23-109.

(106) メスメルは1778年2月にパリに到着した。ロバート・ダーントンは、メスメリズムとフランス革命の関連について扱ったその著書の中で、「メスメリズムは、1783年から85年にかけて『秘蔵論考』や『パリ新聞』という人気雑誌において、最も大きな紙面がさかれた主題だった。(…) 様々な学術委員会のみならず、カフェでもサロンでも、人々はメスメルについて議論を繰り返した。メスメルは王妃の庇護を受けていたが、舞台の上ではやじられ、流行歌や戯画ではからかいの対象になった。メスメリズムはフリーメーソン流の秘密結社網の集会で実践され、山のようなパンフレットや本の中でスター的な扱いを受けた」。Robert Darnton, *La fin des Lumières. Le mesmérisme et la Révolution*, traduit de l'américain par Marie-Alix Revellat, Paris, Odile Jacob, 1995, pp. 45-46.

フランスに着いて7年後、メルメルはパリのコック・エロン通りにあった豪奢な館、コワニー館に落ち着いた。ここには、1783年にニコラ・ベルガスとギヨーム・コルンマンによって創立された永遠調和協会の本部があり、学術団体や政府からにらまれていたメスメルの学説を広めるために活動していた。協会の活動は成功し、地方の大都市のほとんどに支部が作られた。そこでもメスメルの治療が実施された。メスメルは1789年にフランスを去り、新たな成功を求めて英国、オーストリア、イタリア、スイス、そしてドイツに向かう。そして1815年には生地のドイツで死去する。Darnton, *op. cit.*, p. 57, p. 68, p. 73, p. 79.

(107) ファルツ選挙侯が譲り受けたバイエルンの地に去った後も、ファルツの首都では相変わらず華やかな文化と音楽の活動が行なわれていた。特にこの地のオーケストラはヨーロッパ中で大きな評判を得ていた。Brigitte Masin, *Mozart, le bonheur de l'Europe*, Paris, 1991, pp. 82-86.

(108) コンセール・スピリチュエルとは、1725年、「フィリドール」アンヌ・ダニカンが国王の庇護のもとにチュイルリー宮で開催を始めた、フランス初の常設オーケストラおよび合唱隊による有料音楽会（会員登録制）のことである。イースター休暇の2週間とオペラ座が閉館している宗教祭日の期間、チュイルリー宮スイス人の間で行なわれることになっていた。ミサ曲および一般クラシックの声楽と器楽が演目だった。フランス人演奏家とともに、巡業中の外国人名演奏家が出演するこ

(75) メラニーは特に、ディドロが盲人の感性を評価していない事を批判していた。
(76) Diderot, *Additions*, *op. cit.*, p. 75.
(77) *Id.*, p. 78.
(78) *Ibid.*
(79) *Id.*, p. 80.
(80) *Id.*, p. 80-81.
(81) *Id.*, p. 81.
(82) *Ibid.*
(83) *Id.*, p. 82.
(84) プローは、当時有名だったパリの印刷屋・書店である。
(85) Diderot, *Additions, op. cit.*, p. 85.
(86) *Ibid.*
(87) *Id.*, p. 83.
(88) *Id.*, p. 77.
(89) *Id.*, p. 79.
(90) *Id.*, p. 75.
(91) *Ibid.*
(92) *Id.*, p. 78.
(93) *Id.*, p. 79.
(94) ルソーもまた、『エミール』の触覚についての章の中で、「障碍感覚」について傾聴に値する意見を述べている。「壁から半フィートばかり離れて立つと、空気の流れが悪くなり、反響が減るために、違った感覚が顔にあたる。その場で何度か体をいろいろな方向にまわしてください。開いたドアがあれば、風が入ってきてそれと分かるでしょう。(…) まだ手も杖も使わないでください。肌が目に見えるように教えてくれることのなんと多いことか、しかも指一本使わなくても」。Rousseau, *Emile*, *op. cit.*, p. 168-169.
(95) Diderot, *Additions*, *op. cit.*, p. 78-79.
(96) *Id.*, p. 79.
(97) *Ibid.*
(98) *Id.*, p. 82.
(99) Arthur M Wilson, *op. cit.*, p. 686, note 41.
(100) マリア・テレジア・フォン・パラディの生涯については2つの出典にあたった。まず、アレクサンダー・メルの百科事典にあるパラディについての項目。*Encyklopädisches Handbuch des Blindenwesens*, Wien und Leibzig, Verlag von A. Pickers Witve und Sohn, 1899, pp. 576-578。もう一つが、1955年のマルレーネ・ヤンチュの論文である。Marlene Jantsch, « Das Leben der Maria Theresia Paradis und seine Bedeutung für die Blindenbildung », in *Wiener Medizinische Wochenschrift*, 1955, no. 47, pp. 979-982.
(101)「黒内障」(goutte sereine あるいは amaurose) の病名には、外から見てすぐに分からず、病因が明らかでない、あるいは不明の数多くの盲目が含まれる。
(102) その後、ケンペレンは発声機構に関心を持ち、口語で教育を受けた聾唖患者を補助するため、また発音に問題がある者たちのために、話す機械を考案した。H. Wolfgang von Kempellen, *Mechanismus der Menschlichen Sprache nebst der Beschreibung seiner sprechenden Maschine*, Wien, J. V. Degen, 1791. Traduction française : *Le Mécanisme de la parole suivi de la Description d'un machine parlante*, Vienne, J. V. Degen, 1791, Introduction, p. V-VI.

(53) Denis Diderot, *Lettre sur les aveugles*, p. 62. ディドロは確かに「感覚器官の一つが、他の器官に仕えられることでより迅速に、より鋭くなることは考えられるが、だからと言って二つの器官の間に根本的な依存関係があるということではない」と考えている。*Id.*, p. 56.
(54) *Id.*, p. 62.
(55) *Ibid.*
(56) *Id.*, pp. 63-64.
(57) *Id.*, p. 60.
(58) Elisabeth Fontenay, *op. cit.*, p. 160.
(59) Arthur M. Wilson, *op. cit.*, p. 87-88.
(60) Delort, *Histoire de la détention des philosophes*. 前掲のウィルソンが引用している。Arthur M. Wilson, *op. cit.,* p. 96, note 44.
(61) Arthur M. Wilson, *op. cit.*, p. 90.
(62) Hérault de Séchelles, cité par Georges Bernier in *Hérault de Séchelles*, Paris, Julliard, 1955, p. 18.
(63) Elisabeth de Fontenay, *op. cit.*, p. 159.
(64) Buffon, *Histoire naturelle de l'homme*, Tome III, « Des sens », *Du sens de la vue*, cité par J-L. Binet et J. Roger, *op. cit.*, p. 128, note a.
(65) Jean-Jacques Rousseau, *Emile ou de l'éducation*, chronologie et introduction par Michel Launay, Paris, GF-Flammarion, 1966, p. 175〔ジャン・ジャック・ルソー『エミール』上下巻、今野一雄訳、岩波文庫改版版、1962 年〕.
(66) *Id.*, p. 168.
(67) セバスチアン・メルシエの『パリの光景』を思い浮かべる事もできよう。メルシエは「霧」の章の中で、「霧が特に深かったある年には、キャンズ・ヴァンの盲人たちに時給を与えて、昼日中の町中を横行するのに手引きしてもらった」。Louis-Sébastien Mercier, *Tableau de Paris*, Tome cinquième, Amsterdam, 1783, chapitre CCCLXIV, pp. 11-12〔ルイ・セバスチアン・メルシエ『18 世紀パリ生活誌——タブロー・ド・パリ』上下巻、原宏訳、岩波文庫、1989 年〕.
(68) Rousseau, *op. cit.*, p. 168.
(69) 厳密な意味での家庭教師ではなかったが、生徒か教師のどちらかの住居で行なわれるプライベートの「個別」授業であったのは確かである。
(70) Roger Chartier, Marie-Madeleine Compère, Dominique Julia, *L'Education en France du XVIe au XVIIIe siècle*, Paris, SEDES-CDU, 1976, p. 178.
(71) 2e édition, 1778, volume II, pp. 1188-1204.
(72) モーツァルト作曲、『グラスハーモニカ、フルート、オーボエ、ヴィオラとチェロのためのアダージオとロンド』(K. 617)、『グラスハーモニカのためのアダージオ』(K. 356)。後者の手稿はフランス国立図書館に収蔵されている(出典 Howard Chandler Robbins Landon, *1791. La Dernière année de Mozart*, 1998, Paris, J.-C. Lattès pour la traduction française, p. 44, p. 222-223, note 25, et Alexander Mell, *Encyclopädisches Handbuch des Blindenwesens*, art. « Kirchgässner », p. 407)。
(73) トーマス・ブラックロックがその著書を刊行していた時期はヴァランタン・アユイが最初の盲人教育を試し始めた時に近いだけに、この意見に驚く人もいるだろう。しかし、アユイも、1785 年にアユイの方法を審査した学術会員たちの誰一人も、このスコットランドの盲人の著作については触れておらず、おそらく知りもしなかったと思われる。
(74) Diderot, *Additions à la Lettre sur les aveugle, op. cit.*, p. 75.

1745年から53年にかけて、ジャック・ダヴィエルは水晶体除去による白内障手術の方法を完成させた。

(23) Leibniz, *op. cit.*, p. 107.

(24) *Id.*, p. 82.

(25) Arthur M. Wilson, *Diderot. Sa vie et son œuvre*, traduit de l'anglais par G. Chahine, A. Lorenceau, A. VIllelaur, Paris, Laffont, Ramsay, 1985, p. 82.

(26) Denis Diderot, *Lettre sur les aveugles*, édition critique par Robert Niklaus, 3e édition, Genève, Librairie Droz, Paris, Librairie Minard, 1970, p. 2.

(27) Paul Venière, *op. cit.*, p. 67.

(28) Diderot, *Lettre*, *op. cit.*, p. 46-47, 48.

(29) 当時痘瘡は、新生児の化膿性眼炎と同様に、幼児期における失明の主な原因だった。執政政府が1801年から痘瘡ワクチンの一般化を進めたにも関わらず、これは19世紀においても根強く残る傾向であった。

(30) フランス語訳は、« Mémoires concernant la vie et le caractère du Dr. Saunderson, professeur en mathématiques dans l'Université de Cambridge » in *Elémens d'Algèbre* de Monsieur Saunderson (...), traduit de l'anglais et augmenté de quelques remarques par Mr. De Joncourt, Docteur et Professeur en philosophie, Tome Premier. A Amsterdam et à Leibzig, chez Arktee et Merkus, 1756, p. XXVI.

(31) 渾天儀とは、天体の動きを表した円形をちりばめた中に、地球を表す円形を置いた球状のオブジェ。

(32) « Mémoires concernant la vie et le caractère du Dr. Saunderson », *op. cit.*, p. XXII.

(33) Arthur M. Wilson, *op. cit.*, p. 83.

(34) Diderot, *op. cit.*, p. 9.

(35) Diderot, *Additions à la Lettre sur les aveugles*, *op. cit.*, p. 73.

(36) Diderot, *Lettre sur les aveugles*, *op. cit.*, p. 37.

(37) *Ibid.*

(38) *Id.*, p. 10

(39) *Ibid.*

(40) *Ibid.*

(41) *Ibid.*

(42) *Ibid.*

(43) *Id.*, p. 13.

(44) *Id.*, p. 18.

(45) Elisabeth Fontenay, *Diderot et le matérialisme enchanté*, Paris, Grasset, 1981, Le Livre de Poche, 1984, p. 153.

(46) Diderot, *Lettre sur les aveugles*, *op. cit.*, p. 14.

(47) *Id.*, p. 40.

(48) *Id.*, p. 43.

(49) Elisabeth Fontenay, *op. cit.*, p. 160.

(50) Denis Diderot, *op. cit.*, p. 44.

(51) Diderot, *Pensées philosophiques.*

(52) この点に関しては、近年のマリアン・ホブソンとサイモン・ハーヴェイによる改訂『盲人書簡』を参照されたい。Diderot, *Lettre sur les aveugles à l'usage de ceux qui voient. Lettre sur les sourds-muets à l'usage de ceux qui entendent et qui parlent.* Présentation, notes, dossier, chronologie, bibliographie par Marian Hobson et Simon Harvey, Paris, Garnier-Flammarion, 2000.

第II部　18世紀――盲人に対する新たなまなざし

第4章　感覚主義と五感の障害

(1) Yves Michaud, *Locke*, Paris, Bordas, 1985, p. 80.

(2) John Locke, *Essai philosophique concernant l'entendement humain*, traduit par Coste, éditions de 1755, édité par Emilienne Naert, Paris, Librairie philosophique, J. Vrin, 1989, pp. 7-8〔ジョン・ロック『人間知性論』全4巻、大槻春彦訳、岩波文庫、1972年〕.

(3) これは、「観念の場」である神において以外には何も見る事ができないという原則にまで本有観念主義を昇華した立場である。

(4) ついでに言っておくと、モリヌーの妻は結婚後2カ月目にして、脳梗塞のために失明した。

(5) Locke, *Essai*, *op. cit.*, Livre second : « Des idées », Chapitre IX : « De la perception », p. 99.

(6) *Id.*, p. 99-100.

(7) *Id.*, p. 100.

(8) Jean-Louis Binet et Jacques Roger, *Un autre Buffon*, Paris, Hermann, 1977, collection « Savoir », p. 119.

(9) Francine Markovits, in : Jean-Bernard Mérian, *Sur le problème de Molyneux*, Suivi de *Mérian, Diderot et l'Aveugle* par Francine Markovits, Paris, Flammarion, 1984, p. 195.

(10) *Id.*, p. 250-251.

(11) Gottfied-Wilhelm Leibniz, *Nouveaux essais sur l'entendement humain*, chronologie, bibliographie, introduction et notes par Jacques Brunschwig, Paris, GF-Flammarion, 1990, p. 19〔ゴットフリート・ヴィルヘルム・ライプニッツ『認識論・人間知性新論』谷川多佳子・岡部英男・福島清紀訳、工作舎、1995年〕.

(12) モリヌーは、1698年10月11日にダブリンで死去した。

(13) 1709年7月13-18日付第55号。

(14) 1728年ロンドン、ロイヤル・ソサエティー刊 *Philosophical Transactions*, 35-2巻、402号、447-450頁に発表された。

(15) 患者は手術後、手術前にぼんやりとであるが認識していた事物の距離や形態や大きさが、全く分からなくなっていた。

(16) Julien Offroy de La Mettrie, *Œuvres philosophiques*, Londres, Jean Nourse, 1751, p. 189-190.（*Second mémoire pour servir à l'histoire naturelle de l'homme. Traité de l'âme*), 1ère édition, 1745.

(17) Georges-Louis Leclerc, comte de Buffon, *Histoire naturelle de l'homme*, Tome III, « Des sens », *Du sens de la vue*. Cité in extenso par Jacques-Louis Binet et Jacques Roger, *Un autre Buffon*, Paris, Hermann, 1977, p. 119-136〔ジョルジュ・ルイ・ルクレール・ビュフォン『ビュフォンの博物誌――全自然図譜と進化論の萌芽　一般と個別の博物誌　ソンニーニ版より』ベカエール直美訳、工作舎、1991年〕

(18) 彼は1797年、同アカデミーの終身雇いの秘書になった。

(19) Paul Venière, « Introduction » à la *Lettre sur les aveugles à l'usage de ceux qui voient*, in Denis Diderot, *Œuvres philosophiques*, textes établis avec introduction, bibliographie et notes par Paul Venière, Garnier Frères, 1964, p. 75.

(20) Michel Foucault, *Naissance de la clinique*, Paris, PUF, 1990, p. 64〔ミシェル・フーコー『臨床医学の誕生』神谷美恵子訳、みすず書房、2000年〕.

(21) グラント、チェセルデンに続き、ヒルマー、ジャナン、ダヴィエルといった眼科医は同じ実験と観察を行なった。

(22) 1735年、ウィリアム・チェセルデンが初めて人口瞳孔切開の手術を行なった。

(75) Abbé Dassy, *op. cit* ., p. 29. ダシーは、プロヴァンスのドミニコ会修道士であったシカール神父のものとされる1719年5月17日付の回覧状を引用している。

(76) マラヴァルの「フォレスタ・コロングへの手紙」にはこうある。「救いとも言える盲目を与えてくださった神の偉大さを、永遠に賛美したいと考えています。盲目は私に3つの善きことをくれました。まず、学術による神の知識。秘跡への理解も含まれます。そして現世への軽蔑と楽しみごとを忌避する手段です」。Malaval, *Lettre à Monsieur de Foresta-Colongue*, p. 22.

(77) マルセイユでクロード・ガルサンによって刊行された四つ折464頁の本。聖フィリップ・ベニジは、聖母忠僕会の5代目会長であり、そのプロモーターだった（聖母忠僕会とは、1233年にフィレンツェ近郊で設立されたカソリック教会の宗派の一つで、托鉢修道会に合併された）。

(78) 出版から2年後の1697年7月10日のことである。検閲のニュースは当時マルセイユでは知られておらず、一般に公表されたのは1702年のことだった。

(79) Marie-Louise Gondal, *op. cit.*, p. 18-19.

(80) この点に関しては、先に挙げたカルル・アヴランジュの本の第2章に多くの示唆が見出せる。特にアヴィラの聖テレーズに関する部分である。「テレーズの神秘体験は、彼女に与えられた環境を考えるならば、非常に例外的なものであり、近代的な主体が徐々に形成されていった歴史の中に確実な位置を占めるエピソードである」。Carl Havelange, *De l'œil et du monde*, p. 228. また、ジャック・メートルもその著『神秘主義と女性』で、「神秘体験」と「主体の登場」を結びつけている。「神秘主義の発展は、近代的な主体の形成に大きく貢献した。神秘主義者の主観的体験が常に一人称で語られたからのみならず、個人的体験に対して神学が価値を与える必要が出て来たからである。この発展は、歴史的に西洋における近代的な主体の出現のプロセスと厳密に重なっている」。Jacques Maître, *Mystique et Féminité. Essai de psychanalyse sociohistorique*, Paris, Le Cerf, 1997, p. 114.

(81) ヴィクトル・ユーゴーの『笑う男』の一節。Victor Hugo, *L'Homme qui rit*, Paris, Garnier-Flammarion, 1982, Tome I, p. 357.

(82) レンブラントは生涯にわたって盲人の登場人物を多く描いたが、このことはいくつかの研究書ですでに扱われている。例えば、カレン・ヨネス・ヘラーシュテッドの論文が挙げられる。Karen Jones Hellerstedt, « A Traditional Motif in Rembrandt's Etchings : The Hurdy-Gurdy Player », in Oud Holland, vol. 95, 1981. さらにジュリウス・ヘルドの著も挙げられる。ヘルドは、レンブラントの父親、ハルメン・ヘリッツ・ファン・リーンが晩年失明していたらしいと述べている。Julius S. Held, *Rembrandt's Aristotle and other Remrandt Studies*, Princeton University Press, 1969.

(83) Jacques Thuillier, *Georges de La Tour*, Paris, Flammarion, 1992, p. 73.

(84) Pascal Quignard, *Georges de La Tour*, Paris, Flohic Editions, 1991, p. 73.

(85) Gilbert Burnet, *op. cit.*, p. 233-234.

(86) アシュレー卿の政治顧問として卿の外遊に従ったのである。アシュレー卿はウィッグ党の党首だった。彼は1688年に死亡した。

(87) その他の2冊は次のものである。ナントの勅令廃止の最中だった1685年にオランダで書かれ、同年匿名で出版された『寛容についての手紙』（*A Letter concerning Toleration*）。それから、1689年から90年にかけて匿名で出版された『民主的政治についての2つの論考』（*Two tracts on governement*）。『人間知性論』（*An Essay on Human Understanding*）のみ作者の名前で、同じく1689年から90年の間に出版された。

(88) 1689年から90年の初版に続き、94年、95年、1700年に立て続けに再版された。

Bretagne »）は、ジャン・ド・サン・サムソンの炯眼な発言をしばしば援用した世俗信徒の1人であった。
（51）ドナシアン・サン・ニコラのキュセ侯爵宛の「手紙」。
（52）ドナシアン、「パリ大学博士による承認」（1650年8月9日）。
（53）ドナシアン、第1章、3頁。
（54）R. P. Jérôme de la Mère de Dieu, O. C. D., Saint-Maximim（var）, *Le Vénérable Frère Jean de Saint-Samson. Sa vie et sa doctrine*, Editions de la vie spirituelle, 1925, p. 15. この本はドナシアン・ド・サン・ニコラの引用がある。
（55）*L'Aiguillon, les flammes, les flèches et le miroir de l'Amour de Dieu, propres à éprendre l'âme de Dieu et en Dieu lui-même.*
（56）Michel de Certeau, *op. cit.*, p. 294.
（57）*Ibid.*, p. 323.
（58）最初に断ったようにジャン・ド・サン・サムソンは生まれながらの盲人ではなかった。しかし、この間違いはランシア神父にとってさほど大きなことではなかったようである。なぜなら、ジャンの失明は幼少期に起こったことなので、目を使わずにすべてを学んだという事実は変わらないからである。
（59）Jérôme de la Mère de Dieu, *op. cit.*, p. 24-25. ジェローム・ド・ラ・メールはドメニコ会の神学者ランシア神父を引用している。ランシア神父は、レンヌから出版されたジャン・ド・サン・サムソン著作全集の慣習にあたった1人である。*Œuvres spirituelles et mystiques du divin contemplatif F. Jean de Saint-Samson*, Rennes, P. Coupard, 1658-1659.
（60）*Ibid.*
（61）Donatien de Saint-Nicolas, *op. cit.*, p. 3.
（62）*Id.*, « Préface ».
（63）*Id.*, « Lettre » à Cucé.
（64）*Id.*, « Préface ».
（65）ステファン・ミショー監修の『見えるものから見えないものへ。マックス・ミルナーのために』第1巻（「イメージと演出」）、ミショーによる序文。*Du Visible à l'invisible. Pour Max Milner*, t. I. « Mettre en images, donner en spectacle », textes réunis par Stéphane Michaud, Paris, José Corti, 1988. Avant-propos par Stéphane Michaud, p. 13.
（66）Epiphane Louÿs（1614-1682）, *Conférences mystiques sur le recueillement de l'âme*, 1678. ルイスはロレーヌ地方のエスティヴァル教区の司祭であった。
（67）François Malaval, *op. cit.*, p. 41.
（68）Abbé Dassy, *op. cit* ., p. 5.
（69）*Lettre de Monsieur Malaval à Monsieur l'Abbé de Foresta Colongue, Prévost de l'Eglise Cathédrale, Vicaire général et Official de Monseigneur l'Evêque de Marseille*, Marseille, Chez Jean et Pierre Penot, Imprimeurs et Marchands Libraires, à la Loge, 1695, p. 17-18.
（70）Donatien de Saint-Nicolas, *op. cit.*, « Lettre » à Cucé.
（71）Marie-Louise Gondal, *op. cit.*, p. 10-11.
（72）Abbé Dassy, *op. cit* ., p. 10.
（73）マラヴァルの同時代人と親交のあったジャン・ド・ラ・ロックなどが努力を重ねたにもかかわらず、その大部分がフイヤン会に寄贈されたマラヴァルの草稿の書簡は、決して刊行を願っていた人々の手にわたることはなかった。
（74）マラヴァルはドメニコ会の世俗指導者であり、マルセイユのドミニコ会修道院墓地に葬られることを願った。

(35) Marie-Louise Gondal, *op. cit.*, p. 18.

(36) *Malaval, aveugle de Marseille de 1627 à 1719*. Etude biographique, bibliographique, par monsieur l'abbé Dassy, secrétaire perpétuel de l'Académie des sciences, Belles-Lettres et Arts de Marseille, Marseille, A l'Institution des Jeunes Aveugles, A l'Institution des Sourds Muets, 1869.

(37) Jean de Saint Samson, *Le Véritable Esprit du Carmel*, Chapitre VIII, p. 23.

(38) *Vie du véritable Frère Jean de Saint-Samson, Religieux carme de la Réforme de Touraine*, par le R. P. Sernin-Marie de Saint-André, carme déchaussé, Paris, Librairie Poussièlgue Frères, 1881, p. 10. この本の 25 頁には、レンヌのカルメル修道会でサン・サムソンと毎日を共にしたジョゼフ・ド・ジェズ神父の草稿の引用がある。A. D. d'Ile et Vilaine, fonds des Grands Carmes, no. 18.

(39) Donatian, *La Vie, les maximes et partie des œuvres du Très excellent contemplatif le véritable Frère Jean de Saint-Samson, op. cit.*, p. 4.

(40) Stéphane-Marie Morgain, *Pierre de Bérulle et les Carmélites de France*, Paris, Le Cerf, 1995, p. 69.

(41) 今日、障害者（盲人としよう）が聖職を希望した場合、教区長である司教はその障害の度合いを注意深く検討しなければならない。現在の状況で、聖職に就くことが可能であるかどうかは、個々のケースにおいて判断される。

(42) Frère Donatien de Saint-Nicolas, « Adresse à Mgr. Messire Henry de Bourg-Neuf, Chevalier, Marquis de Cucé, Conseiller du Roy, et son premier Président au Parlement de Bretagne », *op. cit.*, non paginé.

(43) *Ibid.*

(44) 現在残っているジャン・ド・サン・サムソンの著作は次の通りである。まずアントワーヌ・ルヴォルの依頼で書かれた教育書、*L'Aiguillon, les flammes, les flèches et le miroir de l'Amour de Dieu, propres à éprendre l'âme de Dieu en Dieu lui-même*（1629)。それから、聖書の雅歌をなぞって書かれた散文詩、*L'Epithalame*。そして、また倫理書、*La Pratique essentielle de l'Amour*、*Exercices de l'Amour suprême de l'épouse envers son Epoux*、*Le retour de l'épouse à son Epoux*, *Exercice de l'Amour simple*、*Résumé de la vraie liberté*.

(45) Hein Blommestijn, « Introduction générale » aux *Œuvres Complètes, tome I, de Jean de Saint-Samson*, Institutum Carmelitanum, Roma, FAC-éditions, Paris, 1992, p. 16.

(46) *Id.*, p. 17.

(47) 聖書への言及はもちろんであるが、サン・サムソンの著述には 66 人の過去の作者たちの引用があることが、最近の編集者の研究で明らかになった。サムソンが引用しているのは、初期キリスト教会の創立者たちや、古代の世俗賢者たち、中世のヨーロッパ北部および地中海地方の神秘主義聖職者たちである。つまり、ジャン・ド・サン・サムソンは、何千頁に及ぶ彼らの著作を、耳で覚えたのである。

(48) 歴史家ミッシェル・ド・セルトーはこの伝説を深く研究した。Michel de Certeau, *Fable mystique 1 - XVI*e*-XVII*e *siècles*, Paris, Gallimard 1982, Chapitre VII : « L'illettré illuminé ».

(49) 近代の初めにキリスト神秘主義によって構成されたまなざしについては、また特にこの時代の神秘主義者が依拠する「まなざしの外部」については、カルル・アヴランジュが人類学的研究を行なった。Carl Havelange, *De l'œil du monde. Une histoire du regard au seuil de la modernité*, Paris, Fayard, 1998, chapitre VII : « L'œil de Dieu », p. 195-231.

(50)「ブール・ヌフのメシール・アンリ猊下」(« Mgr. Messire Henry de Bourg-Neuf, Chevalier Marquis de Cucé, Baron d'Orgers, Premier Président au Parlement de

由緒正しい富裕貴族の家庭に生まれた。エリザベート・エステルが生まれた傍系は改革宗派に属し、近代以後多くの印刷業者を生み出していた。おそらくこの事実は、彼女の父親が盲目の娘の読み書き教育のために考案した方法に影響を与えているだろう。

(20) ギルバート・バーネットの『スイスとイタリアで見た最も驚くべきことを盛り込んだ手紙』からの引用。Gilbert Burnet, *Some letters containing an account of what seemed most remarkable in Switzerland, Italy, etc.*, Rotterdam, A. Acher, 1686, p. 116-117. フランス語訳は、1687 年に初版された（翌年再版、1718 年には第 3 版が出ている）。

(21) ラナ神父からの引用、Coste d'Arnobat, *op. cit.*, p. 89.

(22) *Ibid.*, p. 91.

(23) *Ibid.*, p. 93.

(24) Pierre Henri, *La Vie et l'œuvre de Louis Braille,* PUF, Paris, 1952, p. 40.

(25) *Biographie universelle ancienne et moderne*（Michaud), t. XXIII, p. 113-114.

(26) Charles Perrault, *Les Hommes illustres qui ont paru en France pendant ce siècle avec leurs portraits au naturel,* Paris, Dezollier, 1696-1700, 1 vol., p. 27-28.

(27) ブレーズ•フランソワ•ド•パガンは、1604 年 3 月 3 日にアヴィニョンに生まれた。

(28) 1645 年初版、1689 年再版、1738 年にオランダ語訳版が出た本である。パガンはその後、1651 年に『幾何学の公式』を発表した。同書は 1654 年に増補再版された。1657 年には『植物の理論』を、1658 年には『天文学綱領』を、それぞれパリから出版した。

(29) パガンの『要塞論』に作者の略伝を附記した 1689 年の解説版からの引用。*Les Fortifications du Comte de Pagan*, nouvelle édition précédée de la vie de l'auteur, avec des notes sur le texte, par M. Hébert, Paris, Nicolas Langlois, 1689, p. 15.

(30) *Ibid.*, p. 2.

(31) *Ibid.*, p. 3.

(32) ジャン・ル・ジューヌ神父（1592-1672）は「オラトリオ会教育に輝かしい成功をもたらした 1 人」とされている。彼は 44 歳で失明したが、盲目にも関わらず、伝道師としての任務を怠らなかった。パガン伯爵と同じく、ル・ジューヌ神父も介添え役兼秘書を務めたオラトリオ会修道士ミッシェル・ル・フェーヴルによって聖職をこなした。神父はまた、その暖かい人柄と障害を受け入れる態度において同時代人の尊敬を集めており、当時の精神的指導者の 1 人として大きな影響力を持った。次世紀においても、10 巻に及ぶその説教演説集『オラトリオ伝道』は多くの読者に少なからぬ影響を与えた。読者の 1 人であるブノワ・ラーブルは、ル・ジューヌの著作に出会ったのは司祭であった伯父の書斎だったと述べている。*Dictionnaire de spiritualité*, tome IX, Paris, Beauchesne, 1976, p. 561 ; Nicole Lemaître, « Un prédicateur et son public. Les sermons du Père Lejeune et le Limousin 1653-1672 », R. H. M. C., tome XXX, janvier-mars 1983, p. 33-65.

(33) *La Vie, les maximes et partie des œuvres du Très excellent contemplatif, le vénérable Frère Jean de Saint-Samson, Aveugle dès le berceau et Religieux laïc de l'Ordre des Carmes Réformez,* par le R. Père Donatien de Saint-Nicolas, Religieux du même ordre, Paris, 1651 ; 2e édition, Paris, 1656.

(34) マリー・ルイーズ・ゴンダルは、マラヴァルの『瞑想に至る簡単な方法』を近年改訂出版した。François Malaval, *La Belle ténèbre. Pratique facile pour élever l'âme à la contemplation,* 1670, texte établi, présenté et annoté par Marie-Louise Gondal, Grenoble, Jérôme Millon, 1993, suivie de *La Plante de Philothée*, extrait des *Poésies spirituelles,* 1ère édition, Michallet, Paris, 1671, p. 302-320.

arrests et ordonnanes, etc., Concernant l'Hôpital Général, les Enfans-Trouvez, le Saint-Esprit, et autres maisons y unies, Artcile IX, Paris, Imprimerie Royale Thibault, 1745, p. 6.

(2) *Id.*, p. 29.

(3) *Id.*, p. 6.

(4) *Ibid.*

(5) *Ibid.*

(6) Léon Le Grand, *op. cit.*, p. 138-139.

(7) *Ibid.*, p. 139.

(8) *Ibid.*, note 1.

(9) Abbé Prompsault, *op. cit.*, p. 59.

(10) 1657 年 5 月 4 日のルイ 14 世の書簡、プロンソーによる引用。Prompsault, *ibid.*

(11) レオン・ル・グランはこう詳述する。「この頃（1656 年）総合病院に収容された貧民の内訳の中に、37 人の盲人が記録されている。男 22 人、女 15 人である」。しかし、この数は 1657 年の病院理事会の決議報告書に記載されている 600 人の収容人数に占める割合としては、あまりにも少ない。Léon Le Grand, *op. cit.*, p. 308.

(12) サルペトリエール病院運営部長だった。

(13) サルペトリエール運営部長のパジョ・ド・ラ・シャペルからイル・ド・フランス州知事に宛てた 1688 年 8 月 15 日付報告書である。Bollisle, *Correspondances des Contrôleurs généraux des Finances avec les intendants des Provinces*, Paris, Imprimerie Nationale, 1874, t. I. この文献は、ロベール・プージョルの『パリ総合病院の誕生』に引用されている。Robert Poujol, *La Naissance de l'Hôpital Général de Paris d'après des documents inédits*（*Papiers Minachon*）, Paris, février, 1982, p. 24.

(14) *Prodromo overo saggio di alcune inventioni nuove, premesso all'Arte Maestra Opera* che prepara il P. Francesco Lana, Bresciano della Compagnia di Giesu : Dedicato alla Sacra Maesta Cesarea del Imperatore Leopoldo I, Brescia, 1670.

(15) キルヒャー神父は、ヘルメス思想に傾倒した博学な哲学者、数学者、物理学者、言語学者であったのみならず、普遍言語と普遍表記の研究に余念がなかった。ジャン・クロード・マルゴランの近代神秘主義者の研究にこの点が詳しく紹介されている。Jean-Claude Margolin, « Pouvoir occulte du langage et écritures secrètes aux 16e et 17e siècles : Trithème, Vigenère, Kircher », in *Klaniczay-Emlëkköniv*, Budapest, Balassi Kiado, 1994, p. 305-333.

(16) イエズス会のラナ神父の著『いくつかの新しい考案の発表、続いて教育法』からの引用である。神父はこの著の中で、高名な学者たちや彼自身による実験や理論によっても証明された哲学の根本原則を立証すると述べている。この著はハプスブルグのレオポルド 1 世に献呈され、1670 年にブレシアで出版された。第 2 章のタイトルは「生まれながらの盲人が書くことを学び、さらには数字の暗号によって書いたものの意味を保護し、そして同じ数字から正しい答えを読み取るための方法」である。神父の暗号読解体系は、1808 年にパリで刊行された珍奇発明史の中で詳しく紹介された。*Essai sur de prétendues découvertes nouvelles, dont la plupart sont âgées de plusieurs siècles*, par M. C（Coste d'Arnobat）, Paris, Patris, 1808, p. 88.

(17) *Ibid.*, p. 88-89.

(18) ロックとライプニッツの文通相手であったサルスベリー司教は、1685 年にフランス、スイス、イタリアへの旅行を行なった。彼の旅行記はフランス語にも訳された。17 世紀末から 18 世紀初頭にかけて何度も再版されたベストセラーであった。

(19) エリザベート・エステル・フォン・ヴァルドキルヒは、1660 年ジュネーブで、スイスのシャウハウゼン出身で、15 世紀にはフリードリヒ 3 世から爵位を受けた

Partie, et de trois Dialogues, touchant la nature du Soleil, de la Terre, et des Météores, Paris, chez Claude Micard, au clos Bruneau, le Chaire, 1580, p. 538（メクシアは1552年に死んだので、この著は彼の手になるものではない。その弟子たちによるものである）.

(39) De Vinci, *op. cit.*, p. 80.

(40) この小説は1554年に、ブルゴスとアルカラとアンヴェルスで同時に刊行された。しかし、もしかしたら1553年にはすでにアンヴェルスで初版が出ていたかもしれないという疑いもある。

(41) 1594年、1598年、1601年、1615年、1616年に再版されている。Bronislaw Geremek, *Les fils de Caïn*, Paris, Flammarion, 1991を参照のこと。

(42) *La Vie de Lazarillo de Tormès. La Vida de Lazarilo de Tormes*, Marcel Bataillon 編、Bernard Sèse 訳（仏西対訳版）、Paris, GF-Flammarion, 1994, p. 99.

(43) この小説は一人称で書かれているので、自伝の趣がある。

(44) *La Vie de Lazarillo de Tormès, op. cit.*, p. 99.

(45) *Ibid.*, « Introduction » par Marcel Bataillon, p. 22.

(46) *Ibid.*, p. 35.

(47) *Ibid.*, p. 97.

(48) これは、ガリマール社のプレイヤード叢書 *Romans picaresques espagnols*（1968年）初版の序文起草者モーリス・モロの立場であった。この立場に反対したマルセル・バタイヨンについては、後年のプレイヤード版に次のような説明がある。「マルセル・モロがプレイヤード叢書に載せた『ラザロの生涯』紹介文で強調したようなこの種の解釈は、同作品のバタイヨン版においては頑として斥けられている」。*Romans picaresques espagnols*, Gallimard, Bibliothèque de la Pléiade, 1968, « Introduction » de Maurice Molho, p. XI-XL, et *La Vie de Lazarillo de Tormès*, éditions et introduction de Marcel Bataillon, Paris, Garnier-Flammarion, 1994, p. 51.

(49) ブリューゲル、『盲人の寓話』（ナポリ国立美術館所蔵）。制作年は1568年。

(50) H. Seldmayr, « Pieter Bruegel : Der Sturz der Blinden. Paradigma einer Strukturanalyse », *Hefte des kunsthistorischen Seminars der Universität München, 2*（ミュンヘン、1957年）p. 1-48. Roger H. Marijnissen, *Bruegel. Tout l'œuvre peint et dessiné*, Fonds Mercator, Anvers, 1988（éditions Albin Michel, Paris, 1988）, p. 365に引用。

(51) Hulin de Loo, *Bruges 1902*, Gand, 1902. 1902年にベルギーのゲントで行なわれた14世紀から16世紀までのフランドル絵画展カタログ。

(52) Roger H. Marijnissen, *Bruegel. Tout l'œuvre peint et dessiné, op. cit.*, p. 40.

(53) 鐘楼の先端が空に向かってまっすぐ延びている小さな教会のイメージによって象徴されている。

(54) 異端信奉者は画面前方で逆さに倒れている盲人の哀れな姿で表現されている。他の盲人たちも引きずり込まれている。

(55) Roger H. Marijnissen, *op. cit.*, p. 368。

(56) ブリューゲルの絵のあまりの写実性は、ミッシェル・トリロンによる博士論文まで生んだ。トリロンは、登場する6人の盲人のうち4人の眼病について調べた。Michel Torrilhon, *La Pathologie chez Bruegel*（1958年の医学博士論文、パリ大学総合医学図書館BIUMに収蔵）.

(57) Jean-Pierre Vernant, *La Mort dans les yeux*, Paris, Hachette, 1985, p. 80.

(58) *Ibid.*, p. 82.

第3章　古典主義時代における盲人の歴史の足がかり

(1)『パリ発布の1656年4月付総合病院に関する王の勅令』*Recueil d'édits, déclarations,*

(6) *Id.*, « Serment des Quinze-Vingts », p. 756-757.

(7) Bronislaw Geremek, *Inutiles au monde. Truands et misérables dans l'Europe moderne* (*1350-1600*), Gallimard/Julliard, 1980, p. 170.

(8) つまり、140人ということである。ミッシェル・ド・ブラッシュの規定では152人となっていた。

(9) Dom Michel Félibien, *op. cit.*, « Règlement » du 6 septembre 1522, article 40, p. 754.

(10) Léon Le Grand, *op. cit.*, p. 330, annexe 8.

(11) *Ibid.*, p. 332-333.

(12) *Ibid.*, p. 335.

(13) Abbé de Prompsault, *op. cit.*, p. 49.

(14) Léon Le Grand, *op. cit.*, p. 270.

(15) *Ibid.*

(16) *Ibid.*, p. 271.

(17)「貧民扶助」の意味。

(18) Bronislaw Genremek, *La Potence ou la pitié*, p. 240.

(19) Jean-Louis Vivès, *De l'Assistance aux pauvres,* traduit du latin, Bruxelles, éd. Valéro et fils, 1943, p. 199（初版ラテン語版は1526年ブリュージュで刊行された).

(20) *Ibid.*, p. 200.

(21) *Ibid.*, p. 206-207.

(22) Pierre Villey, *L'Aveugle dans le monde des voyants*, *op. cit.*, p. 255. ニカシウス・ファン・フールデンについては、雑誌*VOIR barré*の2000年5月刊行、第20号にフレデリック・ファンホルネが略伝を発表している（フールデンはフールダやフールダヌスと呼ばれることもあった。またディドロは、『盲人についての手紙』で「ニケーズ・メシュラン」という名前でフールデンを登場させた）。

(23) Pierre Ville, *op. cit.*, p. 256. Frédérick Vanhoorne, « Petrus de Ponte dit Pontanus », in *VOIR barré*, n°20, mai 2000, p. 30-31.

(24) Jean-Louis Vivès, *op. cit.*, p. 207.

(25) *De Recta Latini Graecique Sermonis Pronuntiatione*, Lyon, 1531, p. 45-46.

(26) タイトルは以下の通りである。*Les Diverse leçons de Pierre Messie gentihomme de Séville. Contenans variables et mémorables histoires, mises en français par Claude Gruget, Parisien. Avec Privilège à Paris. Par Estienne Groulleau*, 1532.

(27) *Ibid.*, p. 177.

(28) *Ibid.*

(29) *Les Livres de Hiérome Cardanus médecin milannois intitulés de la subtilité et subtiles inventions, ensemble les causes occultes et raisons d'icelles*, traduits de latin en français par Richard Le Blanc, Paris, G. Le Noir, 1556, p. 416b.

(30) *Ibid.*

(31) *Ibid.*

(32) Léon Le Grand, *op. cit.*, p. 287.

(33) Vivès, *op. cit.*, p. 214.

(34) タイトルは「人間の性質について」。

(35) Hiérome Cardanus, *op. cit.*, p. 324b.

(36) *Ibid.*

(37) Leonardo De Vinci, « Le paragone ou le parallèle des arts », in *Traité de la peinture*. Edité par André Chastel, Editions Berger-Levrault, Paris, 1987, p. 89.

(38) *Les Diverses leçons de Pierre Messie. De nouveau reuevués, corrigées et augmentées de la V.*

H. R. Prompsault, Paris, Victor Sarlit Librairie, 1863, p. 15. 一方、ジャン・ルイ・ゴグランによれば、多すぎもせず少な過ぎもしない 300 人は、運営者にとってちょうどいい数だった。これ以上の共同体は統率するのに厄介だっただろう。Jean-Louis Goglin, *op. cit.*, p. 37.

(37) この時代の職業団体については、カトリーヌ・ヴァンサンの著書を参照されたい。Catherine Vincent, *Les Confréries médiévales dans le royaume de France, XIII-XVe siècles*, Paris, Albin Michel, 1994, p. 259.

(38) レオン・ル・グランは、キャンズ・ヴァン創立証書が失われたのは創立後間もなかったに違いないと考えている。なぜなら「古い書類目録に載っておらず、14 世紀中葉のキャンズ・ヴァン文書集に唯一見つかるのは創立証書ではなく、1270 年に聖ルイ王が創立時の決まりを確認している通達文書のみである」。Léon Le Grand, *op. cit.*, p. 13.

(39) ジョワンヴィルはこう言っている。「王は盲人がミサを聞くことができるように、礼拝堂も建造させた」。Joinville, *op. cit.*, p. 361.

(40) キャンズ・ヴァンの建物、および住人の生涯にわたる生活保障の財政を寄付したのはパリのブルジョワである。

(41) Michel Mollat, *op. cit.*, p. 122.

(42) *Règlement donné aux Quinze-Vingts par Michel de Brache, aumônier du roi Jean*（*1351-1355*）(nº6446 et 858 - copies du XVIIe siècle)in, Léon Le Grand, *op. cit.*, Annexe II, p. 312-313.

(43) *Règlement donné aux Quinze-Vingts*, in Léon Le Grand, *ibid.*, p. 314.

(44) Léon Le Grand, *op. cit.*, p. 49-50, Brigitte Gauthier, *op. cit.*, p. 208-209.

(45) Léon Le Grand, *ibid.*, p. 266.

(46) リュトブフは、キャンズ・ヴァンのみならず、聖ルイ王が庇護したたくさんのパリ市内のキリスト教集団に対して批判的だったが、特に物乞いに対しては厳しかった。

(47) Léon Le Grand, *op. cit.*, p. 301.

(48) Léon Le Grand, *op. cit.*, p. 49-50.

(49) Brigitte Gauthier, *op. cit.*, p. 197.

(50) 1254 年 12 月付オルドナンスによる。

(51) Henri-Jacques Sticker, *Corps infirmes et sociétés*, Paris, Aubier, 1982, Réédition, Paris, Dunod, 1997, p. 93.

(52) Michel Mollat, *op. cit.*, p. 353.

第 2 章　近代のはじめ

(1) Michel Mollat, *op. cit.*, p. 349.

(2) Bronislaw Geremek, *La Potence ou la pitié. L'Europe et les pauvres du Moyen Âge à nos jours*, 1978, traduction française par Joanna Arnold-Moricet, Gallimard, 1987, p. 162.

(3) ドン・ミッシェル・フェリビアン『パリ市の歴史』（1725 年版）748-55 頁の「キャンズ・ヴァン規定書および 1522 年 9 月 6 日議会登録公表記録」Dom Michel Félibien, *Histoire de la ville de Paris*, Desprez, 1725, t. V, p. 748-755（« Règlement pour l'hôpital des Quinze-Vingz avec l'arrêt d'enregistrement à la cour de parlement, prononcé le VIe jour de septembre M. D. XXII »).

(4) Jean-Henri-Romain Prompsault, *Les Quinze-Vingts. Notes et documents*, Paris, Victor-Sarlit, 1863, p. 37.

(5) Michel Félibien, *op. cit.*, p. 154. « Règlement ».

いて、大食で不潔な豚は（大食と淫蕩は大罪である）悪魔の使いの動物だと見なされていた。何より、その暗い毛色（中世の豚は概ね、黒か茶色であった）と、近視であることがこのイメージを強めた。パストローは、「古来人々が豚を怖れたのは、この動物に人間の中の見たくない部分を見たからである」と述べる（Michel Pastoureau, Jacques Verroust, Raymond Buren, *Le Cochon. Histoire, symbolique et cuisine du Porc*. Paris, Sang de la Terre, 1998, . 41-43）。豚が象徴するものと盲目が象徴するものの近似性は明らかである。この動物が盲人を嘲笑する見せ物の道具に使われたのは、おそらく偶然ではない。

(26) ミッシェル・ルーシュは、当時の聖職者たちがこうした大道芸の諧謔精神を「不真面目」と批判していたことについて、「聖職者は、笑いやゲームが教育の大事な条件であると気がつこうとしなかった。哄笑を覚えることで、人は他者を受け入れ、自分の攻撃性を中和することができる。（…）人間それぞれの歪んだ鏡である道化は、そうとは知られぬうちに多くのことを教えていたのである」。*Histoire générale de l'enseignement et de l'éducation en France*, Paris, Nouvelle Librairie de France, tome I, « Des origines de la Renaissance », par Michel Rouche), p. 470.

(27) Michel Mollat, *op. cit.*, p. 333.

(28) この本では、ハンセン病およびペストの患者と障害者を分けている。ハンセン病や、当時「聖アントワーヌの病」と呼ばれたペストが障害を後遺症に残すとしても、その患者は病人であって障害者ではないとする。

(29) レオン・ル・グランによれば、この表現は 14 世紀のある盲人施設の議事録に見られると言う。Léon Le Grand, *op. cit.*, p. 290.

(30) Michel Mollat, *op. cit.*, p. 123.

(31) *Ibid.*

(32) Léon Le Grand, *op. cit.*, p. 301.

(33) 四肢が麻痺した者、の意味。

(34) ブリジット・ゴーチエによるギヨーム・ド・サン・パルチュスからの引用。Guillaume de Saint-Parthus, *Vie de Saint Louis*, éditée par H. F. Delaborde, Paris, Picard, 1899, pp. 79-80. Cité par Brigitte Gauthier, *op. cit.*, p. 196. 王の慈善をその目で見たジョワンヴィルもまた、王が日常的に食卓で盲人に示した配慮について語っている。「王が盲人の食事を補助し、彼らの前で食物を切るのを私は何度も見た。盲人たちが食事を終えると、いくらかのお金を手ずから渡して帰らせた。（…）盲人の他にも、晩餐や夜食の席には年老いた者や不具の者を同席させ、自分と同じものを食べさせていた」。(Joinville, *Vie de Saint Louis*, texte établi, traduit et annoté avec variances par Jacques Monfrin, Paris, Dunod, 1995, p. 359.)

(35) 前注のジョワンヴィルはこうも語っている。「聖ルイ王はパリの貧しい盲人を住まわせる館を作った」。Joinville, *op. cit.*, p. 359-361. つまり、「［聖ルイ王は］リラセン人に目をつぶされた 300 人の帰還騎士を住まわせるためにキャンズ・ヴァンを創立」したという伝説は、歴史的には間違っているということである。Corrozet, *Fleurs des Antiquitez de Paris*, édition de 1532, fol. 40, cité par Leon Le Grand, *op. cit.*, p. 11. ル・グランはキャンズ・ヴァンについての著書の巻頭で、きっぱりと、説得力のあるやり方でこの伝説を斥けたもの、いまだに専門書やあちこちの講演会でこの風評は残滓をとどめている。Léon Le Grand, *op. cit.*, p. 11 et p. 18.

(36) 中世は二十進法で数を数えた。1269 年 3 月付の教書で、聖ルイ王は「盲人教団ないしは盲人施療院と呼ばれる施設には、必ず 300 人の貧しい盲人が常時保護されていること」、そして「もし 300 人のうち 1 人でも欠けることがあれば、即刻補充すること」を定めている。*Les Quinze-Vingts. Notes et documents*, recueillis par Feu l'abbé J.

1999, p. 16〔ジャック・ル・ゴフ『もうひとつの中世のために——西洋における時間、労働、そして文化』加納修訳、白水社、2006年〕.

(2) Wace, *Le Roman de Rou*, 1160, publié par A. J. Holden, Paris, Picard, 1970, tome I, p. 195-196. ブリジット・ゴーチエがその博士論文『中世11世紀から15世紀における盲人』で引用している。Brigitte Gauthier, *La Cécité et l'aveugle au Moyen Âge IXe-XVe siècles*, Université Lyon II, 1984, pp. 240-243.

(3) Michel Mollat, *Les Pauvres au Moyen Âge*, Paris, Hachette, Editions Complexes, 1978, p. 67.

(4) *Id.*, p. 122.

(5) Léon Le Grand, *Les Quinze-Vingts depuis leur fondation jusqu'à leur translation au Faubourg Saint-Antoine* (*XIIIe-XVIIIe siècles*), Paris, Société de l'Histoire de Paris et de l'Île-de-France, 1887, p. 128.

(6) Jean Dufournet, *Le Garçon et l'aveugle*, Jeu du XIIIe siècle, Paris, Honoré Champion, 1982, Première partie : « Etudes », p. 11.

(7) *Id.*, Deuxième partie : Traduction du *Garçon et l'aveugle*, p. 87, v. 11-13.

(8) *Id.*, p. 96, v. 259-261 et 265.

(9) *Id.*, Troisième partie ; « Dossier, II », *Les trois aveugles de Compiègne* (traduction), p. 105.

(10) *Id.*, p. 107.

(11) *Id.*, p. 108.

(12) 例えば、1782年12月4日にパリで初演された『3人の盲人』というパレード喜劇がそうである。

(13) Jean Dufournet, *Le Garçon et l'aveugle*, première partie ; « Etudes », p. 45.

(14) Jean-Louis Goglin, *Les Misérables dans l'occident médiéval*, Paris, Le Seuil, 1976, p. 117.

(15) Michel Mollat, *Les Pauvres au Moyen Âge*, p. 92.

(16) Goglin, *op. cit.*, p. 139.

(17) 13世紀チューリッヒ教会の聖歌隊員コンラッドの文献による。コンラッドの文献はエドモン・ファラルが編纂した。引用は、ピエール・ヴィレーからの孫引き。Pierre Villey, *L'Aveugle dans le monde des voyants. Essai de sociologie,* Paris, Ernest Flammarion, 1927, p. 89.

(18) *Journal d'un bourgeois à Paris,* texte original et intégral présenté par Collette Beaune, Paris, Le Livre de Poche, 1990, p. 221.

(19) ボン・ザンファン通りとサン・トノレ通りの間にあった旧アルマニャック館は、キャンズ・ヴァンからも近かった。

(20) 彼らは鎧を着ていたということである。

(21) うまく殺した者が豚を賞品として獲得することになっていた。

(22) cuidaient - pensaient〔中世フランス語〕.

(23) ブドンは太鼓に似た楽器。

(24) これはまた、グラディス・スワインの解釈でもある。スワインはある論文でこの事件についてこのように述べている。「グロテスクな他者の不幸の姿を前にして、腹の底からこみ上げて来る笑いこそは、他者との距離や差異を最も明白にする表現ではないのか。[祭りの盲人たちは] 誰もが主観的に自己と同一視することのない敗残者であり、それゆえに好きなように嘲笑しても構わない人々なのである」。Gladys Swain, « Une logique de l'inclusion : les infirmes du signe », *Esprit*, 1982/5, pp. 61-75. 引用は65頁から。

(25) パリのブルジョワが記録した事件において、支離滅裂なゲームの賭けに豚が選ばれたのは偶然ではないだろう。ミッシェル・パストローも言うように、中世にお

原　注

まえがき

(1) Marc Bloch, *Plaidoyer pour l'histoire, ou le métier d'historien*, édition annotée par Etienne Bloch. Préface de Jacques Le Goff, Paris, Armand Colin, 1997〔マルク・ブロック『新版　歴史のための弁明——歴史家の仕事』松村剛訳、岩波書店、2004 年〕.

(2) Pierre Henri, *Les Aveugles et la société*, Paris, PUF, 1958, p. 7-15.

(3) Pierre Griffon, *Déficiences visuelles : pour une meilleure intégration,* Paris, CTNERHI, 1995（Flash-Informations), p. 17. この本の 17 頁の脚注 17 によれば、「視力とは、網膜のクリアにものを判別する力である。言い換えれば、細部を知覚する能力である」。

(4) 同上、注 (18)。「視野とは、固定された目によって知覚された空間の一部分である」。

(5) Suzanne Hugonnier-Clayette et coll., *Les Handicaps visuels*, Villeurbanne, SIMEP, 1986, p. 10-11.

(6) « Handicaps visuels », in *Réduire les handicaps*, Paris, INSERM-La Documentation française, 1984, p. 183.

(7) Pierre Villey, *L'Aveugle dans le monde des voyants. Essai de sociologie*, Paris, Flammarion, 1927, p. 6.

(8) Pierre Villey, *Le Monde des aveugles. Essai de psychologie*, 1914, Réédition Paris, G. I. A. A.-Librairie José Corti, 1984, p. 3.

(9) Pierre Henri, *op. cit.*, p. 32.

(10) *Ibid.*, p. 2.

(11) *Ibid.*, p. 32

(12) Pierre Villey, *L'Aveugle dans le monde des voyants*, p. 6.

(13) Pierre Henri, *op. cit.*, p. 39.

(14) Jacques Le Goff, *L'Imaginaire médiéval. Essais*. Nouvelle édition, Paris, Gallimard, N. R. F., 1991, p. XII〔ジャック・ル・ゴフ『中世の夢』池上俊一訳、名古屋大学出版会版に一部収録、1992 年〕.

(15) Denis Diderot, *Lettres sur les aveugles à l'usage de ceux qui voient*, 1749, Paris, Garnier-Flammarion, 1972, p. 108〔ディドロ『盲人書簡』吉村道夫・加藤美雄訳、岩波文庫、2001 年復刻版〕.

(16) Valentin Haüy, *Essai sur l'éducation des aveugles*, Paris, Paris, Imprimé par les « Enfants-Aveugles », sous la direction de M Clousier, Imprimeur du Roi, 1786. Réédition, Paris. Les Editions des Archives contemporaines, 1985（Bibliothèque du CNAM), p. 6.

(17) *Troisième note du citoyen Haüy, auteur de la Manière d'instruire les aveugles ou court exposé de la naissance, des progrès et de l'état actuel de l'Institut national des aveugles-travailleurs* au 19 brumaire an IX de la République française, entremêlée de quelques observations relatives à cet Etablissement.

(18) *Loi relative à l'organisation d'un Etablissement institué pour les Aveugles-travailleurs.* Du 18e jour de Thermidor, an 3e de la République. Art. 1 et IV.

第 I 部　中世から古典主義時代へ——逆説的な盲人のイメージ

第 1 章　中世

(1) Jacques Le Goff, « Pour un autre Moyen Âge », in *Un autre Moyen Âge*, Paris, Gallimard,

訳者解説

一　盲人史がフランスで「可能となった事情《わけ》」——歴史と民俗学の間で

この本はフランス初の、また現在まで唯一の、視覚障害者を主人公とした通史である。原題は *Vivre sans voir – les aveugles dans la société française du Moyen Âge au siècle de Louis Braille*（『見えない人生を生きる——中世からルイ・ブライユの世紀のフランス社会に生きた盲人たち』[1]）。一九九八年、著者ジナ・ヴェイガンによって、ソルボンヌ大学の近現代史講座の博士論文として提出され、二〇〇三年に、学術論文としての内実を保ったまま、限定部数で出版された。今年は初版からちょうど一〇年目である。

この一〇年の間、フランス語と英語で（二〇〇九年にはスタンフォードから英訳が出た[2]）、おそらく、この本を詳しく読み込んだ人々のほとんどは、職業的理由や個人的興味から、フランス社会科学の典拠に親しくなじんだ人たちであっただろう。フランスを含むヨーロッパ近現代史のアウトラインと細部についてよく知っているだけではなく、一九七〇年代以降のアナール学派の社会史やレヴィ・ストロースの人類学に影響を受けたフランス社会科学一般の動向についても、詳しい人たちだっただろう。現実的に考えれば、今回上梓した邦訳を待っている状況も、さほどかけ離れたものではあるまい。この本が、「一般読者」に届くまでには、まずフランスの学問分野に明るい「専門家」の手を経るであろう。それから、「障害学」や「当事者学」の理論家の目に触れるかもしれない。しかし、障害者教育や現場で直接働く人々にとって、フランス社会史の学術書など、まったく非現実的な世界だろう。いわんや一般社会の通常構成員たる視覚障害者の人たちは、著者と訳者にとって、さらに遠い存在である。

「広く盲人を受け入れる社会」（本書「まえがき」）の実現に向けて書かれたこの本の趣旨からすれば、現在その受容が学者のサークル（いくら国際的とは言え）にとどまっていることはいかにも残念なことである。しかし、それも無理からぬ話なのである。フランスの歴史は、もう二〇〇年近く、大学に閉じ込められているからである。これには、もともと一九世紀の国家主導の学問の再編成に端を発するフランスの大学歴史学が、歴史記述と批評の言語の体系化・普遍化を目指すものだった、という事情がある。その結果、伝承・習俗など、「自分自身にとって無自覚で、過去を知らない(3)」集団的記憶に属する事象は、歴史「学」の対象から外された。

ちなみに、フランス語はドイツ語と違い、歴史（histoire）の語に、高尚な体系的学問としての歴史学の意味と、物語という意味（ある時系列に沿って進み、内在的なロジックによって完結した言説の単位）の、二つの意味を持たせている。同じ語であるからこそ、使われる文脈の間に必要以上に厳密な峻別の必要が生まれる。もっぱら伝承に関心を持つ民俗学の領域が、フランスの大学の歴史学から慎重に切り離されたのは、そのせいでもあるだろう。

ともあれ、「実証」と「普遍」という二つの強迫概念は、一九世紀ヨーロッパに生まれた人文科学という一大営為を強く支配し、そうした厳密な語彙で固められた圧倒的な量の理論書や研究書の隊列は、おそらく革命後の中産階級にとって、「文明」の担い手としての自らの立場を保証する最強の物質的砦だった。ギゾーの記念碑建造熱も、オーギュスト・コントの体系への執着も、イポリット・テーヌの図式化癖も、彼らの社会的自我を常に充電し続けた「文明」への投資という目的を考えなければ、フーリエの世迷い言と変わるところはない。また、歴史家に関しては、そこに「永続的再生産の義務」という強迫観念を付け加えてもいいかもしれない。「不死」の妄想は、一九世紀の歴史家をしばしばおそったのであり（マコーレーやミシュレ）、それは、際限なく増えるアーカイブを呑み込んで、ますます肥大する「唯一の歴史」という考えが、歴史家の自己イメージに病的に作用した結果だったに違いない。

そうした事情は、二〇世紀に入ってフランスでも徐々に変わってきたが、歴史的考察の裾野がぐんと広がり、いい意味でも悪い意味でも、日常問題が歴史的オブジェの大半を占めるようになり、ピエール・ノラの言葉を借りれば、「歴史感覚そのものまでも、途方もなく伸びきった(4)」のは、ほんの四〇年前の話である。その結果、一九七〇年代後半を境にして、かつてフォークロアとして軽視されていた民俗学的事象は、歴史家が好んで扱うところのものとなった。

こうしたことは日本でもすでによく知られた話であるが、ここでもう一度繰り返しておきたい。ラヴィス時代に完成した「唯一の正しい民族国家の歴史」というパラダイムは、長くフランスの歴史学の王道を支配してきた。しかし、大戦後に西洋の国家史観の事情は大きく変わった。さらに一九六〇年代から七〇年代にかけて、記号論やフーコーやレヴィ・ストロースが、ディシプリンの枠を超えて、多くの人文科学の分野に衝撃を与えた。その五〇年前にアナールの大家たちによって社会科学との同盟を結んだことを覚えていた歴史学は、新たな刺激のもとで、文化人類学的な構造比較の方法を、歴史研究の刷新のために取り入れた。すでに一九二八年、マルク・ブロックは「社会内比較の方法」を目指していたが、それは「同じ社会総体の中にあって異なる文化的文脈を比較する」ことに他ならなかった(3)。二〇世紀を通して連綿と続いたフランス歴史学の模索が、その世紀の果てに現れることになる盲人史という「異文脈」を容認することのできる土壌を、遠くから用意したということは確かである。

とは言え、現実には、それほどラディカルな歴史認識のリニューアルがあったわけではない。一九七〇年代以後も、フランスでなされる歴史研究には、共和主義的な価値観と文化人類学的な文化相対主義の間で葛藤は続いた。一九九〇年代末に完成したヴェイガンの盲人史にも、啓蒙史観、進歩史観、民主的教育主義といった、伝統的で保守的な、近代を頂点として歴史と他文化を眺める価値意識が歴史解釈を導いている様が、まざまざとうかがえる。いかに「学際」や「グローバル」を謳っていても、フランスの歴史学を根本から色づけている共和国の統合の思想は、外からは簡単に伺い知ることのできない高い垣根を内部に張り巡らせているのである。

他方、世界に冠たる点字の発明者、ルイ・ブライユの祖国であるフランスで、一九九〇年代まで盲人史が考案されなかった、という事実も、よくよく考えてみれば不思議な話である。日本においてすら、二〇世紀のはじめに、民俗学的な盲人の歴史が通史として刊行されていることを鑑みれば、なおさらである(その他、『本朝盲人伝』など、偉人列伝としての盲人史は、より早い段階から文部省によって刊行されていた)。

おそらく、明治以来、舶来主義に陥ってきた日本ではあっても、少なくともフランスの近代を支える「文明」の矜持からは自由であったのだろう。一九二〇年代に完成し、一九三四年に刊行された『日本盲人史』の著者、中山太郎は、二〇世紀初頭の日本の学術界における盲人史の位置づけについて、こう言う。「歴史家なる者は、正史の考察に日も足らぬと云う有様で、盲人史といふが如き閑問題を顧みるいとまがない」[6]。しかし、実際に彼は盲人史に着手した。盲人史という企図が可能であったというそのこと自体が、日本の大学歴史学が扱っていた「正史」の規範が、国家統合のイデオロギーとしてさほどの圧力を持っていなかったことを示してはいないか。西洋近代の歩みに遅れまいと、舟をこぎだしたばかりの日本だったが、日常の中の「異邦人」である盲人の生活形態を、裏歴史的に描き出そうという物好きな企てを容認するだけの自由はあった。そんなことは、フランスの歴史学においては、つい最近まで誰の考えも及ばないことだったのである。

もう一度、一九三四年の中山の言葉を引こう。「既に日本農民史あり、日本商人史あり、日本浪人史のある以上は、日本盲人史のあるも妨げぬと信じた」[7]。これは題名だけの問題ではなく、民俗学的な関心が本質的に多種多様に向かうことを示した発言であるように思われる。伝承は常に個別のものごとに、多様なものごとに対して開かれる。民俗学は人間の生き方の多様性への関心である。自然や社会の荒波の中で生きる工夫をこらしてきた盲人集団は、人間の生活の多彩さを体現している点で、優れて民俗誌的な関心の対象だったのだ。

一九七〇年代のフランスの大学で、様々な理由から民俗学（人類学）と歴史学の邂逅が起こったことは、ある意味で内在的必然だったと言えよう。しかし、別の見方をすれば、それは日本のような「非文明国」においては日常から学術の場までを浸透する、特殊な事象についてのナイーブな好奇心、帰属集団に伝えられてきた伝承と重なる神話的な歴史の流れへの回帰の願望、そういったものにフランス近代の正統歴史学が徐々に目を向けはじめた、ということでもある。それが遅いか早いかの問題ではない。そこにいたるまでには、フランスにはフランスの事情があったであろう。国家アイデンティティーの砦として成立すると同時に、ますます大衆の喜びや悲しみの源泉から切り離されてしまった、フランス歴史学の悩みがあっただろう。強力な理念や理想は、しばしば危機的な状況において現実理解の「ハンディキャップ」となるが、二〇世紀後半は、まさしく西洋においてそうした時代だった。そして、その危機的時代はまだ終わっていない。ジナ・ヴェイガンの盲人史は、二〇世紀後半のフランス歴史学の葛藤や模索、また、その強さも弱さも、しっかりと刻み込んでいるのである。

日本のフランス史研究者は、この新しいフランス社会史を「一般読者」に向けて発信するとき、フランスにおける

「歴史」の複雑な性格を忘れてはならない。日本の読者にとって、フランス歴史学の底を流れる「唯一の歴史」の呪縛を知り、それを超える人間への関心の性質を知ることは、現代フランスにある社会的マイノリティー・グループへの視点と、その「統合の論理」を理解するためには必須のことであろう。

また、この本が実際の視覚障害者の生活の場に辿り着くことがあるとすれば、それはフランス史の専門家の手を経なければならないことは明白である。とすれば、我々は、責任を持って「翻訳」の仕事を徹底させなければならない。日仏語文法の変換のみならず、知識の伝達のみならず、フランスの文化的・制度的な価値表象の解釈までを、「翻訳」という仕事に含めなければならないだろう。なぜなら、畢竟、言語は決して、欧米の文化人類学者が言うような「記号体系」などではなく、意味の入れ替え可能な「構造」などではさらにないからである。そうして、この歴史書を通して、日本の啓発された読者が、フランスの歴史を人間的な矛盾と逡巡の相から眺めることができるようになるとすれば——近い将来、日本でも、民俗誌的好奇心を超えた、誰もが「わ、た、し、た、ち、の歴史」と呼ぶことができる盲人史が生まれるかもしれない、と思われるのである。

二　『盲人の歴史』をよりよく理解するための指標

(一)　一八世紀末から一九世紀前半のフランス史概観

本書の盲人史は、一般に知られているフランス史を背景に展開する。その「最も大事な時期」は「一八世紀後半から一八三〇年代まで」(本書、「まえがき」)である。この時期は本書の後半三分の二を占める。第Ⅱ部五章「博愛主義と感覚障害者の教育」に始まり、第Ⅲ部「フランス革命と盲人」全体を通してクライマックスを迎え、第Ⅴ部のルイ・ブライユの登場と点字体系の完成(一八二〇—三〇年代)まで続く。

なぜこの時期が重要かと言うと、これはフランス史における革命期とその反動の時代だからである。「盲学校自体が、革命期の様々な社会の変動を如実に映し出す鏡のようなもの」(本文第Ⅲ部第八章)と著者も言うように、障害者福祉の問題は、人権宣言を経て、初めて政治の動向と深く関わるようになる。盲人の物語は、フランス革命を経て、初めて国家の「歴史」と軌を一にするのである。蛇足ながら付け加えておくと、ヴェイガンの時代区分は、彼女が二度本書の中で言及しているグラディス・スワインの有名な論文、「統合の論理――記号の障害者たち[8]」を踏襲したものと思われる。ただ、ヴェイガンがこの時期の出来事を盲人史の基軸としたのは、啓蒙の世紀の「新しい人間学」を現代福祉社会の礎として設定するためだったのだが、スワインが目指した歴史批判の展望は、おそらくその反対の方向にあった。もちろん、そうしたことは、歴史自体には関わらない。

§

では、まず革命期(一七八五―一八〇〇年)のフランス史のアウトラインを辿っておこう。

本書第Ⅱ部五章では、ヴァランタン・アユイが、貧しい盲人のための教育法と学校を創るために奔走する姿が描かれる。この頃、彼とマリア・テレジア・フォン・パラディとの出会いの後ろに流れる室内楽はモーツァルトであり、盲人について「とめどないおしゃべり」を続けているのは、道化ぶりでは誰にも引けをとらないディドロである。アカデミーの会議の間から貴族のサロンへ、宮殿からコンサートホールへと、華やかな場所で「お披露目」を続けるアユイと盲人生徒たちは、この頃はまだ明るい顔をしている。彼らを取り囲むジャーナリストと博愛主義者たちの軽薄な上機嫌ぶりには、絶対王政に暗雲が迫っていたことを感じさせるものは何もない。

しかし、訓盲院が正式に発足した一七八五年から四年後には、バスティーユ襲撃が起こる。アンシャンレジームの象徴的な終焉である。そのひと月半後には人権宣言が採択されるが、採択したのはすでに立憲君主制の確立に向けて動き出していた憲法制定議会、通称「立憲議会(La Constituante)」と呼ばれる、最初の「革命政府」であった。この後、「革命政府」は、呼び名と指導グループを変えつつ、一七九九年まで続くことになる。現在の革命史家の一致した見方では、フランス史上「革命期」と呼ばれる時期が終わるのは、一七九九年一一月九日の、ナポレオン・ボナパルトによる政権掌握の日である。

この一〇年の間、議会の名前のみならず、社会制度のほとんどすべてが変革の対象となった。王政を支えていた古い封建制度が廃止され、アンシャンレジーム期の「地方」は、県制によって再編成された。教会や神学校の財産は「国」のものとなり、戸籍は世俗化された。教育（「公教育」）の規範は一から創り直された。共和暦（あるいは革命暦）という、一七九二年九月二二日をその元年朔日とする新しい「時間制度」が採択された。* 地方反乱や対外戦争の勃発に伴い、革命軍が再編成され、フランスの「国土」と「境界」が条文化された。国内問題に関しては、それぞれの問題領域を取り扱う委員会が議会内部に組織された。そうした委員会の中で最も有名なものは、「公安委員会」や「貧民救済委員会」、「公教育委員会」などであろうか。

*本書第Ⅲ部から第Ⅴ部はじめまで、年号が共和暦に変わっている。そのため、日本の読者にとっては、混乱した、読みにくい紙面を提供しているかもしれない。暦の体系を理解すれば、さほど煩わしい符牒ではない。以下に、暦の導入の経緯と体系を説明する。

一七九三年一〇月、国民公会の「大本営」、ロベスピエール、サン・ジュスト、カルノーら精鋭共和主義者を集めた公安委員会は、その一年前の共和国が宣言された日から数えた新たな暦を作り、全面的に西暦に代えて使用することを決めた。新たな暦の単位は「十曜週（デカード）」であり、各月は、劇作家ファーブル・デグランティーヌの命名に従い、自然と農業にちなんだ名前で呼ばれた。

共和暦は、一七九二年九月二二日に始まる。この日は共和暦一年葡萄月《ヴァンデミエール》朔日である。九月は葡萄の収穫月だからこう呼ぶのである。ヴァンデミエールは太陽暦の一〇月二一日まで続く。続く月は霧月《ブリュメール》と呼ばれ、一一月二一日まで続く。まとめると次のようになる。

雨月（プリュヴィオーズ）—一月二〇日頃から三〇日間。
風月（ヴァントーズ）—二月二〇日頃から三〇日間。
芽月（ジェルミナル）—三月二〇日頃から三〇日間。
花月（フロレアル）—四月二〇日頃から三〇日間。

牧草月（プレリアル）―五月二〇日頃から三〇日間。
収穫月（メシドール）―六月二〇日頃から三〇日間。
熱月（テルミドール）―七月二〇日頃から三〇日間。
果実月（フリュクティドール）―八月二〇日頃から三〇日間。
葡萄月（ヴァンデミエール）―九月二〇日頃から三〇日間。
霧月（ブリュメール）―一〇月二〇日頃から三〇日間。
霜月（フリメール）―一一月二〇日頃から三〇日間。
雪月（ニヴォーズ）―一二月二〇日頃から三〇日間。

しかし、年によって異なる秋分の日に始まる暦は使いにくく、また、フランス人の生活習慣とも齟齬する部分が多かったため、皇帝ナポレオン一世は、一八〇五年九月九日、つまり「共和暦一三年果実月《フリュクティドール》二二日」をもって、この暦を廃止する政令を出した。フランスに西暦が戻ったのは一八〇六年一月朔日からである。共和暦は一三年続いたことになる。

一七九一年九月、初めての憲法が制定されるや、立憲議会は解散し、立法議会（La Législative）が招集された。この頃、もちろん急進派もいたが、議会を指導していたのは主に「ジロンド派」と呼ばれる穏健なグループで、当時新しい階級として急上昇していたブルジョワジーに属していた。ちなみに、一九世紀になって生まれた、ラディカル社会主義の立場から見たフランス革命史によれば、一七八九年から一七九二年までの立憲議会と立法議会の時期は「ブルジョワ革命」とされ、真のフランス革命ではないとされる。直接民主制を目指し、「公共精神」と「美徳」の名の下に恐怖政治が起こるのは、次の「国民公会」（La Convention）の時代である。

国民公会は、一七九二年九月二一日に発足した。同月二二日には王政が廃止された。一七九一年の憲法第一条にあった「王国は単一にして不可分である」という記載は、この日、「フランス共和国は単一にして不可分である」に書き換えられた。「共和国」の誕生であった。この日から、一七九四年七月の内ゲバ事件（テルミドール九日）で、ロベスピエールなど、国民公会で第一党であったジャコバン派（あるいは山岳派、または極左）のリーダーが処刑される日までの時期を、「第一共和制（La première République）」と呼ぶ（現在のフランスの政体は「第五共和制」である）。

第一共和制の二年間は、フランスが最も激しく動乱した時期であっただろう。一七九三年の年始と年末には、ルイ一六世とマリー・アントワネットが断頭台の露と消えた。その頃のパリは、すでにジャコバンよりも過激な「サンキュロット」たちの天下であった。マラーの暗殺の余波もつかの間のこと、国民公会に特別に設けられた革命裁判所は、次々と「王党派」や「反革命分子」をギロチンの下に送り込んだ。他方、ブルターニュをはじめとする地方の反乱はとめどを知らず、国民は疲弊し、貨幣価値は暴落し、食糧危機は深刻化していた。この時期に、ヴァランタン・アユイの訓盲院と聾唖学院は、立憲議会によって国営化され、合併した（本書第Ⅲ部七章）。一七九〇年代の混乱の時期を通して、フランスの民衆のすべてがそうであったように、障害のある子供たちも、飢えと寒さに苦しんだ（本書第Ⅲ部八章）。

テルミドール九日以後、一七九五年末に国民公会は解散し、「総裁政府（Le Directoire）」という新たな形態の内閣が発足した。総裁政府（一七九五―一七九九年）は、一七八九年以来恐怖政治を超えて生き延びてきた、かつての立憲君主制支持者であり、穏健な代議制民主主義者となった政治家たちの政府であった。本書の記述の裏にも、ちらちらと総裁政府の動きは伺える（第Ⅲ部八章）。アユイが、ルソー主義者の「民主主義活動家」として、様々な大衆教化の手段を考案していたときである。総裁政府の中心には、「イデオローグ」と呼ばれる学者集団がおり、ブルジョワ・エリートによる賢明な民衆統治を目指していた。「啓蒙の哲学」の中核にあった感覚主義の正統な継承者であるイデオローグは、アユイのような一八世紀人と、気が合うところが多かっただろう。

同時に、この時期にパリに着いたコンスタンとタレーランの会話にも見られるように、ブルジョワジーは、もはや誰に憚ることなく、その懐を肥やし始めていた。歴史家の記述によれば、首都には奇妙に放埒なリベラリズムが蔓延していたという[9]。二年来のフランスの極端な左傾化への反動によって結ばれていた総裁政府のリーダーたちは、国民公会時代に採択された共産主義的政策の多くを廃止した。その一方で、盲人史では画期的な法律「テルミドール一〇日法」を施行したのは、この総裁政府であった。アユイの学校は、一七九四年より聾唖学院と切り離されて、「国立盲人労働者学校」と呼ばれるようになった（本書第Ⅲ部八章）。

さらに、総裁政府時代は、フランスが対外戦争で勝利に次ぐ勝利を獲得していた時期でもあった。国内で飢えていた民衆は、外国で共和国のために戦う軍隊を想って、希望をつないだ。まもなく、無数のフランスの民衆の声に支えられて、若いナポレオン・ボナパルトが政治の舞台に登場する。彼は、老獪なシェイエスと組んでクーデターを企てるが、最後の最後でシェイエスを出し抜き、次政権のトップに座った。ナポレオンを「第一執政」（大統領のようなものである）とする内閣は、「執政政府（Le Consulat）」と呼ばれる。

執政政府の到来とともに、盲人労働者学校の生徒たちは、キャンズ・ヴァン盲人施設に強制移送された（第Ⅲ部九章）。この時期、内務大臣の職は、フランソワ・ド・ヌーシャトーからリュシアン・ボナパルトに移り、一年も経たない間に南仏出身の化学者、シャプタルにまかされた。本書でも、この時期のアユイの学校とキャンズ・ヴァンの状況を描いた部分では（第Ⅲ部九章）、この三人の名前はしばしば見かけられる。一八〇〇年から一八〇四年まで続く執政時代は、あらゆる国民に、軍隊的「規律」への服従を呼びかける、新時代の官僚主義の始まりであった。

§

次に、執政政府（一八〇〇—一八〇四年）から第一帝政（一八〇四—一八一四年）、王政復古期（一八一五—一八三〇年）から七月王政（一八三〇—一八四八年）の開始期までの制度史を概観しよう。

本書の盲人史においては、執政時代から第一帝政がまとめて扱われている。一八〇一年にキャンズ・ヴァンに移送され、同じ行政上のカテゴリーに組み込まれたアユイの学校が、再び教育機関としての独立した住所と立場を手に入れるのは、ナポレオンの「第一帝政（Le premier Empire）」が事実上終了した一八一四年からである。もっとも、執政時代から第一帝政をひとくくりにして扱うのは、盲人史に限ったことではない。専門家の一致した意見では、「一九世紀史は」、一八一五年から始まる。ナポレオンが第一執政、そして皇帝であった時期は、革命期と一九世紀のどちらにも含むことができない、特別な歴史的時間なのである。

一七九七年、気取りかえった貴族主義者のスタール夫人の目にすら「現代に甦ったプルタルコスの英雄[10]」と映った共和国の若い英雄ボナパルトは、次第に「帝王ナポレオン」の本性をあらわにした。やがて凱旋続きの大軍隊を足元に、大衆受けする卑俗にも壮麗な装飾に飾られて、絶対王政がフランスに戻った。ナポレオン帝政は、革命の果実と自称しながらも、啓蒙の世紀の哲学的素養すべてを堕落した思想とみなし、イデオローグを弾圧するとともに、ローマ・カトリック教会と和解し、フランスの民衆を宗教的伝統に連れ戻した。さらに、ナポレオン治下で、フランスはヨーロッパ最大の科学的進歩主義の国となった。一方、前世紀の共和的エリート主義者たち（スタール夫人や、その愛人コンスタン）は、沈黙と亡命の生活に追い込まれた。一八〇一年、キャンズ・ヴァン盲人施設に強制移送されたアユイの学校は、執政政府下の内務大臣シャプタルの命令によって、手工業工場に変わっていた。キャンズ・ヴァン内学校の予算は厳しく削減され、リストラが相次いだ。一八〇二年には、創立者ヴァランタン・アユイ自身も、退去を命じられた（本書第V部一二章）。

ところで、執政政府から第一帝政にかけては、医学史上「パリ学派の時代」あるいは「大病院時代」と呼ばれている。一八世紀の博物誌パラダイムを脱しつつあった西洋の解剖学、生理学、臨床医学が、パリの大病院を中心に歴史的な大躍進を遂げた時期である。「貧者の墓場」と呼ばれていたサルペトリエールやビセートル病院でも、一九世紀の最初の二〇年間において、臨床観察の記述は日々増幅し、定量的で統計的な性格を強めていった。おそらく事情は、帝政時代のキャンズ・ヴァンでも同じであっただろう。臨床精神医学の官僚的性格は、十分な記述資料が蓄積されるのを待って、一八三〇年代に完成される法医学において花開く。シャリテとサルペトリエールの精神科医、エスキロールが一八〇〇年代から一八一〇年代に行った発達障害の患者の観察記録[11]や、一八〇九年に刊行されたガルの骨相学の理論書を読めば[12]、キャンズ・ヴァンに閉じ込められていた訓盲院の生徒たちに対する官僚の態度も、その後院長に就任したドクター・ギリエの「実験科学者」的態度も、それほど驚くことではないと思われる（本書第V部一二章、一四章）。

また、ナポレオン第一帝政時代は、軍靴の響きと、ドラマチックな光と影のコントラストの中に浮かび上がる英雄の面影が、フランス人の情緒生活に、深く持続的な印象を残した時期である。ナポレオンの短い治世は、同じくらい短いロマン主義芸術の時代を創出した。スタンダールの小説も、ジェリコーの絵画も、ナポレオンのパーソナリティーと、そして特にその凋落の衝撃がなければ生まれなかっただろう。一八〇九年生まれのルイ・ブライユは、ネルヴァルやミュッセ、あるいはシューマンやシューベルトとほぼ同年代であり、時代だけを鑑みれば、まさしくロマン主義の子供であった。パリ五区の薄暗い訓盲院の壁の向こうで生涯を送ったとしても、禁欲や試練を甘美とする感性を表現する同時代の文化産物を通して、ロマンチック・ヨーロッパの空気は、ルイのところまでとどいていただろう。

ついでに言っておくと、本書では、一九世紀前半のロマン主義が生み出した、「盲目の闇」と「心の闇」を対比させた表現の頂点としてユーゴーの『笑う男』（一八六九年）をあげているが、ロマン主義的な盲目の描き方としては、ホフマンの『砂男』（一八一七年）の方が徹底しているように思う。ロマン主義にはもちろん、大衆演劇の側面もあるが、基本的にその源泉は、神なき市民社会の一員となった個人のエゴセントリックな絶望と、統制できない無意識の暴虐にあるからである。「教育」や「社会的成功」や「愛」や「家族」など、何らかの社会的手段で購われる絶望は、もともとロマンチックな種類のものではないのである。

ともあれ、ナポレオンが駆け抜け、ロマン主義的情念が一瞬燃え上がった後のフランスには、白々とした日常と、滑稽な懐古趣味に耽溺する上流階級、そしてブルジョワの保身戦争だけが残った。前述のエスキロールがナポレオン失脚後の一〇年にわたって精神病院で続けた臨床記録には、一八二〇年代のフランスの社会問題が「鬱病」と「自殺」であったことが記されている。[13] 一八二〇年代末に現れる文明批評家サント・ブーヴは、同時代の病を「退屈」と名付けた。[14]

さて、少し戻って一八一四年春、度重なる敗北を喫した皇帝ナポレオンは退位に追い込まれた。一八一五年五月から六月にかけて、エルバ島を脱出したナポレオンが政権奪回を企てるが、最後のワーテルロー戦役は前代未聞の敗北となり、元皇帝は島流しとなった。そして、ヨーロッパの宮廷連合の後押しを受けたルイ一八世がパリに戻った。フランス史に王政復古政体（La Restauration）が生まれた瞬間である。王政復古（一八一五―一八三〇年）の時代に、革命以来海外に亡命していた王室メンバー、および王党派と、総裁政府の残党が政権に戻った。キャンズ・ヴァンがフランス王権のシンボルとなり、そこで時代錯誤な施策が繰り広げられる様子は、本書第Ⅴ部一三章によく描かれている。

一方、目を「ストリート」にやると、一八一五年から二〇年代はじめにかけて、革命期に創立された共和国エリート養成校の卒業生が社会に出た。彼らは、新時代の民衆の希望とでも呼べる人たちだった。スタンダールやバルザックの主人公たちよりも確かな運命の意識に従って社会と対峙したオーギュスト・コントは、こうした民衆の秀才たちの最初のヒーローである。この頃、市民社会における偉人のタイプは確実に変わっていた。訓盲院でも、ヴァランタン・アユイという「懐の広さ、熱中しやすい気質、無謀さ」（本書第Ⅲ部八章）という性格だけでなく、まぎれもなく一八世紀人に特有の個人主義とフットワークの軽さを持ったヒーローが、「敗北」（第Ⅲ部九章）して久しかった。一八三〇年代になってようやく、ルイ・ブライユという、民衆の生まれであり、規律と勤勉と質素という小市民的な美徳を体現し、学校秀才の栄光を全うしたような、きわめて同時代的なヒーローが現れたのである（ブライユのような偉人像は、日本人でもよく理解できるだろう）。

コントは一八二六年、私宅で実証哲学講義を開始した。一八二四年から一八二九年にかけて、少年ブライユは、点字の最初の体系を完成させた。その頃、総裁政府時代のイデオローグの一人であったデジェランドーが、王政復古のおかげで復帰し、一八世紀的な「人間観」に基づく聾唖教育の理論書をものしている。[15] しかし、時代はもはや、前世紀の「教師」たちの側にはなかったのである。

この間、フランスの一般社会では、産業革命による財力を背後に力をつけたブルジョワジーが、シャルル一〇世の王政を覆す政変（二月革命）があった。ブルジョワジーの手先に使われたのは、ロマン主義的理想の表現の場を探していた学生や、若者たちだった。ちなみに、ヴィクトル・ユーゴーの大河小説『レ・ミゼラブル』（一八六二年）の物語は、王政復古とともに始まり、一八三〇年はじめに多発したパリの貧民たちの騒擾で終わっている。ユーゴーの同時代小説は、この時代のパリをイメージするには非常に便利なマニュアルである。しかし、二〇世紀の歴史家たちの都市描写も、ユーゴーの叙事詩に勝るとも劣らぬ臨場感をたたえている、例えば、有名なルイ・シュヴァリエの一九世紀パリ研究[16]や、一八三二年のパリに広まったコレラについての歴史書[17]などを読めば、この時期、ヨーロッパの大都市で貧民街の人口がふくれあがり、不衛生と風紀の問題が深刻になっていたことが分かる。七月王政から第二共和制までのパリは、ヨーロッパ社会史や公衆衛生史が最も好む舞台の一つである。

一八三〇年に始まる七月王政（La Monarchie de Juillet）は、オルレアン公ルイ・フィリップ（別名「ブルジョワ王」）を擁した立憲君主制である。七月王政の最大の功績者は、まず文相、次に首相として仕えた歴史家フランソワ・ギゾーであろう。彼は、隆盛のさなかにあったフランス産業と資本主義をバックアップし、産業と教育を物質文明の基礎とする市民社会をフランスに実現させた。七月王政下では、王政復古期から始まった鉄道建設や株式会社の設立による鉄鋼と繊維業の発展が進んだ。また、バルザックの重要なキャラクターとなる、政治を牛耳る金融資本家層という新しい人間のタイプが、都市の風景に定着した。こうした世相を背景に、全国産業博覧会はますます盛んに催されるようになった。一九世紀前半のパリでは、総計一一回の博覧会が行われたという。訓盲院の生徒たちの手作業の作品が並べられ、ブライユの点字習作が人目に触れたのも、こうした産業博覧会の折のことであった（第Ⅴ部一四章）。

しかし、この頃になると、本書の関心はフランス史の文脈を離れて、世界の中のブライユ点字の運命へと希望を向けることになる。歴史の概説もこのへんで終えることにしよう。

（二）「教育」概念について

続いて、本書の特徴的な議論を導いている文化的な指標のひとつ、「教育」について、解説を加えておきたい。

本書は、フランスの、あるいは欧州の中産階級に属する人には素直に読める本かもしれない。しかし、フランス的「紋切り型」の思考は決して輸出向きではない。本書にも、フランス人にとって自明のことでも、日本の読者にとっては不透明、あるいは誤解を生む概念は散見される。例えば、ポジティブなもので「教育」、「教養」、「精神の啓発」、「社会」、「自由」、「普遍」、ネガティブなもので「監視統制」、「労働」、「生産主義」、「権力」などである。

そして、何よりも、過剰に投資されて変幻自在となり、ほとんど意味不明となりつつある、フランス人文科学特有の「人間」という抽象概念。あらゆる意味が可能な「人間的なもの」という表象に依拠する「人間学（人類学）」（Anthropologie）は、多彩な学問領域であると同時に、価値相対主義的な思考法のことも指す。フランス中産階級の複雑なアイデンティティーの仕組みにぴったりと重なるこの意味表象については、いずれきちんと分析することが必要となるだろう。しかし、ここはその場所ではない。
ここでは、本書を理解するために最小限の解説のみを載せておく。「教育」という語についてである。

「教育」対「教育」(L'instruction VS. L'Éducation)

紙面の無用な混乱を避けるため、邦訳ではジェネリックな「教育」で統一したが、フランス語原文における関連用語は少なくとも三つある。同義語ではあるが、それぞれ微妙に使われる文化的文脈が違う。まず、「全人格的な教育」という意味の éducation、それから社会生活のルール記号を解読する方法の伝授、あるいは「読み書き算盤」くらいの意味を持つ instruction、さらには「初等教育」あるいは「小学校」の意味の institution である。

さて、「史上初の盲人の読み書き教師」と呼ばれるアユイの称号は、「初等教育の教師（instituteur）」であり、彼自身この称号を愛用した。一方、一七七六年に刊行されたアベ・ド・レペの『系統的な記号を使った聾唖教育について（*Institution des sourds et muets par la voie des signes méthodiques*）』の「初等教育（institution）」の語に対抗するかのように、その一〇年後に刊行した『盲人教育についての試論（*Essai sur l'éducation des aveugles*）』では、「全人教育（éducation）」の語を用いている。しかし、「初等教育（institution）」と「全人教育（éducation）」の対立は表面的なものである。本書の「教育」の訳を二分するのは、「読み書き教育（instruction）」と「全人教育（éducation）」の対立である。

一七八九年の人権宣言には、「基本的教育は全市民にとって必要なものである（L'instruction est le besoin de tous les citoyens）」とある。それに従い、革命期を通して議会で討論され、採択される教育法案（ヴェイガンが同意するコンドルセ案から総裁政府下の「テルミドール一〇日法」まで）の中に見られる「教育」の意味には、ひとしく「読み書き算盤（instruction）」の語があてられている。本書に描かれたアユイの「全人教育（éducation）」の理想は、まさしく、コミュニケーションの道具さえ手に入れればいいと考える公教育（instruction publique）委員会の大衆教育構想に対立するものであった。

アユイは多くの社会的企図において先駆者であったに違いないが、「教育」の語の使い方など、まさしくその通りである。一九世紀に入るやいなや、「全人教育（éducation）」の語は公式文書に「精神形成」の意味で使われるようになる。それは、本書にも引用されているように、執政政府の内相であったリュシアン・ボナパルトが、ヴァランタン・アユイを「盲人の道徳指導（l'éducation morale）と教育（l'instruction）の唯一の責任者」と呼んだことからも分かる（第Ⅳ部一〇章）[18]。

一方、本書に使われている「全人教育（éducation）」の概念は、啓蒙主義哲学者の懸案であった「国民教育（éducation nationale）」計画の教育モデルを、「公教育（instruction publique）」の分野に適用した言い方である。ヴェイガン自身、アユイの教育者としての自信についてこう述べている。「彼が持っていた指導者のアイデンティティーは、革命期の教育者のイメージと大きく重なる。革命期の教育者（l'instituteur révolutionnaire）とは、国民教育（l'éducation nationale）にたずさわるものであると同時に、大衆を教化する（l'instruction publique）役割も負っていた。」（第Ⅲ部八章）。本書の中で「教育」と呼ばれているものは、市民生活を行う上で必須の知識を与える無償教育であり、かつ、批判精神を養う精神的な形成でもあるような「教育」である。

ヴェイガンは、そうした理想的「教育」の「完成された表現」を、コンドルセの一七九二年法案に認める。この法案は、「肉体的、知的、および道徳的な力を伸ばす（cultiver）ことによって、人類全体を徐々に改良すること、それこそがどんな社会制度も目指すべき最終目的である。同時に、これは教育（instruction）の目的である」という驚くべき考えを堂々と述べたものである。もちろん、この法案は採択されなかった。コンドルセ亡き後の時代には、新時代のエリート主義を謳った彼の案は忘れられ、極左的観点から見た教育の問題だけが討論された。しかし、「教養」の語が現在でもフランス中産階級の耳目を惹きつける魔術のような力を持っている限り、コンドルセ案はまだ死んではいない。

本書に頻繁に現れる「教育」という言葉は、そのモデルに従って、「教養教育」という意味で受け取らなければならない。「教養」の響きには、フランス中産階級の知識人の民主主義の要請と文化的特権意識を、同時に満足させる何かがあるのである。

§

いずれにせよ、「教育」も「教養」も「啓蒙」も「人間」も、フランスのみならず、西洋近代社会の序列力学を成り立たせている文化コンプレックスに深く関わっている。そうした力学の中に身を置き、ある程度受け身に経験してみなければ、それらが実際に意味していることは分からない。ただ言えることは、「盲目についての偏見や表象」の歴史的解読、という目的を掲げた本書ではあっても、その基盤はやはり、著者とその帰属集団にとって「自明の価値」、つまり無自覚な偏見や表象でできている、ということである。

歴史家の主観、おそらくそこに、ほとんどの歴史解釈の鍵がある。本書は、その素晴らしい証明である。

フランス歴史学に盲人史が組み込まれるためには、歴史的人間学の理論固めが完成するだけでは十分ではなかった。盲人史をライフワークと考え、主観的価値と情熱を傾けることのできる人の存在が、どうしても必要であった。その意味で、ジナ・ヴェイガンは、個別の業績である本書の作者というだけではなく、分野としての盲人史をフランスに打ち立てた人である。我々は、彼女のこれまでの足取りを知らずして、フランス盲人史について語ることはできない。彼女の紹介をして、この後書きを終えたい。

三　著者ジナ・ヴェイガンについて

ジナ・ヴェイガンは数年前に引退するまで、国立工芸院の障害者サービス部門の職員として勤続していた。つまり大学や研究所に所属する「職業歴史家」であったことはない。しかし、全盲のご主人との出会いによって、盲人の世界と歴史の世界が彼女の前に開かれた。ジナ自身が一九九八年の博士論文の巻頭謝辞で明言しているように、彼女は夫から学び続けることで、歴史家としての自分のアイデンティティーを作り上げてきた。

盲人史の使命を手に入れてからの彼女は、公務員の仕事の合間の時間を縫ってソルボンヌの授業に通い、諸研究所のセミナーやシンポジウムや学会に参加して、歴史学の理論について研鑽を積んだ。パリ中のアーカイブというアーカイブを渉猟し、二〇〇年以上誰の注意も惹かなかったような文献の意味を洗い出した。盲人の歴史というマイナーな分野を無視する学術界とパブリックを相手に、困難を排して発表の場を探した。

そうした努力の結果、彼女は一九八九年に最初の出版物である『一九世紀フランスにおける失明原因とその治療について』(19)という専門書を発表した。そして、二〇〇一年には、最初の商業出版である『テレーズ・アデル・ユッソン――革命直後のフランスを生きた若い盲人女性の手記と人生』(20)を刊行する。これはフランスの盲人施設の資料室から掘り出された手稿を起稿し、解題をつけた小さな本である。この刊行のいきさつはいささか込み入っている。当時のフランスでは、過去の盲人の手記に関心を持つような出版社は見つからなかったため、ジナと彼女の長年の同志であるカリフォルニアの大学教授、キャサリン・クードリックは、この原稿を英訳した上、ニューヨークから初版刊行した。テレーズ・アデルの物語がフランスに逆輸入され、原文で出版されたのはその三年後のことであった[21]。

テレーズ・アデルの手記の編集と出版は、ちょうどその頃、博士論文の執筆を終了しつつあったジナにとって、膨大な量の資料の把握を必要とする通史の仕事と同じくらい、いやもしかしたらそれ以上に重要な出来事だったかもしれないと思われる。この仕事の経験を通して、歴史の究極の方法が彼女の目に明らかになったように思われるのだ。その方法とは、「テキストに語るままに任せることで[22]」、過去の人物の「矛盾に満ちたパーソナリティー」に「出会い[23]」、その日常や人に言えない思いを本人の視点から再構成することである。『盲人の歴史』でも、その最終章の末節は「盲目を克服する手段の開発においては、盲人が最も鋭い目を持っている」（第V部一四章）という言葉で締めくくられている。盲人のみが盲人を語ることができるという確信がジナ・ヴェイガンに訪れたのは、おそらくテレーズ・アデルとの親密な「出会い」においてだったのではないだろうか。

さて、二〇〇三年の本書刊行の後、二〇〇〇年代後半を通して、フランス盲人史の創立者であり第一人者であるジナの名前は内外に知られるようになった。しかし、国際シンポジウムを開催し、学会を主催する一方で、彼女は再び原点に立ち戻ったかに見える。この頃、彼女はもう一度、盲人史の「当事者」の手記の公刊を企画したからである。この仕事は『あなたとともに――フランスからエジプトへ[24]』という題で、セール社から二〇一一年に出版された。ヴェイガンの使命を決定づけたテレーズ・アデルの手記の困難な刊行の経験から、ちょうど一〇年後のことだった。二〇一一年にジナが仏訳出版に大きな役を果たした手記の作者は、シュザンヌ・ターハー・フセインという。二〇世紀を生き抜いたエジプトの全盲の知識人ターハー・フセイン（一八八九―一九七三）の妻である。

ジナはテレーズ・アデルの言葉を現代によみがえらせる仕事を通して「盲人を語るのは盲人しかいない」という信念を表明したが、それから一〇年後に出会ったシュザンヌというヒロインは、盲人の主観をその同行者、ひいては歴史家である自分自身の主観にまで敷衍するきっかけとなったのであろうか。それは彼女にしか分からない。

「歴史を学ぶ前に歴史家を学んでください」とは、エドワード・カーが一九六一年の有名な講演で言ったことであるが、今、目の前にある『盲人の歴史』を開く時、これほど説得力をもって響いてくる言葉もないように思われるのである。[25]

§

最後に、翻訳者からのお詫びとお礼を申し上げておく。

この訳書を準備し始めてからすでに五年が経った。世界でも、日本でも、多くのことがあった。取り返しのつかない変化もあった。

ところで、個人の生活においても、社会の歴史においても、過去の価値の中で残るものは残り、古びるものは確実に古びてゆく。多くの場合、時間がその事実を突きつけるまで、頭は認識を拒み続ける。そして、それまでの考え方を変えようとはしない。しかし、自分の心に問えば、心はあらゆる目に見えない深い変化をよく知っているものである。翻訳者にとって、この翻訳の懸案が過去のものと感じられたことは、一度もない。

二〇一一年中の脱稿を予定していたのだが、二〇一一年から一年半にわたって、翻訳者の健康状態が悪化したため、出版は大幅に遅れた。著者ジナ・ヴェイガンと、フランスと日本でこの訳書の出版に尽力してくださった関係者の方々には、この場を借りてお詫びを申し上げたい。

また、その間も、変わらぬ信頼を示してくださった、藤原書店の藤原良雄社長、そして最後の担当となってくださった小枝冬実さんには、心からの感謝の気持ちを表したい。

最後に、この翻訳のきっかけとなった、ろう文化と視覚文化研究者である木下知威《ともたけ》さん、翻訳に伴う調査を通して出会い、視覚障害者の世界を心暖かく開いてくださった国立民族学博物館の広瀬浩二郎さん、そして私がひそかに「日本のドクター・ピニエ」と呼んでいる、京都府立盲学校の岸博実先生には、尽きせぬ敬意を捧げるものである。

平成二五年三月九日

加納由起子

＊ Cet ouvrage est publié avec le concours du Centre National du Livre de France.
この本の翻訳には、フランス図書協会の翻訳者助成を得た。

注

（1）Créaphis Editions, Paris, 2003, 374 p.

（2）Zina Weygand, *The Blind in French Society from the Middle Ages to the Century of Louis Braille*, translated by Emily-Jane Cohen, Stanford University Press, 2009, 424 p.

（3）Pierre Nora, « Histoire et mémoire », *Les Lieux de mémoire*, préface au tome I: « République », Gallimard, 1983, p. XVIII.

（4）*Ibid.*

（5）Cité par Jean-Claude Schmitt, « L'anthropologie historique », *Bulletin du centre d'études médiévales d'Auxerre*, Hors série, No. 2, 2008.

（6）中山太郎『日本盲人史』成光館、昭和九年「巻頭小言」。

（7）同「序説」。

（8）Gladys Swain, « Une logique de l'inclusion: les infirmes du signe », *Esprit*, No. 5, 1982.

（9）Godechot, *La Vie quotidienne en France sous le Directoire*, Hachette, Paris, 1977.

（10）Paul Gautier, *Madame de Staël et Napoléon*, Plon-Nourrit, Paris, 1903, Chapitre premier.

（11）Etienne Esquirol, *Des Maladies mentales*, Baillière, Paris, 1838; 2 vol.

（12）Franz-Joseph Gall & Johann-Gaspar Spurzheim, *Recherches sur le système nerveux en général et celui du cerveau en particulier*, Paris, 1809.

（13）Esquirol, *Des Maladies mentales*, éd. cit., t. I.

（14）Sainte-Beuve, *Vie, poésie et pensées de Joseph Delorme*, Paris, 1829.

（15）Joseph-Marie Dégerando, *De l'Education des sourds-muets de naissance*, Méquignon, Paris, 1827 2 vol.

（16）Louis Chevalier, *Classes laborieuses et classes dangereuses à Paris pendant la première moitié du XIXe siècle*, 1958, Plon, rééd. Perrin, 2002.

（17）一八三二年のコレラについての歴史調査はいくつかあるのだが、この機会に、ジナ・ヴェイガンの盟友であるアメリカの盲人史家、キャサリン・クードリックの著書を紹介しておこう。Catherine Kudlick, *Cholera in Postrevolutionary Paris: a Cultural History*, University of California Press, 1996, 293 p.

（18）フランス史家にとって、もっと分かりやすい例は、ちょうど同年にパリ聾唖学院に送られてきた「野生の少年」、「アヴェロンの野生児ヴィクトル」の世話を請け負った医師、ジャン・マルク・ガスパール・イタールの報告書の題名が『野生児の教育について（*De l'éducation de l'enfant sauvage*）』であったことだろう。野生児の「人間化」計画である限り、「教育」は「読み書き教育」ではなく、「全人教育」としか呼ぶことはできなかった。

（19）Zina Wygand, *Les Causes de la cécité et les soins oculaires en France au début du XIXe siècle*, Centre technique national d'études et de recherches sur les handicaps et les inadaptation, 1989, 332 p.

（20）Thérèse-Adèle Husson, *Reflections: the life and writings of a young blind woman in post-revolutionary France*, translated and with a commentary by Catherine J. Kudlick and Zina Weygand, New York, New-York University Press, 2001, 155 p.

（21）Id., *Une Jeune aveugle dans la France du XIXe siècle*, commentaires de Zina Weygand et Catherine Kudlick, traduction de Lise-Hélène Trouillou, Erès, 2004, 122 p.

（22）*Ibid.*, « Introduction », p. 22.

（23）*Ibid.*, p. 21.

（24）Suzanne Haha Hussein, *Avec toi: De la France à l'Egypte*, préface d'Amina Taha-Hussein-Okada, Notes et postface de Zina Weygand et Bruno Ronfard, Editions du Cerf, Paris, 2011.

（25）E・H・カー『歴史とは何か』岩波書店、一九六二年。

著者紹介

ジナ・ヴェイガン（Zina Weygand）
フランス唯一の盲人史家。1998年、ソルボンヌ大学歴史学博士。2008年には研究指導資格を得る。2010年まで、フランス国立技芸院の障害者センター勤務。著書に、*Les Causes de la cécité et les soins oculaires en France au début du XIXe siècle*（1989）など。また、盲人史に関係のある「当事者」の手記の編集・刊行も行っている。監修書に、*Une Jeune aveugle dans la France du XIXe siècle*（英語版2001年、仏語版は2004年）、*Avec toi – de la France à l'Egypte*(2011)などがある。

訳者紹介

加納由起子（かのう・ゆきこ）
2004年、パリ第8大学博士課程修了（19世紀フランス文学）。2005—2006年、社会学高等学院ポストドクター研究員（19世紀医学史）。英仏日語間の職業翻訳者であり、現在は成安造形大学のフランス語講師も務める。論文に « Découverte du sujet pluriel dans l' élaboration du discours physiologique chez Xavier Bichat »（2003年）、英仏日語で数多くのエッセーがある。

盲人《もうじん》の歴史《れきし》——中世《ちゅうせい》から現代《げんだい》まで

2013年4月30日　初版第1刷発行 ©

訳　者　加納由起子
発行者　藤原良雄
発行所　株式会社　藤原書店

〒162-0041　東京都新宿区早稲田鶴巻町523
電　話　03（5272）0301
FAX　03（5272）0450
振　替　00160-4-17013
info@fujiwara-shoten.co.jp

印刷・製本　中央精版印刷

落丁本・乱丁本はお取替えいたします　Printed in Japan
定価はカバーに表示してあります　ISBN978-4-89434-904-9

「群衆の暴力」に迫る

人喰いの村

A・コルバン
石井洋二郎・石井啓子訳

十九世紀フランスの片田舎。定期市の群衆に突然とらえられた一人の青年貴族が二時間にわたる拷問を受けたあげく、村の広場で火あぶりにされた…。感性の歴史家がこの「人喰いの村」の事件を「集合的感性の変遷」という主題をたてて精密に読みとく異色作。

四六上製　二七二頁　二八〇〇円
（一九九七年五月刊）
◇978-4-89434-069-5

LE VILLAGE DES CANNIBALES　Alain CORBIN

世界初の成果

感性の歴史

L・フェーヴル、G・デュビィ、A・コルバン　小倉孝誠編
大久保康明・小倉孝誠・坂口哲啓訳

アナール派の三巨人が「感性の歴史」の方法と対象を示す、世界初の成果。「歴史学と心理学」「感性と歴史」「社会史と心性史」「感性の歴史の系譜」「魔術」「恐怖」「死」「電気と文化」「涙」「恋愛と文学」等。

四六上製　三三六頁　三六〇〇円
（一九九七年六月刊）
◇978-4-89434-070-1

音と人間社会の歴史

音の風景

A・コルバン
小倉孝誠訳

鐘の音が形づくる聴覚空間と共同体のアイデンティティーを描く、初の音と人間社会の歴史。十九世紀の一万件にものぼる「鐘をめぐる事件」の史料から、今や失われてしまった感性の文化を見事に浮き彫りにした大作。

Ａ５上製　四六四頁　七二〇〇円
（一九九七年九月刊）
◇978-4-89434-075-6

LES CLOCHES DE LA TERRE　Alain CORBIN

「社会史」への挑戦状

記録を残さなかった男の歴史

（ある木靴職人の世界 1798-1876）

A・コルバン　渡辺響子訳

一切の痕跡を残さず死んでいった普通の人に個人性は与えられるか。古い戸籍の中から無作為に選ばれた、記録を残さなかった男の人生と、彼を取り巻く十九世紀フランス農村の日常生活世界を現代に甦らせた、歴史叙述の革命。

四六上製　四三二頁　三六〇〇円
（一九九九年九月刊）
◇978-4-89434-148-7

LE MONDE RETROUVÉ DE LOUIS-FRANÇOIS PINAGOT　Alain CORBIN

我々の「身体」は歴史の産物である

HISTOIRE DU CORPS

身体の歴史（全三巻）

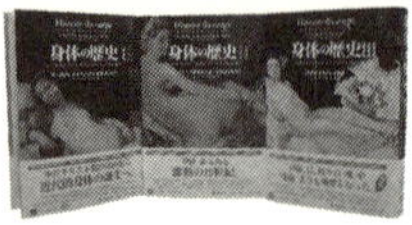

A・コルバン＋J - J・クルティーヌ＋G・ヴィガレロ監修

小倉孝誠・鷲見洋一・岑村傑監訳

第 47 回日本翻訳出版文化賞受賞　　Ａ５上製（口絵カラー 16 ～ 48 頁）各 6800 円

自然と文化が遭遇する場としての「身体」は、社会の歴史的変容の根幹と、臓器移植、美容整形など今日的問題の中心に存在し、歴史と現在を知る上で、最も重要な主題である。16 世紀ルネサンス期から現代までの身体のあり方を明らかにする身体史の集大成！

第Ⅰ巻　16-18 世紀　ルネサンスから啓蒙時代まで

ジョルジュ・ヴィガレロ編（鷲見洋一監訳）

中世キリスト教の身体から「近代的身体」の誕生へ。宗教、民衆生活、性生活、競技、解剖学における、人々の「身体」への飽くなき関心を明かす！

656 頁　カラー口絵 48 頁　（2010 年 3 月刊）　◇978-4-89434-732-8

第Ⅱ巻　19 世紀　フランス革命から第一次世界大戦まで

アラン・コルバン編（小倉孝誠監訳）

臨床=解剖学的な医学の発達、麻酔の発明、肉体関係をめぐる想像力の形成、性科学の誕生、体操とスポーツの発展、産業革命は何をもたらしたか？

504 頁　カラー口絵 32 頁　（2010 年 6 月刊）　◇978-4-89434-747-2

第Ⅲ巻　20 世紀　まなざしの変容

ジャン＝ジャック・クルティーヌ編（岑村傑監訳）

ヴァーチャルな身体が増殖し、血液や臓器が交換され、機械的なものと有機的なものの境界線が曖昧になる時代にあって、「私の身体」はつねに「私の身体」なのか。

624 頁　カラー口絵 16 頁　（2010 年 9 月刊）　◇978-4-89434-759-5

啓蒙の世紀から性科学の誕生まで

快楽の歴史

A・コルバン

尾河直哉訳

フロイト、フーコーの「性（セクシュアリテ）」概念に囚われずに、性科学が誕生する以前の言語空間の中で、医学・宗教・ポルノ文学の史料を丹念に読み解き、当時の性的快楽のありようと変遷を甦らせる、「感性の歴史家」アラン・コルバン初の〝性〟の歴史、完訳決定版！

Ａ５上製　六〇八頁　六八〇〇円　口絵八頁

（二〇一一年一〇月刊）

◇978-4-89434-824-0

L'HARMONIE DES PLAISIRS

Alain CORBIN